マネー・ローンダリング規制の新展開

有限責任 あずさ監査法人 マネージング・ディレクター
山﨑千春

鈴木総合法律事務所 弁護士
鈴木仁史

三菱東京UFJ銀行 チーフ・アドバイザー
中雄大輔

［編著］

一般社団法人 金融財政事情研究会

はしがき

　本書は2013年1月に一般社団法人金融財政事情研究会より出版された「改正犯収法と金融犯罪対策」（以下「前著」という）の改訂版である。前著は、特定事業者の顧客管理措置を中心に犯罪による収益の移転防止に関する法律（以下「犯罪収益移転防止法」あるいは「犯収法」という）が改正（2013年4月全面施行）されたことをふまえて、FATFを中心としたグローバルな動向を概観しつつ改正内容を解説した。

　本書は、犯収法が再び改正（2014年11月成立、2016年10月施行）されたことを機に前著の読者の皆様より多くの改訂希望の温かいメッセージを頂戴したことから執筆を開始したものである。一方で、FATF対日相互審査での指摘事項解消を主な目的として、いわゆる「有識者懇談会」などを中心に議論を尽くしたうえで2013年に犯収法が改正されたはずなのに、なぜまたFATFが日本に対して厳しい目を向けるのか、なぜ再び犯収法が改正されなくてはならなかったのかについて、疑問に感じる向きも多いようである。この点、われわれはすでに前著において「早い段階」で「さらなる法改正・規制強化が不可避」と指摘していたところである。前著のはしがきでも記載したとおり、前回の改正は、「これまで本人確認が中心であった顧客管理措置が今後大きく変わっていく第一歩であり、重要な一里塚として位置づけられる」にすぎなかったわけである。

　また、前著以降の世界の情勢をみると、Islamic State in Iraq and Levant、いわゆるイスラム国（以下、本書では「ISIL」と表記する）に代表されるようなテロ活動の拡散が止まらない状況にあり、グローバルな金融機関に対する厳しい行政処分がいっそう加速化する傾向にある。各国および国連、サミット、FATF等による国際的な枠組みでの取組みも活発化しており、規制対応という面だけではなく、通常業務運営においても金融機関への影響はますます大きくなってきている。たとえばわが国の地域金融機関などに対して海外金融機関がコルレス契約を解消する、あるいは解消に至らないまでもKYC

(Know Your Customer）手続を厳しくするといった動き等も無関係ではない。さらには、本稿の校了後に報道され話題となったパナマ文書でも、企業や富裕層がタックスヘイブンの提供する法的取極めを「活用」している実態があらためて白日のもとにさらされ、CRS（Common Reporting Standard）の適用国拡大と着実な履行や、実質的所有者情報の入手可能性の改善の取組みは、今後、相当のスピードをもって展開するものと予想される。米国においても長年の懸案だったCDD（Customer Due Diligence）の最終ルールが公表され、自然人たる真の受益者情報の収集と検証が義務づけられ、さらに法人登記の際に真の受益者情報も開示する旨の規制案も公表された。また英国では一部法人に対し、支配力のある個人（PSC：Persons with Significant Control）の記録化および年次での届出を義務づける手続が発効した。

　今回の犯収法の再改正に目を戻せば、わが国としての商慣習や金融実務、事業者や顧客への負担を配慮した前回の改正とは対照的に、FATF勧告の内容をほぼそのままトップダウン的に反映させたことが大きな特徴といえる。日本固有の事情を加味した前回の改正は、いわば改正内容そのものがわが国の金融機関の対応の防波堤となっていたわけだが、今回の改正は、グローバルに求められる基準をそのまま、国の規制として個別の金融機関に求めたものということができる。わが国の金融機関自身がマネー・ローンダリングおよびテロ資金供与と「闘う」最前線の防波堤となることが期待されているということにほかならない。

　以上のような問題意識から、本書は単に「改正犯収法と金融犯罪対策　改訂版」とせず、あえて「マネー・ローンダリング規制の新展開」というタイトルとした。

　本書は第１章第１節でFATFを中心としたグローバルな規制動向の背景を整理した。山﨑のほか、租税回避を中山、個人の責任に関する規制強化を徳山弁護士が担当した。FATF関連の文献調査についてはあずさ監査法人のアンドリュー・バージャーが担当した。また特に経済制裁については新たに第２節を設けて中雄が詳説した。第２章では今回の再改正内容を中心とした解説を行い、鈴木仁史弁護士を中心に鈴木洋子弁護士および徳山弁護士が担当

した。さらに第3章では、改正犯収法対応に限らず、経済制裁対応等のグローバルな観点もふまえて金融機関がマネー・ローンダリング、テロ資金供与等の金融犯罪対応のために構築すべきフレームワークを提示し、リーディング・プラクティスを想定してそのフレームワークを整備するための論点を整理した。このリーディング・プラクティスのうち、どこの部分をどの程度まで対応すれば今回の改正犯収法をクリアできるのかという観点で本書は記載されていない点、ご容赦いただきたい。本書で繰り返し強調しているのは、法律どおりにルールをつくり、それを遵守したからといって必ずしも金融犯罪から金融機関を守ったことにならないという問題提起である。本章は山﨑のほか、サンクション・コンプライアンス・プログラムについては中雄が担当した。最後の第4章ではこのような意識も含め、反社会的勢力への対応について解説している。鈴木仁史弁護士が担当した。

本書では、マネー・ローンダリング、テロ資金対策、反社会的勢力対応、あるいは振り込め詐欺、さらには脱税など、これらすべてを包括し、金融機関や金融システムが悪用されるリスクへの対応として、金融犯罪対策、AML（Anti Money Laundering）あるいはAML/CFT（Anti Money Laundering/Countering（またはCombating）the Financing of Terrorism）を同義として取り扱う。また、本書では、反社会的勢力対応も含めた金融犯罪に対して金融機関が取り組むべき包括的な態勢を金融犯罪対策あるいはAML/CFTプログラムと定義している。

本書の原稿は、過去、「週刊金融財政事情」および「金融法務事情」にそれぞれ山﨑および鈴木仁史弁護士が寄稿した以下の論文をベースに加筆したものも含まれる。寄稿論文の活用を快く許諾していただいた同誌に厚くお礼申し上げる。

「週刊金融財政事情」
- 3101号　2015.1.5　「FATFが真の受益者についてのガイダンス等を公表」
- 3042号　2013.9.23　「次々と強化されるマネロン対応の国際基準」
- 3024号　2013.5.13　「FATFが公表した相互審査の新基準」

2973号	2012.4.9	「リスクベース・アプローチが強化されたFATF新勧告」

「金融法務事情」

1974号	2013.7.25	「改正犯罪収益移転防止法におけるハイリスク取引の確認(3)」
1972号	2013.6.25	「改正犯罪収益移転防止法におけるハイリスク取引の確認(2)」
1970号	2013.5.25	「改正犯罪収益移転防止法におけるハイリスク取引の確認(1)」
1968号	2013.4.25	「改正犯罪収益移転防止法と代理人の取引時確認」
1964号	2013.2.25	「改正犯罪収益移転防止法における顧客管理措置の強化(2)」
1962号	2013.1.25	「改正犯罪収益移転防止法における顧客管理措置の強化(1)」

　なお、本書で記載した内容についての責任は執筆者にあり、意見に関する部分は、あくまで執筆者の個人的見解であることをおことわりしておく。最後に、本書の出版にあたって、温かいご指導、ご支援をいただいた金融財政事情研究会の田島正一郎氏には大変お世話になった。感謝申し上げる。

　2016年5月

執筆者一同

■執筆者紹介

鈴木 仁史 弁護士（第2章、第4章担当）
鈴木総合法律事務所

〈略歴〉

東京大学法学部卒業

1998年4月	弁護士登録（第一東京弁護士会・50期）
2001年10月	鈴木総合法律事務所開設
2004年4月	暴力団追放運動推進都民センター相談員
2007年4月	暴力団追放運動推進都民センター不当要求防止責任者講習委嘱講師
2008年2月	国土交通省「地籍整備の新たな手法に関する勉強会」委員
2008年6月	日本弁護士連合会民事介入暴力対策委員会事務局次長
2015年6月	日本弁護士連合会民事介入暴力対策委員会副委員長
2016年4月	第一東京弁護士会民事介入暴力対策委員会委員長
2016年6月	日本弁護士連合会業務改革委員会・企業の社会的責任（CSR）と内部統制に関するPT幹事

〈主な論文・著書〉

「金融機関の反社排除への道　第1回～第58回」（金融法務事情1914号～2038号）

『地域金融機関の保険業務』（共著：金融財政事情研究会）

『コンプライアンスのための金融取引ルールブック〔第16版〕』（共著：銀行研修社）

『金融実務と反社会的勢力対応100講』（共著：金融財政事情研究会）

『知らないでは済まされない会社役員の法律Q&A』（共著：日本法令）

『雇用関係　契約・書式集』（共著：日本法令）

鈴木 洋子 弁護士（第2章担当）
鈴木総合法律事務所

〈略歴〉

一橋大学法学部卒業

1998年4月	弁護士登録（東京弁護士会・50期）
1998年4月	高城合同法律事務所（現小池・高城総合法律事務所）入所
2002年11月	鈴木総合法律事務所にパートナーとして参加
2015年	独立行政法人経済産業研究所（RIETI）監事就任

〈主な著書〉

『知らないでは済まされない会社役員の法律Q&A』（共著：日本法令）

『雇用関係　契約・書式集』（共著：日本法令）
『事例式　人事労務トラブル防止の手引』（共著：新日本法規出版）
『新会社法A2Z　非公開会社の実務』（共著：第一法規）
『会社を経営するならこの1冊』（共著：自由国民社）
『Q&A倒産手続における相殺の実務』（共著：新日本法規出版）

徳山　佳祐　弁護士（第1章第1節8⑴個人の責任に関する規制強化、第2章担当）

〈略歴〉
関西大学法学部法律学科卒業
明治大学法科大学院修了
2009年12月　弁護士登録（第一東京弁護士会・新62期）
2013年7月　日本組織内弁護士協会（JILA）9部会（生命保険、損害保険等）部会員
2015年9月からカーディフ大学LL.M.
第一東京弁護士会民事介入暴力対策委員会
第一東京弁護士会法務総合研究所組織内法務研究部会
日本組織内弁護士協会

〈主な論文・著書〉
「反社会的勢力の現状と排除に向けた金融機関の取組み」（ファイナンシャル・コンプライアンス2011.2）
「雇用契約に関する反社会的勢力排除の理論的検討と実務上の留意点」NBL987（共著）
「説明義務違反による損害賠償責任」（保険事例研究会レポート274号）
『保険業界の暴排条項対応』（共著：金融財政事情研究会）
『営業店の反社取引・マネロン防止対策ハンドブック』（共著：銀行研修社）　等

中雄　大輔（第1章第2節、第3章第2節2⑵サンクション・コンプライアンス・プログラムを担当）

株式会社三菱東京UFJ銀行　コンプライアンス統括部　マネー・ローンダリング防止対策室　チーフ・アドバイザー
国際基督教大学卒業、1987年に東京銀行入行。主に東京、パリ、ロンドンのディーリングルームに勤務。2009年よりAML・経済制裁対応に従事。
ACAMS認定アンチ・マネー・ローンダリング・スペシャリスト。

〈著書〉
「銀行業務における資金洗浄対策と経済制裁対応」(フィナンシャル・レギュレーション2015.5)
「Effective Implementation of the Risk-Based Approach」(ACAMS Today 2016.3)
「包括的共同作業計画「履行の日」以降の対イラン取引の注意点」(国際商事法務 Vol.44、No.5 2016.5)

中山　太郎（第1章第1節6租税回避を担当）
有限責任　あずさ監査法人　金融事業部　シニアマネジャー
2002年に朝日監査法人（現 有限責任　あずさ監査法人）に入所し、金融機関の監査業務をはじめ、US-SOX対応体制構築支援業務等を担当。2008年よりKPMGサンフランシスコ事務所に駐在し、米国金融機関の監査・アドバイザリー業務に従事する。2010年に帰国後は、本邦金融機関のFATCA/CRS対応支援等を担当。

山﨑　千春（第1章第1節、第3章担当）
有限責任　あずさ監査法人　金融事業部　マネージング・ディレクター
大手邦銀等に勤務後、2006年に有限責任　あずさ監査法人に入社。金融機関のコンプライアンス態勢、AML/CFT等の金融犯罪、内部不正管理態勢構築、FATCA/CRS対応、サイバーセキュリティ、コンダクトリスク管理態勢構築等の支援を多数手がける。ACFE公認不正検査士。ACAMS認定アンチ・マネー・ローンダリング・スペシャリスト。米国CFA Institute認定証券アナリスト。

©2016 KPMG AZSA LLC, a limited liability audit corporation incorporated under the Japanese Certified Public Accountants Law and a member firm of the KPMG network of independent member firms affiliated with KPMG International Cooperative ("KPMG International"), a Swiss entity. All rights reserved. The KPMG name and logo are registered trademarks or trademarks of KPMG International.

ここに記載されている情報はあくまで一般的なものであり、特定の個人や組織が置かれている状況に対応するものではありません。私たちは、的確な情報をタイムリーに提供するよう努めておりますが、情報を受け取られた時点およびそれ以降においての正確さは保証の限りではありません。なんらかの行動をとられる場合は、ここにある情報のみを根拠とせず、プロフェッショナルが特定の状況を綿密に調査したうえで提案する適切なアドバイスをもとにご判断ください。

目　次

第1章 グローバルな規制動向

第1節　マネー・ローンダリングとテロ資金供与 ………………………… 3
　1　FATF第4次対日相互審査の状況 ……………………………………… 4
　　(1)　FATF勧告 ……………………………………………………………… 4
　　(2)　FATFメソドロジー …………………………………………………… 7
　　(3)　これまでの第4次相互審査の状況 ………………………………… 12
　2　わが国の取組みとFATF ………………………………………………… 14
　3　リスクベース・アプローチ ……………………………………………… 20
　　(1)　NRA …………………………………………………………………… 21
　　(2)　事業者としてのリスクベース・アプローチの適用 ……………… 35
　　(3)　デ・リスキング ……………………………………………………… 38
　4　透明性と真の受益者 ……………………………………………………… 41
　　(1)　真の受益者の透明性確保の必要性 ………………………………… 42
　　(2)　真の受益者の定義 …………………………………………………… 43
　　(3)　真の受益者確認に必要な情報 ……………………………………… 46
　5　テロ資金供与 ……………………………………………………………… 50
　6　租税回避 …………………………………………………………………… 58
　　(1)　OECDの自動的情報交換 …………………………………………… 60
　　(2)　日本版CRS …………………………………………………………… 62
　7　仮想通貨等の新技術 ……………………………………………………… 65
　　(1)　新たな決済手段 ……………………………………………………… 66
　　(2)　仮想通貨 ……………………………………………………………… 71
　8　その他の各国規制動向 …………………………………………………… 76
　　(1)　個人の責任に関する規制強化 ……………………………………… 76

(2)　NYDFSの自己宣誓規制案 80
第2節　経済制裁 83
　1　経済制裁の目的 83
　　(1)　経済制裁とは何か 83
　　(2)　経済制裁の目的 83
　2　経済制裁の根拠 85
　　(1)　国連安全保障理事会の決議に基づく経済制裁 85
　　(2)　安保理決議によらない経済制裁 86
　3　日本の経済制裁 88
　　(1)　概　要 88
　　(2)　域外適用性 90
　　(3)　罰則規定 93
　4　米国の経済制裁 94
　　(1)　法・規制体系（連邦） 94
　　(2)　OFACが運用する経済制裁規制の概要 95
　　(3)　OFAC規制の解釈 98
　　(4)　米国経済規制の「域外適用性」 102
　　(5)　IEEPAの罰則規定 104
　　(6)　OFACの経済制裁執行ガイドラインにある罰則規定 104
　　(7)　OFAC以外の経済制裁規制 109
　5　EUの経済制裁 109
　　(1)　概　要 109
　　(2)　EUの経済制裁の適用範囲 111
　　(3)　EU経済制裁の罰則規定 111
　6　日米欧の経済制裁規制の域外適用性の比較 113
　7　経済制裁の新潮流 113
　　(1)　制裁の解除 113
　　(2)　経済制裁対象者の変化 115
　　(3)　FinTech（ブロックチェーン、AI） 116

第2章
改正犯収法の概要

第1節 「特定取引」の改正（平成26年改正）……………………… 121
  1 特定取引の追加 …………………………………………………… 121
    (1) 取引時確認の必要な「特定取引」の追加 …………………… 121
    (2) 顧客管理を行ううえで特別の注意を要する取引 …………… 122
    (3) 敷居値以下で分割された取引（令7条3項）………………… 125
  2 簡素な顧客管理を行うことが許容される取引 ………………… 128
    (1) 改正前の規律および改正の背景 ……………………………… 128
    (2) 改正内容 ………………………………………………………… 128
第2節 取引時に確認すべき顧客情報 ……………………………… 132
  1 平成23年改正の背景 ……………………………………………… 132
    (1) 特定事業者が行政庁に疑わしい取引の届出を適切に行うための環境整備（属性情報、取引目的等を取得する必要性）……… 132
    (2) 国、地方公共団体等の場合の例外 …………………………… 134
  2 取引を行う目的の確認 …………………………………………… 134
    (1) 取引を行う目的の確認 ………………………………………… 134
    (2) 取引を行う目的の確認方法 …………………………………… 136
  3 職業・事業内容の確認 …………………………………………… 137
    (1) 職業・事業内容の確認 ………………………………………… 137
    (2) 自　然　人 ……………………………………………………… 138
    (3) 法　　　人 ……………………………………………………… 140
    (4) 外国に本店または主たる事務所を有する法人である顧客等（外国法人）……………………………………………………… 143
    (5) 人格のない社団・財団 ………………………………………… 143
  4 法人の実質的支配者 ……………………………………………… 144
    (1) 平成23年改正の趣旨 …………………………………………… 144
    (2) 平成23年改正後の課題（最終受益者等の確認の要否）……… 144

(3) 確認方法 ……………………………………………………………… 145
　　(4) 確認対象～資本多数決法人（株式会社、投資法人、特定目的会
　　　　社等） …………………………………………………………………… 147
　　(5) 確認対象～資本多数決法人以外の法人（(4)以外の法人） ………… 151
第3節　リスクの高い取引の確認 ………………………………………………… 155
　1　外国PEPsとの取引の追加（平成26年改正） …………………………… 155
　2　リスクの高い取引とは ………………………………………………… 156
　　(1) なりすましが疑われる取引（法4条2項1号、令12条1項1号） …… 156
　　(2) 関連取引時の確認事項を偽っていた疑いのある顧客等との取
　　　　引（法4条2項1号、令12条1項2号） ………………………………… 156
　　(3) 犯罪収益移転防止の制度が十分に整備されていない特定国等
　　　　に居住・所在する顧客等との取引（法4条2項2号、令12条2項） … 157
　　(4) 外国PEPsとの取引（法4条2項3号、令12条3項、規則15条） …… 157
　3　確認事項・確認方法 …………………………………………………… 160
　　(1) 確認事項 …………………………………………………………………… 160
　　(2) 確認方法（規則14条） …………………………………………………… 160
第4節　代理権の確認 ……………………………………………………………… 168
　1　原　　則 ………………………………………………………………… 168
　　(1) 顧客等が自然人の場合 …………………………………………………… 168
　　(2) 顧客等が自然人でない場合 ……………………………………………… 169
　2　国・地方公共団体、人格のない社団・財団、上場企業等との取
　　　引における例外 ………………………………………………………… 170
第5節　本人確認書類 ……………………………………………………………… 172
　1　改正に至る経緯と改正の趣旨 ………………………………………… 172
　2　写真付証明書／写真付きでない証明書（規則6条1項） …………… 173
　3　個人番号カード・通知カード（規則6条2項4号） ………………… 176
第6節　法4条1項に規定する取引に際して行う確認の方法の特例に
　　　　ついて（規則13条） ……………………………………………………… 178
　1　確認方法の特例 ………………………………………………………… 178

目　次　xi

2　特例の具体的内容 …………………………………………………… 178
第7節　すでに取引時確認を行っている顧客等との取引 ……………… 181
　1　改正の経緯 …………………………………………………………… 181
　2　すでに取引時確認を行っていることを確認する方法 …………… 183
　3　代表者等・実質的支配者の変更 …………………………………… 183
第8節　継続的な顧客管理措置 …………………………………………… 185
　1　継続的顧客管理の意義 ……………………………………………… 185
　2　平成23年改正後のFATFからの指摘および平成26年改正 …… 186
　3　疑わしい取引の届出に関する判断方法（平成26年改正）……… 187
　　(1)　確認項目（規則26条）…………………………………………… 187
　　(2)　確認方法（規則27条）…………………………………………… 188
　4　取引時確認の情報を最新の内容に保つための措置（平成23年改
　　正）……………………………………………………………………… 192
　　(1)　具体的な措置の内容 …………………………………………… 192
　　(2)　留意事項における措置 ………………………………………… 193
第9節　コルレス先との契約締結に際して行う確認 …………………… 196
　1　平成26年改正における法9条新設の背景 ………………………… 196
　　(1)　FATF勧告における「シェルバンクでない者」の確認 ……… 196
　　(2)　平成26年の法改正（法9条）…………………………………… 197
　2　取引時確認等相当措置を的確に行うために必要な基準に適合す
　　る体制整備 …………………………………………………………… 197
　　(1)　法9条1号・規則29条 ………………………………………… 197
　　(2)　法9条2号 ……………………………………………………… 198
　3　コルレス先との契約締結に際する確認方法（規則28条）……… 199
　　(1)　コルレス先から申告を受ける方法 …………………………… 199
　　(2)　コルレス先または法22条1項および2項に規定する行政庁に
　　　相当する外国の機関によりインターネットを利用して公衆の閲
　　　覧に供されている当該コルレス先に係る情報を閲覧して確認す
　　　る方法 ……………………………………………………………… 199

第10節　内部管理体制の構築 …………………………………………… 201
 1　内部管理体制についての規定創設（平成23年改正）…………………… 201
 2　平成26年改正における体制整備等の努力義務の拡充 ………………… 201
 3　FATF勧告におけるリスクベース・アプローチの反映 …………… 202
 4　具体的措置の内容 ………………………………………………………… 203
  (1)　使用人に対する教育訓練の実施（法11条1号）…………………… 203
  (2)　取引時確認等の措置の実施に関する規程の作成（法11条2号）…… 203
  (3)　取引時確認の措置の的確な実施のために必要な監査その他の
　　　業務を統括管理する者（統括管理者）の選任（法11条3号）……… 204
  (4)　取引のリスク評価および特定事業者作成書面等の作成（規則
　　　32条1項1号）………………………………………………………… 204
  (5)　取引時確認等の措置を行うに際して必要な情報の収集・整
　　　理・分析（規則32条1項2号）……………………………………… 205
  (6)　確認記録・取引記録等の継続的な精査（規則32条1項3号）……… 205
  (7)　リスクの高い取引を行う際の統括管理者の承認（規則32条1
　　　項4号）………………………………………………………………… 206
  (8)　リスクの高い取引について行った情報収集・整理・分析の結
　　　果の書面化・保存（規則32条1項5号）…………………………… 207
  (9)　必要な能力を有する職員の採用のために必要な措置（規則32
　　　条1項6号）…………………………………………………………… 207
  (10)　取引時確認等の措置の的確な実施のために必要な監査の実施
　　　（規則32条1項7号）………………………………………………… 208
 5　外国子会社・外国所在営業所の体制整備 ……………………………… 209
  (1)　改正の背景（FATF対日相互審査）……………………………… 209
  (2)　改正の目的 …………………………………………………………… 209
  (3)　改正の内容（規則32条2項・3項）………………………………… 210
 6　コルレス先と取引を行う際の体制整備の拡充 ………………………… 212
  (1)　前回の規則改正 ……………………………………………………… 212
  (2)　改正による体制整備の拡充 ………………………………………… 212

第11節　本人確認記録の記載事項、施行時期・経過規定 ·················· 215
　1　本人確認記録 ·· 215
　2　記録事項 ·· 216
　3　施行時期・経過規定 ·· 218
　　(1)　施行時期 ·· 218
　　(2)　経過措置 ·· 218

第12節　罰　　　　則 ·· 222
　1　罰則の引上げ ·· 222
　2　振り込め詐欺対策としての改正 ······································ 223
　　(1)　背　　景 ·· 223
　　(2)　想定される具体的な罰則 ·· 224

第13節　マネー・ローンダリング事例の解説 ································ 225
　1　東京高判平17年11月17日判夕1185号159頁（五菱会事件・確定）····· 225
　2　東京地判平25年10月31日金商1432号28頁（確定）·················· 228
　3　他人名義口座による犯罪収益等隠匿事例（平成26年JAFIC年次
　　報告書事例2・7月福岡、佐賀）······································ 230
　4　暴力団構成員等が関与するマネー・ローンダリング事例（平成
　　26年JAFIC年次報告書事例7・2月大阪、8・6月千葉）················ 231
　5　売春の売上金を生命保険の保険料に充当していた事例（犯罪
　　による収益の移転の危険性の程度に関する評価書事例21・平成25年4月
　　岐阜）·· 232

第 3 章
金融機関の実務対応

第1節　経営的要素 ·· 238
　1　リーダーシップとガバナンス ·· 239
　　(1)　業務部門 ·· 244
　　(2)　コンプライアンス部門 ·· 244

（3）内部監査部門 …………………………………………………… 246
　2　方針・手続 ………………………………………………………… 246
　　（1）マネジメントの責任 …………………………………………… 247
　　（2）AML/CFTプログラム ………………………………………… 248
　　（3）CDD ……………………………………………………………… 248
　　（4）フィルタリング ………………………………………………… 249
　　（5）取引モニタリング ……………………………………………… 250
　　（6）リスク評価 ……………………………………………………… 250
　　（7）研　　修 ………………………………………………………… 251
　　（8）その他（検証、情報記録、対外説明責任など）……………… 252
第2節　固有要素 …………………………………………………………… 253
　1　CDD ………………………………………………………………… 254
　　（1）CDDプロセス …………………………………………………… 256
　　（2）高リスク領域 …………………………………………………… 262
　　（3）顧客以外の確認手続 …………………………………………… 264
　2　経済制裁対応とフィルタリング ………………………………… 266
　　（1）フィルタリング ………………………………………………… 266
　　（2）サンクション・コンプライアンス・プログラム …………… 270
　3　取引モニタリング ………………………………………………… 305
　　（1）モニタリング方針の設定 ……………………………………… 307
　　（2）マニュアルベースvs.システムベース ……………………… 307
　　（3）頻度の設定 ……………………………………………………… 310
　　（4）シナリオ・敷居値の設定 ……………………………………… 311
　　（5）報告プロセス …………………………………………………… 314
　　（6）有効性の検証 …………………………………………………… 315
第3節　基盤的要素 ………………………………………………………… 318
　1　リスク・アセスメント …………………………………………… 319
　　（1）全社的リスク・アセスメント ………………………………… 320
　　（2）取引ごとのリスク・アセスメント …………………………… 328

2　研　　修 ……………………………………………………… 333
　　　(1)　経営的要素と研修 ………………………………………… 336
　　　(2)　固有要素と研修 …………………………………………… 336
　　　(3)　基盤的要素と研修情報記録 ……………………………… 337
　　　(4)　監視的要素と研修 ………………………………………… 338
　　　(5)　対外的要素と研修 ………………………………………… 338
　　3　情報記録 ………………………………………………………… 339
第4節　監視的要素 ……………………………………………………… 342
　　1　モニタリングの位置づけ ……………………………………… 344
　　2　営業店に対するモニタリングのポイント …………………… 346
　　3　AML/CFTプログラムそのもののテスティングのポイント … 348
第5節　対外的要素 ……………………………………………………… 352
　　1　説明責任 ………………………………………………………… 353
　　　(1)　企業としての責任 ………………………………………… 353
　　　(2)　個人としての責任 ………………………………………… 356
　　　(3)　懲　　戒 …………………………………………………… 357
　　2　当局報告 ………………………………………………………… 359
　　　(1)　疑わしい取引の届出手続 ………………………………… 359
　　　(2)　情報開示の禁止 …………………………………………… 360
　　　(3)　その他の当局報告 ………………………………………… 361
　　3　情報共有 ………………………………………………………… 362
　　　(1)　当局との情報共有 ………………………………………… 362
　　　(2)　同業間の情報共有 ………………………………………… 364
　　　(3)　情報保護 …………………………………………………… 364

第 4 章
反社会的勢力対応のポイント

第1節　反社対策をめぐる情勢の進展 ……………………………… 367

1　「企業が反社会的勢力による被害を防止するための指針」の策定および金融庁監督指針の改正 ……………………………… 367
　　2　業界団体による暴力団排除条項参考例 ……………………… 368
　　3　全国における暴力団排除条例の施行 ………………………… 368
　　4　金融庁の金融行政方針 ………………………………………… 369
　第2節　各業態における暴排条項参考例策定等の取組み ………… 370
　　1　銀行等預金取扱金融機関 ……………………………………… 370
　　(1)　共生者5類型 ……………………………………………… 370
　　(2)　元暴力団員の規定（5年規定）………………………… 373
　　2　協同組織金融機関 ……………………………………………… 374
　　(1)　暴排条項参考例 …………………………………………… 374
　　(2)　会員・組合員からの反社排除の必要性 ………………… 374
　　(3)　反社排除が「加入・脱退自由の原則」に反しないこと ………… 376
　　(4)　信用金庫定款例の概要（加入の未然防止と加入後の排除）……… 377
　　3　保険会社 ………………………………………………………… 379
　　(1)　生命保険会社 ……………………………………………… 379
　　(2)　損害保険会社 ……………………………………………… 380
　第3節　組織としての対応 …………………………………………… 382
　　1　金融庁の平成26年改正監督指針 ……………………………… 382
　　2　経営陣の適切な関与による組織対応 ………………………… 383
　　3　関係部門間の横断的な協力態勢 ……………………………… 383
　　4　グループ一体となった反社排除 ……………………………… 384
　　5　グループ外の他社（信販会社等）との提携による金融サービスの提供などの取引の際の反社排除 ……………………… 384
　　6　PDCAサイクル、再発防止策等の検討 …………………… 384
　第4節　反社対応部署による一元的な管理態勢構築（情報収集態勢）…… 386
　　1　平成26年の金融庁監督指針改正の概要 ……………………… 386
　　2　自助（反社情報の収集、反社データベースの構築等）…… 387
　　(1)　反社に関する情報の積極的な収集・分析 ……………… 387

(2) 反社情報を一元的に管理したデータベースの構築 ……………… 388
　　(3) 反社データベースの更新（情報の追加、削除、変更等）………… 391
　　(4) 情報の積極的活用 ……………………………………………… 393
　3　共助（情報の共有化と積極的活用）……………………………… 394
　　(1) グループベースでの情報共有 ………………………………… 394
　　(2) 業界団体から提供された情報の活用 ………………………… 395
　4　公助（警察情報）…………………………………………………… 397
　　(1) 警察情報の提供に関する通達の改正 ………………………… 397
　　(2) 暴排条項適用にあたっての警察情報の留意点 ……………… 403
　　(3) 宮崎市生活保護事件 …………………………………………… 407
　5　各ステージにおける関係遮断 …………………………………… 408
　　(1) 入口・中間管理・出口の3段階 ……………………………… 408
　　(2) 適切な事前審査の実施（入口）………………………………… 409
　　(3) 適切な事後検証の実施（中間管理）…………………………… 409
　　(4) 反社との取引解消に向けた取組み（出口）…………………… 410
第5節　入口対策 ……………………………………………………… 411
　1　事前審査 …………………………………………………………… 411
　　(1) 適切な事前審査の実施の重要性 ……………………………… 411
　　(2) 事前審査の方法（反社情報等の活用）………………………… 411
　　(3) 事前審査の範囲 ………………………………………………… 412
　　(4) 入口での契約謝絶の範囲等 …………………………………… 413
　2　契約書や取引約款への暴排条項の導入 ………………………… 414
第6節　適切な事後検証等の実施（中間管理）…………………… 415
　1　中間管理の内容 …………………………………………………… 415
　　(1) 事後検証 ………………………………………………………… 415
　　(2) 内部管理態勢 …………………………………………………… 415
　2　中間管理の意義 …………………………………………………… 415
　　(1) 取引の全段階での排除態勢の必要性 ………………………… 415
　　(2) 情報および取引先の属性の変更 ……………………………… 416

3 モニタリング……………………………………………………416
  (1) モニタリングの方法…………………………………………416
  (2) リスクベース・アプローチ…………………………………418
 4 暴排条項の導入状況のチェック……………………………………418
  (1) 暴排条項導入の必要性………………………………………418
  (2) 既存契約についての暴排条項導入…………………………419
 5 反社データベースの充実・強化……………………………………419
 6 グレー事案と中間管理………………………………………………420
  (1) 中間管理における内部管理態勢……………………………420
  (2) グレー事案の対応……………………………………………420
第7節 事後解除……………………………………………………………422
 1 経営陣の指示・関与のもとでの対応………………………………422
 2 利益供与との関係……………………………………………………423
  (1) 「利益供与」の判断基準………………………………………423
  (2) 取引における留意点…………………………………………423
 3 反社との取引解消の推進……………………………………………425
  (1) 反社に対する融資の回収方法………………………………425
  (2) 預金保険機構による特定回収困難債権の買取制度の活用………425
  (3) 整理回収機構のサービサー機能の活用……………………428
 4 不適切・異例な取引の禁止…………………………………………428
第8節 反社認定・暴排条項適用についての考え方……………………429
 1 元暴力団員（5年規定）……………………………………………429
 2 共生者（密接交際者等）……………………………………………430
  (1) 大阪地裁決定…………………………………………………430
  (2) 暴力団員との認識がなかったとの抗弁について…………430
  (3) 訴訟リスクとの関係…………………………………………431
第9節 各種取引における暴排条項の適用（実務運用）………………433
 1 適切な暴排条項適用態勢……………………………………………433
 2 預金契約………………………………………………………………433

(1)　生活口座について ………………………………………………… 433
　(2)　約款の不利益変更（遡及適用）の可否 ………………………… 435
　(3)　預金口座解約の優先順位 ………………………………………… 437
　3　融　　　資 …………………………………………………………… 438
　(1)　既存の契約との関係 ……………………………………………… 438
　(2)　期限の利益喪失について ………………………………………… 439
　(3)　債権放棄の可否 …………………………………………………… 443
　4　会員・組合員からの反社排除方法 ………………………………… 444
　(1)　加入の未然防止 …………………………………………………… 444
　(2)　既存会員の排除 …………………………………………………… 444
　5　保険契約についての排除方法 ……………………………………… 446
　(1)　反社との取引を未然に防止するための態勢 …………………… 446
　(2)　保険契約締結後の排除態勢 ……………………………………… 447

第10節　普通預金口座解約等の実務運用 ……………………………… 450
　1　解約通知書の送付先 ………………………………………………… 450
　2　解約通知書の例 ……………………………………………………… 451
　3　解約の効力発生時期 ………………………………………………… 451
　4　解約代り金の返還方法 ……………………………………………… 453
　5　解約手続等にあたっての警察との連携 …………………………… 454
　(1)　保護対策 …………………………………………………………… 454
　(2)　東京都暴排条例における妨害行為についての禁止 …………… 454

資　料　編

資料1　犯罪による収益の移転防止に関する法律の一部を改正する法
　　　律新旧対照条文 ……………………………………………………… 458
資料2　犯罪による収益の移転防止に関する法律の一部を改正する法
　　　律の施行に伴う関係政令の整備等に関する政令新旧対照条文 …… 467
資料3　犯罪による収益の移転防止に関する法律施行規則の一部を改

　　　　正する命令新旧対照条文 ………………………………………… 489
資料4　「犯罪による収益の移転防止に関する法律の一部を改正する
　　　　法律の施行に伴う関係政令の整備等に関する政令案」等に対す
　　　　る意見の募集結果について ……………………………………… 570
資料5　犯罪収益移転危険度調査書 ………………………………………… 652
資料6　国連憲章第7章　条文 ……………………………………………… 711
資料7　50 U.S. Code Chapter 35 - INTERNATIONAL EMERGEN-
　　　　CY ECONOMIC POWERS ……………………………………… 714
資料8　企業が反社会的勢力による被害を防止するための指針につい
　　　　て …………………………………………………………………… 724
資料9　普通預金規定等に盛り込む暴力団排除条項の参考例について … 729
資料10　銀行取引約定書に盛り込む暴力団排除条項参考例の一部改正 … 732
資料11　当座勘定規定に盛り込む暴力団排除条項参考例の一部改正 …… 735
資料12　会員からの反社会的勢力の排除に係る信用金庫定款例の一部
　　　　改正 ………………………………………………………………… 738
資料13　反社会的勢力への対応に関する保険約款の規定例 ……………… 743

第 1 章

グローバルな規制動向

本章では、犯収法再改正の背景となるグローバルな規制動向について概観する。前著以降、各国ともマネー・ローンダリングおよびテロ資金供与（以下それぞれを「ML[1]」「TF[2]」、両者をあわせて「ML/TF」あるいは「マネー・ローンダリング等」という）の防止態勢に不備があった金融機関に対する行政処分は増加する一途である。たとえば米司法省は、9月を期末とする2015年度において民事・刑事訴訟で230億米ドルを回収したと公表した[3]。これには、国際緊急時経済権限法および銀行秘密法の侵害によるペナルティ、スイス銀行プログラム[4]の実施による多数のスイス銀行からのペナルティが含まれる。ML/TFを防止するために金融機関やその他の関連事業者が構築すべきAML/CFT[5]プログラム上の不備に対する厳罰化の流れは止められない。企業に対する処分だけではなく、個人に対する責任追及を可能とするような法制化の動きも急務である。

　本章ではまず第1節において、グローバルなML/TF規制を概観し、FATF、G20をはじめとしたグローバル社会の動向と、重要なトピックとしてリスクベース・アプローチ、透明性と真の受益者、租税回避、新技術等について考察する。これによって、犯罪収益移転防止法が、なぜ、2010年に引き続き再度改正されなければならなかったのか、再改正の趣旨は何なのか、事業者として何が求められているのかの理解を深めることを目的としている。

　またテロ活動の活発化・拡散に対する世界各国の取組みも急務となっている。このようなことから、テロ資金供与対策の要である経済制裁については第2節として独立させ、経済制裁の目的とその影響、経済制裁の根拠、各国の規制等について考察する。

1　Money Laundering.
2　Terrorist Financing.
3　Justice Department Collects More Than $23 Billion in Civil and Criminal Cases in Fiscal Year 2015, US Department of Justice, December 3, 2015.
4　米国とスイスの二国間協定であり、スイスの銀行を利用して租税回避を行った米国人の情報を米国当局に引き渡すよう求めたもの。スイスの銀行は米国人の未申告口座に関するデータを米国の司法省に提出して罰金を支払う見返りに、脱税幇助容疑での刑事訴追を免除される。
5　Anti-Money Laundering and Countering（もしくはCombating）the Financing of Terrorism.

第 1 節

マネー・ローンダリングとテロ資金供与

　ここでは、まずFATFを中心としたAML/CFT規制の流れを概観したい。
　FATF（The Financial Action Task Force：金融活動作業部会）とは、1989年のアルシュ・サミット経済宣言を受けて設立された政府間会合である。国際的な金融システムの誠実性を脅かすマネー・ローンダリング、テロ資金供与その他の脅威と戦うための基準をFATF勧告として策定し、各国の法制度、規制の実効性を高めることを目的としている。FATF勧告は1990年に策定され、以降数次にわたり改訂されてきた。直近では2012年に新勧告が公表されている。2015年12月現在、34カ国・地域および2つの国際機関がメンバーとなっている。参加国・地域相互間で、FATF勧告の遵守状況の監視、いわゆる相互審査が実施されている。さらに地域ごとのFATF型地域機関が設立されており、当該機関参加メンバー国・地域もFATF勧告の遵守を求められ、当該機関内での相互審査が実施されていることから、世界で200近い国・地域がFATF勧告の枠組みに入っているということができる。
　FATFが国際社会において重要な役割を演じるようになっているのは、マネー・ローンダリング、テロ資金供与、あるいは関連して大量破壊兵器の拡散、贈収賄、税犯罪さらには仮想通貨等の新技術にかかわる脅威への対処が国際金融システムや世界各国にとってきわめて喫緊の課題となってきているためである。
　いうまでもなく、マネー・ローンダリングとは、犯罪による収益の出所や帰属を隠そうとする行為であり、テロ資金供与とは、テロリストまたはその協力者へ資金またはその他利益を提供することである。マネー・ローンダリ

ングは、隠そうとする意図をもっていわば汚いお金をきれいにみせる行為である。一方、テロ資金供与とは、むしろ寄付行為等の善意の行為が結果的にテロ行為につながってしまう、つまりきれいなお金が汚いことに使われるという側面を有している。海外旅行中の家族に乞われて、親族がお金を送るという行為も、実はその家族がISILの外国人戦闘員だったということであれば、結果的にその行為は広義のテロ資金供与になるということである。

1　FATF第4次対日相互審査の状況

(1)　FATF勧告

　2012年2月16日、FATFはマネー・ローンダリングおよびテロ資金供与への闘いに向けたさらなるステップとして、新たな勧告を公表した[6]。従来は、マネー・ローンダリングに関する40の勧告とテロ資金供与に関する9の特別勧告に分かれていたものが40の勧告に統合され、大量破壊兵器拡散への関与に対する金融制裁も含まれるなど、国際情勢を反映したものとなっている。またリスクベース・アプローチ（RBA）がより強調されたことや、法人や法的取極めの真の受益者への情報アクセス、不正とPEPs[7]、脱税への取組姿勢が鮮明になったことが注目される。

a　新勧告の位置づけと概要

　2014年6月のFATF総会において、2008年の対日相互審査を含む一連のFATF第3次相互審査が終了し、FATF新勧告に基づく第4次相互審査を開始することが決議された。まず注目したいのは、新勧告の正式タイトル「マネー・ローンダリングおよびテロ・大量破壊兵器拡散への資金供与との闘いに関する国際基準：FATF勧告」である。従来のタイトルは「FATF基準：40の勧告」および「FATF基準：9の特別勧告」であったものが、新勧告は

---

[6]　International Standards on Combating Money Laundering and the Financing of Terrorism & Proliferation, The FATF Recommendations, Paris, 16 February 2012.
[7]　Politically Exposed Personsの略で、重要な公的地位にある者のこと。

「国際基準」であること、「大量破壊兵器拡散のリスク」も反映したこと、「闘い」であることが強調されている。新勧告公表に向けて議論されてきたリスクベース・アプローチ、顧客管理措置の強化、PEPs、脱税への取組みがおおむね反映された内容となっている。

b　リスクベース・アプローチ（RBA）

　新勧告に含まれる40の勧告は、ほとんどが旧来の40＋9の勧告を見直し・統合したものであるが、純粋に追加された項目は2つあり、その1つがRBAについての「勧告1.リスクの評価およびRBAの適用」である[8]。RBAの概念自体は、旧勧告においてもさまざまな個所で引用されていたが、定義が不明確であったことから、新勧告においては、RBAのそもそもの原則と目的が明記されたかたちとなっている。特にRBAの前提としての「リスクの評価」の概念が明確に定義されたことはきわめて重要である。勧告自体は一義的には、金融機関等に対してではなく、国全体に対してFATF勧告の履行を求めるものであり、RBAの一環としてのリスク評価についても、国として自国のマネー・ローンダリングおよびテロ資金供与のリスクを特定、分析、理解することを求めている。さらに、各国は自国の金融機関等に対し、同様のリスク評価を実施することを求めなければならないことが勧告1.で明記されている点、留意すべきである。

c　透　明　性

　法人あるいは信託などの法的取極めについての所有およびコントロール形態の不透明性が犯罪者およびテロリストによる悪用に対する脆弱性を高めているとの懸念から、法人、法的取極めの「真の受益者」に関する情報アクセス確保が強調された。すなわち勧告24.と25.において、各国は、法人および法的取極めについてマネー・ローンダリングおよびテロ資金供与による悪用を防止するための措置を講じるべきであること、当局が真の受益者の情報にアクセスできることを確保すべきこと、さらに金融機関等が当該情報にアクセスできるような措置を検討すべきことが明記された。

8　もう1つは大量破壊兵器拡散についての勧告7.である。

d　国際協力

　マネー・ローンダリングやテロ資金供与のグローバル化の脅威に対抗すべく、勧告36.～40.において、各国政府間協力がうたわれている。各国がマネー・ローンダリング、その前提犯罪、およびテロ資金供与に関連する法的な相互支援を「早急、建設的、かつ有効に提供すべき」であること、当該相互支援を確保するために現行の当局権限、行政メカニズムを活用し、当該法的取極めに基づく依頼事項の指示、実行、モニタリングが実施されるべきこと、捜査、監督、法執行目的のためのより有効な情報交換や不法に獲得された資産の追跡、凍結、没収、犯罪者の引渡しに係る必要な権限が整備されるべきことが明記されている。

e　運用基準

　疑わしい取引、マネー・ローンダリング、関連前提犯罪およびテロ資金供与に関する情報の受理、分析、広報を行う政府機関であるFIU[9]や法執行機関について、従来は当該機能を有する中央機関の設立を求めているものであったが、新勧告においては当該機関に求められる機能や情報アクセス等の基準が明確にされた。

　従来の勧告は制度設計に重点を置いていた面があり、FATFの取組みに消極的な国々においては、形式的な部分を最低限満たすことで相互審査を通ってきた傾向が否定できない。FATF勧告の実効性についてはかねてIMFも批判していたところであり、新基準は各国FIUや法執行機関の運用における実効性そのものを問うかたちとなっている。

f　新たな脅威

　新勧告では、深刻化する新たな脅威として、①大量破壊兵器拡散への資金供与、②不正とPEPs、③脱税に焦点を当てている。まず、①は国際連合安全保障理事会の求めに応じた経済制裁を実施すべきことが勧告7.で示されて

---

[9]　Financial Intelligence Unitの略で、ML/TFに係る資金情報を一元的に受理・分析し、捜査機関等に提供する政府機関。わが国のFIUは、警察庁 刑事局組織犯罪対策部 組織犯罪対策企画課 犯罪収益移転防止対策室（JAFIC；Japan Financial Intelligence Center）である。

いる。②は金融機関等にPEPs顧客の特定をより強く求めること、海外PEPsのみならず国内や国際機関のPEPsおよびその近親者についてもリスクに応じた対応を実施すべきことが勧告12.で示された。③は脱税が前提犯罪として明示的に位置づけられた。具体的には、新勧告の末尾記載の用語集において対象とする犯罪カテゴリーの1つに「TAX CRIMES」が加えられた。

(2) FATFメソドロジー

FATFは新勧告をふまえ、メソドロジー[10]を2013年2月に改定した。メソドロジーとはFATFが各国を審査するうえで審査員が拠り所とする基準書である。

a 改定メソドロジーの概要

旧メソドロジーは、FATF勧告の各項目について審査基準を列挙した形式になっていた。改訂版では、審査の体系を大きく2つに分け、従来の観点での審査基準をテクニカル・コンプライアンス・アセスメントと位置づけ、さらに新たな柱としてエフェクティブ・アセスメントを加えた。エフェクティブ・アセスメントとは、各国のAML/CFT規制体系の実効性を審査するものである。

かねてより、FATF相互審査は、前提犯罪が網羅的に法律に規定されているか、金融機関に求められる義務が規制として適切に明記されているかといった形式面に偏重しているとの意見があった。行政上あるいは金融機関での対応として実態上の裏付けのあるなしにかかわらず、立法上最低限の要件をテクニカルに満たせば、FATF相互審査はクリアできていたという批判である。

たとえば前回のFATF対日相互審査は、「日本はリスクベース・アプローチを適用していない」など厳しい指摘を受けて平成23年の犯収法改正に至っていることは周知のとおりであるが、特にエンフォーサビリティ、すなわち法的拘束力がないという点において、低評価を余儀なくされたとの意見も聞

---

[10] Methodology for Assessing Technical Compliance with the FATF Recommendations and the Effectiveness of AML/CFT Systems, FATF, February 2013.

かれる。金融機関が実務上は真摯に対応していたとしてもその拠り所となっている金融検査マニュアルには法的拘束力がないというわけである。

また従来どおりの観点であるテクニカル・コンプライアンス・アセスメント項目についても、FATF勧告の改定にあわせて重要な修正がいくつか行われている。以下、テクニカル・コンプライアンス・アセスメントと、エフェクティブ・アセスメント双方の内容について、主に金融機関への影響という観点から解説する。

b　テクニカル・コンプライアンス・アセスメント

まず、新勧告で新たに加わった「勧告1.リスクの評価とリスクベース・アプローチの適用」に関する審査基準について、国として行うべき事項に加えて、当該国の金融機関（非金融事業者も含む。以下同じ）が行うべき事項として以下が明記されている点が注目される（文頭の番号は原文の該当箇所）。

1.10　金融機関はML/TFの（顧客、国・地域、商品、サービス、取引、または販売チャネルに関する）リスクを特定、評価、理解する適切なステップをとるよう求められるべきである。このステップは以下を含む。

(a)　リスク評価結果を文書化すること

(b)　全体のリスクレベルおよび適切なレベルおよびリスク削減方法を決定する前にすべての適切なリスク要素を考慮すること

(c)　以上の評価結果を最新の状態に保つこと

(d)　リスク評価に関する情報を関連当局に提供するための適切なメカニズムを有すること

1.11　金融機関は以下のリスク削減を行うことを求められなければならない。

(a)　（国あるいは当該金融機関によって）特定されたリスクを管理、削減するための方針、コントロール、手続を上級管理職の承認のもとに保有すること

(b)　コントロールの実施状況をモニターし、必要に応じて高度化すること

(c)　高リスクと特定されたものについては拡張された手段を適用すること

また犯収法の重要なポイントである顧客管理措置については、改訂版では

最も多くのページを割いている。

10.5 顧客やその代理人、あるいは真の受益者に関する情報については、入手し特定することに加え、必ず「検証すべき」ことが明記されていること

10.7 金融機関として以下のような観点で継続的な顧客管理措置を実施すべきこと

(a) 実施された取引が、金融機関が理解している当該顧客、およびそのビジネス、リスク特性、あるいは必要に応じて資金源に関する知識と整合的であるかどうかを精査すること

(b) 既存の記録をレビューし、とりわけ高リスク顧客に関しては、顧客管理措置の過程で収集された文書、データ、情報が最新かつ適切であることを確保すること

10.10 また法人や法的取極めについても、真の受益者について以下のとおり特定し、「検証する」ことが求められる。

(a) 最終的にコントロール権限を有する自然人を特定する

(b) 前記(a)に疑義が認められるとき、該当する自然人がいないときは、なんらかの手段によって当該法人や法的取極めの業務執行権限を有する自然人

(c) 前記(a)、(b)に該当がない場合は、上級管理の任にあたる自然人

12.1 PEPsのうち外国PEPsについては以下のように基準が定められた。

(a) 顧客および真の受益者がPEPsであるかどうかを決定するリスク管理システムの導入

(b) 当該先とのビジネス確立（既存顧客との取引継続も含む）について上級管理職の承認

(c) 当該先の資金源を特定するための適切な対応

(d) 継続的で拡張されたモニタリングの実施

12.2 国内PEPsについては以下のとおり基準が定められた。

(a) 顧客および真の受益者がPEPsであるかどうかを決定する適切な対応

(b) 当該先が高リスクと認められた場合、外国PEPsで求められる12.1の(b)から(d)の実施

12.3 また、PEPsの近親者についても国内外それぞれ、前記同様の対応が求められる。ここでいう近親者とは、家族、親族に加えて、密接交際者も含まれる。

なお、テクニカル・コンプライアンス・アセスメントは40の新勧告項目ごとに行われ、従来どおり「遵守（C：Compliant）」「おおむね遵守（LC：Largely Compliant）」「一部不遵守（PC：Partially Compliant）」「不遵守（NC：Non Compliant）」の4段階で評価される。

c　エフェクティブ・アセスメント

改訂版メソドロジーにおいて実効性とは「定義された結果がどの程度達成されたかの度合い」と定義されている。「定義された結果」は、最上位の目標、中間的な結果、直接的な結果の3段階に分けて整理される。まず「最上位の目標」は「金融システムや経済全体がML、TFおよび大量破壊兵器拡散の脅威から保護され、金融セクターの誠実性が強化され、安心・安全に寄与している」と定義される。

次に「最上位の目標」をもたらすための「中間的な結果」として以下の3項目が定められる。

「政策、協調、協力がMLやTFのリスクを削減している」

「犯罪収益やテロ支援資金が金融やその他のセクターに侵入することが阻止され、あるいは当該セクターによって検知、報告されている」

「MLの脅威が検知、阻止され、犯罪者が処罰され、犯罪収益が剥奪されている。TFの脅威が検知、阻止され、テロリストの手から資源が剥奪され、テロ資金供与者が処罰され、結果としてテロ行為阻止に寄与している」

最後に「中間的な結果」をもたらすための、「直接的な結果」として11項目が定められている。

① ML/TFのリスクが理解され、ML、TFおよび大量破壊兵器拡散と闘うために当該法域内で協調的な行動がとられている

② 国際協力として適切な情報、金融情報、証跡が提供され、犯罪者およびその資産に対する行動を促進している

③ 監督当局が、リスクに応じ、AML/CFT要件の遵守に関し、金融機

関を適切に監督、モニター、規制している
④　金融機関がリスクに応じAML/CFTの予防的な措置を適切に講じ、疑わしい取引を届け出ている
⑤　法人や法的取極めがMLやTFの悪用から防がれており、関連当局が、障害なく真の受益者に関する情報を入手可能である
⑥　MLおよびTFの捜査に関して、金融情報その他関連する情報が適切に関連当局に活用されている
⑦　MLに関する違反、行動が捜査され、違反者が起訴され、効果的、罪の度合いに応じ、抑止的に処分されている
⑧　犯罪収益および手段が没収されている
⑨　TFに関する違反、行動が捜査され、テロ資金供与者が起訴され、効果的、罪の度合いに応じ、抑止的に処分されている
⑩　テロリスト、テロ組織、テロ資金供与者による資金の獲得、移動、利用、NPO組織の悪用を防止している
⑪　大量破壊兵器拡散に関与する者、法人による資金の獲得、移動、利用を、関連する国連安保理事会決議にのっとって防止している

エフェクティブ・アセスメントにあたっては、前記11項目の「直接的な結果」が「どの程度達成されているか」と「実効性を向上させるために何がなされるべきか」の2つの観点で、以下の4段階で評価される。

・高いレベルで実効性がある（H：High level of effectiveness）：直接的な結果がほぼすべての部分で達成されており、若干の改善の余地がある
・相当程度、実効性がある（S：Substantial level of effectiveness）：直接的な結果がおおむね達成されており、相応に改善の余地がある
・ほどほどに実効性がある（M：Moderate level of effectiveness）：直接的な結果がある程度達成されているが、重要な点で改善の余地がある
・実効性が低い（L：Low level of effectiveness）：直接的な結果が未達成ないしはわずかしか達成されておらず、基本的な点で改善すべきである

このように、エフェクティブ・アセスメントは真に結果を出しているかを

評価するものであり、審査官による定性的な判断に基づく評価が求められ、被審査国の説明責任が大きく問われることになる。たとえば「直接的な結果④」においては、以下のような質問が用意されている。

- 当該国の金融機関はML/TFのリスクおよびAML/CFTの義務をよく理解しているか
- 金融機関は、前記リスクに見合って適切にリスク削減措置を講じているか
- 真の受益者の情報や継続的なモニタリングも含め、金融機関は顧客管理措置や情報の保存を適切に実施しているか
- 金融機関はPEPs、コルレス・バンキング、ニュー・テクノロジー、電信送金、経済制裁者およびFATFによって特定された高リスク国に関して、拡張された特別な対応措置を適切に実施しているか

(3) これまでの第4次相互審査の状況

2016年1月現在でFATFの第4次相互審査結果が公表されているのは、2014年12月のノルウェー、スペイン、2015年4月のベルギー、オーストラリア、6月のエチオピア、9月のマレーシア、10月のバヌアツ、サモア、スリランカ、12月のキューバ、コスタリカの11カ国である。このうち、エチオピア以降の7カ国の審査はFATF型地域機関あるいは世界銀行によって実施され、すべてFATF新勧告および新メソドロジーに基づいている。すでに説明したとおり、第4次相互審査はFATF新勧告に準拠しているかというテクニカル・コンプライアンス・アセスメントと、結果として当該審査国のAML/CFTの実効性が確保されているかというエフェクティブ・アセスメントの2つの観点で実施され、前者は40の勧告ごとに4段階評価、後者は11の評価基準ごとに4段階評価される。この2つの評価軸による11カ国の審査結果を簡単に図示したのが図表1－1[11]である。

おおむねテクニカル・コンプライアンス・アセスメント結果がよければ、

---

11 一定の前提を置いて評点化しているが、審査の全体の状況の理解のために試行したものであり、個別国の相対的な比較や良し悪しを論評するものではない。

図表1-1 第4次相互審査結果の概略

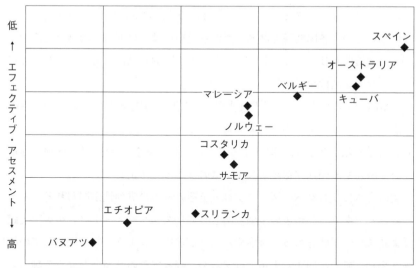

エフェクティブ・アセスメント結果もよいという正の相関傾向があることが見て取れる。また対象11カ国の評価レンジは相応にばらつきがあり、メリハリのある審査が行われていることもうかがわれる。

テクニカル・コンプライアンス・アセスメントで各国共通で評価が高かった項目は、「勧告9.銀行秘密法」「勧告11.記録の保存」「勧告20.疑わしい取引の届出」「勧告21.疑わしい取引の守秘」「勧告30.法執行部門の責任と捜査権限」といったきわめて基本的な内容である。一方評価が低かった項目は、「勧告7.大量破壊兵器拡散にかかる経済制裁」「勧告8.非営利団体」「勧告24.法人の透明性と真の受益者」「勧告25.法的取極めの透明性と真の受益者」「勧告28.非金融事業者、専門家に対する規制と監督」である。やはりテロ資金供与へのリスクの高まりをふまえ、これまで各国が必ずしも十分に対応できていなかった論点、あるいは悪用されやすい脆弱な領域に関する論点に集中していることが特徴といえる。わが国の金融機関としては、こういった傾向をふまえ、今般の再改正のポイントでもある透明性と真の受益者、あるいは経済制裁者に対する対応強化がいっそう必要となるものと思われる。

さらには金融機関以外の事業者・職業専門家の対応も急務となろう。
　エフェクティブ・アセスメントは、11.の「直接的な結果」の観点ごとに評価されるが、各国共通で評価が悪かった項目は、以下の3項目である。
④　金融機関がリスクに応じAML/CFTの予防的な措置を適切に講じ、疑わしい取引を届け出ている
⑦　MLに関する違反、行動が捜査され、違反者が起訴され、効果的、罪の度合いに応じ、抑止的に処分されている
⑪　大量破壊兵器拡散に関与する者、法人による資金の獲得、移動、利用を、関連する国連安保理事会決議にのっとって防止している
　④はまさにリスクベース・アプローチそのものの実効性が問われているということであり、わが国の金融機関としてリスクベース・アプローチの実践はよりスピード感をもって対応することが求められよう。⑦は国としての捜査、起訴、処分に関する事項ではあるが、翻ってその端緒となりうる疑わしい取引として、どの程度質の高い情報を提供できるかといった観点で、事業者側も真摯に向き合うべき事項である。⑪はテクニカル・コンプライアンス・アセスメントでも述べたとおり、テロ資金供与へのリスクの高まりをふまえたものといえる。

2　わが国の取組みとFATF

　わが国のAML/CFTの取組みの歴史はFATFと関連づけて整理することができる。古くは、1990年4月にFATF勧告が策定され、金融機関による顧客の本人確認、疑わしい取引の金融規制当局への報告が求められたことから、同年6月には大蔵省が各金融団体宛てに、顧客等の本人確認等実施を要請する通達を発出し、1992年7月には麻薬特例法が施行され疑わしい取引の届出制度が創設された。
　また、1999年12月の国連におけるテロ資金供与防止条約の採択、2001年9月の米国における同時多発テロ、同年10月のFATF「8の特別勧告」策定、2003年6月のFATF「40の勧告」の改訂等を経て、わが国においては、2007

年3月に犯罪収益移転防止法が制定された。それまで、「金融機関等による顧客等の本人確認等及び預金口座等の不正な利用の防止に関する法律」（平成14年法律第32号、金融機関等本人確認法）において本人確認等の措置が規定され、「組織的な犯罪の処罰及び犯罪収益の規制等に関する法律」（平成11年法律第136号、組織的犯罪処罰法）において疑わしい取引の届出に関する制度が規定されていたが、犯罪収益移転防止法はこれらを統合したものである。これによって、金融機関等本人確認法は廃止され（犯罪収益移転防止法附則2条）、疑わしい取引の届出制度を規定した組織的犯罪処罰法第5章は削除された（犯罪収益移転防止法附則14条）。

さらにFATF第3次対日相互審査が行われ2008年10月に結果が公表された。これによれば、重要勧告とされている「顧客管理に関する勧告」について、犯罪収益移転防止法において「特定事業者は、業務関係の目的および意図された性質に関する情報を入手する義務を明示的に負わない」「顧客の所有および管理構造の把握、もしくは最終的に法人を所有または支配する者がだれであるかの判定の義務づけがない」「リスクの高い分野の顧客、業務関係、取引が強化された顧客管理の対象となっていない」など多数の指摘を受け、不履行（NC）の評価を受けている。

この対応策を検討するために、2010年1月、警察庁に「マネー・ローンダリング対策のための事業者による顧客管理の在り方に関する懇談会」が設置され、FATFの第3次対日相互審査における指摘事項への対応という国際的取組みの観点のほか、顧客管理に関して取引実務への影響や事業者・顧客への負担といった日本固有の観点もふまえて検討がなされ、同年7月に報告書が取りまとめられた[12]。その後、警察庁において、本報告書をふまえて犯罪収益移転防止法の改正作業が進められ、2011年4月、「犯罪による収益の移転防止に関する法律の一部を改正する法律」（平成23年法律第31号）が成立し、2013年4月に全面施行された。

この改正は、第3次対日相互審査で指摘された顧客管理措置の課題を解消

---

[12] http://www.npa.go.jp/sosikihanzai/jafic/kondankai/kondankai.htm

すべく取引時の確認事項の追加等が盛り込まれたものだったが、筆者は「前回の対日審査での指摘事項に対し今回の改正犯収法が必ずしもすべてを網羅したものではないこと、FATFの要求水準が一段と高いものとなったなかで新たな第4次相互審査が開始されることなどにかんがみ、かなり早い時期で法、ないしは政省令レベルでの改正、もしくは当局検査における運用上の厳格化が行われることが十分想定される」[13]と指摘していたところである。

前著においても、「日本はリスクベース・アプローチを適用していない」と指摘された第3次対日相互審査結果をふまえて相応の整備がなされたと評価する一方で、以下のような課題を指摘していた。

・取引の目的・職業など、追加的に取得すべき情報はあくまで申告に基づくものであること
・真の受益者については一定の進展がみられ先行各国並みに近づいたとはいえるものの、国際的にはさらなる強化が求められることが不可避であること
・厳格な手続が必要とされる取引が限定列挙的に規定されており、リスクベース・アプローチの観点からは課題が残ると思われること
・今回の法改正は、第3次対日相互審査結果のうち最重要課題であった「顧客管理措置」関連項目に焦点を当てたものであり、PEPs、法人情報へのアクセスの確保、法的取極め（信託等）の不遵守項目については未対応であること

事実、この改正後のFATFにおける第3次対日相互審査のフォローアップ状況は図表1－2のとおり必ずしも芳しいものではなかった。

使節団派遣は、当該国の対応がかなり芳しくない場合に発動される措置であり、わが国の当局関係者は相当の危機感をもって対応したものと推察する。わが国としては決して手をこまねいていたわけではなく、不備指摘事項に対する改善策についていまだ十分なレベルに達していないとされたことをふまえて、新たな制度について検討を開始し、2014年6月には「マネー・

---

[13] 山﨑千春「FATFが公表した相互審査の新基準」（「週刊金融財政事情」3024号、2013.5.13）。

図表１−２　FATF総会での対日相互審査フォローアップ状況[14]

時期	内容（主に顧客管理に関する事項を中心に）
2012年6月	法令改正による勧告の履行状況の評価について多大な見解の相違が依然として存在し、今回の会合で結論を出すのは時期尚早であり、次回の会合に向け、日本とFATF事務局が継続的に協議することを奨励する意見が大勢を占めた。
2012年10月	日本の説明を理解したものもあるが、「真の受益者」や「継続的顧客管理」について、わが国の法令でFATF基準で求められている義務の一部が明確には記載されていない。
2013年2月	不備が指摘されている事項に対する改善策については、いまだ十分なレベルに達していない。 全般的に進捗が遅いので、日本に対するハイレベル使節団派遣の必要性を認める。

ローンダリング対策等に関する懇談会」が設置され、顧客への負担といった日本固有の観点もふまえて検討がなされ、翌年7月に報告書が取りまとめられた[15]。報告書では、以下のような論点が整理された。

・関連する複数の取引が敷居値を超える場合の取扱い
・写真なし証明書の取扱い
・取引担当者への権限の委任の確認
・法人の実質的支配者
・PEPsの取扱い
・継続的な取引における顧客管理
・リスクの高い取引の取扱い
・リスクの低い取引の取扱い
・既存顧客
・リスクベース・アプローチ

　このような検討を経て2014年11月の犯収法改正等に至ったのであるが、それに先立つ6月のFATF総会では以下のような重要なコメントが公表されて

14　国家公安委員会　委員会の開催状況（議事概要）説明資料より。
15　http://www.npa.go.jp/sosikihanzai/jafic/kondankai/kondankai.htm

いる[16]。

① 2004年に開始した第3次相互審査が終了した。ML/TFの包括的な犯罪化、より強固な顧客管理と疑わしい取引の届出の実施、金融監督当局およびFIUの権限と能力の拡大、国連安保理決議の実施などといった観点で、メンバー国のAML/CFTの枠組み強化が図られた。8つのFATF型地域機関、IMFおよび世銀による同様の取組みにより193のFATFグローバルネットワークの各国・地域において同様の対応がなされた。2、3のメンバー国は継続的な不備が残存しており、当該不備が解消されるまで継続的にFATFへ報告することが求められる。FATFは第4次相互審査を開始する。

② アルゼンチン、オーストラリア、ドイツ、韓国の第3次相互審査のフォローアップ終了を承認する。

③ 日本のハイレベルな政治的コミットメントにかかわらず、2008年10月の第3次対日相互審査報告書で特定された多くの重大な不備を是正できていないことの日本の継続的な失敗に懸念を示す。

・テロ資金供与に対する不完全な犯罪化

・金融および非金融セクターが対応すべき予防措置としてのCDD[17]その他の義務の十分性の欠如

・テロリスト資産の凍結に対する不完全なメカニズム

・パレルモ条約の完全な履行のための対応の欠如

FATFは日本に対し、必要な立法措置等を通してこれらの不備の迅速な改善を奨励する。

FATFは日本の状況の進展を引き続きモニターしていく。

すなわち、2014年6月をもって第3次相互審査の終了とともに、フォローアップ中であったアルゼンチン、オーストラリア、ドイツ、韓国の各国は卒業、卒業できなかった日本に対しては異例ともいえる厳しいステートメント

---

16 Meeting of the FATF Plenary, Paris 22-24 October 2014, FATFより。
17 Customer Due Diligence：顧客管理措置。

が公表されたということである。その後国会で法案成立のメドがたった10月に開催された次のFATF総会では、「日本は、顧客管理、テロリストの資産凍結に関する法案を臨時国会に提出した。継続審議のテロ行為に対する物質的支援の犯罪化に関する法案と併せて、正しい方向に向かっている。なお、パレルモ条約の締結については、未だ進捗が見られず、早期の立法措置を求め、」「FATF全体会合は、日本に対し、第3次相互審査フォローアップを早期に卒業できるよう、提出法案の成立と残る不備事項の改善に向けた取組みの継続を求めること及び次回の2月全体会合において進捗状況についての報告を求めることを決定」し、未卒業ながら、ようやく日本の動きを歓迎する以下のステートメントが公表された。

「日本の法制化に向けた重要な前進を歓迎し、適切な法規制の成立を含め、一連の不備の解消に継続的に取り組むことを奨励する」

その後、臨時国会にて11月14日にテロ資金提供処罰法の改正、11月19日に犯収法の改正および国際テロリストの財産凍結法が成立した。犯収法の改正等の詳細については第2章で考察するが、改正のポイントは以下の3点である。

① 疑わしい取引の届出に関する判断の方法に関する規定の整備
・国家公安委員会は毎年調査分析のうえ、犯罪収益移転危険度調査書を作成・公表
・特定事業者は上記の「調査書」等を勘案し、疑わしい取引であるかどうかを判断
② 外国所在為替取引業者との契約締結の際の確認義務に関する規定の整備
③ 特定事業者の体制整備等の努力義務の拡充
・取引時確認等の措置の実施に関する規程の作成
・統括管理する者の選任など

①は国が行うべきリスク評価（危険度調査）の根拠条文化と、それに伴って特定事業者が行うべき疑わしい取引の判断に関する規定である。当該条文は特定事業者ではなく、国に対してリスク評価を義務づけているものである

が、FATF勧告の趣旨から、特定事業者自身もリスク評価を行うべきことは当然のこととして対応する必要があると考える。事実、政省令レベルでは、特定事業者は「自らが行う取引について調査し、及び分析し、並びに当該取引による犯罪の収益の危険性の程度その他の当該調査及び分析の結果を記載し、又は記録した書面又は電磁的記録（特定事業者作成書面等）を作成し、必要に応じて、見直しを行い、必要な変更を加えること」が求められている。特定事業者が行うべきリスク評価は次の「3　リスクベース・アプローチ」にて考察する。②はいわゆるコルレス契約の際の確認義務の規定である[18]。③は従来の努力義務を拡充するものである。特定事業者としてどの程度の体制整備が新たに求められるのか、たとえば継続的な顧客管理措置、顧客から自己申告にて取得した情報の検証の必要性、統括管理者の責任範囲などについての詳細は主務省令で規定されており、第2章で詳述する。

3　リスクベース・アプローチ

　ここでは「1　FATF第4次相互審査の状況」で解説したFATF勧告のいちばんのポイントであるリスクベース・アプローチに焦点を当てて解説する。FATF対日相互審査において「日本はリスクベース・アプローチを適用していない」と厳しい指摘を受けて犯収法が二度にわたって改正されたことからもわかるように、リスクベース・アプローチの適用は国にとっても事業者にとってもきわめて重要な課題である。このようなことから、まず国としてのリスク評価の状況を概観し、次にリスク評価をふまえてどのようにリスクベース・アプローチを適用すべきかという観点でバーゼル銀行監督委員会およびFATFのガイダンスを参考にしながら、事業者としてのリスクベー

---

[18] これはデ・リスキングと呼ばれる論点にも関連する。昨今では、わが国でもコルレス先銀行から取引の見直しを求められる地域金融機関が少なくないといわれており、単にコルレス銀行が相手をどう確認するかというだけでなく、逆の立場で相手金融機関からどのように確認されるのか、それに対してどのように説明責任を果たすべきなのかという問題に対処すべき時代となっていきている。デ・リスキングについては本節3の(3)を参照されたい。

ス・アプローチ適用に向けたインプリケーションについて整理する。最後にリスクベース・アプローチのアンチテーゼともいうべきトピックであるデ・リスキングについて考察する。

(1) NRA[19]

a NRAの背景

2013年6月のロック・アーン・サミットにおいて、「われわれ」が「FATF基準を完全に支持し、それらを効果的に実施することにコミットする」こと、および「すべての国がFATF基準を満たすことを確保するための措置を講じることを奨励する」ことが首脳コミュニケに明記された。「われわれ」とはG8各国のことであり、すなわちG8メンバーである日本自身も、FATF基準遵守にコミットしたことを意味する。ロック・アーン宣言ではAML/CFTに関連して以下の2項目が採択されている。

- 世界中の税務当局は、脱税の問題と闘うため、自動的に情報を共有すべきである[20]。
- 法人は、真の所有者を把握し、税務当局および法執行当局は、この情報を容易に入手可能であるべきである[21]。

これを受けて、わが国も「法人及び法的取極めの悪用を防止するための日本の行動計画」を以下のとおり公表している。

- 法人および法的取極めに関する制度の検討、充実、整備
- 資金洗浄・テロ資金対策に係る国のリスク評価の実施（2014年末まで）
- 透明性を阻害するおそれのある金融商品や株式保有形態が悪用されないための措置
- 金融機関等が、顧客管理を含む国内の資金洗浄・テロ資金対策に関する義務に違反した場合の適切な制裁

ここで掲げられた「資金洗浄・テロ資金対策に係る国のリスク評価」が

---

19 National Risk Assessmentの略でML/TFに係る国のリスク評価のこと。
20 これについては本節の「6　租税回避」にて考察する。
21 これについては本節の「4　透明性と真の受益者」にて考察する。

NRAである。FATF勧告「勧告1.リスクの評価とリスクベース・アプローチの適用」では、「国は、国内のML/TFのリスクを特定、評価し理解すべき」であり、「このリスク評価に基づいてリスクベース・アプローチを適用すべき」と明記されている。リスクベース・アプローチとはAML/CFT対応が「特定されたリスク」に見合っていることを確保し、効果的な資源配分の意思決定を可能とするものであり、リスクを特定すること、評価することがその大前提となっている。

b　NRA概論

NRAにはどのようなことが記載されなければいけないかについて、FATFのガイダンス[22]に基づき整理してみたい。読者の多くは金融機関をはじめとした犯収法上の特定事業者であろうとの前提で、特定事業者としてNRAをどう活用すべきか、特定事業者自身がリスク評価を実施するにあたって参考にすべきことは何か、の２つの観点に絞って考察する。

まず重要な用語である「リスク」「脅威」「脆弱性」および「結果」の定義を整理する。

- リスク：リスクは「脅威」「脆弱性」および「結果」の３つの要素の関数としてとらえられる。リスク評価は、この３要素についての判断を伴い、ML/TFのリスクを特定・分析し、理解するための方法論が関係者間で合意されなければならない。
- 脅威：脅威とは国家、社会、経済等に害を及ぼしうる当事者と行動を指す。ML/TFにおいては犯罪者、テロリスト集団、支援者、その資金、ML/TFの行為そのもの等を意味する。脅威の理解はリスク評価のスタート・ポイントと位置づけられる。
- 脆弱性：脆弱性は、上記の脅威によって搾取されうる、あるいは行為を助長・促進させる対象をいう。国全体のAML/CFT制度上の弱点や国としての特性、あるいはML/TFの実行者にとって魅力的な特定の事業セクターや、商品・サービスを指す。

22　FATF Guidance, National Money Laundering and Terrorist Financing Risk Assessment, February 2013.

■ 結果：結果とは、ML/TFの行為そのものが及ぼす影響や害のことであり、その行為が金融システムや金融機関あるいはより広く経済や社会に与える効果である。結果には、短期的で直接的なものから、より長期的なもの、たとえば、その国の金融セクターのレピュテーション、魅力といった要素まで幅広く含まれる。

　次にリスク評価を実施するにあたっての原則について整理する。まずML/TFのリスク評価に関しては、どのような場合にも適用されるべき単一の具体的な方法論があるわけではない点に留意する必要がある。たとえば国としてのリスク評価については、TFをMLとは別個のものとして評価するのか、TFとあわせて評価するのかは、それぞれの国の状況によって異なるため、いずれが正解ということはない。また後述するように、定量的なモデルを適用する方法もあれば、具体的な事例を中心に叙述的に整理する方法もある。その国の規模、複雑性、ML/TFの環境、AML/CFT制度の成熟度や洗練度によって最適な方法を検討する必要がある。ただし、いずれの場合でも必ずふまえなければならない原則は以下のとおりである。

　まずリスク評価を実施する者、リスク評価を利用する者、すべての関係者間において、実施の目的について合意がなされていることが必要である。一般的には、その国が直面するML/TFリスクを特定、評価し、最終的に理解することが目的となる。また当該国のリスク評価は、グローバルレベルや地域レベルあるいは国内の業界セクターレベルでのリスク評価とも整合的・協調的となっているべきである。たとえば国レベルで領域ごとに高リスク、低リスクと評価された結果については、各セクターや事業者レベルでのリスク評価やリスクベース・アプローチに適切に反映される必要がある。国内のすべての関連事業セクターとの整合性を確保するためにも、NRAは網羅的に実施されなければならない。またNRAは政府組織内の上級高官レベルのコミットメントが不可欠である。

　NRAは広範囲にわたる作業となることから、関与すべき当局のすべてが協働して取り組む必要がある。強力なリーダーシップと、関連省庁ごとの役割分担、作業のプロセスが明確となっていなければならない。想定される当

局関係者は以下のとおりである。
- ・政策決定機関：NRAの結果を政策決定に活用すべき立場となる。
- ・法執行機関および検察当局：捜査をふまえた個別事案、関連統計、犯罪収益の推定、新たな手口の分析といった情報を提供する。
- ・情報機関：テロやテロ資金供与についての情報提供や、リスク・脅威の検証についての専門的なレビューの機能が期待される。
- ・FIU：届け出られた疑わしい取引情報やそれをもとにした分析結果から、脅威、脆弱性、ML/TFの手口、傾向といった情報が得られる。
- ・規制監督当局：当該当局が規制・監督する業界、事業者に対する検査・モニタリングを通して組織、商品、取引、顧客特有の脆弱性に関する情報や事業者の方針・手続、内部統制に係る情報を得られる。
- ・その他：外務当局、統計当局、海外パートナー（FATF型地域機関）なども重要な情報提供源となる。さらには民間セクター（犯収法上の特定事業者、業界団体、研究者、民間専門家、時には犯罪者も）の参加も有用である。

　FATF勧告1.はNRAを継続的に実施し、常に最新の状態に維持することを求めており、各国は定期的に評価を実施する必要があり、またNRA実施の方針・手続については明文化されていなくてはならない。

　最後にNRAの手順について考察する。NRAは、(a)特定、(b)分析、(c)査定の3つの段階に分けて整理することができる。

(a) 特　　定

　国がML/TFと戦う際の潜在的なリスク要素を特定する必要がある。そのためにはまず、脅威と脆弱性を列挙することから始めなければならない。たとえば、なぜ犯人が逮捕されずに資産入手や送金が可能だったのかをセクターごとに事例を参考にしながら考察する。考察にあたっては、単に根源的な脅威だけではなく、適用されているコントロールの有効性も考慮した残差として脆弱性を検討する必要がある。さらに、リスクは既述のとおり脅威・脆弱性・結果の関数であり、列挙された脅威や脆弱性を単純に高リスク・低リスクと分類するのではなく、結果も含めた総合的な考察を加え、どの脅威

がどの脆弱性を利用し、どのような結果を得るのかといったことを整理する必要がある。たとえば以下のようなリスク・イベントとして整理することも考えられる。

- ・組織犯罪グループが不法収益を、合法収益と混在させて金融システムに導入する。
- ・海外のテロリスト・グループが国内のNPOをフロントとして利用しテロ資金を調達する。
- ・犯罪者やテロリストが真の受益者の情報の欠如を利用し、法人を隠れみのにする。
- ・金融機関の取引モニタリング態勢が貧弱であるために、疑わしい取引の届出が適切に行われない。
- ・資金洗浄者は、ML/TF法規制が不十分であるために訴追を免れている。

(b) 分　　析

　第2段階の分析はNRAの中心部分である。前段階で特定されたリスクの態様、原因、発生可能性、影響度を吟味し、それぞれのリスクを、脅威、脆弱性および結果のコンビネーションとして総合的な理解を深めることが目的である。まず分析の手始めとして環境要因を勘案しなければならない。その環境によってリスクがどのように進展するのか、たとえば国の政治的、経済的、地政学的、社会的環境や、AML/CFT対策の実施に影響を与える行政上その他構造的な要因等がこれに該当する。どのような要因を勘案すべきかは、国によってあるいはリスクによって大きく異なる。

　環境要因をふまえてよりリスクを理解できたら、次のステップは個々のリスクの規模と重大さを決定するプロセスに移る。さまざまなリスク管理上の手法が適用可能だが、たとえば、個々のリスクを相対的にランクづけし分類する方法や、個々のリスクの結果に着目しその結果の発生可能性と重要度のマトリクスで分類する方法などが考えられる。ML/TFリスクは定量的に計測することは困難であり、繰り返しとなるが「脅威」「脆弱性」および「結果」の3要素を総合的に吟味して評価することが重要である。とりわけ結果

は、国家レベルでみてみると、直接的な損失だけではなく、その国の公的機関、民間機関の透明性、ガバナンス、あるいは説明責任にネガティブなインパクトをもたらし、ひいては国家の安全保障やレピュテーション、国家経済にも影響を与える。このような結果への波及度に応じて、リスク分類を検討する必要がある。

(c) 査　　定

第3段階の査定はリスクに応じた必要なアクションをとるための特定されたリスクの優先順位づけである。リスク評価結果をふまえて適宜政策立案を行うステップにつなげる準備段階として位置づけられる。リスク管理の一般的な手法として、リスク対応策には、回避、削減、受容および緊急対応などが考えられる。ML/TFの文脈で最も適切なのは回避と削減である。前の段階でリスクを発生可能性と重要度のマトリクスで分類する手法を例示したが、これにあわせて、重要度低／発生可能性低のリスクは監視、重要度低／発生可能性高のリスクは通常レベルの回避・削減策、重要度高／発生可能性高のリスクは緊急対応、重要度高／発生可能性低のリスクは緊急対応の次に優先的に対応する、といった優先順位づけが想定される。

c　各国のNRA

ロック・アーン・サミットを受けて各国が次々にNRAを策定・公表している。各国とも既述の枠組みにのっとっているが、適用された手法は各国さまざまである。以下、ロック・アーン・サミット以降の代表例としてシンガポール、米国、英国と公表された順に、内容をみていきたい。

(a)　シンガポール

シンガポールのNRA[23]は比較的早く2013年に内務省、財務省、通貨監督庁の事務次官で構成されるステアリング・コミッティによって省庁横断的に策定された。FATFの枠組みにのっとり、経済および地理的環境を記載し、法制度面を概観した後、国内をベースとするMLおよびTF、海外を発生源とするMLおよびTFの4分類ごとに犯罪タイプを整理して脅威に対する考察

---

[23] Singapore National Money Laundering and Terrorist Financing Risk Assessment Report, 2013.

を行っている。そのうえで、フルバンク、ホールセールバンク、両替業者、送金業者など14の金融セクター、カジノ、質屋、弁護士、NPOなど９の非金融セクターごとにリスク評価を実施している。リスクのランクづけ、セクター間の相対的な評価などは行っておらず、それぞれがさらされるリスクを根源的リスクと法規制対応との比較で記載する形式となっている。全体として、シンガポールは国際的な通商ハブおよび金融センターとしてクロス・ボーダーのML/TFリスクにさらされているものの、強固な法律と法執行機能・検察機能により世界でもきわめて低い犯罪率を実現しており、ML/TFについても法制度はきわめて有効であると結論づけている。そのなかでも、以下の領域についてはさらなる高度化が必要と指摘している。

・銀行業務におけるトレード・ファイナンスとコルレス・バンキング
・送金事業者および両替事業者
・インターネット・ベースのストアード・バリュー提供事業者
・法人設立サービス事業者
・質屋

さらに、今後引き続き調査が必要としている領域として、仮想通貨と貴金属ブローカーの２つをあげている。

(b) 米　国

米国のNRA[24]は2015年６月に公表された。他国のNRAと大きく異なるのは、MLのリスク評価書に加えて、TFのリスク評価書を別立てて策定したことである。

米国のMLリスク評価書は、財務省のテロ資金供与・金融犯罪室が中心となり、FinCEN[25]、OFAC[26]などの省内の関連部門のほか、法務省、国土安全保障省、保健福祉省、郵便公社、連邦監督機関によって策定され、2015年６月に公表された。

---

[24] Treasury Department Publishes National Money Laundering Risk Assessment and National Terrorist Financing Risk Assessment, June 12, 2015.
[25] Financial Crimes Enforcement Network：金融犯罪取締ネットワーク。米国のFIU。
[26] Office of Foreign Assets Control：外国資産管理室。敵性国資産の凍結、通商規制を所管する。詳細は本章「第２節　経済制裁」参照。

FATFの枠組みにおおむねのっとって脅威、脆弱性、リスクの順に分析を進めるアプローチをとっているが、リスク領域ごとのリスク分類や順位づけは行われていない。これは「あらゆる金融機関、支払手段、交換手段はML/TF目的で悪用されうる。米国の金融システムの規模と複雑性および豊富な技術革新の環境は、合法・不法双方の活動に機会を提供しており、犯罪者はありとあらゆる手段を活用する。すなわち、さまざまなML手口が同時に、また連続的に実行され、法執行機関や金融監督当局の対応に応じて次から次へと手法を開発している」との状況認識に立ち、「金融サービスないしはセクターをMLリスクの観点でランクづけすることは困難かつミスリーディングである」と考えているためである。むしろ評価書は全般にわたって5,000の起訴事案情報をもとにした豊富な事例を示し、各セクターやサービスのMLリスクの態様そのものの理解を深めることに力点を置いている。

　脅威としては不正（ヘルスケア不正、個人情報盗難、税犯罪、住宅ローン不正、消費者不正、証券不正）、麻薬取引、人身売買、組織犯罪、公的機関の腐敗が列挙され、MLは収益獲得を目的とするすべての犯罪にとって必要不可欠な行為であるとされている。

　米国の金融システムにおける脆弱性としては以下の5点を特定している。
- 記録の保存や報告義務が発生する敷居値を下回る金額での現金および現金類似手段の利用
- 当人であることを隠匿し代理人名義での銀行口座および証券口座の開設
- 真の受益者の正確な情報が欠如した法人の設立
- AMLコンプライアンス上不備がある商品・サービスの悪用
- 意図的に不法行為に加担する事業者および金融機関

　そのうえで最終的なリスクは、法規制、金融機関への監督と検査、法執行により相当程度抑えられているが、下記のリスクについては不可避であると指摘している。
- 合法・不法の区別が困難なほどの大量の現金の流通
- 報告や記録の保存の義務が発生する敷居値を故意に下回る取引

・口座開設の本質、目的、所有者、真の受益者を偽る個人および法人
・多種多様な金融サービスを提供する金融システムとして不可避な時折発生するAMLコンプライアンスの不備
・金融機関内の共謀者
・共謀する一般事業者、特に貿易取引MLを幇助する仕入業者および金融サービス事業者

　TFリスク評価書も、既述のMLリスク評価書同様、財務省のテロ資金供与・金融犯罪室が中心となり、省内外の関連部門によって策定され、FATFの枠組みにおおむねのっとって脅威、脆弱性、リスクの順に分析を進めるアプローチをとっている。

　まず脅威としては、①身代金目的の誘拐、強奪、麻薬取引等の犯罪行為、②個人の寄付と慈善寄付団体の悪用および、③国家の支援の3点があげられている。犯罪行為としては、2014年だけでもISILは2,000万～4,000万ドルの身代金を獲得している。寄付に関しては、ソーシャルメディアが活用されていること、しばしば人道支援と信じて善意の個人から寄付されたものも含まれる。国家支援の例としてはイランがヒズボラを支援していることが指摘されている。

　このような脅威に対して米国は、①法執行、②金融規制、③国際的な働きかけの3点で対応してきた。その結果としてリスクは一定以上抑制されてきているが、なお残存する脆弱性とリスクについては以下のとおり整理されている。

① 資金調達

　身代金目的の誘拐は、最も収益性の高い資金源であるが、米国の金融システムが悪用されるリスクは低く、むしろ麻薬に対する国内需要の重要性から、麻薬取引がTFの重要な源泉となっている。慈善寄付団体については監督の強化、報告義務づけ等により一定のリスク削減ができたが、依然としてリスクは残存しており、またこのような規制強化の動きを受けて、公式な団体を創設せず、個人ベースで非公式に浄財を募りTFを実行する手口が増えてきている。特にテロリスト組織が分散化し、SNS等による非構成メンバー

の賛同者の増加に伴い、資金調達活動はより小口化、個人化の傾向をみせ、集められた資金は「公式」テロ組織ではなく、一匹狼的で地元育ちの暴力的過激派に渡る傾向を強めている。

② 資金移動活動

銀行はテロリストにとって魅力的な資金移動手段であり、海外のコルレス先銀行が米国と同等レベルの規制下にない法域にある場合はリスクが高い。また資金移動事業者は、従業員がテロ行為に加担して海外送金を幇助するリスクがあるほか、免許を受けずに送金を行う個人、事業者が存在する。また金融システムにおける監視・報告義務が強まるなか、現金密輸が増加している。

③ 注目すべき新たな脅威と脆弱性

テロ組織によるサイバー犯罪すなわち資金や情報の搾取リスク、ISILが主な資金源としているシリア、イラクでの活動（誘拐、強奪）への対策が功を奏するとともに、資金調達源を米国に求めるリスク、仮想通貨などの新たな支払手段が悪用されるリスクが列挙されている。

(c) 英　　国

英国のNRA[27]は2015年10月に財務省、内務省の連名で公表された。シンガポール、米国同様FATFの枠組みにのっとり、「脅威」「脆弱性」「結果」をふまえたリスクの評価を行っている。最大の特徴は、図表1－3のとおり、領域ごとに網羅的なMLのリスク・スコアリングを実施している点である。

このようなスコアリングは画期的といえるが、評価書では、スコアリングはあくまで相対的なものであって、低リスク領域は、当該領域でリスクがないということを意味しているわけではないこと、むしろ引き続き重大なレベルで悪用されているとの認識のもと、当該セクターの事業者はコンプライアンスを重視すべきことが強調されている。

スコアリングだけではなく、領域ごとに定性的な評価も行われており、た

27　UK National Risk Assessment of Money Laundering and Terrorist Financing, October 2015.

図表1－3　英国のMLリスク評価スコアリング結果

領域	脆弱性	発生可能性	根源的リスク		残差リスク	
銀行	34	6	211	高	158	高
会計サービス事業者	14	9	120	高	90	高
法律サービス事業者	17	7	112	高	84	高
マネー・サービス・ビジネス	18	7	119	高	71	中
信託・会社設立サービス事業者	11	6	64	中	64	中
不動産仲介事業者	11	7	77	中	58	中
高価格商品ディーラー	10	6	56	低	42	低
賭博事業者（非規制ギャンブル）	10	5	48	低	36	低
カジノ（規制ギャンブル）	10	3	32	低	24	低
現金	21	7	147	高	88	高
新たな支払手段	10	6	60	中	45	中
仮想通貨	5	3	15	低	11	低

とえば高スコアとなった3領域の評価結果を抜粋すると以下のとおりとなる。

① 銀　行

　従来英国当局は麻薬取引に絡む現金ベースのMLに焦点を当ててきており、銀行を悪用する高度なMLの手口については必ずしも十分な資源を割いてこなかった。コルレス・バンキング業務、トレード・ファイナンス、プライベート・バンキング、資産運用、PEPs、電信送金など悪用されうる領域は多様であり、当局としても早急な態勢整備が必要である。

② 会計および法律サービス事業者

　業界への監督が不十分であり、共謀するないしはみてみぬふりをする専門家が悪用者のMLを助長するリスクがある。

　全体として英国のNRAはシンガポールのものとは対照的に、当局による監督の実効性について相当改善の余地がある領域があるとの危機意識をもっ

ており、「次へのステップ」として、以下のとおり今後の意気込みを感じさせる書き振りとなっている。

　今回のNRAは、ML/TFに関する、英国の法執行機関、監督機関、民間セクターの集合的な知識が、まだまだ十分高度なものとなっていないことを示した。優先対応事項は以下のとおりである。

・高度なML手口に係る当局の情報不足を金融機関、専門家機関との連携により解消する。
・最も重大な脅威に対処すべく法執行機関の対応を強化する。
・疑わしい取引の届出制度を改革し、FIUの能力を一段と引き上げる。
・監督体制間の不整合を解消する。
・監督機関における個人および組織全体のML/TFの知識向上を図る。
・法執行機関、民間機関、監督機関の間の情報共有を促進させる。

　英国のNRAにおいてTFは、上記のMLのようなリスク・スコアリングは実施していないが、別個に1章を設けており、銀行業における仮名口座／共謀従業員／虚偽のローン申請、マネー・サービス事業における共謀従業員／敷居値以下の送金／少ない疑わしい取引の届出、NPOの悪用、現金輸送などが脆弱性ありとして考察されている。

d　わが国のNRA

　わが国のNRAは、既述のロック・アーン宣言を受けた「法人及び法的取極めの悪用を防止するための日本の行動計画」のコミットメントに基づき、2014年12月に「犯罪による収益の移転の危険性の程度に関する評価書[28]」（以下「評価書」という）が「FATF勧告実施に関する関係省庁連絡会議」「国が実施する資金洗浄及びテロ資金に関するリスク評価に関する分科会」の名のもとに公表された。この分科会の構成省庁は、警察庁、金融庁、総務省、法務省、財務省、厚生労働省、農林水産省、経済産業省、国土交通省、内閣官房（オブザーバー）、外務省（オブザーバー）である。さらに、同年11月に成立した改正犯収法において、「国家公安委員会は毎年調査分析のうえ、犯罪

---

[28] http://www.npa.go.jp/sosikihanzai/jafic/nenzihokoku/risk/risk261218.pdf

収益移転危険度調査書を作成・公表」することが規定されたため、翌年6月に犯罪収益移転危険度調査書[29]（以下「調査書」という）の案が告示され、パブリックコメントに付された後、9月に最終告示された。

まず評価書をみると、第一部として、わが国の地理的・経済的環境と犯罪情勢の概観、ML/TFの脅威の考察の後に、国としての取組み（法律の概要と事犯の取締り状況、疑わしい取引の届出、国際的な連携）を整理し、その残差としてのリスクを第二部で評価しており、おおむねFATFの枠組みにのっとった構成となっている。第二部は、取引形態、顧客属性、国・地域、商品・サービスごとのリスク領域を網羅的にカバーしており、それぞれの領域ごとに、現状の脅威→わが国としての取組み→事例の紹介→最終的な評価という構成で評価を実施している。

調査書は、改正犯収法の規定に基づき、事業者が行う取引の種別ごとに危険度等を記載するという趣旨で、評価書の第二部をおおむね踏襲したかたちで策定されている。評価書第一部の大半は別に公表されている年次報告書等との重複もあることから、環境認識およびわが国の取組みの項目を中心に割愛されている。

具体的にみていくと、まず危険性の認められる主な商品・サービスは以下のとおりである。

① 預金取扱金融機関が取り扱う商品・サービス
② 保険会社等が取り扱う保険
③ 金融商品取引業者、商品先物取引業者等が取り扱う投資
④ 信託会社等が取り扱う信託
⑤ 貸金業者等が取り扱う金銭貸付
⑥ 資金移動業者が取り扱う資金移動サービス
⑦ 両替業者が取り扱う外貨両替
⑧ ファイナンスリース事業者が取り扱うファイナンスリース
⑨ クレジット・カード事業者が取り扱うクレジット・カード

---

[29] http://www.npa.go.jp/sosikihanzai/jafic/nenzihokoku/risk/risk270918.pdf

⑩　宅地建物取引業者が取り扱う不動産
⑪　宝石・貴金属等取扱事業者が取り扱う宝石・貴金属
⑫　郵便物受取サービス業者が取り扱う郵便物受取サービス
⑬　電話受付代行業者が取り扱う電話受付代行
⑭　電話転送サービス事業者が取り扱う電話転送サービス
⑮　法律・会計専門家が取り扱う法律・会計関係サービス

　さらに、引き続き利用実態等を注視すべき新たな商品・サービスとして電子マネー、ビットコインが掲げられている。次に取引形態の観点では、以下について危険度が高いとされている。

① 非対面取引
② 現金取引
③ 外国との取引

　国・地域に関しては、調査書はFATFに準拠した評価を行っている。すなわち、FATFは、マネー・ローンダリング等への対策上の欠陥があり、当該欠陥への対応に顕著な進展がみられず、または策定したアクションプランに沿った取組みがみられない国・地域を特定したうえで、FATF声明により、当該欠陥に関連する危険に留意してマネー・ローンダリング等への対策を講ずるよう、加盟国に要請しており、「当該国・地域から生じる継続的かつ重大な資金洗浄・テロ資金供与リスクから国際金融システムを保護するため、FATFがその加盟国及びその他の国・地域に対し、対抗措置の適用を要請する対象とされた国・地域」としてイラン、北朝鮮、「資金洗浄・テロ資金供与対策に戦略上重大な欠陥があり、そうした欠陥への対処に顕著な進展をみせていない、あるいはFATFと策定したアクションプランにコミットしていない国・地域。FATFは以下に記載する国・地域に関連した欠陥から起こるリスクを考慮するよう、加盟国に要請する」国・地域としてアルジェリア、ミャンマー（調査書公表時点）が記載されていることから、前者2カ国については、危険度が特に高いとし、後者2カ国についても、イランおよび北朝鮮ほどではないものの、外国との取引のなかでも、危険度が高いと認められる、としている。ただし、FATF声明は4カ月に1回公表されるため、その

つど変わりうる点が注記されている。事実、その後のFATF公表情報によれば、前者2カ国は変わらず、後者2カ国は削除されている。

最後に顧客の属性という観点で、以下が危険度の高い先として列挙されている。

① 反社会的勢力（暴力団等）
② 非居住者
③ 外国の重要な公的地位を有する者
④ 実質的支配者が不透明な法人
⑤ 写真付きでない身分証明書を用いる顧客

以上の危険度の高い領域に加えて、危険度を低下させる要因として以下が掲げられている。

① 資金の原資が明らかな取引
② 国または地方公共団体を顧客等とする取引
③ 法令等により顧客等が限定されている取引
④ 取引の過程において、法令により国等の監督が行われている取引
⑤ 会社等の事業実態を仮装することが困難な取引
⑥ 蓄財性がないまたは低い取引
⑦ 取引金額が規制の敷居値を下回る取引
⑧ 顧客等の本人性を確認する手段が法令等により担保されている取引

このような要因をふまえて、危険度の低い取引が具体的に列挙されている。

(2) 事業者としてのリスクベース・アプローチの適用

前項ではNRA、すなわち国としてのリスク評価について議論してきた。事業者としてリスク評価をどのように実施すべきか、リスク評価をふまえてリスクベース・アプローチをどのように適用していくべきかの実務については第3章であらためて考察するが、ここではそれに向けての準備として、実務対応に向けてのインプリケーションを整理してみたい。

ML/TFのリスク評価は優れて定性的な判断を伴うため、一朝一夕にはい

かず継続的な取組みが必要であり、リスク評価の結果だけではなく枠組み・手法などを継続的にレビューし改善していく必要がある。その意味では、まず拙速であってもいったんは評価を実施しこれを繰り返し改善させるという枠組みをつくることが重要と思料する。また、リスクの評価自体が目的ではなく、資源の効果的な配分に資するものとならなくてはいけない。国としてのリスク評価も、今後は国としての取組みがどのように効果があり、結果として残差リスクがどのように抑えられているのか、仮に抑えられていないとしてどのような対策が求められるのか、というPDCAの一環としてNRAがより明確に組み込まれていくことが期待される。事業者も同様に毎期のALM/CFTプログラムの起点としてリスク評価を位置づける必要がある。

　金融機関のAML/CFTに対するバーゼル銀行監督委員会のスタンスは明確である。すなわち、「金融システムあるいは個別の金融機関が犯罪行為に悪用されるリスクに照らして、AML/CFTは、金融機関の全体的なリスク管理の枠組みにどのように組み込まれるべきか[30]」ということであり、リスク評価結果がすべてのAML/CFT関連オペレーションに適切に反映されるよう求めているわけである。AML/CFTが法令等遵守の文脈で語られることが多いなか、これはあらためて問い直されてよい観点である。

　事業者がリスク評価を自ら実施することが求められるということを背景に、金融機関のNRAに対する関心は非常に高かったように思われる。たとえば、「当社ないしは業界として提供している商品・サービスがNRAに記載されてしまうと、これまで以上の管理が求められてしまうのではないか。疑わしい取引の届出件数を増やさなくてはいけないのか」という質問を受けることもあったし、あるいは「いったん国のリスク評価が公表されればそれに基づいて対応すればよいので、わざわざ自行のリスク評価を行う必要はあるのか」といった質問も少なからずあったように思われる。NRAはあくまで商品・サービスを含めた国全体のさまざまな領域のML/TFリスクの態様・性質を示すものであって、どこまで管理すべきかについては事業者自身が決

---

[30] バーゼル銀行監督委員会「マネー・ローンダリング・テロ資金供与リスクの適切な管理に係るガイドライン」2014年1月。

定すべき事項である。前者の質問に対しては、管理レベルの決定は自らのリスク認識に基づいて行われるものであり、NRAに記載される／されないの形式的な基準で決められるべき問題ではない、ということになろう。ましてやNRAに記載されていないもの、あるいはNRAでリスクが低いとされたものについて機械的に対応不要と結論づけるのはリスクベース・アプローチを否定するに等しい。また後者の質問は、「結局、NRAには事業者として具体的にどうすればよいかが記載されなかったので期待外れだった」という、これもNRA公表後によく聞かれるコメントにつながるわけであるが、金融機関が「当局のガイダンスが具体的ではない」と感じるのは、日本だけではなく各国共通の傾向であり、ひとりわが国のNRAが何か不足しているというものでもない。NRAは事業者としてのリスク評価の前提になるものではあるが、事業者のリスク評価を代替するものではない。事業者自身がリスク評価を行うことを放棄することはできないのである。

　また事業者自身がリスク評価を実施しリスクベース・アプローチを適用するということ自体も重要であるが、その取組みに関し、当局も含めた対外ステークホルダーに対して説明責任を果たし、対話能力を発揮することも求められるということも忘れてはならない。たとえば、国自身もリスクベース・アプローチにより、どのセクターのどの取引をどこまで規制すべきかをリスクに応じて決定することが求められるが、その際には事業者のリスク評価結果のフィードバックが不可欠なのである。この点に関してはFATFの銀行セクターのためのリスクベース・アプローチ・ガイダンス[31]では、このような国の規制の度合いの決定は、金融機関自身のリスク評価結果やリスク削減方法なども勘案する必要があると述べられている。すなわち、金融サービスおよび関連法規制もいまだ発展途上で、結果として金融機関自身がリスクを十分管理するに足る態勢が整っていないような場合は、法規制はより詳細なルールベースで対応することもありうるし、逆にわが国のように高度に金融サービスが発達した法域であれば、金融機関は、国のリスク評価および金融

31　Risk-Based Approach for the Banking Sector, October 2014, FATF.

機関自身のリスク評価の結果をふまえて最も効果的なリスク削減方法を決定する裁量を与えられるべきであり、その裁量の度合いはまさに金融機関のリスク評価能力、リスク削減能力に応じて決定されるというのがFATFの求めるリスクベース・アプローチである。当然、各国当局が管轄下の金融機関に対して求めるのは、ルールベースで規定した個々の条文に準拠しているかではなく、リスク評価能力、リスク削減能力を適切に有しているかということであり、このような能力を有さない金融機関の存在は許容できない、という流れになる。規制当局は許認可、監督・検査の際に事業者に要求する情報の量・質や取得の頻度を必要に応じて修正し、リスクベース・アプローチの実効性を上げることが求められる。このような量・質ともに当局の期待に沿う情報提供能力が金融機関に求められるということである。

　規制の有無、強度にかかわらず、ML/TFをはじめとした金融犯罪の脅威に日々直面するのは金融機関自身である。現状のコントロール・レベルで十分かどうかを問いかける相手は、規制当局ではなく、それぞれの金融機関が直面する脅威・リスクに対して十分かの解を自ら求めなければならない。そのためのリスク評価であり、リスクベース・アプローチの適用である。このようなリスク認識が、金融機関にどの程度浸透しているかという観点で金融検査も実施されることになろう。さらに、金融機関ごとに顧客属性、地域特性、提供サービスの多様性、オペレーションの複雑性などによってリスクは異なり、当局は、このような金融機関ごとの相違点をよく理解して、それぞれの金融機関の方針・手続・コントロールがリスクに見合っているかを確認することが求められ、金融機関の立場からみれば、AML/CFTプログラムがリスク見合いで整備・運用できていることの説明責任をどれだけ適切に当局に果たすことができるかどうかが重要なポイントである。コンプライアンス、事務所管部門だけではなく、マネジメント層自身の考え方・姿勢が問われることになる。

(3)　デ・リスキング

　FATFはAML/CFT規制強化のなかで金融機関にみられるデ・リスキング

という行為に関する指針を2014年10月、2015年6月、10月と複数回にわたって示している。デ・リスキングとは、一定の顧客層に対してリスクを「管理」するという観点よりも、むしろリスク「排除」の観点で一律に取引遮断することである。収益性、レピュテーショナル・リスク、銀行のリスク許容度の低下、AML/CFT関連その他の金融規制強化、経済制裁規制強化への対応などの観点からも実施されており、AML/CFT固有の問題としてとらえるべき問題ではない。個々の金融機関の行動としてのデ・リスキングについてFATFが懸念するのは、以下の点である。

　デ・リスキングの結果排除された顧客層（たとえば低所得個人顧客など）は規制の緩いあるいは規制のない地下チャネルを利用することになるため、グローバル金融システム全体として透明性が低下し、結果としてML/TFリスクを増加させる。金融包摂（Financial inclusion）すなわち資金移動を適切な規制下にある透明性の高いチャネルにとどめておくことはAML/CFT規制の重要な側面である。各国および金融機関のAML/CFT態勢はこのような金融包摂に寄与すべきである。

　FATF勧告で顧客取引遮断を許容しているのは、あくまで金融機関自身がリスク削減できないと判断した特定の顧客や取引について個々に判断するケースだけである、と強調されている。デ・リスキングがもつ問題の根の深さから、FATFは引き続き実態に関する情報収集を継続させ、金融安定理事会、決済・市場インフラ委員会、国際通貨基金、アラブ銀行連合、G20の社会包摂グローバル・パートナーシップ、バーゼル銀行監督委員会、世界貿易機関と連携しつつ、状況を注視しつつ、以下について取り組む予定としている。

- コルレス・バンキングや送金事業のリスクをいかに適切に特定・管理すべきかについてのガイダンス策定
- 送金事業者自身がどのようにリスクを特定・管理していくべきか、銀行が送金事業者に金融サービスを提供するうえでリスクをどのように評価し管理すべきかについてのガイダンス策定
- AML/CFT目的とのバランスを保った金融包摂の観点での適切な

CDDに関するベスト・プラクティスの開発
・2015年6月に公表されたFATFの「TFによるNPO悪用と戦うためのベスト・プラクティス」に基づく、各国当局がTF悪用に最も脆弱なNPOを特定するための基準の改定

関連して、国際決済銀行の決済・市場インフラ委員会は2015年10月の報告書[32]でこの問題を分析し、以下のような勧告を公表している。

・銀行間で共有して使用することのできる最新で正確な情報が提供可能なKYC[33]の枠組み
・コルレス・バンキング業務におけるLEIの利用とLEIとBICとのひもづけ促進
・KYCC[34]やデータ守秘などの論点を含めた情報共有についての基準明確化
・より適切な支払メッセージの決定

また、金融安定理事会は2015年11月にG20宛てに次の趣旨の報告[35]を行っている。

世界銀行の調査によれば、調査対象国・地域の半数においてコルレス・バンキング業務の関係謝絶傾向がみられ、このような現象が続けば、金融排除[36]によって、とりわけ途上国の人々の資金受取手段である送金フロー、ひいては現地の銀行システムに影響を及ぼして資金の流れの地下化というシステミックな問題につながり、当局による金融犯罪やTFの防止が困難になる。継続して状況の注視、FATFのガイダンスも含めた各国当局の期待の明確化、謝絶対象となっている国・地域での当局の能力強化、コルレス業務における銀行間CDD実務の強化を求める。

---

32 Consultative report, Correspondent banking, October 2015, Committee on Payments and Market Infrastructures, Bank for International Settlements.
33 Know Your Customersの略で本書ではCDDと同義として取り扱う。
34 Know Your Customers' Customersの略ですなわち銀行がコルレス先銀行の顧客の情報をどこまで確認する必要があるかという論点。
35 Report to the G20 on actions taken to assess and address the decline in correspondent banking, 6 November 2015, Financial Stability Board.
36 Financial exclusionの訳で、金融包摂の逆の概念である。

このような動きに呼応して各国当局も、送金事業者などについての規制強化あるいは銀行によるデ・リスキングの実態把握に乗り出している。このようにデ・リスキングは一筋縄ではいかない複雑な課題であり、一金融機関だけで対処できる問題ではないが、少なくとも、自助努力として個別金融機関の立場では、取引先金融機関あるいはその他の金融事業者がその顧客に対するCDDを十分行っているかどうかをどのように当該取引先金融機関との取引関係に関連づけるべきなのか、自身が取引先金融機関からみてCDDを適切に実施している金融機関であると認められるためにどのように説明責任を果たすべきなのかの2点についてあらためて検討すべきと思われる。

4　透明性と真の受益者

　NRAの項でも紹介したとおり、2013年6月のロック・アーン宣言では「法人は、真の所有者を把握し、税務当局および法執行当局は、この情報を容易に入手可能であるべきである」ことがうたわれ、わが国も「法人及び法的取極めの悪用を防止するための日本の行動計画」として「法人及び法的取極めに関する制度の検討、充実、整備」「透明性を阻害するおそれのある金融商品や株式保有形態が悪用されないための措置」を盛り込んだ。本項では、なぜ真の受益者の透明性を確保することがAML/CFTに資するのか、そもそも真の受益者の定義は何か、真の受益者を確認するためにどのような情報が必要となるのかについて、グローバルに示されている指針をFATF勧告、関連ガイダンスである「Guidance on Transparency and Beneficial Ownership」、バーゼル銀行監督委員会の「マネー・ローンダリング・テロ資金供与リスクの適切な管理に係るガイドライン」、および同市中協議文書「口座開設に関する一般ガイド」をベースに整理する。各国の真の受益者を確認するための各国法規制におけるCDD要件はまちまちであるが、いずれにしてもこれらのグローバルな指針に近づけるべく対応がなされている。

　FATF相互審査で真の受益者に関する勧告の準拠性を確認するために、FATFはメソドロジーにおいて、

① 法人・法的取極めの犯罪目的での利用が排除されているか
② 法人・法的取極めの透明性が確保されているか
③ 真の受益者に関する正確で適時な情報が入手可能であるような対応がなされているか

という審査基準を設定している。実際のところ、このような対応は日本だけではなく各国においても法規制上担保されておらず、金融機関というよりも、まずは各国当局関係者が今後どのように制度設計していくかが優先課題ではある。しかしながら、現行ないしは改正中の法規制では、金融機関の努力義務として可能な限り真の受益者を把握することを求めており、当面は顧客に対する説明にも配慮しながら金融機関内での手続、諸コントロールの強化に努めなくてはいけない状況であることを理解する必要がある。このような観点で、グローバルな指針を整理することは今般の犯収法の改正における真の受益者に関する論点をよりよく理解することにつながるものと思料する。犯収法の改正内容は第2章で解説する。

(1) 真の受益者の透明性確保の必要性

法人および法的取極めは、いうまでもなく重要な企業活動の主体であるが、一方で一定の条件を満たせば、ML/TF、腐敗・贈収賄、インサイダー取引、税務上の犯罪などの不法行為の手段となりうる。不法資金の出所を偽装し、合法的な資金であるかのように見せかけて金融システムに紛れ込ませるための器として悪用されるのである。

法的な所有者、真の受益者、資産の出所、および当該法人・法的取極めの活動に関する情報への関連当局のアクセスを可能とすることで、悪用を防止することが期待される。特に真の受益者、すなわち当該法人・法的取極めを最終的に所有する「自然人」が特定されることは非常に重要である。一方で、各国の現行法規制下では、このような情報を適時適切に入手することは困難であり、ましてや法域をまたいだ企業活動に関してはなす術もないのが現状である。法人・法的取極めにおいて、適切、正確かつ適時の情報が得られない場合は、

① 既知の、ないしは疑われるべき犯罪者の存在
　　② 口座や資産を保有する真の目的
　　③ 当該資金・資産の源泉や使途

が容易に偽装されてしまうという問題意識が背景にある。たとえばシェルカンパニー、複雑な所有・コントロール構造、無記名株、ノミニー、役員、専門家の悪用や、真の所有権や受益権の隔離を企図した信託の悪用などのリスクが指摘されている。

　このようなことから、FATFやバーゼル銀行監督委員会のガイダンスは法人・法的取極めの透明性を確保するための基準を明確にすることを企図して策定されている。FATF勧告では、「勧告1.リスクベース・アプローチ」「勧告24.法人の透明性と真の受益者」「勧告25.法的取極めの透明性と真の受益者」とそれぞれの解釈ノートがこれに関連する。

(2) 真の受益者の定義

　FATFにおける真の受益者の定義は「(金融機関の直接の)顧客を最終的に所有またはコントロールする自然人、および／もしくは関連金融取引が当該自然人のために執行される場合の当該自然人。法人・法的取極めを最終的かつ実質的にコントロールすることができる自然人」となっている。ポイントは、真の受益者とは、①「最終的な自然人」であり、②当該自然人は形式的にそのような権限を有しているかどうかではなく、「実質的にコントロール」しているものが該当するという2点に尽きる。

　自然人の顧客について背後に真の受益者がいることも上記定義には含まれるが、ここでは法人または法的取極めの場合を想定して議論を進める。具体的に真の受益者を確認するとは、以下のような真の受益者である自然人の本人性を検証するということである。

a　法人の場合
　　① 究極的に当該法人のコントロール所有権を有する自然人
　　② 上記①が真の受益者ではない、もしくはいずれのコントロール所有者もその権利を行使していない疑いがある場合は、コントロール所有

以外の方法によって当該法人をコントロールしている自然人
　　③　上記①②いずれも該当がない場合は当該法人の上級管理職に当たる
　　　自然人
　b　法的取極めの場合
　　①　信託：委託者、受託者、保護者、受益者および信託に対して最終的
　　　かつ実効的なコントロール権限を有する自然人
　　②　その他の法的取極め：上記と同様の地位にある者
　真の受益者の特定に関しては所有持分比率が論点となることが多いが、FATF勧告上は所有持分比率そのものが基準となっているわけではない点、留意が必要である。解釈ノートの脚注に、「コントロール所有権は、その法人の所有構造に依存する。たとえば（25％というような）一定比率超の所有を持つ自然人というような敷居値に基づいて決められるかもしれない」という言い方をしているにすぎない。さらに真の受益者の確認とは、まさに上記に該当する自然人の本人性を「検証」するということであり、この点、現行および改正犯収法は顧客からの自己申告に依拠しているところ、まだギャップがあるといわざるをえない。この点、バーゼル銀行監督委員会のガイドラインにも、「真の受益者の特定にあたっては、信頼できる独立な文書、データ、情報を使用すべきである。文書に依拠する場合は、銀行は検証のために最も望ましい文書とは、不正に取得、偽造することが最も困難なものであることを理解しなければならない。その他の場合は、その確認手段と情報源が適切で、銀行の方針・手続および当該顧客のリスク特性を踏まえたものであるべきである。銀行は顧客に真の受益者の詳細についての情報を当該顧客から文書で申告を求めることもできるが、銀行は当該申告のみに依拠してはならない」と明記されている。
　ちなみにFATF勧告24.の解釈ノートには、法人設立時には、法人名、設立認可書、法的形態・ステータス、住所、定款、役員の名簿などの基本情報が登記され、かつ情報公開されるべきと明記されている。また、株主、それぞれの株主が所有する株式数、株式の種別の登記も求めている。さらに、真の受益者については、既述の定義どおり、最終的に権限を有する自然人の特

定に加え、金融機関は、そのような自然人が特定できない場合は、当該法人の上級管理職に当たる自然人の特定と、その検証を行うことが求められる。法的取極めに関してはFATF勧告25.の解釈ノートにおいて、委託者、受託者、保護者、受益者、あるいはその他当該信託の最終的で実質的なコントロール能力を有する個人に関する情報、さらには信託に関連する代理人その他のサービス提供者（投資アドバイザー、管理者、会計士、税理士など）などの情報を受託者が保有すべきであるとされている。真の受益者に関する情報は、登記所、金融機関、非金融専門家、当該法人自身、税務当局、証券取引委員会などにより、各国法体系に応じて適宜入手されるべきであり、そのためには、このような情報公開を妨げる行為については適切な処罰が規定されなければならない。真の受益者の情報収集の適切性は、金融機関による顧客管理措置に大きく依存する。したがってFATF勧告24.、25.で規定されている真の受益者に関する要件は、金融機関が実施する顧客管理措置においても同様に義務づけられなければならない。

　以上みてきたようなFATFあるいはバーゼル銀行監督委員会の要求水準と各国の現行法規制とは大きなギャップが存在する。しかしながら欧州ではこのような真の受益者情報を法人登記に含めることを義務づける欧州指令が欧州議会において2015年5月に採択ずみであり、域内各国で2年以内の法改正を待つ段階となっている。また米国においても、2014年7月にFinCENが法人の透明性確保を目的として銀行機密法規則の改正案を公表しており、そのなかに、金融機関等の事業者が、法人顧客の真の受益者の本人確認を行い、かつこの内容を検証することが盛り込まれている。真の受益者の特定方法として、25％以上の所有権を有する自然人がいるかどうかの所有性テストの実施に加え、上級管理職の任にあたるなど当該法人を実質的にコントロールしている自然人がいるかどうかのコントロール性テストの双方が求められている。民間金融機関から対応負荷の懸念も示されており、まだ議論中の段階である。

(3) 真の受益者確認に必要な情報

最後に、真の受益者を確認するためにどのような情報が必要となるかについて考察してみたい。真の受益者の確認は、法人あるいは法的取極めである直接の顧客に対するCDDの一環として行われることから、単に真の受益者確認に限らず、顧客のCDDとして求められる情報の全体像のなかで、整理する。主にバーゼル銀行監督委員会から2015年7月に公表された市中協議文書「口座開設に関する一般ガイド」を参考にする[37]。

a 法人に関する情報

まず、法人顧客そのものの本人確認情報としては図表1－4にあげたものが求められる。

次に、当該法人のリスク特性を理解するために必要な情報は図表1－5の

図表1－4　法人の本人確認情報

最低基準	リスクに応じて追加的に取得するもの
法人名、法人形態、ステータス、設立を証明するもの	
主たる営業所の住所	
公式な番号（登録番号、税務上の番号など）	入手可能であればLEI
郵送先ないしは登録住所	電話およびFAX番号
口座を管理する自然人、および所有その他の方法で当該法人をコントロールする自然人、当該自然人がいない場合は上級管理職の任にあたる自然人の本人確認情報	上級管理職の任にあたる自然人全員の本人確認情報
真の受益者の本人確認情報	
当該法人を規制する当局	

---

[37] 本文書は10月22日にコメント受付が締め切られ最終文書を待っている段階であり、ここで記載された内容は確定ではないことを了解されたい。

図表1−5 法人のリスク特性情報

最低基準	リスクに応じて追加的に取得するもの
法人の活動の態様と目的およびその法的根拠	財務報告書
口座利用で予想される取引の金額、件数、タイプ、目的および頻度	口座に振り込まれる資金の源と口座から出金される先
当該法人を規制する当局	

とおりである。

　さらに上記の情報を検証するために信頼できる独立のソースからの文書、データ、情報を利用しなければならない。検証の度合いは当該顧客のリスク評価結果と顧客から提示された文書の種類に基づいて決定される。たとえば、登記所、定款の確認や以下のような方法が考えられる。
・直近の財務諸表（可能であれば監査ずみのもの）をレビューする。
・企業調査、信用照会などによって当該企業が正常な状態であることを確認する。
・登記所、商業データベースその他弁護士・会計士などの信頼できる独立の情報源で確認する。
・LEIや関連するデータを公表情報で確認する。
・過去の銀行取引実績を入手する。
・当該法人を実際に訪問する。
・電話、郵便、eメールでコンタクトをとる。

　最後に、法人の権限者および真の受益者の本人確認の検証を以下のとおり行わなくてはならない。
・権限者に対し、当該権限がたしかに委譲されていることの正式な文書等によって確認する。
・当該権限者および真の受益者の本人確認を検証する。

b 法的取極めに関する情報

　まず、法的取極めが顧客すなわち口座名義人である場合の、本人確認情報としては図表1－6にあげたものが求められる。

　当該法的取極めのリスク特性を理解するために必要な情報は図表1－7のとおりである。

　次に、上記の情報を検証するために当該法的取極めの態様と法的実在性を確認できる文書（信託証書、チャリティ登録書など）を取得しなければならない。その他の検証としては以下のような方法が考えられる。

　　・信頼できる法律事務所、会計事務所に文書の確認を依頼する。
　　・過去の銀行取引実績を入手する。
　　・公表情報あるいは商業データベース、その他の独立の情報源にアクセ

図表1－6　法的取極めの本人確認情報

最低基準	リスクに応じて追加的に取得するもの
法的取極めの名前、実在性を証明するもの	連絡先電話およびFAX番号
設立された国と住所	
公式な番号（登録番号、税務上の番号など）	
設立の態様、目的、趣旨	
委託者、受託者、保護者、受益者、その他当該法的取極めを実効的にコントロールする自然人の氏名	上級管理職の任にあたる自然人の氏名

図表1－7　法的取極めのリスク特性情報

最低基準	リスクに応じて追加的に取得するもの
法的取極めの活動と目的に関する記述	資金源
口座利用で予想される取引の金額、件数、タイプ、目的および頻度	口座に振り込まれる資金の源と口座から出金される先

スする。

　さらに、法的取極めに関連する各種権限者および真の受益者に関して、当該権限を有すること、および当人の本人確認の検証を行わなくてはならない。

c　真の受益者の確認

　最後に、上記法人あるいは法的取極めのなかで特定された真の受益者本人の確認方法について整理する（図表1－8参照）。真の受益者本人の確認とは、まさに自然人に対する本人確認そのものである。

　このように取得した情報については、その正当性を以下のように検証しなくてはならない。

- 期限が有効で当該自然人の顔写真付きの公的文書（パスポート、IDカード、居住証明書、社会保障記録、運転免許証など）
- 公的文書（出生証明書、パスポート、IDカード、社会保障記録）による生誕日、生誕地の確認
- 公的文書の権限者（外交官、公証人など）による正当性の確認
- 光熱費などの請求書、税務書類、銀行通帳、公的機関からの通知などによる恒久的な住所の確認
- 口座開設後の電話あるいは手紙等による提供情報の確認（連絡がとれ

図表1－8　真の受益者の本人確認情報

最低基準	リスクに応じて追加的に取得するもの
公式な氏名	その他の氏名（結婚性、変更前の公式な氏名、別名など）
恒久的な住所	勤務先住所、私書箱番号、eメールアドレス、固定電話番号、携帯電話番号
国籍、公的な個人特定番号その他の固有番号	居住ステータス
生誕日、生誕地	性別

ない場合は追加的な調査が必要)
- 他の金融機関への照会
- 公表あるいは民間データベースによる確認

5 テロ資金供与

　前著以降、特筆すべきことは、いうまでもなくテロの活発化である。2015年11月のパリ同時多発テロ事件が世界を震撼させたのは記憶に新しいが、その後も世界各地にテロ活動が拡散している状況にある。世界各国がテロ行為を厳しく非難しているにもかかわらず、外国人戦闘員の数はますます増え続け、シリアとイラクに流入した外国人戦闘員の数は3万人に達しているといわれている[38]。西洋諸国からの外国人戦闘員の2～3割はすでに母国に戻っており各国の安全保障上の脅威となっている。彼らはISILの正式メンバーではなく、あくまで賛同者であり、自らの意志によってテロ行為に及ぶ。テロ資金供与対策の要である経済制裁に関しては、本章第2節で詳述することとし、ここでは、特にISIL対応を中心とした国際情勢を概観する。

　2015年2月にイスタンブールで開催されたG20では、「テロリストの行動がわれわれの社会・経済に与え得る影響を考慮し、われわれは、協力を深めることにコミットするとともに、関係する国際基準の遵守、特に情報交換およびテロリストの資産凍結に関する国際基準の遵守を加速させることをすべての国に対して強く促す」ことが会議声明として公表され、特にFATFおよびFATF型地域機関に対し、テロ資金に特に焦点を当て、今後の作業においてさらに連携し、TFやMLの目的で悪用されるリスクを減じるために、決済システムの透明性を向上させるためのガイドラインを策定すること、2015年10月までに、それまでの進捗およびテロ資金対策に関するあらゆる手段の強化に向けた提言を報告するよう求めた[39]。

　これを受けてFATFは6月に以下の声明を公表した[40]。

---

[38] FOREIGN FIGHTERS, An Updated Assessment of the Flow of Foreign Fighters into Syria and Iraq, Soufan Group, December 2015.

① G20の要請を受け、FATFはTFおよびMLに悪用されるリスクの削減に向けて決済システムの透明性を拡大するためのガイドラインを策定することに焦点を当てる。

② FATFの最優先はメンバー国がFATF勧告に基づきTFに適切に対処することであり、メンバー国に以下の対応を求める。

・テロリスト個人とテロ組織への資金供与の犯罪化
・テロリスト資産の遅滞のない凍結と継続的な禁止の実施
・国連基準にのっとった個人に対する強固な制裁提案能力の確立

③ メンバー国はテロ対策を強化するための事実関係調査と提案作業に取り組み、結果を2015年10月までにG20に報告する。

10月10日にトルコ史上最悪の自爆テロがアンカラで発生するなか、FATFは上記のコミットメントに基づき10月21日にEmerging Terrorist Financing Risksと題するレポートを公表した。概略は以下のとおりである。

a テロ組織の財務管理

規模、構造、動機、運営範囲、組織運営能力によりテロ組織はさまざまな形態があるが、いずれも組織のインフラ、人員、活動を支えるための資金需要はきわめて高い。資金は以下の用途に使われる。

・オペレーション:テロ行為およびテロの準備を実行するための資金。旅費、車両・武器、偽造書類の作成、生活諸費用に充てられる。
・プロパガンダとリクルート:インターネットを通した募集活動は比較的廉価だが、フォローアップの勧誘には相応のコストがかかる。
・訓練:武器使用、爆弾製造、内密のコミュニケーション、イデオロギーに関する訓練費用。訓練キャンプ地や隠れ家等の施設費のほか、広く賛同者を確保するためのeラーニング作成費等も含まれる。
・メンバーへの給料・報酬:幹部やメンバーだけでなく、逮捕された、あるいは死亡したメンバーの家族に対する支払も含まれる。組織への

---

39 財務省「20か国財務大臣・中央銀行総裁会議声明(仮訳)(2015年2月9－10日 於:トルコ・イスタンブール)」。
40 OBJECTIVES FOR FATF XXVII (2015-2016), FATF, June 2015.

忠誠心を確保するために必須の費用である。
・福利厚生：正当な政府への信頼を損ねるために手厚い福利厚生や教育を施し支配下にある地域住民の組織への支持を獲得する。

　一方で一匹狼タイプあるいはセルと呼ばれる小集団の場合は、支配地域もなければプロパガンダやリクルートの必要もなく、食糧、隠れ家も自前である。このような場合のテロ行為に係る費用はわずか1万ドルですむとの調査もある。

b　伝統的なテロ資金調達の方法
・寄付：組織のイデオロギーに賛同する個人、特に裕福な個人からの寄付は依然としてテロ組織の重要な資金源である。私的な寄付のほかに、国家機関による支援もあるといわれている。
・NPOの悪用：テロリストはNPOが有するネットワーク、サービス、資産を悪用する。悪意でNPOを設立する場合もあれば、善意のNPOが悪用される場合もある。人道支援を目的とした身元が確実なNPOに寄付しても当該NPOからシリア、イラク等の紛争地区近辺の設立間もない団体・基金を介して物資や資金が送られる場合は当該資金がテロリストの手に渡るリスクが高い。
・不法行為：クレジット・カード不正、保険・融資詐欺、たばこや文化財・骨董品等の物資の密輸、銀行強盗、麻薬取引、税の不正申告・不正還付等あらゆる種類の不法行為によって資金を得ようとする。
・脅迫行為：支配下にある地域の銀行、商店から、脅迫、強奪により、取引手数料等の名目で資金を徴収している。わが国でいうみかじめ料である。ISILの場合、公営銀行であれば金庫に入っている現金はすべてISILのもの、民間銀行であれば預金からの現金引出しのつど5％の取引「税」をとるという。
・身代金目的の誘拐：1人当り6,000～800万ユーロの相場で誘拐が行われる。米政府の推計では2008年から2014年にかけてテロ組織は2億2,200万ドルの身代金を得たとされている。誘拐された犠牲者は身代金と引き換えに解放されるか、さもなければ政治的メッセージととも

に残虐な手口で殺害される。
- 正当な商業収益：中古車販売事業者、レストラン・フランチャイズ等の正当なビジネスがテロリストとつながっているケースもある。FATF型地域機関である東南アフリカAMLグループは、英国、日本、シンガポールから輸入した中古車を販売した中古車販売事業者が販売代金を複雑なMLスキームを通してテロリスト・グループに送っていると報告している。もはや日本はTFには関係ないという時代ではないのである。

c 新たなテロ資金調達の方法
- 外国人戦闘員：米国の推計によれば2014年末時点で90カ国以上から少なくとも１万9,000人が母国を離れシリアもしくはイラクのISILに参画している。親族から旅行費として手渡された資金や、本人自身の労働力が、ISILの活動に利用される。また近所の商店が実は隠れみので外国人戦闘員の旅費を用立てることもある。旅立った本人の銀行口座から多額の資金がISIL支配地域近辺のATMで引き出されるケースも報告されている。また道中の宿や交通費を支援するアドホックなネットワークも存在する。家族から紛争地域に滞在する者に送金されるケースはこのような外国人戦闘員宛てのものの、人道支援者・ジャーナリスト宛てのものもあり、また送る側も外国人戦闘員となっていることを知っている場合、知らない場合、あるいは薄々感づいている場合など、いずれの場合でも見分けが困難である。
- ソーシャルメディア：ISILはSNSを用いたプロパガンダを巧妙に行い、ツイッター・アカウントでのキャンペーン、アンドロイド携帯での無料アプリの配布により賛同者を募っている。賛同者は寄付として国際プリペイド・カードの購入を依頼され、スカイプを通したコンタクトで、プリペイド・カード番号を伝え、最終的にISIL支配地域近辺で現金化される。また寄付はクラウドファンディングのかたちでも行われている。クラウドファンディングは「アラブの春」で民主化に賛同した人々が民主化要求運動を支援する目的で使用していたが、それ

がISILによっても悪用されている。クラウドファンディングは開示義務等の規制が十分ではないため、たとえば正当な児童支援チャリティであるかのように見せかけて寄付金を搾取するようなケースもある。サーチ・エンジンでの不正サイト検知を逃れるために、テキストメッセージは避け、イメージ画像やビデオ中心に巧妙にウェブサイトが構築されることもある。

- ビットコイン等の仮想通貨、プリペイド・カード、ペイパル等のインターネット決済サービス（「7　仮想通貨等の新技術」を参照）も重要なテロ組織の資金調達方法として注目されている。特にTF関連の疑わしい取引の届出対象となった顧客の過半は21〜35歳と若年層であることを念頭に置く必要がある。
- 天然資源の搾取：政府機能が脆弱な地域では、テロ組織が資金調達のために、ガス、原油、木材、ダイヤ、金、象牙などの野生生物、石炭などを搾取する。農業に関しては国連の調べでは、イラクの小麦生産耕地の40％がISILの実効支配下にあり「年貢」が取り立てられているという。また港湾などの交通の要所での通行「税」も重要な収益源である。

この後、11月13日のパリ同時多発テロで世界が動揺するなか、FATFは11月16日にＧ20リーダーに対して、テロ資金供与対策の要であるTF行為の犯罪化およびテロリストおよびその支援者の資産を凍結するための経済制裁の活用のグローバルな適用状況に関する報告書[41]を提出した。概要は以下のとおりである。

- ほぼすべての参加国においてTFは犯罪化されており、33カ国で有罪判決を得ている。
- 参加国の９割以上が経済制裁者指定の法的枠組みを有している。
- 27カ国が2014年９月の国連決議2178号に基づき、外国人戦闘員による旅費調達を犯罪化する法改正を行った。

41　Terrorist Financing, FATF Report to G20 Leaders, Actions Being Taken by the FATF, November, 2015.

・多くの国において国連経済制裁者の適用はきわめて遅く、資産逃避阻止を困難にしている。全体の3分の2の参加国は経済制裁者を実務的に適用していない。

FATFはTFと戦うために以下のアクションをとっていく。

・各国が具体的な行動をとることを促す。各国の法的枠組みにギャップがある場合はTFの逃避地にならないように早急に解消するようフォローする。

・外国戦闘員の資金調達に対して具体的な行動を求めるようFATF勧告を改訂する。関連してTF犯罪化を支援し、テロリスト資産の凍結の国際協力を促進するためのガイダンスを策定する。

・FTの脅威に対する理解を促進する。すでに公表した報告内容に続き、エグモント・グループ[42]と連携しその他の脅威についてもフォローしていく。

翌日トルコのアンタルヤで開催されたG20サミットでは、以下のとおり、テロとの闘いに関するG20声明が公表された。

1．われわれは、可能な限り最も強い表現で11月13日にパリにおいて、また、10月10日にアンカラにおいて行われた卑劣なテロ行為を非難する。これらは、全人類に対する、容認することのできない侮辱である。われわれは、テロ行為の犠牲者とその家族に対し、深い哀悼の意を表明する。われわれは、いかなる態様のテロがどこで発生しようとも、テロと闘うわれわれの連帯および決意を再確認する。

2．われわれは、テロとの闘いのために引き続き団結する。テロ組織の蔓延およびテロ行為の世界的に顕著な増加は、国際的な平和および安全の維持を直接的に脅かし、また、世界経済を強化し、かつ、持続可能な成長および開発を確保するためにわれわれが継続している取組みを脅かすものである。

3．われわれは、すべてのテロ行為、その手段および慣行を明確に非難す

42　各国FIUの交流、情報交換等の促進を目的とした非公式会合。2015年9月現在、エグモント・グループには、わが国も含め151カ国・地域のFIUが参加している。

る。テロは、いかなる状況においても、動機のいかんにかかわらず、すべての態様および発現方法において、それがどこで、だれによって行われたものであれ、正当化されえない。

4．われわれは、テロがいかなる宗教、国籍、文明または民族集団とも関係づけられえないものであり、また、関係づけられるべきでないことを再確認する。

5．テロとの闘いは、われわれすべての国々にとっての主要な優先課題であり、われわれは、国際的な連帯および協力の拡大を通じ、国連の中心的役割を完全に認識しつつ、国連憲章ならびに国際人権法、国際難民法および国際人道法を含む国際法の義務のもとで、かつ、関連の国際約束、国連安保理決議および国連グローバル・テロ対策戦略の完全な履行を通じ、テロリストの活動を予防し、かつ、抑制するために協働するとのわれわれの決意を再確認する。

6．われわれはまた、特に、情報交換やテロリストの資産凍結に関するさらなる協力、テロ資金供与の犯罪化ならびにすべての地域におけるFATF基準のすみやかな実施によることを含め、テロおよびテロ資金供与にかかわる的を絞った強固な金融制裁体制によって、テロ資金供与の経路に対処することに引き続きコミットする。われわれは、関連するFATFの勧告および諸文書の実施を継続する。われわれは、FATFに対し、テロ資金供与との闘いや的を絞った金融制裁体制およびその実施を強化するため、法的枠組みに関連するものを含めた措置の特定を求める。

7．われわれのテロ対策に係る行動は、引き続き、国連安保理決議2178号に規定されているように、テロを助長する条件に対処し、暴力的過激主義対策を講じ、過激化および勧誘と闘い、テロ組織の動きを阻止し、ならびにテロリストのプロパガンダに対抗することを基本とする、包括的なアプローチの一部でなければならず、また、インターネットを通じたものを含め、テロリストが、テロ行為をあおるような技術、通信およびリソースを利用することを抑止しなければならない。直接的または間接的なテロの奨励、テロ行為の扇動および暴力の賞賛は防止されなければならない。われ

われは、暴力的過激主義を予防し、若者を関与させ、かつ、社会のすべてのメンバーの包摂を促進するにあたって、市民社会を支援するために、あらゆるレベルにおいて積極的に取り組む必要性を認識している。

8．われわれは外国人テロ戦闘員の急激で、かつ、急増する流れ、ならびにそれが、同戦闘員の出身国、経由国および渡航国を含むすべての国にもたらす脅威について憂慮している。われわれは、われわれの協力を拡大し、また、実務上の情報共有、移動を探知する国境管理、予防的措置および適切な刑事司法的対応を含めてこの現象を防止し、かつ、対処する関連の措置を策定することによって、この脅威に対処する決意である。われわれは、世界的な航空安全を強化するため協働する。

9．世界中で継続する最近のテロ攻撃は、テロとの闘いにおいて、国際協力および連帯を強化する必要性を改めて示している。われわれは、これらの攻撃の犠牲者を常に記憶にとどめる。

このようにFATF総会が10月にパリで開催され、G20とのやりとりも含めた重要な国際的取組みが行われるなか、これを嘲笑うかのようなタイミングと場所でのテロ発生は単なる偶然なのか、巧妙な計算に基づく挑戦なのか、おおいに不安を掻き立てられる情勢となっている。

この後、12月12日から3日間FATF緊急会合がエグモント・グループと共同で開催され、国連、エグモント・グループ、インターポール等と引き続き緊密に連携して、ISILの資金調達の情報収集を継続すること、民間セクターと共同してTF指標を開発すること、機関間、国家間、官民間、当局間の情報交換の改善に努め、分析力を強化し、情報交換の障害を解消すべく国際基準の改定を検討すること等を決定した。さらに12月17日、FATFシン・ジェユン議長が国連安全保障理事会において講演を行い、G20宛報告に基づきTFに関して行動を起こしていない国名を公表し、各国の協力、情報交換の推進を求めた。

年が明けて2月17～19日にはパリでFATF総会が開催され、TFがFATFの最優先課題であることを確認し、①効果的な情報交換の強化、②FATF基準の修正検討、③TF対策の評価と改善検討を含む統合CTF戦略[43]が採択さ

れた。翌週上海で開催されたG20でも「われわれは、断固としてテロ資金供与と闘う決意である。われわれは、テロ資金供与のすべての資金源、技術およびチャネルに対処するための取組みを強化し、われわれの協力と情報交換を強化する。われわれは、すべての国に対し、すべての国・地域におけるFATF基準および国連安保理決議第2253号に関する規定のすみやかな実施を含め、これらの取組みに参加することを求める。われわれは、FATFに対し、他の国際機関と協働しつつ、金融システムに残存する抜け穴および問題を特定し対処するための取組みを強化すること、ならびにFATF基準が効果的かつ包括的であり、完全に履行されていることを確保することを求める。われわれは、FATFに対し、テロ資金供与の脅威、資金源、資金調達方法および資金使用を特定、分析、対処する取組みを強化することを求める」旨の声明[44]が公表され、FATFの対応を裏書きするものとなっている。

　このようにFATFの動向、これに関連した各国規制動向は、目前のテロの脅威と直結している。既述のとおり、TF活動として日本からの中古車輸入が確認されていることがFATFの報告書に記載されていること等もふまえ、日本の金融機関にとって決して対岸の火事ではない状況となっている。

6　租税回避

　前著では、2011年11月カンヌ・サミットでの以下のコミュニケを引用し、金融危機の反省をふまえ、各国の財政・金融政策の健全化をどう達成するかが焦点となっている金融サミットにおいて、租税問題、ML/TFは金融規制の枠組みを超え、世界各国共通の脅威として位置づけられていることを紹介した。

　「われわれは、すべての国・地域に対し、租税、健全性、およびマネー・

---

[43] CONSOLIDATED FATF STRATEGY ON COMBATTING TERRORIST FINANCING, FATF, February, 2016.
[44] 財務省「20か国財務大臣・中央銀行総裁会議声明（仮訳）（2016年2月26-27日　於：中国・上海）」。

ローンダリング、テロ資金供与対策の分野における国際基準を遵守するよう促す。われわれは、必要な場合には、既存の対抗手段を用いる準備がある。租税の分野では、われわれは進ちょくを歓迎し、すべての国・地域、特にグローバル・フォーラム（後述）が特定した、その枠組みが適格でない11の国・地域に対し、グローバル・フォーラムのレビューを通じて特定された不備に取り組むため必要な行動をとることを求める。われわれは、包括的な租税情報交換の重要性を強調し、改善のための手段を定義するグローバル・フォーラムにおける作業を奨励する。われわれは、多国間税務執行共助条約に調印するというわれわれすべてによるコミットメントを歓迎し、他の国・地域がこの条約に参加することを強く奨励する[45]」

　疑わしい取引の届出にしても、反社会的勢力への対応にしても、昨今の規制強化に対し、一民間金融機関がそこまでやる必要があるのか（本来は公的機関が行うべきことではないのではないか）との意見も依然として少なくないが、すでにそのような議論をする段階は終わっており、ここにみてきたように、各国政府は、政府の収入確保に対する脅威、教育、健康等のインフラ・サービスへの資源投入減といったリスクへの対抗手段として、関連情報を豊富に有する金融機関に情報収集と報告の役割を負わせる方向で規制強化および規制の体系自体を変えつつあるのである。

　また2012年6月のG20ロスカボス・サミットの首脳宣言では以下のようにうたわれている。

　「われわれは、FATFのマンデートの更新を支持し、これを通じて、マネー・ローンダリング、テロリズムへの資金供与および大量破壊兵器の拡散への資金供与と闘うグローバルな努力を維持する。G20メンバーはまた、改訂されたFATF基準の採択を歓迎し、その履行を期待する。われわれは、戦略的なAML/CFT上の不備を有する高リスク国・地域の特定と監視、腐敗対策におけるAML/CFTのツールの活用、法人格を有する事業体の透明性の向上と租税犯罪に対する協力の増進、租税回避地によってもたらされるリスク

---

[45] 外務省「コミュニケ　G20首脳会合　カンヌ　2011年11月3〜4日」。

への対処、そして金融包摂の努力も考慮したAML/CFT措置の対象および実効性の増大に係る、FATFによる進ちょくを歓迎する。われわれは、次回の相互評価のためのFATF評価プロセスのアップデートが2013年に完了することを期待する[46]」

このようにFATFは、世界共通の脅威に対処するための基幹的な役割として位置づけられつつある。MLと不可分の問題として取り上げられる脱税への取組みも大きな課題である。本稿においては、これ以降の動き、特にOECDの自動的情報交換の動向と、わが国における非居住者に係る金融口座情報の自動的交換のための報告制度、いわゆる日本版CRSについて解説する。

(1) OECDの自動的情報交換

OECDは、多国籍企業による国際的な税制の隙間を利用した租税回避に対応するための「BEPS（Base Erosion and Profit Shifting、税源浸食と利益移転）プロジェクト」と納税者による海外の金融機関を利用した租税回避を防止する「金融口座情報の自動的交換（AEOI：Automatic Exchange of Information）プロジェクト」の2つのプロジェクトを立ち上げてこの問題に取り組んできた。

金融口座情報の自動的交換プロジェクトでは、前著執筆以降に急速に取組みが進展している。2013年6月ロック・アーン・サミットにおいて、G8首脳は「世界中の税務当局は、脱税の問題と闘うため、自動的に情報を共有すべきである」と宣言し、自動的な情報交換のための単一の真にグローバルなモデルの策定にコミットしたことに続き、G20首脳も2013年9月のサンクトペテルブルク・サミットでOECDによる国際基準策定に支持を表明した。

OECDは短期間で基準策定を進め、2014年1月には金融口座情報に係る自動的情報交換の国際基準である「共通報告基準（Common Reporting Standard、以下「CRS」という）」をOECD租税委員会が承認、同年7月にはCRSの実施細則であるコメンタリーおよび自動的情報交換の技術的な解決策を含

---

46 外務省「G20ロスカボス・サミット首脳宣言　平成24年6月」。

めた完全版をOECD理事会が承認した。2014年9月のG20財務大臣・中央銀行総裁会議はこれを支持し、11月に開催されたG20ブリスベン・サミットにおいて承認された。2014年10月にG20およびOECD加盟国をはじめ香港、シンガポール等の国際金融センター、さらにはケイマン諸島等のオフショア金融センターも含む93カ国が導入をコミットするなど、CRSに基づく自動的情報交換制度は世界的な広がりをみせている。導入をコミットした国は、制度開始時期によって2017年に税務当局間で自動的情報交換を開始する国（「早期導入国」）と、2018年に自動的情報交換を開始する後続国との2つのグループに分かれている。欧州諸国を中心とした早期導入国では、2017年に自動的情報交換を開始するために2016年1月1日から法対応を開始することとなり、すでに金融機関はCRSに基づく特定手続を開始している。日本は後続国であり、2017年1月1日から特定手続を開始することとなる。

　CRSは税務当局間の自動的情報交換の対象となる非居住者口座の検出方法や報告対象となる情報を定めた国際基準であり、米国政府と各国政府がFATCA（Foreign Account Tax Compliance Act）を実施するために締結したモデル1政府間協定（IGA：Intergovernmental Agreement）をベースに策定されている。やや横暴な域外適用として語られることの多いFATCAは、わが国の金融機関にも相応の対応負荷を強いるものであるが、ロック・アーン・サミットでは、「新たな国際的基準として税務当局間における自動的な情報交換の構築にコミットし、政府が脱税者をみつけ処罰することを容易にする多国間モデルを早急に策定するため、OECDとともに取り組む」ことが示されている。つまり、FATCAは米国と各国の二国間の租税情報交換に関する、やや片務的な域外適用という性格を有するが、G8サミットでの議論は、これを二国間から多国間へ、さらに双務的な自動的情報交換へと拡大することを企図するものであり、脱税との闘いという共通課題の流れのなかでFATCA対応をとらえ、さらには金融機関の顧客管理措置の位置づけを考え直す必要があるということである。CRSは既存のFATCAの枠組みをベースにすることで金融機関の負荷を軽減しつつ、税務当局間で効率的に情報を交換することにより外国の金融機関を利用した脱税および租税回避を防止する

ことを目的としている。CRSの概要は以下のとおりである。

- 金融機関は、CRS施行以降の新規口座開設については顧客から自己宣誓書類を取得することにより、それ以前の既存口座については金融機関が保有する記録の確認等により顧客の税務上の居住地国を特定し、報告対象となる口座を特定することが求められる。
- 金融機関は、報告対象国の居住者が保有する口座について、口座保有者の氏名、住所、生年月日、居住地国、納税者番号情報、口座残高、利子・配当等の支払額等の情報を年次で所在国の税務当局へ報告する。

(2) 日本版CRS

各国税務当局間で非居住者が保有する金融口座情報を自動的に交換することについてG20サミット等で合意されたことを受け、2015年度税制改正において租税条約等の実施に伴う所得税法、法人税法及び地方税法の特例等に関する法律（以下「実特法」という）が改正され、「非居住者に係る金融口座情報の自動的交換のための報告制度」が創設された（図表1－9参照）。

日本版CRSは、OECDが策定したCRSを日本の法制・慣行にあわせて一部修正したうえで国内法制化されたものであり、主要項目の概要は以下のとおりである。

a 新規特定取引の特定手続

2017年1月1日以降に行う預金取引をはじめとする実特法に定める特定取

図表1－9 タイムライン

時期	内容
2017年1月1日	新規特定取引に係る特定手続開始
2017年12月31日	個人顧客が有する残高1億円超の既存特定取引の特定期限
2018年4月30日	初回報告期限（2017暦年分。以降、年次で報告） →国税庁は2018年中に各国税務当局と自動的情報交換を実施
2018年12月31日	すべての既存特定取引の特定期限

図表1-10　新規届出書の主な記載事項

個人	法人
・氏名 ・住所 ・生年月日 ・居住地国の名称 ・居住地国（外国に限る）において有する納税者番号	・名称 ・本店もしくは主たる事務所の所在地 ・居住地国の名称 ・居住地国（外国に限る）において有する納税者番号 ・特定取引を行う者が報告対象外となる者（上場企業、国、地方公共団体、外国の金融機関等）に該当する場合には、その旨およびその該当する事実 （特定法人の場合の追加記載事項） ・実質的支配者があるときは、実質的支配者に係る左記の事項 ・特定法人が内国法人であり、かつ、実質的支配者の居住地国が外国であるときは、当該特定法人の法人番号

引を行う場合には、特定取引を行う者は、税務上の居住地国、（居住地国が外国の場合）外国の納税者番号等を記載した新規届出書を金融機関に提出することが義務づけられる（図表1-10参照）。特定取引を行う者が特定法人（国、地方公共団体、上場企業、投資関連の収入が過半に満たないなど一定の要件に該当しない法人）である場合には、特定取引を行う者の情報に加え、実質的支配者の情報を記載する必要がある（以下において特定取引を行う者と特定法人の実質的支配者を総称して「特定対象者」という）。

金融機関は、届出書に記載されている事項を、特定取引を行う際に提出または提示を受ける書類等との整合性を確認することが求められているため、犯収法に基づく取引時確認時に提示を受ける本人確認書類や確認記録等と届出書の記載内容が整合するかを確認することとなる。

b　既存特定取引の特定手続

金融機関は2016年12月31日までに特定取引に係る契約を締結している顧客（既存特定取引契約者）については、顧客の区分や口座残高に応じた特定手続

図表1−11　既存特定取引の特定手続概要

区分		2016年12月31日残高	特定手続の概要	特定期限
個人		1億円超	顧客データベース等の検索、契約関係書類等の確認および特定業務担当者の聴取により特定	2017年12月31日
		1億円以下	顧客データベース等に記録された情報をもとに特定	2018年12月31日
法人		2,500万円超	保存している記録や顧客から取得する届出書等により特定	2018年12月31日
		2,500万円以下	暦年末残高が2,500万円を超過するまで特定不要	—

を行い特定対象者の住所等所在地国（特定対象者の住所または本店もしくは主たる事務所の所在する国または地域）と認められる国または地域を特定することが求められる（図表1−11参照）。

特定手続の結果、住所等所在地国と認められる国または地域が外国と特定された特定対象者について金融機関が生年月日および外国納税者番号等の記録を保有していない場合には、特定をした日から2年を経過する日までの間、少なくとも年に1回、金融機関はこれらの情報を取得するために必要な措置を講じる義務が定められており、具体的には特定取引を行った者に対して、電話や返送を求める書面等を送付するなどの方法により取得を試みる必要がある。

c　報　告

金融機関は、毎年12月31日時点で特定対象者の居住地国が報告対象国である等の場合には、特定取引を行った者が報告対象外となる一定の要件を満たす場合を除き報告対象契約となり、特定対象者の氏名、住所、生年月日、居住地国、納税者番号、当該契約に係る資産残高や収入金額等の情報を翌年4月30日までに所轄税務署長にe-Tax等を使用して報告することが求められている。

以上が日本版CRSの概要である。金融機関としては、口座開設などの顧客接点において改正犯収法、FATCAに加え日本版CRSも含めた複数の対応を五月雨式に行うこととなるため、営業店事務や顧客への負担を勘案した効率的なプロセス設計と丁寧な顧客説明が求められる。

7 仮想通貨等の新技術

　FATF勧告15.には、国および金融機関は、(a)新たなデリバリーの仕組みも含む新商品、新ビジネスの開発および、(b)既存商品に新たなないしは発展途上の技術を用いることに関するML/TFのリスクを特定・評価すべきであると明記されている。特に金融機関においてはそのような新商品の発売や、新技術の使用の前にリスク評価が実施され、リスクを管理・削減するための適切な措置がとられなければならない。

　翻って世界の情勢に目を転じると、FinTechが単なるブームの域を超え、2016年のダボス会議でも話題となっている第4次産業革命の中核の1つ、あるいは大きな構造変革としてとらえられてきている。FinTechはFinanceとTechnologyを組み合わせた造語であり、ITやネットワークの劇的進展を背景として既存の金融サービスに変革をもたらすスタートアップ企業やサービス全般を指す用語である。FinTechは既存の金融サービス事業者にとって破壊者となるのか、新たな発展のドライバーになるのか、金融システムの健全性確保の観点でどのような規制をかけるべきなのか、真剣な議論が戦わされている最中にも、そのスピードを上回るペースでさまざまなサービスの立上げ、金融機関との戦略アライアンス、スタートアップ企業に対する巨額な資金調達などのニュースが世間を騒がせており、いまやFinTechに乗り遅れることが最大のリスクであるかのような熱狂的状況となっている。

　一方で、2015年11月に起きたパリの同時多発テロの犯行メンバーは、当局からの傍受を避けるため、暗号化機能を有するゲーム機端末の通信機能を利用して連絡を取り合っていたとされる。また、過去最大のML摘発事案は、仮想通貨を用いて60億ドルの資金洗浄を行っていたとして米国で起訴された

リバティ・リザーブである。起訴状[47]によれば同社は犯罪者の違法取引の履行とそのMLのために創設され、クレジット・カード不正、個人情報搾取、投資詐欺、コンピュータ・ハッキング、児童ポルノ、麻薬密輸など、サイバー空間で行われるありとあらゆる不正の一大金融センターとなっていた。

　FinTechに代表される新技術をベースとした金融サービスのリスクを考察する際には、顧客保護、金融システムの安全性・健全性、税務、不正防止、情報セキュリティなどさまざまな論点が関連するが、ここではML/TFリスクに限定し、主にBIS決済・市場インフラ委員会のDigital Currency, November 2015、FATFのGuidance for a Risk Based-Approach, Prepaid Cards, Mobile Payments and Internet-based payment Services, June, 2013およびGuidance for a Risk Based-Approach, Virtual Currencies, June, 2015を参考にして論じることとする。

(1) 新たな決済手段

　FinTechは単に便利な機能を利用者に提供する一連の金融アプリというだけのものではなく、金融システム、金融のあり方そのものを根底から変革しうる潜在破壊力を有しているといわれている。たとえば、ビットコインに代表される仮想通貨は、そもそも通貨なのか、資産なのか、それにまつわるリスクは何か、どのような規制が求められるのか、むしろ規制すべきではないのか、の議論が進展しているが、その背後で用いられるブロックチェーンという技術要素そのものが変革ドライバーとして注目され、NASDAQによる株の発行および取引のプラットフォーム、さらには金融を離れて契約全般の真正性確認や関連取引との連携を視野に入れたスマート・コントラクトなど、まったく予想もしなかった領域への波及可能性を示している（図表1－12参照）。

　そのなかで金融機関は、ビッグデータの応用、デジタル・バンキング顧客、富裕層、中小企業の4領域をFinTechに関連する重要な戦略機会と位置

---

[47] U.S. v. Liberty Reserve, et al. Indictment － Redacted, The Unites States Attorney's Office, Southern District of New York.

図表 1 −12 FinTechの波及領域

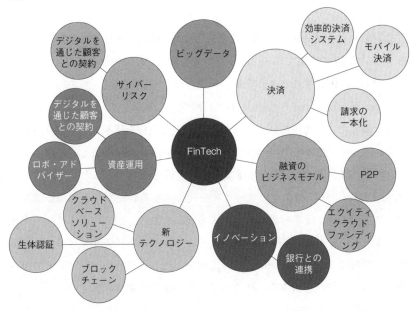

図表 1 −13 FinTechの戦略機会

づけていると考えられる（図表1－13参照）。

このようにFinTechの波及領域はダイナミックな広がりをみせており現時点で射程を見定めるのは困難である。ここではML/TFリスクという観点から、主に決済手段としてのFinTechに対象を絞り、考察を進めることにする。

FinTechに代表されるような決済手段＝新たな決済商品・サービス（New Payment Products and Services、以下「NPPS」という）は、デ・リスキングの項で論じた金融包摂の観点できわめて重要な役割を担うことが期待されている。すなわち銀行口座を保有することが困難なunbankedといわれる人々に対してNPPSは廉価で安全・確実な決済手段を提供できるというわけである。NPPSとは伝統的な金融サービスを代替しうる新たな革新的決済商品・サービスであり、その対象はきわめて多岐にわたり、以下のようにプリペイド・カード、モバイル決済サービス、インターネット決済サービスに大別される。さらにこれらの領域同士での連携や、既存の銀行のサービスとの提携など、相互の特性を組み合わせたさまざまな試みも追求されている。

a　プリペイド・カード

プリペイド・カードは、事前審査が必要となる後払い方式のクレジット・カードや同時決済方式のデビット・カードと異なり、主に特定の商品・サービスを対象に小口決済を前提として比較的簡単に発行される前払い方式の決済手段である。昨今では対象商品・サービスがより拡大したり、ATMとの連動や残金が少なくなると自動的に銀行口座から補充される機能が付与されたりして利便性が高まっている。加盟店業務を扱うアクワイアラ、発行業務を扱うイシュア、加盟店であると同時にカード販売を扱うディストリビュータ、決裁プラットフォームを提供する決済ネットワーク・オペレータ、銀行や電子マネー発行機関と協調してカード事業全体を統括するプログラム・マネージャ、およびこれらの事業者の委託業者など、さまざまな事業プロバイダが関与する。プリペイド・カードに限らず、さまざまな事業プロバイダがさまざまな領域で日々参入、撤退を繰り返しつつ、ビジネスが発展していくという特徴がNPPSにあり、役割分担がおおむね固定的に決まっている伝統的な金融ビジネスとの大きな差異となっている。

b　モバイル決済サービス

　モバイル決済サービスは携帯電話の爆発的な普及とともに発展してきた。現在では金融機関やノンバンクが顧客に対して個人対企業間（P2B）、個人間（P2P）、政府対個人間（G2P）の取引を提供するものに加えて、携帯電話事業者や決済ネットワーク事業者、電子マネー発行事業者が提供するもの、あるいは金融機関と提携するかたちで提供するものなどさまざまなサービスがある。プリペイド・カード同様さまざまな形態での参入事業者が存在する。

c　インターネット決済サービス

　インターネットの普及は、eコマースというビジネス領域を大きく拡大させた。インターネット決済サービスと一言でいっても、デジタル・ウォレット、デジタル通貨、仮想通貨、電子マネーなど機能性、構造、ビジネス・モデルは多岐にわたる。オンライン・オークション決済として前もって銀行口座からオークション口座にお金が支払われ、オークションの際に売り手と買い手同士、オークション口座を通して決済がなされるという形態もある。売り手が入手した決済代金はオークション口座に留め置いて次のオークションの購入資金とすることもできるし、銀行口座へキャッシュアウトすることもできる。

　NPPS特有のリスクとしては、以下があげられる。

d　非対面の関係および匿名性

　NPPSでは、非対面のまま、迅速に世界中に送金・決済が可能であり、またATM網を通じて出金も可能であることから、CDDが適切に行われない場合はML/TFのリスクがきわめて高い。まだCDDが適切に行われなければ取引モニタリングも十分に対応できないことから、疑わしい取引を検出し報告することにも困難が伴う。このようなリスクはさらに匿名性という特質につながり、なりすましや口座情報の搾取などに悪用されやすいというリスクが想定される。

e　地域特性

　NPPSがオープン・ループ・サービス、すなわち特定プロバイダや商品、

地域に限定されず、海外との支払、海外での入出金も可能である場合は、ML/TFを企図する者にとってはきわめて魅力的なサービスとなる。プリペイド・カード自体は持ち運びが容易であり、高額資金のロードが可能であれば現金密輸よりも容易な資金運搬手段となりうる。また事業者が事業基盤をあえてAML/CFT規制の脆弱な法域に設立することも想定される。

f 資金の秘匿性

決済の際に取引の検証が不十分であれば、資金源を秘匿することが容易になる。過去摘発された事案によれば、悪意ある事業者が、資金源を特定しにくくするためのヒントを顧客に提供したり、多数の架空取引を記帳して真の取引の資金の流れをわかりにくくするサービスを提供して手数料を徴収したりする例もみられる。

g 現金へのアクセス

仮想通貨も含めNPPSのなかには、預金口座あるいは現金からの入金を受け付ける一方、出金を認めないものもあるが、自由にキャッシュバックが可能な場合、さらには海外も含めたATM網からでも可能となる場合は、ML/TFのリスクが高い。

h サービスの分離

すでにみたように、NPPSは関連する事業者が多岐にわたり、役割分担や権利義務関係が不明瞭であるケースが多い。このため、CDDや取引モニタリングの義務をどの事業者が負うのか、そもそも関連事業者が適切にAML/CFT規制の対象事業者となっているのか、という観点でリスクがある。

このようにNPPS固有のリスクには留意が必要であるが、一方で世界には銀行サービスにアクセスできない人々が25億人も存在しているといわれており[48]、金融包摂の観点でもリスク・ベネフィットのバランスがとれたビジネスの進展、規制が求められている。

---

[48] G20 Principles for Innovative Financial Inclusion, April 2011, Alliance for Financial Inclusion.

(2) 仮想通貨

既述のNPPSの議論の流れを根底から覆したといってよいのがビットコインに代表される暗号通貨である。サトシ・ナカモトの名前で公表された論文[49]には、「純粋なピア・トゥ・ピアの電子的なキャッシュの送金は金融機関の介在なしに可能である。二重支払の問題を回避するソリューションをここに提案する」と記載されている。実際の通貨であろうが、電子的な通貨であろうが、これが一定の信頼のもとに利用者間で自由に支払手段として次から次へと流通するには、信頼できる第三者の存在が暗黙の前提となっていた。ビットコインの衝撃はこれをブロックチェーンと呼ばれる分散型記帳と公開鍵暗号方式によるデータの保全、および暗号学的ハッシュ関数を用いた計算競争を促し報酬を与えるというインセンティブの導入で参加者同士による取引全体の検証が確保される仕組みを構築させたことにある。取引の取消しや改変がないこと、あるいは使用ずみの通貨が使用した当事者によって別の取引にも使用されてしまう、いわゆる二重支払の問題を通貨当局や金融機関の関与なく、分散ネットワークの資源を分担活用させることで解決できるのであれば、通貨当局や金融機関の管理コストは不要となるので、大幅な取引コストの削減が期待できることになる。既述のNPPSと暗号通貨が決定的に異なるのは、前者が、決済のもととなる価値すなわち銀行口座や法定通貨は従来と変わらずに利用され、その価値の交換の「方法」、すなわち「決済のしかた」に関する議論であり、後者の暗号通貨は従来の法定通貨や現金と同様、それ自体が決済のもととなる価値あるもの、決済されるべき対象として機能することを前提とした価値情報であるということである。ここまで、デジタル通貨、仮想通貨、暗号通貨といった用語を発生経緯も含めてあえて使い分けてきたが、以降は「交換、計算単位、価値保存の手段として機能しデジタル的に取引される価値をデジタル的に記載した情報」と定義し、仮想通貨と表記する。

---

[49] Bitcoin：A Peer-to-Peer Electronic Cash System.

仮想通貨のリスクは以下の3つの観点で考えることができる。

a 本源的な価値がゼロであること

　仮想通貨は資産であり、その価値は需要と供給によって決定される。その意味では金のようなコモディティとしてとらえることもできるが、一般的な通貨の発行体の負債、つまり資産の裏付けがある、言い換えれば本源的な価値があるわけではない。その価値は他の商品・サービスや法定通貨と一定の比率でいつでも交換可能であるとの信用に依存する。発行量はたとえば法定通貨のように通貨当局によるポリシーによって決まるのではなく、純粋にコンピュータのプロトコルによって定められる。

b 決済仲介者の存在がないこと

　通常の法定通貨による決済は、銀行などの仲介者の存在が必要であり、また当該仲介者によって決済の安全性、確実性が担保されていたが、仮想通貨においては分散型記帳という枠組みが仲介者にとってかわり、当事者同士の純粋なピア・トゥ・ピア取引となる。分散型記帳に含まれるべき情報の範囲、決済が確定するまでの時間等はそれぞれのスキームによって異なる。

c 構造的な取極めであること

　従来のNPPSはなんらかの運営主体が当該取引・サービスの責任を有するが、仮想通貨はその構造、仕組み自体が価値の保存、交換を担保するものであり、責任ある運営主体の存在を前提としていない。

　このような観点をふまえて、現時点での仮想通貨のリスク特性としては以下があげられる。

(a) **クリティカル・マス**

　現時点では600以上の仮想通貨が群雄割拠している状態であり、一般利用者が購入したいと考える十分な商品・サービスの支払ネットワークとして利用できるほどのクリティカル・マスに達していない。

(b) **スケーラビリティと効率性**

　仮想通貨が従来の決済と同様の取引ボリュームに達したときにも効率的に決済が履行されるかどうかは不透明である。

(c) 匿名性

仮想通貨が内包する匿名性は、金融システムの参加者がAML/CFTの観点で当該仮想通貨を利用するうえでの障害となる。またこの特徴を悪用する利用者の存在もリスクとなる。ちなみにビットコインのブロックチェーンにはすべての取引当事者を識別するビットコイン・アドレスと取引内容が記載されており、仮想通貨の枠組み自体は匿名性を前提としたものではない。この点、いま、手元にある紙幣が過去どのような経緯をたどったかを追跡することは不可能であることとは対照的である。問題はビットコイン・アドレスという分散型記帳上の識別子と、それを利用する現実世界での取引主体者の関連づけをどうするかということである。その意味でこの論点は厳密には疑似匿名性ということになる。

(d) 技術上およびセキュリティ上の懸念

サトシ・ナカモト論文では、いかに取引の正当性が確保されるかが理論的に説明されているが、現実世界においてどの程度実効性が確保されるかは不透明である。たとえばブロックチェーンが枝分かれした場合の問題点、あるいは計算証明が悪意ある者によって占有される可能性などが指摘されている。

(e) ビジネス・モデルの継続性

仮想通貨のスキーム自体が長期的に継続可能かという問題である。たとえばビットコインでは計算証明の報酬は時間経過とともに逓減する仕組みとなっている。そのため、スキーム全体が当初設計どおり健全性や実効性を保って維持できるのに十分なインセンティブが確保できるかというのが論点となる。

(f) 安全性

仮想通貨の利用者にとっての安全性がどの程度確保されるのか。たとえばウォレット・サービス・プロバイダの安全性、あるいは利用者の自己責任において厳重に管理すべき暗号鍵等の問題が含まれる。

(g) コスト

一般に仮想通貨のコストは従来の決済手段に比べて低いとされているが、

さまざまなプロバイダが群雄割拠するなか、そもそもコスト構造が不透明ではないかという論点である。

(h) **ユーザビリティ**

いまのところ相応の知識がなければ利用者自身がビットコイン・アドレスを取得し、秘密鍵を安全に管理することは困難と思われ、なんらかのサービス・プロバイダに依存せざるをえないのが現状である。プロバイダは提供するサービスのユーザビリティの向上に注力しているが、どの程度一般利用者に受け入れられるかはいまだ不透明である。

(i) **ボラティリティ**

現状、仮想通貨の価値変動性がきわめて高く、どの程度利用が広まれば価値が安定するかの見通しは困難である。

(j) **組戻し**

仮想通貨は分散型記帳に基づくスキームであり、通常の決済スキームに組み込まれている支払時のトラブル対応や組戻しの制度が存在しない。

(k) **処理速度**

仮想通貨の決済処理速度は従来の決済スキームよりも速いといわれているが、他のさまざまな技術の進展も考慮すると仮想通貨の優位性は必ずしも約束されているものではない。

(l) **クロス・ボーダー**

仮想通貨の決済は国境のあるなしにかかわらず、また当事者間の地理的な距離に関係なく履行される。このことは利点であるとともに、一国の規制当局が一定の取引規制を適用する際に障害となることも懸念される。

(m) **レピュテーション**

その新規性、革新性のみによって事業者がその商品・サービスの決済手段として仮想通貨を奨励する、あるいは利用者が同様の理由で魅力を感じてリスクを顧みずに積極利用するといったことが懸念される。

わが国においては、2014年6月に自由民主党のIT戦略特命委員会のもとの資金決済小委員会が、ビットコインをはじめとする「価値記録」への対応に関する中間報告を公表している。これによれば、「仮想通貨」「暗号通貨」

と呼ばれていたものを、通貨でもなく物でもない「価値記録」として新たな分類に属するものと定義し、既存の規制で縛りつけることをできるだけ避け、自己責任原則のもとで、価値記録関連のビジネスを見守る方針としている。これに基づき、一般社団法人日本価値記録事業者協会（JADA）は同年10月にJADA価値記録事業者ガイドライン概要を策定、公表した。

　ビジネスの芽を摘むような過剰規制は避けるべきであるが、一方で、実務においては規制等の具体的な指針がないなかで対応目線を見定めにくいという課題も少なからず指摘されている。たとえば、既述のリバティ・リザーブの起訴状には、リバティ・リザーブあるいは同社の関連会社、シェルカンパニー名義の口座が開設された金融機関名がずらりと列挙されている。この影響もあってか、各国の金融機関においてビットコイン交換事業者というだけで口座開設を断るという一種のデ・リスキング現象が起きているといわれている。自己責任原則とはいえ、利用可能な情報が限られており、ビジネスの将来性が不確実な場合の対応には常に困難が伴う。割高な海外送金コスト是正、銀行サービスにアクセスできない人々への決済サービスの提供といった社会的な意義＝ベネフィットと、これらのビジネスがML/TFに悪用されるリスクとの見極めが困難であるというのが現状である。

　このようなリスクに対し、2015年6月に開催されたG7エルマウ・サミットでは、「われわれは、仮想通貨およびその他の新たな支払手段の適切な規制を含め、すべての金融の流れの透明性拡大を確保するためにさらなる行動をとる」旨の首脳宣言[50]が採択され、FATFは同月のGuidance for a Risk Based-Approach, Virtual Currenciesにおいて、関与する事業者のいずれがFATFで定義する金融機関に該当するかを見極め、当該事業者にFATF勧告に基づいたAML/CFT要件を義務づけることの重要性を強調している。より具体的には、各国は、仮想通貨と法定通貨を交換する交換所（exchanger）に対し、登録・免許制を課すとともに、CDDや疑わしい取引の届出、記録保存の義務等を課すべきであるとしている。

50　外務省「2015　G7エルマウ・サミット」。

このようなことから、わが国においても金融庁の金融審議会において、仮想通貨に対する法規制の検討がなされ、仮想通貨と法定通貨の交換所について、登録制を導入し、マネー・ローンダリング、テロ資金供与規制の対象に追加することが同審議会の決済業務等の高度化に関するワーキング・グループによる報告[51]に盛り込まれた。2016年2月現在、仮想通貨を「財産的価値」と定義し、資金決済法を改正するとともに、交換所を犯収法の対象とすることが検討されている。

8　その他の各国規制動向

　ここまでグローバルなAML/CFTの規制動向を概観し主な論点を整理してきたが、最後に個別トピックとして2つ取り上げてみたい。いずれも金融機関としての説明責任強化に関連するもので、1点目は米国、英国で議論されている金融機関の個人の責任に関する規制強化、2点目は米国・ニューヨーク州の金融規制当局である金融サービス局欧米（NYDFS）が提案している取引モニタリングおよびフィルタリングに係る宣誓に関する規制案である。

(1)　個人の責任に関する規制強化

a　米国司法省の動向

(a)　経　　緯

　米国司法省は、2015年9月、企業不祥事に関する個人の責任に関する報告書（Individual Accountability for Corporate Wrongdoing）を公表した[52]。企業による不祥事が米国経済に与える影響は重大であり、それへの1つの有効策として、その不祥事を引き起こした個人への責任追及の強化がある。一方、特に、大規模企業においては、複雑な意思決定システムが採用されていることなどにより、責任者の特定が困難となる場面がある。米国司法省は、この

---

[51]　金融庁「金融審議会「決済業務等の高度化に関するワーキング・グループ」報告の公表について」。
[52]　http://www.justice.gov/dag/file/769036/download

ような問題意識のもと、ワーキング・グループを設置し、その結果公表されたのがこの報告書である。

(b) 内　　容

同報告書の内容は、以下の6つの提言で構成される。
① 証拠の提供に関する会社の責任
② 個人の刑事・民事責任にも焦点を当てた捜査の徹底
③ 刑事・民事担当者の日常的な連携
④ 企業による自主解決の限界
⑤ 個人への責任追及と企業不祥事例
⑥ 個人による賠償の能力の考慮

この報告書は、米国司法省内の捜査担当者等に対する内部的通達としての性格を有する文書であり、それがそのまま各企業や個人に適用されるものではない。しかし、その内容は、司法省内担当者による企業不祥事への対応に関するものであり、間接的にではあるものの、個々の企業、個人に対して小さくない影響を与えるものと考えるべきであろう。

b　英国FCAの動向

(a) 経　　緯

英国におけるAML/CFTを含めた金融行為に関して規制・監督を行うFCA（the Financial Conduct Authority）は、2015年6月、「銀行および保険業界における個人責任の強化に関する声明」（CP15/31：Strengthening accountability in banking and insurance：regulatory reference）を公表した[53]。これは、FCAがPRA（the Prudential Regulation Authority）と共同で提案したものであり、その内容としては，
　・SMR（Senior Management Regime）における管理職の役割
　・CR（Certification Regime）における強大な制裁
などが盛り込まれていた。その後、同年7月には、CP15/22 Strengthening accountability in banking：Final rules（including feedback on CP14/31 and

---

53　http://www.fca.org.uk/news/cp15-31-regulatory-references

CP15/5) and consultation on extending the Certification Regime to wholesale market activityが公表され、新たな個人責任の枠組み（SMR、CR、およびthe Conduct Rules）に関するルールが示された。さらに、同年12月には、PS29/12 Strengthening accountability in banking：Final amendments (including feedback on CP14/13) to the Decision Procedure and Penalties Manual and the Enforcement Guideが公表された。これは、7月に改正されたルール（SMR、CR、およびthe Conduct Rules）の適用、およびthe Financial Services（Banking Reform）Act 2013（the Banking Reform Act）によって新設された権限の行使にあたっての指針を示すものである。2016年2月には、PS16/3：Strengthening accountability in banking：Feedback on CP15/22 and CP15/31；final rules on extending the certification regime to wholesale market activities and interim rules on referencingが公表され、CRの内容が確定した[54]。

このように、英国におけるマネー・ローンダリング対策をはじめとする金融規制も、米国と同様に、個人の責任を重視し始めている。そのスキームの1つがSMRである。このSMRにおいても、当局は、アプリオリな体制の整備を求めているのではなく、個々の事業者に適した体制の整備を求めており、SMRは、プリンシプル・ベースな基準であるといえる。

(b) 内　　容

SMRにおいて、各企業は、間隙のない責任者の配置を求められることになるが、その体制整備のうえで、以下の3つのコンセプトを理解する必要がある。

① 管理職者の機能（SMFs：Senior Management Functions）：FCAとPRAによって特定された17の機能。それらの機能を有する職員が監督機関（regulator）に承認されていることを確認する必要がある。

② 所定責任（Prescribed Responsibilities）：FCAとPRAによって特定された30の責任。それらの責任は、管理職員の業務として割り当てられ

---

[54] なお、その後、3月には、SMRについて技術的な修正等が示されている（PS16/6：Consequential Changes to the Senior Managers Regime）。

る必要がある。なお、この責任は、企業の規模に応じたものになっている。

③ 包括的責任（Overall Responsibility）：包括的責任を有する者は、管理監督についての最終的な責任、すなわち、取締役会等といった経営会議体への報告、提案について責任を負う者であることが明らかにされた。

これらSMRを含む新・個人責任ルールは、英国の銀行、建築、およびクレジット・カード業界（RAPs：Relevant Authorised Persons）における個人の責任を対象にしている。SMRのもとでは、管理職者（Senior Manager）は、その業務範囲内で生じたすべての不祥事（misconduct）について、包括的な責任を負いうることになる。SMRを構築するにあたっては、SMFsに基づいた管理職者の役割について確認をしておく必要がある。

また、CRでは、当該企業および顧客に対して、重大な損害を与えるおそれのある職務に対して、適切な職員を配置し、審査することが求められる。このCRの適用範囲が拡張されたことで、英国のRAPsに関する地域制限がなくなり、地域および顧客との関係性を問わず、そのすべての職員を対象としてCRが適用されることになった。

c 予想されうる今後の展開と課題

以上の動きは、それぞれ米国、英国内でのものであり、FATFなどの国際機関としてのものではない。そのため、少なくとも法令上は、この2カ国以外の国の企業が早急に対応を求められているものではない。しかし、特に英国のSMRやCRの適用は広範にわたる可能性がある。また、これまでも、この2カ国が、日々グローバル化するマネー・ローンダリングへの対応にあたり、先頭に立ってきたのは事実であり、FATFや他国も追従することが想定される。上述のコンセプト自体は、地域によって大きな相違が生じるものではないといえるところ、日本の金融機関等が反マネー・ローンダリング体制を整備するうえでも、先んじて参考にすべきものといえよう。

マネー・ローンダリングを含む、いわゆるホワイトカラー犯罪における個人責任のあり方については、従来の法理論を前提とした場合の課題も指摘さ

れている。今般の動きは、個人に対して厳格な責任を追及する方向のものであるが、従来の法理論からの解釈等から論点となりうる点も指摘されている状況にあり、今後の展開を注視する必要がある。

(2) NYDFSの自己宣誓規制案

ニューヨーク州のクオモ知事は2015年12月に、NYDFSを通して、金融機関の経営陣に対して、AML関連システムの有効性を確認して宣誓書の提出を求める新たな規制案を公表した。この規則案は、いわば、財務報告作成プロセスにおいて不正な取引を検知・除去し防止するという内部統制が適正に機能していることの宣誓を経営陣に求めたSOX法に倣ったものということができる。NYDFSが公表した規則案[55]によれば、その概要は以下のとおりである。

① 取引モニタリング・プログラムの維持：金融機関はAML法違反と疑わしい取引の届出のために、取引モニタリング・プログラムとして以下のことを行わなければならない。
　・当該金融機関のリスク評価に基づいたプログラムとすること
　・関連法規制だけでなく、CDD、EDDその他の取組みで得られた関連情報のすべてを活用すること
　・AMLのリスクをそれぞれの金融機関の業務、商品、サービス、顧客・取引先に関連づけること
　・リスク評価に基づいた検知シナリオを活用し、価値や残高に関する敷居値の設定をMLやその他の疑わしい行動検知のために適切に行うこと
　・取引モニタリング・プログラムに係るフローの最初から最後まで、適用に係る事前・事後のテスト（ガバナンス、データ・マッピング、取引のコード、検知シナリオロジック、モデル検証、入力データとプログラムによる出力、定期的なテスト）を実施すること

---

[55] NYDFS Banking Division Transaction Monitoring and Filtering Program Requirements and Certifications.

- 金融機関の検知シナリオと前提となる仮定、パラメータ、敷居値に関して容易に理解できるような文書化を行うこと
- 取引モニタリング・プログラムによって生成されたアラートがどのように調査されるのか、最終的に届け出るかどうかの判断プロセス、当該判断の責任者に関するプロトコルを定め、調査や意思決定プロセスを文書化すること
- 検知シナリオ、ルール、敷居値、パラメータ、仮定の適切性を継続的に評価すること

② フィルタリング・プログラムの維持：金融機関はOFACその他の経済制裁、PEPs、金融機関内部のウォッチリスト等の関連規制に基づき執行前に取引を停止するために、フィルタリング・プログラムとして以下のことを行わなければならない。

- 当該金融機関のリスク評価に基づいたプログラムとすること
- 名義や口座マッチングのテクノロジーやツールに基づき、金融機関のリスク、取引および商品特性に基づくこと
- ウォッチリストを現行の法規制要件を反映したものとすること
- フィルタリング・プログラムに係るフローの最初から最後まで、適用に係る事前・事後のテスト（データ・マッピング、ウォッチリストと敷居値の設定が金融機関のリスクに関連づけられていること、マッチング・テクノロジーやツールのロジック、モデル検証、入力データとプログラムによる出力）を実施すること
- 名義や口座マッチングのテクノロジー・ツールのロジックやパフォーマンス、ウォッチリストや敷居値の設定が金融機関のリスクと適切に関連づけられているかを継続的に評価すること
- プログラムに用いられるツールやテクノロジーの適用意図および設計に関して容易に理解できるような文書化を行うこと

③ 共通事項：取引モニタリング、フィルタリング・プログラム共通に以下のことが行われなければならない。

- 必要なすべてのデータが特定されていること

- 取引モニタリングおよびフィルタリング・プログラムのデータフローが正確で完全であることを確保するために誠実性、正確性、および品質を検証すること
- 自動システムを用いている場合、データの抽出・取込プロセスの完全性と正確性を確保すること
- プログラムに対する変更が定義づけられ、管理され、統制され、報告され、監査されていることを監督する方針・手続を含むガバナンスおよび管理
- プログラムの購入、導入、運営もしくはテストで外部委託を用いている場合は、委託先選定プロセス
- プログラムが本規制に準拠するための設計、導入、維持の予算措置
- プログラムの設計、企画、導入、運用、テスト、検証、継続的な分析等に責任を有する適格な人材および外部専門家の確保
- 継続的な研修

④ いかなる金融機関も、疑わしい取引の届出回避、アラートをレビューするリソースがないこと、あるいはその他の規制回避を目的としてプログラムを改変しようとしてはならない。

⑤ 上記要件に準拠していることを金融機関のチーフ・コンプライアンス・オフィサーは毎年4月15日までにニューヨーク州当局に宣誓しなければならない。

このように、取引モニタリング・システムあるいはフィルタリング・システムを対象に、きわめて網羅的、詳細、かつ厳格に要件が定められ、かつ経営による宣誓まで求められているのは、過去NYDFSが調査した一連の金融機関のAML/CFT事案において、システム上の重大な不備、ガバナンスの欠落、経営層の説明責任の欠如が根本原因であったという問題意識が大きく影響していると思われる。この規則案は、45日間のパブリック・コメント期間が設けられているが、金融機関側もこの規則案をきわめて重く受け止めており、今後の動向が注視される。

第 2 節

経済制裁

1　経済制裁の目的

(1)　経済制裁とは何か

　最近、新聞等マス・メディアで「経済制裁」という言葉を目にする機会が増えたと思う。これら報道から経済制裁とは貿易の制限（すべて、または特定品目の輸出入禁止）、渡航制限、資金や資本取引の禁止などの措置であると理解されている方は少なくないと思われる。本節では、これらのうち、企業や銀行の経済活動への影響が大きい貿易や資金取引にかかわるものを中心にみていきたい。

　なお、本書では経済制裁の根拠となる法律にさかのぼり説明するよう努めている。法律に言及する場合は原則法文を抜粋し（英語の場合は英文を記載のうえ、適宜和訳し）説明するようにしているが、法解釈を提供しているのではないことをご理解いただきたい。個別取引等で法解釈が必要であれば適宜弁護士に相談されたい。

(2)　経済制裁の目的

　経済制裁の目的は何か。われわれは日本の法律に基づく経済制裁規制を遵守する必要がある。日本の法律を日本で守る必要があることは当然であり他の法律と同じではあるが、経済制裁に関する法律と他の法律が各々目的とすることに注目したい。民法や刑法、または銀行法等各種事業を規制する業法

等は日本の社会秩序を維持することを目的としているといえよう[56]。他方、経済制裁に関する法律はどうであろうか。

経済制裁の根拠となる法律は「外国為替及び外国貿易法」（以下「外為法」という）と「国際連合安全保障理事会決議第1267号等を踏まえ我が国が実施する国際テロリストの財産の凍結等に関する特別措置法」（以下「国際テロリスト財産凍結法」という）である。以下に外為法の16条の抜粋と国際テロリスト財産凍結法の1条を記す（下線筆者）。

外為法16条（抜粋）：「主務大臣は、<u>我が国が締結した条約その他の国際約束を誠実に履行するため必要があると認めるとき、国際平和のための国際的な努力に我が国として寄与するため特に必要があると認めるとき</u>……」[57]

国際テロリスト財産凍結法1条：「この法律は、国際連合安全保障理事会決議第1267号、同理事会決議第1373号その他の同理事会決議が国際的なテロリズムの行為を非難し、国際連合の全ての加盟国に対し当該行為を防止し、及び抑止するために当該行為を実行し、又は支援する者（以下「国際テロリスト」という。）の財産の凍結等の措置をとることを求めていることを踏まえ、我が国が実施する当該措置について必要な事項を定めることにより、外国為替及び外国貿易法（昭和24年法律第228号）による措置と相まって、我が国が当該行為を防止し、及び抑止するための<u>国際社会の取組に積極的かつ主体的に寄与し、もって我が国を含む国際社会の平和及び安全に対する脅威の除去に資することを目的とする</u>」[58]

このとおり、経済制裁は「国際平和」「国際社会の平和と安全に対する脅威の除去」という、外交・国家安全保障上の目的を達成する手段である。こ

---

[56] 民法90条「公の秩序又は善良の風俗に反する事項を目的とする法律行為は、無効とする」。刑法77条「国の統治機構を破壊し、又はその領土において国権を排除して権力を行使し、その他憲法の定める統治の<u>基本秩序を壊乱することを目的として</u>暴動をした者は、内乱の罪とし、次の区別に従って処断する」。銀行法1条「この法律は、銀行の業務の公共性にかんがみ、信用を維持し、預金者等の保護を確保するとともに金融の円滑を図るため、<u>銀行の業務の健全かつ適切な運営を期し、もって国民経済の健全な発展に資することを目的とする</u>」。

[57] https://www.mof.go.jp/international_policy/gaitame_kawase/gaitame/economic_sanctions/gaiyou.html

[58] https://www.npa.go.jp/keibi/zaisantouketu/index.html

こでは日本の法律を例に説明したが、これは日本固有のことではなく、経済制裁を実施しているすべての国に共通することとご理解いただきたい。経済制裁の諸規制を遵守することが求められる金融機関や企業は、経済制裁は国家安全保障にかかわる事項であるとの理解のもと、遵守態勢を整備する必要がある。

2 経済制裁の根拠

日本は外為法と国際テロリスト財産凍結法を用いて、「国際社会の努力」や「国際社会の取組」に寄与することとしているが、そもそも国際社会の努力や取組みとは何か。「イランに対する経済制裁」「北朝鮮に対する経済制裁」と、経済制裁は特定国に対して課されるものもあるが、制裁対象とされている国も「国際社会」の一員なのではないか。国際社会の代表的な存在は国際連合だが、国連憲章の2条にも「The Organization is based on the principle of the sovereign equality of all its Members」と、主権国家間の平等が前提とされていることに矛盾しないのか、という疑問が生じる[59]。

(1) 国連安全保障理事会（以下「安保理」という）の決議に基づく経済制裁

国際連合は、憲章1条にあるとおり、国際社会の平和維持をその目的としている（下線筆者）。

「1 To <u>maintain international peace and security</u>, and to that end : <u>to take effective collective measures for the prevention and removal of threats to the peace, and for the suppression of acts of aggression or other breaches of the peace</u>, and to bring about by peaceful means, and in conformity with the principles of justice and international law, adjustment or settlement of international disputes or situations which might lead to a

---

[59] http://www.un.org/en/charter-united-nations/

breach of the peace ; 」

　国連憲章は25条にて「The Members of the United Nations agree to accept and carry out the decisions of the Security Council in accordance with the present Charter.」と加盟国は安保理の決定を実行することを約すとしており、安保理が平和への脅威に対してとるべき行動を第7章で定めている。特に41条は強制力を有する非軍事的措置を決定する権限を安保理に与えている（下線筆者）。

　「The Security Council may decide what <u>measures not involving the use of armed force</u> are to be employed to give effect to its decisions, and it <u>may call upon the Members of the United Nations to apply such measures</u>. These may include complete or partial interruption of economic relations and of rail, sea, air, postal, telegraphic, radio, and other means of communication, and the severance of diplomatic relations.」

　さらに、国連憲章は103条にて「In the event of a conflict between the obligations of the Members of the United Nations under the present Charter and their obligations under any other international agreement, their obligations under the present Charter shall prevail.」と、憲章に基づく義務と他条約等による義務の間で矛盾が生じた場合は、国連憲章における義務が優先されるとしている。

(2) 安保理決議によらない経済制裁

　このとおり、安保理決議に基づく経済制裁はその根拠を国連憲章に求めることができるが、すべての経済制裁が安保理決議に基づくわけではない。最近ではウクライナの情勢に関する経済制裁が発動されている。ロシアは拒否権を有する安保理常任理事国であることを考えれば当然だが、この経済制裁の根拠となる安保理決議はない。古くは、米国は1960年からキューバに対する経済制裁を実行しているが、これも安保理決議に基づくものではない。これらを含め、安保理決議によらない経済制裁は少なくない。このような「独自制裁」の国際法上の位置づけや正当性を議論するのは本書の目的ではない

が、国連憲章に基づき加盟国に履行が求められる安保理決議による経済制裁と「独自制裁」では制裁が及ぶ範囲が異なることは認識しておきたい。

安保理決議に基づく経済制裁の場合、国連加盟各国は安保理決議を自国の法手続によって実行する。加盟国による安保理決議の履行状況次第ではあるが、各国の国民が自国の法律を守ることによって、経済制裁がグローバルに実行されるという仕組みである。他方、独自制裁の場合はこのようなメカニズムは働かない。米国がキューバに対して経済制裁を実施しても、他国にはそれを自国の法律で実行する義務はない。

では、独自制裁は、その制裁を実施している国の国民だけが実行を求められるのであろうか。米国の対ビルマ（ミャンマー）制裁を例にみてみたい[60]。

米国の対ビルマ制裁は、31CFR（Code of Federal Regulations）537（以下「ビルマ制裁」という）にて規定されている。資産凍結（blocked property）にかかわる条文をみると（下線筆者）、

「§537.201 Prohibited transactions involving blocked property.
(a)(1) All property and interests in property that are in the United States, that come within the United States, or that are or come within the possession or control of any United States person, including any foreign branch, of the following persons are blocked and may not be transferred, paid, exported, withdrawn, or otherwise dealt in.」

とあり、United States（米国）内の資産およびUnited States Person（以下「US Person」という）が保有・支配に置く資産が凍結の対象であるとわかる。なお、資産凍結（block）とは、移動の禁止であり、没収ではないことを補足しておく。

ビルマ制裁は、United StatesとUS Personを以下のとおり定義している。
「§537.318 United States.
The term United States means the United States, its territories and possessions, and all areas under the jurisdiction or authority thereof.」

---

60 http://www.ecfr.gov/cgi-bin/text-idx?tpl=/ecfrbrowse/Title31/31cfr537_main_02.tpl

「§537.321　United States person；U.S. person.
The term United States person or U.S. person means any United States citizen, permanent resident alien, entity organized under the laws of the United States or any jurisdiction within the United States (including foreign branches), or any person in the United States.」

　この定義は米国の他経済制裁に関してもおおむね同じである。すなわち、米国が独自に（安保理決議に基づかず）実施している制裁の実行を求められているのは、原則、米国市民に加えて、永住者、在住者、米国法に基づき登記された法人等であり、（凍結）対象となる資産は米国の主権が及ぶ地域（領土）にあるものであることがわかる。原則、とするのは§537.201や§537.321に「control」（支配）と「including any foreign branch」（外国にある支店）とあるからである。米国は経済制裁規制、特に対イラン制裁で、その影響力をさまざまなかたちで米国外・米国人（US Person）以外にも及ぼす工夫をしていることに注意を要する。これに関しては、後ほどより詳しくみることとしたい。

3　日本の経済制裁

(1)　概　　要

　日本による経済制裁は、2016年2月19日告示された日本独自の制裁である「北朝鮮に住所等を有する個人等に対する支払」[61]以外は安保理決議に基づくものか、米国やEU等と協調して実施しているものである（図表1-14参照）。
　日本のこれら経済制裁は外為法に基づき実施されている。同法における経済制裁に関連する条文などは財務省のホームページで確認できる（図表1-15参照)[62]。

---

[61] http://www.mof.go.jp/international_policy/gaitame_kawase/gaitame/economic_sanctions/gaitamehou_shisantouketsu_kitachousen_20160219.htm
[62] https://www.mof.go.jp/international_policy/gaitame_kawase/gaitame/economic_sanctions/gaiyou.html

図表1−14　日本が実施している経済制裁（2016年2月19日現在）[63]

制裁対象	根拠（番号は安保理決議）
ミロシェビッチ前ユーゴスラビア大統領および関係者	国際平和のための国際的努力への寄与（米国、EU等との協調）
タリバーン関係者等	1267、1333、1390
テロリスト等	1373
イラク前政権の機関等・イラク前政権の高官またはその関係者等	1483
コンゴ民主共和国に対する武器禁輸措置等に違反した者等	1596
コートジボワールにおける和平等に対する脅威を構成する者等	1975、1572
スーダンにおけるダルフール和平阻害関与者等	1591
北朝鮮のミサイルまたは大量破壊兵器計画に関連する者	1695
北朝鮮の核関連、その他の大量破壊兵器関連および弾道ミサイル関連計画に関与する者	1718、2087、2094
北朝鮮の核関連、その他の大量破壊兵器関連および弾道ミサイル関連計画等に関与する者	国際平和のための国際的努力への寄与（米国、EU等との協調）
（資金使途規制）北朝鮮の核関連、弾道ミサイル関連またはその他の大量破壊兵器関連の計画または活動に貢献しうる活動	1874（任意措置）
（支払の原則禁止）北朝鮮に住所等を有する個人等に対する支払	国際平和のための国際的努力への寄与
ソマリアに対する武器禁輸措置等に違反した者等	1844
リビアのカダフィ革命指導者およびその関係者	1970、1973、2009
シリアのアル・アサド大統領およびその関係者等	国際平和のための国際的努力への寄与（米国、EU等との協調）

63　http://www.mof.go.jp/international_policy/gaitame_kawase/gaitame/economic_sanctions/list.html

クリミア「併合」またはウクライナ東部の不安定化に直接関与していると判断される者	国際平和のための国際的努力への寄与（米国、EU等との協調）
ロシア連邦の特定銀行等による証券の発行等	
中央アフリカ共和国における平和等を損なう行為等に関与した者等	2127、2134
イエメン共和国における平和等を脅かす活動に関与した者等	2140
南スーダンにおける平和等を脅かす行為等に関与した者等	2206
イランの核活動等に関与する者	2231
（資金使途規制）イランの核活動または核兵器運搬手段の開発に関連する活動	
（資金使途規制）イランへの大型通常兵器等の供給に関連する活動	
（資金使途規制）核技術等に関連するイランによる投資を禁止する業種	

(2) 域外適用性

　外為法は、5条にてその適用範囲を以下のとおり定めている（下線筆者）。
「この法律は、本邦内に主たる事務所を有する法人の代表者、代理人、使用人その他の従業者が、外国においてその法人の財産又は業務についてした行為にも適用する。本邦内に住所を有する人又はその代理人、使用人その他の従業者が、外国においてその人の財産又は業務についてした行為についても、同様とする」。別途、6条にて「「居住者」とは、本邦内に住所又は居所を有する自然人及び本邦内に主たる事務所を有する法人をいう。非居住者の本邦内の支店、出張所その他の事務所は、法律上代理権があると否とにかかわらず、その主たる事務所が外国にある場合においても居住者とみなす」[64]

---

[64] http://law.e-gov.go.jp/htmldata/S24/S24HO228.html#10000000000010000000000000000000000000000000000000000000000000

図表1－15　外為法等の経済制裁関連条文（2016年1月22日現在）

項目	外為法	外国為替令	財務省告示
支払等の許可制関係条文	16条	6条	外国為替及び外国貿易法第16条第1項又は第3項の規定に基づく財務大臣の許可を受けなければならない支払等を指定する件（平成10年3月大蔵省告示第97号）
資本取引の許可制関係条文	21条	11条	外国為替及び外国貿易法第21条第1項の規定に基づく財務大臣の許可を受けなければならない資本取引を指定する件（平成10年3月大蔵省告示第99号）
役務取引の許可制関係条文	25条	18条	外国為替令第18条第3項の規定に基づき、財務大臣の許可を受けなければならない役務取引等を指定する件（平成10年3月大蔵省告示第100号）
支払手段等の輸出入の許可制関係条文	19条	8条	外国為替及び外国貿易法第19条第1項の規定に基づく財務大臣の許可を受けなければならない支払手段又は証券の輸出又は輸入を指定する件（平成21年7月財務省告示第225号）
貴金属の輸出の許可制関係条文	6条 19条	8条	外国為替及び外国貿易法第19条第2項の規定に基づく財務大臣の許可を受けなければならない貴金属の輸出を指定する件（平成18年11月財務省告示第443号）
対内直接投資の届出制関係条文	27条	（対内直接投資等に関する政令）3条	（対内直接投資等に関する命令等）

と定義している。

　6条からは、本邦法人の外国支店は「本邦内に主たる事務所を有する法人」であり、「居住者」と読める一方、5条からは「その法人の財産又は業務についてした行為」にだけ外為法が適用されると読める。この点に関し、昭和55年11月29日付蔵国第4672号「外国為替法令の解釈及び運用について」

は本邦法人の海外支店等の行為5－0にて、以下としている（抜粋）。
「1　本邦法人の外国にある支店、工場その他の事務所（以下「海外支店等」という。）の行為が、当該法人の財産又は業務に影響する場合は、当該海外支店等の行為について、法の規定及び法の規定に基づく命令の規定（以下「外国為替法令の規定」という。）の適用があるものとする。
 2　本邦法人の海外支店等相互間の行為が、当該法人の財産又は業務に影響する場合は、外国為替法令の規定の適用があるものとする。
 3　本邦法人の海外支店等と当該法人の本邦にある本社、支店、その他の事務所との間の行為は、非居住者と居住者との間の行為として、外国為替法令の規定の適用があるものとする」[65]。

　また、外国為替検査マニュアル（別添2）「資産凍結等経済制裁に関する外為法令の遵守状況に係るチェックリスト」[66]は、「8.邦銀の海外支店における資産凍結等経済制裁への対応状況」に（抜粋）
「邦銀の海外支店においても、自己が支払又は取引の当事者となる場合には、外為法第16条第1項、第21条第1項又は第25条第6項の規定の適用を受ける。また、顧客から依頼のあった支払等については、同法第17条の規定に基づく確認義務に関する規定の適用を受ける」とあり、
「9．資産凍結等経済制裁への対応状況の把握等」には（以下抜粋）
「(1)　資産凍結等責任者は、資産凍結等経済制裁対象者が新たに指定された都度、及び必要に応じ、資産凍結等経済制裁への対応状況に関し関係部店から報告を受け、当該対応状況につき正確かつ迅速に把握しているか。（注）邦銀においては、関係部店に海外支店を含むことに留意する……」とある。

　邦銀の海外支店の業務の一部には外為法が適用されないものがあるとも読めるが、海外支店の業務には外為法が適用されることを前提としているのが実態である。

---

[65] https://www.mof.go.jp/about_mof/act/kokuji_tsuutatsu/tsuutatsu/TU-19801129-4672-15.pdf
[66] https://www.mof.go.jp/international_policy/gaitame_kawase/inspection/m_betten2.pdf

(3) 罰則規定

　第3章で金融機関における経済制裁対応の実務に関して述べるが、法令を遵守するための態勢整備を怠った場合のリスクを認識しておくことも重要であることから、外為法[67]と国際テロリスト財産凍結法の罰則[68]を確認しておきたい。

a 外為法

　外為法の罰則は第9章にある。上述した済制制裁に関する条文（16条、21条、25条、19条、6条、27条）に違反した場合の罰則部分の一部を抜粋する（下線筆者）。

70条「次の各号のいずれかに該当する者は、<u>3年以下の懲役若しくは100万円以下の罰金に処し、又はこれを併科する。ただし、当該違反行為の目的物の価格の3倍が100万円を超えるときは、罰金は、当該価格の3倍以下とする</u>」

71条「次の各号のいずれかに該当する者は、<u>6月以下の懲役又は50万円以下の罰金に処する</u>」

b 国際テロリスト財産凍結法（第5章、抜粋）

29条「次の各号のいずれかに該当する行為をした者（法人その他の団体にあっては、その役職員又は構成員として当該行為をした者）は、<u>3年以下の懲役若しくは100万円以下の罰金に処し、又はこれを併科する（外為法と一致）</u>」

30条「次の各号のいずれかに該当する行為をした者（法人その他の団体にあっては、その役職員又は構成員として当該行為をした者）は、<u>1年以下の懲役又は50万円以下の罰金に処する</u>」

31条「第16条第一項の規定による命令に違反する行為をした者（法人その他の団体にあっては、その役職員又は構成員として当該行為をした者）は、<u>6月以下の懲役又は30万円以下の罰金に処する</u>」

---

[67] http://law.e-gov.go.jp/htmldata/S24/S24HO228.html#100000000009000000000000000000000000000000000000000000000000000000000

[68] https://www.npa.go.jp/keibi/zaisantouketu/houritsu/261127/honbun.pdf

32条「第13条第3項の規定に違反する行為をした者（法人その他の団体にあっては、その役職員又は構成員として当該行為をした者）は、30万円以下の罰金に処する」

4　米国の経済制裁

米国の経済制裁は、非常時に資産凍結等金融・経済取引を規制する権限を大統領に与えている国際緊急経済権限法（International Emergency Economic Powers Act　合衆国法典第50編35章、以下「IEEPA」という）を核に整備されており、主に財務省に所属する外国資産管理室（Office of Foreign Assets Control、以下「OFAC」という）が運用している[69]。

(1)　法・規制体系（連邦）

a　法令（Statute）

議会による決議後、大統領が署名し発効。適用中止や停止を含む施行方法が大統領に一任されている場合があるが、廃止・変更には議会による立法対応が必要である。

　例：Iran Sanctions Act of 1996, as Amended 50 U.S.C. §1701 note[70]

b　大統領令（Executive orders）

IEEPAにより大統領に与えられた権限に基づく行政命令。法令を施行するもののみならず、法令に追加で発行されるものもある。大統領の権限で停止・廃止できる[71]。

　例：Executive Order 13645 of June 3, 2013 Authorizing the Implementation of Certain Sanctions Set Forth in the Iran Freedom and Counter-Proliferation Act of 2012 and Additional Sanctions With Respect

---

[69] http://uscode.house.gov/view.xhtml?req=granuleid:USC-prelim-title50-chapter35-front&num=0&edition=prelim

[70] https://www.treasury.gov/resource-center/sanctions/Programs/Documents/isa_1996.pdf

[71] https://www.treasury.gov/resource-center/sanctions/Documents/ieepa.pdf

To Iran[72]

c　連邦規則（Code of Federal Regulations）（以下「CFR」という）

　行政府が遵守する必要がある規則（行政府のルール・規則を体系化したもの。行政法：administrative lawとも呼ばれる）。

　例：31 CFR Part 560 - Iranian Transactions and Sanctions Regulations（以下「イラン制裁規則」という）[73]

(2) OFACが運用する経済制裁規制の概要

　OFACは各種経済制裁規制を、特定国や国際犯罪組織等、制裁対象別のプログラムとして運用している。最新の情報は、OFACのホームページ[74]で確認できる。これら制裁プログラムは、制裁対象の特徴により、①国別プログラム、②ハイブリッド型プログラム、③リスト・ベース・プログラムの3タイプに大別できる。図表1－16は、2016年2月現在のプログラムを、タイプ別に整理してみたものである。

a　国別プログラム

　米国はイラン、キューバ、シリア、スーダンとの取引を実質的に全面的に禁止している。また、これらプログラムに基づき資産凍結等の措置の対象となる制裁対象者（SDN：Specially Designated National）も指定している。SDNの資産は凍結する必要がある。SDNの関与がないこれらの国との取引は、資産凍結は不要だが取扱いを拒否（Reject）することが求められている。

b　ハイブリッド型プログラム

　ビルマ（ミャンマー）制裁とウクライナ／ロシア制裁は国別プログラムとリスト・ベース・プログラム双方の要素をもつことからハイブリッド型と分類した。

---

[72] https://www.treasury.gov/resource-center/sanctions/Programs/Documents/13645.pdf

[73] http://www.ecfr.gov/cgi-bin/text-idx?SID=0107483c0b76405828ee0a5fcb047046&tpl=/ecfrbrowse/Title31/31cfr560_main_02.tpl

[74] https://www.treasury.gov/resource-center/sanctions/Programs/Pages/Programs.aspx

図表1-16　OFACの経済制裁プログラム

タイプ	制裁プログラム
国別	Cuba Sanctions[75]
	Iran Sanctions
	Sudan Sanctions
	Syria Sanctions
	North Korea Sanctions[76]
ハイブリッド	Burma Sanctions
	Ukraine-/Russia-Related Sanctions
リスト	Balkans-Related Sanctions
	Belarus Sanctions
	Burundi-Related Sanctions
	Central African Republic Sanctions
	Cote d'Ivoire (Ivory Coast) -Related Sanctions
	Counter Narcotics Trafficking Sanctions
	Counter Terrorism Sanctions
	Cyber-related Sanctions
	Democratic Republic of the Congo-Related Sanctions
	Iraq-Related Sanctions

---

[75] 米国は2016年3月16日に対キューバ制裁の運用を、U-Turng取引を許容することを含め、大幅に緩和。https://www.treasury.gov/resource-center/sanctions/OFAC-Enforcement/Pages/20160315.aspx

[76] 米国は2016年2月にNorth Korea Sanctions Enforcement Act of 2016 (以下「北朝鮮制裁施行法」という) を制定。本法律は、北朝鮮の大量破壊兵器の運搬手段を含む核拡散活動および金融取引を含めそれを幇助する行為、人権侵害、サイバーテロ、麻薬取引、兵器関連取引を行う者等を制裁者指定することを大統領に義務づけている。制裁者指定された者に課されうる罰則には米国法が適用される為替取引や資金決済の禁止が含まれる。さらに、北朝鮮を関連口座・取引に対する調査・報告基準が強化され、コルレス取引が制限される "jurisdiction of primary money laundering concern" (主要マネー・ローンダリング懸念国) に指定することも求めている。https://www.govtrack.us/congress/bills/114/hr757. 全面的な取引禁止ではないが、北朝鮮との取引を強く制限・牽制する内容であることから国別プログラムと分類した。

Lebanon-Related Sanctions
Former Liberian Regime of Charles Taylor Sanctions
Libya Sanctions
Magnitsky Sanctions
Non-Proliferation Sanctions
Rough Diamond Trade Controls
Somalia Sanctions
South Sudan-related Sanctions
Transnational Criminal Organizations
Venezuela-Related Sanctions
Yemen-Related Sanctions
Zimbabwe Sanctions

ビルマ制裁は、SDN指定に加えて、軍・武装勢力との取引や同国からの翡翠(Jade)等の輸入を禁止している。

ウクライナ情勢に関する制裁(Ukraine-/Russia-Related Sanctions)は禁止する取引を4種類に分類(Directive 1～4)し、禁止項目(Directive)別に当該制裁の対象者(SSI：Sectoral Sanctions Identifications)を指定している。

SSIのリストはOFACのホームページで公表されている[77]。

c　リスト・ベース・プログラム

資産凍結等の措置の対象となる制裁対象者(SDN)が指定されている。SDNのリストは、OFACのホームページで公表されている[78]。

また、OFACはSDNとSSIを含む制裁対象者の検索ツールも提供している[79]。

77　https://www.treasury.gov/resource-center/sanctions/SDN-List/Pages/ssi_list.aspx
78　https://www.treasury.gov/resource-center/sanctions/SDN-List/Pages/default.aspx
79　https://sdnsearch.ofac.treas.gov/

(3) OFAC規制の解釈

　米国の経済制裁規制は解釈に幅が生じる書かれ方をしており、制裁の境界線は必ずしも明確ではない。OFACは、寄せられた質問などに基づき、実に多くのガイダンス・ペーパーやFAQを発表しているが、制裁対象者（国）の行動を影響することが経済制裁の目的であることから、意図的に禁止される取引・行為の範囲にあいまいさを残し、制裁の対象とはならない取引であっても思いとどめさせることを意図している側面があることは否定できない。

　このようなあいまいさを含めてOFAC規制を正しく理解するには、これら規制に特徴的な用語・概念を理解することが不可欠である。FAQやガイダンス・ペーパー類を参考にしつつ、OFAC規制を理解するうえで重要な概念をいくつか紹介する。

a　US Personが関与する取引

　米国の経済制裁は、US Personに対して制裁対象者の資産を凍結したり、制裁対象国との取引を禁止したりしていることは上述したとおりである。US Personの定義と経済制裁規制に関するUS Personの義務にかんがみれば、US Personは米国の制裁対象者（SDN）や米国が制裁対象としている国（例：イラン）との取引に関与できないことは明らかである。実務では、特定の取引にUS Personが関与しているのか否かが論点となることが少なくない。取引の実行者がUS Person以外であっても、US Personの関与がある例は米ドルの決済取引（Payment）である。ドル決済の仕組みと米国経済制裁の関係は、第3章の取引フィルタリング実務の説明でやや詳しく解説したいが、米ドルの決済にはほとんどの場合米国の銀行が介在するためにUS Personが関与するとご理解いただきたい。

b　Indirect

　米国の経済制裁規制を読むと、禁止事項が「directly or indirectly」とされていることに気づく。

　イラン制裁規則を例にとれば、§560.206　Prohibited trade-related

transactions with Iran; goods, technology, or services.は、
「(a) Except as otherwise authorized…no United States person, wherever located, may engage in any transaction or dealing in or related to： (1) Goods or services of Iranian origin…; or (2) Goods, technology, or services for exportation, reexportation, sale or supply, <u>directly or indirectly</u>, to Iran or the Government of Iran.」（下線筆者）
となっており、イランと直接取引することを禁止しているだけではなく、間接的な取引をも禁止している。

制裁対象者Xとの取引が禁止されているなか、YがXと取引することを承知のうえ（その前提）でYと取引するケースは禁止されている間接的取引であると理解しやすい。たとえば、ドバイからイランに再輸出するために、日本からドバイに商品を輸出し、ドバイから輸出代金を米ドルで受け取りたい、とする。この例では、米ドルでの決済取引にUS Personの関与がある間接的（ドバイ経由）なイランとの取引であることから、イラン制裁に抵触する。

実務でみる取引はこのようなわかりやすい事例には限られず、実にさまざまなかたちで制裁対象者（国）が関係してくる。そのような取引を調査（Due Diligence）し、実行の可否を判断するに際、OFAC規制は「Indirectly」を明確には定義していないことに留意し、保守的に判断する必要がある。

c Facilitation

US Personは米国の経済制裁規則の遵守を求められるのみならず、US Personではない者が、US Personが行うならば制裁に抵触する（US Personには禁止されている）行為を手助けする（幇助する）ことも禁止されている。

イラン制裁規則を例としてみてみる。§560.208 Prohibited facilitation by United States persons of transactions by foreign personsは「…no United States person, wherever located, may approve, finance, <u>facilitate</u>, or guarantee any transaction by a foreign person where the transaction by that foreign person would be prohibited by this part if performed by a United States person or within the United States.」（下線筆者）としている。

実務では、幇助とみなされる行為の範囲が明確にされていないことに注意を要する。自国（例：日本）では制裁の対象となっておらず、円建て等であり、当該取引に決済を含めてUS Personの関与がない場合であっても、米国の制裁対象者・制裁対象国との取引に米国拠点や米国外にいる米国人（例：東京勤務の米国籍保有者）の関与がないことが求められていると理解しておくべきであろう。特に、米国外勤務のUS Person従業員がいる場合、米国経済制裁規制がかかわりうる業務から隔離する手続（Recusal Policy）を整備しておくことが必要である。

d Reason To Know

多くの制裁規則で "is prohibited if …knows or reason to know" という表現が用いられている。

例：PART 539—WEAPONS OF MASS DESTRUCTION TRADE CONTROL REGULATIONS（以下「大量破壊兵器規制」という）

§539.405　Importation of goods or technology from third countries.

「…is prohibited if undertaken with knowledge or reason to know…」（下線筆者）

PART 538—SUDANESE SANCTIONS REGULATIONS（以下「スーダン制裁規制」という）

§538.411　Exports to third countries; transshipments

「…is prohibited if the exporter knows, or has reason to know…」（下線筆者）

制裁に違反すると知っていて（knows）取引を行うことを禁じるという規制は容易に理解できる。他方、知っているべき理由がある（"Reason to know"）は解釈がむずかしい。OFACの "Economic Sanctions Enforcement Guidelines"（以下「経済制裁執行ガイドライン」という）は、"Reason to know" を以下のとおり解説している（下線筆者）。

「Reason to Know. If the Subject Person did not have actual knowledge that the conduct took place, did the Subject Person have reason to know, or should the Subject Person reasonably have known, based on all readily available information and with the exercise of reasonable due diligence, that the conduct would or might take place?」

このガイドラインを素直に読めば「すべての容易に入手可能な」情報に基づき「常識的」な調査（due diligence）の結果、違反取引であることを認識しえたか、「知っているべき理由がある・知っているべきであったか」が、Reason to knowの有無の判断基準である。個別取引の可否判断や制裁対応の手続整備において、当該取引や取引種類についてどのような情報が「容易に入手可能」であり、何をどの程度調べれば「常識的」な調査なのかの判断が求められる。なお、OFACは "Reason to know" の概念を用いる理由を、制裁違反を示す情報に意図的に目をつぶる行為（故意の無知/willing blindness）を牽制するためとしている。

e　50％ルールとControl by other means

OFACは2014年8月13日に発表したガイダンス・ペーパーにて、あるSDNが単独で50％以上所有している法人等のみならず、複数のSDNが合計で50％以上所有している法人等もSDNと同様とみなされると解説している。また、SDNによる所有が50％未満であっても、SDNが意義ある（Significantな）比率を所有している場合やSDNが所有以外の方法で支配している法人等は、OFACによるSDN指定等の対象となりうると注意喚起している[80]。

OFACはSDNによる「所有以外の方法での支配」の判断基準を明示していない。個々の案件においては米国の経済制裁を専門とする弁護士に適宜相談しつつ、個別に判断する必要があるが、イラン制裁規制にあるUS Personによる支配の定義が参考になると思われる（以下抜粋）。

§560.215　Prohibitions on foreign entities owned or controlled by U.S. persons.

(b)　Definitions：(1) For purposes of paragraph (a) of this section, an entity is "owned or controlled" by a United States person if the United States person：

---

[80] https://www.treasury.gov/resource-center/sanctions/OFAC-Enforcement/Pages/20140813.aspx

(i) Holds a 50 percent or greater equity interest by vote or value in the entity；（議決権または価値で50％以上を所有）

(ii) Holds a majority of seats on the board of directors of the entity（取締役会の過半数を支配）；or

(iii) Otherwise controls the actions, policies, or personnel decisions of the entity（その他方法にて、行動・方針・人事を支配）

　「その他方法にて……支配」を考えるにあたっては、経営方針や人事の決定権限があるポストがSDNに支配されているかがポイントになると思われる。たとえば、最高経営責任者（CEO：Chief Executive Officer）や最高財務責任者（CFO：Chief Financial Officer）がSDNである場合や法人であるSDNが出資している企業においてこれらポストにSDN法人出身者が就いている場合は、「その他方法での支配」に該当する可能性がある。

(4) 米国経済規制の「域外適用性」

a 米国外にいるUS Person

　これまでにみてきたとおり、米国の経済制裁規制は、米国内の資産およびUS Personが保有・支配する資産を凍結対象とし、US Personに制裁対象者（国）との取引を禁止・制限している。米国外にいる米国人にも米国の規制が適用されるということは、米国人が在住する第三国からすれば、自国内の行為に米国法が直接適用されることになり、域外適用性がある。

b 非米国人の米国外の行為の影響

　非米国人が、米国外で行った行為が米経済制裁規制に抵触しうることにも留意する必要がある。非米国人が米国外で行ったSDN等との米ドル建て決済取引がその典型である。詳しくは後述するが、ドル資金の移動において米銀（US Person）が関与する場合、US Personに禁じられている行為をその米銀に行わせることが違反行為とされうる。

c 非米国人の米国外の行為の牽制

　米国外の行為が米国の法律の適用を受ける例として、Comprehensive Iran Sanctions and Divestment Act[81]（CISADA：包括イラン制裁法）があ

る。同法では、イランによる国際テロ支援等を理由に指定されたSDNと重要な（Significant）な取引を行ったり、幇助したりした米国外金融機関との取引制限・禁止を米国の銀行に命令できるとしている。取引の制限を命じられるのは米国の銀行ではあるが、米国外にある非米国金融機関の行動を牽制することを目的としていることは実質的な域外適用性があるともいえる。

d 制裁対象者の指定

これまで、米国の経済制裁規制の遵守を求められているのはだれか、をみてきたが、制裁対象者（SDN）の指定そのものにも目を向けてみたい。米国の制裁対象者（SDN）に指定された米国外の自然人・法人は米国との取引のみならず、米ドル建ての取引、米国との関係を気にする他国企業との取引も制限される。経済制裁の目的が（米国の）外交・安全保障にあることを考えれば当然のことではあるが、非米国人の行動の制約を目的として自国の規制を域外に適用している。

なお、米国は、SDN指定とは別に2012年5月1日付大統領令13608「Prohibiting Certain Transactions With and Suspending Entry Into the United States of Foreign Sanctions Evaders With Respect to Iran and Syria」[82]にて、イランおよびシリアに対する米国制裁回避を牽制するべくForeign Sanction Evader（FSE：外国制裁忌避者）という概念を導入した。US Personは、FSEとの取引が禁止されるが、資産を凍結する必要はない。

e レピュテーションリスク

米国の経済制裁規制の域外適用の範囲や是非に関しては上述を含むさまざまな議論があるが、民間企業・銀行の現実としては罰則（罰金、刑事訴追）のみならずレピュテーション悪化を懸念せざるをえない。

米国との取引がある企業であれば、マス・メディア等で米国の経済制裁に反する行為を行う企業として取り上げられるリスク、政治団体のネガティ

---

81 http://uscode.house.gov/view.xhtml?req=(title：22 section：8501 edition：prelim) OR （granuleid：USC-prelim-title22-section8501）&f=treesort&edition=prelim&num=0&jumpTo=true

82 https://www.federalregister.gov/articles/2012/05/03/2012-10884/prohibiting-certain-transactions-with-and-suspending-entry-into-the-united-states-of-foreign

ブ・キャンペーンの対象となるリスク、米国議会の公聴会の対象となるリスクはとれないであろう。

　f　各国の対応

　米国はその外交目的の達成のために、自国の経済制裁規制が米国外でも履行されるよう工夫している。しかし、そのようなことを認めるのは米国とは異なる外交方針にある国としては自国の国益にそぐわない。まれな例ではあるが、EUは、「Council Regulation (EC) No 2271/96 of 22 November 1996 protecting against the effects of the extra-territorial application of legislation adopted by a third country, and actions based thereon or resulting therefrom」にて、EUの利益を害すると判断した米国の対キューバ経済制裁規制の一部に関し、EU域内への影響を中和する規制を整備している。具体的には、本規則が指定するEU外の法律・規則に関し、EU外の裁判所や規制当局による違反判決や行政処分はいっさい効力を認めず、執行されないことや、損害を受けた者はEU加盟国の裁判所などを通じて被害額を回収できること等を定めている。

(5) IEEPAの罰則規定

　米国の経済制裁の中核をなす法であるIEEPAは民事罰として25万ドルか違反取引額の倍のより高いほうを上限とする罰金、刑事罰として100万ドルを上限とする罰金および20年以下の禁錮を定めている[83]。

(6) OFACの経済制裁執行ガイドラインにある罰則規定

　OFACは経済制裁執行ガイドラインにて、違反に対する処分を詳しく解説している。OFACは罰金等処分の対象となった違反を公表しているが、個々の事例に関しても、このガイドラインに基づいた違反の重大性の判断根拠や罰金額の計算根拠を示している。

---

[83] http://uscode.house.gov/view.xhtml?req=granuleid:USC-prelim-title50-section1705&num=0&edition=prelim

a 罰金額算定根拠
　① 1,000ドル未満の取引：1,000ドル
　② 1,000ドル以上1万ドル未満の取引：1万ドル
　③ 1万ドル以上2万5,000ドル未満の取引：2万5,000ドル
　④ 2万5,000ドル以上5万ドル未満の取引：5万ドル
　⑤ 5万ドル以上10万ドル未満の取引：10万ドル
　⑥ 10万ドル以上17万ドル未満の取引：17万ドル
　⑦ 17万ドル以上：25万ドル

ただし、上述に基づき計算された罰金額が法定最高罰金額を上回る場合は、法定最高罰金額とする。

b OFACによる処分の分類
　(a) **No Action**
　違反があったと決定づけるに十分な証拠がない場合、または行政処分を要する状況ではないと判断される場合。OFACは一般的には対象者に行政処分を行わない旨のレターを発する。
　(b) **追加情報要請**
　違反の事実を判断するために追加で情報が必要と判断される場合には情報開示命令（Subpoena）を含む情報開示を指示する。
　(c) **Cautionary Letter**
　違反があったと決定づけるに十分な証拠がなく、「Finding Of Violation」（違反認定）や民事制裁金（罰金）を課すのは適切ではないと判断されるものの当該行動が違反行為につながる可能性があると思われる場合や当事者が十分な管理を行っていないと見受けられる場合等にOFACの懸念を伝えるCautionary Letterを発する。
　(d) **Finding of Violation**
　違反があったと判断され、行政処分が妥当だが民事制裁金（罰金）は適切ではないと判断される場合に発する。
　(e) **Civil Monetary Penalty（民事制裁金・罰金）**
　違反があったと判断され民事制裁金（罰金）を課すのが妥当と判断される

場合。

(f) **Criminal Referral**（司法当局への展開）

所管する司法（刑事）当局に案件を刑事捜査・起訴のために送る。

(g) **その他**

① 個別ライセンスの否認・条件の変更。

② Cease and Desist Order（業務改善命令）

C 処分の主要判断要素

(a) **意図的または無謀な行為**

意図的または無謀な行為の結果としての違反である場合は厳罰化の判断要素となる。

論点	判断要素
意図的	法違反となることを承知して行われた行為か。
無謀	無謀なほど法を無視する行為であったか。 最低限の注意さえ払っていなかったか。 違反行為であると気がつく機会があったか。
隠蔽	当該行為を隠す、意図的にごまかす、OFACを含む当局を欺く行為があったか。
行動パターン	違反行為は恒常的に行われていたか、それとも単発的であったか。
事前報知	当事者は、当該行為は違反行為であると事前に知らされていたか、または知っているべきであったか。
経営の関与	組織のどのレベルで当該行為が発生したか。 経営者、管理者は認識していたか。

(b) **当該行為が法令違反となるとの認識の程度**

当該行為が法令違反となると認識していた程度が高いほど、厳罰化の判断要素となる。法人の場合、経営者や上級管理者が違反行為を認識していたかが論点となる。

論点	判断要素
認識	当該違反行為が発生したことを知っていたか。

特別な手続	経営者や上級管理者等を守るために、意図的に制裁回避行為が発生していることを経営者や上級管理者から隠していたか。経営者や上級管理者が違反を認識できないように設計された手続が適用されていたか。
立場	経営者や上級管理者が、当該違反行為が発生していることを知らなかった場合、知る立場にいたか。 知っているべきであったか。
経営者の関与と管理態勢	経営者の明示的ないし暗黙の了解のもとで行われた取引か。 経営者や上級管理者の認識なしに行われていた場合、そのような事態を防ぐ管理態勢が存在したか。 管理態勢の必要性は理解されていたか。

(c) **経済制裁の目的への悪影響**

制裁対象者への経済的利益が生じたか。
米国の(外交)方針への悪影響の度合い。
申請されていたら、ライセンスの対象となったか。
人道的目的の結果生じた違反か。

(d) **管理態勢および違反発覚後の対応**

論点	判断要素
態勢	コンプライアンス・プログラムの整備状況。
再発防止策の実施状況	違反発覚後、すみやかに違反行為を停止したか。
	原因究明、違反の範囲確定、経営宛報告が実施されているか。
	内部管理態勢を強化したか。
	他違反事例の有無を調査したか。
協力姿勢	OFACに対して自主的に違反を開示したか。
	関連する情報をすべてOFACに提出したか。
	同根の他違反がある場合、それに関する情報もすべてOFACに提出したか。
	自主的に情報を開示したか。それとも情報開示命令が必要だった

	か。
	OFACからの質問に真摯に対応したか。
	時効の中断に同意したか。

(e) その他事情

論点	判断要素
違反の発生と、制裁発表のタイミング	制裁が課された直後に発生した違反か。
予防効果	行政処分等の発表が他社による違反を防止する期待効果。
他当局の対応	他当局による行政処分等。
違反者の事情	違反を犯した当事者は、自然人か法人か。 商業活動に長けているか。 違反者の業務の規模、財政状況、業量。 違反経歴。

(f) 民事制裁金（罰金）額の算定マトリックス

　違反が悪質であったか否か、自主的に開示されたのか否かが判定され、以下マトリックスに基づき罰金額が算出される。

		悪質な事案	
		悪質ではない	悪質である
自主開示	した	(1) 取引金額の半分。12万5,000ドル／違反が上限。TWEA（注）違反は3万2,500ドル／違反	(3) 最大罰金額の2分の1
	していない	(2) 基準罰金額 25万ドル／違反。TWEA違反は6万5,000ドル／違反	(4) 最大罰金額

（注）　TWEA：Trading with the Enemy Act

(7) OFAC以外の経済制裁規制

a 国務省

　国務省は大量破壊兵器（核・化学・生物）や弾道ミサイル技術の拡散防止などを目的とした規制を運用している。核拡散防止制裁等で資産凍結の対象となる一部指定対象者はOFACのSDNリストにも掲載されている。資産凍結以外の制裁としては、一定期間の（例、2年間）米国政府・政府機関との取引禁止、武器等輸出免許許可禁止、輸出入禁止等があり、具体的には、公報（Federal Register）にてつど、発表される。国務省による制裁対象者は同省のホームページで確認できる[84]。

b 商務省の産業安全保障局（Bureau of Industry and Security）

　商務省の産業安全保障局は米国の輸出規制を運用しており、輸出免許否認先（Denied Persons List）や輸出規制品目の不正転売のリスクが高く輸出に免許を要する先（Entity List）を整備している。対象者はBISのホームページから確認できる[85]。

c 州の規制

　米国の各州は連邦政府とは別に独自の法律を定めることができる。カリフォルニア州、ニューヨーク州、フロリダ州等はイランとの取引がある企業との一定金額以上の取引を禁じたり（Contracting Act）、州の年金等による株式保有を禁止したり（Divestment Act）する法律を定めている。

5　EUの経済制裁

(1) 概　要

　EUはその外交・安全保障方針の決定をTreaty on European Union[86]（以下「EU条約」という）にて欧州理事会（European Council）による原則全会一

---

[84] http://www.state.gov/t/isn/226423.htm
[85] https://www.bis.doc.gov/

致での決定事項として一元化している（24条）。EU条約に基づき第三国との経済・金融関係の制限が決定された場合、欧州理事会はTreaty on the Functioning of the European Union（欧州連合の機能に関する条約。以下「TFEU」という）の215条に基づきその実施に必要な制限的措置（Restrictive Measures）を定めることができる。

制限的措置を定めたEU規則（Regulation）は、各加盟国による法制化を必要とせず、直接EU全加盟国で適用される。制限的措置の運用は各加盟国の所管当局による。英国の例では、資産凍結等金融制裁は英国財務省の所管となる。なお、EU Directiveは対象となる各国での施行措置が必要である[87]。たとえば、EU理事会はEUの統一AML規制と位置づけられる4th Anti-Money Laundering Directive[88]を2015年12月に採択しており、加盟各国は2016年末までに自国法の手当をすませる必要がある。

---

[86] http://data.consilium.europa.eu/doc/document/ST-6655-2008-REV-8/en/pdf
Treaty on European Union TITLE V Chapter 2 Article 24（ex Article 11 TEU）抜粋
1. The Union's competence in matters of common foreign and security policy shall cover all areas of foreign policy and all questions relating to the Union's security, including the progressive framing of a common defence policy that might lead to a common defence.
The common foreign and security policy is subject to specific rules and procedures. It shall be defined and implemented by the European Council and the Council acting unanimously, except where the Treaties provide otherwise. The adoption of legislative acts shall be excluded. The common foreign and security policy shall be put into effect by the High Representative of the Union for Foreign Affairs and Security Policy and by Member States, in accordance with the Treaties.
Treaty on the Functioning of the European Union Article 215（ex Article 301 TEC）抜粋
1. Where a decision, adopted in accordance with Chapter 2 of Title V of the Treaty on European Union, provides for the interruption or reduction, in part or completely, of economic and financial relations with one or more third countries, the Council, acting by a qualified majority on a joint proposal from the High Representative of the Union for Foreign Affairs and Security Policy and the Commission, shall adopt the necessary measures. It shall inform the European Parliament thereof.
2. Where a decision adopted in accordance with Chapter 2 of Title V of the Treaty on European Union so provides, the Council may adopt restrictive measures under the procedure referred to in paragraph 1 against natural or legal persons and groups or non-State entities.
[87] http://ec.europa.eu/legislation/index_en.htm

(2) EUの経済制裁の適用範囲[89]

EUは、経済制裁とは第三国に影響を与えることを認めながらも、EUの経済制裁規制の適用範囲は以下にあるEUの管轄内に限るとし、国際法に反して域外適用性がある法律は制定しないとしている。

① 領空を含む、領土内
② 所在地を問わず、EU（加盟国）の国籍保有者
③ 所在地を問わず、EU加盟国の法律に基づき設立された法人等（第三国にあるEU法人の支店を含む）。
④ すべてまたは一部がEU内で実施された取引
⑤ EU加盟国が管轄する船舶や航空機内

(3) EU経済制裁の罰則規定

EUの経済制裁はEU全体として統一されている一方、その運用は各加盟国の所管当局が担っていることは前述のとおりである。最近発動されたBurundi制裁の罰則を例としてみると、EU Regulationには罰則は加盟国が定めるとのみある。加盟国側の対応例として英国をみると、自国の刑法（Criminal Law）にて罰則を設けている[90]。

a EU RegulationにおけるPenaltiesの条項（下線筆者）

COUNCIL REGULATION (EU) 2015/1755 of 1 October 2015 concern-

---

[88] 正式にはDIRECTIVE (EU) 2015/849 OF THE EUROPEAN PARLIAMENT AND OF THE COUNCIL of 20 May 2015 on the prevention of the use of the financial system for the purposes of money laundering or terrorist financing, amending Regulation (EU) No 648/2012 of the European Parliament and of the Council, and repealing Directive 2005/60/EC of the European Parliament and of the Council and Commission Directive 2006/70/EC.
http://ec.europa.eu/justice/civil/financial-crime/applying-legislation/index_en.htm
[89] 2014/4/29付EU restrictive measures fact sheetより。
[90] EU条約の24条は「The common foreign and security policy is subject to specific rules and procedures. It shall be defined and implemented by the European Council and the Council acting unanimously, except where the Treaties provide otherwise. The adoption of legislative acts shall be excluded」としており、欧州理事会が外交・安全保障方針を決定し実行するとしている一方、立法措置は含まれないとしている。

ing restrictive measures in view of the situation in Burundi

"15.Member States shall lay down the rules on penalties applicable to infringements of the provisions of this Regulation and shall take all measures necessary to ensure that they are implemented. The penalties provided for must be effective, proportionate and dissuasive."

b The Burundi (European Union Financial Sanctions) Regulations 2015

Penalties[91]

12.―(1) A person guilty of an offence under regulation 9 or 10 is liable―
"(a) on conviction on indictment, to imprisonment for a term not exceeding two years or to a fine or to both ; (b) on summary conviction, to imprisonment for a term not exceeding three months or to a fine or to both. (2) A person guilty of an offence under paragraph 1(5) or paragraph 4(1) of the Schedule is liable on summary conviction to imprisonment for a term not exceeding three months or to a fine or to both."

関連ホームページ：

Treaty on European Union

http://eur-lex.europa.eu/legal-content/en/TXT/?uri=CELEX:12012M/TXT

Treaty on the Functioning of the European Union

http://eur-lex.europa.eu/legal-content/en/ALL/?uri=CELEX:12012E/TXT

制限的措置一覧

http://eeas.europa.eu/cfsp/sanctions/index_en.htm

---

[91] http://www.legislation.gov.uk/uksi/2015/1740/pdfs/uksi_20151740_en.pdf

6　日米欧の経済制裁規制の域外適用性の比較

　日本・米国・EUによる経済制裁は安保理決議に基づくものを軸としており、制裁対象とされている者（国）はおおむね共通している。しかし、制裁の運用は、特に自国法の域外適用性（の追求）において大きく違う（図表1－17参照）。

図表1－17　経済制裁規制の域外適用性の比較

日本	米国	EU
本邦法人の外国支店の行為の一部は外為法の適用を受ける。	所在地を問わずUS Personに適用される。US Personは米国市民・永住権保有者、米国の法律に基づき設立されている法人等（米国外支店を含む）、米国在住者としている。非米国人が米国外で行った米ドル建て決済取引等にもOFAC規制の適用がありうる。	EUは、経済制裁規則の適用範囲を、領空を含む領土内、所在地を問わず、EU（加盟国）の国籍保有者、所在地を問わず、EU加盟国の法律に基づき設立された法人等（第三国にあるEU法人の支店を含む）、すべてまたは一部がEU内で実施された取引、EU加盟国が管轄する船舶や航空機内としている。

7　経済制裁の新潮流

(1)　制裁の解除

　経済制裁は「国際平和」「国際社会の平和と安全に対する脅威の除去」を目的としていることからして、目的が達成された、または目的の達成に貢献しないことが明らかとなれば、解除されるべきである。近年、米国の国別プログラム制裁の解除・緩和が相次いでいることは注目に値する。

　① 米国によるミャンマー（ビルマ）に対する制裁は、同国の民主化進展を背景に2012年以降段階的に緩和されており、SDNの関与がなけ

れば非米国人による米ドルの取引も一部可能となっている。2015年11月に実施された選挙で国民民主連盟（NLD）が勝利し平和裡な政権変更が期待されている。NLD政権が腐敗や人権侵害問題にどのように取り組むのか、その成果次第ではよりいっそうの制裁緩和が期待される（米国は2016年5月17日に、制裁の追加緩和を実施している）。

② 米国オバマ政権は2014年12月に、民主主義への移行を目的としたキューバに対する制裁は成功していないと認め、国交回復、制裁緩和に舵を切った。しかし、キューバに対する制裁の多くは解除するには法律の変更が必要であるため、2015年末現在までに実現した制裁緩和は限定的である。

③ イランによるP5+1（米国、英国、フランス、中国、ロシア、ドイツ）との核合意の実行が確認されたことをふまえ、2016年1月16日が包括的共同作業計画（JCPOA：Joint Comprehensive Plan of Action）の「履行の日」（Implementation Day）とされ、国連・米国・EUの対イラン核関連制裁が大幅に緩和・解除されている（日本も、2016年1月22日に外為法による措置を実施している）。

　目的が達成されて制裁が解除されるということは、「国際社会の平和と安全に対する脅威」が除去されたことを意味し、本質的に喜ばしいことである。また、目的が達成されれば経済制裁が解除されることを、実績をもって示すことは制裁の実効性を高める効果もあると思われる。他方、国際社会の求めに応じても制裁が解除されないならば、制裁対象国・者が行動を変えるインセンティブは減るであろうし、早すぎる解除も同様に行動を変えるインセンティブを削ぐと思われる。さらに、規制が解除されても、金融機関等が規制対象外となった取引を扱わなければ、実質的には制裁が続いている、ということにもなりかねない。

　金融機関としても制裁が解除されれば制裁対象ではなくなった取引の再開を検討することになるが、再開する取引が残存する制裁に抵触しないことの確認等の手続をしっかりと整備する必要が生じる。そのためには、廃止される制裁、残存する制裁に関して、関係当局からの具体的かつ詳細なガイダン

スが必要である。

　今後課される経済制裁では解除の可否・タイミングをいかにして適切に判断し、迅速に実行するかを、ミャンマー、キューバ、イラン等に対する制裁とその解除・緩和を教訓に検討されるものと思われる。その際、金融機関等に対する明確な運用ガイドラインの提示と、そのための対話が含まれることに期待したい。

(2)　経済制裁対象者の変化

　制裁を課す国連や主権国家が制裁対象者を特定するからこそ、金融機関等が行うフィルタリングで資産凍結や新規取引の排除が可能となる。安保理は2015年12月に決議番号2253を採択[92]、ISILをアルカイダと同様の脅威としアルカイダ制裁委員会をISIL・アルカイダ制裁委員会と、アルカイダ制裁リストをISIL・アルカイダ制裁リストと改めた。また、加盟国に対して制裁対象者候補の委員会への提出を呼びかけている。この決議にてISILに対する経済制裁を実施する枠組みは整備されたが、制裁の実効性は対象者を特定できるか次第といえる。

　この安保理決議はISILやアルカイダ等の関係者や関連する取引の特定において民間との協力態勢を強化することの重要性を強調している。これは、経済制裁における当局と金融機関の関係に変化をもたらす、特筆すべきことである。金融機関は当局から制裁対象者を提示され、それに対して取引等をフィルタリングし、該当があれば資産凍結等法律にのっとって対応しているのが現状だが、それに加えて制裁対象とする対象者の特定においても協力を要請されていると理解するべきであろう。

　金融機関の制裁フィルタリング・システムやプロセスは新たに制裁対象とするべき者を見つけ出すのには必ずしも適していないが、金融機関は疑わしい取引を検知するための取引モニタリングも行っている。このためのシステムやプロセスをISIL等テロ関係者の検出に利用・応用できる可能性を追求す

---

[92]　http://www.un.org/press/en/2015/sc12168.doc.htm

ることが求められ始めている。

(3) FinTech（ブロックチェーン、AI）

金融におけるITの活用、FinTechが注目されているが、どういう技術が、どの商品で使われるのか金融機関のAML・経済制裁対応の担い手にとっても気になるところである。

a ブロックチェーン

仮想通貨（Bitcoin等）の基盤技術であり、この技術を資金決済に応用する研究が進められている。ブロックチェーンの仕組みは他書に譲るが、その特徴の1つである暗号技術には、AML・経済制裁対応の観点からも注目しておきたい。制裁フィルタリングも取引モニタリングも、取引の内容、だれが・だれに・いくら送金しているのか等を、その取引を取り扱う金融機関が把握できることが前提である。決済取引にブロックチェーンが利用された場合、どの時点で暗号化されるか次第では、金融機関は取引が実行されたことはわかっても、従来みえていた内容がみられなくなる可能性がある。

たとえば、送金の依頼を銀行が従来どおり受け付け、銀行で暗号化した情報を電文として発信。受信銀行が解読する、という仕組みであれば、取引内容を把握でき、フィルタリングすることが可能である。他方、送金依頼人が暗号化し、受信側でも解読するのが受信銀行ではなく、受取人という仕組みとなれば、フィルタリングも取引モニタリングもその実効性が大きく低下する。

新技術による利便性の向上、コストの削減は歓迎されるが、AML・制裁対応との両立を図ることが不可欠である。

b 人工知能（Artificial Intelligence、以下「AI」という）

経済制裁に抵触するおそれがある取引を膨大な量の取引のなかから的確に抽出するのは容易ではない。制裁規制が複雑化しているのみならず、フィルタリングで検知されないように送金する、いったん取扱いを拒否された送金をフィルタリングで検知されるきっかけになったと思われる情報を削除して再度持ち込む等、経済規制をかいくぐろうとする手口の巧妙化も進んでい

る。

　調査対象とする取引を増やすことにより対応することも可能だが、それは止める必要がない取引をも止めてしまうFalse Hitを増やすことでもあり、よりリスクが高い取引により注力するべきとするリスクベース・アプローチの考え方に逆行するのみならず、迅速な決済という本来銀行に求められている機能とも相反する。

　フィルタリングおよび調査に関する高度なノウハウと豊富な経験を有する担当者を大勢配置できれば、人海戦術での対応も可能かもしれないが、人件費以前の現実的な問題として、求められるノウハウと経験を有する人材を十分な数でそろえること自体がきわめて困難である。熟練担当者のノウハウをシステム化する等、AIがより高度なフィルタリングとより迅速かつ低コストの決済との両立というジレンマの解決策を提供してくれるか、注目したい。

第 2 章

改正犯収法の概要

以下においては、下記のとおり表示する。

- 平成26年11月29日に可決成立した犯罪による収益の移転防止に関する法律の一部を改正する法律による改正後の犯収法を「**法**」、政省令をそれぞれ「**令**」「**規則**」
- 平成27年9月の警察庁「『犯罪による収益の移転防止に関する法律の一部を改正する法律の施行に伴う関係政令の整備等に関する政令案』等に対する意見の募集結果について」を「**平成27年パブコメ**」
- 平成24年3月に警察庁と共管各省庁が「『犯罪による収益の移転防止に関する法律の一部を改正する法律の施行に伴う関係政令の整備等及び経過措置に関する政令案(仮称)』等に対する意見の募集結果について」を「**平成24年パブコメ**」

第 1 節

「特定取引」の改正（平成26年改正）

1 特定取引の追加

(1) 取引時確認の必要な「特定取引」の追加

犯収法においては、「特定事業者」が顧客等との間で「特定業務」に係る取引のうち「特定取引」を行う際、「取引時確認」をすることが求められている（法4条1項）。

犯収法において取引時確認が求められる「特定取引」は「継続的取引関係を構築する時」「多額の一見取引が行われる時」を具体的に類型化している（令7条1項各号）。

平成26年の改正において、下記①の対象取引に、②③の取引が「特定取引」として追加され（法4条1項）、取引時確認が必要となった。

【特定取引の追加】

①	令7条1項柱書の対象取引（法4条3項に基づく適用除外ケースを除く）
②	疑わしい取引その他の顧客管理を行ううえで特別の注意を要するもの ・①を除く特定事業者が行う取引で、かつ、「疑わしい取引」に該当する取引 ・①を除く特定事業者が行う取引で、かつ、同種の取引の態様と著しく異なる態様で行われる取引
③	敷居値以下で分割された取引

(2) 顧客管理を行ううえで特別の注意を要する取引

a 改正の理由

改正前犯収法においては、「特定業務」に関する取引のうち、「特定取引」のみについて取引時確認が義務づけられていた。

犯収法において取引時確認が求められる「特定取引」は「継続的取引関係を構築する時」「多額の一見取引が行われる時」を具体的に類型化している（令7条1項各号）。

しかし、疑わしい取引の届出の対象となる取引は、改正前犯収法における「特定取引」に限定されるものではなく、少額の一見取引が行われる場合など、特定取引に該当せず、取引時確認が義務づけられないものであっても、特定事業者が有する一般的知識や経験、商慣行から著しくかい離する場合、疑わしい取引として届出を行う必要が生ずる。

このような場合に取引時確認を行うことは、犯罪の解明や資金の流れの追跡に役立つことに加え、FATF審査において、日本は、金融機関がマネー・ローンダリング・テロ資金供与の疑いがあっても顧客管理を義務づけられない、との指摘を受けている。

b 改正の内容（令7条1項、規則5条）

以上より、令7条1項に定める対象取引以外の取引であっても、疑わしい取引その他の顧客管理を行ううえで特別の注意を要するものとして主務省令で定める下記の取引を新たに「特定取引」として追加し、当該取引については取引時確認の対象とすることと改正された。

(a) 疑わしい取引（規則5条1号）

従前から「疑わしい取引の参考事例」に示された取引であり、具体例として、下記のようなものがあげられる。

・顧客が風雪にさらされた形跡のある大量の小額硬貨を持参するような取引
・一見中高生風の顧客が年齢不相応な高額自己宛小切手の換金を依頼するような取引

・テロリストが実効支配するといった政情が不安定な地域への送金を依頼するような取引等の外形上、明らかに疑わしいもの

(b) **同種の取引の態様と著しく異なる態様で行われる取引（規則5条2号）**

「同種の取引の態様と著しく異なる態様で行われる取引」とは、「疑わしい取引」に該当するとは直ちにいえないまでも、その取引の態様等から類型的に疑わしい取引に該当する可能性のあるものであり、具体的には、下記の①②などが含まれる（平成27年パブコメ56）。

① 資産や収入に見合っていると考えられる取引ではあるものの、一般的な同種の取引と比較して高額な取引

② 定期的に返済はなされているものの、予定外に一括して融資の返済が行われる取引等の業界における一般的な知識、経験、商慣行等に照らして、これらから著しく乖離している取引

個別の事例において、「同種の取引の態様と著しく異なる態様」に該当するかについては、金融機関が有する一般的な知識や経験、商慣行をふまえて判断する必要があり、顧客等からの説明によって、上記に該当すると認められない合理性や必然性がある場合は、取引時確認を行う必要はない（平成27年パブコメ56、58）。なお、「同種の取引の態様と著しく異なる態様で行われる取引」かについて、特定事業者の通常の業務の範囲での調査（顧客からの申告や金融機関担当者からのヒアリング等）で足り、特別の調査や資料の収集までは必要ない（平成27年パブコメ57）。

取引時において「疑わしい取引」（令7条）に該当すると判断できず、よって取引時確認を実施していないが、その後、取引内容その他の関連情報を総合的に事後検証した結果、「疑わしい取引」に該当すると判断する場合がありうる。

このような場合であっても、法4条の取引時確認は「取引を行うに際して」行われるべきものであり、当該取引は取引に際して「特別の注意を要する取引」に該当すると判断されたものではないため、遡及的に取引時確認が義務づけられるものではない（平成27年パブコメ4）。

特別の注意を要する取引について、取引時確認を行い、そのうえで「疑わ

しい取引」（法8条）に該当する場合、疑わしい取引の届出もあわせて行う必要がある（平成27年パブコメ59）。

なお、法8条2項においては、疑わしい取引の届出をすることを顧客にもらしてはならないとしており（いわゆる「内報の禁止」）、今回の改正における取引時確認の拡大については、「内報の禁止」に抵触しないか問題となる。しかし、懇談会報告書において、「効果的なマネー・ローンダリング対策の観点からは、法の求める取引時確認を行うべきであり、結果として相手方に察知されることになったとしても、事業者に責任が生じるものではない」とされており、適切に取引時確認を行う必要がある。

c　すでに取引時確認を行っている顧客等の取引に関する規定の整備

疑わしい取引その他の顧客管理を行ううえで特別の注意を要する取引については、すでに取引時確認を行っている顧客等との取引であっても、法4条1項の規定の適用は除外されず、再度の取引時確認が求められる（令13条2項、法4条3項）。たとえば、顧客等が保有する取引時確認ずみの預金口座から、個別の預貯金を払い戻すことについても、「疑わしい取引その他の顧客管理を行う上で特別の注意を要する取引」に該当する可能性があり、その場合には令13条2項により法4条3項の規定の適用が除外されるため、取引時確認ずみの顧客等であっても、再度の取引時確認が必要となる（平成27年パブコメ2）。

【確認ずみの確認により取引時確認を省略することができない取引（規則17条）】

① なりすましが疑われる取引……すでに取引時確認を行っている顧客等であることを確かめる措置をとった取引の相手方が当該取引時確認に係る顧客等または代表者等になりすましている疑いがある取引

② 関連取引時の確認事項を偽っていた疑いのある取引……取引時確認に係る事項を偽っていた疑いがある顧客等（その代表者等が当該事項を偽っていた疑いがある顧客等を含む）との間で行う取引

③ 疑わしい取引

④ 同種の取引の態様と著しく異なる態様で行われる取引

(3) 敷居値以下で分割された取引（令7条3項）

a 敷居値を基準とした「特定取引」の法体系の問題点

　改正前の令7条では、一定の類型の取引すべてを取引時確認が必要な「特定取引」とするのではなく、特定の取引のうち、一定の金額（敷居値）を超えるものを「特定取引」としていた。たとえば、200万円を超える現金の受払い、10万円を超える為替取引等（1号タ）、10万円を超える他行カード振込み（1号レ）や200万円を超える両替（1号ム）など、200万円や10万円といった「敷居値」が、取引時確認が必要な特定取引か否かを決定する基準とされている。

　従前より、金融庁の疑わしい取引参考事例の第1(2)「敷居値を若干下回る取引の事例」や第8(2)「複数人で同時に来店に係る事例」は取引時確認を回避することなどを想定している（このような場合には金融機関が疑わしい取引の届出を行うことが求められる）。また、金融庁が平成24年10月に公表した「犯罪収益移転防止法に関する留意事項について」において、「特定取引に当たらない取引についても、例えば敷居値を若干下回るなどの取引は、当該取引がマネーローンダリング等に利用されるおそれがあることを踏まえ、十分に注意を払うこと」などの解釈が示されていた。しかし、取引時確認の要否が法令上明確でない状態にあり、金融機関が顧客に対して法的義務として確認手続をする根拠が十分とはいえず、FATFからは解釈による取扱いでは不十分であり、法令により明確化される必要があるとの指摘を受けていた。

b 施行令の改正（令7条3項）

(a) 改正内容

　特定事業者が同一の顧客等との間で二以上の取引を同時にまたは連続して行う場合において、当該二以上の取引が1回当りの取引の金額を減少させるために一の取引を分割したものであることが一見して明らかなものであるときは、当該二以上の取引を一の取引とみなして、令7条1項または9条1項の規定を適用し、「特定取引」に該当するものとして取引時確認をすることとされている。

(b) **判断基準**

① 「1回当たりの取引の金額を減少させるために」

規定の文言どおり、顧客に1回当りの取引の金額を減少させる意図（主観的目的）があることが要件となる（平成27年パブコメ18）。

② 個別の取引が「一の取引を分割したものであることが一見して明らか」か否かの判断

個別の取引が、「一の取引を分割したものであることが一見して明らか」であるかについては、各特定事業者において、当該取引の態様や各事業者の一般的な知識や経験、商慣行をもとに適宜判断されることとなる（平成27年パブコメ8）。

具体例としては、以下のものがあげられる（平成27年パブコメ9）。

- ① 顧客から現金で12万円の振込みを依頼されたため、取引時確認を実施しようとしたところ、顧客が6万円の振込みを2回行うよう依頼を変更した場合における当該2回の取引
- ② 顧客から300万円を外貨に両替するよう依頼されたため、取引時確認を実施しようとしたところ、150万円を2回に分けて両替するよう依頼を変更した場合における当該2回の両替

③ 「二以上の取引が連続したもの」であるかの判断

「二以上の取引が連続したもの」であるかの判断は、担当者や支店ごとに行われるものではなく、事業者ごとに行われるものであるため、複数のタイミングや複数の支店における一連の取引が「一見して明らかであるもの」と認められる場合、特段の事情があれば令7条3項が適用される場合がある。また、顧客等が同一の支店に同じ日の午前と午後に訪れ、同じ振込先に振込みを行うような場合、一定の時間間隔があっても、「連続」に該当する場合もある（平成27年パブコメ11）。

c **実務上の判断方法**

「一の取引を分割したものであることが一見して明らか」や「二以上の取引が連続したもの」（令7条3項）といった要件の判断については、窓口における従業員の「気付き」や上席者により判断されることを想定しており、全

取引時に顧客に事前申告を義務づけるものではないし、金融機関に対して、取引を網羅的に捕捉するためのシステムの整備が義務づけられるものでもない。しかし、たとえば、前記のとおり、「二以上の取引が連続したもの」は金融機関単位の判断となるので、異なる支店の場合も「連続」に該当する場合がありうるが（平成27年パブコメ11）、実際には対面で同時に複数の取引を行うような場合や同一の支店で複数回の取引が判明したような場合でないと判断は困難であり、FATF勧告で求められる実効性（effectiveness）の確保が課題となる。ルール化されたものではないが、ATMやインターネット・バンキングなど非対面取引をシステムにより検知することを排除するものではなく（平成27年パブコメ9、11、13、14）、むしろ有用であると考えられるし、特に取引規模の大きい金融機関においては、リスクベース・アプローチの観点から、従前からシステムを導入しているとおり、取引モニタリングで分割した総額多額の取引等を網羅的に捕捉するため取引を検知するシナリオを準備することが、有効なツールとなりうる。

警察庁でガイドライン等を作成する予定はないとのことであるが（平成27年パブコメ9）、金融機関としては、顧客への影響から、主観的・恣意的な判断とならないよう、実務的に分割された取引として判断する基準を内規等で定め、手続化する必要がある。

また、窓口の従業員の経験等もふまえた「気付き」が重要であるため、研修や事例の共有化などが有用である。

窓口対応としては、顧客から同時に複数の送金を依頼されたような場合、取引内容が同一であるにもかかわらず、同一の送金先で合計すると敷居値を超えるような場合、確認のうえ、分割する合理性が認められない場合には取引時確認することが考えられる。

d　施行日前に行った取引

取引時確認ずみの顧客等については、取引時確認ではなく、取引時確認ずみの確認（法4条3項）で足りる。

2 簡素な顧客管理を行うことが許容される取引

(1) 改正前の規律および改正の背景

　改正前の令7条1項は金融機関等の特定取引から、犯罪収益移転に利用されるおそれがない取引として主務省令（規則4条）で定めるもの（金銭信託における特定の取引、貯蓄性のない保険契約の締結、適格退職年金契約、賃貸人が1回に受け取る賃貸料の額が10万円以下のファイナンスリース契約、国等が法令上の権限等に基づき行う取引等）を特定取引から除外し、取引時確認の対象としていなかった。しかし、このような取引（いわゆる「規則4条取引」）についても、取引記録等の作成・保存が義務づけられたり、疑わしい取引の届出の対象となったりするなど、一定の顧客管理の対象とされていた。
　この点、FATFからは、低リスク取引について簡素化された措置を許容しているが、簡素化された顧客管理措置の適用にあたっては国が行ったリスク評価が前提でなければならないこと、顧客管理措置を完全に適用除外とすることは、国がマネー・ローンダリングのリスクが本質的に低いことを証明できた場合など、きわめて例外的な場合に限られる、との指摘がなされている。

(2) 改正内容

a　タイトル（題名）の変更

　前記のとおり、従前から低リスク取引も一定の顧客管理の対象となっていたが、これをタイトル上も明確化するため、規則4条の「犯罪による収益の移転に利用されるおそれがない取引」とされていたものが「**簡素な顧客管理を行うことが許容される取引**」へと変更された。

b　簡素な顧客管理を行うことが許容される取引の追加

　改正前より、規則4条1項各号において、特定取引から適用除外される取引として、金銭信託における特定の取引、貯蓄性のない保険契約の締結などが定められていた。

国家公安委員会が作成・公表する犯罪収益移転危険度調査書（法3条3項）においてリスク評価がなされるが、金融機関等の特定取引から、上記調査書に記載された当該取引による犯罪収益移転の危険性の程度を勘案し、簡素な顧客管理を行うことが許容される取引として主務省令で定めるものが除外されることとなった。

なお、規則4条の取引は、改正前と同様、取引記録等の作成・保存が義務づけられたり、疑わしい取引の届出の対象となったりするなど、一定の顧客管理の対象となるが、規則5条の疑わしい取引その他顧客管理を行ううえで特別の注意を要する取引に該当しない限り、取引時確認の対象とはならず、その点でも従前の「犯罪による収益の移転に利用されるおそれがない取引」と異ならない（平成27年パブコメ43）。

(a) **公共料金（規則4条7号ハ）**

犯罪収益移転危険度調査書のなかで、一部の公共料金の支払等の取引について、犯罪収益移転のリスクが低いとの分析がなされており、今回の改正により、電気、ガス、水道が、簡素化措置の対象となる取引として追加された。これらはいずれも電線、ガス管、水管が役務提供先に接続し、公益事業者が場所を定めて居住実態や事業実態に即して供給しているためである。

他方で、本改正により、NHKの受信料や電話料金については、簡素化措置の対象となる取引に追加されていない。NHKは、役務提供先に接続する設備を有さず、また、固定電話については転送が可能であるなど、これらは必ずしも場所を定めて居住実態や事業実態に即して供給されているものではないためである（平成27年パブコメ45）。

(b) **入学金、授業料等（規則4条7号ニ）**

学校教育法1条に規定する小学校、中学校、義務教育学校、高等学校、中等教育学校、特別支援学校、大学または高等専門学校に対する入学金、授業料その他これらに類するものの支払に係るものが追加された（義務教育学校については学校教育法の平成27年改正参照。平成27年パブコメ46）。

大学院は「大学」に含まれるが、幼稚園、専修学校、各種学校の入学金等はこれに該当しない。また、海外の学校は、学校教育法の規制に服するもの

ではなく、生徒の実在性等について、他の同法1条に規定する学校と比較して同等の確からしさはないと考えられるため、取引時確認の簡素化の対象とはしていないが、学校教育法1条に規定する大学が、大学設置基準（昭和31年文部省令第28号）57条の規定に従って外国に設けられた大学の海外校に対する入学金や授業料の海外送金についても、取引時確認は不要となる（平成27年パブコメ47、50、51）。

　入学金、授業料「その他これらに類するもの」の具体例としては、施設設備費、実験実習費、図書費、学生互助会等の各種諸会費、各種保険料、寄付金および協賛金等、その費目にかかわらず、学校教育法1条に規定する小学校、中学校、義務教育学校、高等学校、中等教育学校、特別支援学校、大学または高等専門学校に対して支払われるものであって、入学金、授業料と同時に支払われるものがあげられるが、いわゆる「教育資金の一括贈与」で対象となる資金がすべて含まれるものではない（平成27年パブコメ48、49）。また、制服代や修学旅行代など、入学金や授業料と同時に支払われないものについては、簡素な顧客管理は認められない（平成27年パブコメ49）。

c　簡素な顧客管理を行うことが許容される取引の分割された取引（規則4条2項）

　特定事業者が同一の顧客等との間で二以上の次の各号に掲げる取引を同時にまたは連続して行う場合において、当該二以上の取引が一回当りの取引の金額を減少させるために一の当該各号に掲げる取引を分割したものの全部または一部であることが一見して明らかであるものであるときは、当該二以上の取引を一の取引とみなして、適用される（規則4条2項）。

　　① 　現金の受払いをする取引で為替取引または自己宛小切手の振出しを伴うもののうち、顧客等の預金または貯金の受入れまたは払戻しのために行うもの
　　② 　現金の受払いをする取引で為替取引を伴うもののうち、商品もしくは権利の代金または役務の支払のために行われるものであって、当該支払を受ける者より、当該支払を行う顧客等またはその代表者等の、特定金融機関の例に準じた取引時確認ならびに確認記録の作成および

保存に相当する措置が行われているもの

　これは、取引時確認を回避するため、取引金額を減少させる目的で、二以上に分割して送金する場合である。

③　ファイナンスリース契約（１回に受けるリース料の額を減少させる行為が対象）

　これは、取引時確認を回避するため、リース料に関し、簡素な顧客管理が認められる10万円以下に分割する場合である。

　この規則４条２項は、同条１項に規定する金額以下の取引であっても、１回当りの取引の金額を減少させるために一の取引を分割したものであることが明らかであるものは、一の取引とみなし、当該金額を超える場合には取引時確認の実施が必要となることを規定したものである。

　「一の……取引を分割したものであることが一見して明らかであるもの」としては、たとえば、①顧客から現金で12万円の振込みを依頼されたため、取引時確認を実施しようとしたところ、顧客が６万円の振込みを２回行うよう依頼を変更した場合における当該２回の取引、②顧客から300万円を外貨に両替するよう依頼されたため、取引時確認を実施しようとしたところ、150万円を２回に分けて両替するよう依頼を変更した場合における当該２回の両替、といった取引が該当する。

　個別の取引がこれに該当するか否かについては、各特定事業者において、当該取引の態様や各事業者の知識や経験、商慣行をもとに適宜判断される（平成27年パブコメ54）。

　合理的な理由の有無にかかわらず、二以上の取引が「１回当たりの取引の金額を減少させるため」に行われた場合は一の取引とみなされることになるが、リース物件の購入先や設置場所、引渡時期等が異なる場合に、同一顧客との間で、購入先や設置場所、引渡時期ごとにファイナンス・リース契約を分割する場合は、通常、「１回当たりの取引の金額を減少させるため」に行われた場合には該当しない（平成27年パブコメ54）。

第2節

取引時に確認すべき顧客情報

1　平成23年改正の背景

(1)　特定事業者が行政庁に疑わしい取引の届出を適切に行うための環境整備（属性情報、取引目的等を取得する必要性）

　金融機関等特定事業者は行政庁に疑わしい取引の届出を行うか否かについて、顧客等の本人特定事項のほか、特定事業者を所管する行政庁が公表している疑わしい取引の参考事例[1]をもとに、顧客等による取引の態様（取引の金額・頻度）や顧客等から任意にヒアリングした事項により判断している。法8条において、「取引時確認の結果……を勘案し」との文言のとおり（この点についての平成26年改正の内容は後述する）、法4条1項各号の本人特定事項は、疑わしい取引の届出を行うべきかの判断に資するためであることを前提としている。

　このように、平成23年改正前の犯収法上の本人確認は、特定事業者が、顧客等がだれであるかを特定するに足りる情報を取得・記録することにより、事後的な資金トレースを可能にするために義務づけられていた。しかし、特定事業者が法8条において義務づけられている疑わしい取引の届出を適切に行うにあたっては、顧客等の本人特定事項のみでは判断が困難なことが多いし、取引の額や頻度といった取引の態様は、顧客等の属性情報（職業）等や

---

[1]　預金取扱金融機関、保険会社、証券会社などに関して、それぞれ疑わしい取引の参考事例が策定されている（http://www.fsa.go.jp/str/jirei/index.html）。

取引目的といった顧客管理事項と照らし、はじめて判断できることがある。この点は、反社会的勢力の潜在化にかんがみ、反社会的勢力の判断は属性のみならず、行為も総合判断しなければならないことと共通する考え方である。

たとえば、年収300万円の社員が行う1,000万円の取引と年収1億円の会社社長が行う1,000万円の取引では、取引金額としては同額であっても、属性（職業、年収等）や取引目的に照らし、疑わしい取引の判断も異なりうるところである。

また、特定事業者がマネー・ローンダリングに関してハイリスクの取引を行うにあたっては、特定事業者がより詳細に取引のリスクを分析・検討し、疑わしい取引の届出を行うべき場合に該当するかを判断する必要があり、当該取引により顧客等から収受した財産等の出所を推認できる程度に顧客等の資産や収入を確認する必要がある。

また、平成23年改正前、FATF審査結果との関係において、「顧客管理に関する勧告」（勧告5.）について最低評価を受けていた。また、FATFからは、日本の金融機関が態勢整備の際に準拠している金融庁監督指針や金融検査マニュアルは、法的拘束力がなく、顧客管理措置について法令に規定がないとの指摘を受けていた。

取引時の確認事項の追加（取引目的、実質的支配者の確認の義務づけやリスクの高い取引を行う場合の資産・収入状況の確認の義務づけなど）は、上記のようなFATFの指摘にも対応している。

上記の観点から、特定事業者は、顧客等と特定取引を行うに際し、公的書類等による確認が義務づけられていた「本人特定事項」（自然人については住所・氏名・生年月日、法人について名称および本店または主たる事務所の所在地）（法4条1項1号）に加え、取引目的、顧客等が自然人であれば職業（法4条1項2号）、顧客等が法人であれば事業内容（法4条1項3号）および実質的支配者（法4条1項4号）の本人特定事項といった顧客管理事項についても一律確認が義務づけられている。

(2) 国、地方公共団体等の場合の例外

a 国、地方公共団体、上場企業等

顧客等が国、地方公共団体、人格のない社団または財団その他政令で定めるものについては、人格なき社団・財団を除き、実在性が明らかであり、マネー・ローンダリングのリスクは低く、顧客管理事項の確認を義務づける必要性が薄いことから、①本人特定事項、②取引を行う目的、③職業（自然人）、事業内容（法人）、④実質的支配者の取引時確認事項の確認は必要ない。国や地方公共団体のほか、令14条で定められている独立行政法人、日本が加盟している国際機関、上場企業等についても同様の取扱いとなる。上場企業については、上場審査時に、形式要件のほかに、企業の継続性・収益性、企業経営の健全性、企業内容の開示の適正性、コーポレート・ガバナンス／内部管理体制、反社会的勢力の関与の有無など実体面について審査を受けていることから、非上場企業に比して類型的にマネー・ローンダリングのリスクが低いということができる。そのため、令14条に規定され、前記②ないし④の確認の必要がない。

b 人格なき社団・財団

ただし、顧客等が人格なき社団・財団である場合は、一律にマネー・ローンダリングのリスクが低いとはいえないため、取引目的および事業内容の確認が義務づけられている（法4条5項）。この場合、事業内容について、証明が困難であることから、法人と異なり代表者等から申告を受ける方法による。

2 取引を行う目的の確認

(1) 取引を行う目的の確認

特定事業者が顧客等との間で特定業務のうち別表下欄に規定する取引（特定取引）を行うに際して、「取引を行う目的」の確認を行わなければならな

い（法4条1項2号）。

　「取引を行う目的」に関する情報を取得し、他の情報を組み合わせることによって異常な取引を効果的に抽出・検知することができ、マネー・ローンダリング対策として重要である。FATF勧告5.においても、事業者に対して取引目的に関する情報を取得することを求めているが、平成23年改正前犯収法においてはこの点の規定がなかったため、指摘がなされていたところである。

　取引の目的については、犯収法等においては具体化されていないが、平成24年パブコメ38項においてある程度具体例が示されていた。

　ただし、平成24年パブコメにおいても、事業分野や取引の性質によって疑わしい取引の届出を行うか否かの判断のために求められる確認のレベルは異なることから、各事業分野の実情に応じ、ガイドラインが公表される予定であることが示されていた。

　特定事業者（法2条2項1号～36号）のうち金融庁が所管する事業者（金融機関等）が法4条の確認義務や法8条の疑わしい取引の届出義務を履行するにあたっての留意事項として、平成24年10月25日に金融庁総務企画局・企画課調査室より「犯罪収益移転防止法に関する留意事項について」（以下「留意事項」という）が公表された[2]。

　留意事項1項において、金融機関等が犯収法4条1項または2項の規定により、預貯金契約の締結（令7条1項1号イ）または大口現金取引（為替取引）（同タ）に掲げる特定取引に際して「取引を行う目的」を確認するにあたって参考にすべき類型が示された。他の特定取引に際しても、留意事項を参考に取引内容や業務に応じた類型で確認を行う必要がある。

　図表2−1のとおり、たとえば預貯金契約の締結については、単に「口座を開設したいため」というものでは足りず、当該取引を行う動機に関連する事項まで具体的に踏み込む必要がある。ただし、取引目的の確認は疑わしい取引の届出の判断のために行うものであるため、たとえば「事業費決済」な

---

[2] http://www.fsa.go.jp/common/law/guide/hansyuhou.pdf

図表2−1　取引を行う目的の類型[3]

(1) 預貯金契約の締結

自然人	法人／人格のない社団または財団
□　生計費決済 □　事業費決済 □　給与受取／年金受取 □　貯蓄／資産運用 □　融資 □　外国為替取引 □　その他（　　　）	□　事業費決済 □　貯蓄／資産運用 □　融資 □　外国為替取引 □　その他（　　　）

(2) 大口現金取引（為替取引）

自然人	法人／人格のない社団または財団
□　商品・サービス代金 □　投資／貸付／借入返済 □　生活費 □　その他（　　　）	□　商品・サービス代金 □　投資／貸付／借入返済 □　その他（　　　）

どに加えて個別具体的な資金使途先まで確認が求められるものではない。「その他（　　）」については、単にチェックをするだけでなく、カッコ内に具体的な目的を記載する必要がある。上記のとおり、取引目的の確認は疑わしい取引の届出の判断のために行うものであるところ、「その他」にチェックするのみではこの判断ができないためである。

(2) 取引を行う目的の確認方法

　取引を行う目的の確認方法は、「当該顧客等またはその代表者等から申告を受ける方法」（規則9条）による。取引目的に関する情報は顧客の主観に関する情報であり、客観的書類により真偽を確認することは困難なためである。申告を受ける方法については、真偽の判断や申告どおりの取引目的に使用されているかの事後的検証が困難であり、実務上の負担に比しての効果が

---

[3] 出典：金融庁総務企画局・企画課調査室「犯罪収益移転防止法に関する留意事項について」。

限定的であるという評価もありうるが、たとえば反社会的勢力などに対しては、申告を求めるだけでも牽制効果があると解される。

「申告を受ける方法」は、口頭での直接聴取による方法のほか、eメール、FAXを用いる方法、書面の提出を受ける方法、インターネット画面上のプルダウンメニューの選択による方法などがある[4]。たとえば預貯金口座開設などは取引数が膨大となるため、特定事業者および顧客の負担を軽減することが考えられ、特定事業者があらかじめチェックリストを作成し、リストにおいて分類した目的から顧客が1つまたは複数のチェックを受ける方法等が含まれる（平成24年パブコメ37、39）。

「取引を行う目的」は確認事項の1つであるため、すべての取引時確認において確認を行う必要があるが、たとえば満期保険金の支払など、取引内容から目的が明らかである取引や規約等から目的が明らかである取引については、取引を行ったことをもって、取引を行う目的の確認も行ったことと評価しうる（平成24年パブコメ40）。

金融機関としては、自らおよび顧客の事務負担軽減や利便性の観点から、チェックリスト方式などを採用することが考えられるが、留意事項1柱書にも記載されているとおり、留意事項に示された類型はあくまでも例示である。よって、各金融機関において、これを参考としつつ、特定取引の内容や個別の業務・取引実態に応じて預金口座申込書に取引目的の類型を記載したチェックリストを盛り込むなどの工夫をする必要がある。

3　職業・事業内容の確認

(1) 職業・事業内容の確認

特定事業者が顧客等との間で特定業務のうち別表下欄に規定する取引（特定取引）を行うに際して、当該顧客等が自然人の場合には職業、法人の場合

---

[4] 平成24年パブコメ37。

には事業内容の確認を行わなければならない（法4条1項3号）。

　FATF勧告においては、事業者が顧客の職業を確認すべき旨の明文規定はなく、FATFの相互審査での指摘はないが、バーゼル銀行監督委員会の本人確認に関するガイドラインにおいて、本人確認に利用しうる情報の例として、職業があげられている。

　犯収法においても、平成23年改正の際、属性に関する情報として、自然人の場合に職業、法人の場合に事業内容が追加された。

(2) 自然人

a　確認する「職業」の内容

　確認する「職業」の分類について、各事業分野の実情をふまえたガイドライン発出が求められていたところ（平成24年パブコメ23、43）、前記留意事項において、上記の類型があげられた（図表2-2参照）。

　日本標準職業分類（総務省統計局）の分類等にのっとったものと考えられる。これらの類型はあくまで例示であるため、各金融機関において、個別の業務や取引実態をふまえ、適宜アレンジすることもさしつかえない。

　複数の職業を有している者（たとえば会社員兼学生）については、それらの職業すべてについて確認をする必要があるが、顧客等が複数の職業を有していることを認識している場合は別として、1つの職業を確認した場合、他

図表2-2　職業の内容の類型

職業
□　会社役員／団体役員
□　会社員／団体職員
□　公務員
□　個人事業主／自営業
□　パート／アルバイト／派遣社員／契約社員
□　主婦
□　学生
□　退職された方／無職の方
□　その他（　　　）

の職業を有していないかについて積極的に確認することまで求められるものではない（平成24年パブコメ44）。

　また、確認事項は「職業」であるため、勤務先の名称等から職業が明らかである場合は別として、勤務先の名称等の確認をもって職業の確認にかえることはできないし、裏からいうと、勤務先の名称や役職まで確認する必要はない（平成24年パブコメ42、45）。「その他（　　）」については、単にチェックをするだけでなく、カッコ内に具体的な職業を記載する必要がある。職業の確認は疑わしい取引の届出の判断のために行うものであるところ、「その他」にチェックするのみではこの判断ができないためである。

b　確認の方法

　職業の確認は、当該顧客等または代表者等から申告を受ける方法による（規則10条1号）。

　職業について、勤務先の在職証明書や社員証などの書類により確認することも考えられるが、すべての者がこれを証明する公的書類を保有しているものではなく、また無職の者がこれを証明することは困難であるため、申告を受ける方法としたものである。

　「申告を受ける方法」は、口頭での直接聴取による方法のほか、ｅメール、FAXを用いる方法、書面の提出を受ける方法、チェックリストのチェックを受ける方法、インターネット画面上のプルダウンメニューの選択による方法などがある（平成24年パブコメ37、41）。職業についてはセンシティブな情報の側面があり、顧客の理解が得づらいという懸念があるが、上記チェックリストの方法などによれば負担が少なく、理解も得やすいと考えられる。

　留意事項2に記載されているとおり、留意事項に示された類型はあくまでも例示である。よって、各金融機関において、これを参考としつつ、個別の業務・取引実態等に応じて預金口座申込書に職業・事業内容の類型を記載したチェックリストを盛り込むなどの工夫をする必要がある。

(3) 法　人

a　確認する「事業の内容」

　確認する「事業の内容」の分類について、各事業分野の実情をふまえたガイドライン発出が求められていたところ（平成24年パブコメ46）、前記留意事項において、下記の類型があげられた（図表２－３参照）。これらの類型はあくまで例示であるため、各金融機関において、個別の業務や取引実態をふまえ、適宜アレンジすることもさしつかえない。

　法人が複数の事業を営んでいる場合、すべての事業について確認する必要があるが、営んでいる事業が多数である場合等は、取引に関連する主たる事業のみ確認することも認められる。法人の主たる事業が取引に関連しない場合には、基本的には取引に関連する事業を確認すれば足りる（平成24年パブコメ47）。「その他（　　）」については、単にチェックをするだけでなく、カッコ内に具体的な事業の内容を記載する必要がある。事業内容の確認は疑わしい取引の届出の判断のために行うものであるところ、「その他」にチェックするのみではこの判断ができないためである。

b　確認の方法

　確認の方法としては、①定款、②法令の規定により法人が作成することと

図表２－３　事業の内容の類型

事業の内容
☐　農業／林業／漁業
☐　製造業
☐　建設業
☐　情報通信業
☐　運輸業
☐　卸売／小売業
☐　金融業／保険業
☐　不動産業
☐　サービス業
☐　その他（　　）

される書類で当該法人の事業内容の記載があるもの、③登記事項証明書(確認前の6カ月以内に作成されたもの)、④官公庁から発行された書類等で法人の事業内容の記載があるもの(有効期限があるものは有効期限内のもの)の書類または写しを確認する方法による(規則10条2号)。

法人の事業内容については自然人と異なり、書面による確認としているが、その理由は、法人の事業内容については、自然人の職業と異なり、すべての法人について登記事項証明書等の書類による確認が可能であるため、確認の確実性と顧客等・特定事業者の負担をふまえつつ、より確実な方法を採用したものである。

ただし、登記事項証明書等においては、現実には営業していない事業や、営業はしているが取引との関連性がない事業が多数記載されているケースが多いところであるが、疑わしい取引の届出の判断に資するため事業の内容を確認するという趣旨にかんがみて、必ずしも記載されたすべての事業について確認する必要はなく、取引との関連性のある事業のみを確認することも認められる。

書類を確認する方法としては、顧客等、代表者等その他の関係者から提示・送付を受ける方法のほか、特定事業者において第三者から書類を入手したり、オンライン登記情報提供制度により登記事項証明書等を閲覧したりするなどの方法も含まれる(平成24年パブコメ50)。このような方法により、顧客・特定事業者双方の負担を軽くすることが可能となるほか、事業内容の確認の目的は疑わしい取引の届出の判断に役立てることであるため、内容の真実性が認められる客観的資料により確認できれば足り、どのように提出を受けて確認したかについては重要でないためである。

① 定款(規則10条2号イ)

規則10条2号イにおいては、定款に「相当するものを含む」とされているが、確認に用いる書類は一定以上の信用性があることが必要であるため、定款等によることとされているものであり、法人のウェブサイトや会社案内による確認は認められない(平成24年パブコメ12)。

また、定款は原本証明等がなされていないのが一般的であるところ、原本

の写しであることを証明する法人の代表者等の印がないものでも認められるが、原本と同一の内容と認められることが必要となる（平成24年パブコメ51）。

② 法令の規定により法人が作成することとされる書類で、当該法人の事業内容の記載があるもの（規則10条2号ロ）

有価証券報告書（金融商品取引法24条1項）や、法令により所管官庁に提出することとされている事業報告書等のほか、株主総会の招集通知に際して提供される事業報告も、内容が確定した場合には含まれる（平成24年パブコメ52、53）。会社のパンフレットやウェブサイトは、規則10条2号ロにも原則として含まれない。

③ 登記事項証明書（規則10条2号ハ）

当該法人の設立の登記に係る登記事項証明書（当該法人が設立の登記をしていないときは、当該法人を所轄する行政機関の長の当該法人の事業の内容を証する書類）である。確認前の6カ月以内に作成されたものである必要がある。

登記事項証明書による場合、「会社の目的」欄に事業内容に関する基本的な情報が記載されており、これを確認することとなるが、主たる事業のみを確認することも認められる（平成24年パブコメ48）。

また、法務省提供のオンライン登記情報提供制度により確認することや、同様の外国の政府等が提供する公的なウェブサイトによる情報を確認する方法も認められるが、ウェブサイトの情報の確認が、官公庁等が発行した書類の確認と同視できるものである必要がある（平成24年パブコメ57）。

本人特定事項の確認に用いた登記事項証明書について、事業の内容の確認のほか、後記の実質的支配者（当該法人を代表する権限を有している者）の有無について確認することも認められる（平成24年パブコメ49）。

④ 官公庁から発行・発給された書類等で法人の事業内容の記載があるもの（規則10条2号ニ）

当該法人が特定の事業を行うにあたり発行された証明書も含むが、当該事業が取引と関連がないものである場合や、取引に関連する主たる事業でない場合には、別の書類により確認を行う必要がある。EDINET等によって開示

されているこれらの書類の電子データも含まれるし、発行した官公庁の印がないものでもさしつかえない（平成24年パブコメ54〜56）。有効期限のあるものは有効期限内のものが必要である。

(4) 外国に本店または主たる事務所を有する法人である顧客等（外国法人）

外国に本店または主たる事務所を有する法人である顧客等については、(3)に規定するもののほか、下記①②のいずれかまたはその写しを確認する方法が可能である。

① 外国の法令の規定により当該法人が作成することとされている書類で、当該法人の事業の内容の記載があるもの
② 日本国政府の承認した外国政府または権限のある国際機関の発行した書類その他これに類するもので、当該法人の事業の内容の記載があるもの（有効期間または有効期限のあるものにあっては特定事業者が確認する日において有効なものに、その他のものにあっては特定事業者が確認する日前6カ月以内に作成されたものに限る）

「日本国政府の承認した外国政府」には日本国の承認した外国の政府・地方政府等が、「権限のある国際機関」には国際連合、国際通貨基金、世界銀行等が該当する。個別具体的に確認する必要がある場合は、関係行政機関に問い合わせるとよい（平成24年パブコメ59）。

(5) 人格のない社団・財団

人格のない社団・財団である顧客の「事業内容」については、代表者等から申告を受ける方法による（規則10条1号）。

人格のない社団・財団についても、マネー・ローンダリングに利用されるおそれはおおいにあるため、事業内容の確認を必要としているが、前記(3)の法人のように定款や登記事項証明書による確認ができないため、代表者等から申告を受ける方法によるものとしている。「申告を受ける方法」については、前記(3)bのとおりである。

4 法人の実質的支配者

(1) 平成23年改正の趣旨[5]

平成23年に改正された犯収法4条1項4号において、当該顧客等が法人である場合、その事業経営を実質的に支配することが可能となる関係にあるものとして主務省令で定める者（実質的支配者）があるときは、その者の本人特定事項を確認することとされた。

このように、法人の実質的支配者の確認が義務づけられたのは、マネー・ローンダリングを行う場合には当該者が実質的に支配する法人の取引を仮装するケースがあるため、法人との取引を行う場合、その法人の実質的支配者が存在する場合にはこれも確認する必要があり、これは顧客管理の基本事項といえるためである。

これに対し、人格のない社団・財団については、実質的支配者の確認が義務づけられていない。人格のない社団・財団については、当該社団等の事業経営を実質的に支配している者と当該社団・財団との支配関係が多様であり、法令上実質的支配者を一義的に特定し、定義することが困難なためと解される。もっとも、金融機関等特定事業者が顧客等を法人格なき社団等として取り扱うためには、「団体としての組織をそなえ、そこには多数決の原則が行われ、構成員の変更にもかかわらず団体そのものが存続し、しかしてその組織によって代表の方法、総会の運営、財産の管理その他団体としての主要な点が確定している」（最一小判昭39.10.15民集18巻8号1671頁）か否かを確認する必要があり、その際に、事実上、議決権の過半数を有する者や代表者が判明することはありうるが、これは法律上義務づけられたものではない。

(2) 平成23年改正後の課題（最終受益者等の確認の要否）

平成23年改正においては、①最終受益者の範囲を確定することが困難であ

---

[5] 詳細については鈴木仁史「改正犯罪収益移転防止法における顧客管理措置の強化(2)」（金法1964号88頁）参照。

ること、②顧客等や特定事業者にとって過度の負担となることから（平成24年パブコメ13）、最終的に利益が帰属する自然人まで確認することは求められなかった。すなわち、実質的支配者は、最終的に利益を受ける者（最終受益者）とは異なり、実質的支配者に最終受益者は含まれず、また、実質的支配者が法人である場合、その法人の実質的支配者まで確認する必要はなかった（平成24年パブコメ64）。

FATF勧告においては、法人顧客の実質的支配者の確認においては、常に自然人（natural person）にさかのぼって確認することが求められており、FATF対日相互審査においては、①金融機関に対する、真の受益者の身元の確認・照合に関する一般的義務がない、②改正前の「法人を代表する権限を有している者」はFATF基準の「最終的に法人を所有・支配する者」とは異なる、③金融機関に対し顧客の所有および管理構造の把握、もしくは「最終的に法人を所有または支配する者」がだれかの判定の義務づけがなく、現行法令では不十分との指摘を受けていた。

また、懇談会報告書において、「常にFATF指摘に対応するという観点のみならず、法人の透明性確保が世界的な課題となっており、我が国もこれに対応するための行動計画を策定していることなども踏まえると、実質的支配者の定義を含め、FATFメソドロジーに沿った制度とすることが必要」との提言がなされていた。

また、改正前の規則では、実質的支配者を自然人に限定していないため、自然人が営業実態のない法人を設立し、当該法人を実質的支配者とすることにより、マネー・ローンダリングを行うことが可能となっている。

以上から、規則11条2項において、顧客である法人の実質的支配者について、議決権その他の手段により当該法人を支配する自然人までさかのぼって確認するよう、改正がなされた。

(3) 確認方法

a 申告による方法

実質的支配者の本人特定事項に関する情報は、平成26年改正前と同様、資

本多数決法人およびそれ以外の法人ともに、顧客等の代表者等からの申告により（規則11条1項）、本人確認書類を用いる必要はない（平成24年パブコメ60）。

「申告を受ける方法」は、「取引を行う目的」の確認と同様、口頭での聴取のほか、eメール、FAXを用いる方法、書面の提出を受ける方法、チェックリストのチェックを受ける方法などがある。また、特定事業者において有価証券報告書等の公表書類を確認する方法も認められる（平成24年パブコメ37、61、62）。

株主名簿などの証拠書類（エビデンス）の提出を顧客に義務づけることによる確認方法でなく、申告を受ける方法とされている理由としては、株主名簿を備えていない法人も存在し、これを要求することは顧客・特定事業者にとって過度の負担となり、また犯収法の建て付けからすると、顧客の申告によらざるをえないと考えられるためである。このように、情報が制限されるケースもあるが、顧客等は、自らの実質的支配者がいずれの者であるか、その事業活動を通じて知りえたあらゆる情報に基づき判断し、代表者等がその実質的支配者の情報を申告することとなる（平成27年パブコメ94）。

申告を受ける方法については、実務上の負担が大きい一方で、顧客が虚偽の申告をしたとしても金融機関にとって実質的支配者の判定が困難であり、実務上の負担に比しての効果が限定的であるという評価もありうる。しかし、たとえば顧客が暴力団関係企業などの場合に典型的であるが、暴力団員自体が株主として実質的支配者となっているケースは近年少ないものの、株主等の情報を求めることにより、抑止・牽制効果を期待しうる。

上記のとおり、申告を受ける方法によるが、特定事業者の知識、経験およびその保有するデータベース等に照らして合理的でないと認められる者を実質的支配者として申告している場合には、正確な申告を促す必要がある（平成27年パブコメ112、114）。

なお、規則11条2項4号により、資本多数決法人についても、これ以外の法人についても、すべての法人について実質的支配者が存在することとなる。規則20条1項18号により、特定事業者は、確認記録に、顧客等と実質的

支配者との関係について記載することとされているため、申告を受けた実質的支配者が、規則11条2項のいずれの号に該当する者であるか確認する必要がある（平成27年パブコメ125）。

b 自然人の確認が困難な場合

顧客にとっては、資本関係が複雑であるなどにより、実質的支配者に関する情報が限定されるケースも多いことから、法人株主を何代かにわたってさかのぼる場合、4分の1を超える議決権を直接または間接に有する自然人を確認できないなど、自然人の確認が困難な場合も相当数あると考えられる。このような場合、金融機関として、顧客にどこまで求めるか問題となる。

規則11条2項4号により、すべての法人（資本多数決法人およびこれ以外の法人）について、実質的支配者が存在することとなる。特定事業者たる金融機関としては、代表者等がしかるべき確認をしてもなお、資本関係が複雑であるなどのやむをえない理由により、その理由がやむをえないと認められるものであれば、規則11条2項4号に定める自然人を実質的支配者とすることとなるが（平成27年パブコメ121、122）、安易に4号として認定してはならないと解される（平成27年パブコメ106、119）。

c 取引謝絶の必要性の有無

顧客等が上記の実質的支配者や本人特定事項を把握していない場合、この申告がなされるまで取引を謝絶する必要があるか。この点、申告の内容や実質的支配者の判断については上記のとおりである。なお、取引時確認は、取引の性質等に応じて合理的な期間内に完了すべきであることから、取引の性質等に応じて、取引開始後、合理的な期間内で、実質的支配者の本人特定事項の確認を行うことが認められる。したがって、顧客等が規則11条2項1号に該当する者の有無やその本人特定事項を確認できる場合には、取引開始後において、その申告を受けることは可能である（平成27年パブコメ120）。

(4) 確認対象〜資本多数決法人（株式会社、投資法人、特定目的会社等）

株式会社、投資法人（投資信託及び投資法人に関する法律2条12項）、特定目

的会社（資産の流動化に関する法律2条3項）、その他当該法人の議決権が当該議決権に係る株式の保有数または当該株式の総数に対する当該株式の保有数の割合に応じて与えられる法人[6]（定款の定めにより当該法人に該当することとなる法人を除く）について、平成26年改正前は、4分の1（25％）を超える議決権を基準としていたが、下記a、b、cの順番で実質的支配者を判定することと改正され、これらにより判定された自然人の本人特定事項が確認の対象となる（平成27年パブコメ103）。

なお、上記のとおり、法人の議決権が当該議決権に係る株式の保有数または当該株式の総数に対する当該株式の保有数の割合に応じて与えられる法人であっても、「定款の定めにより当該法人に該当することとなる法人」は除外されている。

すなわち、資本多数決の原則を採用していないものの、定款の定めによって議決権の制度を変更することによって、資本多数決の原則に従って議決権を決定しているような法人については、規則11条2項1号でなく2号に該当することを条文化したものである。特定事業者にとって、上記のような定款の定めについて、逐一確認することは負担が大きいことから、基本的に資本多数決の原則を採用しているかによって判断することとしたものである。

a 議決権の25％超を保有する自然人がいる場合（規則11条2項1号）

(a) 原　　則

議決権の総数の4分の1（25％）を超える議決権を直接または間接に有する自然人がある場合、当該自然人が実質的支配者となる。

議決権を「直接または間接に有している場合」については、Immediate Beneficial Owner（現行法の実質的支配者である1階層上の所有者）だけでなく、Ultimate Beneficial Owner（最終的な所有者：UBO）の確認が必要となる（平成27年パブコメ95）。

---

[6] 議決権が「株式の保有割合」に応じて与えられる法人としては、「建物の区分所有等に関する法律」に基づく管理組合法人（原則として専有床面積の割合により議決権が与えられる）などが考えられる。

(b) 例　　外

　議決権の総数の4分の1（25％）を超える議決権を直接または間接に有する自然人がある場合であっても下記①または②の場合は例外となる。
　① 当該資本多数決法人の事業経営を実質的に支配する意思または能力を有していないことが明らかな場合
　② 他の自然人が当該資本多数決法人の議決権の総数の2分の1を超える議決権を直接もしくは間接に有している場合

　「事業経営を実質的に支配する意思または能力を有していないことが明らかな場合」については、議決権等を有する者の主観のみをもとに判断されるものではなく、当該者の属性や当該者と当該顧客等との関係性等の客観的要素をもふまえたうえで判断する必要がある。「事業経営を実質的に支配」については、自然人が顧客等の役員等（会社法423条1項に規定する役員等、一般社団法人及び一般財団法人に関する法律111条1項に規定する役員等）に該当するか否かのみでなく、主要株主等の立場を利用して事業経営を実質的に支配しているかに着眼する必要がある（平成27年パブコメ98、99）。

　「事業経営を実質的に支配する意思または能力を有していないことが明らかな場合」の具体例としては、①信託銀行が信託勘定を通じて顧客等の4分の1を超える議決権を保有している場合、②4分の1を超える議決権等を有する者が病気等により支配意思を欠く場合、③4分の1を超える議決権等を有する者が、名義上の保有者にすぎず、他に株式取得資金の拠出者等がいて、当該議決権等を有している者に議決権行使に係る決定権等がない場合や、信託を通じて法人の議決権を有する者のうち、純投資目的で利用している場合等が考えられる（平成27年パブコメ96、97）。

(c)　**4分の1を超える議決権を基準とした趣旨**

　上記のとおり「4分の1を超える議決権」とされたのは、「株主総会等の定足数（過半数）×出席した株主等の議決権の過半数」（4分の1）の議決権を有していれば株主総会等において普通決議をすることが可能となるためである。

　ただし、「他の自然人が当該資本多数決法人の議決権の総数の2分の1を

超える議決権を直接もしくは間接に有している場合」を除くとされているのは、2分の1を超える議決権を有する者がいる場合、当該者が出席しない場合には定足数を満たさないほか、出席した場合には議決の結果を左右しうるため、ほかに4分の1以上の議決権を有する者がいても、この者は実質的支配者に含まれないこととしたものである（平成24年パブコメ70）。条文上「2分の1を超える」とされていることから、たとえば2人の株主が50％（2分の1）ずつの議決権を有している場合、双方が実質的支配者となる。

(d) **割合の算出の対象となる議決権（役員選任、定款変更に関する議案）**

割合の算出の対象となる議決権は、会社法423条1項に規定する役員等（会計監査人を除く）の選任および定款変更に関する議案（これらの議案に相当するものを含む）の全部につき株主総会（これに相当するものを含む）において議決権を行使することができない株式（これに相当するものを含む）に係る議決権を除くこととされている（規則11条2項1号）。

これは、法人の実質的支配のメルクマールとして最も重要な事項は取締役等会社の経営に関与する役員の選任であることから、会計監査人を除いて役員の選任に関する議案において行使できる議決権を対象としたものである。また、定款変更により株式等の制度自体を変更することができることから、定款変更に関する議案において行使できる議決権も対象としている。

役員の選任と定款の変更の双方の議決権を行使することができない株式等については、実質的支配者の該当性判断にあたって、分母（保有数）および分子（総数）の双方から除外される（平成24年パブコメ67）。

また、規則11条2項1号の「役員等の選任および定款の変更に関する議案の全部につき株主総会で議決権を行使することができない株式」に関しては、法定種類株主総会においてのみ定款変更の議決権を有する株式は含まれるが、株主間の契約によって役員選任・定款変更の議決について議決権を行使しないとされている株式は含まれない（平成24年パブコメ68、69）。

(e) **議決権の基準時**

議決権数については変動しうるところ、取引時における顧客情報の確認という法の趣旨からすれば、取引時の保有割合を基準とすべきである。ただ

し、必ずしも取引時のものが確認できないケースもありうるところであり、そのような場合には直近の株主総会開催時における議決権の保有状況等、取引時から合理的な範囲で近接した時期を基準とすることも許容される（平成24年パブコメ66）。

b　法人の事業活動に支配的な影響力を有すると認められる自然人がいる場合（規則11条2項2号）

前記aに該当する者がいない場合において、出資、融資、取引その他の関係を通じて当該法人の事業活動に支配的な影響力を有すると認められる自然人がある場合には、当該自然人が実質的支配者となる。

具体例としては、法人の意思決定に支配的な影響力を有する大口債権者や取引先、法人の意思決定機関の構成員の過半を自社から派遣している上場企業、法人の代表権を有する者に対してなんらかの手段により支配的な影響力を有している自然人が考えられる（平成27年パブコメ100）。

c　前記a、bに該当する者がいない法人（規則11条2項4号）

前記a、bに該当する者がいない法人については、当該法人を代表し、その業務を執行する自然人が実質的支配者となる。

「当該法人を代表し、その業務を執行する自然人」とは、代表権のある者であって、その法人の業務を執行する者を指し、代表権を有しない取引担当者はこれに該当しない（平成27年パブコメ117）。

基本的には、法人の代表取締役や代表理事等がこれに該当するが、法人を代表する権限を有する者であっても、病気により長期療養中であるなどの事情により実際に業務を執行していない者はこれに該当しないし、他方で代表権を有しているのであれば、役職名など名称は問わない（平成27年パブコメ124）。

(5)　確認対象～資本多数決法人以外の法人（(4)以外の法人）

(4)の「資本多数決の原則を採用する法人」以外の法人とは、具体的には、一般社団・財団法人、学校法人、宗教法人、医療法人、社会福祉法人、特定非営利活動法人、持分会社（合名会社、合資会社および合同会社）である（平

成27年パブコメ108)。

　上記のいずれの法人に該当するかは、法人の性質から判断される。よって、本人特定事項や事業の内容の確認において用いた書類からいずれに該当するかが明らかとならない場合等に、顧客等の申告のみによることは認められず、特定事業者において確認する必要がある（平成24年パブコメ63)。

　上記法人については、まずは下記 a または b に該当する自然人の有無を判定し、これに該当する者がいれば、当該者が実質的支配者となり、これに該当する者がいない場合は、下記 c が実質的支配者に該当する。

　なお、下記 a に該当する自然人と b に該当する自然人の双方が実質的支配者となる場合があり、その場合には双方について申告を求める必要がある（平成27年パブコメ115)。

a　収益または事業に係る財産総額の25％超の収益配当または財産分配の権利を有する自然人がいる場合（規則11条2項3号イ）

(a)　原　　則

　法人の事業から生ずる収益または当該事業に係る財産の総額の4分の1（25％）を超える収益の配当または財産の分配を受ける権利を有していると認められる自然人がある場合、当該自然人が実質的支配者となる。

　資本多数決法人以外の法人においては、議決権を通じて当該法人を支配することが原則としてできないが、収益の配当や財産の分配を受ける権利の帰属が、当該法人の実質的支配と関係することから、かかる規定を置いている。

(b)　例　　外

　法人の事業から生ずる収益または当該事業に係る財産の総額の4分の1（25％）を超える収益の配当または財産の分配を受ける権利を有していると認められる自然人がある場合であっても下記①または②の場合は例外となる。

　①　当該法人の事業経営を実質的に支配する意思または能力を有していないことが明らかな場合……「事業経営を実質的に支配する意思または能力を有していないことが明らかな場合」の例としては、前記資本多数決法人について述べたのと同様である。

②　当該法人の事業から生ずる収益もしくは当該事業に係る財産の総額の2分の1（50％）を超える収益の配当もしくは財産の分配を受ける権利を有している他の自然人がある場合

b　法人の事業活動に支配的な影響力を有すると認められる自然人がいる場合（規則11条2項3号ロ）

　出資、融資、取引その他の関係を通じて当該法人の事業活動に支配的な影響力を有すると認められる自然人がある場合には、当該自然人が実質的支配者となる。

　資本多数決法人以外の法人は、収益の配当等の帰属のみでは実質的支配者の判定が困難な場合があるため、上記出資、融資、取引その他の関係を通じて事業活動に支配的な影響力を有する自然人についても、実質的支配者として規定したものであり、「支配的な影響力」については、意思決定権限の支配の程度を重視することとなる（平成27年パブコメ114）。

　この具体例としては、前記資本多数決法人について述べたことが妥当する。

c　前記a、bに該当する者がいない法人（規則11条2項4号）

　前記a、bに該当する者がいない法人については、当該法人を代表し、その業務を執行する自然人が実質的支配者となる。

　この解釈については、前記資本多数決法人について述べたことが妥当する。

　以上、個人および法人について、ハイリスク取引以外の通常の取引について、対面取引、非対面取引に分けて必要書類、確認方法および取引時確認完了までの流れをまとめたものが図表2－4である。

図表2-4 確認方法

個人の場合 → 取引時の確認事項のうち、本人特定事項、取引を行う目的、職業（司法書士等士業者は本人特定事項のみ）について確認を行う。
代理人取引の場合には、顧客の確認とあわせて、実際に取引にあたっている担当者の本人特定事項の確認も必要。

◎対面取引では……

- 運転免許証、健康保険証等の提示
  - 取引の目的および職業の申告

- 健康保険証、国民年金手帳等の官公庁発行書類等の提示
  - 取引の目的および職業の申告
  - + 本人確認書類に記載の住所に取引関係文書を書留郵便等により転送不要郵便等として送付
  - または、提示を受けた本人確認書類以外の本人特定事項の確認を行う。

- 住民票の写し、顔写真のない官公庁発行書類等の提示
  - 取引の目的および職業の申告
  - + 本人確認書類に記載の住所に取引関係文書を書留郵便等により転送不要郵便等として送付

◎非対面取引（インターネット、郵送等）では……

- 本人確認書類またはその写しの送付
  - 取引時の確認事項のうち、取引の目的、事業内容、実質的支配者（司法書士等士業者は本人特定事項のみ）について確認が必要。
  - + 本人確認書類に記載の住所に取引関係文書を書留郵便等により転送不要郵便等として送付

法人の場合 → 取引時の確認事項のうち、取引の目的、事業内容、実質的支配者（司法書士等士業者は本人特定事項のみ）について確認が必要。

取引担当者が正当な取引権限をもっていることの確認には社員証は使用せず委任状・取引担当者の本人確認書類等の提示
また、登記事項証明書の取引担当者は、実際の取引に関する本人特定事項の申告する場合のみ使用できる。

◎対面取引では……

- 登記事項証明書、印鑑登録証明書等本人確認書類等の提示
  - 取引の目的の申告
  - 定款等事業内容が確認できる書類等の提示
  - 実質的支配者に関する本人特定事項の申告
  - + 実際に取引を行っている取引担当者の本人確認書類の提示

◎非対面取引（インターネット、郵送等）では……

- 登記事項証明書、印鑑登録証明書等本人確認書類等またはその写しの送付
  - 取引の目的の申告
  - 定款等事業内容が確認できる書類等またはその写しの送付
  - 実質的支配者に関する本人特定事項の申告
  - + 実際に取引を行っている取引担当者の本人確認書類またはその写しの送付
  - + 法人と実際に取引を行っている者の両方の住所の取引関係文書を転送不要郵便等で送付

日本国内に住居を有しない短期滞在者（観光客など）であって、旅券等で本人確認を行うことを原則としての提示を受けることができない、外貨両替、宝石、貴金属等の売買等については、氏名・生年月日に加え、国籍、番号の記載のある旅券・乗員手帳の提示を行うことが可能。日本国内に住居を有しないと認められるときは、日本国内の住所等については該当しない。

◎対面取引では……

- 住居の確認ができない限り、本人確認の必要な取引は原則として行うことができないが、旅券等で本人確認を受けることができないと認められるときは、その在留期間が90日間を超えないと認められるときは、日本国籍の証印等により、日本国内に住居を有しないことに該当する。

→ 取引時確認完了

□＝今回の改正事項

(出所) JAFICのウェブサイト（https://www.npa.go.jp/sosikihanzai/jafic/pdf/leaf20161001.pdf）に掲載のリーフレットより作成

第 3 節

リスクの高い取引の確認

1　外国PEPsとの取引の追加（平成26年改正）

　PEPs（Politically Exposed Persons）といわれるように、公的に高位の職位にある者は、その社会的地位から高い信用があるため、マネー・ローンダリングを行っていることが判明しづらく、また捜査機関の捜査が慎重になりやすいことから、このような職位にある者の名義が悪用されるおそれがある。そのため、FATFからは、法4条2項に定めるリスクの高い取引類型が限定的であり、また、外国PEPsについて、通常の顧客管理措置に加え、厳格な顧客管理措置を講じるべきとの指摘を受けている。

　また、犯罪収益移転危険度調査書においても、現在まで、日本において、外国PEPsがマネー・ローンダリングに関与した具体的事例は認められないものの、犯罪収益移転に悪用しうる地位や影響力を有することや、本人特定事項等の十分な把握が制限されること、腐敗対策に関する国ごとの取組みの差異等から、外国PEPsとの取引はリスクが高いとしている。

　そこで、平成26年改正において、法4条2項3号で規定する政令で定める取引に、いわゆる外国PEPsとの特定取引が、厳格な顧客管理を行う必要性が特に高いと認められる取引として追加された（令12条3項、規則15条）。

　なお、第4次FATF勧告は、国内PEPsについても業務関係でリスクが高い場合に、海外PEPsと同様、厳格な顧客管理措置が適用されるとしているが、マネー・ローンダリング対策の有効性を直接把握できない外国PEPsとは対策の必要性の程度が異なり（平成27年パブコメ33）、上記のとおり、平成

26年改正では外国PEPsへの対応のみで国内PEPsについては将来的な課題となっている。

2 リスクの高い取引とは[7]

リスクの高い取引は、規則において詳細、具体的に定められているが、類型ごとに検討する。

(1) なりすましが疑われる取引（法4条2項1号、令12条1項1号）

ここで対象としている取引は、ある契約の締結に際して行われる取引時確認において、その取引に関連して行われた他の取引（関連取引）の際に特定事項確認が行われた顧客等になりすましている疑いがある取引である（令12条1項1号）。

したがって、この規定は、特定事業者と顧客等との間で継続的な契約が締結されている場面を想定している。

そして、「なりすまし」とは、顧客等の本人確認がなされた場合において、その本人確認がなされた顧客等とは別の者が、取引の正当な権限者である当該顧客等を装って、取引の相手方となっている状態を指す。

(2) 関連取引時の確認事項を偽っていた疑いのある顧客等との取引（法4条2項1号、令12条1項2号）

この対象となる取引は、関連取引時の確認に係る事項を偽っていた疑いがある顧客等との取引である（令12条1項2号）。ここでも、特定事業者と顧客等との間における継続的な契約が想定されている。

「偽り」とは、真実でない情報を告げることだけでなく、告げるべき情報を隠匿することも含まれると解されている。ここで「偽り」の対象となるのは、本人特定事項のほか、当該取引の目的、資産・収入の状況等といった確

---

[7] 詳細については鈴木仁史「改正犯罪収益移転防止法におけるハイリスク取引の確認」（金法1970号96頁、1972号46頁、1974号68頁）参照。

認事項すべてにわたる。これは、申告すべき事項のうち、いずれかについてでも偽っている疑いがもたれる場合には、他のすべての事項について偽りの疑いが生じうるため、すべての事項について確認することを求めたものである。

(3) 犯罪収益移転防止の制度が十分に整備されていない特定国等に居住・所在する顧客等との取引（法4条2項2号、令12条2項）

特定取引のうち、犯罪収益の移転防止に関する制度の整備が十分でないと認められる国または地域に居住・所在する顧客等との間における取引等、特定国に居住、所在する者に対する財産の移転を伴う取引がリスクの高い取引として指定されている。

具体的な特定国等は、FATF声明において、マネー・ローンダリング対策への非協力国として、すべての加盟国およびその他の国・地域に対して、対抗措置が要請されている対象国を参考として定められる。現在、この特定国等として定められているのは、イランおよび北朝鮮である（令12条2項）。

ただし、これらの国に居住、所在する者であっても、取引を行う者が国等に該当する場合には、資産および収入の状況を確認する必要はないとされている（平成24年パブコメ3）。

(4) 外国PEPsとの取引（法4条2項3号、令12条3項、規則15条）

平成23年改正によって、上記(1)ないし(3)に該当するもののほか、犯罪による収益の移転防止に関する動向等を勘案して、厳格な顧客管理を行う必要性が特に高いと認められる取引を政令で定めることができることと規定されていた。

犯収法施行令において、この取引に関する規定は設けられていなかったが、平成26年改正において、令12条3項に外国PEPsに関する規定が設けられた。

金融機関の態勢整備においては、外国PEPsの確認方法の前提として、その範囲の明確化が重要である。令12条3項および規則15条において、下記の

とおり、外国PEPsのほか、その近親者、外国PEPsまたはその近親者が実質的支配者である法人を含んでいる。
① 外国の元首および外国の政府、中央銀行その他これらに類する機関において重要な地位を占める者として主務省令で定める者ならびにこれらの者であった者（令12条3項1号、規則15条）

・国家元首
・わが国における内閣総理大臣その他の国務大臣および副大臣に相当する職
・わが国における衆議院議長、衆議院副議長、参議院議長または参議院副議長に相当する職
・わが国における最高裁判所の裁判官に相当する職
・わが国における特命全権大使、特命全権公使、特派大使、政府代表または全権委員に相当する職
・わが国における統合幕僚長、統合幕僚副長、陸上幕僚長、陸上幕僚副長、海上幕僚長、海上幕僚副長、航空幕僚長または航空幕僚副長に相当する職
・中央銀行の役員
・予算について国会の議決を経、または承認を受けなければならない法人の役員

令12条3項1号における「外国の政府、中央銀行その他これらに類する機関」の対象には、国連、IMF、FATF、OECD等の国際機関は含まれない（平成27年パブコメ37）。

「外国PEPs」の対象を判断する基準となる「外国」の意義については、本邦の域外にある国または地域を指しており（法9条）、いわゆる「未承認国家」も外国に該当することから、当該国において元首その他の重要な地位を占める者についても、外国PEPsとして取り扱われる（平成27年パブコメ28）。

国王・国家元首は令12条3項に該当し、また公国における大公は規則15条

に該当するし、日本における各省庁の事務次官等に該当する外国の高級官僚についても外国PEPsに該当する（平成27年パブコメ146、147）。

「これらの者であった者」とあるとおり、過去に外国の元首等であった者は、期限の定めなく該当し、形式的に該当すればすべて一律に厳格な顧客管理の対象となることに留意が必要である（平成27年パブコメ24）。

② ①に掲げる者の家族（配偶者（内縁関係を含む）、父母、子および兄弟姉妹、これらの者以外の配偶者の父母および子）（令12条3項2号）

定義のとおり、①に掲げる外国PEPsの祖父母や孫は含まれないが（平成27年パブコメ32）、①に掲げる外国PEPsが死亡し、またはすでに死亡していた場合は、その家族は厳格な顧客管理を行う必要が特に高い対象とならない（平成27年パブコメ31）。

また、「PEPsの家族」以外に、FATFが定義する「PEPsの近親者」に含まれる「Close Associate（近しい間柄にある者）」については含まれない（平成27年パブコメ38）。

③ 法人であって、①または②に掲げる者が実質的支配者であるもの（令12条3項3号）

犯収法4条5項において、「国等」に該当する者は取引時確認において実質的支配者の確認が不要とされていることからも、「実質的支配者」が観念されない。よって、「国等」に含まれる中央銀行や大使館については、外国PEPsに該当することはなく、これらを顧客とする取引において厳格な顧客管理を行う必要はない（平成27年パブコメ35）。

また、規則11条4項において、国等およびその子会社は、規則11条2項の適用については、自然人とみなすものとされていることから、外国の政府またはその子会社が4分の1以上出資するファンドや国営企業は、外国PEPsが実質的な支配者である法人には該当しない（平成27年パブコメ36）。

第3節　リスクの高い取引の確認

3 確認事項・確認方法

(1) 確認事項

　上記2でみたようなリスクの高い取引においては、本人特定事項の確認に加え、①取引を行う目的、②職業（当該顧客等が自然人である場合）、事業内容（当該顧客等が法人である場合）、③実質的支配者の本人特定事項（当該顧客等が法人である場合）の確認が求められる。さらに、これらの取引が200万円を超える高額の財産の移転を伴う場合には、疑わしい取引の届出を行うべきか否かを判断するうえで必要な限度において、資産および収入の状況の確認も行わなければならない（図表2－5参照）。

(2) 確認方法（規則14条）

a　本人特定事項の確認方法

　リスクの高い取引を行う特定事業者は、法4条1項における確認方法（規則6条、12条）に加え、その方法とは異なる本人確認書類等の提示または送付を受ける方法により、本人確認を行う必要がある（規則14条1項）。

　これらの取引は、類型的にマネー・ローンダリングに利用されるリスクが特に高いと認められることから、より確実な方法により本人特定事項等を確認する必要があるとされているため、その確認を顧客等の申告により行うことは認められない（平成24年パブコメ17）。

　具体的な確認方法は、まず、法4条1項における確認方法（規則6条または12条の定める方法）が、本人確認書類またはその写しを用いるものであるか、電子証明書を用いるものかどうかによって異なってくるため、この点の確認が必要である。そして、本人確認書類またはその写しを用いる方法により確認を行う取引については、当該本人確認書類以外の本人確認書類または補完書類の提示または送付を受ける方法により、本人確認を行う必要がある（規則14条1項2号イ）。

　他方、本人確認書類またはその写しを用いず、電子証明書を用いた確認を

図表2－5　通常取引とハイリスク取引の取引時確認事項およびその確認方法

取引時確認事項			通常の取引	ハイリスク取引		
本人特定事項	個人	氏名 住所 生年月日	運転免許証 パスポート 保険証等	通常の取引に際して確認した書類 ＋ それ以外の本人確認書類		
	法人	名称・所在地	登記事項証明書 印鑑登録証明書等			
取引を行う目的			申告	申告		
職業（自然人・人格なき社団・財団）			申告	申告		
事業内容（法人）			定款、登記事項証明書等	定款、登記事項証明書等		
実質的支配者（25％を超える議決権を有する者等）			申告	資本多数決法人	株主名簿 有価証券報告書等	実質的支配者の本人特定事項について申告
				資本多数決法人以外の法人	登記事項証明書等	
（200万円を超える財産の移転を伴うハイリスク取引）資産・収入の状況			－	個人	源泉徴収票 確定申告書 預金通帳等	
				法人	貸借対照表 損益計算書等	

行う取引においては、本人確認書類またはその写しの提示または送付を受ける方法により、取引時確認を行う必要がある（規則14条1項2号ロ）。この場合には、原則として補完書類によることは認められていない。

　規則14条1項1号および2号の方法による確認は、それぞれを同時に行うことまでが求められているものではなく、取引を行うに際して行えば足りると解される。

　以上に対して、①なりすましが疑われる取引および、②偽りが疑われる取引については、さらに厳格な本人特定事項の確認が求められる。

すなわち、これらの取引においては、それに先立って行われた確認（法4条1項に基づく確認）とは異なる方法によって本人特定事項を確認しなければならない（規則14条1項後段、法4条2項1号）。この異なる方法は、関連取引時確認において用いていない本人確認書類または補完書類を用いるものであることが求められる。たとえば、最初、健康保険証および印鑑登録証明書の提示により本人確認が行われていた自然人顧客についての再確認は、運転免許証の提示により行ったり、登記事項証明書の提示によって本人確認がされていた法人顧客についての再確認は、納税証明書等によって確認したりすることが想定されている。

b　取引を行う目的、職業・事業内容の確認方法

取引を行う目的および職業・事業内容の確認は、それぞれ規則9条、10条に規定する方法により行うこととされており、リスクの高い取引であることによる特段の方法は定められていない。

c　実質的支配者の本人特定事項の確認方法

法人と取引する際には、当該法人の区分に応じた書類またはその写しにより、実質的支配者を確認しなければならない。

具体的には、株式会社、投資法人、特定目的会社等の資本多数決法人については、①株主名簿、有価証券報告書、特定社員名簿等、議決権の保有状況を示す書類、それ以外の法人については、②登記事項証明書、代表権限を有している者全員を証する書類等により実質的支配者を確認する必要がある。なお、この確認は、書類を確認することが求められているにとどまり、提示や送付を受けることまで求められていない。そのため、特定事業者の実務としては、チェック欄等で確認したことを記録しておくことで足りると解される。

特定事業者は、このような実質的支配者の確認に加え、当該顧客等の代表者等から、実質的支配者の本人特定事項について申告を受けることが求められる（規則14条3項。なお、平成27年パブコメ142）。実質的支配者の本人特定事項について、代表者等からの申告をもって足りると変更した趣旨は、平成26年改正によって、実質的支配者を自然人まで遡って確認することになり、

その本人確認書類を顧客等が入手することに困難を伴うことが想定されたため、取引実務への影響を考慮した点にある（平成27年パブコメ141）。

d 資産および収入の状況の確認方法

資産および収入の状況は、顧客等が自然人であるか、法人であるかによって区分された書類を確認する方法により確認する。顧客等が自然人である場合には、源泉徴収票、確定申告書、預貯金通帳等、顧客等が法人である場合には、貸借対照表、損益計算書等を確認することとされている。

これらのうち、どの書類を確認するか、および確認すべき書類の個数等については定められていない（「一又は二以上」とされている）。これは、資産および収入の状況の確認が、その取引に相応する資産、収入を備えているかを確認するために求められるものであり、具体的に必要となる書類内容や書類の個数等については、個別の取引によって異なるためである。したがって、1つの書類をもって、当該取引を行うに相応するだけの資産、収入を備えているかが明らかとならない場合には、それとは異なる別の書類を確認する必要がある点に注意しなければならない。

e 外国PEPsに関する確認方法

金融機関が独自に外国PEPsの情報を収集し、対象者を特定することは困難であり、どこまでの積極的な確認が求められるか問題となる。この点、確認方法としては、各特定事業者が、その事業規模や顧客層をふまえて合理的と考えられる方法となり、確認ができた範囲内で厳格な顧客管理を行う必要がある。

具体的には、商業用データベースを活用して確認する方法（その場合、金融機関がデータベースの内容を精査・調査することまで求められるものではない。平成27年パブコメ143）があるが、これが必ず必要なものではなく、インターネット等の公刊情報を活用して確認する方法、顧客等に申告を求める（申込用紙のチェック欄に記入を求めるなど）方法等が考えられる。なお、関係省庁が外国PEPsのリストを作成し、特定事業者に提供するような枠組みは想定されていない（平成27年パブコメ23〜25）。また、令12条3項1号に定める「これらの者であった者」は、形式的かつ一律に該当するが、これを網羅的

に捕捉するシステムの整備までが義務づけられるものではない（平成27年パブコメ24）。

また、外国PEPsが顧客等である場合については、当該顧客等の居住国にかかわらず、一律に同じ確認方法がなされる（平成27年パブコメ144）。

外国PEPsに該当する場合も、必ずしも取引成立前に確認を求めるものではなく、事後的にデータベースその他で確認を行い、該当する場合には法令で求められる追加確認を行うことも認められる（平成27年パブコメ40）。

顧客等が外国PEPsであることが確認できた場合、規則20条1項22号で確認記録の記録事項とされている「顧客等が令12条3項各号に掲げるものであるときは、その旨および同項各号に掲げるものであると認めた理由」を記録する必要がある（平成27年パブコメ145）（以上につき図表2－6参照）。

図表2－6　ハイリスク取引の種類・確認事項・確認方法

	財産の価額	確認事項		確認方法
1．なりすまし・偽り懸念	(1) 200万円超	① 本人特定事項		関連取引時確認において用いた本人確認書類もしくは補完書類またはその写し
		② 取引を行う目的		当該顧客等、代表者等からの申告
		③ 職業・事業内容	ア．自然人 人格なき社団・財団	当該顧客等、代表者等からの申告
			イ．法人	(ア) 定款 (イ) 事業内容の記載のある法令に基づく書類 (ウ) 登記事項証明書 (エ) 事業内容の記載のある官公庁の発行・発給する書類
			ウ．外国法人	(ア) 事業内容の記載のある外国法令に基づく書類 (イ) 事業内容の記載の

				ある日本国政府の承認した外国政府・国際機関発行の書類
		④ （法人のみ）実質的支配者の本人特定事項	ア．資本多数決法人（株式会社、投資法人特定目的会社等）	株主名簿、有価証券報告書、その他議決権の保有状況を示す書類のいずれかにより実質的支配者を確認し、その本人特定事項につき代表者等から申告
			イ．それ以外の法人	ア．設立登記に係る登記事項証明書 イ．官公庁から発行・発給された、代表権限者を称する書類 ウ．日本国政府の承認した外国政府・国際機関発行に係る代表権限者を称する書類のいずれかにより実質的支配者を確認し、その本人特定事項につき代表者等から申告
		⑤ 資産・収入の状況	ア．個人	㋐ 源泉徴収票 ㋑ 確定申告書 ㋒ 預貯金通帳 ㋓ これらに類する書類 ㋔ 配偶者に係る㋐ないし㋓の書類
			イ．法人	㋐ 貸借対照表 ㋑ 損益計算書 ㋒ これらに類する書類
	(2) 200万円以下	① 本人特定事項		関連取引時確認において用いた本人確認書類以外の本人確認書類もしくは補完書類またはその写し
		② 取引を行う目的		1．(1)②と同様
		③ 職業・事業		1．(1)③と同様

		内容	
		④ （法人のみ）実質的支配者の本人特定事項	1．(1)④と同様
2．特定国・地域	(1) 200万円超	① 本人特定事項	(ア) 規則6条、12条の方法 (イ) 顧客等、代表者等から、その住居、主たる事務所の所在地の記載のある本人確認書類、その補完書類の提示、またはその写しの確認記録への添付
		② 取引を行う目的	1．(1)②と同様
		③ 職業・事業内容	1．(1)③と同様
		④ （法人のみ）実質的支配者の本人特定事項	1．(1)④と同様
	(2) 200万円以下	① 本人特定事項	2．(1)①と同様
		② 取引を行う目的	1．(1)②と同様
		③ 職業・事業内容	1．(1)③と同様
		④ （法人のみ）実質的支配者の本人特定事項	1．(1)④と同様
3．その他特に必要性の高い取引	(1) 200万円超	① 本人特定事項	2．(1)①と同様
		② 取引を行う目的	1．(1)②と同様
		③ 職業・事業内容	1．(1)③と同様
		④ （法人のみ）実質的支配者の本人特	1．(1)④と同様

		定事項	
	(2) 200万円以下	① 本人特定事項	2．(1)①と同様
		② 取引を行う目的	1．(1)②と同様
		③ 職業・事業内容	1．(1)③と同様
		④ （法人のみ）実質的支配者の本人特定事項	1．(1)④と同様
4．外国PEPs	(1) 200万円超	① 本人特定事項	2．(1)①と同様
		② 取引を行う目的	1．(1)②と同様
		③ 職業・事業内容	1．(1)③と同様
	(2) 200万円以下	①本人特定事項	2．(1)①と同様
		② 取引を行う目的	1．(1)②と同様
		③ 職業・事業内容	1．(1)③と同様

第 4 節

代理権の確認[8]

1　原　　則

　規則12条4項は、本人特定事項の確認を行うべき代表者等と認められる事由を定めている。

(1) 顧客等が自然人の場合

　まず、本人である顧客等が自然人である場合については、以下のいずれかを満たす場合には、その者が当該特定取引等の代表者等であるとしている。
① 　顧客等の同居の親族または法定代理人であること
　単に申告の方法によることは認められず、住民票の写し、戸籍謄本等のほか、親権者等が代表者等である場合には、顧客等と代表者等それぞれの本人確認書類により、姓や住居等が同一であることなどを確認することが考えられる。
② 　顧客等が作成した委任状等を有していること
　「委任状」は例示であり、その名称や書式にかかわらず、当該取引についての委任関係を明らかにするものであれば足りると考えてよい。なお、委任状について実印の押印や印鑑証明書の提出は必要ない。
③ 　顧客等への架電その他これに類する方法により確認できること
　「確認できること」と定められているが、一般的・抽象的な可能性では足

8　鈴木仁史「改正犯罪収益移転防止法と代理人の取引時確認」（金法1968号68頁）参照。

りず、他の①、②、④と同程度の確実性が要求され、実際に顧客等に対する確認を行う必要があると解される。架電以外の方法としては、eメールやFAX、訪問等があげられるが、このうち、特にeメールについては、他人へのなりすましが容易であるため、いわゆるフリーメールでないか等の注意が求められる。

④　その他、特定事業者が顧客等と代表者等との関係を認識している等の理由により、当該代表者が当該顧客等のために、当該特定取引の任にあたっていることが明らかであること

　④は包括規定である。「明らかであること」を確認する具体的方法としては、委任状および再委任状等複数の書類による確認や第三者への確認等が想定されている（平成24年パブコメ16）。

(2) 顧客等が自然人でない場合

　他方、顧客等が自然人でない場合については、以下をもって代表者等を認定することになる。

①　顧客等が作成した委任状等を有していること

　前記(1)と同様である。

②　当該代表者等が当該顧客等を代表する権限を有する役員として登記されていること

　当該代表者等が当該顧客等の役員として登記されていれば、法人と一定の関係があることは間違いないと考えられるためである。役員として登記されていることについては、特定事業者において登記事項証明書を確認する方法でも足りる（平成24年パブコメ85）。

　なお、平成26年改正前は「当該代表者等が当該顧客等の役員として登記されていること」とされていたのに対し、役員としての登記は代表権を有する場合に限定されることとなった。

③　本店、営業所、官公署等への架電その他これに類する方法により確認できること

　前記(1)③と基本的に同様である。電話をかけた際の確認内容としては、代

表者等が当該法人（顧客等）の従業員であること等で足り、取引の権限（民法上の代理権）を有していることの確認までを求めるものではない。また、電話をかけて代表者等が特定取引等の任にあたっていることを確認する場合、確認の相手の役職に特段の制限はない（平成24年パブコメ82、84）。その他、架電以外の方法については、前記(1)③で述べたところと同様である。
④　その他、特定事業者が顧客等と代表者等との関係を認識している等の理由により、当該代表者が当該顧客等のために、当該特定取引の任にあたっていることが明らかであること

前記(1)④と同様である。

「関係を認識していること」については、たとえば営業担当者が契約の締結前に顧客等を訪問し、顧客等および代表者等と面談を行っている場合が含まれる（平成24年パブコメ86、平成27年パブコメ139）。「その他顧客等のために取引の任にあたっていることが明らかであること」については、たとえば、委任状と再委任状のような複数の書類を確認することなどにより、顧客等と代表者等との関係を明らかにすることを想定している。なお、代表者等が顧客等の本人確認書類を有していることのみをもっては、顧客等のための取引の任にあたっていることが明らかであるとは認められない（平成24年パブコメ87）。

なお、犯収法は、マネー・ローンダリングの防止、摘発を目的としたものであり、取引当事者間の権利・義務関係を定めたものではないため、必ずしも、これらの確認をもって私法上の代理権限を確認できるものではない。この点については、事業者において別途確認する必要がある。

2　国・地方公共団体、人格のない社団・財団、上場企業等との取引における例外

顧客等が、国・地方公共団体、人格のない社団・財団、上場企業等との取引における代理権の確認については、法4条5項が例外を定めている。

これにより、国・地方公共団体、上場企業との取引においては、取引の目

的、事業内容および実質的支配者の本人特定事項が確認の対象から外れている。

　他方、人格のない社団・財団との取引については、代理権の確認は義務づけられていない（規則12条4項2号において、対象から除外されている）。これは、人格のない社団・財団は、その実在性を証明することが困難であるため、現に特定取引の任にあたっている自然人については本人確認で足りることとし、社団・財団について、その取引の目的および事業内容の確認をしなければならないこととしたものである。

第 5 節

本人確認書類

1 改正に至る経緯と改正の趣旨

　従来の取引時確認の実務では、その確認資料として、運転免許証やパスポート（旅券）といった写真付きの書類のみならず、健康保険被保険者証（いわゆる保険証）や国民年金手帳など、写真のついていない証明書も許容されてきた（規則6条1号イ・ハ・ニ、5条1項1号イ）。FATFは、顔写真や当該個人特有の番号を確認できない書類をもって取引時確認が行われる余地のある法制度は不十分であると指摘した。この指摘に対しては、日本では、運転免許証や旅券（パスポート）などをもっていない国民が少なからず存在する一方、すべての国民が健康保険に加入しており、健康保険証にはそれぞれ固有の番号が記載されている「公的書類」として信用性が高いと主張がなされたが、「公的書類」の意義が必ずしも確立されていないことや、暴力団等による偽名を使った銀行口座開設の存在等を理由に、その信用性が「公的書類」一般に妥当するものであるか疑問があると判断されたものである。また、写真が添付されていない書類をもって取引時確認を行う場合には、偽りやなりすましのおそれをふまえ、十分に注意することを求める金融庁「犯罪収益移転防止法に関する留意事項について」も、法的拘束力がないことを理由に十分な体制ではないと評価された。
　たしかに、FATFの指摘のとおり、容姿は他の要素に比べて模写や意図的な変化がむずかしい一方、相違点を比較的客観的に認識することが可能であるという点で、写真付書類の提示を求めることは、なりすましや偽造の防止

策として有効である。その一方、日本では、有効な免許証や旅券（パスポート）を所持していないいわゆる証明弱者が相当数存在することも無視できない事実である。そこで、本改正では、顔写真が添付されている公的書類（官公庁によって発行された書類）を用いる場合には、その提示をもって本人特定事項の確認とする一方、写真なし書類についても、二次的な確認措置を求めることによって、本人特定事項の確認に用いることができることとされた（規則6条1項、2項）。なお、そもそも取引時確認は、取引の性質等に応じて合理的期間内に完了すべきものであり、かかる合理的期間内に取引時確認を行うことが可能である以上、補完書類の送付を受けるまでの間も、一切の特定取引が行えないわけではない（平成27年パブコメ67②）。

また、改正施行規則は、いわゆるマイナンバー制度の開始に伴い、同制度下で発行される個人番号カード、通知カードの扱いについても明確にしている（規則7条）。

なお、改正があったのは、外国人等でない自然人に係る部分である。

2 写真付証明書／写真付きでない証明書（規則6条1項）

規則6条は、犯収法4条1項に基づく本人特定事項の確認方法についての規定である。1項1号イは、自然人である顧客等から顔写真のついた証明書（以下「顔写真付証明書」という）の提示を受ける方法について定める一方、2項は、顔写真のついていない証明書の提示を受ける場合の補完的措置を定めている。

1項1号イは、改正前と同様、官公庁によって発行される写真付証明書（同7条1項1号イに定める運転免許証、旅券、身体障害者手帳、個人番号カード等）の提示を受けることによる本人特定事項の確認を可能とする趣旨である。

これに対して同号ロないしニは、それ以外の本人確認書類（同7条1項1号ロないしホ）の提示を受ける際の補完的措置（二次的確認措置）を定める。この補完的措置は、転送不要郵便物としての関係文書の送付と複数の本人確

認書類の提示に分類される。

① 同号ロにおいては、当該書類の提示とともに、そこに記載されている当該顧客等の住居宛てに、書留郵便等により、転送不要郵便物等として、当該取引に関する文書（預金通帳等の取引関係文書）を送付する方法による補完措置が可能とされている。これは、改正前規則において、住民票の写しや戸籍謄本等といった顔写真がついておらず、また、必ずしも特定人にのみ交付されるものではない書類を提示された場合の補完措置として定められていた方法であるが、本改正において、写真付きでない証明書一般にそのような補完的措置が求められることとなった。

② 同号ハは、複数の書類の提示による補完的措置として、以下の2つの方法を定める。

> 国民健康保険等の被保険者証、国民年金手帳、児童扶養手当証書、母子健康手帳、特定取引等を行うために押印された印鑑の印鑑登録証明書（同号ハに掲げる書類）のうち二以上の提示を受ける方法
>
> または
>
> 上記の書類のいずれか
> 　　　　＋
> ・官公庁によって発行・発給された運転免許証等以外の写真付証明書（ロ）
> ・印鑑登録証明書、戸籍謄本・抄本、住民票の写し・記載事項証明書（ニ）
> ・納税証明書等（ホ）
> ・現在の住居の記載がある公共料金の領収書等の補完書類
> のいずれかの提示を受ける方法

これは、同号ロで定める転送不要郵便物の送付による補完措置は、一定の日数を要する点で、単発の取引や即時性が求められる取引においては必ずしも妥当でないことを考慮したものである[9]。これが妥当するのは、本人以外の者が複数を取得、所持することが一般に困難な

書類である必要がある。なお、上段の方法により2以上の提示を受ける場合、一方の書類に現在の住居の記載があれば、他方の書類にその記載がなかったとしても、補完措置を講じる必要はない（平成27年パブコメ64）。この二次的措置によって本人特定事項の確認を行った場合には、提示を受けたすべての書類を確認記録に記載しなければならない。

③　同号ニは、写真付きでない証明書のうち、健康保険証や国民年金手帳等の提示を受けた際の補完的措置として、他の本人確認書類や補完書類もしくはそれらの写しの送付を受け、それらを確認記録に添付する方法について定める。

```
┌─────────────────────────────────────┐
│ 国民健康保険等の被保険者証、国民年金手帳、児童扶養手当証書、 │
│ 母子健康手帳、特定取引等を行うために押印された印鑑の印鑑登録 │
│ 証明書（同号ハに掲げる書類）の提示                 │
│                  ＋                  │
│ ・提示を受けた本人確認書類以外の本人確認書類          │
│ ・現在の住居の記載がある補完書類                │
│ ・それらの写し                         │
│ の送付                             │
│                  ＋                  │
│ 確認記録への添付                        │
└─────────────────────────────────────┘
```

なお、この補完的措置が認められるのは、写真付きでない証明書のうち、健康保険証や国民年金手帳等が提示された場合に限られ、住民票の写し等の提示を受けた場合は含まれていない。住民票の写し等は、被証明者以外の者に対しても交付される可能性があり、この点で、健康保険証等と比較して、所持者が被証明者である蓋然性は低いといわざるをえない。そのため、たとえば、住民票の写しに加えて戸

9　尾嵜亮太「犯罪による収益の移転防止に関する法律施行令等の一部改正について(2)」警察学論集第69巻第2号125頁。

籍謄本や公共料金の領収書が提示されたとしても、それをもって、本人特定事項確認にあたっての証明力の補完にはならないと考えられたためである[10]。また、今回の改正では、住民票の写し等を提示する場合には、転送不要郵便としての送付以外の方法は認められないが、これは、写真付きでない証明書による本人特定事項の確認については、提示のみでなく補完的措置が必要であるというFATFからの指摘をふまえたものである[11]。

なお、改正法施行前に写真付きでない証明書によって取引時確認がなされた顧客との間で、改正法施行後に特定取引を行う場合には、それがハイリスク取引である場合を除き、取引時確認がなされていることを確認すれば足り、改正法に基づく確認は不要であるとされている（平成27年パブコメ215）。

3 個人番号カード・通知カード（規則6条2項4号）

① 個人番号カード

規則6条2項は、提示された本人確認書類に現在の住居等の記載がなかった場合の補完書類による確認を定めている。その補完書類の1つとして、官公庁から発行・発給された書類その他それに類するもので、氏名および住居の記載があるものがあげられている（4号）。

個人番号カード（行政手続における特定の個人を識別するための番号の利用等に関する法律（番号利用法）2条7項）は、表面に顔写真と基本4情報（氏名、住所、生年月日、性別）、裏面に個人番号が記載されたカードである。これも、単独での提示による本人特定事項確認が可能な本人確認書類（規則7条1項1号イ）の1つとして含まれている[12]。もっとも、個人番号の収集は原則として禁止されている（番号利用法20条）。そのため、本人特定事項の確認

---

[10] 尾嵜亮太「犯罪による収益の移転防止に関する法律施行令等の一部改正について(2)」警察学論集第69巻第2号126頁。
[11] 脚注10と同じ。
[12] 他方、住民基本台帳カードは含まれていない。

記録には、本人確認書類や補完書類を特定するに足りる記録番号等を記載する必要がある（規則20条1項12号）が、個人番号を記載することはできない点に注意する必要がある。

② 通知カード

通知カード（番号利用法7条1項）は、その券面に基本4情報（氏名、住所、生年月日、性別）および個人番号が記載されているが、顔写真がない点で個人番号カードと異なる。この通知カードも、官公庁によって発行・発給される書類であって、氏名、住所、生年月日が記載されているものではあるが、本人確認書類または補完書類として使用することはできないとされている（平成27年パブコメ88）。すなわち、この通知カードは、本人への個人番号の通知および確認のためのみに発行されるものであり、また、番号利用法上、個人番号の収集が制限されていることから、本人確認書類として取り扱うことは妥当ではないとする見解が内閣府および総務省から示された。これを受けて、規則6条2項4号は、補完書類から国家公安委員会等が指定する書類を除外することとし、国家公安委員会等の告示[13]において、通知カードは補完書類から除外される書類として定められることとなった[14]。

13　平成27年国家公安委員会、金融庁、総務省、法務省、財務省、厚生労働省、農林水産省、経済産業省、国土交通省告示1号、2号。
14　尾﨑亮太「犯罪による収益の移転防止に関する法律施行令等の一部改正について(2)」警察学論集第69巻第2号127頁。

第6節 法4条1項に規定する取引に際して行う確認の方法の特例について（規則13条）

1　確認方法の特例

　平成23年改正施行規則では、特定事業者が、法4条1項に規定する取引のうちの一定の取引において、規則5条等で求められる方法ではなく、すでに行われている確認を利用する方法で、本人特定事項等の確認を行う特例が認められた（規則13条1項。なお、平成23年改正当時は規則12条1項）。ただし、なりすまし懸念取引または取引時確認事項（それに相当する事項を含む）について偽りが懸念される顧客等との取引においては、この方法によることができず、規則13条に定める方法に従って行う必要があった（同項ただし書）。

　平成26年改正では、この特例から除外される取引として、疑わしい取引、および同種の取引態様と著しく異なる態様による取引が追加された。これは、取引時確認の対象となる特定取引に、疑わしい取引および同種の取引態様と著しく異なる態様による取引が追加された（令7条1項参照）ことによる改正である（令7条1項に関する点については第2章第1節参照）。

2　特例の具体的内容

　規則13条1項は、このような特例が認められる場面として、3つの場面を定める。
① 口座振替決済の場面
　特定事業者は、預貯金口座における口座振替えにより決済される取引にお

いて、他の特定事業者が当該預貯金口座に係る取引を行う際に、当該顧客等の代表者等について、すべての取引時確認を行っている場合には、その取引時確認に係る確認記録を保存していることを確認する方法をもって、自身の取引時確認とすることができる。

　他の特定事業者が、確認すべきすべての取引時確認を行っていることが要件とされており、たとえば、本人特定事項のみの確認しか行っていない場合には、この方法によることができない点に注意する必要がある。

　また、この特例により確認を行う特定事業者は、他の特定事業者との間で、この方法による確認を行うことにつき、あらかじめ合意する必要がある。特定事業者としては、口座振替えやクレジットカード利用契約等において、この利用に関する合意条項を設けることが考えられる。

② クレジットカード等による決済の場面

　特定事業者は、クレジットカード等により決済される取引において、そのクレジットカード等を交付または付与した他の特定事業者（信販会社等）が取引を行う際に、取引時確認を行っている場合には、その取引時確認に係る確認記録を保存していることを確認する方法をもって、自身の取引時確認とすることができる。

　ここでの特例の適用についても、その要件は、①の場面と同様である。

③ すでに取引時確認を行っている場面

　特定事業者は、すでに法4条1項および4項に定める確認に相当する確認を行っている顧客等については、当該顧客等が確認記録上の顧客等と同一であることを確認し、検索事項、日付および種類（規則16条1項、24条1号ないし3号）を記録して保存する方法をもって、取引時確認とすることができる。

　なお、これらの特例による場合において、顧客等のために特定取引等の任にあたっている（すなわち、代理権等を有している）と認められる代表者等について、本人特定事項の確認をする必要がある（規則13条2項、12条4項）。平成26年の改正では、そのような代表者等と認められるための要素として、当該顧客等が発行した身分証明書等（いわゆる社員証）の所持（平成23年規則11条4項ロ）が削除された。これは、一般に、社員証は、当該代表者等が顧

客等の職員（社員）であることを証明するにとどまり、当該代表者等が特定取引の任にあたる権限を正当に有していることを証明するものではないためである（平成27年パブコメ135）。すでに社員証によって確認された自然人については、確認済顧客として扱うことができ、再度、取引担当者への権限の委任を確認する必要はない（平成27年パブコメ138）。

　また、当該代表者等が役員として登記されているだけでは足りず、登記上も代表権を有する役員として表示されていることが求められるようになった（規則12条4項ロ）。そのため、登記簿においていわゆる「執行役員」と表記されているだけでは、特定取引の任にあたっている代表者として認められないことになる（平成27年パブコメ134）。他方、たとえば特例有限会社の登記事項証明書において、代表取締役の表記がなく、取締役それぞれが代表権を有すると考えられる場合には、登記事項証明書をもって代表権を確認することが可能である（平成27年パブコメ138）。

第7節

すでに取引時確認を行っている顧客等との取引

1 改正の経緯

　平成23年改正では、すでに取引時確認を行っている顧客等との取引における確認事項および確認方法が定められた。すなわち、特定事業者が顧客等と特定取引を行う場合であっても、当該顧客等がすでに取引時確認を行った顧客等であり、当該確認を行った顧客等であることを所定の方法により確認する措置をとった場合には、取引時確認は必要でないこととされた（平成23年改正法4条3項、令13条2項、規則14条）。

　平成26年改正では、すでに取引時確認を行っている顧客等との取引であっても、その取引が疑わしい取引その他の顧客管理を行ううえで特別の注意を要するものである場合については、再度、取引時確認が必要であるとされた（法4条3項、令13条2項、規則16条）。これは、過去に取引時確認を行った顧客等との取引に関しても、一律に取引時確認の対象から除外するのは適切でなく、個別の事情を勘案すべきであるという判断によるものである[15]。ここでいう「疑わしい取引その他の顧客管理を行う上で特別の注意を要する取引」とは、令7条1項および9条1項に規定されているものと同じである[16]。

---

[15] 尾嵜亮太「犯罪による収益の移転防止に関する法律施行令等の一部改正について(1)」警察学論集第69巻第2号88頁。FATFからも、「金融機関はマネロン・テロ資金供与の疑いがあっても顧客管理を求められない」「リスクの低い分野の顧客が顧客管理義務から完全に除外されている」との指摘を受けていた。

[16] 尾嵜亮太「犯罪による収益の移転防止に関する法律施行令等の一部改正について(1)」警察学論集第69巻第2号88頁。

すなわち、「疑わしい取引」とは、取引において収受する財産が犯罪による収益である疑い、または顧客等が取引に関し、犯罪収益等隠匿罪（組織的な犯罪の処罰及び犯罪収益の規制等に関する法律（組織的犯罪処罰法）10条）、または薬物犯罪等収益隠匿罪（国際的な協力のもとに規制薬物に係る不正行為を助長する行為等の防止を図るための麻薬及び向精神薬取締法等の特例等に関する法律（麻薬特例法）6条）に当たる行為を行っている疑いがあると認められる取引をいい、顧客管理を行ううえで特別の注意を要するものとしては、以下の4類型が定められている（規則17条）。

① すでに取引時確認を行っていることを確かめた顧客等が、当該取引時確認に係る顧客等または代表者等になりすましている疑いがある取引

② 取引時確認が行われた際に、当該取引時確認に係る事項を偽っていた疑いがある顧客等（その代表者等が当該事項を偽っていた疑いがある顧客等を含む）との間で行う取引

③ 疑わしい取引

④ 同種の取引の態様と著しく異なる態様で行われる取引

これらに該当する場合には、あらためて、法4条に基づく取引時確認を行う必要がある。

このうち、④「同種の取引の態様と著しく異なる態様で行われる取引」とは、たとえば、「疑わしい取引」に該当するとは直ちにいえなくても、その取引の態様等から類型的に疑わしい取引に該当する可能性があるものをいい、以下のような場合が想定されている（平成27年パブコメ150）。

・資産や収入に見合っているとは考えられるものの、一般的な同種の取引と比較して高額な取引

・定期的に返済はなされているものの、予定外に一括して融資の返済がなされる取引

いずれも、各業界における一般的な知識、経験、商慣習等に照らして、それらから著しく乖離している取引が含まれ、預金口座からの個別の払戻しであっても、④の取引に該当する可能性はある（平成27年パブコメ149）。

なお、事後的に③疑わしい取引に該当すると判断された場合であっても、取引時に遡及して取引時確認が義務づけられるものではない（平成27年パブコメ151）。

2 すでに取引時確認を行っていることを確認する方法

規則16条は、「取引時確認済みの取引」として特別の扱いを受けるため、すでに取引時確認を行っていることを確認する方法を定める。

具体的には、①預貯金通帳その他の顧客等が、確認記録に記録されている顧客等と同一であることを示す書類等の提示または送付を受けること、または②顧客等しか知りえない事項その他の顧客等が確認記録に記録されている顧客等と同一であることを示す事項の申告を受けることのいずれかにより、顧客等が確認記録に記録されている顧客等と同一であることを確認するとともに、当該取引に係る記録を当該取引日から7年間保存する方法である。この点は、平成23年改正前規則7条の「既に本人確認を行っていることを確認する方法」と同様である。

なお、顧客等または代表者等と特定事業者が面識のある場合などについては、確認記録に記録されている顧客等と同一であることを確認したものとすることができ、同一性の確認は不要であるが、当該取引に係る記録については、原則どおり7年間保存する必要がある。面識がある場合には記録の保存も要しないとの誤解が生じうることから、規則16条2項において確認的に規定されている。

3 代表者等・実質的支配者の変更

平成23年改正前と同様、法人である顧客等については、代表者等が変更されても取引時確認ずみの顧客等として取り扱うことができる。他方で、人格のない社団または財団である顧客等については、代表者等が変更されるつど、代表者等の本人特定事項の確認が必要となる（平成24年パブコメ103）。

また、実質的支配者が変更されても、取引時確認ずみの顧客等として取り扱うことができる。実質的支配者が変更された場合、新たな実質的支配者の本人特定事項等について確認をする義務はないが、変更があったことについて確認記録に付記するなどする必要がある（平成24年パブコメ104）。

第 8 節

継続的な顧客管理措置

1　継続的顧客管理の意義

　FATF勧告のうち重要勧告とされている「顧客管理に関する勧告」(勧告10.) においては、事業者に対し、継続的顧客管理措置として、①継続的に取引を監視・精査するとともに、②その保有する顧客管理情報(取引時確認事項)を最新の情報に更新することの2点を求めている。①は、口座に基づく取引などの継続的な取引関係において、取引が継続している限り、継続的に、事業者が保有している顧客情報(顧客の属性等)に照らし、その行う取引が通常想定される態様と整合的であるか、不審な点がないかを監視・精査することなどにより、顧客が行う取引にマネー・ローンダリングの疑いがあるかどうかを判断することを指す。②は、取引時確認により確認した顧客管理情報を最新の内容に保つ(更新する)とともに、顧客に関するその他の情報をリスクに応じて収集することを指す。

　平成23年改正前の犯収法においても、金融機関等特定事業者に対し、取引時(本人)確認、特定記録等の保存、疑わしい取引の届出等の措置が求められていたが、特定事業者に対して特段の体制整備が明文上義務づけられていなかった。

　そこで、平成23年の法改正により、取引時確認事項を最新のものに保つことについては、規定が新設され(法10条(現在の法11条前段))、「特定事業者は、取引時確認、取引記録等の保存、疑わしい取引の届出等の措置を的確に行うため、当該取引時確認をした事項に係る情報を最新の内容に保つための

措置を講ずるものとする」こととされており、特定事業者に対して継続的な顧客管理措置を努力義務として課している。

また、平成23年の犯収法改正により、取引を行う目的等の確認義務やなりすましや偽りが疑われる場合の資産・収入の確認も求められている。特定事業者が取引の開始時に把握することのできない取引の異常性などを発見し、的確な判断を行うには、継続的な顧客管理を行い、顧客等の最新の本人特定事項を把握する必要があり、確認した事項に関する情報を最新の内容に保つなど、事業者の内部における態勢整備がより重要であり、特に、非対面取引のなりすましなどの防止のために有効な措置といえる。

2 平成23年改正後のFATFからの指摘および平成26年改正

個々の取引の精査に関し、犯収法8条において、疑わしい取引の届出が義務づけられており、この義務履行のため、取引にマネー・ローンダリングの疑いがあるかを判断する必要があり、そのため取引内容の精査が必要となる。これに対し、FATFからは、疑わしい取引の届出が義務づけられることにより間接的に継続的顧客管理措置（継続的な取引の監視）が行われているが、これは法8条で疑わしい取引の届出義務が規定されていることの反射的効果にすぎず、これでは不十分であり、法令により明文で事業者に継続的顧客管理を義務づけなければならないことが指摘されていた。

以上の経緯により、平成26年の犯収法改正において、継続的顧客管理措置の観点から、疑わしい取引の届出義務を定める法8条が改正され、疑わしい取引の届出を行うか否かを判断する際に、個々の取引についてマネー・ローンダリング等の疑いがあるかどうかを精査することが明記された。また、疑わしい取引の届出に関する判断方法としては、後記の改正がなされている。

3 疑わしい取引の届出に関する判断方法（平成26年改正）

　法8条2項においては、特定事業者は、特定業務に係る取引について、疑わしい取引に該当するか否かの判断を、当該取引に係る取引時確認の結果、当該取引の態様その他の事情および犯罪収益移転危険度調査書の内容を勘案するとともに、主務省令で定める項目に従って当該取引に疑わしい点があるかどうかを確認する方法その他の主務省令で定める方法により行わなければならないとしている。

　これまで、疑いがあるかの判断に関し、どのような方法を採用するかについて、特定事業者の裁量に委ねられていたが、疑わしい取引の判断基準を、法令において明確化したものである。もっとも、継続的顧客管理を法令に明記するにあたっては、継続的顧客管理の内容が業種・業態や取引態様によってさまざまであることから、すべての取引について一律の規定を置くのではなく、リスクベース・アプローチの考え方をふまえてマネー・ローンダリングの危険性に応じた措置が講じられる必要がある。

(1) 確認項目（規則26条）

　規則26条は法8条2項を受け、特定事業者が顧客等との間で行う特定業務に係る取引に疑わしい点があるかどうかを確認するにあたって確認しなければならない項目を、下記のとおり定めている。

　犯収法に規定する特定事業者は、その業種および規模が区々であるため、一律の基準を設けることは適当ではないため、取引に疑わしい点があるかどうかを確認するにあたっては、リスクベース・アプローチに基づき、当該特定事業者の業種・規模に応じて必要と考えられる範囲で判断することとなる（平成27年パブコメ157）。

a 一般的な商慣習との比較（1号）

　1号は、その業界における一般的な商慣習（他の顧客等との間で通常行う取引の態様）に照らして、マネー・ローンダリングの疑いがあるかどうかを確

認するものである(平成27年パブコメ156)。

　b　過去の取引態様との比較(2号)

　2号は、過去の顧客等との取引(顧客等との間で行った他の特定業務に係る取引の態様)と比較して、マネー・ローンダリングの疑いがあるかどうかを確認するものである。新規取引の場合は、当該取引を行おうとする顧客等と行った他の取引が存しないため、2号の確認は必要ない(平成27年パブコメ156、159)。

　c　その他取引時確認の結果有する情報(3号)

　3号は、取引時確認の結果把握した情報や、取引時確認の結果に関して有する情報に照らしてマネー・ローンダリングの疑いがあるか確認するものである。「その他特定事業者が当該取引時確認の結果に関して有する情報」として、たとえば、取引時確認をした事項に係る情報を最新の内容に保つための措置を講じた結果把握した情報、当該顧客等について取引時確認が完了しているか否かに係る情報がある(平成27年パブコメ160)。

　なお、取引モニタリングシステムにより、システム的に1号および2号の比較を行い、異常な取引を抽出・検知することが実務上行われているが、別途、3号の項目を満たす必要がある(平成27年パブコメ158)。

(2) 確認方法(規則27条)

　規則27条は法8条2項を受け、特定事業者が顧客等との間で行う特定業務に係る取引に疑わしい点があるかどうかを確認する方法は、次の取引区分に応じ、それぞれ定める方法としている。

　なお、疑わしい取引に該当するか否かの判断は、すべての取引について一律に同じ深度でチェックすることが義務づけられるものではなく、リスクベース・アプローチに基づき、リスクに応じた事業者の判断により、取引ごとのチェックの深度が異なることも当然に許容されるし、どのような頻度でこれを行うかについても、取引の内容等を勘案し、特定事業者において個別に判断することとなる(平成27年パブコメ163)。

a　一見取引（規則27条1号）

　特定業務に係る取引（下記b、cを除く）、すなわち一見取引については、規則26条の項目（前記(1)のa、b、c）に従って、当該取引に疑わしい点があるかを確認する方法による。

b　既存顧客との取引（規則27条2号）

　すでに確認記録または法7条1項に規定する記録（特定記録）を作成し、および保存している顧客等（既存顧客）との間で行った特定業務に係る取引については、下記の(a)および(b)の方法に従って、当該取引に疑わしい点があるかを確認する。

(a) **当該顧客等の確認記録、当該顧客等に係る取引記録、規則32条1項2号および3号に掲げる措置により得た情報その他の当該取引に関する情報を精査する方法**

　上記取引記録の精査に関して、顧客管理は各事業者が自ら行う取引についてリスクを評価した書面等の内容を勘案して行われるため、全顧客一律ではなく、リスクベースで行われる（平成27年パブコメ162）。

　なお、上記の「その他の当該取引に関する情報」について、現時点で想定される具体的情報はない（平成27年パブコメ161）。

(b) **規則26条の項目（前記(1)のa、b、c）**

c　高リスク取引（規則27条3号）

　特定業務に係る取引のうち、①法4条2項前段に基づき厳格な取引時確認を要する取引、②規則5条に規定する顧客管理を行ううえで特別の注意を要する取引、③これら以外のもので犯罪収益移転危険度調査書において犯罪による収益の移転防止に関する制度の整備の状況から注意を要するとされた国もしくは地域に居住しもしくは所在する顧客等との間で行うものその他の調査書の内容を勘案して犯罪による収益の移転の危険性の程度が高いと認められるものが該当する。

　上記③において、「法4条2項前段に規定するもの」以外のもので犯罪収益移転危険度調査書において犯罪による収益の移転防止に関する制度の整備の状況から注意を要するとされた国もしくは地域に居住しもしくは所在する

顧客等との間で行うものその他の調査書の内容を勘案して犯罪による収益の移転の危険性の程度が高いと認められるものを対象としている。犯罪収益移転危険度調査書上は、イランおよび北朝鮮は「危険度が特に高い」と評価されており、アルジェリアおよびミャンマーも「危険度が高い」と評価されているため、上記対象に該当しうる。アルジェリアとミャンマーは、犯罪収益移転危険度調査書発表後にFATFの「資金洗浄・テロ資金供与対策に戦略上重大な欠陥があり、それら欠陥に対応するため顕著な進展をみせていない、あるいはFATFと策定したアクションプランにコミットしていない国・地域」から削除されている。なお、エクアドルについては、FATFの平成27年6月声明により、高リスク国から除外されたことをふまえ、犯罪収益移転危険度調査書においても「危険度が高い」国から除外されており、対象に該当しない（平成27年パブコメ164）。

　日本の法人が、犯罪収益移転危険度調査書において犯罪による収益の移転防止に関する制度の整備の状況から注意を要するとされた国または地域に支店や駐在事務所を設けたとしても、当該日本法人との取引を直ちに高リスクな取引として位置づける必要はないが、登記上の本店が日本国内であっても、ほぼすべての事業の拠点が注意を要するとされた国または地域に存在し、そのような国または地域において大半の事業活動が行われている法人等、特段の事情がある法人との取引については、高リスクな取引に位置づけられることがある（平成27年パブコメ169）。

　また、上記③の「所在」とは、法人に限らず、自然人でも、そこに居るという意味で用いられており、本邦に居住している顧客等が、注意を要する国または地域に短期的に渡航した場合も、3号の対象となる（平成27年パブコメ166）。

　上記の高リスク取引に関しては、下記(a)、(b)、(c)の方法による。なお、下記(a)ないし(c)において、それぞれ「確認する方法」とされているが、これは(c)に記載の統括管理者がすべて行うものではない（平成27年パブコメ171）。

(a) 上記aまたはbの方法（既存顧客との間で行った取引）
(b) 顧客等または代表者等に対する質問その他の当該取引に疑わしい点があるかどうかを確認するために必要な調査

　代表者等に対する質問の内容や方法等は、各事業者がその事業規模や顧客層をふまえて判断されるものである。また、その他の必要な調査としては、取引時確認の際に顧客等から申告を受けた職業等の真偽を確認するため、インターネット等を活用して追加情報を収集することなどが考えられる（平成27年パブコメ165、170）。

(c) 法11条3項の規定により選任した者（統括管理者）またはこれに相当する者に当該取引に疑わしい点があるかどうかを確認させる方法

　統括管理者の選任は、必ずしも1つの特定事業者に1人に限定されるものではなく、支店や事業所ごとに選任することもありうる。どのようなレベルの者を統括管理者として選任するかについては、特定事業者の規模や内部の組織構成によってさまざまな者が想定され、一律に基準があるものではなく、各特定事業者において、取引時確認等の措置の的確な実施のために必要な業務を統括管理する者を選任する必要がある（平成27年パブコメ168、169）。

　条文のとおり、統括管理者のみならず「これに相当する者」による確認も規定しているのは、法11条3号が努力義務規定であり、必ずしも統括管理者が選任されているとは限らないことをふまえ、義務規定である規則27条3号については、統括管理者のみならず、「これに相当する者」による確認も許容したものである。また、取引時確認等の措置を的確に行ううえで効果的・十分であれば、統括管理者から委任を受けた者が承認を行うことも否定されない（平成27年パブコメ169）。

　なお、犯収法は、日本において業務を行っている特定事業者が、日本の法令に基づき的確な取引時確認等の措置を講ずべきことを定めているものであることから、外国銀行において、グローバルベースでは母国に統括管理者がいたとしても、在日拠点において統括管理者を選任するよう努めるとともに、高リスク取引を行うにあたっては、疑わしい取引の判断にあたって統括管理者またはこれに相当する者の確認に係らしめる必要がある（平成27年パ

ブコメ168)。

4 取引時確認の情報を最新の内容に保つための措置
（平成23年改正）

(1) 具体的な措置の内容

「取引時確認をした事項に係る情報を最新の内容に保つための措置」とは、一言でいうと、取引時に確認した顧客情報のアップデートを指す。

この点は法11条に定められているのみであり、政省令に具体的な指針が規定されているものではなく、また具体的に求められる情報更新の頻度は、特定事業者や取引により異なり、一般的な数値が当局から示されるものではない（平成24年パブコメ130）。

具体例として、取引時確認において確認ずみの本人特定事項等に変更があった場合、顧客等が特定事業者にこれを届け出る旨を約款に盛り込む措置などが考えられる。また、住居等について最新の情報を把握するために、規則6条の「顧客等の本人特定事項の確認方法」に準じた方法など確実な方法によることが考えられる（平成24年パブコメ21、133）。

ただし、具体的な措置の内容として、最新の内容を把握するために積極的に調査を行うことまでは求められない（平成24年パブコメ128）。特に顧客が多数存在するような場合、すべての顧客情報を定期的に最新のものにアップデートすることはコスト面から負担が大きいためである。また、継続的顧客管理という趣旨にかんがみて、一回的な取引の場合には、顧客と継続的な取引があるものではなく、確認した内容を更新する機会もないことから、取引時確認をした事項に係る情報を最新の内容に保つための措置が求められるものではない（平成24年パブコメ135）。

また、法4条1項の規定による本人確認を行っている既存の顧客等について、平成23年の犯収法改正により追加された確認事項（取引を行う目的、職業等）を積極的に確認することまで求められるものではない。ただし、施行

日以降の取引の際に取引時確認を行った場合と同様、本人特定事項について最新の内容に保つための措置を講ずる必要がある（平成24年パブコメ134）。

なお、取引に際して顧客等について取引時確認を行った場合、法6条の規定により確認記録を作成する必要があるが、本条で求められる「最新の内容に保つための措置」は、確認記録ごとに講じる必要がある（平成24年パブコメ131）。

(2) 留意事項における措置

特定事業者（法2条2項）のうち金融庁が所管する事業者（金融機関等）が法4条の確認義務や法8条の疑わしい取引の届出義務を履行するにあたっての留意事項として、平成24年10月25日に金融庁総務企画局・企画課調査室より「犯罪収益移転防止法に関する留意事項について」（留意事項）が公表された。

マネー・ローンダリングおよびテロ資金供与への対策に関する国際的な要請をふまえ、日本の金融機関等によるマネー・ローンダリング等への対策をより確実なものとすべく、法10条（現在の法11条）に規定する「体制の整備」に関連し、取引時確認、取引記録等の保存、疑わしい取引の届出等を的確に行うために考えられる措置が例示された。ただし、下記の措置は例示であり、各金融機関等において、個別の業務・取引実態、マネー・ローンダリング等に利用されるおそれの程度等に応じ、より適切な措置を講じることが考えられる。

なお、留意事項はFATFの指摘などを意識したものであるが、下記に付記したとおり、平成26年改正において法令で明文化されたものがある。

a 取引時確認の完了前に顧客等と行う取引に関する措置

取引時確認の完了前に顧客等と行う取引については、取引時確認が完了するまでの間に当該取引がマネー・ローンダリング等に利用されるおそれがあることをふまえ、たとえば、取引の全部または一部に対し通常の取引以上の制限を課したり、顧客等に関する情報を記録したりするなどして、十分に注意を払うこと。

たとえば、FATFが指摘するとおり、取引件数、種類、金額の制限や、多額あるいは複雑な取引の監視などがあげられる。

b　特定取引に当たらない取引に関する措置

特定取引に当たらない取引についても、たとえば敷居値を若干下回るなどの取引は、当該取引がマネー・ローンダリング等に利用されるおそれがあることをふまえ、十分に注意を払うこと。

具体的には、金融機関の窓口においては10万円超の送金について取引時確認が必要となるところ、ATMにおいてこれをわずかに下回る現金による振込みが連続して行われるなどのケースである。

特定取引に該当しない取引であっても、取引時確認を回避するために取引を分散させるケースなどについては、上記複数の取引全体を実質的に1つの取引ととらえて取引時確認を行う必要があり、AMLシステムによりモニタリングを行ったり、窓口職員への研修等を通じて対策を講じる必要がある。

なお、平成26年改正において、敷居値以下で分割された取引が「特定取引」として追加（法4条1項）され、取引時確認が必要となった。

c　非対面取引に関する措置

非対面取引については、当該取引の顧客等がなりすまし・偽り等を行っているおそれがあることをふまえ、たとえば、もう1種類の本人確認書類や本人確認書類以外の書類等を確認することで、顧客等と取引の相手方の同一性判断に慎重を期するなどして、十分に注意を払うこと。

たとえば、FATFが指摘するように、非対面取引に際して追加的な本人確認書類を徴求することなどが考えられる。

d　対面取引に関する措置

対面取引についても、たとえば取引時確認に写真が貼付されていない本人確認書類（健康保険証、年金手帳など）を用いて行うなどの取引は、当該取引の顧客等がなりすまし・偽り等を行っているおそれがあることをふまえ、十分に注意を払うこと。

たとえば、顧客等の住所に宛てて転送不要郵便を送付する方法や、追加的な本人確認書類や補完書類を徴求することなどが想定される。

なお、平成26年の規則改正によって、顔写真付きでない証明書について、引き続き自然人の本人確認書類として利用を認めつつ、これを利用する場合には二次的な確認措置を求めることとされた。

e　顧客等の継続的なモニタリング

　上記のほか、すでに確認した取引時確認事項について、顧客等がこれを偽っている（たとえば、マネー・ローンダリング等目的の取引であるにもかかわらず、本来の目的を秘して別の取引目的を申告することは、取引目的の偽りに該当しうる）などの疑いがあるかどうかを的確に判断するため、当該顧客等について、最新の内容に保たれた取引時確認事項を活用し、取引の状況を的確に把握するなどして、十分に注意を払うこと。

　上記カッコ書の「たとえば、マネー・ローンダリング等目的の取引であるにもかかわらず、本来の目的を秘して別の取引目的を申告することは、取引目的の偽りに該当しうる」とは、法４条２項のハイリスク取引に該当するものである。「取引時確認事項」を「最新の内容に保つ」方法としては、前述のとおり、取引時確認において確認ずみの本人特定事項等に変更があった場合、顧客等が特定事業者にこれを届け出る旨を約款に盛り込む措置などが考えられる。

第9節 コルレス先との契約締結に際して行う確認

1 平成26年改正における法9条新設の背景

(1) FATF勧告における「シェルバンクでない者」の確認

　日本の金融機関が外国所在為替取引業者（コルレス先）の顧客のため、コルレス契約によって国境を越えた為替取引を処理するにあたり、上記顧客に関して取引時確認を行うのはコルレス先となる。この場合、当該コルレス先が日本に比べて不十分な取引時確認しか行っていないような場合、テロ資金が日本に入り込むなどのリスクが存在する。

　金融庁の監督指針においては、平成23年の犯収法改正に対応し、下記の点を監督上の留意点としていた。

　「コルレス先が営業実態のない架空銀行（いわゆる「シェルバンク」)[17]でないこと、およびコルレス先がその保有する口座を架空銀行に利用させないことについて確認することとしているか。また、確認の結果、コルレス先が架空銀行であった場合またはコルレス先が保有する口座を架空銀行に利用されることを許容していた場合、当該コルレス先との契約の締結・継続を遮断することとしているか」

　FATF勧告においては、①「シェルバンク」とのコルレス契約の確立または継続の禁止、②コルレス先が、自行の口座を「シェルバンク」に利用され

---

[17] 営業実態のない名義のみの架空の銀行を指す。

ることを許容していないことの確認を求めており、FATFの対日審査においては、これらを法的に義務づける旨の規定がないことの指摘がなされていた。

(2) 平成26年の法改正（法9条）

　上記のFATF勧告等を受け、法9条において、特定事業者たる金融機関は、コルレス先とコルレス契約（為替取引を継続的または反復して行うことを内容とする契約）を締結する際、当該コルレス先について、後記2の基準に適合する体制整備をしていることを、後記3の方法により確認を行うことが義務づけられている。
　前記のFATF勧告やFATFの指摘を受け、外国のテロ資金が日本に流入することを防止するため、法9条において、金融機関がコルレス先との契約を締結するにあたり、当該コルレス先が自己の顧客に対して取引時確認等の措置を十分に行っているかについて、確認義務を課したものである。

2 取引時確認等相当措置を的確に行うために必要な基準に適合する体制整備

　FATF勧告におけるシェルバンクが、①本国において物理的な存在を確認できない銀行、②本国以外の国の当局による実効的な連結監督（グループ監督）を受けている金融グループに属していないこと、という2つの基準を定めている。
　そこで、法9条および規則29条において、上記のFATF勧告における、2つの要素のいずれにも該当しない、すなわち「シェルバンクでない者」の基準として、下記の(1)または(2)のいずれかであることを定めている。

(1) 法9条1号・規則29条

　当該コルレス先が、取引時確認（法4条）、確認記録の作成義務（法6条）、取引記録の作成義務（法7条）、疑わしい取引の届出（法8条）、外国為替取

引に係る通知義務（法10条）の規定による措置に相当する措置（取引時確認等相当措置）を的確に行うために必要な営業所その他の施設ならびに取引時確認等相当措置の実施を統括管理する者を当該コルレス先の所在する国または当該所在する国以外の外国に置き、かつ、取引時確認等相当措置の実施に関し、法15条〜18条に規定する行政庁の職務に相当する職務を行う当該所在する国または当該外国の機関の適切な監督を受けている状態にあること。

　法9条1項においては、「その他の取引時確認等相当措置を的確に行うために必要な基準として主務省令で定める基準に適合する体制を整備していること」との要件を定めており、この「取引時確認等相当措置を的確に行うために必要な基準」については、規則29条において、下記「①＋②」または「③＋④」のいずれかとされている。

① 　取引時確認等相当措置を的確に行うために必要な営業所その他の施設および取引時確認等相当措置の実施の統括管理者を所在国に置いていること
② 　取引時確認等相当措置の実施に関し、行政庁の職務に相当する職務を行う当該国の機関の適切な監督を受けていること
③ 　当該施設および当該統括管理者を当該国以外の外国に置いていること
④ 　取引時確認等相当措置の実施に関し、行政庁の職務に相当する職務を行う当該外国の機関の適切な監督を受けていること

　これは、コルレス契約を締結しようとするコルレス先がシェルバンクでないことの確認である。

(2)　法9条2号

　当該コルレス先が、業として為替取引を行う者であって監督を受けている状態にないものとの間でコルレス契約（為替取引を継続的にまたは反復して行うことを内容とする契約）を締結していないこと（法9条2号）。

　これは、当該コルレス先が自行の口座を「シェルバンク」に利用されることを許容していないことを指すものであり、すなわち、コルレス先のさらにコルレス先についての確認も必要となる。

　上記の「適切な監督を受けている状態」については、FATF参加国または

EU参加国の金融監督庁など、監督当局の国籍に限定はなく、いずれの国であれ、コルレス先を監督する権限を有している機関から適法に免許を付与されている等、監督を受けている状態にあることが確認できれば足りる（平成27年パブコメ177）。

また、「取引時確認等相当措置を的確に行うための営業所その他の施設」については、営業所その他の施設の有無を確認することで足りる（平成27年パブコメ177）。

3 コルレス先との契約締結に際する確認方法（規則28条）

法9条の特定事業者がコルレス先との契約締結に際して行う確認の方法として、以下のいずれかの方法とされている（規則28条）。なお、下記の確認方法に関し、その内容において、仮に、事実に反するものがあったとしても、通常の注意をもって確認したならば、確認に不備があったものとはならない（平成27年パブコメ174）。

(1) コルレス先から申告を受ける方法

この「申告」については、金融機関等特定事業者がコルレス先へ質問書を送付したり、その他の方法により回答を受けたりすることが含まれる。

(2) コルレス先または法22条1項および2項に規定する行政庁に相当する外国の機関によりインターネットを利用して公衆の閲覧に供されている当該コルレス先に係る情報を閲覧して確認する方法

「インターネットを利用して公衆の閲覧に供されている情報」に関しては、商用データベースのサービスも該当しうるし、外国当局がウェブサイトにおいて掲載している情報、当該コルレス先自身が自社のウェブサイトに掲載している場合にこれを閲覧することも含まれる（平成27年パブコメ176）。

インターネットで公衆の閲覧に供されている情報については、真に当該業者が開設したサイトかという問題もありうるが、特定事業者に期待される通常の注意をもって、コルレス先または外国の機関が閲覧に供していると判断できる情報を確認することで足りる（平成27年パブコメ174）。

第 10 節

内部管理体制の構築

1 内部管理体制についての規定創設（平成23年改正）

　犯収法の定める措置を的確に実施するためには、必要な内部管理体制を整備する必要があるところ、平成23年改正以前は、内部管理体制に関する規定がなかった。そのため、FATFから、日本では、一部につき、金融機関に対して金融庁の監督指針に各種規定が設けられ、すでに体制整備がなされているものの、マネー・ローンダリング対策のための内部管理制度を採用・維持することを明示的に義務づけられていない旨の指摘がなされていた。またFATF勧告18.は、マネー・ローンダリング対策担当責任者の指名、マネー・ローンダリング対策のための内部手続の策定や従業員の教育訓練、採用を行うなど、事業者において内部管理体制を構築することを求めており、これらに対応するため、平成23年の犯収法改正において努力義務として新設されたものである。

2 平成26年改正における体制整備等の努力義務の拡充

　上記の経緯により、法11条において、特定事業者に対して内部管理体制の構築が明文で義務づけられたが、平成26年改正前においては、前記の「顧客の取引時確認事項に係る情報を最新のものに保つ措置」のほか、「使用人に対する教育訓練の実施」のみが具体的に規定されていた。
　平成26年改正により、①使用人に対する教育訓練の実施（法11条1号）の

ほか、取引時確認等の措置の実施に関する規程の作成（2号）、③取引時確認等の措置の的確な実施のために必要な監査その他の業務を統括管理する者の選任（3号）、④その他犯罪収益移転危険度調査書の内容を勘案して講ずべきものとして主務省令で定める措置（4号）が定められ、上記法11条4号を受け、規則32条1項において、取引時確認等の措置を的確に行うため、特定事業者が行う取引の危険度に応じて努めるべき措置について規定されている。

3 FATF勧告におけるリスクベース・アプローチ[18]の反映

　平成24年2月のFATF第4次勧告はリスクベース・アプローチの考え方を明示的に採用しており、各国政府に対し、マネー・ローンダリング供与の特定・評価を行い、これに応じた対策を講ずることを求めており、各国の金融機関も、その規模や特性に応じたリスク評価・対策が必要となる。

　リスクベース・アプローチは、経営資源を効率的に配分することにより、全体的なリスクを低減することに資するものであり、各金融機関が取引開始時および取引開始後の継続的顧客管理において、マネー・ローンダリングおよびテロ資金供与に対するリスク評価を継続的に実施し、その結果に応じた対応が求められることとなる。

　そこで、法11条および規則32条1項は、上記のリスクベース・アプローチを反映し、「取引時確認等を的確に行うための措置」としてリスクベース・アプローチによる内部管理体制（顧客管理措置）を規定している。

　各金融機関のリスク評価にあたっては、国家公安委員会が金融機関の取引の種別に応じて作成を義務づけられ、マネー・ローンダリングおよびテロ資

---

[18] 各国および各特定事業者において、マネー・ローンダリング等の対策に割くことのできるリソース（人員・コスト）が有限であることから、高リスクの取引については厳格な措置を、低コストの取引については簡素な措置を実施することにより、リソースを効率的に配分し、全体的なリスクを低減するアプローチ。

金供与の危険度を記載した「犯罪収益移転防止危険度調査書」(法3条3項)が参考となるが、金融機関はあくまでもこれを参考としつつ、自社におけるマネー・ローンダリングおよびテロ資金供与のリスクを評価し、評価結果に応じた対策の実施が求められる。

すなわち、法11条および規則32条は努力義務規定であり、特定事業者作成書面等の内容を勘案し、高リスクの場合に実施する規則32条1項2号、3号の措置（たとえば2号に定める情報収集の範囲等）は、実施する取引・実施する方法・実施する内容のいずれも、各特定事業者の業態、業務、事業規模、リスク等に応じて個別に判断され、事業者の自主判断で行うこととなる（平成27年パブコメ178、185）。

4 具体的措置の内容

平成23年改正をふまえ、金融機関においてはAMLコンプライアンス・プログラム等を整備しているところも多いと思われるが、改正法および規則において規定された内容は下記のとおりである。

下記(1)(2)は平成26年改正前の犯収法でも定められていたが、(3)以下は平成26年改正によって新たに明文化されたものである。

(1) 使用人に対する教育訓練の実施（法11条1号）

担当職員に対する、マネー・ローンダリングのリスクについて判別するための留意点や対応方法の研修（教育訓練）などである。

「教育訓練」は体制の整備の一例にすぎず、特定事業者の判断において、たとえば社内通達・通知等により周知する方法によることも可能である（平成24年パブコメ136）。

(2) 取引時確認等の措置の実施に関する規程の作成（法11条2号）

改正法令をふまえ、疑わしい取引の届出等に関する内部手続や具体的実務フローを定めた規則を策定することである。法令の改正等にあわせ、すでに

存在する事務取扱規程などを改正することが考えられる。

(3) 取引時確認の措置の的確な実施のために必要な監査その他の業務を統括管理する者（統括管理者）の選任（法11条3号）

この統括管理者は、本部のコンプライアンス統括部の担当者のみならず、営業店におけるコンプライアンス管理者等も該当する。

(4) 取引のリスク評価および特定事業者作成書面等の作成（規則32条1項1号）

自ら行う取引について調査・分析し、当該取引による犯罪による収益の移転の危険性の程度その他の当該調査・分析の結果を記載・記録した書面または電磁的記録（特定事業者作成書面等）を作成し、必要に応じて見直しを行い、必要な変更を加えることである。

特定事業者作成書面等には、特定事業者が自ら行う取引について行ったリスク評価の結果を記載するが、犯罪収益移転危険度調査書と同一のリスク評価をする必要はなく、各特定事業者において、自らが行う取引についてのマネー・ローンダリングのリスクを評価したものを記載することとされている。具体的には、国家公安委員会が公表する犯罪収益移転危険度調査書の関係部分をもとに、リスクベース・アプローチに基づき、必要に応じて各事業者特有のリスク要因を加味したものを作成することが想定される（平成27年パブコメ180）。

特定事業者作成書面等の記載方法等については、事業者の業態、業務、規模、リスク等に応じ、事業者において個別に判断され、また保存期間の定めや管理方法について、法令上定めはない（平成27年パブコメ179、181）。

調査・分析等を行う「自らが取り扱う取引」には「新たな技術を活用して行う取引その他新たな態様による取引」が含まれることが明記されているが、たとえば、新たな情報通信技術を用いた取引等であってマネー・ローンダリングに悪用されるおそれのある取引、手続の一部をインターネットを介して行うこととするなど、取引の態様が従前と異なるためにマネー・ローン

ダリングに悪用されるおそれに変化が生じた取引、あるいは、制度改正等により新たに取扱いが可能となった金融商品等のマネー・ローンダリングに悪用されるおそれのある商品の取引等が想定される（平成27年パブコメ181）。

(5) 取引時確認等の措置を行うに際して必要な情報の収集・整理・分析（規則32条1項2号）

　特定事業者が、作成した特定事業者作成書面等の内容を勘案し、自ら行う取引のリスクの高低に応じて、取引時確認等の措置を行うに際して必要な情報の収集や整理・分析を行うことである（平成27年パブコメ178）。

　ここで収集すべき情報は、取引時確認等の措置（取引時確認、取引記録等の保存、疑わしい取引の届出等の措置）を的確に行うために必要となる情報である。たとえば、取引時確認の際に顧客等から申告を受けた職業等の真偽を確認すること、外国PEPsであるか否かの情報収集を行うこと、実質的支配者と顧客等との関係を把握すること、有効期限切れとなった本人確認書類に関し、有効な本人確認書類を顧客等から入手することなどである（平成27年パブコメ182、187）。

　また、情報の整理・分析に関しては、法8条に基づく疑わしい取引の届出を行うべき取引に該当するか否かを的確に判断するため、収集した情報について、取引と矛盾する点はないか、当該取引に疑わしい点がないかなどの観点から、分析することが考えられる（平成27年パブコメ183）。

　取引記録等を的確に保存するためには、規則24条各号に掲げる事項が適切に記載された取引記録等を作成する必要がある。具体的には、取引記録等を適切に作成するために必要な情報を収集し、これを整理・分析することが考えられる（平成27年パブコメ184）。

(6) 確認記録・取引記録等の継続的な精査（規則32条1項3号）

　特定事業者が、作成した特定事業者作成書面等の内容を勘案し、自ら行う取引のリスクの高低に応じて、保存している確認記録・取引記録等を継続的に精査することである（平成27年パブコメ178）。

確認記録および取引記録等を「継続的に」精査することとは、たとえば、取引時確認等の措置（取引時確認、取引記録等の保存、疑わしい取引の届出等の措置）を的確に行うため、保存している確認記録および取引記録等を目視により確認し、取引時確認を行った結果把握した職業や取引を行う目的と整合的かなどといった観点から取引の異常の有無を確認したり、システムにより取引の異常を検知したりすることが考えられる（平成27年パブコメ186）。

　その精査の頻度については、一律に定められるものではなく、各特定事業者が取引のリスクの程度、取引の態様等をふまえ、合理的に判断される範囲で行うこととなる。たとえば、年1回の精査で十分であるか否かについても、取引が当該年に行われていないのであれば、必ずしも年1回の精査が必要となるわけではないが、取引が当該年に複数回行われているのであれば、取引のリスクや態様によっては、年1回では不十分であると考えられることもある。なお、サンプリングチェックでは、取引時確認等の措置を的確に実施するには不十分であると考えられる。さらに、規則32条1項7号の監査による確認と3号に基づく精査では趣旨が異なり、監査による確認をもって3号に基づく精査を行ったとすることは不適当である（平成27年パブコメ186）。

(7) リスクの高い取引を行う際の統括管理者の承認（規則32条1項4号）

　高リスクの取引（規則27条3号）を行うに際し、当該取引の任にあたっている職員に当該取引を行うことについて、統括管理者（法11条3号）の承認を受けさせることである。統括管理者は承認にあたり、犯罪収益移転危険度調査書の内容（たとえば、当該取引がいかなる理由で高リスク取引とされているかなど）を勘案する（平成27年パブコメ178）。

　具体的にいかなる者が「統括管理者」に該当するかについて、一律に基準があるものではなく、特定事業者の規模や内部の組織構成によりさまざまな者が想定される。たとえば、取引時確認等の措置について一定の経験や知識を有しつつ、一方で実際に取引に従事する者よりも上位の地位にあり、かつ、一定程度独立した立場で業務を統括管理できる者が想定される（平成27

年パブコメ192）。

　統括管理者の選任は、必ずしも一の特定事業者に一に限るものではなく、たとえば、各支店・事業所ごとに統括管理者を選任することもありうる（平成27年パブコメ189、191）。また、統括承認者が出張や休暇により不在のこともありうるが、取引時確認等の措置（取引時確認、取引記録等の保存、疑わしい取引の届出等の措置）を的確に行ううえで効果的かつ十分であると認められるのであれば、統括管理者から委任を受けた者が4号に規定する承認を行うことも否定されるものではない（平成27年パブコメ189）。

　また、統括管理者による承認の有無の証跡を残すことは義務づけられていない（平成27年パブコメ191）。

(8) リスクの高い取引について行った情報収集・整理・分析の結果の書面化・保存（規則32条1項5号）

　リスクの高い取引について、2号に基づき情報の収集・整理・分析を行ったときに、その結果を記載・記録した書面または電磁的記録を作成し、確認記録・取引記録等とともに保存することである。この時、犯罪収益移転危険度調査書において、当該取引がいかなる理由で高リスク取引とされているかといったことに着目して、情報収集の分析結果等を作成する（平成27年パブコメ178）。

　上記保存年数に関し、確認記録および取引記録等は、それぞれ法6条2項、7条3項の規定により、7年間保存しなければならないことから、規則32条1項5号の規定に基づき作成した書面または電磁的記録媒体についても、これらと同じ期間保存するよう努めなければならない（平成27年パブコメ193）。

(9) 必要な能力を有する職員の採用のために必要な措置（規則32条1項6号）

　取引時確認等の措置を的確に行うために必要な能力を有する者を、特定業務に従事する職員として採用するために必要な措置を講ずることである。

具体的には、犯罪収益移転危険度調査書の内容を勘案し、たとえば、属性としてリスクが高いとされる反社会的勢力を採用しないことや、法11条1号に定める採用後の教育訓練と相まって犯罪収益移転危険度調査書の内容を勘案した取引時確認等の措置を的確に行う能力を身につける素養のある者を採用すべく、面接等を行い、当該職員の適性を把握することが考えられる。もっとも一定の資格（米国のACAMSのマネー・ローンダリングスペシャリストなど）を有するなどの犯罪による収益の移転防止についての専門的な知識を有する者のみの採用を義務づける趣旨ではない。よって、従前から取引時確認等の措置が的確に行われている特定事業者であれば、これまでの採用基準等を必ずしも見直す必要はない（平成27年パブコメ178、195）。

(10) 取引時確認等の措置の的確な実施のために必要な監査の実施（規則32条1項7号）

　取引時確認等の措置の的確な実施のために必要な監査を実施することである。

　PDCAサイクルの観点から、犯収法の遵守態勢を監査・モニタリングする機能の強化が求められるし、また監査についても、リスクベース・アプローチに基づく監査が想定され、個別の業務や取引実態に応じ、マネー・ローンダリングに利用されるリスクを評価（アセスメント）し、リスクの高い取引には重点的な対策を行うことが考えられる。たとえば、犯罪収益移転危険度調査書において高リスクとされる取引を扱う部署を重点的に監査することなどが想定される（平成27年パブコメ178）。

　なお、取引時確認等の措置の的確な実施に資するものであれば、監査は外部監査に限られるものではなく、内部監査や社内検査によりこれを行うことも否定されない。また、監査の頻度については、各特定事業者の判断により、取引時確認等の措置を的確に行ううえで効果的かつ十分であると認められる程度で行われる（平成27年パブコメ196）。

5 外国子会社・外国所在営業所の体制整備

(1) 改正の背景(FATF対日相互審査)

日本の金融機関は、グローバル展開が進展し、外国子会社や外国所在営業所を有することが増えており、FATF勧告に基づく国際的なAML対策を実効的に行うことが求められるが、FATF対日相互審査において、以下のような指摘がなされていた[19]。

① 金融機関は、その海外子会社が、本国の義務およびFATF勧告と整合的なAML/CFTのための措置を遵守することを確保する明示的な義務を課されていない。

② 金融機関は、FATF勧告を適用していないか、または適用が不十分な国に所在する支店および子会社が本国の要請および上記原則を遵守していることについて、特段の注意を払うことを義務づけられていない。

③ 海外支店または海外子会社は、本国と現地でAML/CFTの義務が異なる場合、より高いレベルの基準を適用することを明示的に義務づけられていない。

④ 金融機関は、その海外支店または海外子会社が、現地の法律や規則で禁止されていることを理由に、適切なAML/CFTを遵守できない場合、本国の関係当局にその旨を報告することを明示的に義務づけられていない。

(2) 改正の目的

以上をふまえ、特定事業者に対し、支配下にある外国所在の子法人を含め、グローバルに整合性のとれた犯罪収益の移転防止に係る体制整備を求めることを目的とし(平成27年パブコメ199)、規則32条2項各号は、FATF勧

---

[19] 尾崎亮太「犯罪による収益の移転防止に関する法律の一部を改正する法律の施行に伴う改正政省令の概要」(金法2029号13頁)参照。

告において「金融機関」とされた特定事業者（法2条2項1号～38号に掲げる特定事業者で、国内に本店または主たる営業所・事業所を有するものに限る）がとるべき措置について努力義務として新設している。

当該義務の新設により、特定事業者が外国に所在する営業拠点に由来する犯罪収益の移転に関与するリスクの抑制が期待できるとともに、特定事業者を含む企業集団が当事者となる取引に係る追跡可能性がグローバルベースで確保され、特定事業者による疑わしい取引の届出を含む取引時確認等の措置の的確な実施にもつながる（平成27年パブコメ199）。

(3) 改正の内容（規則32条2項・3項）

以上より、当該特定事業者が、外国において特定業務（法4条）に相当する業務を営む子会社または外国において営業所を有する場合であって、当該外国の法令に規定する取引時確認の措置に相当する措置が改正後の犯収法上の取引時確認の措置より緩やかなときは、法11条4号に規定する主務省令で定める措置として、規則32条1項に掲げるもののほか、以下のa、bの措置も講ずることが求められる。

なお、「取引時確認等の措置より緩やかなとき」の判断については、「取引時確認等の措置」の全部または一部が義務づけられていない場合、緩やかと評価されるものと考えられる。各国の法制度を調査し、日本の犯収法における取引時確認等の措置との厳格さ・緩やかさを比較して判断し、国別に対応することについて、特定事業者に一定の負担もあるが、外国で事業を展開する特定事業者が当該外国の法令を遵守するために、当該外国の法制度を確認することは、一般的かつ当然と解され、必要な対応が求められる（平成27年パブコメ198）。

a 規則32条2項1号

当該外国会社および外国所在営業所における犯罪による収益の移転防止に必要な注意を払うとともに、当該外国の法令に違反しない限りにおいて、当該外国会社および外国所在営業所による取引時確認等の措置に準じた措置の実施を確保すること。

日本の犯収法令に基づく措置より緩やかな措置しか義務づけられていない外国においては、犯罪収益の移転に関与するリスクが相対的に高くなることに伴い、当該外国に所在する外国会社または営業所における犯罪収益の移転防止に注意を払うこと等が求められている。「必要な注意」が払われているかどうかについては、当該外国に所在する外国会社または営業所における犯罪収益移転防止に係る取組み全般から判断される（平成27年パブコメ200）。

　なお、海外拠点において、FATFのPEPsに関するガイダンスに基づき、外国PEPsに該当する顧客をハイリスク先と評価し、継続的にKYCを実施し、資産・収入については、上記ガイダンスのとおり、Source of Funds（資金源）とSource of Wealth（富の源泉）を含む情報を取得し、さらに業務関係確立の際に拠点長の承認を得ているなどの措置を講じている場合、「取引時確認等の措置に準じた措置」に該当する（平成27年パブコメ201）。

b　規則32条2項2号

　当該外国において、取引時確認等の措置に準じた措置を講ずることが当該外国の法令により禁止されているため、当該措置を講ずることができないときにあっては、その旨を行政庁に通知すること。

　この点は、今回の改正より前から、金融庁監督指針において記載されていたところである。このように、外国の法令により禁止されているため、取引時確認等の措置に準じた措置を講じることができない場合、海外営業拠点がマネー・ローンダリングのリスクにさらされるおそれが高いため、行政庁に通知することとされたものである。

　通知する内容としては、①当該国・地域、②マネー・ローンダリング等の対策を講ずることができない具体的な理由、③マネー・ローンダリング等に利用されることを防止するための代替措置をとっている場合にはその内容などの情報提供をすることが考えられる（改正前の金融庁監督指針）。

　行政庁は、通知をふまえ、外国の法令により禁止されている内容や、マネー・ローンダリングのリスクを回避するための代替措置をとっている場合にはその内容について、検査・監督において検証していくことが考えられる。

近年、東南アジア等に進出する金融機関が増加傾向にあるが、これらマネー・ローンダリング対策が必ずしも十分とはいえない国に外国子会社や外国所在営業所を有する金融機関について対応が必要となる。

6 コルレス先と取引を行う際の体制整備の拡充

(1) 前回の規則改正

コルレス銀行業務については、①コルレス契約を締結した場合、当該銀行と国際送金取引等が大規模・定型的に行われるため、他の業務に比べても影響がきわめて大きいこと、②コルレス先から通知された支払人の情報に依拠して判断するため、特定事業者が顧客と直接取引を行う通常の場合と比べて、当該取引がマネー・ローンダリングと関係しているか判断することが困難であるという事情が存在する。

そこで、平成23年の犯収法の改正により規定された内部管理体制（現在の法11条）を具体化した実施命令として、改正前の規則25条において、実施すべき体制整備が明文化されたものである。

(2) 改正による体制整備の拡充

a 改正の背景

上記のとおり、前回の規則改正がなされたが、FATFから平成24年10月に、規則25条は外国在住の業者との委託契約・受託契約について規定を定めているが、委託契約の定義がなく、委託契約がFATFが定義するコルレスと一致するか明確でないとの指摘を受けていた。

そこで、規則32条4項において、改正がなされた。

b 改正の内容（規則32条4項）

銀行等特定金融機関は業として為替取引を行うことができる者であるが、コルレス先との間で為替取引を継続的・反復して行うことを内容とする契約を締結する場合、体制整備が拡充され、規則32条1項のほか、下記の体制整

備の努力義務が課される。

　なお、この措置は、「契約締結に際して」求められるものではなく、改正後の規則の施行時においてすでに締結ずみの契約を含め、継続的対応が排除されるものではなく、特定金融機関は、コルレス契約先との取引に由来するリスクの程度をふまえつつ、同項に規定する措置を講ずるよう努める必要がある（平成27年パブコメ203）。

① 　コルレス先における犯罪による収益の移転防止に係る体制整備の状況、当該コルレス先の営業の実態および当該外国の機関が当該外国の法令の規定に基づき、当該コルレス先に必要な措置をとるべきことを命じているかどうか、その他の当該外国の機関が当該コルレス先に対して行う監督の実態について情報を収集すること（1号）

　この点は改正前規則25条にも規定されていた内容である。

　上記の「必要な措置」とは、外国の機関が、コルレス先の取引時確認等に係る義務違反を是正するために必要なものとして命じる措置（業務改善計画の策定・実行等）を指す（平成27年パブコメ204）。

　また、上記の監督の実態についての情報の収集の方法としては、定期的な顧客デュー・デリジェンスの際のコルレス先からの申告を含むが、これに限らず、特定金融機関において適切と判断する方法であれば足り、外国当局のウェブサイトを参照するほか、FATF等の信頼できる国際機関が実施している査察結果の情報を参照する方法も認められる（平成27年パブコメ205、平成24年パブコメ117）。

② 　①により収集した情報に基づき、当該コルレス先の犯罪による収益の移転防止に係る体制を評価すること（2号）

　この点も改正前規則25条にも規定されていた内容である。

　「当該外国所在為替取引業者（コルレス先）の犯罪による収益の移転防止に係る体制の評価」は、契約締結に係る審査の判断材料とすれば足り、当該コルレス先との契約締結・継続をするかどうかの判断にあたってどの程度勘案するかは、事業者の判断による（平成27年パブコメ202）。

③　統括管理者の承認その他の契約の締結に係る審査の手順を定めた規程を作成すること（3号）

「契約の締結に係る審査の手順を定めた社内規則の整備」については改正前規則25条にも規定されていたが、統括管理者の承認が審査の手順として必要であることは、新たに規定された点である。

コルレス先との業務関係の確立にあたっては、犯収法11条3号で選任した統括管理者の承認を得るとともに、契約締結に係る審査手順を定めた規程が必要である（平成27年パブコメ206）。

④　特定金融機関が行う取引時確認等の措置およびコルレス先が行う取引時確認等相当措置の実施に係る責任に関する事項を文書その他の方法により明確にすること（4号）

「特定金融機関が行う取引時確認等の措置及び外国所在為替取引業者が行う取引時確認等相当措置の実施に係る責任」とは、たとえば、コルレス契約の当事者である金融機関のどちらが顧客に係る取引時確認の実施や確認記録の保存を行うか、といった事項である（平成27年パブコメ207）。

また、「取引時確認等相当措置の実施に係る責任に関する事項を文書その他の方法により明確にすること」の「その他の方法」については、コルレス先が国際的な実務慣行にのっとりマネー・ローンダリング防止体制に係る質問回答書を作成し、公表している場合に、当該質問回答書の内容を確認すること等が考えられるが、特定金融機関において、コルレス契約の当事者それぞれの責任分担を確認できるのであれば、その具体的方法は特定の方法に限られるものではない（平成27年パブコメ207）。

第11節

本人確認記録の記載事項、施行時期・経過規定

1 本人確認記録

　特定事業者は、取引時確認を行った場合、直ちに、確認記録を作成しなければならない（法6条1項）。その作成方法は、施行規則19条で定められている。平成26年改正では、補完書類の送付による本人特定事項の確認が定められたことから（規則6条1項1号ニ。第2章第5節「本人確認書類」を参照）、その方法によって本人特定事項の確認が行われた場合の確認記録の作成方法が定められた（規則19条1項2号イ）。すなわち、二次的確認措置として、別の本人確認書類、もしくは補完書類またはその写しが送付された場合には、それらを文書、電磁的記録またはマイクロフィルムを用いて確認記録に添付する方法によって、確認記録を作成することとされた。

　なお、個人番号カードや通知カードに記載されている個人番号を記録することはできない一方、書類の名称のみでは書類を特定するに足りないため、個人番号カードや通知カードの確認記録としては、有効期限および発行自治体を記録することなどが必要である（平成27年パブコメ152）。また、補完書類等としてその写しの送付を求める場合には、個人番号が記載されていない表面のみの送付を求め、仮に個人番号が記載されている裏面の送付を受けた際には、当該裏面を復元できない方法で廃棄したり、当該書類の個人番号を復元できない程度にマスキングしたりしたうえで確認記録に添付するなどといった対応上の工夫が求められる（平成27年パブコメ87)[20]。他方、法人番号が通知される書面については、法人番号の収集等は制限されていないため、

法人番号を記録することで足りる（平成27年パブコメ153）。

2 記録事項

　記録すべき事項は、犯収法施行規則において定められているところ、平成23年改正では、取引時確認事項が増えたことに伴い、その確認事項が追加されたが、平成26年改正では、さらに補完書類や実質的支配者、外国PEPs等についての改正が行われた（規則20条1項3号、18号、22号等）。

　具体的には、確認記録の内容として、以下の24事項が求められる（規則20条1項）。

① 取引時確認を行った者の氏名等
② 確認記録作成者の氏名等
③ 本人確認書類または補完書類の提示を受けた日付および時刻
④ 本人確認書類等の送付を受けた日
⑤ 取引関係文書を送付した日
⑥ 特定事業者の役職員による本人確認書類等記載の住所における取引関係文書の交付日
⑦ 本人確認書類等の提示また送付を受けた日
⑧ 取引を行う目的、職業・事業内容等の確認を行った日付
⑨ 取引時確認を行った取引の種類
⑩ 本人特定事項の確認を行った方法
⑪ 本人確認書類等の名称、記号番号等、本人確認書類または補完書類を特定するに足りる事項
⑫ 顧客等の住居、本店所在地等の確認を行った本人確認書類等の名称、記号番号等
⑬ 営業所の名称、所在地等
⑭ 顧客等の本人特定事項

---

[20] 尾﨑亮太「犯罪による収益の移転防止に関する法律の一部を改正する法律の施行に伴う改正省令の概要」（金法2029号16頁）。

⑮　代表者等の本人特定事項等
⑯　取引を行う目的
⑰　職業または事業の内容等
⑱　実質的支配者の本人特定事項、当該実質的支配者と顧客等との関係、その確認方法等[21]
⑲　資産および収入の状況の確認の方法および書類の名称等
⑳　顧客が自己の氏名および名称と異なる名義を用いるときは、当該名義等
㉑　取引記録等を検索するための口座番号等
㉒　顧客等が外国PEPsに該当すること、およびその認定理由[22]
㉓　関連取引時確認に係る確認記録を検索するための当該関連取引時確認を行った日付等
㉔　在留期間等の確認を行ったときの旅券または許可書の名称、日付、記号番号等

　特定事業者は、上記⑭から⑱、および⑳から㉓までの事項に変更、追加があることを知った場合には、その変更・追加内容を確認記録に付記し、すでに確認記録や添付資料に記録、記載されている内容を消去してはならないとされている（規則20条3項）。なお、平成23年改正において追加された取引を行う目的等の記録についても、契約終了日等から起算して7年間の保存が義務づけられている（法6条2項）。

---

[21] 平成23年改正規則では、実質的支配者の有無を記録することとされていたが、平成26年改正法においては、すべての法人に実質的支配者が存在すると考えられているため、その有無は記録事項から削除された（平成27年パブコメ154）。

[22] ①申告やデータベースにより確認した結果、②どこの国の③いかなる職にあるために、外国PEPsに該当すると認められるのかを記録として残すことになる（平成27年パブコメ155）。

3 施行時期・経過規定

(1) 施行時期

　平成26年改正法の施行時期は、特定事業者が疑いの有無を判断するために使用しているシステム開発・改修等や、改正された確認義務等の十分な周知に要する期間を考慮し、平成28年10月1日とされた（犯罪による収益の移転防止に関する法律の一部を改正する法律の施行期日を定める政令（平成27年政令第337号））[23]。したがって、特定事業者としては、平成28年10月1日においてなされる取引[24]から、改正法に従った対応をとる必要がある[25]。

(2) 経過措置

a 平成23年改正の経過措置

　平成23年改正法附則2条は、本改正法施行日前に、改正前法に従って本人確認等を行っていた特定事業者が、当該顧客等との間で行う施行日後の取引についての経過規定である（図表2-7参照）。

　平成25年4月1日以前に、改正前法に従って本人確認を行い、その確認に

---

[23] 平成23年改正法は、平成25年4月1日が施行日とされていたが、預貯金通帳の不正譲渡等に係る罰則の引上げに関する改正については、平成23年5月28日から施行されている。これは、特定事業者において特段のシステム開発等を要するものではない一方、預貯金通帳の不正譲渡等が依然として後を絶たない状況をふまえ、先んじて施行されることになったものである。

[24] 施行時期との関係で、ここでいう「取引」がどのような行為（契約の申込み、契約の締結、確認行為等）を意味するのかについて判断する必要があろう。実務においては、申込みから契約の締結に至るまで数日を要することは珍しくなく、契約の締結日をあらかじめ特定することは困難である。そもそも、犯収法において本人確認等が求められている時点は、「取引に際して」という一定の幅をもった概念であり、その解釈は、個々の契約の性質によることとされている。このような解釈を前提とすれば、申込みから契約締結までに一定の期間を要することが想定されている契約においては、申込み時を基準として、改正法への対応をとる（すなわち、たとえば平成28年9月10日申込みの顧客等については、改正前法により対応する）ことも合理性を欠くものではないと考えられる。もっとも、前倒しで対応することが否定されるものではなく、法の趣旨を考えれば、そのような対応が望ましいことはいうまでもない。

[25] ただし、マイナンバー制度に係る改正点のうち、通知カードに係る改正は平成27年10月5日から、個人番号カード等に係る改正は平成28年1月1日から施行されている。

図表 2 − 7　経過規定

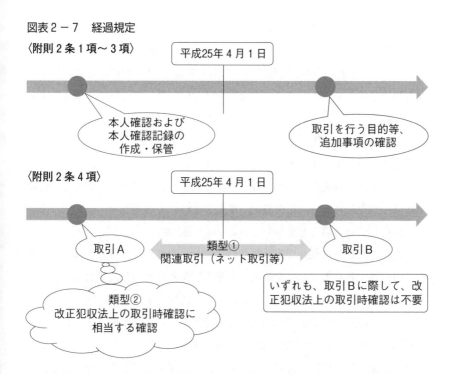

ついて本人確認記録の作成・保存を行っている特定事業者は、改正法が施行された後に行う取引の際には、法 4 条 1 項各号のうち、本人特定事項以外を確認すれば足りる（平成23年改正法附則 2 条 1 項ないし 3 項）。ただし、平成23年改正によって特定事業者に追加された電話転送サービス事業者、および改正後も確認事項に変更のない士業者は、そもそも改正前法では本人確認義務が課されていなかったため、この経過規定の対象から除外されている（平成23年改正法 4 条 3 項が適用）。

また、附則 2 条 4 項は、平成23年改正法 4 条 1 項の取引時確認が適用されない取引を定めている。このような取引は、以下の 2 類型に分けることができる。

① 施行日前に行った取引に関連する取引を行う場合（ 1 号および 2 号）
② 施行日前に、平成23年改正法 4 条 1 項に相当する取引時確認等を行っていた場合（ 3 号および 4 号）

このうち、①は、施行日前に締結された継続的契約に基づく特定取引（政令（犯罪による収益の移転防止に関する法律の一部を改正する法律の施行に伴う関係政令の整備等及び経過措置に関する政令）8条）、具体的には株式のネット取引等を想定している。このような取引においては、契約締結以後は、非対面かつ瞬時に行うことが想定されているため、取引目的や職業等の確認を求めたのでは、取引の円滑な遂行に混乱を生じさせるおそれがあるとして、取引時確認の対象から除外とされたものである。

　他方、②は、特定事業者が、改正前法に従った本人確認についてその記録を作成・保存しており、取引目的、職業等についても確認し、その記録を作成・保存している場合を想定している（令9条2項）。

　平成23年改正法に従った本人確認の対象から除外される取引には、これらの取引に準ずるものとして金融取引を他の事業者に委託した場合や、他の事業者から事業を承継した場合等において、当該他の事業者が、施行日前の取引の際に、改正法4条1項に相当する確認等を行っていた顧客等との間で行う取引（平成23年改正令9条、10条）も含まれる。

　なお、施行日前に取引に着手したものの、確認が完了しないうちに施行日が到来した場合に、施行日後に行うべき確認の範囲等は、経過規定においても明らかにされていない。取引時を基準として、その時点で施行されていた法律に従って対応することになると考えられるが、「取引」という概念自体が幅をもっており、事業者が対応に苦慮する場面も想定される。法の趣旨から「取引時」を合理的に解釈し、それに従って対応すれば足りるものと思われるが、その際には、旧金融機関等本人確認法制定時や犯罪収益移転防止法、あるいはその前身となる本人確認法制定時の取扱いも参考になろう。

b　平成26年改正の経過措置

　平成26年改正法附則2条は、改正法施行日である平成28年10月1日以前に行われた取引については、改正法8条ではなく、改正前8条に基づく疑わしい取引の届出を行えば足りることを確認するものである。

　また、平成26年改正附則3条は、平成26年改正によって実質的支配者の定めに変更が生じたことによる経過措置である。特定事業者は、平成26年改正

法施行日前に取引時確認を行っていた顧客等との間において、施行日以後に初めて行う特定取引であって、施行日前の取引に関連する取引（関連取引）以外のものについては、実質的支配者の本人特定事項の確認をしなければならない（平成26年改正附則3条1項、2項1号。平成27年パブコメ214）。例外とされている関連取引に該当するか否かは、施行日前に締結された取引や契約と施行日後になされる個別の取引との関係において判断される（平成27年パブコメ208）。たとえば、施行日前に開設した銀行口座を用いて行う施行日以後の大口現金取引や、施行日前に締結された保険契約に基づき、施行日以後になされる満期保険金の支払などが関連取引に該当する（平成27年パブコメ209）。

　また、施行日前に改正施行規則11条2項に定める実質的支配者に該当する者（新実質的支配者）の本人特定事項の確認等を行っている顧客等との間で、施行日後に初めて行う特定取引であれば、原則として、かかる確認を行っている顧客等であることを確かめる措置をとれば、平成26年改正法における取引時確認を行う必要はない（施行規則附則3条2項2号）。ここでいう新実質的支配者の認定は一律になされるものでない点に注意が必要である。たとえば、2分の1を超える議決権を有する自然人については、原則として新実質的支配者に該当すると考えられるが、病気等の理由により、事業経営を実質的に支配する意思、能力を有していないことが明らかな場合には、実質的支配者に該当しないとされている（平成27年パブコメ211）。

第12節

罰　則

1　罰則の引上げ

　平成23年改正法においては、本人特定事項隠ぺい目的による虚偽申告（法27条）、および預貯金通帳等の不正譲渡に対する罰則が強化された。

　まず、法27条は、顧客等または代表者等の本人特定事項を隠ぺいする目的で、取引時確認に係る事項を偽った者に対して、1年以下の懲役もしくは100万円以下の罰金、またはこれらの併科という罰則を定める。以前は50万円以下の罰金と定めていたのであるが、平成23年改正によって、罰則が引き上げられたものである（刑法10条2項）。

　なお、本条による罰則の対象となる取引時確認事項は、4条6項における申告の対象である取引時確認事項のうち、本人特定事項に限定されている。すなわち、取引を行う目的等を偽った者については、罰則が定められていない。これは、本人特定事項の確認と異なり、取引の目的等の確認は、これを取引の額や頻度等との総合判断に用いることよって、疑わしい取引の届出制度をより機能させることを目的としたものであるところ、仮にこれらの事項が虚偽であったとしても、事業者による疑わしい取引の届出が不可能になるとは言い切れないため、直ちに刑罰をもって担保すべきものとはいえないという判断に基づく。

　また、法28条および29条は、他人になりすまして、預貯金通帳等、為替取引カード等の譲渡、交付を受けた者について、1年以下の懲役もしくは100万円以下の罰金、またはこれらの併科という罰則を定める。これも、27条と

同様に、平成23年改正によって罰則が引き上げられたものである。

なお、この点に関する平成23年改正は、罰則の強化にとどまるものであり、構成要件は変更されていない[26]。また、平成26年改正で変更があったのは条数のみである。

2 振り込め詐欺対策としての改正[27]

(1) 背　景

平成23年改正における罰則の強化は、いわゆる振り込め詐欺対策としての強化であるとされている。従来も、犯収法は、振り込め詐欺対策としての役割を有していたものと解されるが、以下のような振り込め詐欺の実態を考慮し、その役割の強化を図ったものと評価できる。

振り込め詐欺においては、他人名義の預貯金通帳等が利用されるケースが多い。そして、このような預貯金通帳等の入手経路においては、他人名義の預貯金通帳等を買い取って、振り込め詐欺犯人に売り渡すことで利益を得ている「道具屋（口座屋）」や、「道具屋（口座屋）」に自らの預貯金通帳等を譲渡する者の存在が指摘されている。こうした振り込め詐欺の実態を示すものとして、預貯金通帳等の不正な譲渡・譲受行為の検挙件数、口座詐欺の検挙件数、口座売買の勧誘・誘引に係る情報件数が高止まりしているという統計が公表されている。

そして、預貯金通帳等の不正な譲渡・譲受行為が減少しない背景には、それらの行為に対する罰則が機能していないことがあると考えられる。

また、平成23年改正前における罰則には、次のような限界が指摘されている。すなわち、平成23年改正前においても、預貯金通帳等の譲渡、譲受け等

---

[26] 法27条の文言に若干の変更がみられるが、その趣旨を変更するものではないと解される。
[27] この点については、小栗宏之「振り込め詐欺対策としての犯罪収益移転防止法の改正」（警察学論集第64巻第9号）18頁以下で詳しく研究されている。

を「業として」行った者は、懲役刑に処することができたが、この要件を認定できるだけの証拠を収集できないために、譲渡側は懲役刑に処する一方で、譲受け側は罰金処分とされている事例も散見されると指摘されている。預貯金通帳等の譲受け側は、その37.3％を暴力団員等が占めるという統計が存在するところ、「業として」行うものでないとしても、暴力団等による譲受行為は悪質であって、違法性も高く、このような結果は不釣り合いなものと評価できる。第4章で詳しく検討するが、犯収法は、暴力団等の反社会的勢力の資金源に対する強力な武器となりうるものであるところ、平成23年改正より前の法律では、その機能を十分に発揮できていなかったといえる。

このように、預貯金通帳等の不正な譲渡・譲受行為に対する罰則を引き上げる必要性が認識され、平成23年改正に至ったものである。

(2) 想定される具体的な罰則

平成23年改正により、まずは虚偽申告、不正譲渡・譲受行為等に対する処断刑が引き上げられることが想定される。また、「業として」行ったものでない場合であっても、行為者の属性や金額等の犯情を考慮し、懲役刑に処せられるケースも出てくるであろう。懲役刑の併合加重により、より事案に即した処断刑とすることも期待される。

さらに、最判平19年12月3日刑集61巻9号821頁は、複数の罪が科刑上一罪にある場合において、そのうち最も重い罪の刑は懲役刑のみであるが、その他の罪に罰金刑の併科刑が存在する場合、最も重い罪の懲役刑に罰金刑を併科することができると判断している。そこで、改正法罰則規定の最も効果的な適用として、なりすましによる預貯金口座開設による詐欺（刑法246条1項。最判平14年10月21日刑集56巻8号670頁）の事案において、懲役刑とともに罰金刑を併科することが考えられるであろう。

第13節 マネー・ローンダリング事例の解説

具体的な手口や金額等といった事案の詳細が公表されているマネー・ローンダリングの事例は多くない。一方、特に、疑わしい取引として届け出るかどうかを判断する際など、実際に使われている手口などをおおいに参照すべき場面は多い。また、犯収法や組織的犯罪処罰法等、マネー・ローンダリングに係る論点について判断した判例・裁判例も多いとはいえず、実務上いかなる見解に依拠すべきか迷う場面も散見されるところである。

以下では、法解釈論、マネー・ローンダリングの手口の巧妙さ、主体、客体という観点からピックアップした事例を解説する。

1 東京高判平17年11月17日判タ1185号159頁（五菱会事件・確定）

【事案概要】

(1) 経　　緯

本件では、暴力団である山口組を背後にもつヤミ金融グループ・五菱会が違法な高金利による貸付を繰り返し、それによって得られた犯罪収益を割引金融債の購入やドル紙幣への交換することなどにより隠匿していた。その犯罪収益は、香港の銀行口座、東京都内のトランクルーム、東京都内の銀行の貸金庫、およびスイスの銀行口座で保管されており、それぞれ1億円～数十億円と巨額にのぼるものであった。

本件判決において認定された隠匿の手口は、以下のように整理される[28]。

① 違法な貸付で得た収益をもとに購入した割引金融債を、金融機関等を経由するなどして償還させ、香港の銀行支店に開設された他人名義の口座に送金した

② ①の預金債権とそれ以外の財産とが混和した財産をもとに運用した結果得た預金債権および証券をスイス銀行本店の無記名口座へ送金・送付した

③ 違法な貸付による収益と他の財産とを混和させ、情を知らない第三者を介してトランクルームへ搬入した

④ 違法な貸付で得た金を米ドル紙幣に両替し、東京都内の銀行に第三者名義で開設された貸金庫へ預け入れた

本件における争点は、違法な高金利（出資法5条2項・業として行う高金利の受領）によって得られた収益が「犯罪被害財産」（組織的犯罪処罰法13条2項、16条1項ただし書）に該当するか否かであった。「犯罪被害財産」に該当すると、追徴・没収が禁止されることになる。原審（東京地判平17年2月9日判タ1185号159頁）は、「犯罪被害財産」について、その文言上の限定がなく、また、同法は前提犯罪や被害者が特定されていない財産についても、被害者保護を図るために刑事手続上の没収・追徴を制限していると解釈し、これらの財産の没収・追徴を認めなかった。これに対して、検察官は、原審は組織的犯罪処罰法の解釈を誤ったものであるとして控訴した。

(2) 判　　決

破棄自判（確定）

組織的犯罪処罰法13条2項や16条1項ただし書による「没収・追徴禁止の趣旨は犯罪の被害者保護の観点から、被害者が犯人に対して損害賠償請求等の私法上の権利の行使する場合に、犯罪収益等の財産が引当てになる可能性に配慮したことによるものと解される」

「この「犯罪被害財産」とは、13条2項に掲げる罪の「犯罪行為によりその被害を受けた者から得た財産又は当該財産の保有若しくは処分に基づく得

28　具体的な手口については、橘玲『マネー・ローンダリング入門―国際金融詐欺からテロ資金まで』（幻冬舎、2006年）61頁以下に詳しい。

た財産」をいい、文理上は特段の限定を付していないが、これを文字どおりに解すると、犯罪の被害者が存在し、抽象的にしろ損害賠償請求権等を行使する可能性があるというだけで没収・追徴が禁止されることになり、その反面、13条1項、16条1項本文によって没収・追徴が可能となるのは、せいぜい被害者が損害賠償請求権等の権利を放棄している場合や、犯人が別の財産をもって既に被害者に対して被害弁償を済ませた場合など、極めて限られることにならざるを得ない。このような解釈は、被害者の保護に役立たない上、かえって犯罪による利得が犯人から剥奪されずにその手元に残されるという甚だ不合理な結果を招来することとなり、犯罪収益等は原則的に没収・追徴できるとした同法の立法趣旨にそぐわないのみならず、被害者の財産的な被害の回復を図るために例外的に没収・追徴を禁止した趣旨にも資さないこととなるのであるから、損害賠償請求権等が現実に行使される可能性がないような場合にまで没収・追徴が許されないと解するのは相当でない。したがって、当該財産に対して被害者が私法上の権利を現実に行使する可能性がないような場合には、その財産は、13条2項、16条1項ただし書により没収・追徴が禁止された「犯罪被害財産」には当たらないと解するのが相当である。」

【解説】

本判決は、出資法違反（業として行う高金利の受領）を前提犯罪とするものであるが、その規模や悪質性などから、社会的に注目を集めていた山口組系ヤミ金グループ・五菱会によるマネー・ローンダリング事案において、没収・追徴が禁止される「犯罪被害財産」の意義を明確にした点に意義のある判決である。また、本件を契機として、没収・追徴による犯罪収益の剥奪と犯罪被害者の保護とをいかに調整すべきかの議論が起こり、犯罪被害財産等による被害回復給付金の支給に関する法律（被害回復給付金支給法）の成立に至った点でも、注目すべき事案といえよう。

本件におけるマネー・ローンダリングの手口は、金融機関等関係者に協力を求め、また、外為法などの規制をも巧妙にかわしながら、海外の銀行口座を利用したものであり、マネー・ローンダリングのグローバル化を顕著に表

すものといえる。

　なお、この五菱会事件については、被害者への損害賠償において、貸付金相当額が損益相殺等として考慮されるかという民事上の論点につき判断（否定）した最判平20年6月10日民集62巻6号1488頁がある。

2　東京地判平25年10月31日金商1432号28頁（確定）

【事案概要】
(1) 経　　緯
　本件は、日本国内の銀行に外国送金（199万3,500円をユーロ建て）を依頼した原告が、その依頼を拒否した銀行（被告）に対して、その送金の完成および精神的損害の賠償として150万円の支払等を求めて提訴したものである。
　銀行の担当者は、当該送金が送金依頼の直前に入金されたものであったことから、その原資を確認する目的で、原告の収入を証明する書類の提出を求めたが、原告がそれに応じなかったため、外国送金の依頼を拒絶した。本件における争点は、この拒絶が不法行為に該当するか否かである。
(2) 判　　決
　請求棄却（確定）
　「銀行も私企業であるから、その契約の締結に関しては、契約自由の原則が妥当し、銀行は、契約を締結するか否かの自由を有するものというべきである。そして、本件送金依頼により原告が被告に依頼した海外送金も原告と被告との間の外国送金委託契約に基いて行われるものであるから、原告の本件送金依頼という契約の申込みに対し、被告は、基本的には、これを承諾して契約を締結するか否かを決定する自由を有するというべきである。
　もっとも、銀行の業務は公共性を有するものであること（銀行法1条参照）、為替取引をなすことを営業とするものは銀行業に当たるところ（同法2条2項2号参照）、銀行業は内閣総理大臣の免許を受けたものでなければ営むことができないとされていること（同法4条1項参照）に鑑みると、銀行が顧客の外国送金依頼を合理的な理由なく拒む場合には、権利濫用ないし信

義則違反として、不法行為が成立する場合もあり得るというべきである」

「そうすると、外国為替取引を行う銀行においても、犯罪による収益の移転に荷担することを回避するとの方針をとることには合理性が認められる。そして、これを回避するためには、外為法上の本人確認や適法性の確認に加え、当該取引が犯罪による収益の移転に該当しないかどうかを判断するために、取引目的（送金目的）、取引原資（送金原資）等についてのヒアリングを行うこと、このヒアリングの結果、犯罪による収益の移転に係る取引であるとの疑念を払拭することができない場合に、取引を承諾しないことも合理性を有するというべきである」

「本件送金依頼が犯罪による収益の移転に該当しないかどうかを判断するために、取引目的（送金目的）、取引原資（送金原資）等についてのヒアリングを行った結果、取引原資を確認することができなかったために、犯罪による収益の移転に係る取引であるとの疑念を払拭することができないため本件送金依頼（外国送金委託契約の申込み）を承諾しなかったものであって、本件送金依頼の拒絶は、合理性を有するというべきである」

「犯罪による収益の移転に当たるか否かは、送金者の属性のみによって決まるわけではなく、送金原資が犯罪による収益に当たるか否かにもかかわるのであるから、送金原資について確認できない以上、犯罪の収益の移転に当たるとの懸念を払拭できないとして、本件送金依頼に対し、被告が承諾しなかったことも不合理ということはできない。そうすると、原告が被告銀行を利用した外国送金を行ってきた実績を有していたとしても、そのことが本件送金依頼の謝絶が不法行為に当たらないとの上記の結論を左右するものとは認められない」

【解説】

犯収法5条は、取引時確認に応じない顧客に対しては、当該特定取引上の義務の履行を拒むことができると定める。これは、債務不履行による損害賠償請求権や解除権の行使により、顧客等が取引時確認義務を潜脱することを防止するために、取引時確認に応じるまでの間、当該特定取引上の義務の履行一般を免責するとしたものである。

本件外国送金は、現金200万円を一度、自身の預金口座に入金したうえで、その直後に海外送金を依頼したものである。そのため、この海外送金は犯収法上の「特定取引」には該当せず、同法5条が直接適用される場面ではない。もっとも、本判決は、契約自由の原則や、銀行として犯罪収益の移転を防止することの重要性等にかんがみ、同法5条の法理が特定取引以外の取引の場面でも、その拒絶の違法性を否定する機能を有することを示した点に意義がある。

3 他人名義口座による犯罪収益等隠匿事例
（平成26年JAFIC年次報告書事例2・7月福岡、佐賀）

【事案概要】

　ヤミ金融業を営んでいたAは、金銭の借入れを申し込んできたBに対して、Aが実質的経営者を務める商品販売会社による商品の割賦販売を仮装して商品を販売した。その後、その商品は、同じくAが実質的経営者である古物商を仮装する会社が、Bから75％の価格で買い取り、その支払をもってBへの貸付金としてBの口座に送金していた。Bからの返済金は、商品販売会社の会社名義口座に振り込まれ、Bが商品販売会社に支払った額と古物商による買取額との差額が利息として受領されていた。返済金合計約4,940万円は、Aが第三者を代表者として設立させた卸売会社から商品販売会社に対する架空の発注書・請求書に基づき、商品の代金支払であると仮装してAが管理する卸売会社名義の口座に振込入金された。本件では、この振込入金が、出資法違反による犯罪収益を隠匿したものとして、組織的犯罪処罰法違反に当たるとされた（図表2－8参照）。

【解説】

　本件は、商品の買取りを仮装することで犯罪収益の隠匿を行った事案である。平成26年JAFIC年次報告書が指摘するように、他人名義の口座への振込入金を用いた犯罪収益等隠匿事件は、マネー・ローンダリングの多くを占めている。近年、警察や検察の捜査実務においても、暴力団員等による名義や

図表２－８　商品買取りを仮装した出資法等違反事件に係る犯罪収益等隠匿

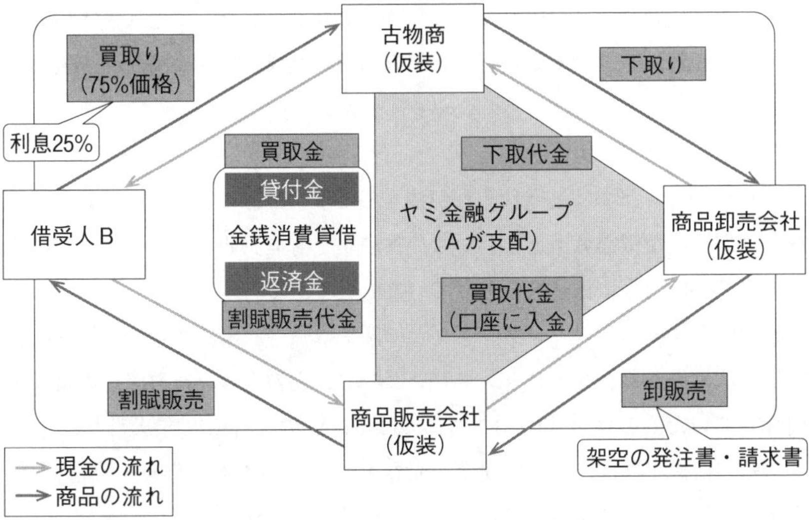

```
                          古物商
             買取り        (仮装)         下取り
           (75%価格)
利息25%                買取金      下取代金
                       貸付金    ヤミ金融グループ          商品卸売会社
    借受人Ｂ          金銭消費貸借     (Aが支配)             (仮装)
                       返済金
                     割賦販売代金   買取代金
                                 (口座に入金)
         割賦販売        商品販売会社        卸販売
                        (仮装)                  架空の発注書・請求書
→ 現金の流れ
→ 商品の流れ
```

（出所）　平成26年JAFIC年次報告書45頁【事例２】を参考に作成

　身分を偽った銀行口座の開設に対して、積極的に詐欺罪で立件する姿勢がうかがわれる。他人名義の口座を用いたマネー・ローンダリングは、いわば典型的な手口であるといえ、なりすましや偽りによる取引である可能性に対して、金融機関がいかに敏感であるかが、マネー・ローンダリングを防止するうえで重要となってくる。

4 暴力団構成員等が関与するマネー・ローンダリング事例（平成26年JAFIC年次報告書事例７・２月大阪、８・６月千葉）

【事案概要】
　① 　労働者派遣事業を行っていた６代目山口組傘下組織幹部が、労働者派遣が禁止されている建設業への労働者派遣により得た報酬合計約120万円を他人名義の口座に振込入金させた行為が組織的犯罪処罰法違反（犯罪収益等隠匿）に当たるとして検挙された（２月大阪）。

②　6代目山口組傘下組織構成員による、多数客へのわいせつDVDの販売代金合計20万円を日本郵便株式会社職員を介して他人名義の口座に振込入金させていた行為が組織的犯罪処罰法違反（犯罪収益等隠匿）に当たるとして検挙された（6月千葉）。

【解説】

　これら①および②は、それぞれが独立した事例である。本件は、暴力団構成員等が違法な労働者派遣、わいせつ物頒布を前提犯罪として得られた収益を他人名義の口座に振込入金させていたものである。

　暴力団とマネー・ローンダリングとの関係は強い。平成26年中の組織的犯罪処罰法に係るマネー・ローンダリングでの検挙のうち、暴力団構成員等が関与していたものは全体の18.8％にのぼる（平成26年JAFIC年次報告書）。また、その前提犯罪は、詐欺、窃盗、売春からヤミ金融事犯、無許可風俗営業事案、違法な労働者派遣等に至るまで多様性がみられる。

　取引実務においては、いかなる取引においても暴力団の介入を警戒しながら、取引開始前のCDD（Customer Due Diligence）や暴力団排除条項等を有効に活用して、前提犯罪の発生の防止に努めるとともに、特に金融機関においては、暴力団等によって口座が不当に利用されることのないよう、的確な管理を行うことが求められる。

5　売春の売上金を生命保険の保険料に充当していた事例（犯罪による収益の移転の危険性の程度に関する評価書事例21・平成25年4月岐阜）

【事案概要】

　会社役員のAは、ソープランド経営者のBに建物を提供し、売春によって得られた犯罪収益であることを知りながら、家賃名目で自己名義の口座に振り込ませたとして、組織的犯罪処罰法違反（犯罪収益等収受）で検挙された。Aは、当該犯罪収益の一部を本人および子ども名義で契約した積立式生命保険の保険料の支払に充当していた。

【解説】

　生命保険は、保険金の給付が人の生死といった偶発的事情に左右される性質のものであり、この点で、マネー・ローンダリングに利用されるおそれは一般的に限定的であると考えられる。しかし、生命保険のうちでも、払い込んだ保険料に対して相当割合の給付・返戻が行われる蓄財性の高い保険商品は、犯罪収益を資産とすることが可能であるため、マネー・ローンダリングの客体となりうる[29]。本件では、まさにこのような積立式生命保険がマネー・ローンダリングの対象とされた。特に、多額の現金等での保険料支払にこだわる契約者からの申込みや、収入や資産、職業等に対して不釣り合いな保険内容の申込みなど、不自然性が感じられる場合には、よりいっそう注意する必要がある。

　契約から一定期間は返戻金額が保険料として払い込んだ額に満たない保険商品であっても、その差額をいわば必要費として考慮したうえで、マネー・ローンダリングの手段として利用している可能性も想定される[30]。マネー・ローンダリングか否かは、生命保険商品や保険料金額などから一律に判断されるものではなく、総合的な観点で判断する必要がある。

---

[29] 実際に、海外では、麻薬密売による犯罪収益を生命保険の保険料に充当し、加入後ほどなく生命保険を解約することでマネー・ローンダリングを行った事案が存在する。

[30] 米田彩矢香「米国生保のマネー・ローンダリング対策」(「生命保険経営」第78巻第1号85頁) は、保険会社がマネー・ローンダリングに利用されたケースにおいて、早期解約による損失はマネー・ローンダリングのための「必要なビジネスコスト」にすぎないことを指摘している。

第 3 章

金融機関の実務対応

ここまで、第1章ではグローバルな規制動向、第2章では改正犯収法の概略について解説してきた。本章においてはグローバルな動向と改正犯収法の内容をふまえて金融機関としてどのような実務対応が求められるかについて考察してみたい。

　図表3－1はマネー・ローンダリング、テロ資金供与および反社会的勢力対応を含めた金融犯罪対策のために金融機関に求められる態勢のフレームワークである。金融犯罪対策としてすぐに思い浮かぶのが、CDD、フィルタリング、取引モニタリングの3つである。図中これらは金融犯罪対策のフレームワークの固有要素として位置づけられている。固有要素は全体フレームワークの一部にすぎず、これを有効に機能させるためには、さらに経営的要素、基盤的要素、監視的要素、対外的要素がなくてはいけない。

・経営的要素によって、経営陣の率先垂範を示し、統制環境を整備し、目標の設定、評価を行う。
・基盤的要素によって、リスクベース・アプローチ、役職員の意識醸成（Awareness）、情報基盤を確保する。
・監視的要素によって全体のフレーム枠の網羅性、堅確性、適切性等の評価・品質改善を行う。
・さらに対外的要素によって、説明責任、適切な当局報告・情報共有を

図表3－1　金融犯罪対策のフレームワーク

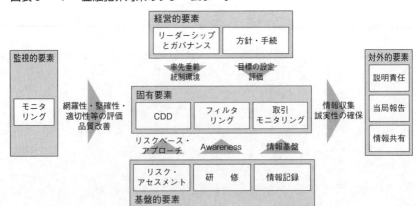

確保する。

　このように5つの要素を有機的に作用させることで、全体フレームワークの実効性と継続的改善のPDCAサイクルを確保することができる。以下、要素ごとに内容を解説していく。

第 1 節

経営的要素

【率先垂範から目標の設定・評価まで】

経営的要素とは、金融機関の金融犯罪対策が有効に機能することを確保するために、経営として実施すべき項目であり、

① リーダーシップとガバナンス
② 方針・手続

の2つのサブエレメントにより構成される（図表3－2参照）。

コンプライアンスは、「お金を生まない」とよくいわれる。また営業推進をアクセルにたとえて、コンプライアンスはこれと対峙するブレーキと表現されることも多いが、域外適用に代表されるように金融機関のコンプライア

図表3－2　金融犯罪対策のフレームワーク—経営的要素

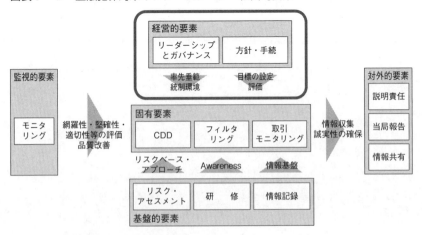

ンスを取り巻く環境が激変するなか、このような認識を抜本的に変えていく必要がある。規制があろうがなかろうが、それとは無関係に金融機関の存立基盤を揺るがしうる脅威は、いまそこにあり、これを未然に察知して排除するという自己生存能力の感度が金融機関経営にいっそう求められている。金融機関のコンプライアンスには、顧客の資産・情報、さらには金融システム、役職員といった金融機関の大切な価値を戦略的かつ積極的にプロテクトするという積極的な役割が期待されている。このようなプロテクション機能の発揮により、コンプライアンスは金融機関に計り知れない価値をもたらすのである。昨今の海外事例にみる、AML/CFTプログラムの不備による巨額罰金も含めた行政処分はコンプライアンスによる企業価値のプロテクションが有効に機能しなかった典型といえよう。

コンプライアンス機能の発揮には、何よりも経営陣自身による率先垂範の姿勢が不可欠であり、それを組織全体に徹底させるべく統制環境を整備すること、そして目標を明示的に設定し、その達成状況を定期的に評価することが必要である。

1　リーダーシップとガバナンス

金融機関経営にとってコンプライアンスとは何かをあらためて考えてみたい。

従来型のコンプライアンスは、図表3－3の真ん中の2つ、つまり「国としての法規制」に対応するかたちでの「金融機関内の統制」という文脈で位置づけられていた。ところが、このような前提で対応しても適切に機能が発揮できず、金融機関の経営陣やコンプライアンス部門が対応に苦慮するケースが増えてきている。

第一に考えなくてはいけないのは、図表3－3の右半分、つまりコンプライアンスによって何を達成するのかということである。従来型の「国としての法規制」vs.「金融機関内の統制」という構図のもとで、営業店向けに法令等遵守のための通達を発出することが、すべてとはいわないまでも、コン

図表3-3 コンプライアンスの構造

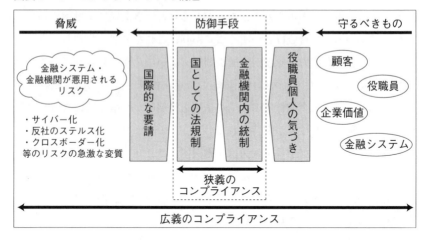

プライアンス部門の業務の典型として位置づけられることが多かったものと思われる。

　金融庁が定期的に公表している金融検査結果事例集には、ルールはつくったものの、それが営業店において周知徹底されていない、ある営業店で起きた事例が他の営業店に還元されず類似の事例が散見される、といったケースが少なからず紹介されている。これについては、基盤的要素における研修の項目であらためて詳述するが、コンプライアンス部門が関連通達を営業店宛てに出すことがゴールではなく、役職員一人ひとりに「自分の問題として」マネー・ローンダリング防止に取り組んでもらうこと、さらにいえば、これによって、当該金融機関の顧客、従業員、企業価値および金融システムを守るというゴール設定が明確になっていなくてはいけない。

　翻って金融機関の日常運営においては、コンプライアンスだけではなく、営業推進も含めてさまざまな通達が営業店に発出されている。営業店サイドで一担当者が1カ月に読まなくてはいけない通達の文字数を集計したところ、営業活動に専念できるどころか、そもそも読みこなして理解できるような分量を大幅に超えていたという笑えない調査結果もある。これがアクセルとブレーキを同時に踏んでいるといわれるゆえんである。コンプライアンス

通達にいくら素晴らしいことが書いてあろうとも、所属員に必要以上の膨大な時間を強いるようなボリュームになっているとすれば、この金融機関の経営陣は、適切にリーダーシップとガバナンスを発揮しているとは言いがたい。経営陣はこのような誤ったメッセージを役職員に発してはならないのである。こういった状況下で、仮に顕在事象に見舞われたとき、どのような再発防止がとられるであろうか。

・従来、二重チェックしていたものを三重チェックとする。

・新たにチェックリストを作成する。

・一斉研修とテストを実施、周知徹底をよりいっそう図る。

このような施策が、現場をいっそう疲弊させ、時に白けさせていることがあるとすれば、これは明らかにコンプライアンス・カルチャーの育成を逆に阻んでしまっているということになる。経営陣がコンプライアンスのための真のリーダーシップを発揮するということのむずかしさがここにある。

　第二に考えなくてはいけないのは、図表3－3の左半分、何に対するコンプライアンスかをあらためて確認することである。「国内法に照らして問題がないかどうか」という観点は、図表の真ん中の「国としての法規制」に対するコンプライアンスである。法規制も、本来は脅威に対する防衛手段として国が定めたものである。本来の脅威が大きく変貌し、金融システムや金融機関の存立基盤を危うくしている状況が知らず知らずのうちに進行しているとすれば、「国内法に照らして問題がないかどうか」の観点だけのコンプライアンスでは不十分である。このような脅威に対し、国内法が仮に、必ずしも万全とはいえない状況であったとすれば、海外から域外適用というかたちで無理難題をつきつけられるか、さもなければますます巧妙化し猛威をふるう金融犯罪によって知らず知らず悪用され続けるか、という構造変化のなかにいるという環境認識が必要である。このような環境変化に対して、適者生存をいかに勝ち取るかという闘いの武器としてコンプライアンスは機能しなければならない。

　リーダーシップとガバナンスは、マネジメントによる率先垂範に始まる。FATFのマネー・ローンダリングとテロ資金供与に対するリスクベース・ア

プローチ・ガイダンス（以下「リスクベース・ガイダンス」という）[1]では、「金融機関のAML/CFTリスクは内的要因と外的要因によって影響を受ける。脆弱なコンプライアンス資源、不適切なリスク・コントロールおよびマネジメントの不十分な関与が前者の例であり、リスク増大の要因となる」と、マネジメントの関与の重要性が示されている。そのためにも、マネジメント自身の権限と責任が明確になっていなければならない。FATF勧告には「金融機関はマネー・ローンダリング、テロ資金供与に対抗するプログラム（以下「AMLプログラム」もしくは「AML/CFTプログラム」という）を実践しなくてはいけない」と明記してあり、このプログラムには、

① コンプライアンスの枠組み、高い基準を保つための従業員採用手続を含めた方針・手続およびコンプライアンス管理制度の構築
② 継続的な職員の研修プログラム
③ 全体の枠組みを検証するための内部監査機能

が含まれていなければならない。これを実践する権限と責任をマネジメントが有していることが必要である。

さらに、どの程度までAML/CFTプログラムを実践すべきか、という点については、ビジネスの規模・特性や、金融犯罪にさらされるリスクの度合い等に応じて決定しなければならない。隣の銀行と同程度にということではなく、マネジメント自身が、リスクに応じたコントロール・レベルを定めて実践することが求められる。

これがリスクベース・アプローチにほかならないが、FATFのバンキング・セクターのためのリスクベース・アプローチ・ガイダンス（以下「バンキング・ガイダンス」という）[2]によれば、効果的なAML/CFTの成功はマネジメントの強力なリーダーシップとリスクベース・アプローチの開発と実践に関する管理監督にかかっているとして、具体的な項目が列挙されている。

---

1 GUIDANCE ON THE RISK-BASED APPROACH TO COMBATING MONEY LAUNDERING AND TERRORIST FINANCING, High Level Principles and Procedures, June 2007, FATF.
2 GUIDANCE ON THE RISK-BASED APPROACH, Banking Sector, October 2014, FATF.

- 削減できないような過剰なML/TFのリスクをとらないようにコンプライアンスが金融機関のコア・バリューであるとの明確なメッセージの発信と健全なリスク・テイクのための強固なリスク管理と統制の設定
- 実際の、もしくは潜在的なML/TFリスクに直面したときに適切な内部コミュニケーションがとれるメカニズム
- 特定されたML/TFリスクを許容範囲にまで低減するための方策に関する意思決定
- AML/CFT部門への適切なリソース配分

このような実践は一過性のものではなく、継続的に行われなければならない。金融機関に対する脅威が変貌しつつあるなか、いったん設定した方針・手続、組織態勢はすぐに陳腐化する。マネジメントは、その前提条件に変化がないか、当該コントロールで適切に対処できないような新たなリスクが発生していないか、常に健全な懐疑心をもって点検し続ける必要がある。

たとえばFATCA/CRS等の域外適用問題は、その性質上どの部門が所管すべきなのか判然としないケースが多い。これに対して従来の役割・権限にとらわれず、広い視野で横断的に組織をとらえ直し適時適切に所管部署を定めプロアクティブに対応している金融機関と、セクショナリズムから責任を回避しあうまま、結局リアクティブに対応せざるをえなくなっている金融機関との差が、昨今特に顕著になってきているように感じられる。

マネジメントにより、継続的な研修を含むAML/CFTプログラムが構築された後は、当初の目的どおり構築されたプログラムが適切に機能しているかどうかを確認するための報告プロセスを確保しなければいけない。すなわち、マネジメントは単にML/TFのリスクを理解しているだけでは不十分であり、当該金融機関のAML/CFTに関するコントロール・フレームワークがいかにリスクを削減させているかを以下のことを通して理解しなくてはならない。

- 定期的に客観的で十分な情報を収集し、金融機関の業務運営と個々の取引関係を通してさらされるリスクについての正確な姿を把握するこ

と。
- 定期的に客観的で十分な情報(チーフ・コンプライアンス・オフィサーや監査部門からの報告など)を収集し、金融機関のAML/CFTのコントロールが有効に機能しているかどうかを把握すること。
- 金融機関がリスクに対処しコントロールする能力に影響を与える重要な意思決定がエスカレートされるためのプロセスを有すること。

またバーゼル銀行監督委員会の「マネー・ローンダリング・テロ資金供与リスクの適切な管理に係るガイドライン」[3](以下「バーゼル・ガイドライン」という)でも明記されているように、マネジメントはAML/CFTのために3つの防衛線を整備しなくてはならない。

(1) 業務部門

顧客との接点などに携わる業務部門、いわゆるフロント・オフィスが第一の防衛線である。現場での活動を通してML/TFのリスクを感知し、評価し、コントロールするのはコンプライアンス部門ではなく、第一に業務部門であるということは忘れてはならない。業務部門でのAML/CFTを確実に実践するためには、所属員が遵守すべき事項を定めた方針・手続が文書化されている必要がある。このほか、役職員の倫理性・専門性を高いレベルで維持するための採用方針や研修が不可欠であり、また適切な顧客確認や疑わしい取引を届け出るために十分なリソースが業務部門に与えられなければならない。

(2) コンプライアンス部門

第二の防衛線であるコンプライアンス部門は、第一の防衛線においてAML/CFTのコンプライアンスが有効に機能するための制度設計に加えて、現場において適切に運用されているかを確認するためのモニタリング機能を有する。マネジメントの項で記載したコンプライアンス管理制度の構築に

---

[3] Sound management of risks related to money laundering and financing of terrorism, January 2014, Basel Committee on Banking Supervision.

は、マネジメント・レベルのコンプライアンス・オフィサーの任命が含まれる。「バーゼル・ガイドライン」でも、金融機関のAML/CFT機能について全責任を有するチーフAML/CFTオフィサーを取締役会およびマネジメントが任命することが求められている。

　各国規制や基準によって、AML/CFTコンプライアンス・オフィサー、AMLコンプライアンス・オフィサー、マネー・ローンダリング・レポーティング・オフィサーと呼称はさまざまだが、要は当該金融機関のAML/CFTプログラム全般について責任を有する役職を任命して、プログラムの実践を担わせるということになる。プログラムの実践および実践状況のモニタリングのほかに、すべてのAML関連事項、AMLへの自社・自行庫の遵守状況管理に責任を有する。しかしながら、これらについての最終的な責任をもつのは取締役会である。自社・自行庫のリスク・プロファイルに基づいた有効なプログラムを運営するために必要十分な権限とリソース（予算や要員）をAML/CFTコンプライアンス・オフィサーに与える責任は取締役会にある。

　AML/CFTコンプライアンス・オフィサーは、AML/CFT関連法規制等を完全に理解していること、加えて、自社・自行庫の組織・体制、提供商品・サービス、顧客、展開チャネルや地域、およびこれらのもとでの業務に伴う潜在的なリスクについて把握し理解していることが求められる。また、その職務遂行が、業務部門によって阻害されるようなコンフリクトがあってはならない。仮にコンフリクトが発生した場合は、AML/CFT上の懸念が金融機関の最も高いレベルで客観的に検討できるような手続が定められていなくてはいけない。

　全般に責任を有するということは、年次でAML/CFTプログラムを策定するだけではなく、期中を通して当該プログラムが有効に機能しているかどうかのモニタリング・評価・適宜の軌道修正も求められるということである。たとえば疑わしい取引の届出に関する報告に関しては、1件ごとの報告を適切に行っているかの確認は当たり前として、全体の量・質について自社・自行庫の特性をふまえて適切に報告が行われているかどうか確認することが重要である。この点、単に届出件数や前期比増減のみが集計されてコンプライ

アンス委員会に報告されている例が多くみられるが、これでは不十分である。さらに踏み込んで手口等に関する傾向分析も求められるし、何より報告結果をふまえて、AML/CFTコンプライアンス・オフィサーとして、自社・自行庫の特性をふまえて届出件数の量・質に問題があるのか、ないのかの評価、問題があるとしてどのような施策が必要なのかの意思決定が求められる。

(3) 内部監査部門

　AML/CFTにおける第三の防衛線は内部監査部門である。AML/CFTプログラムには「全体の枠組を検証するための内部監査機能」が含まれ、たとえば「リスク・アセスメント結果、および当該結果をふまえたリスクベース・アプローチの適用状況について独立した立場から検証する手段を確保する必要がある」。当然のことながら、内部監査には、適切なリソースが確保されるべきであり、かつ独立性の維持が求められる。

　内部監査部門として、監査の方針、実施した手続やテスト、実施による発見事項等の文書化、またあらゆる法令違反、方針・手続に対する例外的な取扱い、その他の不備についての監査報告の取りまとめ、取締役会等への報告、さらにかかる不備に対する改善対応のモニタリング・文書化が求められる。これはAML/CFTに限らずすべての監査対象項目に対して行われるべきことと同様の枠組みであるが、海外の先行事例では、金融機関・金融システムが金融犯罪に悪用されるというリスクの重大性にかんがみて、AML/CFTに特化した監査機能を充実させているケースが多い。AML/CFTプログラムとして内部監査に求められる機能については、本章「第4節　監視的要素」であらためて考察する。

2　方針・手続

　前項がマネジメントによる意思表明とすれば、それを組織全体に具体的な行動指針として示すのが「方針・手続」である。AML/CFTプログラムとし

て文書化すべき事項は多岐にわたり、基本的な事項を定める方針から、具体的な手順を規定する手続まで体系化する必要がある。たとえば顧客管理措置に関する手続については、すでに整備されている商品ごとの事務マニュアルに事細かく反映されており、AML/CFTプログラムの強化・更新のつど、これらすべての文書間の整合性をとって修正を加えていくのは大変な作業である。したがって、事前にAMLに関する事項が、既存のどの方針・手続とリンクしているのかを網羅的に把握しておくことがきわめて重要である。

方針・手続として網羅すべき主要項目は以下のとおりである。

① マネジメントの責任
② AML/CFTプログラム
③ CDD
④ フィルタリング
⑤ 取引モニタリング
⑥ リスク評価
⑦ 研修
⑧ その他(検証、情報記録、対外説明責任など)

それぞれの項目について、以下考察していきたい。

(1) マネジメントの責任

AML/CFTプログラムに関して、取締役会、経営陣、AML/CFTコンプライアンス・オフィサーそれぞれの責任・権限、あるいは委譲関係等、以下の項目を含め方針として明定しておく必要がある。

① AML/CFTプログラムに係る方針策定、および監督についての責任
② AML/CFTプログラムの有効性の検証の責任
③ AML/CFTコンプライアンス・オフィサーの任命
④ AML/CFTコンプライアンス・オフィサーに適切な予算・人的資源を得られることの確保
⑤ AML/CFTコンプライアンス・オフィサーの職務
　・AML/CFTプログラムの開発・維持

・AML/CFT法規制、国際的なガイドライン・基準の理解と、これらに係る法令遵守態勢の構築、管理、モニタリング、継続的な改善活動
⑥ 重要な決定事項、報告事項と決定・報告プロセス

(2) AML/CFTプログラム

　前項で任命されたAML/CFTコンプライアンス・オフィサーが策定すべきAML/CFTプログラムに関して、その目的、各部門の役割、AML/CFTプログラムを推進するうえでの基本原則などを方針として定めることが求められる。特に、依拠すべき法規制とそのアップデート、またはその前提となる金融システムあるいは自社・自行庫が悪用されるリスクはAML/CFTプログラムの重要な出発点である。具体的な項目の例は以下のとおりである。

① AML/CFTプログラムの目的
② AML/CFTプログラムを構成する要素の定義と説明
③ 本方針が依拠すべき内外の法規制の概略およびアップデート
④ リスクベース・アプローチの原則
⑤ 銀行や個人における具体的な義務／責任
⑥ AML/CFTプログラムの状況に関する上級管理職への報告
⑦ AML/CFTプログラムの日々の運用状況のモニタリング
⑧ 例外手続の承認・評価プロセスの文書化
⑨ AML/CFTを所管する組織の業務と責任およびその履行状況の監督
⑩ 取締役会および他のすべての役職員に、AML/CFTに関連する義務を認識させること
⑪ AML/CFTプログラムの評価・改善

(3) CDD

　CDDはAML/CFTプログラムの重要な要素の1つである。商品や顧客属性に見合った、適切なCDD管理の開発、実施、維持に対する方針を明確に

定めておくことが求められる。

① CDDの目的
② CDDの基本的な考え方
　・想定すべきリスク・シナリオ
　・対象となる相手先
　・リスクベース・アプローチの原則
　・情報機密（顧客情報、取引情報）
　・継続的なCDDと情報の更新
　・例外事項の取扱い
③ CDD実施の組織体制・権限と責任・報告体系
④ CDDの方法論（リスクに応じた段階的なCDD）
⑤ CDDの検証・必要に応じた改善

(4) フィルタリング

　フィルタリングは、法規制、自社・自行庫内の管理目的などさまざまな要件に基づいて行われており、業務所管部によってまちまちに管理されていることが少なくない。AML/CFTプログラムの一環として全体像をきちんと把握し、金融機関として統一的な基準を定めることは、要件遵守のための品質確保の観点で非常に重要である。方針として定めるべき項目例は以下のとおりである。

① フィルタリングの目的
② フィルタリングの基本的な考え方
　・想定すべきリスク・シナリオ
　・対象となるリストの定義と更新
　・アラートの品質に関する評価基準
　・情報機密（顧客情報、取引情報、届出情報）
③ フィルタリング実施の組織体制・権限と責任・報告体系
④ フィルタリングの方法論
⑤ 事例収集に関する事項

⑥　フィルタリングの検証・必要に応じた改善

(5)　取引モニタリング

　わが国においては、犯収法が改正されたことによって顧客から取得すべき情報量が増えるが、現行の金融実務上、口座開設を拒むケースは（反社会的勢力対応は別として）当面は限定的な状況が続くものと思われる。そこで金融犯罪によって金融システムおよび自社・自行庫が悪用されないために、口座開設後の取引モニタリングが重要なコントロール要素となる。取引モニタリングを適切に実施するために、方針として定める項目例は以下のとおりである。

　① 取引モニタリングの目的
　② 取引モニタリングの基本的な考え方
　　・対象取引
　　・想定すべきリスク・シナリオ
　　・疑わしいとする評価基準
　　・アラートの品質に関する評価基準
　　・情報機密（顧客情報、取引情報、届出情報）
　③ 取引モニタリング実施の組織体制・権限と責任・報告体系
　④ 取引モニタリングの方法論
　⑤ 事例収集に関する事項
　⑥ 取引モニタリングの検証・必要に応じた改善

(6)　リスク評価

　リスクベース・アプローチを実践する大前提として、リスク評価は必須である。まず自社・自行庫として金融犯罪に悪用されるリスクを定義し、自社・自行庫のビジネス領域、すなわち地域、顧客、取引・サービス、チャネルがどの程度当該リスクにさらされているかを正しく評価することが、効率的・効果的なリスクベース・アプローチ実践の出発点となる。リスク評価として方針に掲げるべき項目例は以下のとおりである。

① AML/CFTリスク評価の目的
② 新商品・新規業務に関するリスク評価の枠組み
③ リスク評価の基本的な考え方（想定すべきリスクの定義と直近動向をふまえたアップデート、マネジメントによるリスク許容度の設定など）
④ 顧客、商品、地域、チャネル等の、リスク評価として勘案すべき要素
⑤ リスク評価の基準・方法論
⑥ リスク評価実施の組織体制・権限と責任・報告体系
⑦ リスク評価そのものの検証・必要に応じた改善

(7) 研　　修

　本節の図表3－3で解説したとおり、役職員の気づき（Awareness）を醸成するのは非常に困難であり、多くの金融機関がコンプライアンスの取組みとして最も対応に苦慮している項目である。研修を行うことが目的ではなく、まさに個々人の気づきをいかに醸成するかが重要なポイントとなる。限られたリソースのなかで効率的かつ効果的に研修を実施するためには、まさにリスクベースで研修プログラムを構築していく必要がある。以下のような項目例が研修に係る方針として盛り込まれるべきである。特に一方的な研修ではなく、役職員の認識がどれだけ高まったかという効果測定、すなわち研修の有効性評価も忘れてはならない留意点である。

① 研修プログラムの目的
② 研修の基本的な考え方
　・研修あるいは役職に求められる能力等についての法規制要件
　・対象と区分（どの層にどのような研修を行うべきかの基準）
　・研修プログラムのPDCA
③ 研修プログラム実施の組織体制・権限と責任・報告体系
④ 研修コンテンツの開発・維持・管理
⑤ 研修の有効性評価の枠組み

(8) その他（検証、情報記録、対外説明責任など）

AML/CFTプログラムに係る方針・手続には、さらにプログラム全体および個々の構成要素についての検証、情報記録、さらにはこれらすべての実施状況についての対外的な説明責任についても定めておく必要がある。

① 検証・情報記録・対外説明責任の目的
② 検証・情報記録・対外説明責任についての実施の組織体制・権限と責任・報告体系
③ 検証の基本的な考え方
・法規制上の要件とそのアップデート
・独立性・専門性
・検証のPDCA（継続的改善）の枠組み
・検証の方法論・評価基準
④ 情報記録の基本的な考え方
・法規制上の要件とそのアップデート
・情報機密とアクセス権限
⑤ 対外的な説明責任の基本的な考え方
・ステークホルダーの特定
・コミュニケーション戦略
・説明項目と情報開示

第2節

固有要素

　金融犯罪対策のフレームワークの要素のなかで、最もコアになるのが、CDD、フィルタリング、取引モニタリングの3つである。

　CDDは、顧客受入段階でのコントロールとして、一方、取引モニタリングは受入れ後の取引段階におけるコントロールとして位置づけられることが多い。しかしながら、昨今の規制強化の流れのなかでCDDは顧客受入段階だけではなく、受入れ後の顧客情報のアップデートの重要性も注目されてきている。フィルタリングも、受入段階で実施するもの、取引実施段階で実施するもの、などさまざまな局面での使分けが重要である。

図表3－4　金融犯罪対策のフレームワーク—固有要素

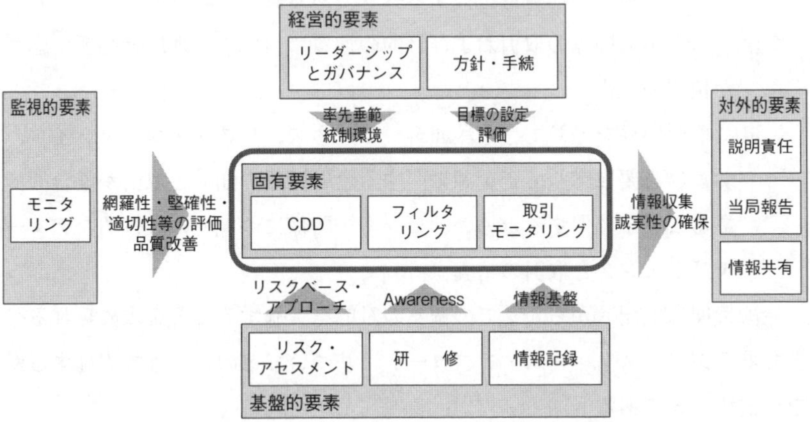

1 CDD

CDDは40のFATF勧告のなかで勧告10.として最も紙面が割かれ、以下のように記載されている。

「金融機関は無記名口座あるいは仮名口座の保有を禁じられるべきである」

「金融機関は、以下の局面においてCDDを実施するよう求められるべきである。

(i) ビジネス関係の確立

(ii) 一見取引：(i)一定の（USD/EUR15,000）敷居値を超える場合；もしくは(ii)解釈ノートまたは勧告16に該当する状況での電子送金

(iii) マネー・ローンダリングまたはテロ資金供与の疑いがあるとき

(iv) 過去に入手した本人確認データの真実性や適切性に疑義が生じたとき」

「CDDは以下のように実施されるべきである。

(a) 本人確認および信頼できる独立した情報源に基づく文書、データまたは情報を用いた当該本人確認の検証

(b) 金融機関が「だれが真の受益者であるか」を満足いくまで知ることができる程度までの真の受益者の確認および適切な方法による検証。法人および法的取極めについては、金融機関は当該顧客の所有およびコントロールの構造も把握するべきである。

(c) ビジネス関係の取引および目的の性質についての理解と必要に応じた情報の取得

(d) 取引関係を通じて、当該顧客、ビジネス、リスク・プロファイル、および必要に応じて資金源に関する金融機関の知識と取引が整合的であることを確保するための、ビジネス関係についての継続的なデューデリジェンスと取引の精査

金融機関は上記(a)から(d)までの個々の対応を実施することを求められるべきであるが、リスクベース・アプローチに基づいてどの程度まで実施するかを決定すべきである」

「金融機関は、ビジネス関係を確立する前または最中、または一見顧客との取引時に、本人および真の受益者の確認の情報を検証することを求められなければならない。国によっては、マネー・ローンダリングやテロ資金供与のリスクが効果的に管理されている場合は、金融機関に対し、当該検証を実務上妥当と思われる程度に即座に完了させて、ビジネス関係を確立することを許容してもよい」

「上記(a)から(d)を準拠できないような場合は、口座開設、ビジネス関係の開始、取引の実施を行わないよう求められるべきである。またはビジネス関係の終了を求められるべきである。さらに疑わしい取引の届出を考慮すべきである」

「これらの要件は、すべての新規顧客に適用されるべきである。既存顧客については重要性およびリスクに基づいて適用され、適切な頻度でデューデリジェンスを実施されるべきである」

一方、FATF対日相互審査では以下のような厳しい指摘がなされている。

「顧客管理は、本人確認に限定されており、すべての受入可能な本人確認書類に写真や固有の識別番号が付されているわけではない。顧客管理は、関連のあると思われる複数回にわたる上記敷居値以下の取引の場合、または、資金洗浄およびテロ資金供与の疑いがある場合をカバーしていない。加えて、顧客や取引が、資金洗浄およびテロ資金供与の手段として使用されるリスクがない、またはほとんどないとされた場合には、本人確認義務から除外される。これらの例外は、FATFメソドロジーにおいては受け入れられないが、たとえば一定の証券取引や国・公共団体との取引などが該当する」

「顧客管理措置には、代理権限の確認や、受益者または真の受益者の確認が含まれていない。金融機関に対する、取引関係の目的・性質についての情報収集、継続的な顧客管理の義務づけがなされていない」

「日本はPEPsに関する勧告6[4]および国境を越えたコルレス銀行業務に関する勧告7を実施していないほか、技術開発に関する勧告8についての措

---

[4] FATF対日相互審査が実施された時点での旧勧告の番号。以下同じ。

置、特に非対面取引における身元確認や特定に関して十分なものではない」

「日本は、金融機関が、第三者機関による本人確認等の顧客管理に依存することを認めていない」

以下、CDDを「CDDプロセス」「高リスク領域」「顧客以外の確認手続」の3つに分けて解説する。

(1) CDDプロセス

CDDプロセスの全体像は図表3-5のように示される。

a CDDが必要な取引や状況

金融機関は、本人確認を含むCDDの対象取引や実施するタイミングを定義する必要がある。「バーゼル・ガイドライン」にも、「銀行が、善意・悪意を問わず犯罪活動に悪用されないように高い倫理観と専門性をもって対応するためのCDDのルール、その他の方針・手続を制定すべきであり、これはML/TFを含むすべてのリスクに対処するための健全なリスク管理体系の一部として位置づけられるべきものである」と記載されている。

本人確認を含むCDDプロセスは個々の商品・サービスの顧客受入れに関する手続に内包されているケースがほとんどと思われる。一方、CDDプロセスを統合的に管理し基本的な原則を示す統一的な方針は、上記の趣旨に照らして適切なものとなっているかどうかを確認する必要がある。特にこのような方針と個々のさまざまな手続に内包されるCDDプロセスが明確にひもづけられていることの確認も重要である。

図表3-5 CDDプロセスの全体像

b　CDDの対象範囲や方法、確認事項

　金融機関は、本人確認をはじめとするCDDの対象範囲や方法、確認事項を定義する必要がある。対象範囲には顧客本人のほか、顧客を代理しているもの、顧客を支配するもの等も含まれうる。方法や確認事項については、顧客本人の身元照合を行うことに加え、受益者の身元を確認し、金融機関が当該受益者がだれであるかについて確認できるように、受益者の身元を照合するための合理的な措置をとること、業務関係の目的および所与の性質に関する情報を取得すること、業務関係に関する継続的な顧客管理および当該業務関係を通じて行われた取引の精査を行うことなどがあげられる。

　CDDの対象範囲や方法、確認事項に関するFATF対日相互審査での指摘事項は以下のとおりである。

・金融機関が依拠することが許されている本人確認書類の質が不明であり、自然人の場合、写真付きの身分確認（もしくは写真付きの身分確認が実用的でない場合、リスク増加を抑制する追加的な二次的措置）は含まれない。
・金融機関は、法人顧客の代理人として活動する自然人が当該法人から権限委任されていることを確認する義務を負わない。
・金融機関は、顧客が法人および法的取極めの場合、法人顧客の法的地位、取締役、法人または法的取極めに対して拘束力を有する定款に関する情報の入手を義務づけられていない。
・金融機関は、業務関係の目的および意図された性質に関する情報を入手する義務を明示的に負わない。

　第2章でも解説したとおり、上記の指摘事項は、2011年および2014年と二度にわたる犯収法の改正により、制度上はおおむね解消されたと考えられている。しかしながら、CDDには2つの側面、すなわち情報の入手に加えて、当該情報を検証することも含まれており、双方が本来のFATF要件となっていることも付記しておきたい。犯収法改正によって追加的に取得することになった情報は、自己申告に委ねられる部分が多い。この点、制度上もさらなる検討・改定が求められることも想定されるが、金融機関としては、実務

上、どのように情報を顧客から入手するのか、どの程度説明を尽くすのか、取得した情報の正確性をどの程度まで確認すべきか、またそのようにして取得した情報をどのように活用するのか、を試行錯誤的に検討しなければならないむずかしさがある。たとえば、2013年施行の改正犯収法により取得することとなった取引の目的、職業・業種、実質的支配者は、現在どのように記録され、検証され、活用されているだろうか。金融機関によっては、口座開設書類に記載欄が設けられたものの、書面記載で完結して、システム登録がなされないケース、システム登録されても、他の情報と混在したまま（たとえば犯収法上の職業・業種と本来の顧客属性としての業種コードなど）、何も活用されないままとなっているケースは少なくない。また活用しようにも、当該情報が自己申告に依拠していることから、十分な精度が確保できていないという問題もある。

　「狭義のコンプライアンス」の文脈では、たしかに顧客から当該情報を収集することとそれを記録することが要件である。しかし、なぜこのような情報が求められることになったのかをいま一度確認していただきたい。金融機関は「当該顧客、ビジネス、リスク・プロファイル、および必要に応じて資金源に関する金融機関の知識が実際の取引が整合的であることを確保」することが求められているのである。整合的でなければ疑わしい取引の届出を検討する。整合的かどうか、逆にいえば不自然かどうかを確認するための基礎情報として、犯収法改正によって追加的に収集すべきとされた情報が位置づけられるのであり、取得された情報がこのような観点で活用されるような態勢となっており、そのために必要な分析や検証が行われていることが重要なのである。

c　EDD/SDD

　デュー・デリジェンスの段階で、リスクが高いと認識された顧客に対しては、顧客の特性を十分に把握することができるように追加的な情報を入手する、情報の正確性を担保するために確認資料を複数取得する、外部情報を活用する等のより強化されたCDDすなわちEDD（Enhanced Due Diligence）を実施する必要がある。EDDを通して顧客の特性を把握することで、さらな

る高リスク顧客の絞込み（EDDの結果、リスクが高くないことが判明することも想定される）や、顧客がもつリスクへの削減策の検討・実施、疑わしい取引の届出時における検討材料とする等の対応を図ることができる。またリスクが低いと認識された顧客に対しては、簡素化されたCDDすなわちSDD（Simplified Due Diligence）の適用が可能である。たとえば、上場企業等に対する真の受益者の確認の省略や取引のモニタリング頻度の低減等が考えられる。

　どのような場合にEDD/SDDを適用するかは、当該顧客・取引のリスクに応じて統一的に定められるべきである。これがリスクベース・アプローチの根幹であり、合理的・客観的なリスク評価に基づくものであることが重要である（リスク評価については本章「第3節1　リスク・アセスメント」で詳述する）。この点、FATF対日相互審査では、日本は、資金洗浄およびテロ資金対策におけるリスクベース・アプローチを実施していない。つまり、リスクの高い顧客、取引関係に係る強化された顧客管理措置や、簡素化された顧客管理措置の義務づけがないと指摘されている。これに対し改正犯収法においては、一定の場合、すなわち、①なりすまし、②偽りの申告の疑い、③高リスク国に居住または所在する者との取引、④厳格な顧客管理の必要性が高い取引（外国PEPs）の場合に、資産および収入の状況を確認することとされた。

　重要なのは、当該要件をルール・ベースのみで理解してはいけないということである。政令で示された特定国、一定敷居値を超える取引、これらのみがEDDが必要というわけではない。またEDDとは収入および資産の状況のみを確認するわけでもない。このような「狭義のコンプライアンス」に終始することなく、真のリスクに金融機関がどう対峙するかがポイントである。政令で示されている2カ国以外の国との取引や200万円をわずかに下回る取引によって金融機関が悪用されるリスクが非常に高いと仮定して、そのリスクから極力遠いポジショニングをプロアクティブに保とうとする金融機関と、ルール・ベースの対応に終始した結果顕在事象に見舞われる金融機関の境目はまさにコンプライアンス感度である。不幸な事情に見舞われた後で「国内法に照らして違反はしていない」と主張してもレピュテーションやレ

ギュラトリー上のダメージをプロテクトしたことにはならないのである。

d 受入拒否／受入拒否顧客

　金融庁の監督指針には「適切な従業員採用方針や顧客受入方針を有しているか」と明記してある。どのような項目とどの程度まで明記すれば顧客受入方針といえるのかについては具体的な指針は示されていない。しかしながら「顧客受入方針」という名前がついている文書があるかどうかは別として、金融機関としては、

- どのような顧客を受け入れるのか（逆にいえばどのような先は受け入れられないのか）
- どのような考え方、手順により謝絶を行うのか
- 上記2点を確保するために何をしなくてはいけないのか

の3項目について、適切な方針・手続を定めておく必要がある。

　たとえば、特に顧客が情報提供を拒否する等でCDDが完了しない顧客等は受入拒絶の対象とすることを検討する必要がある。また、各国政府が公表している経済制裁者リストや金融機関内部で管理している不芳先リストと照合し、顧客として受け入れるか否かを判断する必要もある。

e 口座開設の承認プロセス

　金融機関は、口座開設の際に、当該口座開設を担当した営業担当者／窓口業務担当者に加え、別の職員（管理者や他の独立した職責を担う者）が開設することを承認する態勢（職責分離を確立した体制）を構築することが求められる。ハイリスク顧客の場合は、承認権限を、より高いレベルの者とすることが求められる。この点、改正犯収法においても、危険度調査書内容を勘案して犯罪による収益の移転の危険性の程度が高いと認められるものについては、統括管理者の承認が必要とされている。

f 例　　外

　金融機関は、受入拒絶や口座開設承認プロセスにおいてやむをえない事情等を勘案した例外取扱いの方針・手続を明確に定めておく必要がある。たとえば、CDDが完了する前に取引開始を許容するケース等がこれに該当する。例外承認のために必要な情報、論拠等の情報記録、承認権限を定めることに

加え、当該例外の在庫管理・事後管理も重要である。例外事例が形がい化することは金融犯罪対策の重要なループホールであり、特に内部監査等によって例外はあくまで例外であることの確認を実施することが求められる。

海外における行政処分事例では、顕在事象、たとえば本来拒絶すべき顧客についての例外承認において、だれが承認したのか、なぜ承認したのかの証跡がないまま、ビジネス部門の主張が事実上まかりとおり、事後的なチェックもきかないまま、当該顧客が脱税容疑で逮捕されるなどのケースもみられる。

g 継続的なデュー・デリジェンス

FATF勧告では「金融機関は、既存の記録、とりわけ高リスクの顧客層に対して、レビューを行い、CDDプロセスのもとで収集された文書、データあるいは情報は最新のものに保ち適切なものとなっていることを確保するよう求められるべきである」と明記している。FATF対日相互審査では「金融機関に対する、取引関係の目的・性質についての情報収集、継続的な顧客管理の義務づけがなされていない」と指摘されている。

これを受けて、犯収法では、「特定事業者は、取引時確認、取引記録等の保存、疑わしい取引の届出等の措置を的確に行うため、当該取引時確認をした事項に係る情報を最新の内容に保つための措置を講ずるものとする」と努力義務規定が盛り込まれるかたちで改正されている。

ただし、最新の内容に保つための措置として具体的な指針は特に示されていない。基本的な考え方としては、リスクに応じて高リスク顧客であればより高頻度に顧客情報を更新すること、取引モニタリングをより厳密にすること等が求められよう。ただし、現行の商慣行をふまえて、顧客の理解醸成や、更新のプロセスをなるべく顧客負担のないようにすること等も求められる。一方で、顧客の最新の情報を把握するのは、金融機関側にとってもマーケティング上、ある意味当然のことであるということもできる。コンプライアンス、マーケティング双方の観点をもって取り組むべき課題である。

(2) 高リスク領域

　金融犯罪リスク対策において忘れてはならないのは、金融機関を利用する顧客のほとんどは通常の健全な顧客であるという当たり前の常識である。リスクベース・アプローチはこの観点で、実態のリスク分布に見合ったものとしなければいけない。通常の顧客の利便性をふまえた対応が必要となる。この点、CDDにおいて高リスク領域を明確に定義しておくことはリスクベース・アプローチの基礎である。具体的なリスク評価の手法は後述するとして、ここではFATF勧告に記載されている高リスク領域について解説する。

a　顧客のリスク・ファクター

(a) **不自然な状況下でのビジネス関係**

　たとえば金融機関と当該顧客の間に説明のつかない重要な距離的な隔たりがあるような場合がこれに該当する。このほか、投資性商品にもかかわらず、顧客の関心がリターンやリスクではなく、いつ解約が可能かとか解約手数料はいくらかということだけに興味を示すようなパターンなどもあげられる。不自然かどうかの判断は一律ではなく、まさに顧客から入手した状況に応じて検討すべきであり、そのための情報収集、CDDである。収集のための収集、記録保存のための記録保存であってはならない。

(b) **非居住者**

　金融機関によっては非居住者と取引しないことを方針として掲げているところも多いが、実務上受け入れざるをえない局面も多い。しかしながら、その場合でも高リスク顧客として位置づけて、密度の高い取引モニタリングを実施する必要がある。たとえば外国からの留学生として口座開設したものの自国からの仕送りではなく、逆に学生としては不自然な自国や第三国への多額・多頻度の送金、また、港湾地区で海外から頻繁に来航する船舶の船員が来日のたびに利用する生活必需品や飲食店での円貨支払に利用するための円預金口座で同様に不自然に多額の入出金、生活資金とは無関係と思われる地域への送金等が一例である。

(c) 個人の資産を保有する法人または法的取極め

　富裕層が租税回避を企図して法人または法的取極め（信託、SPC、SPEなど）を利用することがある。特に金融機関が、脱税指南の一環でこのようなスキームを顧客に提供することについては、とりわけ厳しい目線が向けられている。

(d) ノミニーもしくは無記名株主が所有する法人

　海外の事例だが、ノミニーと呼ばれる代理人が株主となっていたり、無記名株を発行していたりする法人は、真の受益者が判明しにくく、脱税その他の不法行為を秘匿している可能性が高い。海外での行政処分事例でも、このようなスキームを金融機関側が利用する、ないしは積極的に利用しないまでも、リスクが高いことを知りながら放置しているというケースが多い。このようなケースに対する行政処分は年々厳格化する傾向にあり、積極的に悪用していなかったとしても、結果として放置している場合、みてみぬふり（Willful Blindness）であるということから、処分は決して軽減されないことに留意すべきである。

(e) 現金収入ビジネス

　現金収入は記録が残りにくいということから脱税、マネー・ローンダリング等の不法行為に利用されやすい。現金収入ビジネスに含まれる対象は多いため、これだけをもって高リスクとするには無理があるとの議論も多い。それぞれのビジネスの規模・態様（商品の単価、取引量、支払サイト）等に応じて不自然かどうかの判断を行う必要がある。

(f) 当該法人のビジネスの性質に照らして不自然に複雑と思われる所有構造

　たとえばいわゆるフロント企業の特徴として頻繁な役員の交代、定款の変更、商号変更、実態不明な企業との買収、合併などがあげられる。

b 国・地域のリスク・ファクター

　FATF勧告では下記のような要素を有する国・地域が高リスクであると例示している。高リスク「要素」が重要なのであり、限定列挙された国のみが該当するということではないという点留意が必要である。

- 信頼できる情報源によって適切なAML/CFT法体系を有していないと指摘されている国
- 国連等から経済制裁、禁輸措置その他類似の措置の対象となっている国
- 信頼できる情報源によって腐敗その他の犯罪活動レベルがきわめて高いとされる国
- 信頼できる情報源によってテロ活動に対し資金やその他の支援を提供し、またはテロ組織の活動があるとされる国・地域

c　商品、サービス、取引またはデリバリー・チャネルのリスク・ファクター

商品、サービスにおける高リスク・ファクターは以下のとおりである。

- プライベート・バンキング
- 匿名の取引（特に現金を含む）
- 非対面のビジネス関係または取引
- 特定できない者、第三者からの支払

d　その他の特記事項

既述のリスク・ファクターのほか、FATF勧告では以下の具体的な高リスク領域を個別勧告項目として掲げている。

- PEPs
- コルレス・バンキング
- 現金およびその他の価値移転サービス
- 新技術
- 電信送金

(3)　顧客以外の確認手続

CDD（あるいはKYC）の対象は顧客であるが、顧客以外にも確認手続を実施すべき対象として、金融機関の業務委託先、役職員があげられる。

a　業務委託先（KYI）

FATFはCDDのプロセスのうち、下記の業務を第三者に委託することを

許容している。

(a) 本人確認および信頼できる独立した情報源に基づく文書、データまたは情報を用いた当該本人確認の検証
(b) 金融機関が「だれが真の受益者であるか」を満足いくまで知ることができる程度までの真の受益者の確認および適切な方法による検証
　法人および法的取極めについては、金融機関は当該顧客の所有およびコントロールの構造も把握するべきである。
(c) ビジネス関係の取引および目的の性質についての理解と必要に応じた情報の取得
　その場合も、最終的な責任は金融機関自身が負うべきこととされており、これを確保するために業務委託先のデュー・デリジェンスが必要となる。

これ以外にも金融機関はさまざまなサービス・プロバイダーと業務委託契約関係にある。当該先自身が金融犯罪を企図する主体ではないこと、あるいは金融犯罪に悪用されないような態勢を有していることの確認が求められる。このような確認プロセスはKYI（Know Your Intermediary）と呼ばれる。

b　役職員（KYE）

既述のとおり、FATFはAML/CFTプログラムの3要素の1つとして「コンプライアンスの枠組み、高い基準を保つための従業員採用手続を含めた方針・手続およびコンプライアンス管理制度」をあげている。従業員採用やその後のモニタリングプロセスはKYE（Know Your Employees）と呼ばれる。過去の犯罪歴情報等が比較的容易に入手できる海外と異なり、個人情報保護が厳しいわが国において高い基準を保つための従業員採用手続（原語はadequate screening procedures to ensure high standards when hiring employeesである）をどこまで適用するのかはむずかしい問題である。しかしながら、金融庁の監督指針には「適切な従業員採用方針や顧客受入方針を有しているか」と明記されているとおり、金融機関は金融犯罪に悪用されるリスクを回避すべくどのような採用を行うのかの基本的な考え方を整理することが求められている。

2 経済制裁対応とフィルタリング

　以下、(1)においてフィルタリングの一般的な実務上の論点を整理する。また、経済制裁はフィルタリングの対象として最も重要なものの1つであるが、経済制裁対応そのものはフィルタリングに限った概念ではなく、これ自体経済制裁（サンクション）・コンプライアンス・プログラムと呼ばれる大きなコントロールの枠組みである。すなわち、本章全般を通して解説している、経営的要素、固有要素、基盤的要素、監視的要素、対外的要素すべてを網羅する包括的なものである。サンクション・コンプライアンス・プログラムに含まれるべき構成要素は、その性質上、本章で解説しているすべての個別要素と多くが重複するが、金融機関の実務としては、AML/CFTプログラムとサンクション・コンプライアンス・プログラムを分けて対応するケースも少なくないため、経済制裁対応の重要性にかんがみて、本項の(2)としてサンクション・コンプライアンス・プログラム全般を解説する。

(1) フィルタリング

　フィルタリングは前項のCDDで記載した顧客受入方針と密接にかかわる。金融機関と取引すべきではない受入拒否顧客をリスト化し、このリストによって口座開設や取引実施時に、当該先を検知するプロセスがフィルタリングである。実は、「フィルタリングを実施すること」という規制は存在しない。基本的に規制は、「経済制裁者と取引してはいけない」「反社会的勢力とのかかわりをいっさい遮断する」、あるいは「外国PEPsは高リスクとみなして対応する」という形態をとっており、この点フィルタリングは、常に不遵守に係るリスクと、徹底して排除するためのコストとの困難なトレードオフ関係を内包している。

　日々、膨大な金融取引サービス、決済サービスを提供する金融機関にとって、その利便性・効率性をある意味阻害するベクトルを有するフィルタリング業務の効果的な適用は永遠の課題である。もとよりゼロデフェクト・ベースのフィルタリングの実現は無理であり、そのためにも、個々のエラーより

図表3-6 フィルタリングの要素

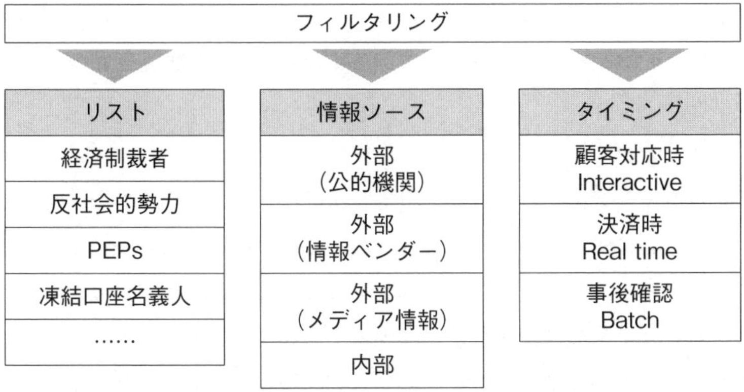

```
                    フィルタリング
     ┌──────────────┬──────────────┐
     ▼              ▼              ▼
   リスト         情報ソース       タイミング
  経済制裁者        外部          顧客対応時
  反社会的勢力    （公的機関）     Interactive
    PEPs           外部           決済時
  凍結口座名義人 （情報ベンダー）   Real time
   ……             外部          事後確認
              （メディア情報）     Batch
                   内部
```

も「態勢として」金融機関がどのように取り組んでいるのか、どのように品質を管理・評価し、継続的改善に生かしているのかの説明責任確保が重要である。

図表3-6のように、フィルタリングには3つの要素がある。

a　リスト

　金融機関においてフィルタリングすべきリストは多岐にわたる。これらのリストはそれぞれの業務あるいは商品部門単位で管理されているケースもあり、金融機関全体でどのようなフィルタリング・リストが利用されているのか実態がつかめないケースも多い。まず金融機関に求められる規制要件、あるいは内部管理目的も含め、全体像を把握する態勢づくりが必要である。そのことにより、金融機関が何をしなくてはいけないのか、そのために利用しているリストが適切なのか、また所管すべき部門やカバーすべき対象範囲にもれなどがないのかの確認が可能となる。このような全体把握を含め、金融機関としてのフィルタリングの基本的な考え方をまとめた方針を策定する必要がある。

b　情報ソース

　リスト情報の入手源もさまざまである。特にリストの更新・維持管理を適切に行うことが重要である。たとえばリスト自体も更新されると同様に、対

象とする顧客リストも日々変化していくため、頻度・タイミングを考慮して効果的に網羅性を確保する必要がある。また内部で集めた情報（新聞等のメディア情報を金融機関自身が蓄積している場合も含む）の鮮度を保つことも容易ではない。

c　タイミング

フィルタリングをどの局面で実施するかについても規制要件や業務の態様に応じて適切に決定する必要がある。たとえば、顧客受入れ時にインタラクティブにフィルタリングを実施するケースは、まさに対象先が金融機関の顧客になることを未然に検知ないしは排除することを目的とする。また決済時にリアルタイムで実施するフィルタリングは決済システムに禁止すべき取引が入り込むことを水際でブロックするものであり、時間的なプレッシャーのなかで対応することが求められる。これに対し事後的な確認は、未然防止という点では効果がないが、フィルタリング・リストの更新が行われた際などに、網羅的に確認する観点で実施される。目的に照らして妥当なリストの選択、適切な更新および適切なタイミングでのチェックが実施されているかを点検する必要がある。

d　品質管理

フィルタリングの実務上の特性として、フィルタリング・リストの重要なソースとなる各国当局の公表リスト自体がITの観点から必ずしも正規化されたデータ構造をもっていないこと、そもそも名前表記自体にあいまい性や多様性を内包するうえに経済制裁者、反社会的勢力等の対象先自身が当然のようにこれをかいくぐろうとそのあいまい性・ステルス性を増していること等の困難性が指摘されている。特にシステム検知の場合はあいまい検索のロジックを常に微調整し、少しでも検知精度を向上させるべく、日々のフィルタリング業務と並行して、継続的な分析・検証および評価を行うことがきわめて重要である（図表3－7参照）。この観点から通常業務としてフィルタリングを実施するリソースのほかに、全体の品質をモニタリング・管理し、継続的に改善するためのリソースも十分確保しておく必要がある。昨今のフィルタリング関連での行政処分事例をみると、マネジメントが当該業務のリス

クを適切に認識せず、あるいは認識していたとしてもみてみぬふり（Willful Blindness）をして、十分なリソースを割いていなかったことが原因の1つと指摘されている。

フィルタリングにはいくつかの発展段階があり、金融機関ごとのリスク、対象取引の規模やリソースに応じて徐々に精度を上げていくことが求められる。

図表3-8は、フィルタリングの発展段階のイメージを示したものである。Goodの段階では、本項でも説明したフィルタリング・リストの統合管理（物理的に1つのリストに統合するという意味ではない）が記載されている。さらにBestの段階ではストリッピング検知機能が記載されている。ストリッピングは金融機関内で意図的に関連情報を削除したり改ざんしたりする手口であり、いわば外部からの招かれざる先を検知するという本来のフィルタリング機能に加えて、内部の不正をも検知する機能といえよう。さらに検知後のケース管理やこれとリンクして疑わしい取引の届出といった後続のプロセスとの統合が指向されている。

図表3-7　フィルタリングのPDCA

	正常と判定	制裁者と判定
正常取引者（Negative）	True Negative	False Positive
制裁者（Positive）	False Negative	True Positive

図表3-8　フィルタリング―海外におけるリーディング・プラクティス

Base	Good	Best
✓ルールベース ✓簡易なあいまい検索 ✓海外送金のすべてをカバー	✓より複雑なあいまい検索 ✓他のリストとの統合 ✓カバーペイメントについてのフルスクリーニング	✓ストリッピング検知機能 ✓国内送金のすべてにも適用 ✓他のシステムとの整合性・リンク

(2) サンクション・コンプライアンス・プログラム

a 概　　要

第1章第2節では経済制裁の目的や法的位置づけを日本と米国の規制を中心にみてきた。それをふまえ、経済制裁規制の遵守に必要となる方針、手続、その実効性を担保する品質管理、研修、監査等を網羅した、PDCA（Plan Do Check Action）サイクルによる業務運用に適した管理枠組み（コンプライアンス・プログラム）のあり方をみてみたい。

なお、米国のBank Secrecy Act Anti-Money Laundering Examination Manual（以下「米国AML検査マニュアル」という）はサンクション・コンプライアンス・プログラムに織り込むべき事項を考える参考になると思われ、プログラム各要素を解説する際に、適宜同マニュアルの関連する部分の概要を紹介したい。

> **米国AML検査マニュアルに関して：**
>
> 　米国には、連邦だけでも複数の政府機関が金融機関の監督を担っている。金融機関に対する検査における方針や手続を統一する役割を担っているのが連邦金融機関検査協議会（Federal Financial Institutions Examination Council、以下「FFIEC」という[5]）である。FFIECは統一検査マニュアルとして米国AML検査マニュアルを同協議会のウェブサイトで公表している[6]。
>
> 　協議会を構成する機関は以下である。
> 　　ⅰ．連邦準備制度理事会　Board of Governors of the Federal Reserve System（FRB）
> 　　ⅱ．連邦預金保険公社　Federal Deposit Insurance Corporation（FDIC）
> 　　ⅲ．全米信用組合管理機構　National Credit Union Administration

---

[5] https://www.ffiec.gov/
[6] https://www.ffiec.gov/bsa_aml_infobase/pages_manual/manual_online.htm

（NCUA）
　ⅳ．通貨監督庁　Office of the Comptroller of the Currency（OCC）
　ⅴ．米消費者金融保護局　Consumer Financial Protection Bureau（CFPB）
　ⅵ．州連絡会　State Liaison Committee（SLC）
　　州銀行監督者会議（Conference of State Bank Supervisors、CSBS）の代表者を含む
　ⅶ．州貯蓄監督者アメリカ協議会　American Council of State Savings Supervisors（ACSSS）
　ⅷ．全米州信用組合監督者協会　National Association of State Credit Union Supervisors（NASCUS）

b　サンクション・コンプライアンス・プログラムの主な要素　その１　経営の関与

(a)　**経営の関与　Tone from the top**

　コンプライアンス・プログラムを整備するにあたり最も重要なのが経営の主体的関与である。米国AML検査マニュアルも取締役会および上級管理者が「OFAC法・規則の遵守を担保する方針・手続等をリスク・アセスメントに基づき整備する」としている。経営のトップがプログラムの制定と運用にコミットし、コンプライアンスの重要性を全社的に繰り返して発信することは、企業にコンプライアンスの文化（社会の一員として、法律、規則を守ることを当然の責務と受け止める文化）を根づかせるために不可欠である。

(b)　**経営宛報告**

　経営の主体的な関与を組織的に担保するのが経営宛ての報告である。経営が把握すべき情報が過不足なくかつタイムリーに報告され、それに基づく経営決定がなされる枠組みが必要である。

　経営宛報告の例：
　　① 所管役員宛定期書面報告
　　② コンプライアンス委員会やAML委員会等への報告

③ 取締役会等の意思決定機関での報告

(c) **基本方針（ポリシー）の策定**

コンプライアンス・プログラムを組織に根づかせるためには、経営が組織に求めていることを平易な言葉で言語化する必要がある。組織の基本方針（ポリシー）として、何をなぜ守る必要があるのかを簡潔かつ明確に記しておくことが大切である。

方針は理解されるだけでは不十分であり、遵守される必要がある。そのためには、方針を徹底する責任者を明確にし、組織の業務が方針どおり運用されるように手続を整備することが必要である。

基本方針（サンクション・コンプライアンス・ポリシー）に含める文の例：

① 【基本方針】当行（当社）は、グローバルに活動する金融機関（企業）に対する国際秩序の維持・世界平和に関する社会の期待・要請を理解し、日本の法律のみならず、当行（当社）業務に適用があるすべての経済制裁規制を遵守する。

② 取締役会は実効性のある経済制裁対応を含むAML（以下「AML」という）態勢整備の責任を負う。取締役会は、チーフ・コンプライアンス・オフィサー（CCO）を総括責任者とし、CCOから過不足なくかつタイムリーに報告を受け、改善策の実施指示や結果検証を行う。

③ CCOの指示のもと、マネー・ローンダリング防止対策部（以下「AML部」という）が必要な手続等の整備と適切な運用を担う。

米国AML検査マニュアルより抜粋：

「It is recommended that every bank designate a qualified individual(s) to be responsible for the day-to-day compliance of the OFAC compliance program」

---

④ AML部は、当行（当社）の経済制裁リスクを評価し、それに基づくリスク軽減措置を制定し、実行する。

⑤ AML部はCCOの承認のもと、各事業部署や関係部の経済制裁対応

責任者を任命することができる。
⑥ 各部署の経済制裁対応責任者は、その部署において関連手続遵守を徹底し、違反があった場合にはAML部宛てに報告する。
⑦ AML部はリスク軽減措置が適切に運用されていることを検証する品質管理手続を整備し、運用する。
⑧ AML部は経済制裁研修プログラムを整備し、運用する。

c サンクション・コンプライアンス・プログラムの主な要素 その2 リスク評価

(a) サンクション・リスク評価の概要

FATFが2012年2月に改定した「International Standards on Combating Money Laundering and the Financing of Terrorism & Proliferation：The FATF Recommendations」[7]（以下「新FATF勧告」という）では、リスクベース・アプローチ（以下「RBA」という）をAML/CFT態勢の中核的概念と位置づけ、最初の勧告としている。また、米国AML検査マニュアルも、「OFAC法・規則の遵守を担保する方針・手続等を<u>リスク・アセスメントに基づき整備</u>」しているかを問うている。業務を行う限りすべてのリスクを完全に排除するのが不可能である以上、限りあるリソースのなかでリスクを管理するには、まずはリスクの所在を把握することが先決である。

① リスク評価を行う目的

リスク評価は経営判断ツールである。リスク評価を行う目的は、制裁規制違反が発生しうる「危険度」の地域的・業務分野的等の分布を把握することにより、「危険度」が高い箇所に優先的にリソースを追加投入し（リソース・アロケーションを行い）、手続強化やシステム整備等の対応をとり、リスクを軽減することにある。リスク評価の主要作業項目は以下となる。

① 組織全体を俯瞰し、行っている業務等がもつ本源的リスク要因（Intrinsic Risk）を特定する。
② それらを制御しているリスク軽減要素を特定する。

---

[7] http://www.fatf-gafi.org/publications/fatfrecommendations/documents/fatf-recommendations.html

③　本源的リスクに対してリスク軽減要素を適用してもなお残るリスクを評価する。残存リスク＝本源的リスク－リスク軽減要素

② 情報を集める単位

　リスク評価の目的がリソース・アロケーションであるからにして、収集する情報は組織から広く、同一基準で求められた数字データが望ましい。しかし、実務的にはリスク評価に適した数字データの入手は容易ではない場合があり、しばしインタビュー結果等の定性情報をも使う。

　　①　組織の単位……情報系のシステムや計数管理の仕組みが許す組織の最小単位で情報収集しておけば、分析段階でみたい組織レベルで集計できるメリットがある。組織の規模にもよるが、分析の単位となるのは以下。

　　　ⅰ．（企業グループの）法人単位
　　　ⅱ．拠点が所在する国・地域
　　　ⅲ．支店・営業所
　　　ⅳ．業務部門（法人取引・個人取引・国際取引　等）

　　②　数字の利用における注意点

　　　ⅰ．情報系システムや計数管理の限界から、ほしい数字がとれないことは珍しくない。そのような場合、取得可能な数字で代替できるか検討することが大切である。

　　　　例：ハイリスク国との送金取引がある顧客数を利用したいが、計数がとれないとする。ハイリスク国との送金取引がある顧客数は、送金取引を行う全顧客のうち、どの拠点でも一定の割合はいることを仮説とし、代替計数として送金取引を行う顧客数を使う。

　　　ⅱ．実数字を使うか、比率（対取引者数、対取引件数等）を使うか。
　　　　規模が評価対象であれば実数字を使うが、管理状況を評価する際には注意を要する。

　　　　例：コンプライアンス業務の要員数だけを比較しても、これら人員で対応している取引規模がわからないと、管理状況の強弱は評価できない。

(b) **本源的リスク**

AMLでは本源的リスクを顧客リスク、地理的リスク、商品リスク、販売経路リスクに分解してとらえ、リスクの高低の判断軸（以下「リスク・インディケーター」という）となる情報・計数を収集する。

① 顧客リスク・インディケーター（Customer Risk）の例

総顧客数、年間新規顧客数、AMLリスク評価が「高」の取引先数、非居住者口座数、コルレス決済口座保有金融機関数、顧客の安定性（平均取引年数）。

② 地理的リスク・インディケーター（Geographical Risk）の例

米制裁対象国所。既存顧客数、高リスク国との取引がある顧客数、高リスク国にある拠点数。

> 「高リスク国」について：
> 　「高リスク国」の基準は各社が自身の業務実態等を勘案して定義する。海外取引が限定的ならばFATFが公表している「高リスク、非協力的国」、国連や米国の経済制裁の対象となっている国を「高リスク国」と定義することも否定されるものではないが、広く国際業務を行っている場合は、各国のAML法整備、同取締状況、腐敗等、複数の要素を加味したインデックスのほうがより幅のある評価を可能とする。

③ 商品リスク・インディケーター（Product Risk）の例

外国送金取引件数・金額、貿易（Trade Finance）取引件数・金額、コルレス決済口座数、Payable Through取引を許容しているコルレス決済口座数[8]。

④ 販売経路リスク・インディケーター（Channel Risk）の例

非対面口座開設件数、インターネット・バンキング顧客数、オンラインで受け付けた内外送金・貿易取引件数。

---

8 Payable Through取引とは、自行が他行に有している決済口座を、自行の顧客が直接利用することを許容する取引である。

(c) リスク軽減要素

　金融取引を扱う限りマネー・ローンダリング／経済制裁リスクを完全に排除することは不可能である。金融機関は、その程度にこそ差があれ、常にマネー・ローンダリング／経済制裁リスクにさらされている。このリスクを管理し、法令違反等重大な問題の発生を防ぐためには、スキルを有する要員（人）が、組織的に（手続にのっとって）、取引状況等の情報を、各種システムを活用して網羅的かつ効率的に把握し、分析し、必要な措置をとる態勢の整備が重要である。このような考え方から、リスク評価では、人・手続・システムをリスク軽減要素としている。

① 人（People）関連要素の例

　AML要員の平均経験年数、資格保有者数、経済制裁研修履修者数、外部専門研修参加人数。

② 手続（Process）関連要素の例

　手続の整備状況（業務が網羅されているか、適切に更新されているか）、経済制裁違反の疑いから謝絶した取引件数、内・外監査の指摘数。

③ システム（Technology）関連要素の例

　取引先フィルタリングのシステム化状況（システム化されているか、フィルタリング対象の範囲は適切か）、送金等電文のフィルタリングのシステム化状況（システム化されているか、意図的な文字の入替え等を検知できる高度なロジックが備わっているか）、経済制裁対応で利用するシステムに関する内外監査指摘数。

(d) 残存リスクの導出と評価

　本源的リスクとリスク軽減要素の状態を把握したら、それらから残存リスクを導出する。評価単位別（支店、地域等）に本源的リスクの高低とリスク軽減要素の強弱のマトリックスで残存リスクを定義する方法や各々を点数化し、その差で残存リスクを測る方法が一般的である。どちらの方法がより優れているということはなく、どの方法を選ぶかは、取得できた情報・データが定量的なものが中心なのか、それとも定性的情報が中心なのか、評価単位間の残存リスクの違い（高低）が俯瞰しやすいのはどちらか等を勘案して判

断する必要がある。以下に本源的リスクの高低とリスク軽減要素の強弱のマトリックスで残存リスクを定義する方法を簡単に例示する。

① 商品リスク・インディケーター（Product Risk）の例

　　イ　リスク項目ごとにデータの分布等を参考にリスクの程度を定義する。

（例）顧客リスク	高	中	低
AMLリスク評価が「高」の取引先数	全顧客の5％以上	全顧客の1％以上、5％未満	全顧客の1％未満
コルレス決済口座数	10以上	10未満	0
……			

　地理的リスク・商品リスク・販売経路リスクに関しても、同様に定義する。

　　ロ　本源的リスクの程度を定義する。

（例）	高	中	低
顧客リスク	「高」が5問以上	「高」が5問未満	「高」がない
地理的リスク	「高」が2問以上	「高」が1問	「高」がない
商品リスク	「高」が5問以上	「高」が2問以上5問未満	「高」が2問未満
販売経路リスク	「高」がある	—	「高」がない
総合評価	4リスク項目のうち、3つが「高」	4リスク項目のうち、2つ以下が「高」	4リスク項目に「高」がない

② リスク軽減要素

　イ　人・手続・システムの各要素別に有効性を評価する。

（例）人	強	中	弱
経済制裁対応を担当するコンプライアンス要員数	5人以上	3～4人	2人以下
経済制裁対応を担当するコンプライアンス要員の平均経験年数	10年以上	2～10年	2年以下
……			

　ロ　リスク管理要素全体の有効性を評価する。

（例）	強	中	弱
人	「弱」がない	「弱」が半数未満	「弱」が半数以上
手続	「弱」がない	「弱」が半数未満	「弱」が半数以上
システム	「弱」がない	―	「弱」がある
総合評価	3リスク軽減要素いずれも「弱」ではない	3リスク軽減要素のうち、1つが「弱」	3リスク軽減要素のうち、2つ以上が「弱」

③　残存リスクの評価

　イ　残存リスクを、本源的リスクとリスク軽減要素のマトリックスで定義する。

リスク	管理		
	強	中	弱
高	Middle	High	Extreme High
中	Low	Middle	High
低	Extreme Low	Low	Middle

(ロ) 組織全体を俯瞰するために、評価対象（単位）を分布図で表示する。

リスク	管理		
	強	中	弱
高	A支店 G支店 H支店		K支店
中		B支店 D支店 E支店	
低	J支店		C支店 I支店

d サンクション・コンプライアンス・プログラムの主な要素 その３ 手続の制定

　方針（ポリシー）を実務に定着させるには各種手続を整備する必要がある。マネー・ローンダリング・経済制裁リスクは銀行の日常業務のなかで顕在化するため、リスク軽減措置（手続）も事務のなかに一体化されている必要がある。なお、手続を整備するにあたり、財務省の「外国為替検査マニュアル」[9]が参考になると思われる。このマニュアルでは「資産凍結等経済制裁に関する外為法令の遵守状況」[10]が検査項目とされている。具体的なチェック項目は「資産凍結等経済制裁に関する外為法令の遵守状況に係るチェックリスト」に規定されている。以下にチェックリストの主要項目を要約する。

(a) 内部管理体制

　① 経済制裁の変更等にあわせて手続等の改訂が行われているか。
　② 以下が手続に含まれているか。
　　ⅰ．経済制裁の変更情報の入手

---

[9] https://www.mof.go.jp/international_policy/gaitame_kawase/inspection/m_honbun.pdf
[10] https://www.mof.go.jp/international_policy/gaitame_kawase/inspection/m_betten2.pdf

ⅱ．経済制裁対象者リストの更新およびその周知
　　　ⅲ．経済制裁対象者との取引有無の確認方法
　　　ⅳ．経済制裁対象の支払等に該当するか否かの確認方法と判断基準
　　　ⅴ．経済制裁対応に責任を有する担当取締役等が定められているか
　　　ⅵ．その責任者が経済制裁に関する規定を確実に遵守する態勢を整備しているか
　（b）**送金情報の把握**
　　①　送金目的、送金人・受取人の氏名、住所・所在地（国）等の情報を把握しているか。
　　②　自動照合システム（送金等電文をフィルタリングするシステム、以下「フィルタリング・システム」という）を用いている場合、当該システムの設定等を適切に管理しているか。
　（c）**輸入決済・仲介貿易**
　　①　仕向国、送金目的、原産地、船積地等の情報を把握しているか。
　　②　仲介貿易取引の商品の仕向地・原産地、船積地が制裁規制対象国ではないことを確認しているか。
　　③　必要に応じて船荷証券等の資料にて確認しているか。
　（d）**資金使途規制**
　　①　仕向送金・被仕向送金に関し、適切に資金使途規制に抵触するものか否か、送金目的等の情報を把握し、確認しているか。
　　②　顧客との過去の取引実績等から必要と判断される場合、資料による慎重な確認を行っているか。
　　③　フィルタリング・システムに資金使途規制に関連する単語を適切に登録し、検出された送金について慎重な確認を行っているか。
　　④　確認結果の記録を適切に保持しているか。
e　サンクション・コンプライアンス・プログラムの主な要素　その4　研修・品質管理・監査・変更管理
　（a）**研修プログラム**
　リスク管理における「3つの防衛線」（Three Lines of Defense）を機能さ

図表3-9　研修プログラムの例

種類	対象者	目的	頻度
新人研修	新規採用者全員	経済制裁関連手続の紹介	随時
役員向け研修	役員全員	経済制裁の最新の動向	四半期ごと
営業担当者向け研修	法人取引担当者全員	法人業務における経済制裁の注意事項	半年ごと
外為業務研修	外為業務従事者	送金や輸出入取引における制裁フィルタリングの注意点	半年ごと
制裁対応担当者向け研修	コンプライアンス部署の経済制裁対応担当者	取引調査（Investigation）のコツ	四半期ごと

せるには、リスク管理を担う第二線、監査を担う第三線だけではなく、フロント組織である第一線にまで必要なノウハウが常に行き渡っていることを担保する、組織と業務の実態に適した研修プログラムの整備が不可欠である。全員に同一内容の研修を一度だけ行うのでは不十分であり、職務内容や習熟度をふまえた研修を、リスク評価結果をも反映し、組織立てて提供することが肝要である。

(b)　**第二線による実効性検証・品質管理**

　第二線であるリスク管理部署は、必要な手続を整備するにとどまらず、それが実際に意図したとおりに運用されているか、手続の実施状況・品質に問題がないか確認する枠組みを構築し、運用する必要がある。特に本部でデータや資料の一元管理が困難な場合は、実地で作業を検証したり、面談にて手続の理解度を確認したりすることも大切である。

　例：KYCの品質管理手順（Quality Assurance Program）

　KYCは原則、その取引先との関係に責任をもつフロント部署が実施する。AML部署はKYCの実施状況をサンプル・チェックし、高リスク要素がある場合のAML部署へのエスカレーション等の手続遵守およびフィルタリングの実施や資産の源泉などの調査水準が適切か確認する。

(c) **第三線による監査**

　第二線による手続の実効性検証に加え、内部監査等の独立した第三者による監査はサンクション・コンプライアンス・プログラムに不可欠である。独立した監査では、第二線による手続の実効性検証・品質管理とは別の視点から、手続そのものに瑕疵がないか、より改善する余地はないか等をみることになる。監査人には第二線同等、またはそれ以上の専門知識・経験が求められる。

(d) **変更管理の徹底**

　上述のとおりマネー・ローンダリング・経済制裁リスクは銀行の日常業務のなかで顕在化するため、リスク軽減措置（手続）も事務の取扱いのなかに一体化されている必要がある。これは、事務やそれを支えるシステムに変更があった場合、AML／経済制裁関連の手続の実効性・有効性に影響が出る可能性があることも意味する。管理できていたリスクが事務手続やシステムの変更を境に管理されなくなったという事態を避けるには、事務・システムの変更がリスク管理に影響を与えないこと、または影響が考慮され新事務手続・システムにおいても引き続きリスク管理の実効性が担保されていることを確認する変更管理手続を整備しておく必要がある。

f　**経済制裁対応の実務における留意点**

(a) **対象となる規制の特定**

　手続を整備するにあたり、最初に行う必要があるのが対象規制の特定である。どこで行う、どの取引に関して、どの国のどの規制を守る必要があるのかを、これまでみてきた域外適用性にも留意しつつ特定する。適用有無の判断がむずかしい場合は、保守的に適用されると仮定する。

　これまでみてきたとおり、どの国の法・規制が適用されるかは、対象取引に対して当該国の主権が及ぶかで決まる。適用を判断するにあたり考慮すべき主たる要素は以下である。

　　ⅰ．本店所在国（邦銀の場合は日本）
　　ⅱ．取引発生国（拠点所在国）
　　ⅲ．通貨、特に、米ドル建てか（米国接点の有無）

(b) **運用上の課題**

手続を個々の取引において運用していく際に直面する課題のうち、特に注意を要するのが以下である。

① 外国法の域外適用

ある取引に適用される自国の法律を遵守すると、その取引に適用される別の国の法律の違反となりうるケース。

> ⅰ．日本にある支店で米ドル建て普通預金をもつX社が米国SDNに指定される。X社は本邦法上の制裁対象者ではない。
>
> ⅱ．このドル口座から資金を移動させる取引は、米OFAC規制に抵触する可能性がある。
>
> ⅲ．他方、本邦法上、X社からの払戻請求に応じる必要がある。

このような事例が実際に発生した場合は取引先に事情を説明し、個々の状況に応じた対応策（例：OFAC宛申請）をつど検討することになる。

② 過度に保守的な対応（デ・リスキング）

リスク評価に基づいてではなく、リスク管理の負担や将来制裁対象となるリスクを嫌気し、特定の国や業種がかかわる取引を全面的に扱わない・解約する、いわゆるデ・リスキングが問題となっている。個々の金融機関としてはマネー・ローンダリング・経済制裁違反リスクが減少する。しかし、特定国や特定業種が金融システムから締め出されてしまうことは、それら国・業種にかかわる決済が地下に潜り、透明性が低下し、金融システム全体としてはマネー・ローンダリング・制裁違反リスクがむしろ高まる。デ・リスキングを発生させないために、取引方針は取引をしないという判断を含めてリスク評価に基づいて決定する旨、関係する手続に明記しておくのが望ましい。

他方、デ・リスキングの背景には、リスクベース・アプローチでは十分にリスク、特に行政処分や罰金等に至る当局リスクを、コントロールできないという不安が働いていることも理解しておくべきである。デ・リスキング問題の解決には、関係当局による規制内容と運用の明確化、当局と金融機関等の対話が必要である。FATFは民間金融機関の意見をも聴取しつつデ・リスキングの影響が特に大きいコルレス取引等に関するガイダンス作成に取り組

んでおり、その公表が待ち望まれる[11]。

③　レピュテーション・リスク

上述したデ・リスキングは、レピュテーション・リスクの極端な低減策、という見方もできる。法令上の問題はない取引であっても、規制当局、政治家、マス・メディアなどに取り上げられるリスクがあると考えるならば、その取引を回避するという心理が働くことは理解できる。レピュテーション・リスクを考えるにあたっては、メディアを通じた企業イメージ悪化と、その結果としての業務への影響のみならず、規制当局等の心象悪化による業務展開への悪影響をも考慮する必要がある。

レピュテーション・リスクは経営リスクそのものであり経営判断を要する。経済制裁対応の手続には、レピュテーション・リスクをも意識し、必要に応じて適切に経営宛てにエスカレーションすることを記載しておくことが望まれる。

g　経済制裁対応の詳細

経済制裁対応手続は、「制裁規制に抵触する取引を未然に防ぐ」ことを目的とする。その柱となるのがフィルタリングである。最初に、フィルタリングとは何かを明確にしておきたい。フィルタリングとは、取引を実施するにあたり入手している情報のなかに経済制裁対象であることを特定・示唆する情報がないか、入手している取引明細情報等と「経済制裁対象であることを特定・示唆する情報」のリストを突き合わせることである。

(a)　**バッドガイ・リスト**

「経済制裁対象であることを特定・示唆する情報」のリストをバッドガイ・リスト（Bad guy：悪者）と称する。具体的には、以下のような情報から構成される。

　　① 　政府等指定の制裁対象者情報
　　　ⅰ．安保理決議に基づく制裁対象者情報
　　　ⅱ．本邦外為法に基づく有事規制対象者情報

---

[11] 2016年2月現在未発表。

ⅲ．米国SDNリスト掲載者情報
　　　ⅳ．EU制裁対象者情報　等
　　② 制裁対象者情報を補完する情報
　　　ⅰ．制裁対象国名（例："Iran"、"Syria"）
　　　ⅱ．制裁対象国の略称・コード（例："IR"（イラン））
　　　ⅲ．制裁対象国の主要都市・港等（例："Teheran"、"Bandar Abbas"、"Imam Khomeini International Airport"）
　　　ⅳ．制裁対象銀行のBIC CODE（銀行間決済関連通信システムであるSWIFTで利用する、銀行を特定するコード）
　　　ⅴ．制裁指定商品名（例："missile"、"nuclear"）
　　　ⅵ．（単独または複数の）SDNが50％以上保有している、またはその他方法で支配しているとの情報がある企業名等
　　③ 自主注意リスト
　　　ⅰ．過去に制裁違反の疑いがある取引に関与した先の情報等

(b) バッドガイ・リストの運用

　バッドガイ・リストを充実させるほど、実際は問題がないもののリスト掲載名・語句と類似しているために検知対象となり（以下「ヒット」という）、止められる電文が増える。よりリスクが高いところにリソースを集中するというリスクベース・アプローチの考え方からは、このような誤ヒットは、本来止めるべき取引を検知する感度を犠牲することなく、極力抑えることが必要である。

　ヒットの調査の結果、誤ヒットと確認された語句を、当該バッドガイとひもづけて登録し、そのバッドガイとの組合せの場合はヒットしない（電文の処理を止めない）手法は、誤ヒットを減らす有効な手段である。このようにヒットがあったにもかかわらず処理の継続を許容する語句をグッド・ガイやホワイト・リストと称する。

　ホワイト・リストの利用にあたっては、止めるべき電文までも止めずに処理が進められてしまうことは厳に回避する必要がある。ゆえに、ホワイト・リストは必ず特定のバッドガイにひもづけて設定する。

例：バッドガイXに対し、Aをホワイト・リストに登録。
 ⅰ．電文が、バッドガイXに対してヒット。ヒットした語句がAであった→電文は処理される。
 ⅱ．電文が、バッドガイXに対してヒット。ヒットした語句がAではなかった→電文は止まる。
 ⅲ．電文が、バッドガイYに対してヒット→ヒットした語句がAであるか否かはみに行かない。電文は止まる。

(c) **リストのメンテナンス**

① 登　　録

　制裁対象指定は発表時点から有効であり、政府等発表の制裁対象者は迅速に登録する必要がある。そのために、当局による制裁対象者の発表をモニターする責任者を明確にし、もれなく発表を認識し、登録する態勢を整備しておく。リストの作成・更新に外部情報ベンダーを利用し、ベンダーから提供されるデータが自動的にフィルタリング・システムに登録される仕組みを構築するのも選択肢である。しかし、その場合であっても正しくリストが更新されていることを確認する義務は金融機関にあると認識するべきである。制裁対象者の発表からいつまでにシステムに登録する必要があるかの明確なガイドライン等はないが、24～48時間内には完了させたい。また、自主注意先の登録にあたっては必ず登録の理由を記録化しておく。

② 登録削除

　政府等が制裁対象者の登録削除を発表した場合は迅速にバッドガイ・リストから削除するべきである。制裁対応の観点からは、止める必要がなくなった電文を止めることはリスクを伴わないが、送金取引の関係者とのトラブルを惹起する可能性があり、好ましくない。自主注意先に関しては、政府指定制裁対象者とひもづいている場合には、当該制裁対象者が解除された時点で削除するべきである。ひもづいていないものは、定期的に登録継続の是非を見直し、不要となったものはその根拠を記録化のうえ、削除するべきである。

　ホワイト・リストのメンテナンスに関してはOFACが2015年10月21日に

"False Hit Lists Guidance"を発表している。このガイダンスで、OFACはこのようなリストの利用は一般的であり許容されるとしつつ、以下に対して注意を促している[12]。

ⅰ．コンプライアンス担当者による関連手続の整備および定期見直しを含むリストのメンテナンスを実施すること。

ⅱ．制裁対象者に追加や変更があった場合、登録されているグッド・ガイにより、新たに指定された制裁対象者に関するヒットまで抑えられることがないことを確認すること。

ⅲ．制裁規制の変更にあわせて、適切にホワイト・リストを変更すること。新たな制裁プログラムやGeneral License（包括例外許可）の撤廃が発表された際に、特に注意を要する。

ⅳ．顧客名をホワイト・リストに掲載している場合、顧客の状況に変化（法人であれば株主、UBO、所在地、業務内容等の変更、個人であれば住所の変更や生年月日の修正）があるつど、登録維持の是非を確認すること。

(d) 取引先のフィルタリング

取引先に制裁対象者がいないこと、いる場合には適切に管理されていることを確認するために、顧客名等の顧客情報をバッドガイ・リスト（特に政府等が発表しているもの）に対してフィルタリングする。

① 実施時期

ⅰ．新規取引開始前（KYC作業の一環として）

ⅱ．制裁対象者が追加されたとき……資産凍結等の対応が必要となるため、取引先となっている制裁対象者は常に把握しておく必要がある。そのため、既存の取引先が制裁対象者と指定されていないことを、制裁対象者の追加が発表されるつどに確認する。

ⅲ．取引先情報（KYC情報）に変更があったとき……フィルタリング対象とするべき取引先情報に関しては後述するが、役員等KYC情報に

---

[12] https://www.treasury.gov/resource-center/sanctions/OFAC-Enforcement/Pages/20151021.aspx

変更があった場合は当該情報をフィルタリングする。
② 対象バッドガイ・リスト
　ⅰ．政府等指定の制裁対象者情報……邦銀の場合、本邦政府が指定する制裁対象者リストでのフィルタリングは必須である。日本以外の国の制裁対象者リストに関しては、当該国所在拠点では必須、本邦を含む他拠点でのフィルタリング要否は当該国の規制の域外適用性等から判断する。米国のSDNリストは米国の拠点に限らず、全拠点でフィルタリングするのが望ましい。
　ⅱ．制裁対象者情報を補完する情報のうち、（単独または複数の）SDNが50％以上保有している、またはその他方法で支配しているとの情報がある企業名等は制裁対象者と同様にフィルタリングするのが望ましい。
③ フィルタリング対象の情報
　全取引先がフィルタリングの対象。また、KYCで得ている氏名情報は原則フィルタリングの対象である。主なものを例示すると、個人の場合は取引先本人と代理人の氏名、法人の場合は取引先名、代表者氏名、役員氏名、株主名、UBO氏名、取引の任にあたる自然人氏名、署名登録者氏名、保証人氏名である。
④ 取引先フィルタリングのシステム対応
　全取引先に関する多くの情報項目をさまざまなタイミングで迅速にフィルタリングするにはシステム対応が必要である。そのようなシステムの構築・運用に関する留意点を以下に例示する。
　① 情報の網羅性と完全性（Data Integrity）……取引先の氏名、代表者名や署名登録者等取引に密接した情報は記帳システム（バンキング・システム）、株主や保証人は融資管理システム、UBOや主要役員名はKYCデータベースに、とフィルタリング対象である顧客情報が複数のシステムに分かれて保有されている場合、それらがもれなくかつ正しくフィルタリング・システムに取り込まれる必要がある。また、代表者変更等の手続がとられた際には、フィルタリング・システムにも

すみやかに更新情報が連携され、フィルタリングされる必要がある。複数の拠点での取引がある場合、保有している情報に差分がないこと、フィルタリングもれが生じないことを担保するためにも全拠点の情報が名寄せされることが望ましい。

② 最新のバッドガイ・リスト……常に最新のリストを対象にフィルタリングされる必要がある。

③ フィルタリングの実施……フィルタリング対象の顧客情報かバッドガイ・リストのいずれかが更新された際にフィルタリングされる必要があることから、日次でフィルタリング対象情報全量がバッドガイ・リスト全量に対してフィルタリングされるのが望ましい。一致を検知するロジックは、完全一致や部分一致だけではなく、綴りの揺らぎ等にも対応できるものを利用する（いわゆるファジー・ロジック、あいまい検索）であることが望まれる。採用したロジックの感度等特徴は記録化しておく。

④ 有効性検証（Validation）の実施……フィルタリングされるべき全情報がバッドガイ・リストに対して有効にフィルタリングされているか、定期的に検証し、その結果を記録化する。

(e) 取引フィルタリングの概要

① 取引フィルタリングの基本的な考え方

　ⅰ．フィルタリングは取引実施前に行う。

　ⅱ．最新のバッドガイ・リストに対してフィルタリングする。

　ⅲ．対象取引は、リスクベースで決定する。ただし、外国・外貨決済取引は必ずフィルタリングの対象とする。

　ⅳ．依頼書等の取引実施のために顧客から受け入れた書類等にある情報のうち、制裁抵触有無の判断に影響しうるものはフィルタリングの対象とする。

　ⅴ．フィルタリングでの検知を回避することを目的とし、情報の電文掲載等を省略・削除・変更することは厳禁。

金融機関が扱う多様な取引の経済制裁リスクは同一ではない。たとえば、

国内円送金は個々の送金取引をフィルタリングしなくても仕向銀行も被仕向銀行も取引先に自国の制裁対象者がいないことを確認する義務があることから、実質的に取引をフィルタリングできているともいえ、制裁リスクは低い。他方、外国送金の場合、外国にある銀行の顧客フィルタリング義務は国内のそれとは違い、上述した国内送金のような安心材料とはならない。自国通貨以外の決済取引は、送金人・受取人とも自国内であっても、銀行間の資金決済が外国で発生する可能性が高いため、注意を要する。また、資金決済が後日発生する輸出入ドキュメンタリー取引も実質的な決済取引としてフィルタリングの対象となる。体制を整備するにあたっては、ドキュメンツ（貿易書類）にある対象情報のフィルタリング・システムへの打鍵入力が生じることにも配慮する必要がある。

② 調査の基本的な考え方

フィルタリングでヒットした取引の扱いを決定するためには、そのヒットが本当に制裁に抵触するのか、どの制裁になぜ抵触するのか、抵触しないと判断できる根拠は何かを明確にするために、背景にある商取引の関係者、対象商品やサービス等を調査する必要がある。その調査結果をふまえ、取引の

図表3－10　取引種類別フィルタリング方法

取引種類	制裁抵触リスク	主たるフィルタリング方法
預金	低	取引先フィルタリングで対応。
国内送金	低	取引先フィルタリングで対応。
外国・外貨送金	高	システムによる電文の自動フィルタリング。
外為取引（輸出入）	高	ドキュメンツ（貿易書類）にある情報をフィルタリング・システムに打鍵入力。 電文で発行するL/Cは外国送金同様、システムによる電文の自動フィルタリング。 紙で発行するL/Cはフィルタリング・システムに打鍵入力。
融資	中	関係者名等をフィルタリング・システムに打鍵入力、資金使途を確認。

実行、謝絶、資金凍結等の対応を決定する。

③ 取引種類別のフィルタリング方法

　原則、全取引をシステムによるフィルタリングの対象と考えるべきではある。しかし、上述の国内送金のように、経済制裁に抵触するリスクは取引種類により異なることに着目し、よりリスクが高い取引をよりしっかりとフィルタリングするリスクベース・アプローチが必要である。

(f) 外国送金等決済取引のフィルタリング

① 銀行間資金決済の仕組み

　フィルタリング方法や調査手法を理解するには、当該取引の仕組みを理解することが不可欠である。特に、決済方法、資金がどのように移動するかを知っておく必要があることから、まず外国送金や外為取引に伴う銀行間の決済の仕組みを概説する。

【中銀資金決済】

　中央銀行に有する口座間の振替えで、銀行間の資金決済を行う方法。

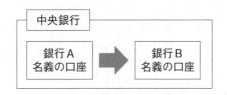

【コルレス決済】

　第三の銀行に有する口座間や中銀決済を介した各々別の銀行に有する口座間で資金決済を行う方法。

① 第三の銀行に有する口座間で決済。

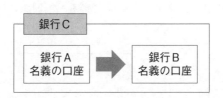

② 中銀決済を介した各々別の銀行に有する口座間で決済。

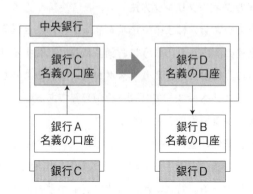

ⅰ．銀行Cは
　・自行にある銀行Aの口座から資金を払い戻し、
　・中央銀行に対し、銀行Cの口座を引き落とし、銀行Dに支払うように指示。
ⅱ．中央銀行は
　・銀行Cの指示どおり、銀行Cの口座を引き落とし、銀行Dの口座に入金。
ⅲ．銀行Dは
　・自行にある銀行Bの口座に入金。
ⅳ．結果、資金は銀行Aから銀行Bに移動。

SWIFT（Society for Worldwide Interbank Financial Telecommunication）：
　SWIFTとは、海外送金や外為取引を含む金融取引にかかわる通信インフラやその利用スタンダードを提供する、協同組合形式の団体である。

---

② 外国仕向送金
【業務フローの概要】
　顧客から、送金依頼を依頼書や電子バンキング・システムで受け付けた

後、送金電文を作成する。送金銀行は、受取人の銀行宛てに送る支払指図電文であるMT103および、必要に応じて受取人の銀行との銀行間決済を指図する電文(以下「カバー電文」という)MT202COVを作成し、発信する。

> **MT202COVに関して:**
> 　顧客送金のカバー電文を含む銀行間の決済指図に用いるSWIFT電文フォーマットはMT202であったが、MT202には制裁フィルタリングに必要なカバー対象の顧客送金に関する情報がないという問題があった。この問題を解決するためにSWIFTは2009年11月から、MT202カバー電文に顧客送金電文フォーマットであるMT103の情報を追加したMT202COVフォーマットを導入している。顧客送金のカバー以外の銀行間決済には引き続きMT202が利用されているが、カバー送金はMT202COVの利用がスタンダードとなっている。

【フィルタリングと調査】

　送金依頼書を受け付けた時点で、送金依頼人と受取人の氏名や送金目的等の制裁フィルタリングに必要な情報が記載されているか目視確認する。なお、電子バンキング・システムで外国送金を受け付ける場合、フィルタリングに必要な項目を入力必須項目とし、空欄や意味のない文字の羅列では受け付けない機能を設けるか、自動処理(STP:Straight Through Processing)をせず、目視確認を行う対応が必要である。

　電文が作成された後、対外発信前に電文をフィルタリングする。フィルタリングには、電文記載内容すべてをバッドガイ・リストとファジー・ロジックを用いて照合するシステムの利用が望ましい。スクリーニングの結果、ヒットがなければ、電文は対外発信される。ヒットがあった場合、明らかな誤ヒットであればその旨記録化し、対外発信されるが、それ以外は調査対象となる。

　明らかな誤ヒットとは判断できない送金は、その送金の背景にある商取引にかかわる情報を入手し、制裁に抵触するか否かを確認する。送金電文に含

まれている情報は限定的なので、取引関係者に制裁対象者がいるのか、送金目的に制裁抵触リスクがあるのかを確認するに足りる資料を送金依頼人から入手する。この確認作業で主に利用されるのが、請求書（インボイス）等の支払理由がわかる資料と、貿易決済の場合は船荷証券（Bill of Lading、以下「B/L」という）等輸送書類である。これら資料にある情報や送金依頼人のKYC情報、外部データベースやインターネットでの検索結果から、ヒットの理由や適用されうる制裁規制を勘案しつつ、制裁違反の可能性があるか判断する。

以下に具体的な調査項目を例示するが、すべての調査対象取引において、これらをすべて調べることは必ずしも必要ではない。逆に、取引によっては以下以外にも調べるべき事項がありうる。機械的に確認するのではなく、個々の取引の特徴をふまえて制裁抵触の有無の判断が可能になるまで疑問点を潰し込むことが肝要である。手を尽くしても疑問点が解消できず、制裁抵触の有無が判断できない場合は当該取引を扱うべきではない。

① 送金依頼書・インボイス・B/Lの情報に矛盾はないか。
　ⅰ．インボイスの発行者（販売者）・B/Lの荷送人・送金受取人が同じか（名前、住所、所在国等）。
　ⅱ．インボイスの宛先（請求先、Buyer）・B/Lの荷受人・送金依頼人が同じか（名前、住所、所在国等）。
② インボイスにある支払目的が制裁に抵触する可能性はないか。
③ 送金目的は、送金依頼人の業務内容に照らして違和感はないか。
④ 支払先・送金受取人が実在することをインターネット上の情報で確認できるか（ホームページがあるか、住所・電話番号・eメールアドレスが公表されているか、電話の国番号、eメールやホームページのドメインが所在国情報と一致しているか、等）。
⑤ 外部データベースに支払先・送金受取人に関する制裁リスクを示す情報はないか。
⑥ 外部データベースにB/Lの関係者（荷送人、荷受人、通知先、輸送会社、船舶など）に関する制裁リスクを示す情報はないか。

⑦ B/L記載の船舶の航路が確認できるか。書類と一致するか。イラン等制裁対象国への立ち寄りはないか。

【調査結果】

調査の結果、制裁抵触を示唆する情報がなければ、電文を対外発信する。制裁抵触の可能性があると判断した取引に関しては、取引の謝絶や送金資金の凍結等、適用される法に従い処理する。調査対象となった取引は、対外発信されたものも、謝絶等されたものも、すべてその調査内容および結果を記録化しておく。専用システム（ケース・マネージメント・システム）を利用し、分析や取引先別のAMLリスク評価等に利用することが望ましい。

> 外部情報データベースについて：
>
> 国連および各国の制裁対象者リストや報道等の公開情報をデータベース化したもの、各国の登記情報や上場会社の開示情報から詳細な法人の所有者情報を提供するもの、船舶の所有者・運行者情報および航海履歴を提供するもの、コンテナの移動履歴を提供するものなど、さまざまなサービスがインターネット上で提供されている。いずれも安くはないが、しっかりと調査を行うには不可欠であり、各金融機関は自社の業務内容を勘案しつつ、必要なものを利用できる環境を整備するべきである。

③ 外国被仕向送金

【業務フローの概要】

受取人取引銀行として、自行取引先を受取人とする電文（MT103）を受領。MT103に基づき、取引先の口座に入金する。カバーがコルレス決済される場合、カバー電文（MT202COV）は決済口座がある銀行（以下「決済銀行」という）が送金銀行から受領。

【フィルタリングと調査】

① MT103は受取人取引銀行、MT202COVは決済銀行で各々のシステムでフィルタリングされる。ヒットがあった場合の対応は仕向送金と

同じ。

② 調査の実施と記録化……調査の実施と、その結論に基づく行動は基本的には仕向送金の場合と同じだが、以下2点に留意する必要がある。

　ⅰ．送金の詳細を把握しているのは送金依頼人であるため、資料は原則、送金銀行経由、送金依頼人に依頼する。情報を得られない場合は当該送金を処理するべきではない。

　ⅱ．カバー電文（MT202COV）は決済銀行が、支払指図（MT103）は受取人取引銀行が受電し、フィルタリングする。同じ資料に基づき調査している場合であっても同じ結論となるとは限らない。特に注意を要するのが、受取人取引銀行としては処理可能と判断し、カバー資金の入金を確認せず、受取人である顧客の口座に入金しているなか、決済銀行は逆の結論に至り、送金資金を凍結や送金銀行宛てに返却した場合である。

　　日本の場合、いったん顧客口座に入金された資金は顧客の同意なしには回収できない。顧客同意を得られない場合は、銀行として入金した額を損失処理する必要が生じうる。さらに、適用される法律次第では結果として制裁逃れを幇助したとされるおそれがある。

　　このようなリスクを回避するためには、制裁対応上リスクが高い国・地域からの送金に関しては、カバー資金の入金を確認後に顧客口座に入金するのが望ましい。

④ 信用状（L/C）の発行および通知

【業務フローの概要】

　貿易（輸出入）取引を促進するために、輸入者（購入者）の代金支払能力を銀行が輸出者（販売者）に対して補完するのが（輸入）信用状である。信用状が定める条件に合致する書類（手形、インボイス、B/L等）をL/Cを発行した銀行に提示することにより、書類等の提示者（輸出者側の銀行）はL/C発行銀行から輸出代金の支払を受けることができる。L/C発行銀行は、輸入者から当該代金を回収する。

図表3-11 L/C付ドキュメンタリー取引業務フロー概念図

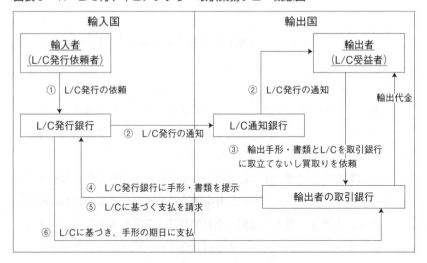

【L/Cの支払義務と制裁対応】

　L/C発行銀行は、L/C条件どおりの手形・書類が提示された場合、輸出側に対する支払義務を負う。制裁対応で問題となりうるのが、L/C発行後に当該取引が制裁対象となった場合である。経済制裁規制が適用される場合はL/Cの条件にかかわらず支払を実施しないことを明確にするべく、その旨の文言をL/Cに含める金融機関もあるが、L/C取引の統一ルール（信用状統一規則）を作成している国際商業会議所（International Chamber of Commerce、以下「ICC」という）[13]は「GUIDANCE PAPER ON THE USE OF SANCTIONS CLAUSES IN TRADE FINANCE-RELATED INSTRUMENTS SUBJECT TO ICC RULES」[14]にて、法令遵守はそもそも民間の商業慣行・共通ルールより優先されるものであり、あらためて信用状に記載することは不要としている。一方、顧客（L/C発行依頼人）とのトラブル回避のためには、経済制裁発動のためL/Cに基づく支払ができなくなる可能性があるこ

---

13 http://www.iccjapan.org/icc/gaiyou.htm
14 http://www.iccwbo.org/Advocacy-Codes-and-Rules/Document-centre/2014/Guidance-Paper-on-the-use-of-Sanctions-Clauses-2014/

とを説明し、理解を得ておくことは重要である。

【フィルタリング】

　L/Cのフィルタリングは、L/C取引における金融機関の立場（役割）によって異なる。

　① L/C発行銀行の場合……L/CをSWIFT電文で発行する場合は仕向送金と同様にシステムでフィルタリングする。ヒットがない、または明らかな誤ヒットであれば電文を発信する。明らかな誤ヒットではない場合は調査対象とする。

　L/Cを紙面で発行する場合はL/Cに記載がある輸出者等関係者名をフィルタリング・システムに打鍵等で入力する。確認項目の詳細はドキュメンタリー輸出入取引の項目で詳述する。ヒットがない、またはそれが明らかな誤ヒットであれば発送する。明らかな誤ヒットではない場合は調査対象とする。

　② L/C通知銀行の場合……L/CをSWIFTで受け取る場合は、被仕向送金と同様にシステムでフィルタリングする。紙面で受け取った場合は輸入者名等をフィルタリング・システムに打鍵入力する。確認項目の詳細はドキュメンタリー輸出入取引の項目で詳述する。ヒットがない、またはそれが明らかな誤ヒットであればL/C受益者に通知する。明らかな誤ヒットではない場合は調査対象とする。

【調査と調査結果】

　送金取引の場合と同様に、外部データベースやインターネットでの検索結果から、ヒットの理由や適用されうる制裁規制を勘案しつつ、制裁違反の可能性があるか判断する。確認項目の詳細はドキュメンタリー輸出入取引の項目で詳述する。調査の結果、制裁抵触を示唆する情報がなければL/Cを発行・通知する。制裁抵触のおそれがあると判断した取引に関しては、取扱い（L/Cの開設や通知）を謝絶する。調査対象となった取引はすべて、結果的に取り扱ったのか謝絶したのかを問わず、調査内容および結果を記録しておく。送金取引と同じ専用システム（ケース・マネージメント・システム）を利用し、分析や取引先別のAMLリスク評価等に利用することが望ましい。

⑤　輸出入ドキュメンタリー取引

【業務フローの概要】

　図表3-11参照。

【フィルタリングと調査】

　提示された手形や貿易書類にある情報を制裁フィルタリング・システムに打鍵等で入力しフィルタリングする。

　① 主なフィルタリング対象情報
　　ⅰ．B/L：商品、荷送人名、荷受人名、通知先名、運送会社名、船舶名、船積港、陸揚港
　　ⅱ．インボイス：作成者（輸出者・L/C受益者）、宛先（輸入者・L/C発行依頼人）、商品、荷印（Shipping Mark）
　　ⅲ．保険証券：保険会社名、保険証券の作成地、船舶名、船積港、陸揚港
　　ⅳ．輸出手形：名宛人（支払人）、支払地、受取人（輸出側銀行）、振出人名、振出地、裏書人名（ある場合）

　② 調査……ドキュメンタリー取引の調査で確認すべき事項を例示するが、取引によってはこれら以外にも調べるべき事項がありうる。機械的に確認するのではなく、個々の取引の特徴をふまえて制裁抵触の有無の判断が可能になるまで疑問点を潰し込むことが肝要である。手を尽くしても疑問点が解消できず、制裁抵触の有無が判断できない場合は当該取引を扱うべきではない。

　　ⅰ．各書類間に矛盾はないか。
　　　・インボイスの発行者（輸出者）・B/Lの荷送人・L/C受益者が同じか（名前、住所、所在国等）。
　　　・インボイスの宛先（輸入者）・B/Lの荷受人・L/C発行依頼人が同じか（名前、住所、所在国等）。
　　　・B/Lと保険証券の船舶名、船舶の船積港、陸揚港が同じか。
　　ⅱ．輸出入取引商品は制裁に抵触するおそれはないか。
　　ⅲ．輸出入取引商品は取引先（輸出者か輸入者）の業務内容からして

違和感はないか。

iv．自行取引先ではない側の貿易取引当事者（輸入者か輸出者）が実在することをインターネット上の情報で確認できるか（ホームページがあるか、住所・電話番号・eメールアドレスが公表されているか、電話の国番号、eメールやホームページのドメインが所在国情報と一致しているか、等）。

v．インターネット等で確認できる業務内容から、輸出入対象商品に違和感はないか。

vi．外部データベースに書類から判明した関係者（荷送人、荷受人、通知先、輸送会社、保険会社、支払人、船舶など）に関する制裁リスクを示す情報はないか。

vii．B/L記載の船舶の航路が確認できるか。輸出入取引と一致するか。制裁対象国への立ち寄りはないか。

【調査結果】

　送金取引と同様に、制裁抵触のおそれがあると判断した取引に関しては、取引の謝絶や当該貿易書類の凍結等、適用される法に従い処理する。

　調査対象となった取引は、取扱い可とされたものも、謝絶等されたものも、すべてその調査内容および結果を記録化しておく。送金取引と同じ専用システム（ケース・マネージメント・システム）を利用し、分析や取引先別のAMLリスク評価等に利用することが望ましい。

　自行がL/Cを発効している取引で制裁上取扱いができないと判断される場合は特に顧客宛てに丁寧にその理由を説明することが肝要である。

⑥　システム対応

　外国送金等電文による決済を相当数扱っている金融機関ならば、取引フィルタリングを効率的かつ効果的に行うためには、専用のシステム導入が不可欠である。また、取引先フィルタリングと取引フィルタリングは使うバッドガイ・リストや検知ロジック（ファジー・ロジック）が同じであるべきであり、双方で同じシステムを使うのが望ましい。しかし、取引先フィルタリングが取引開始時やリスト更新時等と定点観測である一方、取引フィルタリン

グは決済電文を決済フローの途上で、リアルタイムにフィルタリングするという違いがあり、同じシステムであってもその用途によって運用を変える必要はある。

　取引フィルタリング・システムを導入するにあたり留意すべき点を以下に例示する。

① 　バッドガイ・リストの更新が適切に行われること……当局が公表している制裁対象者リストが更新された場合、フィルタリング・システムに登録されているバッドガイ・リストを迅速かつ正確に更新する必要がある。制裁対象者追加の検知とバッドガイ・リストの更新を業務フロー、システム双方から担保する必要がある。

② 　必要なデータがもれなくフィード提供されること
　・フィルタリング対象の情報がもれなく、システムにフィルタリングされていることを業務・システム双方の観点から確認する。フィルタリング・システムの上流でどのシステムがどの業務で使われていようとも、決済電文が対外的に発信される前に必ずフィルタリングされる設計となっていることを確認する。
　・紙情報もフィルタリング対象である。対外的に発送される前にフィルタリングされる事務手順となっていることを確認する。なお、フィルタリング・システムには打鍵機能も必要である。

③ 　フィルタリング・システムの有効性検証（Validation）とBench-marking……フィルタリングは、利用するバッドガイ・リストとシステムが有するあいまい検索機能によってその有効性が決まる。あいまい検索機能は、ユーザーによる諸設定で調整できる設計となっていることが多い。リスト、あいまい検索のロジック、設定を全体としてとらえ、フィルタリングが有効なのかを定期的に検証する必要がある。有効性検証を行うにあたっては、検証を専門的に扱っているコンサルタント等を利用し、同業他社と比較（Benchmarking）することが有効である。

(g)　コルレス先のAMLリスク管理

　上述(f)でみてきたとおり、決済勘定を預かっている銀行（以下「決済銀行」という）が、決済口座名義銀行（以下「コルレス先銀行」という）が扱う送金等外為取引に伴う銀行間決済を預り口座を通して処理しているからこそコルレス先銀行の外為業務が成り立っている。しかし、コルレス先銀行が扱う取引や取引先に関して決済銀行が有する情報は、個々の電文等に含まれているもの等に限られ、決済銀行自身が扱う取引や自行の取引先に関して有する情報と比較するときわめて少ない。すなわち、同じ外国送金であっても、自行が扱うものより、コルレス先銀行のもののほうが、情報が少なく十分に評価・調査できないため、相対的にリスクが高いということになる。コルレス取引は、国際金融、グローバルな資金決済に不可欠な取引ではあるが、しっかりとしたリスク管理（KYC、取引モニタリング、制裁フィルタリング）を要する高リスク取引でもある。

　コルレス取引のAMLリスク管理に関しては、FATF勧告13.に加え、国際決済銀行（Bank for International Settlements、以下「BIS」という）やWolfsberg Groupがガイダンスを公表しているので参考にされたい。

- BIS "Sound management of risks related to money laundering and financing of terrorism"[15]
- Wolfsberg Group "Wolfsberg Anti-Money Laundering Principles for Correspondent Banking"[16]

Wolfsberg Groupに関して：

　Wolfsberg Groupとは、KYC、AML、テロ資金調達防止等の金融犯罪対策に関するガイダンスを作成している、13の銀行が参加している団体である。メンバー銀行は、Banco Santander、Bank of America、三菱東京UFJ銀行、Barclays、Citigroup、Credit Suisse、Deutsche Bank、

---

[15] http://www.bis.org/publ/bcbs275.pdf
[16] http://www.wolfsberg-principles.com/pdf/standards/Wolfsberg-Correspondent-Banking-Principles-2014.pdf

> Goldman Sachs、HSBC、J.P. Morgan Chase、Société Générale、Standard Chartered Bank、UBS[17]。

(h) 融資取引のフィルタリングと調査

　融資取引のフィルタリングは融資先や資金使途から制裁リスクを判断することから始まる。リスクがあると判断される取引を対象に、当該融資取引の資金使途等から制裁対象者の有無やフィルタリングすべき情報を調査する。融資の内容次第で制裁リスクが違うことから、全融資取引を対象とするのではなく、まずはリスクがある取引に絞り込む。絞り込む合理性は、住宅ローンと輸出前貸しの経済制裁リスクを考えればわかりやすいであろう。この絞込みに必要な融資先の業務内容や資金使途にかかわる情報は営業担当部署や与信判断を担当する部署が有していることから、実務的にはこれら部署が個々の融資取引の制裁フィルタリング要否を見極めることになる。その際に利用できるチェックリストの整備は有益である。このチェックリストには、イラン等制裁対象となっている国の居住者宛ての与信なのか、ロシアの特定産業セクター宛ての一定期間以上の資金供与に該当するか等、確認すべき事項を具体的に記載しておく。

　融資先は取引先スクリーニングされ、制裁対象者ではないことが確認されているとする。その場合、当該融資取引が制裁に抵触しうるかは、融資先から当該借入金が制裁対象者に渡る、または制裁対象者を利するかたちで利用されるかを判断することになる。

　その可能性を判断するために、当該融資取引の関係者を調査し、制裁対象者がいないか、制裁対象国との取引ではないか等をフィルタリングする。たとえば、M&A資金であれば被買収企業の名前、株主、UBO等が対象となる。

(i) ケーススタディ

　金融機関は、その業務に適したフィルタリングや調査を実施することにより経済制裁規制への抵触を回避する必要がある。これまで述べてきた諸点の

17　http://www.wolfsberg-principles.com/index.html

理解を深める一助として、フィルタリング（制裁接点の検知）、調査、取引可否判断と、一連の制裁対応プロセスを2例用意した。なお、2例とも架空の取引である。

① イラン向け輸出取引のドバイ経由での決済

2013年1月10日付のOFACガイダンス（The Use of Exchange Houses and Trading Companies to Evade U.S. Economic Sanctions Against Iran）[18]をふまえ、イランと経済的にも、歴史的にも深いつながりがある近隣国（A国）との外国送金取引に関しては、両替商（Exchange House）からの送金はフィルタリング・システムで止まるようにしていたところ、送金銀行が「B Exchange House」となっているA国から日本へのドル建て送金（MT103）がフィルタリング・システムで検知された。電文上の送金依頼人はC社。住所はA国。

電文上の情報からは経済制裁への抵触はないが、両替商からの送金であることからより詳しく調査すべく、送金銀行側にインボイスとB/Lを要求し、提示を受けた。B/Lの荷揚地はA国の港となっていたが、提示を受けたインボイスは、住所がテヘラン（イラン）にあるD社宛てとなっていた。

A国経由のイラン向け輸出をドル建てで決済するべく、制裁対象ではないA国からの送金を試みたものと判断、電文、インボイス、B/Lの情報をフィルタリングした結果、制裁対象者（SDN）の関与は認められなかったことから、送金銀行に対して取り扱えない旨を通知した。また、ドル決済銀行（コルレス先）に対しては当該送金のカバー資金を入金せず、送金銀行に資金を返却（Reject）するように指示した。決済銀行は、独自にも調査したうえ、資金を送金銀行に返却した（SDNの関与があれば、決済銀行はカバー資金を凍結）。

② ミャンマーへの投資

取引先（A社）より、現地企業（B社）と合弁会社（C社）を設立するにあたり、ドル建てで資本金送金を行いたいと相談を受けた。ミャンマー側の

---

[18] https://www.treasury.gov/resource-center/sanctions/OFAC-Enforcement/Pages/20130110.aspx

銀行は邦銀のヤンゴン支店を利用する予定。出資比率は、Ａ社が60％、Ｂ社が40％。Ａ社より、Ｂ社の株主名、実質的支配者名、主要役員（会長、社長、取締役等）名等を聴取しフィルタリング・システムで検索したところ、実質的支配者（所有比率25％）の１人（Ｘ氏）が、SDNであることが判明した。

Ａ社にＣ社の意思決定方法、出資比率の変更の可能性、主要役員の人事等をヒアリングしたところ、社内の最高意思決定機関は取締役会であり、会長を含む５人の取締役のうち、３人はＡ社から出すが、会長はＢ社から出すことになっていることが判明した。また、取締役会の成立要件や、会長に特別な権限が与えられるか等、取締役会運用の詳細は未定とのことであった。

資本面では日本のＡ社がＣ社を支配している。ミャンマー企業Ｂ社の合弁会社Ｃ社所有比率は40％であり、SDNであるＸ氏のＢ社支配比率は25％。Ｘ氏の合弁企業Ｃ社の所有比率は計算上40％×25％で10％となり、OFACがガイダンスで実質的にSDNと同様に資産凍結等の措置の対象となるとしている50％を大きく下回る。しかし、同ガイダンスは所有比率以外で支配されている場合も資産凍結等の措置の対象となりうるともしている。合弁会社Ｃ社の資本以外での支配状況をみると、取締役会の会長はSDNであるＸ氏が強い影響力を有している可能性を否定できないＢ社出身となる予定。Ｃ社取締役会運用の詳細は未定であり、会長に強い権限が与えられる可能性も否定できないことから、SDNであるＸ氏が合弁会社Ｃ社に対して実質的な影響力を行使できる可能性を排除できない。このような状況下でのドル建ての送金は間接的にSDNを利する取引とされるおそれがあるとの判断から送金の取扱いを謝絶した。

3 取引モニタリング

規制当局が金融機関に求める役割の最も重要なAML/CFTの義務の１つが疑わしい取引の届出である。取引モニタリングとは、金融機関において疑わしい取引を検知するための手段である。顧客あるいは金融機関の業務への負担を極力回避しつつ、効果的に疑わしい取引を検知する必要があり、金融

機関の創意工夫の発揮が求められる。取引モニタリングにおいても、リスクベース・アプローチの概念を導入し、取引に関連したリスクの状況に応じてモニタリングの手法（マニュアル、システム）、検知シナリオ、敷居値、頻度等を設定することにより、リスクの高い分野（顧客、商品・サービス、地域）に対する取引管理を強化することができる。

FATF勧告には以下のように記載されている。

「金融機関は、明らかに経済的あるいは合法的な目的を有しない、すべての複雑で不自然な大規模取引およびすべての不自然なパターンを示す取引を合理的に可能な範囲で検証すべきである」

FATF対日相互審査においては、取引モニタリングに関連して以下のように指摘されている。

「顧客管理が求められるとき、顧客管理義務に、敷居値を下回る関連する複数の取引が含まれていない」

「金融機関に対し、明白な経済的または法的な目的のないすべての複雑な取引、異常な大口取引、または異常な取引形態に対し、特別の注意を払うことを義務づける法律もしくは規則または他の執行力を伴う手段がない」

取引モニタリングは図表3－12のような要素で構成される。

図表3－12　取引モニタリングの要素

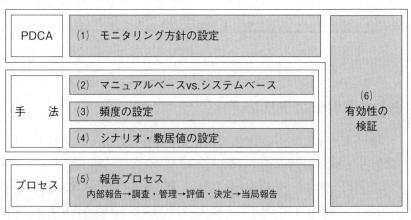

(1) モニタリング方針の設定

取引モニタリングに関して方針として設定すべき項目については、すでに本章「第1節2(5) 取引モニタリング」で述べたとおりである。金融機関としてどの範囲をどの程度まで取引モニタリングの対象とするのか、そのためにどのような手段を用いるのか、さらにはどの程度の疑わしさをもって当局報告対象とするのか、すなわちリスク許容度を明確に設定することも必要である。

(2) マニュアルベースvs.システムベース

わが国においても、取引モニタリングの一環として新たにシステムを導入したり、既存の検知システムを強化したりする動きがみられる。重要なポイントは、システムベースのモニタリングは従来のマニュアルベースでの検知を代替するものではないという点である。疑わしい取引の届出に至るまでの精度は、マニュアルベースでの検知のほうが圧倒的に高い。双方の特性を理解したうえで、全体として効率的・効果的な取引モニタリングの枠組みを構築することが求められる。FATFの「リスクベース・ガイダンス」には以下のとおり記載されている。

「システムによるものかマニュアルによるものかにかかわらず、また例外報告その他の方法によるものかにかかわらず、異常な、または疑わしい可能性のある取引を検出するための、リスクに応じた取引モニタリングの実施が求められる。リスクが低いとされる顧客に対しても、実施する必要がある。取引モニタリングは、顧客のリスクの変化を検知し、リスク分類を見直すための有効な手段となるためである。言い換えれば、顧客のリスク分類は、口座取引や業務関係のモニタリングを通じて、より精緻なものとなる。したがって、取引モニタリングは、リスクベース・アプローチを適用するうえでの重要な要素である。とはいえ、すべての顧客に対し、同一内容の取引モニタリングを適用すべきということではない。たとえば、取引が敷居値等の検知基準を満たしているか否かにかかわらず、疑わしいことが明白であるよう

図表3−13 取引モニタリングの統合管理イメージ

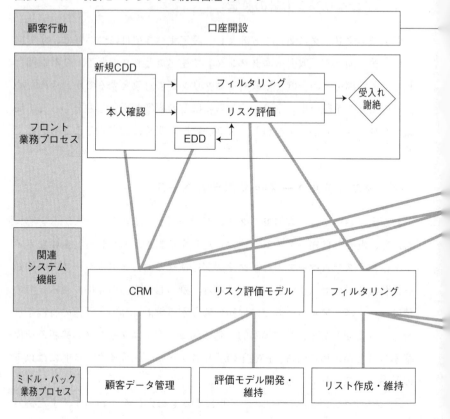

な場合は、当該顧客に対し、EDDを適用するといった措置を講じる必要がある」

　マニュアルすなわち人間の気づきによる疑わしい取引の検知は、取引モニタリングの根幹である。この点、一人ひとりの役職員の意識の醸成は何より重要であり、そのためにFATF勧告ではAML/CFTプログラムの三大要素の1つとして研修を位置づけている（本章「第3節2　研修」を参照）。一方マニュアルでの検知は、品質を一定に保つのは困難であり、また負荷も相応にかかるという問題もある。この点、システムによる取引モニタリングは、シナリオ、敷居値の設定による検知であり、モニタリングの基準・品質を管理

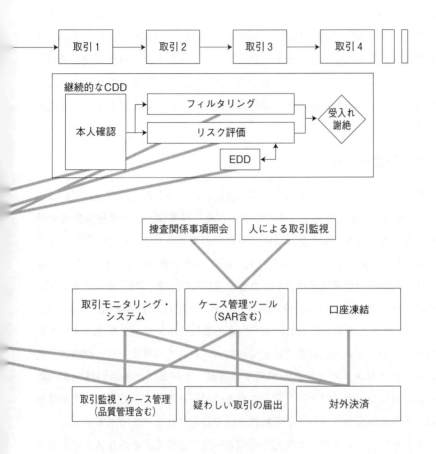

しやすいこと、大量の取引の処理が効率的に行えるということから、マニュアルベースの取引モニタリングを補完するものとして導入する事例が増えてきている。システムベースの取引モニタリングの課題は、何といってもその精度向上にある。またマニュアルによる検知を補完するという位置づけであるが、システムを導入・強化してもマニュアルでの検知レベルを下げてよいということにはならない。全体としてみるとシステム導入・開発・運営に伴うコスト増は不可避であるため、このコスト効果をいかに効率的に実現するかがポイントとなる。

　取引モニタリング・システムの開発・運営は容易ではないが、一方で事後

拡張性の観点から周到にその機能を位置づけて、中長期的かつ戦略的に活用することも重要である（図表3－13参照）。特にフィルタリングやCDD、リスク評価等の他の構成要素との連携、フロント・ミドル・バック関連業務プロセスやシステムとのデータ・機能の連携を図ることによって、AML/CFTプログラム全体の機能強化と業務負荷軽減との同時実現を追求できる可能性がある。

(3) 頻度の設定

FATFの「リスクベース・ガイダンス」には以下のとおり記載されている。
「金融機関による取引モニタリングの程度や種類は、当該金融機関の規模や、抱えているMLリスク、用いている取引モニタリングの手法（システムによるものかマニュアルによるものか、あるいはその組合せなのか）、あるいは検知された取引の調査手法といった諸要素に依拠する。取引モニタリングにリスクベース・アプローチを適用するにあたっては、金融機関（あるいは当局）は、すべての取引に対し、同一内容の取引モニタリングを適用すべきということではない点に留意する必要がある。取引モニタリングの程度は、顧客が有するリスクや、顧客が利用する商品・サービス、あるいは顧客の所在、取引執行の地域によって設定される必要がある。むろん当該程度や種類は、各金融機関のリソースも考慮に入れて設定されるべきである」

すなわち、モニタリングを行う頻度も一律ではなく、そのリスクに応じて適用する必要がある。マニュアルによる取引モニタリングは当然のことながら、取引のつど、窓口対応のつど、健全な懐疑心をもって対応するわけであるが、特に月末等の繁忙期等の窓口が混雑しているところをねらって不正な口座の申込みや、取引依頼が行われる事例もあり、全体の業務負荷との関係で適切な取引モニタリングが実施できるようなリソース配分を行うことが肝要である。

システムによるモニタリングも大量処理に適しているとはいえ、膨大なデータ量を処理することから、一律に高頻度で検知プログラムを走らせるのではなく、リスクに応じた構造的な検知ロジックを組み立て、いくつかの頻

度に分けて実施する等の創意工夫も必要である。取引モニタリング・システムの導入や強化を検討する際には、直接的な検知ロジックの機能のみに焦点を当てるのではなく、全体の取引ボリュームを想定したトランザクション処理能力、頻度設定の柔軟性などさまざまな観点からの検討が必要である。

(4) シナリオ・敷居値の設定

　本項はシステムによる検知を想定したものである。取引モニタリング・システムは、まさに検知ロジックの巧拙によりその実効性に大きく差が出る。検知ロジックの開発で最も重要なのは、開発プロセスが、導入当初の一過性のものではなく、実際のリスクを想定した継続的な仮説検証の繰り返しとして位置づけられるべき点である。当局から示された疑わしい取引の事例を想定して検知ロジックを策定して、これが疑わしい取引の事例と適合しているかどうかという観点で検証をしている事例もみられる。これは決して意味のないことではないが、「狭義のコンプライアンス」の範疇での取組みといわざるをえない。悪事を企む側からみれば、当局の事例は先刻承知であり、その目線をかいくぐろうと日々新たな手口を開発しているのである。まさに開発競争（すなわち「闘い」）が繰り広げられているわけであるから、金融機関側の開発の発想が、無意識ながら「狭義のコンプライアンス」に終始していては、裏をかかれてしまうこと必定である。

　重要なのは、モニタリングは敷居値に焦点を当ててこれに限定するべきではないということである。既存の取引や顧客のプロファイルから想定される取引レベルと比較して正常と思われないような取引を検知することが目的であるということを常に念頭に置く必要がある。この観点で、昨今の取引モニタリング・システムは、敷居値そのものを可変にしたり、統計手法を用いて拡張性をもたせたり、あるいは金融取引以外の行動（たとえばアクセスしてキーボード入力が開始されるまでの時間等）もパラメータとして取り込む等の機能強化が目覚ましい。一方で道具に振り回されるようなことのないよう、システム機能の前提・限界や実務運用上の負荷も考慮して、検知ロジックを継続的に高度化させていくことが必要である。

figure 3-14 フィルタリングと取引モニタリングの融合

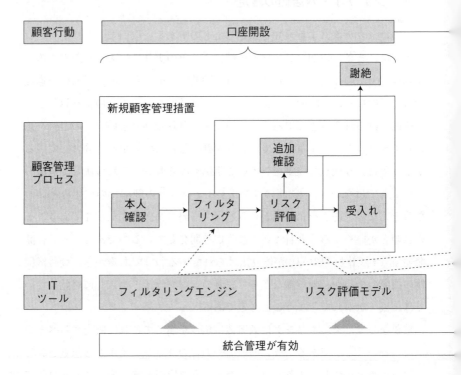

　直接的には異常な取引を検知するということになるのだが、理想的には以下のようなアプローチが望ましい。

① 疑わしい振る舞いや異常なパターンを識別するため、口座や取引履歴と対象顧客の属性情報や関連グループとの比較、あるいは口座や取引履歴と規制要件との比較を行う。

② 顧客や取引のデータを、リスク評価の枠組みでとらえ、リスクの度合いを把握する。

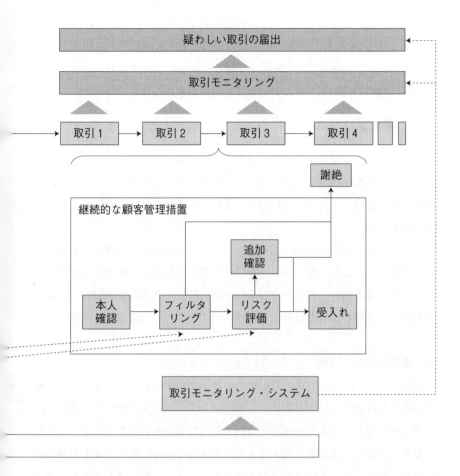

③ 当該顧客や対象取引にとっての通常取引が何かを学習し、パターン認識化を進める。

④ 新たな手口に関する情報収集・分析を継続して実施する。

たとえば、反社会的勢力対応においては、前項のフィルタリングが大きな役割を担っていると考えられてきたが、いまや反社会的勢力側のステルス化は徹底しており、単純なフィルタリングでの検出・排除は困難な状況となりつつある。そこで事後的な取引モニタリングによる検知能力の活用が求めら

れてきている（図表3－14参照）。名義は隠せても、偽名口座、不正利用口座としてのお金の動きの「くせ」は100％隠せるものではない。このような口座の「くせ」、すなわちパターンと、口座名義人本来の属性から想定されるパターンには、当然のことながらかい離が認められるのであり、このかい離をいかに効率的に検知できるかという取組みが求められるのである。

(5) 報告プロセス

取引モニタリングから疑わしい取引の届出へのプロセスは、「a　現場による検知と本部への内部報告」→「b　事案の調査・管理」→「c　届出要否の評価・決定」→「d　当局報告」という一連の流れにより構成される。

a　内部報告

疑わしい取引検知の前線である現場からの内部報告は最も重要であり、これが徹底されることを確保するために、必要な報告手順、報告事項が明定されているべきである。前項までの態勢整備の結果、営業店等の顧客チャネルから適切に情報が報告されるようにプロセスが設計・運用されなければならない。

b　事案の調査・管理

従来、マニュアルベースの取引モニタリングが主体であったために、事案の調査・管理の主体は営業店にあった。システムベースの取引モニタリングの導入や、疑わしい取引の届出についての当局の要求が強まってきたことをふまえ、本部における関与度が従来よりも増している。個々の事案を適切かつ迅速に処理することは当然のこととして、全体の工程管理・在庫管理のプロセスと態勢が本部としてどの程度整備されているかどうかという観点で国内の金融機関を比較すると、かなり格差が広がってきているように思える。全体としての取扱事案の件数、処理ステータス、スピード、品質、あるいは課題管理など、パイプライン全体の状況を横断的にモニタリングし、品質管理を徹底することが求められている。

c　届出要否の評価・決定

届出要否の決定については、事後的に当該決定の妥当性を検証できる程度

にその根拠も含めて文書化されていることが重要である。特に「どこまで」疑わしければ届け出るかのリスク許容度を金融機関として明確に示しておくことが必要である。リスク許容度の設定には当局の期待や他の金融機関の状況も参考にすべきである。当局は、なるべく幅広に情報を提供することを金融機関に求めている。その次の段階では個々の届出の情報精度をあげていくことが期待される。この点、自社・自行庫の届出状況が他の金融機関と比べてどのような状況であるかについての当局の認識を共有しておくことは、リスク許容度の設定に役立つことになる。件数を増やすよう当局から指導されたから、形式的に届出件数を増やすよう営業店に通達を出すということではなく、本来どのような取引を届け出るべきなのか、それについて現状、網羅性や適切性がどの程度確保できているのかいないのか、これはまさにリスク許容度の設定と、それをいかに組織内に周知徹底させるか、といったことをふまえて整理することが重要である。

d　当局報告

　当局報告については、本章「第5節2　当局報告」で後述する。なお当局報告とあわせて、当該顧客・取引についての金融機関としてのフォローアップも重要である。ティッピング・オフ[19]があってはならないのはもちろんのこと、何もアクションを起こさず取引を継続するのか、モニタリングを強化あるいは取引を制限したうえで関係を継続するのか、取引関係を解消するのか、といった対応方針の決定と、それに基づく対応を適切に実施する必要がある。

(6)　有効性の検証

　フィルタリングと同様、取引モニタリングにおいても、全体のプロセスの有効性を定期的に検証し、継続的に改善を行うことはきわめて重要であり、そのためのリソースを確保すべきことは忘れてはならない。せっかく最新の取引モニタリング・システムを導入しても、検知されるアラート1件1件の

---

[19] 疑わしい取引の届出を行ったこと、あるいはその要件となる敷居値等についての情報を顧客等に漏えいすること。

処理に追われて、このような有効性の検証に十分な時間とリソースを割けないという事態は回避しなくてはいけない。FATFの「リスクベース・ガイダンス」には以下のように記載されている。

「取引モニタリングへのリスクベース・アプローチの適用は、金額あるいはその他の要素による敷居値等条件の設定、および当該敷居値等条件に満たない取引の検知を効率的に省くことにつながる。この点重要となるのは、当該敷居値は、定期に見直しを行い、リスク・レベルと整合的なものとなっていることを常に確保しておくことである。金融機関はまた、かかるシステムを含む取引モニタリング態勢の有効性につき定期的に検証を行うべきである。なお当該検証結果は、文書化される必要がある」

「リスクベース・アプローチの適用に際しては、金融機関は、当局より提供される、疑わしい取引を検知するために有用となる情報を積極的に活用すべきである。金融機関はまた、定期に疑わしい取引の検知および当局報告のシステムを含む態勢の有効性につき検証を行うべきである」

有効性の検証は、プロファイリング機能、シナリオの精度といった取引モニタリング・システムそのものの業務要件に加えて、利用するデータの正確性・網羅性、データ・インターフェース、要件どおりにプログラムそのものが設計されているか等のIT要件、さらにより広義の態勢全般、たとえば全体としてのPDCAサイクルといった全般のガバナンス要件と、いくつかの側面があることに留意されたい。「第1章第1節8(2) NYDFSの自己宣誓規制案」で記載したとおり、AML/CFT関連システムの有効性の検証に関しては、海外当局が特に関心を強めている領域である。当初導入したきりで、事後の検証・改善は手つかず、あるいはベンダー任せという状況はあってはならないことである。検証のポイントは以下のとおりである。

① 当局要件を適時適切に把握していること
・関連法令・規制、各種ガイドラインの要請事項を特定し、これらの改廃などについても適時にアップデートし、常に参照可能な状態としているか。
・上記の状態となっていることを、経営レベルで定期的に確認してい

るか。
② 上記当局要件をふまえ、取引モニタリング・システムの位置づけおよび検知ロジックの関連づけが明確になっていること
・当局要件に基づき、取引モニタリング・システム関連業務の手続、組織態勢が整備され、このなかで取引モニタリング・システムが担う位置づけおよび機能が明確に定義されているか。
③ 検知ロジック策定の根拠がエビデンスとして残されていること
・検知ロジック、敷居値設定、その他各種機能要件が明確に定義され、その根拠とともに記録が保存されているか。
④ 検知ロジックや業務運営状況について、適切に現状の検証・分析を行い、課題認識、あるいは必要に応じた改善施策がなされていること
・取引モニタリング・システム業務運営担当レベルで、一定頻度で検知精度、データ品質、あるいは取引モニタリング・システムの枠組み全体等に関する計数把握・分析・検証を適宜行い、組織の規模・特性等をふまえた問題点の把握や改善を必要に応じて行っているか。
・データ・ガバナンスの観点でも、元データからのETL、システム内部でのパラメータ設定、データ処理、データ精度に関する完全性や業務要件との整合性が確保されているか。
・経営として上記の活動に対するモニタリング等を通して取引モニタリング・システム関連業務の品質を把握し、課題認識や必要に応じた改善施策を行う態勢となっているか。

第 3 節

基盤的要素

　前節で考察したCDD、フィルタリングおよび取引モニタリングが金融犯罪対策のフレームワークのコアだとすると、コア要素の実効性を確保するための原動力を提供するエンジン部分に当たるものが基盤的要素である（図表3－15参照）。

　まず、リスク・アセスメントは金融犯罪対策のPDCAサイクルの起点と位置づけられる。限られたコンプライアンス資源を有効に活用するために適用されるのがリスクベース・アプローチなのだが、概念としては理解できるもののどのように実務に落としてよいのかわからないという意見が多い。まずどの領域が高リスクなのか、あるいはどの領域が低リスクなのかが合理的・客観的な基準によって峻別されない限りはリスクベース・アプローチの適用

図表3－15　金融犯罪対策のフレームワーク─基盤的要素

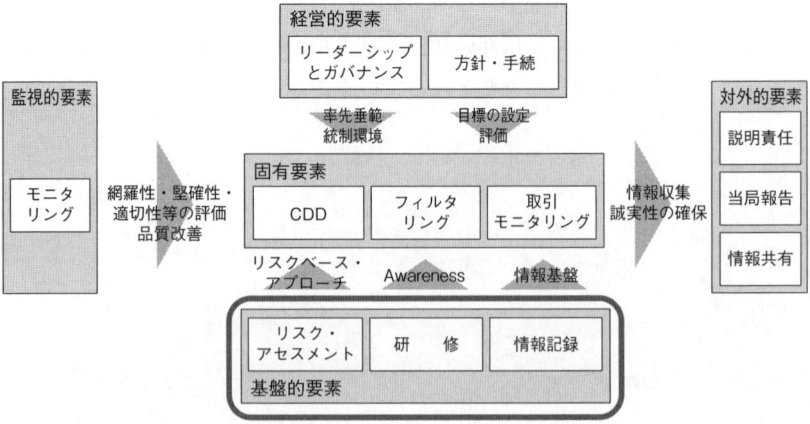

は困難である。金融機関が金融犯罪に悪用されるリスクを評価するのがリスク・アセスメントである。

次に、金融犯罪対策のフレームワークの要素すべてについてコントロールを適切に設計しても、そのコントロールの実務を担う役職員の意識が不十分であってはならない。過去のマネー・ローンダリング等についての処分事例は、そのほとんどが意識づけの不徹底に帰するといわれている。このような観点で研修の重要性がますます着目されている。

最後に情報記録である。法令にのっとって定められた年限の間、情報が保管されているかというのは当然のこととして、いまや、そのアクセス可能性、分析可能性の観点での要求が高まってきている。つまりCDD、フィルタリング、取引モニタリング、あるいは監視的要素のモニタリングをより効果的に機能させるための情報基盤としての位置づけである。

1 リスク・アセスメント

FATF対日相互審査において最も衝撃的だった指摘は「日本はリスクベース・アプローチを実施していない」の一文だったといわれている。リスクベース・アプローチにおけるリスク・アセスメントの重要性は、以下のFATF勧告をみれば明確である。

「リスクベース・アプローチを実施するにあたり、金融機関等は、マネー・ローンダリングおよびテロ資金供与のリスクを特定・評価・モニター・管理および軽減するプロセスを有するべきである」

「金融機関等は、マネー・ローンダリングおよびテロ資金供与のリスクを（顧客、国または地域、商品、サービス、取引、デリバリー・チャネルごとに）特定し評価する適切なステップをとることが求められるべきである。このような評価結果については、その根拠を明確にし、評価を常に最新のものとし、当局にリスク評価情報を提供するうえでの適切なメカニズムという観点から文書化されるべきである。当該リスク評価の度合いは、それぞれのビジネスの特性や規模に応じた適切なものとなっているべきである。金融機関等は、

マネー・ローンダリングおよびテロ資金供与のリスクを常に理解しているべきである」

「リスク・アセスメントを実施する際には、全体のリスク・レベルと、適用されるべき適切な軽減措置のレベルとを決定する前に、関連するすべてのリスク・ファクターを考慮するべきである。事業者ごとに、さまざまなリスク・ファクターのリスク・レベルやタイプに応じて、対応措置は異なっていてもかまわない（たとえば特定の状況下においては受入れ時には通常のCDDを実施し、その後の継続的なモニタリングにおいてはより厳密なCDDを実施する等）」

以下、リスク・アセスメントを「全社的リスク・アセスメント」「取引ごとのリスク・アセスメント」の2項目に分けて考察する。

(1) 全社的リスク・アセスメント

リスク・アセスメントには、全社的なリスクの所在（リスク・エクスポージャー）を把握するハイレベルなトップダウン・リスク・アセスメントと、日常業務において個々の顧客のもつリスクを評価するボトムアップのリスク・アセスメントがある。今般の改正犯収法においては、特定事業者が、国が作成する「犯罪収益移転危険度調査書の内容を勘案して講ずべき」措置として「自らが行う取引（新たな技術を活用して行う取引その他新たな態様による取引を含む。）について調査し、及び分析し、並びに当該取引による犯罪による収益の移転の危険性の程度その他の当該調査及び分析の結果を記載し、又は記録した書面又は電磁的記録（以下この項において「特定事業者作成書面等」という。）を作成し、必要に応じて、見直しを行い、必要な変更を加えること」が求められている。この特定事業者作成書面に該当するのが、前者の全社的リスク・アセスメントである。時折、「当行ではベンダーの顧客リスク評価パッケージを導入した、ないしはコンサルタントに依頼して顧客スコアリングモデルを導入したので、AML/CFTリスク評価は実施ずみである」との説明を受けることがあるが、多くは後者のボトムアップのリスク・アセスメントであり、当該金融機関全体のリスク・アセスメントのレベルに至っていないことも多い。国のリスク・アセスメント（調査書）と金融機関として

図表3−16 国のリスク・アセスメントと金融機関のリスク・アセスメント

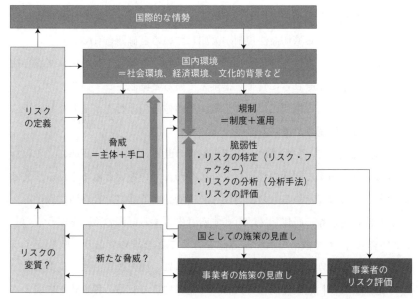

のリスク・アセスメント（特定事業者作成書面）の関係は図表3−16のとおりである。

　国は国としてのリスク・アセスメントの実施とこれの定期的な見直しが求められ、事業者もこれと整合的なリスク・アセスメントと継続的なPDCAが必要となる。全社的な態勢構築の出発点としてトップダウン・リスク・アセスメントが位置づけられる。リスク・アセスメント実施にあたって考慮すべきリスク・ファクター、およびそれぞれのリスク・ファクターにおける高リスク要素は以下のようなものがある。

a　国・地域

　高リスク国・地域と判定される国・地域の特徴としては、以下があげられる。

　① 国連等による制裁、禁輸措置、その他の類似する措置の対象となっ

ている（このような措置の対象となっている国・地域でも、当該措置の公表者の立場や措置の性質によって、金融機関が当該国・地域を信用する場合もある）。
② 信頼できる情報源によりマネー・ローンダリングまたはテロ資金供与対策に係る適切な法規制が欠如していると確認されている。
③ 信頼できる情報源により、国内で活動する指定されたテロ組織を援助、またはそれらに資金を提供していると確認されている。
④ 信頼される情報源により汚職、その他の犯罪行為が重大なレベルにあると確認されている。

これに関連して、犯収法は、2013年施行の改正において「犯罪による収益の移転防止に関する制度の整備が十分に行われていないと認められる国又は地域として政令で定めるものに居住し又は所在する顧客等との間におけるものその他特定国等に居住し又は所在する者に対する財産の移転を伴うもの」については、より厳格な取引時確認を行うことを求めており、政令でイラン、北朝鮮の2カ国が指定されている。さらに今回の改正では、規則において「犯罪収益移転危険度調査書において犯罪による収益の移転防止に関する制度の整備の状況から注意を要するとされた国若しくは地域」が加えられた。調査書には該当国としてアルジェリアとミャンマーが表記されている。金融機関の取組みとしては当該国のみを高リスクと指定することが考えられるが、ルール・ベース的あるいは狭義のコンプライアンス対応にならないよう留意する必要がある。その後、FATFは「資金洗浄・テロ資金供与対策に戦略上重大な欠陥があり、それら欠陥に対応するため顕著な進展をみせていない、あるいはFATFと策定したアクションプランにコミットしていない国・地域」からアルジェリア、ミャンマーともに削除している。金融機関としては法令で示された国を、限定列挙的に高リスクにするということではなく、リスク・アセスメントの「メカニズム」を態勢として組み込むことが本来的には求められていると考えるべきである。

日本の企業活動も活発なアジア地域には、マネー・ローンダリング、テロ資金供与だけではなく贈収賄のリスクも懸念される国々も含まれる。こう

いった国において近い将来、メディアの耳目を集めるようなマネー・ローンダリング、テロ資金供与あるいは贈収賄に係る事件が発生し、日本の金融機関やその取引先企業がなんらかのかたちで巻き込まれるというリスク・シナリオは従来よりも現実味をもって検討しておく必要がある。金融機関が、政令に掲載された国のみを高リスクととらえるグループと、上記のような情報をふまえて高リスク国・地域の判定を動的に行い、その結果、該当国・地域におけるコントロールを相応に設定し、適切なリスク情報を取引先企業にも提供するグループの2種類に分かれるとすると、これはまさにコンプライアンスによって何を守るのかの経営レベルの思想の違いということができる。顕在事象が起きてから「法律は守っていたのに……」と困惑して慌てるのが前者であり、その顕在事象を適切なリスク認識に基づいてプロアクティブに回避し、さまざまなレピュテーション・リスクを遮断できる可能性が高いのが後者である。

b 顧　客

高リスクの顧客カテゴリーとしては、以下があげられる。

- 異常な状況で取引を行う（例：金融機関と顧客に著しく、説明のつかない地理的な隔たりがある場合、異なる金融機関に頻繁に説明のつかない資金移動を行う顧客、さまざまな国・地域の金融機関に頻繁に説明のつかない資金移動を行う顧客、明確な理由なく多数の口座をもつ、またはそれを希望する顧客）
- 顧客の構造や性質または関連が真のオーナーまたは支配する者の特定を困難にしている顧客
- 現金ビジネス（例：両替事業、電子マネー事業等のマネー・サービス事業、カジノ、現金ビジネスでないにもかかわらず、大量の現金取引を行う顧客）
- 監督・監視の対象とならない慈善活動団体やその他の非営利組織（特に、国境を越えて活動するもの）
- ゲートキーパー（例：会計士、弁護士が銀行に口座を保有し、広汎な裁量のもとに顧客にかわって行動する場合等）

- PEPs（重要な公的地位を有する者）
- 口座の不正利用、口座売買等の金融サービス濫用や、偽名、借名、名義貸し等に関与した経歴がある顧客
- 反社会的勢力に該当する顧客
- リスクが高いと評価される国・地域に活動基盤や主要な取引先をもっている事業者
- リスクが高いと評価される国の国籍を有している、出身である等により、そうした国との結びつきが強い個人取引先
- 一見の顧客
- メールオーダー等非対面で取引を開始した顧客

　全社的リスク・アセスメントにおいては当該金融機関全体としての顧客ポートフォリオが、上記に照らして、どのようなリスク・プロファイルを有するのかを特定するものである。地元密着型であり顧客を排除するということは困難である、地元特性（貿易港、米軍基地、工場地域）により外国人比率が多い等といった特性に加え、顧客のアジア進出を戦略的にサポートしている、地元の有力者や官公庁を重要な顧客としている、といったビジネス戦略もふまえたうえで、ファーム・ワイドでどの程度の顧客リスク・エクスポージャーがあるのかを経営レベルで共有することが肝要である。

c　商品・サービス、チャネル

　リスク評価にあたっては、銀行が提供する商品・サービスについてのリスクも考慮する必要がある。特に、新商品・新規サービスあるいは、既存の商品・サービスでも新たなチャネルや技術を導入する際のリスクに留意すべきである。為替取引特に外為取引、送金依頼人が一見顧客である場合、受取人が被仕向銀行に口座をもたない場合、両替、オンライン・バンキング、ストアード・バリュー・カード（電子マネーやプリペイドカード等）、コルレス・バンキング、プライベート・バンキング等が高リスクの例である。

　商品・サービス、チャネルについてリスク・アセスメントのポイントは、そのリスクの本質を見極めることである。さまざまなガイドラインに列挙される高リスク商品名をそのまま適用するルール・ベースのアプローチは日々

進化する「攻撃側」の手口にプロアクティブに対応できない懸念がある。リスク・アセスメントの本質は、「攻撃側」が、金融機関自身の何を利用価値があると判断して近づいてくるのかの見極めそのものである。高速で資金移動ができる取引、特にクロスボーダー取引、金融機関側を結果的に共謀的に悪用することができる密室性の高い取引、あるいは匿名性の高い取引、運搬が容易な取引等、こういった観点で個々の商品・サービス、チャネルのリスクを評価することが重要である。また攻撃側の手口、特にサイバー攻撃等に用いられるテクノロジーに対する脆弱性も評価しなくてはいけない。米国の国際組織犯罪に対する戦略では、「犯罪者ネットワークは流動化しており、世界中の同様のネットワークと新たなアライアンスを構築し、より広範囲での非合法活動に手を染めている」「国際組織犯罪ネットワークは近年ますますサイバー犯罪に注力しており、一般消費者に対し年間数十億ドルの被害を与え、企業や政府の機微情報ネットワークを脅かし、国際金融システムに対する信認を世界規模で弱体化させている」「サイバー技術その他の手法を用いて、より洗練された犯罪を実行している」と危機感を高めている。たとえば日本においても巧妙なフィッシング手口により比較的高いセキュリティ・レベルのインターネット・バンキング・サービスが被害にあうケースも増えている。また、振り込め詐欺の犯人が逮捕されても、それは組織犯罪ネットワークのヒエラルキーにおける末端のいわゆる出し子のみであり、主犯格は日本国境外から遠隔操作していて捜査が及びにくいのではないか、といったようなことも懸念されている。わが国の金融機関は改正犯収法遵守ということはもちろんのこと、このような「現実のリスク」に向き合った態勢整備のためのリスク評価が求められるのである。

　以上述べてきた「国・地域」「顧客」「商品・サービス、チャネル」ごとに評価を行ったうえで、金融機関全体として金融犯罪に悪用される度合い、注意すべき領域などファーム・ワイドなリスク・プロファイルを明らかとすることが全社的リスク・アセスメントである。このようにして得られた「経営目線でのヒートマップ」があってはじめて、金融犯罪対策として、どの領域にどの程度のコンプライアンス・リソースを割くべきなのか、コントロー

ル・レベルをどの程度に設定すればよいのか、あるいはそのターゲット・レベルに対して、現状どの程度のギャップがあるのかが可視化できるのである。本節の冒頭で記載したとおり、まさにこの点において「リスク・アセスメントは金融犯罪対策のPDCAサイクルの起点と位置づけられる」のである。つまり、リスク・アセスメントとは、単にリスクの高低を評価するだけでは意味がなく、AML/CFTプログラムの各施策がリスクと整合的に設計・運用されていることを確保するために実施されなければならない。

　この点、「バーゼル・ガイドライン」には、金融機関はML/TFのリスク評価を求められること、このリスク評価は、まず国レベルでのリスク評価に基づく必要があること、このリスク評価結果に見合った方針・手続の策定と効果的な実施が求められることが明記されている。方針・手続とは、CDD、顧客受入れ、取引関係のモニタリングおよび商品・サービスに関するオペレーションなどすべてに関連する（本章「第1節2　方針・手続」参照）。リスク評価に関する情報は当局に対して説明できるよう書面化する必要がある。リスク評価を通して取締役会、上級管理職は、顧客ベース、商品・サービス、地域の各要素にわたって金融機関自身が被りうるリスクを網羅的に理解し、これに基づいたガバナンスを実現し、責任を明確化しなければならないのである。

　たとえば、取引モニタリングについてもリスクに見合った態勢が必要であり、システム導入が必要であれば、金融機関のビジネスの規模、複雑性に応じてリスクに見合った適切なレベルで当該システムが構築され、その根拠が文書化されなければならない。逆にシステムが不要であると考えるのであれば、不要である根拠がリスクと関連づけて文書化されるべきである。顧客リスク評価の枠組みなどはシステム開発業者によって提供されることもあるが、金融機関自身がそのリスクに応じてパラメータを設定しなければならない。

　また、顧客受入方針については、リスク評価結果に基づいて、顧客受入れ時に当該顧客がAML/CFT上、高リスクとみなされうるかどうかを判断するための方針・手続の策定が求められる。顧客の背景情報、職業、収入や資産

の源泉、出生国、居住国、口座（関連する他の口座含む）の開設目的と利用状況、取引活動等からリスク・レベルを決定する必要がある。なお、このような施策によって、取引の大部分を占める一般顧客、とりわけ経済的・社会的な弱者が不利益を被ることのないように配慮すべきである。そのためにすべての顧客に適用する基本的なCDDのレベルを設定するとともに、リスクに応じた追加的な確認手続を定める必要がある。さらに、顧客の本人性を確認する度合いは当該顧客のリスク属性に応じて決定すべきである。真の受益者の特定は、今般の改正犯収法にも盛り込まれた重要な要素であるが、「バーゼル・ガイドライン」では、真の受益者に関する情報の「収集」に加えて「検証」が明示的に盛り込まれている点が重要である。顧客、真の受益者および代理人の本人確認については、自己申告のみに依拠するのではなく、信頼できる独立の文書、データ、情報によって検証されるべきということである。

　次に、改正犯収法においては継続的なモニタリングは努力義務規定となっているが、「バーゼル・ガイドライン」においては、金融機関がML/TFリスクと対峙するうえで、継続的なモニタリングは本質的な要素であると位置づけている。顧客の通常の合理的な取引活動に関する理解なしに、金融機関はML/TFリスクを管理することはできないということである。既述の口座開設にあたっての方針・手続に加えて継続的な口座取引のモニタリングや顧客情報の更新についての頻度に関する方針・手続の策定が求められる。さらに、経済制裁者のリストが更新されるつどの顧客データベース・スクリーニングに加えて、PEPsその他の高リスク口座等、追加的なデュー・デリジェンスが求められるべき顧客かどうかを確認するための定期的な顧客データベース・スクリーニングがリスクに応じて求められている。

　このようにリスク・アセスメントの結果は、AML/CFTプログラムの各施策がリスクに見合って適切に設計・運用されていること、すなわち残差リスクが許容範囲内であることを確認するために用いられなくてはならない（図表3-17参照）。

図表3-17 リスク・アセスメントの位置づけ

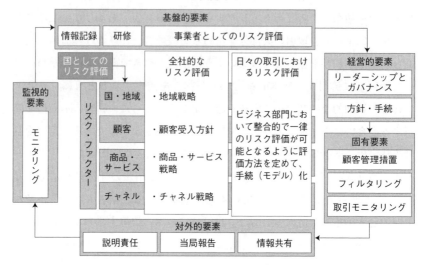

(2) 取引ごとのリスク・アセスメント

　前項でファーム・ワイドのリスク・プロファイルが描けたら、そのリスクを許容範囲に抑えるべくAML/CFTプログラムが設計・運用されることになる。日々の業務運営において、今度は、来店する顧客一人ひとりあるいは個別取引のリスク評価を行うのが「取引ごとのリスク・アセスメント」である。顧客あるいは取引ごとのリスクをどのように特定し、評価するのかについて、評価プロセス（評価基準・モデル）を構築することが求められる。このようなリスク・アセスメントに係る方針・手続は文書化され、リスク・アセスメントの結果についても、継続的な改善や顧客管理に活用できるよう記録、保存されることが求められる。その内容は既述の全社的リスク・アセスメントと整合的でなければいけないし、実際のところ、評価ロジックをそのまま適用できる部分も多い。両者の違いは、全社的リスク・アセスメントのほうが、定性的な観点が多く、取引ごとのリスク・アセスメントのほうが、定量的とはいわないまでも方法論的な性格が色濃くなることである。

　このようなリスク・アセスメントの枠組みを構築する目的は、部門、拠

点、顧客あるいは取引が異なっていても、合理的・客観的基準で整合的な評価結果となることを確保することである。たとえば市場リスク管理において、それまで取扱商品によって異なるリスク尺度を用いていたのをリスク量というかたちで統一的にリスク評価をする、あるいは統合リスク管理において、リスク・カテゴリーごとにまちまちの基準でリスク評価していたものを自己資本との対比というかたちで統合管理するといったことと発想は同じである。一方で、一連の金融危機や巨額損失事件等のなかで、方法論としてのVaR（Value at Risk）というリスク計量手法が批判を浴びたが、金融犯罪対策におけるリスク・アセスメントも同様に、テクニカル面に過度に傾倒することなく、その前提・限界をふまえた慎重な設計と運用が求められることはいうまでもない。

取引ごとのリスク・アセスメントの枠組み構築の手順を以下に示す。

a　プランニングとスコーピング

まず「取引ごとのリスク・アセスメント」を実施する範囲、すなわちグローバルに適用するのか、関係会社まで適用するのか、対象商品、顧客をどうするのか等を決定し、タイムラインを設定する。

b　評価基準・手法の設計

タイムラインが設定された後は、リスク・アセスメントのベースとなるモデルをプロトタイプ的に策定する。まずどのような考え方でモデルを策定するのかについての原則を整理する必要がある。以下が整理すべき原則の例である。

- ・リスク・アセスメント・モデルを策定する目的
- ・事後検証・継続的改善を可能にするための文書化・記録保存
- ・新商品、新規業務あるいは規制改正に対応しうる事後拡張性の確保
- ・国際的なガイドラインや内外の規制要件との関連づけ
- ・金融犯罪対策のフレームワークにおける他の構成要素との関係
- ・現実的なリスク分布（すなわち大部分の顧客は低リスクであることの前提）に基づくモデル化
- ・上記リスク分布をふまえた、顧客や業務部門に与える負荷の最小化

- 採用すべきリスク・ファクター（国・地域、顧客、商品・サービス、チャネル等）
- モデリングの基本的なアプローチ（レッド・フラグ方式か、スコアリング方式か）

　特に留意すべき点は、モデリングのアプローチの選択である。改正犯収法の議論、わが国の実務に照らして、当初は高リスクと考えられる項目（すなわちレッド・フラグ）を列挙し、これに該当するかどうかという観点で評価する方法がなじみやすい。これがレッド・フラグ方式である。国・地域、顧客、商品・サービス、チャネルごとにレッド・フラグをリスト化することでリスク評価を行う。このアプローチで工夫が必要なのは、異なるリスク・ファクターごとに検出されたレッド・フラグを、最終的にどのように統合するかという点である。一方のスコアリング方式は、レッド・フラグ要素も含めさまざまな情報をもとに、リスク・ファクターごとにスコア化し、これを一定の加重に基づきトータルのスコアを算出するものである。グローバルに

図表3－18　リスク・アセスメント・モデルのイメージ

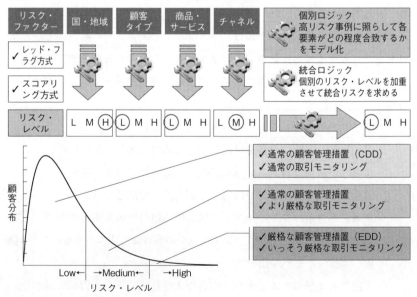

展開する金融機関は後者の方式を採用しているところが多い。定量的に統合スコアが求められることから、整合性を確保しやすいが、一方で実態のリスクにあうようにロジックを繰り返し検証する必要があり、また、個々のリスク・ファクターごとのスコアを算出するための基本情報の収集・アップデートにかなりの負荷がかかるといった点も考慮に入れなくてはならない。いずれの方式でも、基本的な構造のイメージは図表3−18のとおりである。

c　個別ファクターごとのリスク評価・検証

　国・地域、顧客、商品・サービス、チャネルごとにリスク評価のためのロジックを開発する。国際的なガイドラインや内外規制をふまえて、たとえば前項の全社的リスク・アセスメントで示したような高リスク要因を反映させて、これに該当する場合は、レッド・フラグ、ないしは高スコアとなるように設計していく。たとえば各国のリスク評価の材料としては、既述のFATFレポートのほか、さまざまな国際機関、政府機関等がリスク評価結果を公表しており、これらの情報を活用することで設計作業を効率的に進めることが可能である。なおレッド・フラグの数や性質によって、あるいはスコアによって最終的な評価結果を求める際の評価基準（図表3−18のリスク・レベルに該当する部分）をどのようにするかは重要なポイントである。原則で述べたとおり、「大部分の顧客は低リスクであるとの前提」に立って、リスク・レベルを何段階にすればよいか、その段階区分をどの分布レベルで設定すればよいかを検討しなくてはいけない。最も単純な方式は、高リスクとそれ以外に二分する、たとえば、改正犯収法の政令で列挙された2カ国に該当すれば高リスク、それ以外であればリスクなしとするといったものである。

　重要なのは、理論に走りすぎず、あくまで実態のリスクに照らして実務的に、かつ運用上の業務負荷も十分に勘案して検討することである。いったん頭で整理した考え方が、どの程度実態を正確に表現できているかどうかについて、実際のデータに当てはめ、繰り返し検証を行う必要がある。また、個別事情や定性的な判断で、モデル判定結果をオーバーライドすることもある程度許容する柔軟性も必要である。もちろんオーバーライドの手続・権限も明確に定め、当該オーバーライドの根拠とその意思決定結果も文書化してお

くべきである。海外における行政処分事例では、一般的には明らかに高リスクと考えてしかるべき国のリスクが、このようなオーバーライドにより、最もリスクの低いカテゴリーに含まれ、かつそのことについて当局が懸念を表明していたにもかかわらず、オーバーライドについての明確な根拠が示されなかったケースもあるので、この点、モデルの柔軟性確保とのトレードオフのなかで慎重にルール化すべきであろう。

d 統合ロジックの開発・検証

　個別のリスク・カテゴリーのモデル化ができたら、今度はそれらの個々の評価結果を統合するロジックを検討する。レッド・フラグ方式であれば該当したレッド・フラグの数や性質に応じて、スコアリング方式であれば、それらのなんらかの加重によって合算スコアを求め、そのスコアに応じて統合リスク・レベルを設定するという試行錯誤を繰り返す。ここでも実際のデータに当てはめて慎重に検証を行うことが必要である。場合によっては、もう一度個別のリスク・カテゴリーの評価方法に立ち戻って再度内容を見直すということも十分ありうる。金融犯罪リスクの特性から、レッド・フラグ方式もスコアリング方式も、これが正解という結果が得られにくいため、このような検証期間をある程度長めにとって、実務上の疑わしい取引データとの比較検証を行うことや、いったん仮置きした結果を柔軟に修正できるような枠組み自体を確保しておくことがポイントとなる。

e 実務適用に向けた具体化計画

　既述のa～dのプロセスを通してモデルが構築できたら、今度はこれをどのように実務に落とすのかの具体化計画を策定する。策定のポイントは以下のとおりである。

- ・モデル評価結果を、取引時確認や疑わしい取引の届出等のプロセスにどのように関連づけるのか。
- ・モデル適用の局面……顧客受入段階でインタラクティブに適用するのか、受け入れた後にバッチ的に適用するのか。
- ・モデル運用の役割分担……モデルそのものの運用、現場レベルでの運用、それぞれどの部署にどのような責任を負わせるのか。特に現場レ

ベルについては営業店で完結させるのか、事務センターで代替するのか。
・適用のための手当……適用にあたっては、通達ベースでの周知徹底のみで対応するのか、システム対応を行うのか、システム対応はどの程度のものとするのか。
・導入の定着、実効性確保、継続的改善のための検証の枠組みをどのようにするのか。

2 研　修

　FATF勧告には、金融機関のAML/CFTプログラムに含まれるべき三大要素の1つとして、「継続的な従業員研修プログラム」が含まれている。FATF対日相互審査では、「手続および方針を必要に応じてアップデートすることが求められていないとともに、これらの手続および方針の利用について研修を受けるべき従業員に伝達することが義務づけられていない」と指摘されている。また、FATFの「バンキング・ガイダンス」には以下のように記載されている。

　AML/CFT方針・手続の効果的な適用は、職員が求められるプロセスの理解だけでなく、そのプロセスによって削減しようとしているリスクの理解とそのリスクの結果の理解にかかっている。それゆえに研修は重要であり、以下の要件を満たさなければならない。

・高品質……金融機関のML/TFリスク、業務活動、最新の法規制要件や内部統制を反映したものであること
・必須……全職員が受講必須であること
・職制……それぞれの業務・役職ごとに想定されるML/TFリスクを正しく理解するために研修が仕立てられていること
・実効性……当初目的どおりの効果があること、すなわちテスト合格を求めたり、理解レベルをモニタリングしたり、期待どおりの知識レベルが達成できない場合の対応策を策定したりすること

図表3-19 金融犯罪対策の枠組みにおける研修の位置づけ

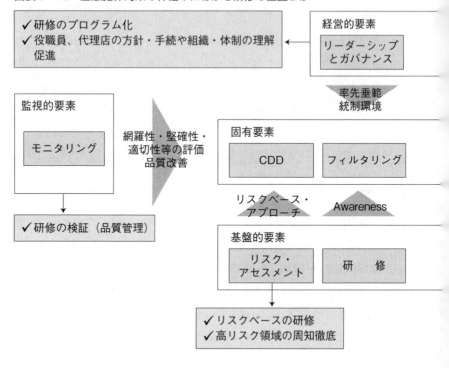

・継続性……研修は、入社時に1回限り行うものではなく、定期的であること

・補足性……最新のAML/CFT情報が適宜に補足されるべきこと

　研修に関しては、わが国においても金融庁の監督指針に、取引時確認や確認記録・取引記録の作成・保存、疑わしい取引の届出を含む顧客管理方法について、マニュアル等の作成・従業員に対する周知が行われるとともに、従業員がその適切な運用が可能となるように、適切かつ継続的な研修が行われているか、といったことが留意点として記載されている。また金融検査マニュアルには、取引時確認や、疑わしい取引に関して、責任者または担当部署は、取引時確認や疑わしい取引の届出や疑わしい取引に関する措置を適時・適切に実施できるよう定期的に指導・研修を実施する等の方法により、関連する職員等に対し周知徹底しているか、と明記されている。

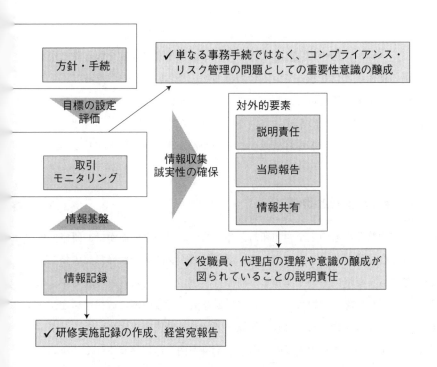

　研修の目的は、研修を実施することではなく、結果的に役職員の気づきを醸成することにある。繰り返しであるが、FATFの「リスクベース・ガイダンス」で「研修内容の理解につき検証を行う」ことが明記されていることは重要である。研修を実施することが目的ではなく、研修の結果、役職員が適切に理解したかどうかの検証が求められているのである。

　日本の金融機関、特に国内のみに営業基盤を有する金融機関では、「マネー・ローンダリングは無縁」と考えられがちであった。しかし、不法収益は、こうした認識の甘い金融機関を踏み台に金融システムに入り込む。特に金融犯罪と直接対峙する現場実務者にとっては、この危機感は現実のものとして受け止められているが、金融機関全体にリスク認識が共有できていないことに問題があるように思われる。経験豊かなコンプライアンス・オフィサーが、ある在日外国金融機関に転職して、初めて実施したマネー・ローン

ダリング研修においていくつかの事例を示したところ、「えっ、それも疑わしい取引になるのですか」と驚かれたという。金融犯罪を企む側からみれば、「ウチに限ってありえない」「困っているお客さまに便宜を図ることが金融機関の使命」と信じきっている金融機関こそねらい目なのである。

研修は、金融犯罪対策のフレームワークのなかに明確に位置づけられ、他の構成要素と有機的につながっていなければならない（図表3－19参照）。

以下、研修のポイントを各構成要素とのつながりにおいて考察していきたい。

(1) 経営的要素と研修

まず、研修そのものを金融犯罪対策のフレームワークのなかで、研修プログラムとして位置づける必要がある。新人研修、営業店内研修、部店長会議などさまざまな場において関連する研修は実施されていると思われるが、これについて全体像を把握し、しかるべき対象者、対象範囲に適切な頻度、内容、方法で研修が行われるよう、組織横断的な管理態勢を構築することが望ましい。金融犯罪実務担当者の危機感が金融機関全体に共有されていないという既述の例では、まさにマネジメントによるリーダーシップとガバナンスが求められる。

(2) 固有要素と研修

金融犯罪対策のコアであるCDD、フィルタリング、取引モニタリングに関する研修は、相当程度実施されてきていると思われる。ただし、その内容についてあらためて吟味する必要がある。手続示達型ではなく、関連業務を怠ると、金融機関だけではなく、当人にどのような結果をもたらすのか、なぜこのような業務が必要なのか、すなわちKnow Howだけではなく、Know Whyの観点で周知徹底することが重要である。金融庁が監督指針において強調しているように、単なる事務手続の問題ではなくコンプライアンスあるいはリスク管理の問題として位置づけることが重要である。たとえば以下のような流れで研修コンテンツが構成されることが望ましい。

① 金融犯罪にさらされるリスクについて
  ・国際的なリスクの変化（これまでのリスク認識を大幅に変える必要があること）
  ・現場で起こりうる事象とその影響（決して他人事ではないこと）
② 上記リスクに対する内外の取組みについて
  ・FATFや内外の行政処分事例（情報としては知っていたが、それがなぜ起きているのか、なぜ本研修と関連づけられているのかなどの背景の理解）
  ・日本における具体的な規制要件や金融検査における事例
③ 金融機関としての取組み・態勢
  ・①のリスクや②の規制と関連づけて組織体制や手続を解説
④ ③をふまえて研修対象者に期待される責任・役割・業務
  ・適切に業務を行うことの重要性（業務を怠った場合の組織や個人へのリスク、影響）
⑤ ④についての具体的な事例
  ・好事例あるいは失敗事例
  ・できれば座学ではなく、ロールプレイング等も織り交ぜて事務手続だけではなく、各人の気づき、感度が重要であることの周知徹底
⑥ 理解度の確認
  ・どの程度理解したかの確認のためのテストやアンケート、場合によっては受講内容について今後遵守することについての署名など

(3) 基盤的要素と研修情報記録

研修プログラム自体をリスクベース・アプローチで設計・運用することが望ましい。どの階層にどのような内容を伝えるのかは、まさにそれぞれの責任、役割やリスクに応じて検討されるべきである。従来は営業店職員が中心的な研修対象として位置づけられてきたが、主導的立場にある経営陣、あるいはコンプライアンス、事務企画部門、内部監査部門についても、より専門的な外部研修の受講、外部講師の招聘、外部資格の取得等が奨励されるべき

である。対面での研修のほか、eラーニングなど内容に応じて適切な手法を検討して、効率的かつ効果的に運用する必要がある。また対外的要素や監視的要素とも関連づけられるが、各種研修の記録を保存し、その実施状況をモニタリングしておくことも重要である。

(4) 監視的要素と研修

繰り返し述べるが、研修で最も重要かつチャレンジングなのは、研修の実施が目的ではなく、研修の結果として役職員一人ひとりの認識が向上し自律的に取引時確認や疑わしい取引、あるいは反社会的勢力対応に取り組むようになることである。こういった観点で、研修の実施内容は必ずモニタリングし、全体のAML/CFTプログラムのなかで、当初の目的をどの程度達成できたのか、達成できなかったとすると何が問題だったのか、来期のプログラムをどのように改善させていくのか、といったことを継続的に実施する枠組みを明示的に構築しておく必要がある。定期的に経営陣がこのような観点でモニタリングし、評価し、改善の可否や、対応策についての意思決定を行うということを明確にルール化しておくことが望ましい。特に研修の効果を測定することが今後の課題となるが、KPIを設定して可視化するなど継続的な創意工夫が求められる。

(5) 対外的要素と研修

金融機関の対外説明責任の一環として、このような研修を徹底していること、役職員一丸となって金融犯罪には断固として立ち向かうことを対外的に情報発信することは重要である。金融機関をねらう側は、想像以上に金融機関を調査しリスク評価し、脆弱な金融機関、脆弱なチャネル・商品をねらい撃ちする。まさにリスクベース・アプローチが徹底しているといってよい。たとえば金融当局、警察当局あるいは暴追センター等の関連諸機関との連携を強め、場合によっては研修への協力（コンテンツ提供や講師派遣など）を検討するのも一考である。

3　情報記録

　情報記録に関しFATF勧告には以下のとおり記載されている。

　「金融機関は、国内・海外を問わず取引に関するすべての必要な情報を最低5年間維持することが求められなければならない。これによって関連当局からの情報提供依頼に対して迅速に対応することが可能となる。これらの記録は個々の取引が再構成されるだけの十分な情報（金額、通貨など）となっており、必要に応じて犯罪行為を処罰するための証拠を提供するに足るものでなければならない」

　「金融機関はCDD措置で入手した情報（たとえばパスポートその他の本人確認カード、免許証や同等の書類のコピーや記録）、口座に関する情報、ビジネス関係に関する情報、あるいは関連して行われた分析（たとえば背景情報を得るための照会、複雑な取引あるいは不自然に多額の取引の目的）結果も含め、すべての情報を、ビジネス関係が終了した後、あるいは一見取引発生日の後、最低5年間保存すべきである」

　「金融機関が、取引やCDD措置で入手した情報については記録を保存するように法律によって求められるべきである」

　「CDD情報や取引の記録は国内の所管当局が適切な権限のもとに利用可能となっているべきである」

　一方、FATF対日相互審査においては以下のように指摘されている。

　「少額取引が記録保存の対象から除かれている」

　「金融機関に業務書簡ファイルおよび口座情報ファイルの保存義務が課されていない」

　「金融機関は記録された情報が適時に関係当局に利用可能とすることを確保することが求められていない」

　「これらの担当者の役割、責任（顧客の本人確認、他の顧客管理情報および取引記録への適時なアクセスを含む）に関するガイダンスがない」

　犯収法上は取引終了後7年間の記録保存が求められていることはいうまでもないが、重要なのは字義どおり保存することではなく、「関連当局からの

情報提供依頼に対して迅速に対応することが可能と」なっていること、「必要に応じて犯罪行為を処罰するための証拠を提供するに足るもの」となっていることがFATF勧告でうたわれていることである。

　第1章でみてきたとおり、脱税やマネー・ローンダリング、テロ資金供与が国家にとって深刻なリスクと認識されているなか、取引時確認（あるいは結果としての取引謝絶）や疑わしい取引の届出、さらには当局照会対応について、そこまで民間金融機関がやるべきなのか、という観点で議論する時代はもはや終わっている。

　今後はますます、情報の保存ではなく、当該情報の利用可能性の観点で、当局の関心が高まってくる。たとえば、以下の仮想事例[20]は、金融機関が今後どのように対処していくべきかを検討するうえで重要な示唆を与えると思われる。

① 　金融機関の依頼を受けて外部の専門家が、取引時確認、疑わしい取引についての記録保存の状況を確認した。営業店および本部での保存状態は良好だったが、一定年限を越えたものは外部倉庫に保管してあった。これを調べたところ、広大な倉庫に、雑多なその他諸々の情報と混在するかたちで保管されていた。しかも当該倉庫の入退室セキュリティは不十分であり、かつ調査対象である取引時確認、疑わしい取引に関する記録が当該倉庫のどこに保管してあるかの記録が残されておらず、フォークリフトを用いて一つひとつ確認せざるをえなかった。

② 　営業店から所管本部への疑わしい取引の届出は、通常の行内便で送られているが、たまたまさまざまな本部報告が集中する日と当該届出が重なってしまい、他の配信物と混同し、別な部門に当該届出が配信されてしまった。最終的にしかるべき部門に無事届いたが、これに関し情報セキュリティの観点での報告はなされず、また誤って受け取った部門も当該情報の守秘性についての認識がなく、興味本位で周囲の

20　実際の事例をもとに、本書の趣旨に基づき仮想的に再構成したものであり、特定の事実を伝えるものではない。

人間が集まってきて内容をのぞいてしばし談笑をしていた。
③　疑わしい取引の届出を集中的に管理する部門は、届出件数の増加とともに多忙を極めている。また担当職員は他の業務との兼務であり、机上に関連書類が放置されたままの状態で、他の業務を行ったり、他出したりすることも頻繁にある。このオフィスでは、隣の部門とは物理的な隔壁はなく、本件に関する所管当局や営業店との電話のやりとりについても、隣の部門には筒抜けの状態であった。
④　近時、営業店において警察当局からの、捜査関係事項照会が増加している。現状の手続上は基本的には営業店で対応することとなっているが、事務統括部門（あるいはコンプライアンス部門）としては、このような増加傾向は一過性のものではなく、当局の姿勢の構造的な変化ではないかと気づきつつあるが、そもそも全体としての件数、回答までのリードタイム、守秘義務と当局の要請とのトレードオフのなかで適切な情報提供がなされているかの品質評価等がまったくできない状態（そもそもそのような役割は現状の手続上はどの部門にも与えられていない）で、日々の営業店からの問合せに忙殺されている。
⑤　犯収法改正に伴い、顧客から取引の目的、職業等の情報を徴求することとなり、顧客に口座開設時の書面に記載してもらう手続としたが、当該情報はシステムにも入力されず、顧客の属性把握や取引モニタリングに活用されることも検討されていない。

第 4 節

監視的要素

　監視的要素、すなわちモニタリングは、AML/CFTプログラムを継続的に実効性のあるものとするうえで重要な要素となる。態勢の有効性について検証を行い、改善すべき事項を検出できることではじめて、改善が可能となるためである。このような枠組みとしては、金融機関内のAML/CFT推進を担い、営業部門を指導する立場にあるコンプライアンス統括機能や事務統括機能、すなわち第二線によるモニタリング（コンプライアンス・モニタリング）と、より客観性や独立性をもち、AML/CFTプログラム推進を担う当事者以外の内部監査機能等が実施する第三線によるモニタリングがある。

　コンプライアンス・モニタリング（第二線）と内部監査（第三線）の役割分担に明確なものはない。どちらに比重を置くかは、個々の金融機関の統制

図表 3-20　金融犯罪対策のフレームワーク—監視的要素

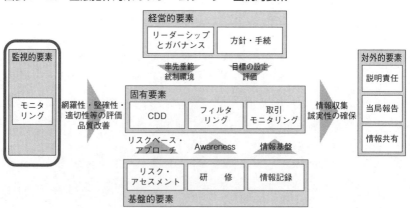

環境の状況に応じて定められる。たとえば、コンプライアンス部門（あるいは事務統括部門）が、金融犯罪対策のフレームワークの設計のみならず、その執行およびモニタリング機能もあわせて充実したリソースを有していれば、内部監査部門はコンプライアンス部門が行うコンプライアンス・モニタリング状況を間接的・補完的に確認するという役割が期待される。一方、コンプライアンス部門によるコンプライアンス・モニタリング機能が十分でない場合は、内部監査部門がこれにかわって直接モニタリングを実施するということになる。重要なのは、双方が行うべき監視・チェックの機能役割が明確になっており、それぞれの実施手続が機能役割と整合的に設計され実施されることである。この切り分けが不十分であると、営業店にとっては、コンプライアンス部門と内部監査部門、それぞれに対して、同じことを対応させられるという無用の負荷が生じることになりかねない。「また来たか。今度はどこだ」と思わせてしまうようなモニタリングははなから実効性に疑念が生じてしまうといわざるをえない。理想的には「いいところに来てくれた。日頃困っていることをいろいろ相談してみよう」という期待をもたせ、それに見事に応えられるようなモニタリングを実現したいものである。

　関連して、FATF「バンキング・ガイダンス」には、以下の内容が記載されている。

　「金融機関はAML/CFTの方針・手続が適切に遵守され、有効であることを確保するために、コンプライアンス・オフィサーが継続的にモニタリングを実施し、さらに監査部門が、AML/CFT統制によるコンプライアンスが適切であることをレビューしなければならない」

　「金融機関はマネジメント・レベルでコンプライアンス・オフィサーを任命し、金融機関全体のML/TFリスクと、当該リスク削減のための対策の適切性と有効性のモニタリングと評価を行わせなければならない。したがって、コンプライアンス・オフィサーには、独立性・権限とそれにふさわしい序列、さらには機能発揮のためのリソースと専門性が備わっていなければならない。また、すべてのビジネスライン・海外拠点の情報にアクセスできなくてはならない」

「さらに、独立した監査部門は、金融機関全体（すべてのオペレーション、部門、支店、子会社、国内外拠点）のAML/CFT方針・手続の有効性とリスク管理の品質を確立するためにAML/CFTプログラムのテスティングを実施しなくてはならない。発見事項は、AML/CFTの枠組みの設計と運用に資するように経営に伝えられるべきである。また監査部門は、被監査部門のすべてのリスクに関する決定を検証する必要があり、高リスク領域のみに焦点を当てるべきではない」

「コンプライアンス部門、監査部門ともに、モニタリングにあたっては、それぞれの業務を通して得られるすべての情報に基づくべきである。情報の例としては、内部告発などの機密性の高い内部統制上のメカニズムを通したもののほか、研修の合格率、コンプライアンス上の不備検出事項、職員からの問合せ等が含まれる」

1 モニタリングの位置づけ

FATF勧告には、金融機関のAML/CFTプログラムには以下の3つの要素を含むべきであると記載されている。

- ・コンプライアンスの枠組みおよび従業員採用において高い基準を確保するための適切なスクリーニング手続を含む、内部方針、手続およびコントロールの開発
- ・継続的な従業員研修プログラム
- ・全体の枠組みをテストするための独立した監査機能

つまりAML/CFTプログラムの3要素の1つに監査機能すなわちモニタリング機能が位置づけられている。AML/CFTプログラムの不備で行政処分に至った内外の事例をみても、いかに監査機能が重要かということがわかる。たとえば個別の内部監査においてAML/CFTプログラム上の不備事項が検出されているものの、その後のフォローアップにおいて、被監査部門が一向に改善措置をとらないというケースもある。監査やコンプライアンスにリスペクトを払わない組織が、どのように金融犯罪に悪用され、また当局から

厳しい措置を受けることになるかは、歴史が証明しているといってよい。

その意味で、監視的要素の前提条件として、コンプライアンス・カルチャーを醸成するような経営陣のリーダーシップとガバナンス（本章「第1節　リーダーシップとガバナンス」を参照）は何より重要である。また経営に対して報告・牽制機能等を有する内部監査部門としても、その機能の実効性を確保するために、必要なリソースと態勢を整えておく必要がある。図表3－21は、内部監査部門として必要な要素を整理したものである。外部不正としての金融犯罪に加え、内部不正も含めたかたちで整理している。

まず監査部門として、監査対象についての正確なリスク評価が必要である。監査の目的は、経営を阻害するリスクが許容範囲内にコントロールできているかどうかを確認するものであるから、対象となるリスクが明確に規定されていなければならない。特に内部不正リスクは従来から認識されている

図表3－21　不正リスクに対する内部監査の枠組み

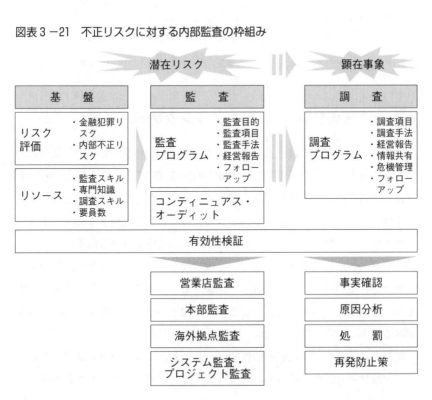

と思われるが、金融機関が金融犯罪によって悪用されるリスクというとらえ方はまだなじみがないかもしれない。あわせて金融犯罪対策に関する内部監査のために必要なスキル、専門知識などのリソースも確保する必要がある。現段階で、本来あるべき姿とのギャップを明確にし、これをどのような時間軸でどのように埋めていくかといった中長期的な基盤整備のプランニングも必要である。

　実際の監査に先立って用意する監査プログラムには、上記のリスク評価に基づいた適切な監査目的、監査項目、監査手法が明確に定義され、これに基づいた監査結果が遅滞なく経営に報告され、確実にフォローアップされる枠組みが必要である。

　図表3－21右側の調査は、事象が顕在化した場合の監査部門の役割を整理したものである。内部不正の場合は、監査部門もこのような調査の主要な役割を演じることになるが、外部不正としての金融犯罪の場合は、多くは第二線であるコンプライアンス部門、金融犯罪対策部門がこれを担うケースが多い。

2　営業店に対するモニタリングのポイント

　営業店監査においては、主に取引時確認、疑わしい取引の届出、反社会的勢力への対応、口座の不正利用防止等が関連監査対象となる。監査項目は多岐にわたるため、監査プログラム策定時に、リスクをふまえたうえで高リスク領域により焦点を当て、効率的かつ効果的な監査を実施する必要がある。前回監査やオフサイトモニタリングにおいて脆弱性が認められる領域はないか、新商品の販売管理体制は適切か、法規制が改正されたことの周知徹底が十分にされているかといった観点で監査対象を絞り込むことで、よりピンポイントな問題点の検出が可能となる。表層的かつ総花的な監査は避けるべきである。

　新商品に関連して、FATF勧告では、わざわざニューテクノロジーという項目が設けられ、新商品あるいは既存商品でも販売チャネル等の新たなテク

ノロジーが導入される際に金融犯罪に悪用される脆弱性がないかどうかの確認の重要性が示されている。また金融犯罪を企む側も、ニューテクノロジーを駆使した新たな手口を開発していることを忘れてはならない。こういった観点で、最新事例・手口に関する情報の入手と、これをふまえたリスク評価、ニューテクノロジーに知見を有する人材のモニタリング部門への配置もポイントとなる。

　また、監査を実施する目的は何かを明確に定義することと、その目的と整合的な監査手続を実施すること、いわば監査の基本が、金融犯罪関連の監査においても適切に実行されているかどうか点検してみる必要がある。本書を通して何度も強調しているとおり、金融機関が金融犯罪に悪用されるというリスク認識に基づく監査と、法規制に準拠して取引時確認等を適切に実施しているかという観点での監査では、おのずと求められることが異なってくる。金融犯罪に悪用されるというリスク認識が不十分なままであると、無意識のうちに後者の文脈で監査がとらえられ、規制として求められる取引時確認「手続」や疑わしい取引の届出「手続」が適切に行われているか、という観点での確認となってしまうためである。

　たとえば疑わしい取引においては届出そのものが適切に営業店長で決裁され、本部に遅滞なく届け出られているかという、事務の堅確性に目が向きがちである。しかしながら、いま求められているのは、疑わしい取引検出の「網羅性」、関連業務の「効率性」「実効性」である。具体的には以下のような観点をもって監査にあたる必要がある。

- ・本当に疑わしいかどうかを確認するという自覚と、これを峻別できるノウハウを身につけてテラーが顧客対応を行っているか。
- ・本来は疑わしいと思うところ、そもそも、疑わしいと気づかずに見過ごしていることはないか。
- ・何か違和感をもったとしても、業務繁忙期にはついつい手続がおろそかになっているような局面はないか。
- ・届出手続自体が煩雑で起票者が積極的に手続を行いにくい事務フローあるいはリソース配分になっていないか。

不備が検出されても現場に「今後は適切に実施するように」と指導するだけでは何の解決にもならない。なぜ現場が対応できないのか。認識の問題なら研修がそもそも適切に行われているのか。研修自体、現場に負荷をかけるばかりで実効性が確保できていないのではないか。また現場が対応したくともそれを阻害するようなコンフリクトが起きていないか。そのコンフリクトはだれが解決すべきか。たとえば営業店長か、事務手続を設計・指導する事務統括部門か。こういった観点で解を導出できるかどうかが、付加価値をもつ監査となるか、はたまた現場だけが疲弊する残念な監査となるかの分かれ目といえる。

　一方で、このような観点で監査を行うには監査する側にも相応のスキルと準備も必要である。関連法規制の内容理解は当然として、その背景やそれが金融機関にどういう意義があるのか、あるいは金融犯罪を企む側の立場に立ってその動向や、翻って金融機関自身の脆弱性を点検することが必要である。たとえば図表3−21で示したコンティニュアス・オーディットは従来のオフサイトモニタリングをさらに発展させた概念である。先の例で示した被監査部店の疑わしい取引の届出が網羅的かどうかの点検は、全部店の届出状況（件数、傾向など）を横断的に分析し、当該部店の特性を明らかにすることでより有効なものとなることが期待される。この意味でコンプライアンス部門あるいは金融犯罪対策部門が導入した取引モニタリング・システムを監査部門からもアクセス可能としコンティニュアス・オーディットの一環として疑わしい取引の届出状況をモニタリングすること、あるいは取得した情報をベースにコンプライアンス部門と認識や課題の共有を図るということも検討に値する。

3　AML/CFTプログラムそのもののテスティングのポイント

　モニタリングは客観性や独立性が求められると既述したとおり、コンプライアンス部門では検証できないものもある。それはコンプライアンス部門自

身が設計・運用するAML/CFTプログラムそのものの検証である。基本的には第三線である監査部門が本章で解説しているすべての構成要素に沿って、その設定目的、目的にかなった設定ができているか、運用ができているかという観点で検証していくことになる。この点、金融庁の平成27事務年度主要行等向けの総合的な監督指針および中小・地域金融機関向けの総合的な監督指針には、「組織犯罪等への対応」が掲げられ、以下のような記載がある。

- 公共性を有し、経済的に重要な機能を営む銀行が、たとえば総会屋利益供与事件、いわゆるヤミ金融や、テロ資金供与、マネー・ローンダリング等の組織犯罪等に関与し、あるいは利用されることはあってはならないことである。銀行が犯罪組織に利用され犯罪収益の拡大に貢献すること等を防ぐには、全行的に堅牢な法務コンプライアンス体制を構築する必要があるが、特に、犯罪による収益の移転防止に関する法律（以下「犯収法」という）に基づく取引時確認および疑わしい取引の届出に関する内部管理態勢を構築することが求められている。
- 組犯法および犯収法は、……金融機関にとっては、取引時確認や確認記録、取引記録の作成・保存義務は、テロ資金の提供が金融機関を通じて行われることの防止に資する金融機関等の顧客管理体制の整備の促進であり、「マネー・ローンダリング防止」を単なる取引時確認等の事務手続の問題からコンプライアンスの問題（金融機関が犯罪組織に利用され犯罪収益の拡大に貢献することを防ぐための態勢整備）へと位置づけ直すとともに、いわゆる総会屋への対応等を含め、民事介入暴力・組織犯罪に対する全行的なコンプライアンス態勢を構築することが必要になったという点できわめて重要な意義を有するものである。
- 金融機関においては、犯収法が広く組織犯罪一般に対する厳正な対応を義務づける枠組みであることを真剣に受け止め、万全の態勢を構築する必要がある。
- 各金融機関が、犯収法により義務づけられた取引時確認等や疑わしい取引の届出、盗難通帳・偽造印鑑等による預金の不正払戻しを防止するための措置、または犯罪利用預金口座等の疑いがあると認める場合

における取引停止等の措置を的確に実施しうる内部管理態勢を構築することは、組織犯罪等による金融サービスの濫用を防止し、わが国金融システムに対する信頼を確保するためにも重要な意義を有している。
　これは、金融犯罪に脆弱な金融機関の存在を許容しないという金融庁のメッセージであり、金融機関は金融犯罪に悪用されないための枠組みであるAML/CFTプログラムの適切な構築と運用が求められているということである。このことからも、監査部門がAML/CFTプログラムのテスティングを行うことの重要性を再認識する必要がある。
　さらに、金融庁の平成27事務年度金融行政方針には、以下のように記載されている。
　「犯罪による収益の移転防止に関する法律（以下、「犯罪収益移転防止法」という。）に基づく、取引時確認や確認記録・取引記録の作成・保存、取引のモニタリングを踏まえた疑わしい取引の届出等について、顧客の利便性にも配慮しつつ、これらを適切に実施するための態勢の高度化に係る取組みについて検証する。また、平成26年に改正された犯罪収益移転防止法の施行に向けた態勢整備を促していく」
　ここからうかがえるのは、金融機関のAML/CFTの取組みを静態的にとらえず、継続的な取組みと位置づけて、その取組状況を検証するという姿勢である。監査部門としてAML/CFTプログラムを確認する際にも、監査基準日での断面的な不備事項指摘に終始することなく、被監査部門のPDCAサイクルの動態に焦点を当てて、被監査部門のより効果的・効率的な取組みに資するようなテスティングが求められる。このように規制当局も金融犯罪対応に対する問題意識を従来以上に高め、金融機関のリスク環境が大きく変わりつつあるときにこそ、内部監査部門が、本来の機能を発揮すべきであると考える。
　図表3－22は、AML/CFTプログラムを検証する際のポイントをまとめたものである。図表中、中央の「法令上あるいはステークホルダーの要請」すなわち「規制が強化されたか」という観点だけでの検証では不十分であることは、ここまで何度も強調してきた。背後にあるリスクが大きく変質してい

図表3-22 AML/CFTプログラム検証のポイント

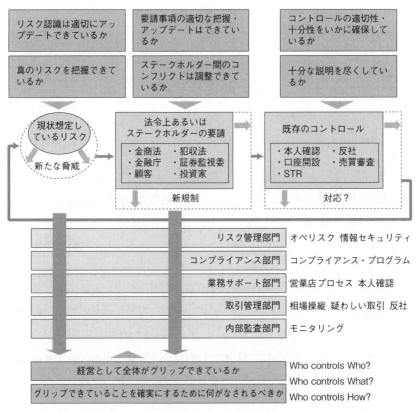

ること、金融機関としてそれに対するリスク認識を大きく変えなければいけないことを念頭に置いた検証が求められる。特に従来認識のもとで設計・運用されている各種コントロールが乖離をきたしていないか、部分最適に陥り、本来のリスクに対して金融機関全体で「横断的に」適切に対応しきれない機能不全に陥っていないか、個別のコントロールが形がい化し「実効性」が欠如していないかといった観点での検証が重要である。国内法に照らして違反がないということだけでは不十分な時代、直接間接の域外適用や、想定しえないようなレピュテーション・ダメージも含め、内部監査として何をプロテクトする必要があるのか、真剣に再考する時期にきていると思われる。

第 5 節

対外的要素

　本章「第1節　経営的要素」で記載したように、金融犯罪対策は一国の法規制遵守という範を越えて対応しないと、金融機関の経営に甚大なインパクトを与えるレピュテーショナル・リスクに発展しかねないという状況となっている。その意味で金融犯罪対策のフレームワークとして「対外的要素」をおろそかにすることはできない。

　対外的要素を通して、金融機関自身の金融犯罪に対する取組みを当該金融機関の外部ステークホルダーに広く理解してもらうことのみならず、外部からのフィードバックを通して、これまでの金融機関自身の取組みが適切であったかどうかの確認をすることも求められる。対外的要素とは、外部とのコミュニケーションを通した自己点検および継続的改善の手段と位置づける

図表3－23　金融犯罪対策のフレームワーク—対外的要素

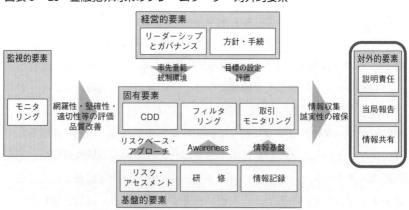

352　第3章　金融機関の実務対応

こともできる。このような観点で、対外的要素を、「説明責任」「当局報告」「情報共有」の３つに分けて、以下に解説する。

1 説明責任

　金融機関として金融犯罪への取組みに関する説明責任を確保するとは、どういうことか。まず企業として求められている責任を理解し、これをどのように全うしようとしているかを積極的に示すことが必要である。次に、当該金融機関に勤務する個人としての責任が明確に規定され、徹底されていること、さらに個人としての責任の不徹底に対する抑止効果としての懲戒が明確に定められていることが必要である。

(1) 企業としての責任

　金融機関として、マネー・ローンダリング等の外部不正に対しては断固とした姿勢で臨み、防止・検知に取り組むこと、そのために必要なAML/CFT管理態勢を整備し、真摯に取り組んでいることを外部に積極的に示すべきである。これについては、金融犯罪よりも広い概念である不正リスク・マネジメントの領域において、

- 事業上のステークホルダー（たとえば、株主、従業員、顧客、政府機関、地域組織、メディア等）は企業行動やコーポレート・ガバナンスの実践への認識と期待を高めている。
- 不正防止プログラムを継続的に機能させられるかどうかは、不断のコミュニケーションと強化にかかっている……社内外へのコミュニケーションにおける記事等、さまざまな伝達方法を用いて不正防止プログラムの存在を強調することにより、不正の防止と抑止に対する組織の決意を社内外に伝えることができる。

とあるとおり[21]、対外的な説明責任は企業に課せられた重要な義務と位置づ

---

[21] 不正リスク管理実務ガイド検討委員会編『企業不正防止対策ガイド』（日本公認会計士協会出版局、2009年）。

けられている。この企業不正防止対策ガイドは、主に内部不正を念頭に置いたものだが、特に、マネー・ローンダリング等の金融犯罪に対する規制強化および国際的な世論の高まりのなかで、対外説明が不十分な金融機関とは取引を行わないとのスタンスをとる企業・国際機関も増えつつあることにかんがみ、金融機関、その顧客、あるいは金融システム全体をターゲットとした外部不正についても、これを防止・検知するという役割を期待されている金融機関としての説明責任の確保が重要である。

　たとえば、反社会的勢力も含めたいわゆる組織犯罪や金融犯罪に対してどのように対応していくのかをポリシー・ステートメントとして公表することが考えられる。重要なのは、規制として公表が求められているから策定するという姿勢で、他の金融機関と代わり映えしない文書を公表することではなく、自分の言葉で、犯罪とどう対峙するかという断固たる決意と、そのためにどのような施策を打っているかという具体的な態勢を、誠意をもって伝えることである。わが国においても、ある地域金融機関では、振り込め詐欺防止に関する広報活動を積極的に行ったところ、被害件数が顕著に減少したという事例がある。金融犯罪を企む側からみれば、行動に移す前に、どこの金融機関が「脇が甘いか」を分析するのは常道である。対外説明責任がいかに重要かは、同じ地域で競合する金融機関が、本格的なモニタリング・システムを導入し、積極的なコミュニケーション戦略をとるとどういう結果を招くのかを考えてみれば、明らかである。

　次の例として、コルレス契約を締結するうえで、事前にコルレス銀行から回答を求められることが多い質問項目の例[22]をあげてみたい。質問項目は、まさに回答する金融機関のコルレス業務についてではなく、むしろ金融機関全体のAML/CFT態勢がどのようなものとなっており、どのように金融犯罪に取り組んでいるかの説明責任を確認するためのものであることがうかがわれる。

　・AMLコンプライアンス・プログラムは取締役会または上級委員会で

---

[22] The Wolfsberg Group Anti-Money Laundering Questionnaire.

承認されているか。
・AMLの枠組みを調整・監督することに責任を有するオフィサーの任命を含むコンプライアンス・プログラムを有しているか。
・疑わしい取引を防止、検知し、報告するための方針・手続を文書化しているか。
・当局検査のほか、AML方針や実務に関し定期的に内部監査、その他外部機関による評価を受けているか。
・シェル・バンクあるいはその代理人に対して口座開設、取引を行わない旨の方針を有しているか。
・PEPsおよび近親者に対する方針を有しているか。
・法令に基づいた記録の保存の手続を有しているか。
・AML方針・手続はすべての支店、子会社、国内外拠点に適用されているか。
・顧客や取引に関しリスクに基づいた評価を行っているか。
・リスクが高いと合理的に信ずる顧客や取引に関しては厳格な取引時確認を実施するレベルを定めているか。
・口座の真の受益者を確認する手続を実施しているか。
・顧客の業務活動に関する情報を徴求しているか。
・顧客のAML方針や実務を評価しているか。
・高リスク顧客に関する情報を適宜レビューし、最新のものにするための手続を有しているか。
・顧客の通常期待される取引を理解するためのリスク評価を行っているか。
・顧客や取引について通常の期待される取引レベルを理解するためのリスク評価を行っているか。
・送金、トラベラーズ・チェックや為替等に関して疑わしい取引を検知するモニタリング・プログラムを有しているか。
・疑わしい取引の届出義務、商品・サービスごとのマネー・ローンダリングの手口、内部方針に関する研修を実施しているか。

・研修の記録（参加者や研修資料）を保存しているか。

あくまで金融機関同士の簡単な質問・回答であり、否定的な回答をしても即取引ができないというわけでもないかもしれないし、また回答内容について厳密な検証を求められるものでもないが、FATF対日相互審査で厳しい評価が下されたわが国の金融機関として、回答に苦慮する項目もあり、コルレス担当者のみの判断で安易に回答すべきものではないことは明らかである。いわずもがなであるが、対外説明責任とは、実際に金融機関が実施している以上のことを表明するものではない。もし表明したことと実態にかい離があることが明らかとなれば、致命的なレピュテーショナル・リスクにさらされうる。これも対外コミュニケーションの1つであり、すなわち金融犯罪対策フレームワークの一環として対応すべき事項である。

(2) 個人としての責任

金融機関に所属する役職員一人ひとりが、法令上あるいは社内コンプライアンス上求められている義務を理解したうえで、高い規範意識をもって関連業務に取り組み、それぞれの役割と責任を果たしていることを示すことが必要である。対外的な説明責任および役職員への自覚を促す観点で、法令等遵守、AML/CFT遵守が方針・規程等で明示的になっているか、また当該定めがある旨役職員への周知徹底がなされているかが重要となる。本章「第3節2　研修」でも記載したとおり、金融犯罪対策の方針・手続を策定し、プログラムを設計したとしても、結局その実効性は役職員一人ひとりの自覚にかかっている。

どの金融機関も、コンプライアンスが経営上の最重要課題であること、社会規範・法令・内部ルールを厳格に遵守すること、不正通報が義務であることなどはコンプライアンス・マニュアル等において明記されている。しかしながらこれはコンプライアンス一般についての記載であり、CDD手続や疑わしい取引の届出事務の違反については、他のコンプライアンス義務違反（たとえばインサイダー取引）に比べ、認識が十分浸透していないことが懸念される。すなわち、正しく手続が行われなかったら、金融システム、顧客が

どういう影響を受けるのか、金融機関がどういうリスクを負うのか、そして役職員本人がどういう扱いを受けるのか。つまりルールだからきちんと守るということではなく、本来のリスクが各人にどう降りかかってくるのかという点を、個人への責任という観点で、周知徹底する必要がある。また金融機関としての対外説明責任上もこのように個人への責任をいかに徹底しているかということが重要である。不幸にしてなんらかの望ましくない事象が起きても、このような観点で、日頃から金融機関がどのように対応してきたか、役職員にどのように対応させようとしてきたかの説明の巧拙により、レピュテーション上のダメージは大きく異なりうる。

CDD手続や疑わしい取引の事務上の違反やミスが、一般的なコンプライアンス義務違反の1つとして明確に認識されるようにするために、役職員に対しては、たとえば以下のような具体的なシナリオを示し、これが単に違反ですよということではなく、どういう事態を惹起することになるかということを周知徹底させると効果的と思われる。

・取引モニタリングや報告義務の対象となるシナリオや敷居値を、顧客に教えること
・ブラック・リスト等のフィルタリングに該当していることを、顧客にほのめかすこと
・パスワードを忘れたとする顧客に対してヒントを教えること

また、「第1章第1節8(1) 個人の責任に関する規制強化」で解説したとおり、グローバルには、AML/CFT不備に関する厳罰化の傾向が、金融機関という組織に対してではなく、経営層個人に対しても及んでいる点、留意すべきである。

(3) 懲　　戒

懲戒規定の存在は、役職員が「関連業務に係る自らの役割と責任を遵守しない」「関連法規制を遵守しない（ひいてはマネー・ローンダリング等の外部不正に加担する）」ことを抑止するための一施策として位置づけられる。役職員の役割と責任や、マネー・ローンダリング等防止に係る諸施策の周知徹底の

ためには、研修等を通した企業風土の醸成が何より重要であり、懲戒規定自体はあくまで二義的な位置づけであるが、懲戒規定の存在は不正リスク抑止の必須構成要素である。マネー・ローンダリング等防止に関連した役職員のコンプライアンス違反の対象範囲が明確に規定され、これが懲戒規定と整合的であることを確認する必要がある。

　日本人のメンタリティとして、個人への厳罰化を是としない傾向があるのは理解できる。しかしながら、情緒的にとらえるのではなく、マネー・ローンダリング等に対するリスク認識とのバランス、当該懲戒がある場合となかった場合との抑止効果の評価といった観点で懲戒を位置づける必要がある。

　たとえば国家レベルの懲罰と私企業レベルの懲戒は別次元であるが、FATF勧告は国家レベルの懲罰に対して「効果的、（罪の大きさと）比例的かつ抑止力のある懲罰を、マネー・ローンダリングを行った自然人に科すべきである」と述べている。また、FATF対日相互審査には、「マネー・ローンダリングの共謀行為が犯罪化されていない」「訴追のアプローチがマネー・ローンダリングの分野に関する組織犯罪に関する脆弱性の原因となっている」「比例性という観点で、制裁は折衷を欠いている。金融機関ではない法人に対する制裁が抑制的ではない」「訴追件数が低いことから、訴追の実効性に疑問がある」などと記載されている。2013年施行の犯収法改正でも、「本人特定事項の虚偽申告、預貯金通帳の不正譲渡等に係る罰則」が強化されており、FATF対日相互審査をふまえたものとなっている。このように国レベルでの厳罰化は不可避の流れであり、金融機関レベルにおいてもこれと整合的な個人の責任および懲戒が求められる傾向が強まっている。

　参考までに、懲罰がムチとすれば、アメの側面である内部告発者に対する報酬も巨額化の傾向をみせている。2012年9月には、米国において脱税の内部告発者が、史上最大の1億400万ドルの報奨金を入手したと報道された。これは、FATCA成立の遠因ともいえる、欧州の銀行が米国の富裕層顧客相手に脱税ほう助していたとされる事件で、内部告発者は、米国当局に銀行の内部情報を提供した元行員である。この事件で、この銀行は米国当局に7億8,000万ドルの和解金を支払っており、元行員は和解金の13％あまりを手に

入れたことになる。なおこの事件で、実際に脱税していた米国人3万3,000人以上が修正申告を行い追徴課税もあわせて合計50億ドル以上を税務当局に支払ったとされている。

2 当局報告

(1) 疑わしい取引の届出手続

　金融機関は、当局の要請に従って、疑わしい顧客・取引を検出・整理・分析し、届け出ることが求められる。当該要請に適切に応えるための一連の手続を設定することが必要となる。検知に始まり、内部報告、事案の調査・管理、評価・決定、当局報告に至る一連のプロセスを明確に定めることが重要である。内部報告、事案の調査・管理、評価・決定は本章「第2節3　取引モニタリング」において解説したが、当局報告は一連のプロセスの最終段階に該当する。なお疑わしい取引の届出の一連のプロセスに係る情報は、適切に記録し、法が定めた年限以上保存しておくことが求められる。届出要否の判断結果、理由、責任者による決定記録等が含まれる。また、届出を行わなかったものについても同様に記録すべきである。

　FATF対日相互審査では、「金融機関はそのような取引（疑わしい取引）について、調査し、調査結果を文書化し保存する義務がない」と指摘されている。わが国において、「どこまで」疑わしければ最終的に当局報告をすべきかどうかの基準は、業態あるいは個々の金融機関によって、まちまちである。

　FATF勧告は金融機関が犯罪収益等と疑うか、もしくは犯罪収益と疑うに足る合理的な根拠があれば疑わしい取引として届け出るべきであると述べている。FATF「リスクベース・ガイダンス」には、「金融機関は、各国の法規制にて求められる要件に従い、疑わしい取引の届出を行うことが求められる。すなわち疑わしい取引としての基準に合致した場合はすべからく届け出ることが求められる。したがって、法規制あるいは当局の定める基準に合致するかしないかが、届け出るか否かの基準であり、ここでは、リスクベー

ス・アプローチの適用の余地はないことに留意すべきである」と記載されている。

クロに近いもの（すなわち明らかにマネー・ローンダリングと確信できるもの）のみを届け出るのか、あるいは少しでも疑義があるもの（すなわち妥当な取引であるとの合理的な説明ができないもの）を幅広に届け出るのかの実務上での判断はむずかしいが、少なくとも経営レベルで明確な基準がないままに、現場の運用に判断が委ねられている状況であれば、これを早急に改善すべきである。

JAFICが特定事業者を対象として実施する研修においても、届出の件数を増やすだけでなく1件ごとの質についても向上を求めているようである。金融機関としての当局届出の基準が、上記のFATFの趣旨およびわが国の当局の期待をふまえたものとなっているかどうか、経営レベルで現状を点検したうえで真剣に議論し、基準を明確にすることが重要である。

(2) 情報開示の禁止

疑わしい取引の届出を行ったことについては顧客などに漏えい（ティッピング・オフ）してはならないため、これが周知徹底され、遵守できるような態勢となっているかどうかを確認する必要がある。もちろんわが国の犯収法において、情報を当該顧客またはその者の関係者にもらしてはならないことは明確に規定されている。しかしながら、FATF対日相互審査では、

・役員、管理職および従業員は、法律で第三者への情報漏えいが禁止されておらず、それに対する制裁がない。
・役員、管理職および従業員は、企業経営者に適用される行政命令に違反した後でなければ、顧客やその関連する者に情報を漏えいすることは法で制裁されない。
・第三者への情報漏えいに適用される制裁は、あまりにも低く抑制的ではない。

と指摘されている。そもそも第三者への情報漏えい禁止は、犯収法以前の問題として、顧客の守秘義務の観点で確保されると考えられる。しかしなが

ら、わが国の金融機関の役職員が、一般論としてコンプライアンスへの認識が高いといわれている一方で、近時、たとえば融資詐欺等の金融犯罪における内部者の共謀といった、従来は想定していなかったようなケースも発生していると聞く。一般論としてではなく、ティッピング・オフという局面でどのようなリスクがあるのかを具体的に想定し、それに応じたコントロール、意識づけができているかどうかの点検が必要と思われる。

(3) その他の当局報告

疑わしい取引の届出以外にも、公的要請に基づき各種報告を求められる場合がある。このような場合においても、公的要請をふまえ、報告すべき事項を評価・決定し、期限内に報告を行うことが求められる。また、報告に関する情報記録の作成・保存などの諸要件を満たす必要がある。具体例としては、外為法上の資産凍結等経済制裁対象者についての報告、警察当局からの捜査関係事項照会、あるいは税務当局からの質問検査権に基づく銀行調査等があげられる。

いずれも目新しいものではなく、通常業務のなかで対応している実務と位置づけられるが、留意すべき点は、世界的なマネー・ローンダリング規制強化や脱税阻止の流れで各国当局の金融機関に対する期待役割が高まり、このような既存の枠組みがこれまで以上に活用される傾向が顕著になってきていることである。たとえばFATCAは米国納税義務者をわが国の金融機関が検出し当該情報を米国税務当局に報告することを求める米国法であるが、ここに日米租税条約における租税情報交換条項（およびこれに基づく質問検査権）の枠組みが活用されている。

このような状況をふまえて、わが国の金融機関は、関連する通常実務をAML/CFTプログラムの一環としてとらえ直す必要がある。特に捜査関係事項照会や税務対応はこれまで営業店主導で行われることが一般的であり、これを本部がコントロールするという観点は必ずしも強く認識されていなかった。このような照会の量あるいは質が構造的に変化しているにもかかわらず、従来どおり現場任せにしていた結果、想定以上の負荷が営業店にかかっ

ている事実、当局の期待どおりの情報が提供できにくくなっている事実が仮にあったとして、これが本部に知らされていないということはないだろうか。

マネー・ローンダリング阻止、脱税阻止のために金融機関の情報をこれまで以上に活用するという金融規制当局や税務当局のニーズの不可避な高まりのなかで、金融機関としては顧客情報の守秘義務等の関連法規制との平仄もふまえたうえで、どこまで対応すべきか、その対応を行ううえで業務の品質をどのようにモニタリングし、コントロールしていくかについて、AML/CFTプログラムのなかに明示的に組み込み対応していく必要があると思われる。

3 情報共有

対外的要素には、外部に情報を発信する「説明責任」と、公的要請に基づく義務としての「当局報告」のほかに、外部とのコミュニケーションを通して、金融機関自身のコントロール・レベルを再点検するというフィードバック的な要素も含まれる。

(1) 当局との情報共有

当局との情報共有は、当局のAML/CFTに対する考え方や取組姿勢、法規制やガイドラインの動向、マネー・ローンダリング等の発生状況等を把握するだけでなく、金融機関自身の取組みについての制約や課題等について当局の理解を促進するという観点でも重要である。

FATF「リスクベース・ガイダンス」には、当局との情報共有について以下のように記載されている。

「官民が一体となって、どのような情報がマネー・ローンダリング等防止にとって有用であるのかを特定すること、および当該情報をどのように効率かつ有効に共有していくかについて、協働することが望まれる。関係者間においては、どのような情報がマネー・ローンダリング等防止にとって有用で

あるのかについての対話、情報共有を継続的に行われるべきである。官民の間で共有すべき情報としては以下のものがあげられる。

- 国・地域リスクの評価
- 金融システムがどのようにマネー・ローンダリング等に悪用されるかについての類型や評価
- 疑わしい取引の届出、その他報告に対するフィードバック
- 各種の機微情報（適切な情報保護のもとで共有されるべきである）
- 資産凍結の対象国・地域、対象者に関する情報」

　また、グローバルな銀行13行が集まり、マネー・ローンダリング、テロ資金供与等の金融犯罪リスク管理の観点で、民間の立場からさまざまな提言を行っているWolfsberg Groupという団体がある。当グループが2002年に公表した「テロ資金供与の抑圧に関する声明」では、以下のように記載されている。

- 当グループは、テロリズムに対する闘いに貢献することを誓約し、世界金融システムにテロリストの資金が流入することを防ぐに際して金融機関の役割を表明するため、この声明を作成する。この闘いは新たな挑戦である。既存の大半のマネー・ローンダリング罪は犯罪活動が必要要素となっているが、テロ資金供与は必ずしも犯罪活動から捻出されたものとは限らない。金融業界がこの闘いに成功裏に参加するためには、これまでにないほど、政府と金融機関の全世界的な協力が求められる。
- 金融機関はテロリズムとの闘いにおいて、政府や関係当局を支援することができる。金融機関は、防止、探知、情報共有を通じてこの努力を支援することができる。金融機関は、テロ集団が自身の金融サービスにアクセスすることを防止し、テロリスト金融の疑いを探知することにより政府を支援し、政府からの照会に対して即時に対応することに努めなければならない。

　金融機関から届けられた疑わしい取引に関する情報がどのように当局側で活用されているかの情報を当局からのフィードバックとして得るのは現段階

ではむずかしいが、それでもこのようなフィードバックが、金融機関から届け出る情報の質の向上に大きく資することの相互理解を進めることが必要である。個々の金融機関としては、他の多くの金融機関の届出との相対感から、自分の金融機関から届け出る「疑わしい取引」の量、質、精度や「くせ」を知ることは、さらなる改善を図るうえで非常に重要なのである。今後、日本においても官民間の情報共有がいっそう進むことを期待したい。

(2) 同業間の情報共有

　当局との情報共有に加えて、金融機関同士の情報共有も、金融機関自身の立ち位置を知るうえで重要な要素である。本章「第3節1　リスク・アセスメント」で記載したとおり、金融犯罪対策のレベルはどの金融機関にも一律に対応すべきではなく、その業容、顧客特性、リスク・プロファイル等に応じて決めることが肝要であるが、一方で、同業がどのような考えに基づいてそのような施策を打っているのか、といった観点での情報共有は不可欠である。単純に右へ倣えということではなく、背景や思想も含めた対応上の創意工夫、あるいは苦慮する課題等を共有することにより多くの気づきや示唆を得られることが多いと思われる。

(3) 情報保護

　当局等からの顧客情報等の提供要請や同業他社等との情報共有に際しての情報開示にあたっては、情報保護に留意する必要があり、特に守秘義務や個人情報保護をふまえた対応を行うことが必要となる。また、外部のみならず、社内において担当外の職員に開示することについての留意も必要である。

　FATF「リスクベース・ガイダンス」には「すべての関係者は、公的機関によって保持される機微情報が、広範囲にわたるような漏えいから、適切に保護されるよう、どのようなセーフガードが必要かについて検討がなされるべきである」と記載がある。これは主に公的機関に対する記載であるが、同様の情報保護が金融機関にも求められるべきことはいうまでもない。

第 4 章

反社会的勢力対応の
ポイント

本章では、反社会的勢力（以下「反社」という）対応のポイントについて論ずる。本書は改正犯収法を前提としたAMLを中心に論ずるものであり、紙幅も限られているため、重要な論点についてのポイント（要点）につき論じる。詳細な論点については、「金融法務事情」（金融財政事情研究会）における鈴木仁史の連載「金融機関の反社排除への道」第1～58回（金法1914～2038号）等もあわせて参照されたい。

第 1 節

反社対策をめぐる情勢の進展

　金融機関の反社対応をめぐる情勢は、以下に述べるとおり、ここ10年ほどでめまぐるしく進展している。

1　「企業が反社会的勢力による被害を防止するための指針」の策定および金融庁監督指針の改正

　平成19年6月に犯罪対策閣僚会議幹事会申合せとして「企業が反社会的勢力による被害を防止するための指針」(以下「政府指針」という)が策定され、反社との「一切の関係遮断」などの基本5原則を定めた。

　また、金融庁は平成19年2月に金融検査マニュアルの改正を行っているほか、政府指針を受け、金融庁は平成20年3月に「主要行等向けの総合的な監督指針」「中小・地域金融機関向けの総合的な監督指針」「保険会社向けの総合的な監督指針」などを改正した。

　その後、金融庁は平成25年12月26日、「反社会的勢力との関係遮断に向けた取組みの推進について」を公表し[1]、金融庁および各金融機関・業界団体が、反社との関係遮断の実効性を高めるため、関係省庁および関係団体とも連携し、取組みを推進するものとし、年度内に所要の監督指針の改正を行うとしていた。

　金融庁は平成26年6月4日に監督指針等および検査マニュアルを改正し

---

[1] http://www.fsa.go.jp/news/25/20131226-2.html

(以下あわせて「改正監督指針等」という)、同日から改正後の監督指針等が適用されている。また、上記同日、金融庁は監督指針等の一部改正についてのパブリックコメントに関する「コメントの概要及びコメントに対する金融庁の考え方」(以下「金融庁考え方」という)を公表している[2]。

2 業界団体による暴力団排除条項参考例

　全国銀行協会(以下「全銀協」という)は平成20年11月に融資(銀行取引約定書)、平成21年9月に普通預金取引、当座勘定取引、貸金庫取引の各約款について暴力団排除条項(以下「暴排条項」という)参考例を策定し、その他全国信用金庫協会(以下「全信協」という)や全国信用組合中央協会(以下「全信中協」という)なども同様の参考例を策定した。全銀協は平成23年6月、後記のとおり、銀行取引約定書および当座勘定規定における暴排条項の参考例を改訂している。
　生命保険協会(以下「生保協会」という)において平成24年1月に公表された暴排条項約款例においても、共生者類型および5年規定が盛り込まれ、これら発展型の暴排条項が最近のスタンダードになりつつある。
　また、日本損害保険協会(以下「損保協会」という)は、損害保険の種目ごとに慎重に検討を行い、平成25年7月、自動車保険、住宅総合保険(火災保険)、普通傷害保険(傷害保険)、賠償責任保険について「反社会的勢力への対応に関する保険約款の規定例」を公表した。

3 全国における暴力団排除条例の施行

　福岡県を皮切りに、平成23年10月に東京都および沖縄県において暴力団排除条例(以下「暴排条例」という)が施行され、全国47都道府県において暴排条例が施行されるに至った。

---

[2] http://www.fsa.go.jp/news/25/20140604-1.html

暴排条例は「警察対暴力団」から「社会対暴力団」のパラダイムシフトのもと、事業者に対して契約時の属性確認（反社スクリーニング、表明確約手続）や暴排条項の導入義務を定めるほか、暴力団員等への利益供与の禁止を定めている。

　暴排条例の施行を受け、金融機関においてはこれまで以上に、本業のみならず、それ以外のあらゆる一般契約（業務委託契約、清掃契約など）に暴排条項を導入する動きが加速している。暴排条例において、暴排条項の導入は努力義務とされているとはいえ、反社は本業以外の対策の手薄な取引に介入してくるケースも多く、暴排条項を導入していなかったがために反社との関係遮断をできなかった場合の経営陣の説明責任やレピュテーショナル・リスクは大きいためである。

4　金融庁の金融行政方針

　金融庁が平成27年9月に公表した「平成27事務年度金融行政方針」などでも、「反社会的勢力との関係遮断」が重点施策とされており、平成26年6月の監督指針改正をふまえ、取引の入口、中間管理、出口の各段階において、それぞれ、適切な事前審査、事後検証、反社との取引解消に向けた取組み等、反社との関係遮断に向けた対応を適切に実施しているかについて検証することとされている。

　また、金融庁は前年に公表した金融モニタリング基本方針に基づく1年間の金融モニタリングの成果を、平成26年7月と平成27年7月に、それぞれ金融モニタリングレポートとして公表している。このなかでは、反社排除の取組みに関する好事例も紹介されており、参考となる。

第2節 各業態における暴排条項参考例策定等の取組み

1 銀行等預金取扱金融機関

　全銀協は平成23年6月、融資取引および当座勘定取引について、暴排条項を明確化するために、共生者類型および元暴力団員に関する規定（5年規定）を導入した新たな暴排条項参考例を策定した。これらの改正の背景は下記のとおりである。

(1) 共生者5類型

　上記参考例改正にあたっては、「東日本大震災の復興事業への参入の動きなど、暴力団を中核とする反社会的勢力が暴力団の共生者等を利用しつつ不正に融資等を受けることにより資金獲得活動を行っている実態に対して、より適切かつ有効に対処するため」という理由が明記されている。
　その他、金融界においては、暴排条項の導入、表明確約手続などが普及するに従い、暴力団員等が自己名義でなく、共生者を利用した契約締結をする動きが見受けられ、今後もこのような動きがますます広がる可能性があり、金融取引より共生者を排除すべき必要性がある。
　具体的な共生者5類型の内容は下記のとおりである。

　　① 「暴力団員等が経営を支配していると認められる関係を有すること」（反社会的勢力経営支配者）
　　　「経営を支配」については、具体的には、設立の経緯・設立者、人事権、出資・融資の有無や金額、有償契約の金額、取引先等経営の決

定権などから判断されるものと解される。実質的に判断されるため、たとえば暴力団員の家族（内妻等）が代表取締役を務めていても、暴力団員が実質的に経営を支配していることが考えられるし、また代表取締役は反社でなかったとしても、出資・融資等を通じて会社に影響力を有する者が反社である場合もありうる。

② 「暴力団員等が経営に実質的に関与していると認められる関係を有すること」（反社会的勢力経営関与者）

①とほぼ同義と解される。

③ 「自己、自社もしくは第三者の不正の利益を図る目的または第三者に損害を加える目的をもってするなど、不当に暴力団員等を利用していると認められる関係を有すること」（反社会的勢力利用者）

暴力団員等を利用すること自体が「暴力団三ない原則」に反するほか、暴力団員等を利用して不当要求がなされたり、利用の対価として暴力団員等に利益が供与されたりする可能性があるために許されないものである（④の資金・便宜供与が明らかでない場合に本要件が利用される場面も想定される）。

「利用」とは暴力団員等であることの認識が前提となるものと解されるところ、政府指針の「一切の関係遮断」の観点からみて、反社と認識して取引を行っている場合には、取引条件の正当性にかかわらず「反社会的勢力を利用」に該当しうるものと解される。

④ 「暴力団員等に対して資金等を供給し、または便宜を供与するなどの関与をしていると認められる関係を有すること」（反社会的勢力資金等供与者）

暴力団員等への資金等や便宜を供与すること自体が、暴力団員等との密接な関係を裏付けるものであり、暴力団員等を介して不当要求に関与する可能性も高く、暴排条例においても利益供与が禁止されている。

「資金等」とは金銭等財産上の利益などを指し、和解金の支払も含まれうるところである。「便宜」とは、金銭以外の経済的利益（特定

の施設の優先的利用、優待利用券など）が想定される。暴力団員等の資金獲得活動への影響等の観点からは、「資金」の供給のほうがより悪質であるものの、「便宜」の供与を行う者も共生者としての実態があり、排除の必要性が認められるため、要件として加えられたものと解される。

⑤ 「役員または経営に実質的に関与している者が暴力団員等と社会的に非難されるべき関係を有すること」（密接交際者・反社親交者）

　この密接交際規定は、公共工事の指名からの排除において規定が設けられてから、共生企業の排除において多数の実績があり、効果を発揮しており、他の業界にも普及してきた条項である。

　「社会的に非難されるべき関係」とは、暴力団に対して直接的に資金を提供したり、積極的に利用したりしているとまでは認定できないが、そのような関係を生じさせるような密接な交際や、暴力団の威力の維持・拡大につながるような行為を行う関係がある場合を指す。この点の解釈について、大阪地決平22年8月4日（大阪高決平23年4月28日において維持。公刊物未登載）は、たとえば、暴力団員が関与する賭博や無尽等に参加していたり、暴力団員やその家族に関する行事（結婚式、還暦祝い、ゴルフコンペ等）に出席するなど、暴力団員と密接な関係を有している場合を指すものと判示している。その他、暴力団幹部の葬儀における供花をしている場合、暴力団員等と旅行に参加している場合、暴力団の事務所に出入りしている場合、暴力団関係企業と知りながらリース契約を締結している場合などが想定される。この密接交際者についての警察の認定は、事実関係の積重ねにより交際の密接度を慎重に判断されるものであり、ゴルフの回数など定量的な基準で判断できるものではないとされている。

　本規定は、新参考例で追加された要件のなかでも特に明確性の観点から問題となりうる。前記大阪地裁決定は、当該要件が規範的であいまいであるとの主張に対し、暴力団ないし暴力団員となんらかの関係をもつ者すべてを公共事業から排除するのでは広範にすぎることは明

らかであるところ、「社会的に非難される」などの規範的要素をもって要件を定めることはやむをえないと考えられ、あいまいとまではいえない旨の判断をしている。

(2) 元暴力団員の規定（5年規定）

a 規定の必要性

(a) 元暴力団員の活動実態

暴力団員の偽装脱退・偽装破門が実務上多く、偽装でないとしても、その後も暴力団との関係（人的・資金的つながり）が断ち切れておらず、暴力団員と共犯で犯罪を行ったりするケースが多いという実態がある。

暴力団員でなくなってから5年を経過しない者については、その活動実態にかんがみて、暴力団の資金源となりやすい融資や当座勘定取引からの排除が必要であると認められる。

(b) 条項の明確性・具体的網羅性

5年規定は上記の活動実態にかんがみて、排除すべき者をより具体的に網羅することとなり、また条項の範囲も明確となる。

(c) 規定の必要性（情報提供との関係）

旧参考例における「暴力団員」、すなわち現役の暴力団員か否かについては、警察の調査・情報収集（所在確認や行動確認）が必要となり、回答が得づらい面があり、よって暴力団員であることの立証は必ずしも容易でない面がある。

他方で、暴力団員でなくなってから5年を経過しない者については、警察が過去5年以内に暴力団員と認定している場合には、「過去5年内に暴力団員であった」旨の回答を受けられる可能性があることから、5年規定を要件として盛り込むことにより、立証が容易になる。

b 規定の許容性

貸金業法、警備業法など各種業法において、暴力団員でなくなった時から5年を経過しない場合は、当該職業に就くことができない旨を定めている（業の主体からの排除）。これは、暴力団員でなくなった時から5年間を経過

しない者は暴力団員と同様に各種の資金獲得活動を行う蓋然性が高く、職業選択の自由（憲法22条）を制限されてもやむをえず、平等権（憲法14条）にも反しないという判断が根底にある。

　上記業法との比較において、契約自由の原則が妥当する民・民の契約においてはなおさら、暴力団を脱退した元暴力団員といえども、いったんは自らの意思で暴力団に加入したことの不利益として、5年間という一定期間は取引から排除することが許容される。

　業界団体で参考例を示した以上、個々の金融機関等においても反社排除のリスク管理の観点から、共生者や5年規定について導入することが求められる。参考例の改正がなされていない普通預金についても、経営判断として5年規定などを導入する金融機関も存在する。

2　協同組織金融機関

(1) 暴排条項参考例

　全信協、全信中協などは、全銀協と同様に暴排条項参考例を策定しているが、協同組織金融機関に特有のものとして、会員・組合員からの排除の問題がある。

　全信協は平成24年3月30日、反社の会員からの排除に関して信用金庫定款例を一部改正し、全信中協も同年4月13日、同様に信用組合定款例を一部改正し、それぞれ会員・組合員に通知した。これをもとに、多くの信金・信組が平成24年6月の総代会において定款の一部改正を承認可決している。

(2) 会員・組合員からの反社排除の必要性

　銀行等株式会社組織の金融機関と異なる協同組織金融機関の特質として、会員・組合員の出資による協同組織であることがあげられるが、会員・組合員からの反社排除が求められる理由について整理する。

a 協同組織の相互扶助との関係

　協同組織金融機関は、協同組織を構成する会員・組合員が、相互扶助の考え方に立って、協同して事業の促進・経済的地位の向上を図るための協同組合組織であるところ、そのなかに反社が存在すれば、信頼関係が破壊され、相互扶助の前提自体が崩れるところである。今日において、反社という属性を有することが相互扶助や人的結合に関して重要な消極的要件となることは明らかである。

b 自益権・共益権付与と暴排条例等との関係

　会員・組合員の加入を認めることは、自益権を付与することとなるほか、与信取引等を認めることにつながり、反社を利する程度が高い。また、共益権を付与することとなり、金融機関に対する暴力的な要求行為や、他の会員・組合員や金融機関職員の安全確保、総会（総代会）の議事混乱などの問題も予想される。

　全国において暴排条例が施行されており、そのなかで利益供与が禁止されているが（東京都暴排条例24条など）、以上述べたところからすれば、会員・組合員資格を付与することは「利益」に該当する。

　また、政府指針や金融庁監督指針の観点からは、協同組織金融機関の使命の達成を損なう反社との間で、取引を含めたいっさいの関係遮断が求められており、融資や預金などの取引のみではなく、会員・組合員からも排除することが求められる。

c 一般の会員・組合員および金融機関自身の不利益

　会員・組合員のなかに反社が存在すれば、信頼関係が破壊され、相互扶助の前提自体が崩れるほか、反社に配当等を通じて利益が流出するおそれがあり、また総（代）会の議事混乱、安全確保の観点などの不利益も存在するなど、反社ではない大多数の会員・組合員にとって不利益であり、裏からいうと、反社につき定款で資格を制限することは、大多数の会員・組合員にとって利益となる。

　また、協同組織金融機関自体にも前記の不利益のほか、会員・組合員資格を利用した詐欺的な融資の被害や、金融機関の業績やレピュテーションへの

深刻な影響などの不利益が及ぶおそれがある。

(3) 反社排除が「加入・脱退自由の原則」に反しないこと

　銀行のような株式会社が利潤追求を第一義的な目的とし、資本的結合による「物的社団」であるのと異なり、協同組織金融機関は、経済的弱者が地域、職域や業域を単位とし、出資者（会員または組合員）間の相互扶助を重視する「人的社団」であり、非営利的な企業形態である。

　協同組織金融機関には、協同組合4原則の1つとして、一定の資格を有して組合に参加しようとする者は広く自由な参加を保障し、加入を強制されないこと（加入自由）、また脱退することを拒否されず、強制されないこと（脱退自由）がある。反社を排除することがこの「加入・脱退自由の原則」に反しないか問題となるが、以下の点から排除の正当性が認められる。

a　排除の範囲の明確性・具体性

　加入・脱退の自由の原則については例外を認めないものではなく、「正当な理由」があれば排除可能である。

　反社については、前述のとおり排除の必要性があることに加え、排除すべき「反社会的勢力」や「共生者」「元暴力団員（5年規定）」の概念は預金や融資取引の暴排条項にも定められ、その範囲は明確かつ具体的といえ、恣意的な排除の運用を導く要件ではない。よって、「正当な理由」があるといえる。

b　憲法上の平等権との関係

　暴力団員に関する裁判例ではあるが、「暴力団構成員という地位は、暴力団を脱退すればなくなるものであって社会的身分とはいえず、暴力団のもたらす社会的害悪を考慮すると、暴力団構成員であることに基づいて不利益に取り扱うことは許されるというべきであるから、合理的な差別であって、憲法14条に違反するとはいえない」（最判平21年10月1日（公刊物未登載））と明確に判断されている。

　会員・組合員資格は、融資を受けうる地位と関係するが、上記裁判例のような生活の根幹とかかわる衣食住の「住」や普通預金からの排除などと比較

しても、日常生活との関連性が高いとはいえない。また、脱退者には持分の払戻しが行われるため、会員・組合員資格を有することができなくても、不利益が大きいとはいえず、憲法14条の平等権に反しない。

c 信用金庫法上の文理解釈

協同組織金融機関のなかでも信用金庫について、定款をもって、法定の会員資格からさらに限定した会員資格を定めることは認められないというのが従前の解釈であった。

信用金庫法において、会員資格を有する者は、「信用金庫法10条で定める者で定款で定めるもの」と規定されている。また、信用金庫法23条3項5号は、これを受け、定款の必要的記載事項の1つとして「会員たる資格に関する規定」を置くことを規定している。

前記の「信用金庫法10条で定める者で」の最後の「で」は「のうち」を指すものと解される。すなわち、前記の文理解釈からは、信用金庫法が会員資格について規定を置いた趣旨に反しない限り、信用金庫の定款自治の観点から、法定の会員資格を有する者のうち、当該信用金庫の理念・目的や地区の実情に応じて、信用金庫法10条に定めるものとは別に会員資格を定款に定め、これに限って会員とする者を定めることを認めているものと解することができる。

(4) 信用金庫定款例の概要（加入の未然防止と加入後の排除）

会員・組合員から反社を排除するにあたっては、入口段階で反社の加入を未然に防止するとともに、加入後に会員・組合員が反社と判明し、または反社に属性を変更した場合に脱退させることが必要である。信用金庫定款例と信用組合定款例は同じ構造をとっているため、本稿では改正後の信用金庫定款例をもとに解説する。

a 会員資格への属性要件追加

従前、「会員たる資格」は地区や従業員数、資本金等の規模により制限されてきたが、定款例5条2項において、別表3の属性要件に該当する場合に、会員となることができないものとしている。属性要件のなかには、元暴

力団員(暴力団員でなくなった時から5年を経過しない者)およびいわゆる「共生者5類型」も定められている。会員資格は融資を受けうる地位とも関係するため、融資取引と属性要件の範囲を同一にする要請があり、また普通預金などと異なり、元暴力団員なども含め広く排除しても問題がないと解されるためである。

定款例において会員資格の消極的要件として属性要件が定められたことから、当該属性要件に該当する場合には、会員資格を喪失し、法律上脱退する。

b 加入申込書への表明確約導入

会員資格に暴排条項を導入することとなったが、信用金庫は加入の承諾をするにあたって、会員資格を有しない者との間で契約を締結しないよう、加入申込者の会員資格を十分に確認することが必要である。そこで、加入申込みに関する定款例10条1項も改正され、①属性要件に現在および将来にわたって該当しないことの表明確約、②行為要件を行わないことの確約が追加された。

c 除名事由の追加

定款例15条の別表4において、次の2つの場合について除名事由として追加している。

① 行為要件に該当する場合

暴力的な要求行為、法的な責任を超えた不当な要求行為などをした場合である。

② 加入時の表明確約違反が判明した場合

前記のとおり、会員になろうとする者が、別表3の属性要件に現在該当しないことの表明、および将来にわたっても該当しないことの確約などを記載した加入申込書を会員に差し出すこととされており、この表明確約に関して虚偽の申告をしたことが判明したときである。

3 保険会社

(1) 生命保険会社

a 生保協会の約款規定例

生保協会は平成24年1月、「反社会的勢力への対応に関する保険約款の規定例」を公表しているが、各生命保険会社はこれを受け、重大事由解除規定の一事由として約款に暴排条項を盛り込み、金融庁から約款改訂認可を受け、同年4月から導入・施行している。

生保協会が公表した前記規定例において、暴排条項は重大事由解除（保険法57条、86条）の包括条項の明確化として位置づけられている。保険契約者等が反社属性に該当することは、故意の事故招致や保険金詐欺に準じた信頼関係の破壊が認められ、重大事由に該当しうるものと解される。

告知義務違反や危険増加による解除ではなく、重大事由解除に位置づけられたのは、契約締結時の告知が必要となる告知義務違反と異なり、暴排条項の規定されていない既存の契約についても重大事由解除の包括条項により解除が理論的に可能となること、重大事由解除は告知義務違反や危険増加による解除と異なり、除斥期間や因果関係不存在特則の適用がなく、解除規定としての実効性を確保しやすいことなどが理由としてあげられる。

生保協会の規定例における属性要件の範囲として、暴力団、暴力団員、暴力団準構成員、暴力団関係企業等などが列挙されているほか、暴力団員のなかには「暴力団員でなくなった日から5年を経過しない者」（元暴力団員）を含むこととされ、また共生者類型が網羅されている。

b 解除の効果

保険契約解除の効果は、解除時から将来に向かって生じる（保険法59条1項、88条1項、約款規定例1項柱書）。ただし、保険契約の解除前に保険金の支払事由が発生していた場合であっても、保険金の支払事由発生が解除事由発生後であれば、保険金の支払が免責される（保険法59条2項3号、88条2項3号）。保険金の支払事由発生が解除事由発生後であるにもかかわらず、す

でに保険金を支払ずみの場合は、保険会社は保険金相当額の返還を請求できる（約款規定例2項1号）。

ただし、反社に属するのが複数の保険金受取人の一部のみの場合には、重大事由解除による保険金支払免責の効果は、保険金のうち、その保険金受取人に支払われるべき保険金に限定される（約款規定例2項1号）。契約者（の一部）または被保険者が反社であって契約が解除された場合には、保険金等支払義務の全部が免責される。

保険契約を解除するため、解約返戻金がある場合には、保険契約者に対して支払うこととなる（約款規定例2項1号）。ただし、死亡保険金や高度障害保険金の支払事由が発生した場合において、反社に該当するのが複数の保険金受取人の一部であり、当該受取人に対してのみ保険金を支払わないときは、支払わない保険金に対応する割合の解約返戻金を保険契約者に支払うこととなる（約款規定例4項）。

(2) 損害保険会社

損保協会は行動規範（行動指針）に、「市民社会の秩序や安全に脅威を与える反社会的勢力および団体に対しては、介入を排除するための具体的措置を講ずるとともに、その資金洗浄の防止に取り組む」ことを定めている。

また、不正請求等防止制度の運営を通じて、反社等からの保険金の不当・不正請求を防止する取組みを行っているほか、反社からの情報をデータベース化し、平成22年1月から全社で参考情報として利用できるよう運営を開始している。

損害保険契約における暴排条項導入については、さまざまな商品種目があり、特に賠償責任保険など、被害者保護との関係に留意する必要があるという特殊性があることから、損保協会は、損害保険の種目ごとに慎重に検討を行い、平成25年7月、自動車保険、住宅総合保険（火災保険）、普通傷害保険（傷害保険）、賠償責任保険について「反社会的勢力への対応に関する保険約款の規定例」（以下「規定例」という）を公表した。

生保協会の規定例においては、暴排条項に基づく解除権は保険法57条、86

条の重大事由解除に準拠し、重大事由解除の包括条項の明確化として位置づけられているが、損保協会の規定例においても、同様の考え方によっている[3]。

---

[3] 損保協会から規定例の公表された自動車保険、住宅総合保険（火災保険）、普通傷害保険（傷害保険）および賠償責任保険の約款の分析および検討については、鈴木仁史＝渡邉雅之「損害保険約款における暴力団排除条項の導入」（金法1979号56頁）参照。

第3節 組織としての対応

以下においては、ことわりのない限り、主要行等向けの総合的な監督指針（以下「主要行監督指針」という）および金融検査マニュアルを前提に論じる。

1 金融庁の平成26年改正監督指針[4]

反社による被害の防止の「主な着眼点」について定めた主要行監督指針Ⅲ-3-1-4-2においては、冒頭に「(1) 組織としての対応」という項目が設けられている。

組織対応は、平成26年の監督指針改正前は不当要求対応の項目において記載されていたが、「反社との関係の遮断に組織的に対応する必要性・重要性」をふまえ、独立の項目として明確化されたものと解される。

組織として対応するためには、「関係部門間の横断的な協力態勢」が必要であるほか[5]、提携ローンの問題などもふまえ、銀行単体のみならず、グループ一体となっての反社排除への取組みや、グループ外の他社（信販会社等）との提携による金融サービスの提供などの場合も着眼点としてあげられている。

組織対応は入口・中間管理（事後検証）・出口のすべてのステージにおい

---

[4] 詳細については、鈴木仁史・連載第41回「改正監督指針等を踏まえた金融機関の反社対策(2)―組織対応、反社情報の収集―」（金法2002号116頁）参照。
[5] 従前から金融検査マニュアルの「法令等遵守態勢の確認検査用チェックリスト」Ⅲ．2．②(ⅲ)において規定されている。

て重要であり、出口段階においても、反社との取引が判明した旨の情報の迅速・適切な経営陣への報告、経営陣の適切な指示・関与のもとでの対応があげられている。

以下において、個々について説明する。

2 経営陣の適切な関与による組織対応

政府指針においても、反社排除は単なる治安対策ではなく、企業の社会的責任（CSR）の観点から重要であり、コンプライアンスそのものであり、法令等遵守・リスク管理事項として、内部統制システムに明確に位置づけることが必要であるとされている。

そのためには、経営陣が適切に関与することによって組織対応を行うことが必要であり、具体的には、企業トップ自身が反社との関係遮断を基本方針として社内外に宣言し、率先して取組みを行う風土を醸成する必要がある。

後に述べるとおり、反社データベースの構築や情報の共有化などの態勢整備が十分でないために反社と知らずに取引を開始してしまうこと自体、反社との取引の未然防止の観点から問題である。しかし、金融機関が反社と知りつつ、謝絶によるトラブルをおそれるなどし、取引遮断の対応策を検討せずに取引を容認することは、暴排条例において禁止された「利益供与」にも該当しうるところであり、より問題が大きく、行政処分等の可能性もある。

3 関係部門間の横断的な協力態勢

反社対応については、前記のとおり経営陣が率先垂範し、反社対応専門部署において反社データベース構築や反社情報の活用方法等について具体的な運用方針を定め、関係各部門に対して明確な指示を行うことが必要である。

ただし、反社対応専門部署のみに任せ切りでいいものではなく、コンプライアンス部門、総務部門、事務部門など、反社対応について分掌する体制としている場合、部門間において十分な連携を行う必要がある。従前の経緯か

ら、総会屋対応は総務部門、マネー・ローンダリング対策はコンプライアンス部門など、反社対策に関連する対応を異なる部門が担当しているケースも多く、縦割り組織の弊害が生じるおそれがあるところであるが、前記の十分な連携・協力態勢を整備するほか、本書の目的である金融犯罪対策の部署を設置するなど、金融機関の規模・特性に応じてワークする取組みを行うことが有効である。

4 グループ一体となった反社排除

　平成26年改正後の金融庁監督指針においては、グループ一体となった反社排除態勢が明記されている。

　上記が追加された趣旨は、グループ内の会社間で、反社の排除に向けた取組みの方針の統一化や情報交換等が適切に図られていなければ、金融取引における反社との関係遮断の要請に的確に対応できないためである。また、金融機関の業務の健全かつ適切な運営を確保する観点から、親会社たる金融機関には子会社や関連会社（以下「子会社等」という）などのグループ会社を含めた適切な管理（グループ・ガバナンス）が求められる。

5 グループ外の他社（信販会社等）との提携による金融サービスの提供などの取引の際の反社排除

　平成26年改正後の金融庁監督指針においては、上記4に加え、グループ外の他社（信販会社等）との提携による金融サービスの提供などの取引を行う場合においても、反社排除に取り組むことが着眼点とされている。

6 PDCAサイクル、再発防止策等の検討

　反社対応の態勢整備は、前記のとおり、コンプライアンスそのものであり、内部統制システムに位置づける必要があるし、PDCAサイクルに基づ

き、適宜、態勢整備の有効性や、再発防止策の実施状況を検証していく必要がある。

　たとえば、一度金融検査において態勢が不十分との指摘を受けた場合には、コンプライアンス委員会などが中心となり、原因分析や再発防止策の検討を十分に行い、態勢整備に役立てる必要がある。

第4節

反社対応部署による一元的な管理態勢構築（情報収集態勢）

　本節においては、金融機関における反社対応の態勢整備について、平成26年改正後の金融庁監督指針を前提に、情報収集態勢を中心に検討する。

1　平成26年の金融庁監督指針改正の概要

　平成26年改正前と同様、監督指針においては、反社対応部署による一元的な管理態勢の構築が独立の項目とされている（主要行監督指針Ⅲ-3-1-4-2(2)）。

　上記一元的な管理態勢の構築の内容は、①反社データベースの構築・適切な更新、②反社対応部署による対応マニュアル整備や継続的な研修活動、外部専門機関との平素からの緊密な連携体制の構築など、反社との関係遮断のための取組みの実効性を確保する体制、③迅速・適正な経営陣への報告である。

　改正前の監督指針等においても、反社の情報を一元的に管理したデータベースの構築があげられていたが、改正監督指針等においては「適切な更新（情報の追加、削除、変更等）」が追加されていることが特徴である。

　また、情報の収集・分析等に際して、グループ内での情報共有のほか、業界団体等から提供された情報を積極的に活用し、取引先の審査や株主の属性判断等を行う際に適切に活用する体制が追加されている。

2　自助（反社情報の収集、反社データベースの構築等）

(1)　反社に関する情報の積極的な収集・分析

　金融機関はその規模や特性に応じて、十分な質およびデータ量の情報を収集・分析し、反社データベースに登録する必要がある。

　「収集・分析」については、自金融機関が日常業務や新聞報道等から得られる反社情報（自助）や、所属する協会や他社から得られる情報（共助）、警察や暴力追放運動推進センター（以下「暴追センター」という）から提供される情報（公助）など、複数のソースから得られる情報を集めることを指す（金融庁考え方15参照）。行為情報等（暴力的発言、身体的特徴等）、金融機関自身が日常業務で得る情報に関しては、反社対応部署が営業店や事務部門から情報のフィードバックを受けるなど、部門間の横断的な連携が重要であり、支店においてもアンテナをめぐらせて情報収集し、これを社内のデータベースに登録して一元管理することとなる。

　また、単なる収集・分析でなく「積極的」な取組みが求められるが、これは、日頃から、意識的に情報のアンテナを張り、新聞報道等に注意して幅広く情報の収集を行うとともに、外部専門機関等から提供された情報などもあわせて、その正確性・信頼性を検証するなどの対応が想定されている（金融庁考え方15、33）。

　反社の潜在化にかんがみて、またグレー情報を総合考慮して認定をなしうることも多くあり、ブラック情報のみならずグレー情報の登録も必要である。たとえば、暴力団との関係が疑われる情報を把握した場合、警察情報等により反社と断定できない場合であっても、反社の疑いのある情報（グレー情報）として幅広く登録し、管理していく態勢構築が必要である。

　また、反社の活動が広域化し、また地域銀行の営業エリアも、人口減を睨んで越境出店が増え、本店が所在する地域のみでなく、県外進出やインターネットバンキングの導入などにより広域化している。よって、地域銀行についても、規模の大小や営業地域の差異にかかわらず、反社やマネロンのリス

クを考慮しつつ、従来の営業地域に限定しない情報収集態勢を整備する必要がある（平成26年金融モニタリングレポート77頁）。

　また、地域金融機関によっては、同地域、同業態の金融機関との情報の共有化に取り組み、他の金融機関が保有する情報を地区協会から還元する方法で一括登録し、データの充実を図っている取組みが存在し、参考になる。

(2)　反社情報を一元的に管理したデータベースの構築[6]

a　反社データベースの構築

　金融機関が反社との取引を未然に防止し、また取引開始後に反社との取引を解除するためには、反社情報を一元的に管理したデータベースを構築し、当該データベースに十分・適切な情報が登録され、このデータベースを事前審査の際にシステム化等を行うことで適時に照合することが必要である。

　親会社（銀行）が存在する金融商品取引業者などでは、必ずしも自社独自のデータベースを構築している必要はなく、他社（たとえばグループ内の親会社など）のデータベースを共同して利用することも可能であるが（主要行監督指針Ⅲ-3-1-4-2(2)①「グループ内での情報の共有」参照）、自社内に反社対応部署を設置し、同部署を通じて適切に他者のデータベースを利用することができることが前提となる（金融庁考え方10）。

b　反社データベースへの登録・管理の範囲

(a)　内規における反社の定義・範囲

　反社データベースの登録の前提として、反社の定義や範囲が重要である。

　全銀協、全信協、生保協会などが策定する暴排条項参考例における反社の属性要件については、共生者条項や元暴力団員の規定が導入されるなど、順次拡充されてきている。

　金融機関が反社について、どのように定義づけを行い、範囲を画するかについて、金融庁監督指針においては一律・具体的には定められておらず、個々の金融機関においてその規模や特性に応じて内規等で定めるべきであ

---

[6] 詳細については、鈴木仁史・連載第42回「改正監督指針等を踏まえた金融機関の反社対策(3)―反社データベースの構築・更新―」（金法2004号70頁）参照。

る。しかし、この点は暴排条項の要件および反社データベースへの登録範囲とも関係し、態勢整備のうえできわめて重要である。

よって、法令等遵守の責任者である担当役員および担当部署が、その規模や特性に応じて十分検討し、反社の具体的な定義・範囲や判断基準を策定し、これを明確化する必要がある。

また、前記のとおり、反社の定義や範囲は各金融機関において定める必要があるが、たとえば、①属性要件のみに着目し、行為要件に着目して検討していないケース、②反社の範囲を暴力団またはその関係者のみに限定するケースなど、反社の定義や範囲について限定的に解すると態勢として不備が生じうるところである。よって、金融機関としては、反社の実態にあわせてこれを捕捉できるような定義づけ・範囲設定をし、反社データベースの登録にもれが生じないようにする必要がある。

(b) 反社データベースの登録基準の設定

前記の反社の定義と関連し、内規やマニュアル等において、反社データベースの登録の基準や範囲を具体的に定め、反社スクリーニングを実効的なものとするべきである。

これを具体的かつ適切に定めなければ、判断基準が存在せず、反社に該当しないとの判断のもとに、情報収集が恣意的・限定的となり、反社データベースの登録からもれてしまうこととなり、反社スクリーニング等反社との取引防止の観点から態勢として不十分となるためである。

もっとも、反社データベースの構築や運用については、一律の対応が求められるものではなく、各金融機関はその規模、事業特性や実態等をふまえたものである必要がある。後記のとおり、反社データベースへの登録の範囲についても、反社との取引にさらされるリスクに応じて、反社との関係を遮断するために必要な程度の情報を備えたものである必要があり、各金融機関において内規等で基準を定め、これに沿った運用をしていくことが考えられる（金融庁考え方12、13、24）。

(c) グレー情報についての登録

金融機関においては、元暴力団員、反社の親族や同居者、暴力団関係企業

の役職員や株主など、反社との疑いがある情報（グレー情報）についても、関係部門において連携して幅広く収集し、適切に登録する必要がある。グレー情報については、反社の疑いの濃淡や種類等に応じて何段階かに分けて区分し、管理することが考えられる。

たとえば、営業店等から報告を受けた捜査関係事項照会の内容については、専門部署が十分確認し、反社データベースに登録する必要がある。

また、住所や電話番号等を同じくする取引先については名寄せ管理を行い、反社データベースに登録する必要があるし、疑わしい取引の届出においても名寄せ管理を行うとともに、届出を行った先については、融資保証金詐欺や振り込め詐欺などの犯罪に利用されることもあり、反社として登録するなどの必要がある。

さらに、関連情報の調査や検証も必要であり、暴力団関係企業については役員についても、暴力団関係者については役員を務めるなど関係する法人についても情報を登録する必要がある。

c　反社情報の共有化・フィードバック

営業店等において地元の風評や不当請求等を契機として把握した反社情報のほか、事前審査等を通じて判明した情報については、適宜報告手順を定めるなどして営業店にも周知徹底して収集し、反社データベースにおいて一元的管理を行い、さらにこれを営業店等にフィードバックするなど、組織内で横断的な協力関係を構築して共有化し、他の取引の事前審査に活用し、取引の未然防止に役立てる必要がある。疑わしい取引の届出などは事務部門が担当することが多いが、前述のとおりこれを端緒とする反社情報を反社対応部署と連携し、データベースに還元することが必要である。

グレー情報の収集の範囲等については、リスクベース・アプローチの観点から、金融機関の規模、特性、顧客層等に応じてレベル感が異なりうるが、上記の一元的管理・共有化については自社の規模や特性に基づくものとして正当化が困難である。たとえば、既存取引先に対する追加取引の稟議の際、情報の一元的管理・共有化が不十分であることが原因で、反社データベースに反社である疑いがある旨の情報登録がなされているにもかかわらず、これ

を見落として追加取引を行ったような場合には、態勢として不十分と解されよう。

(3) 反社データベースの更新（情報の追加、削除、変更等）

a 更新の必要性

平成26年改正前の監督指針においては、反社データベースの「構築」のみが明記されていたが、改正後は反社データベースの「構築」のほか、「適切に更新（情報の追加、削除、変更等）」することが求められている。

取引先等の属性は、暴力団員が脱退したり、企業が暴力団に乗っ取られるなどして変遷する可能性があり、反社データベースも時間の経過とともに陳腐化しうる。たとえば、暴力団を脱退後長期間経過して更生しているような者についてまで一律に関係遮断すると、暴力団員の離脱促進等の観点にも反するおそれがある。

以上より、反社データベースについては、これを適切に更新していく必要性があり、反社データベースの運用基準のなかで、登録のみならず、更新（追加、削除、変更）についての基準も策定する必要がある（金融庁考え方22）。

更新については、自金融機関で収集した新聞記事や業界団体から得られる共助による情報などをもとに新たに判明した反社情報を追加することのほか、情報の削除や変更などが求められている。

b 情報の削除

情報の削除は、情報の肥大化との関係で問題となる。情報の肥大化は顧客保護や営業政策の観点から問題となる一方で、民間企業において情報収集能力は限られており、反社であるとの情報を積極的収集は得られても、反社でなくなったとの消極的情報を得ることは困難であることなどから問題となる。

情報を削除すべき場合として、典型的には、誤登録が発覚するなど、反社でないことが明白となるケースが想定され、その場合には反社データベースからすみやかに消去する措置等が必要となる（金融庁考え方17、18、22）。

削除することが適切か否かについては、一律に決せられるものではなく、個別の情報ごとに判断される必要がある（金融庁考え方23）。というのは、反社データベースの運用については、一律の対応が求められるものではなく、各金融機関において、それぞれの事業特性等をふまえ、反社との取引にさらされるリスクに応じた体制がとられる必要があることのほか、反社データベースに登録された個別の情報についても、登録理由や根拠となる資料等は千差万別だからである。

　上記のとおり、削除については個別の判断となるが、元暴力団員についての情報の取扱いについて補足する。この点、反社との関係遮断に資するためには、グレー情報も含めてより幅広い情報を収集・管理する態勢が必要であるし、古い情報に該当した場合にあらためて関係する情報の有無を調査することにより、新たな情報を発見するなど、有用な場合が少なくない。また、実務上は偽装破門等が多いことなどにかんがみて、5年規定が存在するにせよ、一定年月の経過をもって新聞記事情報を自動的に削除する取扱いなどはリスクが高い。よって、グレー情報としての区分を変更することなどは考えられるにせよ、削除することについては、脱退から長期間が経過し、更生していることが明らかな場合などを除き、慎重にすべきである（金融庁考え方17、18の各コメント参照）。

　なお、削除を行う端緒としては、金融機関が新聞記事等なんらかの経緯で認知した場合のほか、（業界団体から提供された情報の場合）提供元から削除依頼があった場合などが考えられるが、削除を行うにあたっては、削除の根拠となる資料を適切に評価する必要がある（金融庁考え方19コメント、22参照）。

c　情報の変更

　情報を変更する場合としては、不明であった属性情報（たとえば生年月日等）が判明した場合などが考えられる（金融庁考え方19）。その他、自金融機関のデータベースに該当し、関係遮断をしようとして警察照会したものの、該当がないとの回答であった場合、管理区分（ブラック、グレーなど）を変更し、モニタリングを継続し、必要に応じて疑わしい取引の届出を行うこと

などが考えられる。

(4) 情報の積極的活用

　充実した反社データベースを構築しても、これを十分に活用し、取引の未然防止、解除すべき案件の早期洗い出し、実際の解除に役立てなければ態勢として十分でない。反社排除のための継続的顧客管理体制としては、入口・中間管理・出口の各場面において、反社に関する情報を審査等において適切に活用する必要がある。平成26年の改正監督指針においては、事前審査にあたり、「反社会的勢力に関する情報等を活用」することが明確化されており[7]、この点に対応するものであるが、以下においては、2つの場面に分けて検討する。

a　取引先の審査の際の活用

　金融機関としては、単に業界団体から情報の提供を受けるのみでなく、積極的に活用することが重要である。すなわち、金融庁監督指針において、単なる「利用」でなく、「積極的に活用」するとされているのは、たとえば全銀協から提供された情報を、情報が得られたタイミングで自社の反社データベースに取り込むなどして、取引の相手方の反社該当性チェックに有効に役立てることを求める趣旨と解される（金融庁考え方20）。

　業界団体等から提供された情報は、住所や生年月日等が不完全な場合も多く、利用が困難なケースもある。もっとも、それ単体では反社該当性を判断することができないとしても、たとえば、新聞報道や他のソースから得られた情報、現場での交渉記録等の補完情報として活用するなど、自己責任において工夫して活用することが求められる（金融庁考え方30参照）。

b　株主の属性判断等の際の活用

　金融機関においては、定期的に自社株の取引情報や株主の属性情報等を確認するなど、株主情報の適切な管理が求められており（主要行監督指針Ⅲ-3-1-4-2(7)）、そのうえでも反社情報を適切に活用する体制が求められる。

---

[7]　主要行監督指針Ⅲ-3-1-4-2(3)。

なお、銀行が上場している場合、事前審査等を行って株主となることを拒絶すること（入口排除）ができず、また適時のスクリーニング（中間管理）等により株主のなかに反社が混入していることが判明しても、反社が自社株を売買することを銀行自体が回避することはできないし[8]、現状では定款等により株主から反社を排除するスキームが構築されていない。しかし、日々変動する株主に対して、定期的に属性把握を行い、株主の立場を利用しての不当要求等に備えるため、モニタリングなどの手法をとる必要がある[9]。

また、銀行が非上場の場合は、株主から株式の譲渡請求があった際に事前審査を実施し、反社またはその疑いがある場合には承認を拒絶するなどして株主から入口排除する必要があり、その際に反社情報を活用することが求められる。

3 共助（情報の共有化と積極的活用）[10]

反社データベースについては、単に構築するのみではなく、グループ内外で共有化し、取引先の審査等のために積極的に活用することが必要である。

(1) グループベースでの情報共有

金融庁監督指針においては、銀行単体のみならず、グループ一体となっての反社排除態勢が求められており（主要行監督指針Ⅲ－3－1－4－2(1)）、反社排除態勢の中核となる情報収集に関しても、グループベースでの情報共有が必要であることから、この点の記載が追加されている。

「グループ内での情報共有に努め」とあるとおり、努力義務規定であり、

---

[8] 株主が反社と判明した場合、株式を売却させることまで求められるものではない（金融庁考え方85）。
[9] 平成20年3月26日に公表された監督指針の一部改正についてのパブリックコメントに関する「コメントの概要およびコメントに対する考え方（反社会的勢力による被害の防止関連）」（以下「平成20年金融庁考え方」という）58、59。
[10] 詳細については、鈴木仁史・連載第43回「改正監督指針等を踏まえた金融機関の反社対策(4)―反社情報の共有および活用―」（金法2006号50頁）参照。また、個人情報保護法等との関係については、上記51頁以下。

すべての情報共有をしなければならないものではないし、法的・技術的に不可能な場合にまで共有が求められるものではない。また、共有の程度についても、一律の対応が必要となるものではなく、各金融機関が、その事業特性等に応じて、個別に検討すべきものである（金融庁考え方26）。

(2) 業界団体から提供された情報の活用

a 業界団体での取組み（共助）

　同じ業界では、反社が同様の手口で接近して不当要求をし、金融機関が被害を受けるケースが想定され、各金融機関のコストや手間を節減し、反社排除の取組みを実効化するうえで共有化の必要性が高い。反社情報の共有について、個人情報保護法や守秘義務などに留意すべきことは当然であるが、業界団体等が中心となり、情報を提供することが有用であり、自主的に業界横断的な取組みが行われている。

　たとえば、全銀協は平成22年4月から、1カ月に2回の頻度で、会員各行に対し、反社情報を参考情報として送付する取組みを続けており、平成23年4月から属性情報のみならず行為情報にも範囲を広げるなど、取組みを徐々に充実化している。

　また、全銀協は平成25年11月14日、「反社会的勢力との関係遮断に向けた対応について」[11]を公表し、信販業界をはじめ、金融業界全体の反社データベースの強化の観点から、独自に収集して会員各行に還元してきた反社データベース（公知情報）を、他の業界団体[12]に対して提供していくこと、あわせて、全銀協の反社データベースの強化の観点から、他の業界団体の反社データベースを全銀協が受領し、会員各行に展開することを今後検討していくことを表明した。

　また、生保協会は平成23年6月から、共有データベースの取組みの実施を開始し、公知情報を会員会社に配信するスキームを構築している。損保協会

11　http://www.zenginkyo.or.jp/news/2013/11/14160000.html
12　日本クレジット協会、全国信用金庫協会、全国信用組合中央協会、労働金庫連合会、信託協会、日本貸金業協会、生命保険協会、日本損害保険協会を指す。

においても、不正請求等防止制度の運営を通じて、反社等からの保険金の不当・不正請求を防止する取組みを行っているほか、反社からの情報をデータベース化し、平成22年1月から全社で参考情報として利用できるよう運営を開始している。

　前記自助による情報に加え、業界団体から還元される反社情報についてもスクリーニングを実施したり、たとえば全銀協から提供される凍結口座名義人リストに記載のある先については、口座の凍結措置や強制解約の実施を検討することが有用である。

b　警察と業界団体の情報連携

　反社が潜在化を進めるなか、金融業界においては、今後も情報共有化の取組みを推進していくことが求められるし、警察との連携強化が課題となる。

　この点、業界団体の取組みとして、日本証券業協会は平成25年1月から警察情報とデータベースを接続しているところ、金融庁による平成25年12月26日付「反社会的勢力との関係遮断に向けた取組みの推進について」においても、警察庁が保有する暴力団情報について、銀行からオンラインで照会できるシステムを構築するため、金融庁、警察庁および全銀協の実務担当者の間における、情報漏えいの防止のあり方を含めたシステム構築上の課題の解決に向けた検討を加速するとされている。

　新聞報道によれば、全銀協は、預金保険機構を活用し、警察庁のデータベースに照会する検討に入ったとのことである[13]。警察庁とのデータ接続については、守秘義務や情報セキュリティが問題となるところ、新聞報道によれば、預金保険機構は預金保険法に基づく守秘義務が課されており（すでに警察庁とデータ接続をしている日本証券業協会（以下「日証協」という）は金融商品取引法に基づき守秘義務が課されている）、情報管理面の問題をクリアできるし、回収がむずかしい反社債権を金融機関から買い取るなどの実績があるため、警察庁と金融機関とをつなぐ役割として適切とされている。

　金融業界における反社情報の共有や活用については、反社の実態や規制の

13　平成26年9月10日付毎日新聞朝刊。

動向もふまえ、PDCAサイクルに基づき、今後も絶えず検討と見直しが求められる課題と考えられる。

4　公助（警察情報）

　反社との関係を遮断するための取組みの実効性を確保するためには、警察・暴追センター、弁護士等外部専門機関と平素から緊密な連携体制を構築することが必要である。

　外部専門機関との連携に関しては、特に警察とのパイプ強化が重要であり、「組織的な連絡体制と問題発生時の協力体制を構築」することに加え、警察と日常的に情報交換をすること等が必要である（平成20年金融庁考え方68）。各都道府県下においては、金融機関が、協会が開催する銀行警察連絡協議会等の会議に出席するなどの活動が行われている。しかし、こうした会議に漫然と参加しているだけでは不十分で、反社判明事案（個別事案）があれば積極的に警察、暴追センター、弁護士等の専門機関に相談する体制をとっておかなければならない（金融庁考え方40）。

　以下においては、警察情報の提供について述べる。

(1)　警察情報の提供に関する通達の改正

a　通達改正の経緯

(a)　平成12年通達

　平成12年8月2日に開催された日本弁護士連合会の民事介入暴力対策委員会20周年記念大会において、当時の田中節夫警察庁長官が、暴排活動を推進していくうえで必要があると認められる場合、積極的な情報提供に努めていく旨の決意表明をし、翌9月、いわゆる平成12年通達が公表され、これまで情報開示の基準として機能してきた。

　平成12年通達は、暴力団情報の提供について、個々の警察官の判断ではなく、警察の組織対応を徹底することを基本的考え方としている。

(b) 平成23年通達公表の背景

　平成12年通達の公表後、平成19年6月の政府指針、平成20年3月の金融庁監督指針改正により、反社とのいっさいの関係遮断が求められるに至った。これにより、不当要求がない場合であっても、単なる属性のみで関係遮断が求められることから、反社認定や関係遮断の判断は容易でないケースも多く、質の高い情報が求められる。

　また、全国の暴排条例において事業者に属性確認義務や暴排条項導入・適用義務が課されているものがみられるほか、暴排条例施行と前後して、先駆的な取組みを進めてきた金融業界以外も、暴力団の資金源となりやすい業界（建設、不動産業界など）を中心に暴排条項参考例が公表されてきた。このように、警察情報を必要とする場面は増加し、暴排条例等に基づく警察情報の照会について情報提供の基準を設定する必要が生じた。

　また、暴排条例においては元暴力団員（5年規定）や密接交際者について排除対象とするものがみられ、また全銀協のように、これらの者についても暴排条項の属性要件として明確化する例が増加したところ、平成12年通達においては情報提供の基準において暴力団準構成員・元暴力団員については定めているが、共生者等についての基準は定めていなかったところであり、基準設定の必要性が生じていた。

　以上のように、事業者にとっての警察情報の必要性は質量ともに拡大しているところ、暴排条例においても事業者等に対し、必要な支援を行うことが都道府県の責務として規定されているところである。他方で、暴力団は、共生者等を通じて経済取引に介入して資金獲得を図るなど、その組織・活動の実態を多様化・不透明化させており、このような情勢の変化に的確に対応し、社会からの暴力団の排除をいっそう推進するために、いわゆる平成23年通達の公表に至ったものと解される。

(c) 平成25年通達

　平成23年通達は、平成25年にあらためて改正された（平成25年12月19日付警察庁刑事局組織犯罪対策部長通達「暴力団排除等のための部外への情報提供について」（以下「平成25年通達」という））。

内容的には平成23年通達と同様であるが、情報提供の決裁等についての変更がなされた。

すなわち、平成23年通達から、暴力団情報の提供にあたって、必要な補充調査の実施による情報の正確性担保が求められていたが、具体的方法までは通達に定められていなかった。そこで、個々の補充調査によるのみでなく、必ず警察庁情報管理システムに照会するよう義務づけ、警察から提供される情報の正確性・統一性を図ったものである。また、情報提供の決裁の例外規定についても変更がなされている。

平成23年通達と平成25年通達は、上記の点を除いて同様であるため、以下においては平成12年通達と平成25年通達とを比較する。

b **平成25年通達の平成12年通達との相違点**

平成12年通達と同様、暴力団情報については、警察は厳格に管理する責任を負っていること、無制限に情報提供がなされると、警察の犯罪捜査等の手の内を明かし、暴力団の潜在化を助長するおそれがあり、治安対策上も問題である。他方で、社会からの反社排除のために情報を開示する必要性も認められ、警察の守秘義務との利益衡量の観点から、情報提供によって達成される公益の程度によって、暴力団対策に資すると認められる場合に限り、必要とする者に情報が提供されることとなる。

以下において、平成25年通達における主な改正点を検討する。

(a) **暴排条例上の義務を履行する場合の追加**

平成12年通達においては、暴力団情報を提供する要件として、①暴力団による犯罪、暴力的要求行為等による被害の防止・回復に資する場合、②暴力団の組織の維持・拡大への打撃に資する場合があげられていた。平成25年通達においては、暴力団の組織の維持・拡大への打撃に資する場合の例として、暴力団組織としての会合等の開催、暴力団事務所の設置、加入の勧誘、名誉職への就任や栄典を受けること等による権威の獲得、政治・公務その他一定の公的領域への進出、資金獲得などが例示されている。

平成25年通達においては、これに加え、暴排条例上の義務履行の支援に資する場合等において、事業者が、取引等の相手方が暴力団員、暴力団準構成

員、元暴力団員、共生者、暴力団員と社会的に非難されるべき関係を有する者等でないことを確認するなど条例上の義務を履行するために必要と認められる場合には、情報提供が可能であることが明文化されている。よって、暴排条例上の義務を履行するために反社との関係を遮断する場合について、たとえば「暴力団の組織の維持または拡大への打撃に資する場合」などに読み込む必要がなくなり、より明確となったといえる。

　なお、暴排条例上の義務履行の支援に資する場合は、従前から規定されていた、暴力団に係る被害者対策、資金源対策、社会経済の基本システムに暴力団を介入させないという視点に基づく場合と同様、可能な範囲で積極的・適切な情報提供を行うものとされている。

　また、その他法令の規定に基づく場合[14]について、当該法令の定める要件に従って提供するものとされている。

(b) 情報提供の範囲

　暴排条例上の義務履行支援の場合の情報提供の範囲については、条例上の義務を履行するために必要な範囲で情報を提供するものとしている。この場合において、まずは情報提供の相手方（事業者等）に対し、契約の相手方等が条例に規定された規制対象者等の属性のいずれかに該当する旨の情報を提供すれば足りるかを検討することとされている。

　なお、暴力団による犯罪、暴力的要求行為等による被害の防止・回復に資する場合、暴力団の組織の維持・拡大への打撃に資する場合については、平成12年通達と同様、①暴力団の活動実態についての情報（個人情報以外の情報）[15]、②暴力団員等該当性情報、③②以外の個人情報（住所、生年月日、連絡先等）の順に、公益を実現できるかについて慎重な検討をするものとされている。

　なお、上記③に関連し、平成12年通達においては、前科・前歴情報につい

---

[14] 債権管理回収業に関する特別措置法のように、提供することができる情報の内容・手続が法令により定められている場合などを指す。
[15] たとえば、暴力団の義理かけが行われるおそれがあるという情報、暴力団が特定の場所を事務所としているという情報、傘下組織に係る団体の名称などである。

て、顔写真の交付を行わないことが定められていたが、平成25年通達において、そのまま提供することなく、被害者等の安全確保のために特に必要があると認められる場合に限り、過去に犯した犯罪の態様等の情報を提供することが追加で定められている。

(c) **提供する情報の内容に関する注意点について**

平成12年通達においては、指定暴力団以外の暴力団のほか、下記の①暴力団準構成員および②元暴力団員についてのみ定めていたが、平成25年通達においては、暴排条例等に対応し、明確化する観点から、③の共生者以下についても独立した分類として定めている。以下に述べるとおり、これらの共生者等についての情報提供については現役の暴力団員と異なり、個別の判断とならざるをえないところである。

① 暴力団準構成員

平成12年通達においては、暴力団準構成員は暴力団員と異なり、暴力団との関係の態様、程度等がさまざまであることから、漫然と「準構成員である」といった情報提供はせず、構成員とほぼ同視しうると確実にいえるか否かを個別に判断すると、厳格な要件を設定しており、実務上、原則として警察からの情報提供の範囲外であった。

平成25年通達においては、当該準構成員と暴力団との関係の態様・程度について十分な検討を行い、現に暴力団・暴力団員の一定の統制のもとにあるかなどを確認したうえで、情報提供の可否を判断すると、情報提供の基準が緩和されている。

② 元暴力団員

平成12年通達において、過去に暴力団員であったことが法律上の欠格要件となっている場合や、現状準構成員とみなすことができる場合は格別、過去に暴力団に所属していた事実のみをもって情報提供をしないとされていた。

暴力団準構成員、共生者等については、暴力団・暴力団員との人的・資金的関係が実質的かつ現に存在することを前提としているのに対し、元暴力団員それ自体は過去に暴力団員であったという形式的基準に基づくところであり、暴追センターの支援を受けるなどして更生していることもありうるため

である。

平成25年通達においてもおおむね同一であるが、上記の「準構成員とみなすことができる場合」について、「暴力団準構成員、共生者、暴力団員と社会的に非難されるべき関係にある者、総会屋および社会運動等標ぼうゴロとみなすことができる場合」と文言が変更されている。反社排除の範囲の拡大が背景にあるものと解される。

③ 共生者

共生者については、平成25年通達において、暴力団への利益供与の実態、暴力団の利用実態等共生関係を示す具体的な内容を十分に確認したうえで、具体的事案ごとに情報提供の可否を判断することとされている。

④ 暴力団員と社会的に非難されるべき関係にある者

「暴力団員と社会的に非難されるべき関係」については、最も周辺的な者であり、態様もさまざまであることから、平成25年通達においては、当該対象者と暴力団員とが関係を有するに至った原因、当該対象者が相手方を暴力団員であると知った時期やその後の対応、暴力団員との交際の内容の軽重等の事情に照らし、具体的事案ごとに情報提供の可否を判断する必要があり、暴力団員と交際しているといった事実だけをもって漫然と情報提供をしないこととされている。

⑤ 総会屋・社会運動等標ぼうゴロ

総会屋・社会運動等標ぼうゴロについては、その活動の態様がさまざまであることから、漫然と「総会屋である」などと情報を提供せず、情報提供が求められている個別の事案に応じて、その活動の態様について十分な検討を行い、現に活動が行われているか確認したうえで情報を提供することとされている。

⑥ 暴力団の支配下にある法人

暴力団の支配下にある法人については、その役員に暴力団員等がいることをもって漫然と「暴力団の支配下にある法人である」といった情報提供をするのではなく、役員等に占める暴力団員等の比率、当該法人の活動実態等についての十分な検討を行い、現に暴力団が支配していると認められる場合に

情報を提供することとされており、この点は平成12年通達と大きな変更はない。

　役員に暴力団員等がいれば、暴力団関係企業と認定できるケースが相当数あるであろうが、それのみで形式的に判断できるものではなく、暴力団の支配性や影響下にあるかの判断は、上記のように役員や株主等に占める暴力団員等の比率、人事権、設立の経緯などによって個別・総合的に認定されるためと解される。

(2) 暴排条項適用にあたっての警察情報の留意点

　暴排条例施行等を受け、警察庁が平成12年通達を見直し、共生者情報等の提供にあたっての基準を明確化したことは、評価されるべきである。金融機関は暴排条項と情報収集態勢を車の両輪として内部統制システムに組み込み、今後も警察情報の積極的な活用が求められるところである。平成12年通達を前提とした態勢と変更のない点も多いが、以下の点に留意が必要である。

a　適正な情報管理態勢

　平成25年通達において、警察が情報提供するにあたっては、情報の悪用・目的外利用を防止するための仕組みを確立している場合、目的外利用をしない旨の誓約書を提出しているなどの場合に行うことが規定されている。その他、適正な情報管理態勢として、アクセス権限やパスワード管理の徹底、アクセスログの記録なども1つの方法である。

　また、これに加えて、情報提供の方式として、条例上の義務履行の支援等の場合に情報提供を行うにあたっては、情報提供に係る対象者の住所、氏名、生年月日等がわかる身分確認資料および取引関係を裏付ける資料等の提出を求めることが定められている。暴排条例に基づき関係遮断を行う義務者の裾野が広がると、警察情報が目的外に利用されたり、流出したりするリスクも高まるため、このような措置をとっているものと解される。

b　暴排条項の導入

　警察からの情報提供にあたっては、当該取引に関して暴排条項が導入され

ていることが前提となり、この点は「適切な暴力団排除条項が存在する場合に、この暴力団排除条項の規定する範囲で暴力団に関する情報提供を行うこととなる。その意味では、企業が定める暴力団排除条項の排除対象は、警察から行いうる情報提供の外延を画する」といえるところである[16]。

　上記の理由としては、警察からの情報提供により反社と契約解除（関係遮断）を確実に行う担保としては、暴排条項の存在が最も大きいためである。よって、暴排条項の存在のほか、条項の範囲、すなわち5年規定や共生者類型を定めているかによっても、情報提供の範囲が画される。

　ただし、暴排条項が存在しなければ絶対に情報提供できないというものではなく、暴排条項がなくても、金融機関が排除する意思を有しており、法律的にも排除が可能であれば情報提供することがありうる。たとえば、保険契約の暴排条項は、従前からの重大事由解除の規定を明確化したものとされているところ、暴排条項が規定されていなくても解除は可能であるから、情報提供は可能である。また、損害保険代理店契約について、従前の代理店との間で覚書等の締結をあらためてせず、損害保険会社からの一方的通知により行ったような場合（すなわち、代理店契約上は暴排条項が存しない場合）であっても、代理店契約における3～6カ月前の予告解除の規定や、会社法19条2項のやむをえない事由に該当することを通知することにより即時解除が可能であるから、情報提供が可能である。

　その他、広島地判平22年4月13日（判例時報2145号58頁）のように、暴力団員が暴排条項のない契約約款によりホテルにおいて結婚式をあげた事例において、錯誤無効を認めているところであり（一審において確定）、このような場合も情報提供が可能と解される。

　他方で、暴排条項が存在しさえすれば必ず情報提供を受けられるものではなく、平成25年通達の「条例上の義務履行の支援」や「暴力団等による被害の防止または回復」「暴力団の組織の維持または拡大への打撃」に資するものかを検討する必要があるし、金融機関で排除の意思が必要となることは当

---

[16] 清野憲一「暴力団排除条項のフロンティア」（MS&AD基礎研第10号60頁）。

然である。

c 情報提供による関係遮断の確実性

警察からの情報提供にあたっては、上記bの暴排条項の導入に加え、暴力団員等の情報を提供すれば確実に関係遮断できる見通しのあることが前提となり、取引の参考程度に照会することは認められない。

暴力団情報はきわめてセンシティブな(機微にわたる)個人情報・捜査情報であり、反社排除という公益が実現されることを前提に情報提供されるものだからである。

ただし、たとえば保険契約などにおいては、他の取引に比して、提供を受けた情報もあわせて重大事由解除の信頼関係破壊等の要件を訴訟リスクの観点から総合考慮する必要性が高い。よって、結果として解除までは踏み切れないこともありうるものと解するが、この点はできる限り、情報提供を受け、警察からの情報がブラックであれば解除するという前提で態勢整備する必要がある。

なお、警察からの情報提供の範囲は暴排条項において属性要件が具体的にどの範囲で記載されているかによって左右されるところであり(暴排条項の情報提供機能)、全銀協における融資・当座勘定取引における暴排条項参考例の改正において共生者類型等が明確化されたことによって、銀行が関係遮断にあたって共生者等の情報提供を受けやすくなる効果が期待される。

d 自助・共助による情報収集を尽くすこと(警察情報の必要性・非代替性)

行政機関以外の者(金融機関等事業者が含まれる)が情報提供を受ける場合、法令の規定に基づく場合を除いて、当該情報が暴力団排除等の公益目的の達成のために必要であり(必要性)、かつ、警察からの情報提供によらなければ当該目的を達成することが困難な場合(非代替性)に行うことなど、厳格な要件が定められている[17]。

---

[17] 平成25年通達「第1 基本的な考え方」の「4 情報提供の正当性についての十分な検討」参照。平成12年通達においては「必要不可欠性」を前提としていたのに対し、平成25年通達においては「正当性」「公益目的の達成のために必要な場合」と緩和された記載となっている。

警察に多数の顧客名簿を提示して照会をしたり、一定の地区で訪問営業を行う企業が当該地区の全住民について照会した場合に警察が回答すると、最もセンシティブな情報の1つである暴力団員情報を警察が無制限に開示することとなり、暴力団の潜在化を助長する結果となりかねないためである。

裏からいうと、金融機関が自助や共助による情報収集態勢を構築し、これを尽くしたうえで、個別の取引の相手方が反社であるという疑わしい理由（たとえば、自社の反社データベースにヒットしたこと、暴力団員として報道された者と氏名や年齢幅が一致すること、刺青があり言動が威圧的であること、住所地を訪問したら不自然な提灯があること、などである）を根拠に、前記aのとおり身分確認資料等を提出して、警察に照会することが必要である。

前記の共助については、日証協における不当要求情報管理機関の取組みのほか、全銀協や生保協会・損保協会の取組みがなされており、金融機関としてはこれらの取組みを積極的に活用することも肝要である。また、不当要求情報管理機関となることによって、暴追センターからの情報を受けられるなどのメリットもある。

e 警察情報の利用方法

情報提供の方式について、警察からは口頭で開示され、その認定の根拠となった具体的事実は開示されない。ただし、提供を受けた情報に基づいて解除し、訴訟等で争われた場合には、警察は情報を提供した以上、立証活動を支援し、裁判手続において、単なる暴力団員該当性のみではなく、警察がそのように認定した具体的事実についての証拠提出や、警察官の証人出廷などを含めた必要な訴訟支援をすることがありうる。また、訴訟になった場合には弁護士法23条照会や調査嘱託手続によって警察からの回答内容を文書化することも可能である。

金融機関等事業者が警察から情報提供を受けて反社との関係を遮断する場面が増加しているところ、特に訴訟等で相手から関係遮断の有効性について争われた場合、情報の内容や情報提供の正当性について、警察が立証する責任を負わなければ、事業者ははしごを外される結果となるため、平成25年通達の「第1　基本的考え方」において、上記の点について、警察が立証する

責任を負わなければならないとの認識をもつこととされている。

既存の契約を解除する場合には、相手方に警察から情報提供を受けていることを告げることが許容される。事前の謝絶の場合と異なり、契約を解除する場合、相手方に解除事由を告知する必要があるところ、暴排条項該当性は警察からの情報提供なくして認定することが通常困難であるためである。

f 訴訟リスク等の十分な検討

警察は指定暴力団の指定作業や捜査の過程などを通じて暴力団等の情報を有しているが、暴力団対策法においては3年ごとの指定手続となっており、警察といえども、常時最新かつ正確な情報をデータベースに登録しているものではない（「情報の現在性」の問題）。平成25年通達「第1　基本的な考え方」の「2　情報の正確性の確保」において、暴力団情報を提供するにあたっては、必要な補充調査を実施するなどして、当該情報の正確性を担保するものとされているのもこれと関係する。

よって、警察情報がきわめて有用であるものの、万能ではないことを認識し、特に既存の契約の解除等の場合には、自助・共助による情報収集の手段も尽くすとともに、弁護士等外部専門家の意見も聴取し、訴訟リスクを総合考慮したうえで関係遮断に踏み切る必要がある。

g 警察や暴追センター、弁護士との平素からの連携構築

金融機関が反社との関係遮断を迫られる有事において警察からの情報を得たり、安全確保のための保護措置を求めたりするにあたっては、平素から緊密に連携し、信頼関係を構築することが必要である。

(3) 宮崎市生活保護事件

警察情報に関し、注目すべき裁判例がある。宮崎市（Y）が自称元暴力団員（X）について、警察の暴力団情報をもとに暴力団員と認定し、生活保護の申請を却下した処分について、Xが違法と主張して処分取消しを求めた訴訟である。

この点原審判決（宮崎地判平23年10月3日判例タイムズ1368号77頁）は、Xが暴力団員とは認められず、生活保護法4条の「生活に困窮する者」であっ

たなどとし、上記処分は不適法として、請求を認容している。これに対し、控訴審判決（福岡高判宮崎支部平24年4月27日公刊物未登載）は、原審判決を取り消し、Xの請求を棄却した。控訴審判決は、Xが現役の暴力団員か否かは別として、少なくとも暴力団組織やその関係者との強い結びつきがあったことが推認されるとし、その結果、Xの不労所得を的確に把握することが困難な状況にある以上は、生活保護の要件を満たさないと判断し、本件却下処分は適法と判断している。

Yは、警察が前記処分時においてもXを暴力団員と認定しており、その理由として、Xが暴力団を脱退したと主張している以降も当該暴力団組員とともに暴力団組長の放免式に出席したことなどを主張したが、原審はこの主張を退けている。

筆者としては原審判決の判断は不当であると考えるが、警察情報といえども上記のようなリスクがあることをふまえ、反社認定に際しては必要に応じて自助や共助により補強することが求められているといえる。

5 各ステージにおける関係遮断

(1) 入口・中間管理・出口の3段階

改正前の監督指針等においては、反社との取引の未然防止のための事前審査の実施等の施策（入口対策）と反社と判明した場合の資金提供等を行わないこと（出口対策）を同じ項目のなかで論じていた（改正前の主要行監督指針Ⅲ-3-1-4-2(1)①③）。

改正監督指針等においては、前記の金融庁による平成25年12月26日付「反社会的勢力との関係遮断に向けた取組みの推進について」と同様、「適切な事前審査の実施（入口）」「適切な事後検証の実施（中間管理）」「反社会的勢力との取引解消に向けた取組み（出口）」の3段階に分け、それぞれ独立の項目とし、大幅に記載が増加している（主要行監督指針Ⅲ-3-1-4-2(3)ないし(5)）。

従前は「入口」と「出口」の対策に重点を置いた整理がなされることも多かったが、契約締結（入口）後、関係を解消する（出口）までの過程において、取引の事後チェックを行い、反社との関係遮断に関する内部管理態勢を徹底することが提携ローンの事件でも焦点となっており、中間管理も非常に重要な方策と解される。

(2) 適切な事前審査の実施（入口）

改正前より、金融機関の反社排除態勢としては、反社との取引を未然に防止するための態勢が重視されていたが、これがよりいっそう強化されている（主要行監督指針Ⅲ-3-1-4-2(3)）。

具体的には、従前から記載されていた適切な事前審査の実施について、「反社情報等を活用」することが明記されたほか、契約書や取引約款への暴排条項の導入について、改正前は「必要に応じて」「導入」とされていたのが、「導入の徹底」とされている。

また、提携ローンにおける銀行自身の態勢整備のみならず、提携先の信販会社における暴排条項導入や反社データベースの整備状況等を検証する態勢が追加されている。

(3) 適切な事後検証の実施（中間管理）

反社との関係遮断を徹底する観点から、既存の債権や契約の適切な事後検証を行うための態勢整備が着眼点として追加されている（主要行監督指針Ⅲ-3-1-4-2(4)）。

これは「中間管理」に位置づけられるものであり、具体的には、①反社データベースの充実・強化、②反社データベースによる適切な頻度での定期的スクリーニング、③代表取締役の変更や取引推移等の注視（モニタリング）、④既存契約における暴排条項導入の有無の確認および導入に向けた方策の検討、など、既存債権・契約の事後的な反社チェック態勢があげられる[18]。

反社排除については入口のみでなく、出口に至るすべての段階での態勢を

整備することが必要であり、反社データベースを例にとると、いかに反社データベースを充実化させても、事前審査をすり抜けるものが生じてしまったり、反社でなかったものが反社に属性を変化させたりすることがありうるため、中間管理が必要となるものである。

(4) 反社との取引解消に向けた取組み（出口）

改正前の監督指針等においては、反社であることが判明した場合には資金提供等を行わないことのみがあげられていたが、この点の項目や記載が大幅に拡充されている（主要行監督指針Ⅲ-3-1-4-2(5)）。

すなわち、①反社との取引が判明した旨の情報の迅速・適切な経営陣への報告、経営陣の適切な指示・関与のもとでの対応、②平素からの外部専門機関との緊密な連携、特定回収困難債権買取制度や整理回収機構のサービサー機能の活用による反社との取引解消推進、③反社と判明した場合の可能な限りの回収（反社への利益供与とならないよう配意）、④資金提供、不適切・異例な取引の防止などである。

18　金融庁考え方56参照。

第 5 節

入口対策

1 事前審査

(1) 適切な事前審査の実施の重要性

　反社といったん契約を締結すると、暴排条項が存在する場合であっても、相手が反社であるとの確実な証拠が必要となり、また継続的契約理論などが適用されうるため、排除が困難となりうるところであり（契約締結後の排除の困難性）、未然防止が有効である。他方で、取引開始時であれば、契約自由の原則が適用されるため、反社との契約を総合的判断に基づいて自由に謝絶することができ（政府指針解説(5)）、少なくとも反社との疑いがあれば足りるため、リーガル・リスクの問題が生じない。また、一度でも反社と取引関係に入ると、レピュテーショナル・リスクも存在する。

　このような観点から、事前審査を行うことにより、反社との取引の未然防止に有効であり、政府指針において、反社データベース構築の目的として取引先の審査を前提としているし、金融庁監督指針においても「反社会的勢力に関する情報を取引先の審査や当該金融機関における株主の属性判断等を行う際に、活用する体制となっているか」と記載されている。

(2) 事前審査の方法（反社情報等の活用）

　監督指針改正により、事前審査にあたって反社情報等を活用することが追記されている。

反社の審査については、データベース照合方式と手作業方式が存在する。データベース照合方式とは、顧客の属性を反社データベースと照合し、一致するかによりチェックする方式であり、手作業方式とは、データベースへの依存度を低くし、手作業的にチェックリスト等を用いて総合的に分析する方法である。即時性や顧客の利便性が特に求められる普通預金や非対面取引などではデータベース照合方式が中心となるが、データベースのみでは面談しての五感や印象等により判断することができないため、データベースの質・量が審査の実効性を左右する。他方で、審査のプロセスにおいて定性的なチェックが可能な融資等では手作業方式のウェイトも高くなる。これらのスクリーニングの方式は二者択一的なものではなく、実務フロー、取引の性質などにより両方式を併用することとなり、金融機関の規模や特性に応じた適切なシステムを構築する必要がある。

　事前審査に基づく謝絶のフローとしては、たとえば普通預金口座の新規開設などの場合、申込みを受けて本人確認書類を受領後、反社データベースに照会し、ヒットした場合、支店長や次席等の役席者が「総合的判断」や「内規」を根拠として謝絶する。普通預金のように即時性が求められるような取引については警察照会まで行わないことが考えられるが、生命保険契約などにおいてはデータベースにヒットした場合、警察照会も行い、後日謝絶をする旨の文書を送付することも考えられる（ただし、普通預金についても即日開設はせず、警察に照会を行って、後日謝絶する旨の文書を送付する方法もある）。

　反社対応部署は、事前審査の際の謝絶について、謝絶の方法や手順等の具体的方法についても指示し、周知徹底する必要がある。

(3)　事前審査の範囲

　金融機関は、それぞれの事業特性、商慣習、顧客の利便性等をふまえ、反社との取引にさらされるリスクに応じて、リスクベース・アプローチの観点から、取引内容や顧客属性等によって適正な範囲を内規等で定め、営業店にも周知徹底した事前審査の実施が求められる（金融庁考え方44）。なお、事前審査の社会的なレベルは、社会情勢とともに変化しうるため、適宜見直す必

要がある。

　この点、反社との取引の未然防止の観点からは、融資取引や事実上の与信機能がある当座預金のほか、普通預金についても審査を行う必要があるし、たとえば貸金庫などもマネー・ローンダリングなどに悪用されるおそれがあるため、審査が必要である。また、金融取引以外の非本業取引（業務委託や購買）などについても、取引の未然防止の観点から審査が必要である。

　個人の普通預金口座の開設にあたり、申込者から表明確約を取り付け、問題がない場合にはいったん口座を開設し、即日通帳を交付するが、開設後に反社データベースに突合した結果、該当する場合は解約するように、データベースによる審査を事後的に行う取扱いを行ってきた金融機関が存在する。しかし、反社との取引を未然に防止するため、普通預金口座の開設前に、反社データベースを用いて申込者についての照合を行う必要がある。個々の取引状況等を考慮して、即時に営業店で排除することが困難等のやむをえない事情がある場合に、例外的に口座開設に応じる取扱いを講じることも考えられるが、関係機関等と連携のうえ、直ちに反社を取引から排除する態勢が整備されていることが必要である（金融庁考え方45）。

(4)　入口での契約謝絶の範囲等

　入口での謝絶に関連する最近の裁判例として、東京地判平26年12月16日（金法2011号108頁）がある。これは、原告（個人）が被告（地方銀行）の支店に普通預金口座の開設を申し込んだが、被告は普通預金口座の開設申込みを拒否したため、合理的理由なく口座開設を拒否してはならない義務があったにもかかわらず、原告の父が過去に政治団体に所属していたことをもって合理的理由なく拒否したとして、不法行為に基づく損害賠償請求訴訟を提起した事例である。判決においては、①銀行に口座開設の承諾を義務づける法令上の根拠がないこと、②銀行業務の公共性から、直ちに契約自由の原則の適用が制限され、承諾義務があるとまではいえないことなどを理由として、請求が棄却されている。同判決においては、原告の父が過去に政治団体に所属していた事実をもって口座開設申込みを拒否したと認めることができないと

認定し、不法行為責任が否定されている。

　上記判決においては、請求を棄却する理由として、契約自由の原則に加え、申込者がすでに口座を有しており、預金取引が可能であった事情をあげている。原告が主張する「謝絶の合理的理由」との関係で、すでに口座を有していたというような事情が仮に存しなかった場合でも、契約自由の原則や総合的判断のみを理由に謝絶が認められたか議論もありうるところであり、入口での適切な排除範囲についてあらためて整理することが有用である。

2　契約書や取引約款への暴排条項の導入[19]

　監督指針の改正前から暴排条項の導入についての記載はあったが、「必要に応じて」導入するという記載がなされていたのに対し、改正後は導入を「徹底」とレベルが高度化した記載となっている。

　上記のとおり「導入の徹底」というものの、反社排除の態勢整備は「個々の取引状況等を考慮しつつ」行うものであり（主要行監督指針Ⅲ-3-1-4-2柱書）、必要に応じて適切に対応すれば足り、必ずしも新規に締結する契約書や取引約款に形式的かつ一律に暴排条項を導入することが必要なものではない（金融庁考え方52）。暴排条項が反社との関係遮断に対する有効な手段の１つであることをふまえ、当該取引に関して締結されている他の契約書等における暴排条項に基づく解除が可能であるなど、適切に反社を排除する態勢が整えられている必要がある（金融庁考え方49～52）。

　金融機関としては、金融取引のみならず、金融取引以外の取引についても、合理的理由なしに暴排条項が導入されていない契約書や約款が存しないか、あらためて確認することが有用である。

---

[19] 暴排条項について合憲であると判断した最判平27年3月27日について、鈴木仁史「Column　最高裁による暴排条項の合憲性についての判断」（金法2018号71頁）。

第 6 節

適切な事後検証等の実施（中間管理）

1 中間管理の内容

(1) 事後検証

事後検証としては、①属性および取引のモニタリング、②暴排条項導入のチェック、③反社データベースの充実・強化などがあげられる。

(2) 内部管理態勢

上記の事後検証を行うにあたっては、反社との取引の経営陣への適切な報告や経営陣による適切な関与等、反社との関係遮断に係る内部管理態勢を徹底することも重要であり、これも中間管理に含まれる。

2 中間管理の意義

適切な事後検証は、以下の点から重要であり、これまで反社からの不当要求や大きなトラブルが生じていないからといって、全取引を対象としたスクリーニングを行わなくてよい理由とはならない。

(1) 取引の全段階での排除態勢の必要性

入口段階では必ずしも十分な審査ができるとは限らず、事後検証において十分時間をかけた検証をしやすい。

また、事前審査の結果、反社との疑いがあっても、十分な資料がないため、取引を開始することも想定されるところ、継続的顧客管理としてモニタリングを行い、解消すべき案件を早期に洗い出し、将来の取引解消に備えることが重要である。

(2) 情報および取引先の属性の変更

　前記のとおり、反社データベースの適切な更新が求められており、入口段階ではスクリーニングを行ってもヒットしなかった取引がヒットしうるところであり、また取引先の属性についても、取引開始後に反社による乗っ取りや役員の変更により、取引開始時にはヒットしなかったものがヒットする可能性がある。

　よって、随時に反社データベースと顧客情報を突合するため、定期的なスクリーニングが必要である。

3　モニタリング

(1) モニタリングの方法

a　属性モニタリング（スクリーニング）

　反社データベースにより定期的（年次、半期、四半期、月次など）にスクリーニングを行うことのほか、情報が追加された場合、代表取締役等役員の変更があった場合、保険契約では契約者変更や保険金受取人変更があった場合など、不定期（随時）にスクリーニングを行うことが必要である。

　なお、反社データベースに情報が追加された場合、特段の理由のない限り、情報源によってスクリーニングの有無についての差異を設ける理由は認めがたいと解される。

b　取引モニタリング

　反社は類型的にみて、マネー・ローンダリングや犯罪利用などの異常取引をする可能性が高いことから、取引モニタリング・システムを活用するなど

し、大口取引や少額多数の取引の有無、出入金先における不審な先の有無など、取引内容・方法についてのモニタリングを行う必要がある。

c 審査（スクリーニング）についての留意点

(a) 審査・検証の範囲の限定の可否

審査・検証の範囲については、リスクベース・アプローチの観点から、取引の性質・金額や取引先の属性により一部限定することが考えられる。

① 取引の性質・金額による制限

審査・検証の範囲について、反社との取引の未然防止の観点からは、当座預金や融資取引などに限定すべきではなく、たとえば貸金庫などもマネー・ローンダリングなどに悪用されるおそれがあることに留意が必要である。

また、一定金額以下の口座について、リスクベース・アプローチの観点から取引モニタリングの例外とする考えもありうる。しかし、特に預金口座は決済口座としての性質上、少額であっても、マネー・ローンダリングや犯罪行為に利用されるリスクがあり、またレピュテーショナル・リスクの観点からも、安易に除外することには留意すべきである。

② 取引先の属性による制限

審査・検証の範囲について、国、上場企業など取引先の属性について除外することも考えられるが、反社混入のおそれや他の制度による審査の実効性等をふまえ、合理的範囲に設定する必要がある。

(b) 法人と役員について

前記のとおり、暴力団関係企業と役員については、相互にひもづけして情報登録する必要があることを述べたが、審査・検証にあたっても、暴力団関係企業とその役員など実質同一先と判断される場合には双方とも審査を行う必要がある。また、たとえば既存の取引先企業の代表者に変更があったような場合には、新しい代表者に対しても審査を実施する必要がある。

(c) 離婚・養子縁組の場合や通称名の場合

暴力団員等反社は、養子縁組をすることが多く、また離婚や通称名の使用もある。これらの場合も想定したスクリーニング態勢を整備しなければ、もれてしまうケースが多くなり、反社との取引の未然防止の態勢として十分で

ない。

　よって、取引開始時の運転免許証その他本人確認書類の確認などの際や、取引開始後の情報登録や事後審査の際に、上記の離婚、通称名の使用等も想定したシステム検索基準を規程等に定め、周知する必要がある。

d　まとめ

　反社スクリーニングの範囲や方法は、取引内容、商慣習に基づく審査のフロー、業態、情報データベースの利用方法などにより異なりうるが、たとえば普通預金についての全件スクリーニングなどについてみられるとおり、業界全体における審査のレベルが高度化していくことが想定され、PDCAサイクルの観点から、コンプライアンス委員会等で適時適切に見直していく必要がある。

(2)　リスクベース・アプローチ

　モニタリングの実施頻度（周期）等方法について、一律の対応が求められるものではなく、反社データベースの更新状況や相手方の属性が事後的に変化する可能性をふまえ、各金融機関において、リスクベース・アプローチに基づき、その規模や特性、対象顧客のリスク評価の結果、個別の債権や契約内容に応じて、実施頻度を検討し、内規等で自主的な基準を設定する必要がある（金融庁考え方59、60）。

4　暴排条項の導入状況のチェック

(1)　暴排条項導入の必要性

　反社データベースによるスクリーニング等によって、反社との取引と判明したような場合、出口対策として、暴排条項に基づく取引解消を検討する必要がある。

　暴排条項が存在しなくても、一定期間前の通知による約定解除条項や信頼関係破壊法理といった一般法理によって取引解消することも考えられるが、

暴排条項は属性のみで即時に解除できるというメリットが存在する。また、反社データベースにヒットした場合、既存取引の解消については警察情報に依拠することが実務上一般的であるところ、警察からの情報提供は、暴排条項が導入されていることが原則となる。

(2) 既存契約についての暴排条項導入

上記のとおり、暴排条項は反社との取引解消にあたって多大なメリットが存在するが、既存の契約について、検証の結果、暴排条項が盛り込まれていないことが判明した場合であっても、契約の変更を一律に求めるものではない（金融庁考え方57、58）。

また、既存顧客に対する新規融資を行う際に、あらためて暴排条項が導入された銀行取引約定書を交わすことを必ずしも求める趣旨ではなく、いかなる場合であっても改訂後の銀行取引約定書を交わさない限り、融資の実行は認めないとの趣旨ではないが、当該取引に関して締結されている他の契約書等における暴排条項に基づく解除が可能であるなど、適切に反社を排除する態勢が整えられている必要がある（金融庁考え方53）。

もっとも、改正後の監督指針においては、入口段階での記載ではあるが、暴排条項の「導入の徹底」とより厳格化されているところでもあり、中間管理の段階でも、暴排条項の導入状況をチェックし、できる限り導入することが求められる。

5 反社データベースの充実・強化

反社との取引解消につなげるためには、モニタリングを行って反社ないしその疑いのある取引を洗い出し、暴排条項を適用することが必要である。しかし、反社データベースの精度が低いと、反社スクリーニングが形骸化するし、事務負荷もかかるため、反社データベースの充実・強化が必要である。

反社データベースの構築・更新は入口から出口に至るまで一貫して重要であるし、反社情報は時間とともに陳腐化していくものであるから、まさに継

続的顧客管理（中間管理）に適したものである。

6 グレー事案と中間管理

(1) 中間管理における内部管理態勢

　モニタリングの結果、反社と判明し、暴排条項を用いるなどして取引解消が可能な場合には、「出口対策」としてすみやかに解消することが求められる。もっとも、反社との立証についての訴訟リスクなどによって、直ちには排除できない場合が実務上は相当数存在する。

　政府指針解説(4)においても、反社との疑いに濃淡があることから、反社の疑いに応じた段階的措置を定めており、中間管理においては、このような、いわゆる「グレー事案」の対応が重要である。この点、反社の疑いが低いことを理由に漫然とモニタリングに格下げするなどの対応をするのではなく、後記(2)のような対応を行うとともに、反社との取引を経営陣に適切に報告し、経営陣による適切な関与を行うなど、内部管理態勢の整備が重要である。

(2) グレー事案の対応

a　高度なモニタリング・情報収集および取引解消

　グレー事案について、リスクベース・アプローチの観点から、フラグを立て、モニタリングのレベルや頻度を向上させたり、敷居値を下げたりするなどして、一般の取引に比して高度なKYC・顧客管理を行うことが必要である。また、十分な情報収集・調査を行って取引解消の機会をうかがい、暴排条項を裏付ける証拠がそろい、あるいは延滞等により取引解消が可能となった場合には、すみやかに取引解消する態勢整備が必要である。

b　更新謝絶

　有期契約（定期預金、代理店契約など）について、暴排条項に基づき即時解除を行うには法的リスクがあるような場合に、契約自由の原則に基づき、満

期に更新拒絶により取引解消を行うことがありうる。モニタリング等は、この機会を漫然と失することがないようにする効果があり、このような機会を失して反社との取引解消を行わず、また検討をしなかった場合については、反社との取引解消に向けた取組みが十分でないものと解される。

c　新規取引や条件変更の謝絶

　モニタリング先の口座名義人から、新規口座開設の申込みがなされた場合、既存の取引についての解消が直ちにはむずかしいとしても、総合的判断から取引を謝絶すべきである。また、貸付条件変更の申込みは、反社の活動を助長するため、総合的判断により謝絶すべきである。

d　疑わしい取引の届出

　反社と疑われる者の取引は、疑わしい取引の届出に該当する可能性が類型的に高いことから、積極的に届出をし、取引解消についての情報のフィードバックを受けるなどして、取引解消につなげる努力が必要である。

第 7 節

事後解除

　平成26年6月の改正後の金融庁監督指針においては、反社との取引解消に向けた取組みについての記載が大幅に増加している。

1　経営陣の指示・関与のもとでの対応

　平成26年改正後の主要行監督指針Ⅲ-3-1-4-2(5)①においては、反社との取引が判明した旨の情報が反社対応部署を経由して迅速かつ適切に取締役等の経営陣に報告され、経営陣の適切な指示・関与のもと対応を行うこととしているか、という点が着眼点として追加されている。

　入口・中間管理・出口のすべての段階において、経営陣の指示・関与のもとでの対応が必要であるが、特に事後的な関係遮断については訴訟リスクや重苦情リスクに配意する必要があり、組織的対応が特に重要といえる。

　金融機関としては、既存の取引先が反社と判明した場合についての取引解消に向けた具体的な対応方針を決定し、これに基づき個別事案に応じた取引解消の検討を行う必要がある。

　また、反社との取引解消により、トラブルが生じうることのみを理由に取組みを行わないことは認められず、警察等と連携して役職員の安全確保にも留意しつつ、適切に対応することが必要である。

2 利益供与との関係

(1) 「利益供与」の判断基準

事後検証の実施等により、取引開始後に取引の相手方が反社であると判明した場合には、可能な限り回収を図るなど、反社への利益供与にならないよう配意することが必要である。

金融庁監督指針における「利益供与」に該当するかの判断基準については、個々の取引状況等に照らしてケースバイケースであり、一律に確定することは困難であり、政府指針や各都道府県の暴排条例の趣旨に照らして、個別取引ごとに判断する必要がある（金融庁考え方73）。この点、平成25年11月28日の参議院財政金融委員会において、一部免除が反社への不適切な利益供与に該当するかという質問に対し、政府参考人（警察庁刑事局組織犯罪対策部長）は、「暴力団員等を債務者とする債権の回収を図るため、その一部を免除することが、各自治体において制定されております暴力団排除条例における暴力団員等への利益供与に当たるかどうかについては、やはり個別具体の事案に即して判断すべき問題でありまして一概に申し上げることはできませんが、そのことをもって直ちに暴力団員等への利益供与に当たるとは考えておりません」と答弁し、これに引き続き、不適切な利益供与に該当しない場合の類型化についての質問に対して、「類型化というのはなかなかむずかしいんでございますが、やはりその免除する額あるいはその理由等について検討する必要があるのではないかというふうには考えております」と答弁しており、参考となる。

(2) 取引における留意点

「可能な限り回収を図るなど、利益供与とならないよう配意」について、下記のとおり考えられる。

a 暴排条項が導入されている取引

暴排条項が導入されている取引については、これを適用して取引を解消す

ることが原則となる。もっとも、金融機関において契約当事者が反社に該当するとの疑いを認知したものの、警察から当該契約当事者が反社に該当する旨の情報提供が得られず、かつ、ほかに当該契約当事者が反社に該当すると断定するに足りる情報を入手しえなかったなど、さまざまな手段を尽くしたものの反社と判断できなかった場合に、暴排条項を適用しないことが必ずしも利益供与となるものではなく、また、必ずしも金融機関の業務の適切性が害されていると評価されるものではないと解される（金融庁考え方77、80）。

また、暴排条項が導入されている融資取引に関して、暴排条項該当性の立証が可能な場合には、当該条項に基づいて取引を解消することが基本的には可能となるため、原則としてすみやかな取引関係の解消を図る必要がある。しかし、融資金につき分割弁済をしているとの事実から一律に利益供与に該当すると考えられるわけではなく、また、一律に期限の利益を喪失させて融資金の回収を図ることを求めているものでもなく、反社を不当に利することのないよう当該取引に係る債権回収の最大化を図る観点や、役職員の安全確保の観点等を総合的に考慮したうえで、具体的対応について検討することが求められる（金融庁考え方71、72、75、76、78(2)）。ただし、取引の相手方が反社と判明した場合、回収の最大化を図るため解消の留保を許容する趣旨ではなく、関係解消に向けた取組みを行う必要がある（金融庁考え方78(1)）。

b　暴排条項の導入されていない取引

暴排条項が導入されていない取引に関しては、取引関係の解消を図るためにとりうる手段について具体的に検討したうえで一定の対処方針を策定し、当該対処方針に基づく対応をとることが求められる（金融庁考え方71）。

暴排条項の導入されていない取引についても、有期契約については更新拒絶するなど、関係遮断の手段は存在することがあるため、漫然と契約更新しない態勢が必要となる。

金融庁の監督指針や考え方を前提とした対応は上記のとおりであるが、なお、融資取引の解消についての判断基準や着眼点については、後に詳述する。

3 反社との取引解消の推進

(1) 反社に対する融資の回収方法

　金融機関の融資取引について、債務者等が反社と判明した場合、前記のとおり、自金融機関で「可能な限り回収を図る」ことが原則となるが、平成26年改正後の主要行監督指針Ⅲ-3-1-4-2(5)②においては、平素から警察・暴追センター・弁護士等の外部専門機関と緊密に連携しつつ、預金保険機構による特定回収困難債権の買取制度の積極的な活用を検討するとともに、当該制度の対象とならないグループ内の会社等においては株式会社整理回収機構（RCC）のサービサー機能を活用する等して、反社との取引の解消を推進しているか、という点が着眼点とされている。

　このように、自金融機関における回収のほか、特定回収困難債権制度の利用等との選択が問題となるが、金融機関においてどのように取引の解消を推進するかについては、個々の取引状況等を考慮しつつ判断される必要があり、一律に明示することは相当でないとされている（金融庁考え方66）。

(2) 預金保険機構による特定回収困難債権の買取制度の活用

a 特定回収困難債権制度の創設

　平成23年5月13日に成立した預金保険法の一部を改正する法律により、預金保険機構が健全金融機関からも「特定回収困難債権」（預金保険法101条の2第1項）、すなわち、いわゆる反社向け債権を買い取ることができることとなった。

　近年、金融機関の反社との関係遮断がいっそう求められていることから、特定回収困難債権の買取り・回収を預金保険機構の業務として追加し（預金保険法34条8号）、当該業務を整理回収機構に委託する制度を創設することとしたものである。従前から、預金保険機構および整理回収機構は反社関係の債権回収業務を行ってきたが、今般の法改正により、特定回収困難債権に該当すれば健全金融機関からも買取りを行えるようになったものである。

特定回収困難債権買取制度に関しては、平成23年10月29日に預金保険法の一部を改正する法律および関係政令等が施行され、預金保険機構が同年月日、「特定回収困難債権の買取りに係るガイドライン」および「特定回収困難債権の買取対象となる具体例（参考）」を公表した。

b　買取対象債権（特定回収困難債権）

　買取りの対象となる「特定回収困難債権」とは、金融機関が保有する貸付債権またはこれに類する資産として内閣府令・財務省令で定める資産のうち、金融機関が回収のために通常行うべき必要な措置をとることが困難となるおそれがある特段の事情があるものを指す（預金保険法101条の2第1項）。

　上記の「回収のために通常行うべき必要な措置」とは、競売などの担保処分や資産の差押えなどに限られず、債務者または保証人への督促行為なども含まれる。

　また、「回収のために通常行うべき措置をとることが困難となるおそれがある特段の事情」について、第一の類型として、債務者等の属性に着目する要件（属性要件）が定められており、「当該貸付債権の債務者または保証人が暴力団員であって当該貸付債権に係る契約が遵守されないおそれがあること」と規定されている。また、第二の類型として、債務者等の行為に着目する要件（行為要件）が定められており、「当該貸付債権に係る担保不動産につきその競売への参加を阻害する要因となる行為が行われることが見込まれること」と規定されている（預金保険法101条の2第1項）。

　上記の属性要件および行為要件について、前記aの「特定回収困難債権の買取りに係るガイドライン」および「特定回収困難債権の買取対象となる具体例（参考）」において具体化されている。

　なお、特定回収困難債権の買取価格の決定方法について、無担保または無剰余の債権については、備忘価額を買取価格とし、担保不動産の処分から剰余を生ずる見込みのある被担保債権については、競売を前提として担保を評価し、担保不動産の評価額に市場性修正、競売市場修正、占有減価を施したうえ、回収費用および買取実費を差し引いた価格を買取価格としている[20]。

c 実務上の留意点

　健全な金融機関であっても、反社に対する債権を保有すると、その財務内容の健全性が損なわれ、信用秩序の維持にも影響が生じる可能性がある。

　預金保険機構や整理回収機構は、これまで破綻金融機関の破綻処理を通じて「岩盤案件」も含めた反社向け債権の回収ノウハウを蓄積してきたところであり、回収妨害に関しては競売入札妨害、詐欺、強制執行妨害、公正証書原本不実記載などによる告発（告訴）の実績も重ねてきた。また、債務者が財産を隠蔽しているおそれがあると認められる場合等においては、預金保険機構の財産調査権を行使して回収業務を行うこともできるため、民間金融機関では困難な債権の回収も期待することができるし、反社に利益を与えず、その資金（ブラック・マネー）を保持させないことにもつながり、金融機関は反社向け債権のオフバランスもできる。

　このように、特定回収困難債権買取制度は有効なスキームであるが、金融機関が預金保険機構に対し特定回収困難債権の買取りの申込みをするにあたっては、前記の「回収のために通常行うべき措置をとることが困難となるおそれがある特段の事情」、すなわち属性要件・行為要件の該当性について慎重に吟味する必要がある。その際には、金融機関が保有している暴排条項の運用上のノウハウを活用することが有効かつ必要であり、社内の関係部署における検討プロセスのみならず、外部専門機関である警察や民暴弁護士との連携が必要であろう。

　預金保険機構は平成23年10月に制度運用を開始してから、金融機関の利用を促進すべく、平成25年12月26日と平成26年7月2日に制度運用を改善し、運用基準を明確化している。

　金融機関は反社債権の買取制度を適切に運用し、反社との関係遮断および財務内容の健全化に努めることが期待される。

---

[20] 預金保険機構金融業務支援部長・世取山茂「特定回収困難債権の買取りについて」（金法2029号26頁）参照。

(3) 整理回収機構のサービサー機能の活用

　預金保険機構による特定回収困難債権の買取制度は、預金取扱金融機関の債権を対象としているため（預金保険法101条の2）、対象とならない債権については、整理回収機構（RCC）のサービサー機能の活用を行うことが考えられる。

　整理回収機構からは、平成26年3月28日に「RCCのサービサー機能を活用した反社債権の管理・回収の概要」（http://www.kaisyukikou.co.jp/intro/intro_101.html）が公表されている。

4　不適切・異例な取引の禁止

　金融庁監督指針においては、「いかなる理由であれ、反社会的勢力であることが判明した場合には、資金提供や不適切・異例な取引を行わない態勢を整備しているか」という着眼点が示されている。

　これは、取引開始後に取引の相手方が反社であることが判明した場合に、新たな資金提供や不適切・異例な取引を行うことは、反社から弱みをつけこまれたり、暴力団の犯罪行為等を助長するおそれがきわめて高いことから、これを行ってはならないことを特に確認するものである（金融庁考え方81）。

　この点については、各事業者の通常の事業内容をふまえるほか、社会通念に照らして判断されることとなる（金融庁考え方62）。

第 8 節

反社認定・暴排条項適用についての考え方

以下においては、反社認定や暴排条項適用について問題となりやすい元暴力団員および密接交際者について取り上げる。

1 元暴力団員（5年規定）

元暴力団員に関するいわゆる5年規定は、共生者に関する規定と比較し、暴力団員でなくなってからの期間という形式的・定量的な要件であるため、範囲が明確といえるが、暴力団員でなくなってから5年を経過しない場合であっても、定職に就いていてすでに更生しているなどとして、期限の利益喪失や解除が無効であるなどの反論が出されることが考えられる。

しかし、このような主張を認めることは、条項の該当性に加え、「更生していないこと」という条項自体に明示されていない新たな要件を実質的に付加することとなりかねず、暴排条項の適用の個別性を高め、法的安定性や予測可能性を害することとなる。また、前記のとおり各種業法においても一律に5年間は排除対象としており、民・民の契約においても5年以内は一律に排除することが認められるところである。

そもそも、偽装脱退等が多いという実態にかんがみて、5年規定に該当しながら要件を満たさないと解しうるのは、暴追センターの離脱者支援制度により就職し、更生したような例外的な場合といえる。

ただし、解除権等の行使にあたっては警察等と連携し、過去5年内に暴力団員であったことのほか、更生の事実についても確認する手続をとる必要が

ある。また、訴訟リスク対策として、念のため、離脱後の暴力団との交友関係の有無・生活状況、取引内容、脱退からの年数などの実質面を総合的に考慮し、排除の可否を検討することが望ましい。

2 共生者（密接交際者等）

以下においては、密接交際規定（全銀協参考例においては「役員または経営に実質的に関与している者が暴力団員等と社会的に非難されるべき関係を有すること」）について検討する。

(1) 大阪地裁決定

密接交際規定等は規範的要件であり、規定自体があいまいであり無効であるなどと争われる可能性がある。

この点、大阪地決平22年8月4日（大阪高決平23年4月28日において維持）は、「公共工事等による資金が暴力団または暴力団員に還流することに一定の役割を有していると認められるとき」と合憲限定解釈すべきとの主張に対し、入札参加除外措置等は、債務者らの公共事業に関する契約の準備のためになす内部的な取扱いであり、債務者らに合理的な裁量があるから、本件各要綱が憲法14条、民法90条に違反する疑いがあるとはいえず、合憲限定解釈を施す必要性はないと判示しており、参考となる。

(2) 暴力団員との認識がなかったとの抗弁について

また、密接交際規定は規範的要件であるため、その適用範囲につき特に問題となりうる。

法人でなく個人の事例であるが、暴力団員の組長の結婚式の司会をした芸能人などが問題として取り上げられることがある。暴力団員との交際関係の内容によっては密接交際者に該当しうるところであるが、暴力団員との認識がなかったので、「社会的に非難されるべき関係」に該当しないとの主張が出ることが想定される。

たしかに、真に暴力団員等との認識がなければ、密接交際者とまでは言いがたいところであるが、暴力団員等との認識の存在という主観面については、当該暴力団員等との交際の内容（ゴルフ、会食、結婚式出席等）、交際の頻度・深さ（事務所に出入りしているか、当該暴力団員と2人で行動しているか、たまたま多人数の宴会で同席したかなど）、交際を有するに至った経緯、当該暴力団員等の属性の周知性など客観的事実から主張立証する必要がある。また、「社会的に非難されるべき関係」の該当性については、上記各事実のほか、暴力団員等であると知った時期、関係後の遮断の努力の有無、関係遮断の困難性などもあわせて総合判断する必要がある。

(3) 訴訟リスクとの関係

金融機関に関する事例ではないが、札幌地判平21年12月22日（控訴審：札幌高判平22年6月25日。公刊物未登載。札幌馬主登録拒否事件）においては、原告が複数の暴力団関係者と交際が認められたことを理由に、JRAの馬主審査基準「暴力団員と親交があると認められる者、または過去に親交があったと認められ競馬の公正を害するおそれがあると認められる者」に該当するとの理由で馬主登録を拒否され、登録拒否の処分取消しを求めた訴訟で、JRAの裁量権逸脱として、馬主登録拒否処分の取消しを命じた事件である。判決においては、「反社会的勢力と接触があっても、その関係や程度を考慮するべきで、一律に公正を害する恐れがあると判断するのは妥当性を欠く」と判断されている。

密接交際者について、興信所での調査報告書を認定根拠とすることがあるが、同調査報告書は地元での風評等について聴取した内容をまとめた伝聞証拠に基づくことも多い。よって、一次情報に比して証拠価値が低いことが多く、また情報の出所を明らかにできなかったり、興信所によっては自らの会社名の秘匿を条件としたりするものもある。また、探偵業に関し、平成18年6月に「探偵業の業務の適正化に関する法律」が制定されているものの、届出制であり、当該興信所が信頼できる業者かも確認する必要がある。

いずれにしても、興信所の調査報告書のみでは十分でなく、暴排条項の適

用にあたって訴訟リスクを無視できないケースが想定されるため、他の証拠と突合して調査報告書の信用性を補強したり、調査報告書をきっかけとして独自に追加調査（裏付調査）したりするなどの措置を講ずるとともに、金融機関内でも十分検討を加え、適宜弁護士等外部の専門家の意見も徴求する必要がある。

第 9 節

各種取引における暴排条項の適用（実務運用）

1　適切な暴排条項適用態勢

　前記のとおり、出口対策として、反社スクリーニング等を通じて反社との取引を把握した場合、反社認定や解除の法的リスクにつき、リーガル・チェックなど社内プロセスを経たうえで関係遮断せず、モニタリングを続けるという結論に至ることは別として、適切に暴排条項を適用する態勢が求められる。

　以下においては、主な取引ごとに検討する。

2　預金契約

(1)　生活口座について

　預金契約の解約にあたっては、生活口座が問題となることが多いため、以下に検討する。

　生活口座について問題となるのは、平成20年3月の金融庁監督指針の「コメントの概要及びコメントに対する考え方（反社会的勢力による被害の防止関連）」30、31項において、「口座の利用が個人の日常生活に必要な範囲内である等、反社会的勢力を不当に利するものではないと合理的に判断される場合にまで、一律に排除を求める趣旨ではありません」と述べられているためである。また、中小・地域金融機関向けの総合的な監督指針Ⅱ-3-1-4-2に

おいて、反社との関係遮断のための態勢整備の検証につき、「個々の取引状況等を考慮しつつ」とされている。

この点、上記の「不当に利する」の判断基準について、広い概念を想定するものであり、不当な利益を供与するものに限るものではなく、不正な行為に利用される手段を与えるものが含まれ、暴力団員の場合、不当に利するものではないとの合理性判断は、慎重に行うべきと解される。たとえば、口座開設の申込者が暴力団員の場合、暴力団の活動実態なども考えれば、一般的には、そのような口座が暴力団の資金源等に関連して不正に利用されるという蓋然性は否定できず、「不当に利する」ものと解される。

また、生活口座について一律に排除を求めるものではない根拠については、「口座を利用する反社会的勢力の権利・利益に配慮したからというよりは、むしろ公共料金や税の徴収事務等に支障を来すおそれもあり、このような生活口座等まで一律に認めなかった場合、かえって一般国民との間で不公平な結果を招来するおそれもある」ためとされている[21]。

以上の観点からすると、生活口座についても解約しないことについては限定的に解するべきであり、金融庁の検査においても、暴力団員については生活口座でも新規・既存ともに排除することを原則としているものと解される。

以上述べたところによれば、単に「生活口座」であることを理由に解約をしないというのは問題であり、原則として解約するとしつつ、例外的事由に該当するかを検討すべきである（実務上も「生活口座」について解約しているケースは多くみられる）。

例外的に解約等を行わないとしても、口座の利用状況・不正利用の有無等について、従前よりもモニタリング（継続監視）のレベルを上げ、反社に不当な利益を供与したり、不正な行為に利用される手段を与えるものであることが判明した時点で、すみやかに疑わしい取引の届出を行うとともに、解約（関係遮断）を行う態勢整備を実践していくべきである。

---

[21] 金融庁監督局総務課課長補佐嶋田幸司「反社会的勢力による被害の防止にかかる監督指針の改正」（金法1835号26頁）。

生活口座のなかで例外と解されやすいのは、口座としての代替性がなく、かつ暴力団の活動との関連性がない場合が該当する。たとえば、学費や給食費の支払に関する預金口座について、預金口座振替えの金融機関や支店を学校側が指定しており、現金での支払を認めない場合などである。

(2)　約款の不利益変更（遡及適用）の可否

a　約款の不利益変更（遡及適用）

　預金取引や証券取引など、長期間継続する取引においては、法規制や社会情勢の変化等に応じて約款を変更し、遡及適用する必要性が生じうる。

　金融機関が暴排条項を約款に追加し、反社排除の取組みを開始した当時、既存の顧客への適用の可否は、金融業界においても議論があり、弁護士のなかでも、契約（約款）理論を根拠に、消極的な見解も多かった。

　筆者としては、既存の顧客に適用できないのでは、反社排除のうえで実効性を欠くと考えていたところ、業界団体や金融機関より、実務上の取組みをバックアップする理論的な検討を望む声を聞いたところであり、「金融法務事情」に論考を掲載する機会をいただいた[22]。

　しかし、当時は民法に約款の変更はもちろん、約款自体に関する規定自体存在せず（後記の民法改正法の検討も開始していなかった）、約款変更の要件について論じた学説や裁判例も見当たらなかった。そこで、就業規則の不利益変更論の枠組みも参考としつつ、約款の不利益変更について検討を行った。広い意味で同じく契約に該当するとはいえ、上記不利益変更論は、労働契約という別個の判例・法理論に基づき発展してきたものであり、多少勇気のいるところではあったが、変更条項の有無により場合分けし、実体的要件（条項の変更の内容、変更によって顧客が被る不利益の程度、金融機関側の変更の必要性の内容・程度、変更後の条項の内容自体の相当性、変更をしない場合の金融機関の不利益）に加え、手続的要件（顧客への事前の周知）を満たせば、約款の不利益変更（遡及適用）ができるという枠組みを定立し、暴排条項につい

---

[22]　鈴木仁史＝山崎勇人「金融機関の取引約款への暴力団排除条項の導入」（金法1849号12頁）。

ては、上記各要件を満たすことを論じた。

　その後、業界団体等においても暴排条項の遡及適用が可能という整理をし、実務上も、暴排条項導入前に開設した預金についても約款の変更が可能であることを前提に、暴排条項を適用している例が多くみられるし、筆者も同様の方法を採用している。

b　民法改正法案と平成27年の拙稿

　その後、平成27年3月31日に「民法の一部を改正する法律案」(以下「民法改正法案」という)が国会に提出され、定型約款の変更についての検討がなされた。定型約款の不利益変更に関しては、変更の合理性の判断要素として、変更の必要性、変更後の内容の相当性、変更条項の有無・内容、変更に係る条項を総合考慮するものとされた。

　今後民法改正法が施行された場合、暴排条項については当該施行以前に追加変更が行われているケースが多いと思われるが、当該約款変更の効力が争われた場合にも、民法改正法における解釈が参考になると思われ、「金融法務事情」の連載第49～53回において[23]、民法改正法案の定型約款の変更の条項をもとに、暴排条項の変更(遡及適用)が有効であることをあらためて論じた。

c　福岡地判平28年3月4日

　上記aの論点に関連し、メガバンク2行が指定暴力団幹部2名との預金契約締結後に預金約款に追加した暴排条項に基づき預金契約を解約したところ、上記幹部2名が暴排条項の有効性を争い、また仮に有効であるとしても、約款の内容の変更(暴排条項の遡及適用)を争うなどして、解約の無効を求めて訴訟を提起していた事案で、福岡地判平28年3月4日は、以下の理由(要旨)により、請求を棄却する判決を言い渡した。

① 暴排条項追加に至る経緯

　暴力団対策法の施行、政府指針および金融庁監督指針の策定、暴排条例の

---

[23] 鈴木仁史「改正監督指針等を踏まえた金融機関の反社対策―民法改正における「定型約款」と暴力団排除条項の変更(遡及適用)(1)～(5)」(金法2018号68頁、2020号40頁、2024号76頁、2026号64頁、2028号52頁)。

制定・施行、全国銀行協会など業界団体での暴排条項参考例公表などの反社排除の取組みをふまえ、暴排条項追加の経緯について認定している。

② 暴排条項の有効性

暴排条項の目的の正当性および条項の必要性が認められることは明らかであり、また目的を達成する手段としての合理性も認められ、憲法14条1項、22条1項の趣旨および公序良俗に反するとはいえず、有効である。

③ 暴排条項の追加変更（遡及適用）の可否

暴排条項の事前周知の状況、暴排条項の追加により既存の顧客が受ける不利益の程度、暴排条項を既存の契約にも遡及適用する必要性、暴排条項の内容の相当性等を総合考慮すれば、暴排条項の追加は合理的な約款の変更に該当し、既存顧客との個別の合意がなくとも、既存の契約に変更の効力を及ぼすことができる。

④ 信義則違反・権利濫用の成否

過去に違法な入出金がないことが解約を制限すべき事情に当たるとはいえず、本件口座について、原告らが社会生活を送るうえで不可欠な代替性のないものとはいえず、暴排条項に基づき解約をすることが、信義則違反ないし権利の濫用に当たるとはいえない。

本判決は、筆者がこれまで「金融法務事情」で論じてきた考え方と同様の判断枠組みに基づく内容であり、筆者としても予想していた内容ではあるが、これまで専門家の間でも判断が分かれていた内容について、裁判所が判断をしたことに意義があり、また金融機関の今後の反社排除の取組みにも追い風となるものと考える。

他方で、今後は、金融機関としても、暴排条項導入前の預金口座について漫然と放置し、関係遮断の取組みを行わないことについては、より高度な説明責任が求められるともいえる。

(3) 預金口座解約の優先順位

預金口座が複数存在する場合に、これを同時期に解約することは、一般に金融機関の人的・物的キャパシティーの観点から困難であり、また情報提供

を行う警察の側でもこれに対応するのは困難である。そこで、リスクベース・アプローチの観点から排除の優先順位をつけることは認められるものと考えられる。

　最も優先すべきなのは犯罪利用が疑われる口座であり、警察から犯罪利用が疑われるものとして口座の凍結依頼があったものや、不特定多数人から多額の入出金が頻繁に行われているものの、事業性の有無に疑問があったり、正当な事業活動に基づくとは考えがたい口座などである。この点は金融庁「疑わしい取引の参考事例」（平成12年1月25日公表）などを参考に認定する必要がある。

　その他については、たとえば、反社であることの認定や立証の確実性、口座残高の多寡、口座の入出金の動き（多額・頻繁・短期の動きがあるか等）、金融商品の性質（口座の種類）、属性の濃淡などを総合考慮することとなる。

　犯罪利用のおそれのほか、反社に不当に利用されるリスクが高い口座や属性の濃い者（暴力団組長など）が優先すると解される。ただし、絶対の正解というものはなく、個々の金融機関の判断に委ねられる部分があり、解約の際の訴訟リスク等が低い口座を優先させるという考え方もある。

3　融　資

(1) 既存の契約との関係

　銀行取引約定書や信用金庫取引約定書は前記の普通預金規定のような約款ではなく個別契約であるため、既存の契約について顧客の同意なしに一方的に変更することはできない。すなわち、顧客の同意を得て、銀行取引約定書等の変更に関する覚書を交わすなどして、暴排条項を追加することが必要である。以下において、融資契約への暴排条項導入の有無を場合分けして検討する。

(2) 期限の利益喪失について

a　暴排条項が導入されている場合

(a) 融資取引の特徴

　預金取引については定期預金取引など有期契約を除き、一般に取引が継続するのに対し、融資取引については融資実行によって金融機関としての主たる義務履行は終了し、債務者の弁済により、関係遮断に向けて少しずつ進捗するという特殊性がある。

　融資取引については、一括回収が困難であり、約定弁済を継続したほうが債権回収の最大化に資し、暴排条項を適用したほうが、反社に利益を与えるケースも想定され、約定弁済継続を広く認める見解もある。また、倒産した債務者から損害賠償請求等をされる訴訟リスク・重苦情リスク等があり、リスク管理の観点から配意する必要がある。

　実務上は、少なくとも暴排条項導入後は、各金融機関において反社データベース等による入口での反社チェックをしているため、入口排除が相当程度可能であり、むしろ暴排条項導入前からの融資取引の取扱い（変更覚書の徴求や包括条項の適用）も実務上は重要である。しかし、暴排条項導入後の融資取引については、暴排条項の適用（期限の利益喪失）が可能であるものの、業務の適切性（反社排除）および財務の健全性（債権回収の最大化）という2つの要請を考慮し、金融機関の経営判断としてどのような対応をすべきかの考え方の対立が先鋭化しやすい場面といえる。

(b) 融資取引解消についての金融機関の経営判断（裁量）

　金融機関の公共的役割を守るため、金融機関の経営者には、業務執行における判断にあたって、一般の事業会社の経営者に比べ、よりリスクを避けることが、会社法上の法令遵守義務や善管注意義務の内容として求められると解されている。しかし、他方で、そもそも反社の排除に向けた態勢を含めた内部管理態勢の整備は経営判断の問題であり、会社経営の専門家たる取締役の裁量に委ねられているということができ、暴排条項の適用が法的に可能な場合であっても、債権回収の極大化（財務の健全性）や反社に手残り利益を

与えないという観点からすれば、これを適用せず約定弁済を受け続けること、あるいは直ちには適用せず、タイミングを見計らって適用を行うことが、金融機関の経営判断（裁量の範囲）として認められる場合がありうる。

(c) 取引解消についての基本方針策定

上記のとおり、反社との取引解消について、金融機関に一定の裁量が認められるのは、金融機関が個別具体的な事案ごとに実態に即して適切に対応することができるようにするためであるところ、取引解消についての基本方針が問題となる。

融資取引における反社排除に関しては、業務の適切性と財務の健全性（銀行法1条）および反社に手残り利益を与えないという観点を検討する必要があるが、金融機関としては、その基本方針としては、暴排条項に基づき期限の利益を喪失させることを原則とし（もっとも、タイミングについては十分留意する必要がある）、例外的に、債権回収の極大化およびこれを実現することにより得られる反社に利益を与えない状況を確保するために、約定弁済を受け、直ちには期限の利益喪失に踏み切らないことが許容される場合があるものといえる。

(d) 着 眼 点

暴排条項適用（期限の利益喪失）の判断基準[24]としては、①債務者等の属性および行為要件に関連する事項（犯罪行為や事業の内容・今後の事業継続の可能性を含む）、②融資契約に関連する事項（融資の審査時の状況、融資の内容、融資の返済の状況、今後の約定弁済による回収見込額、担保[25]および担保以外の資産の状況、期限の利益喪失による回収見込額、他の期限の利益喪失事由の有

---

[24] 鈴木仁史「反社会的勢力との融資取引の解消(1)～(5)」（金法1988号84頁、1990号98頁、1992号32頁、1994号50頁、1996号94頁）参照。

[25] 金融機関の貸付先が後に反社会的勢力と判明した場合、信用保証協会の保証契約が錯誤により無効となるか争われた4件の訴訟の上告審判決が最高裁第三小法廷にて平成28年1月12日に言い渡された。詳細は鈴木仁史「信用保証協会の錯誤無効についての最高裁判決」（銀行実務683号60頁）参照。なお、上記の差し戻し審判決として初めて高裁の判断がなされた東京高判平28年4月14日（金法2042号12頁）は、主債務者が反社であるかについて金融機関が貸付実行に先立ち行った調査について、当時一般的に行われていた調査方法等にかんがみて相当と判断している。

無・内容)、③その他の事項（関係する取引の有無・その内容、他の債権者の状況、レピュテーショナル・リスク、社会的影響、安全確保のリスク）などがあげられる。

(e) **暴排条項の適用についての具体的判断基準**

① すみやかに取引を解消すべき場合

すみやかに暴排条項を適用すべき場合としては、①財務の健全性への支障がない場合、②業務の適切性の要請が高い場合（債務者の属性等からみて反社会性が高い場合、レピュテーショナル・リスクが大きい場合、融資時の審査や実行の経緯が不適切な場合等）があげられる。

取引を解消すべき場合については、警察の捜査等との関係でタイミングを見計らうべき場合を除き、すみやかに実行すべきである。

また、期限の利益を喪失させ、一括請求をするのみで回収の努力をしないのであれば、反社に対する利益提供となりうるため、抵当権の実行や預金との相殺等の回収行為のほか、資産調査の結果、判明していなかった資産が判明した場合、仮差押えを行うとともに、本訴を提起して債務名義（判決）を得て強制執行することが想定される。また、一括回収が困難であるとしても、反社に対する債権放棄は利益供与となりうるため、合理性を慎重に検討すべきであり、期限の利益喪失前の支払方法よりも月々の支払額を増額させたり、一時金の支払をさせたりするなどの繰上弁済の折衝を行うといった、債権回収の極大化に向けた努力が必要である。

また、預金保険機構の特定回収困難債権買取制度の利用も選択肢となる。

② すみやかには取引を解消しない場合

金融機関としては、すみやかに暴排条項を適用した場合の回収見込額と、適用せずに約定弁済を継続した場合の回収見込額等を考慮し、債権回収を極大化し、反社たる債務者に手残り利益を与えない観点から、暴排条項を当面適用せず、タイミングを見計らうこと、あるいは約定弁済を受け続けることが許容される場合がある。

このような場合や、グレー先の場合には、口座の出入金等についてより高度なモニタリング（継続監視）を行い、追加での情報が得られたり、支払遅

延などがあったりした場合には、すみやかに期限の利益を喪失させることが必要であり、貸増しや条件変更を行うべきではない。

b　暴排条項が導入されていない場合[26]

　暴排条項が定められていない場合に、銀行取引約定書の「本項各号のほか乙の債権保全を必要とする相当の事由が生じたとき」といった包括条項を根拠に、反社の融資の期限の利益を喪失させられるかが問題となる。

　この「相当の事由」については、①債権保全を必要とする事情が客観的に認識可能であること（客観的認識可能性）、②当該融資先と金融機関との間の信頼関係が破壊されたと評価するに足りる事情が存在すること（信頼関係破壊）、③金融機関に損失が生じる可能性があること（金融機関の損失可能性）という３つの要件を満たすことを基準として、個別具体的に判断すべきと解されている。

　よって、上記の３要件に当てはめると、金融機関が、①債務者が反社であることが客観的事実として認識可能であり、②それにより金融機関との信頼関係が破壊され、債務者たる反社の信用力低下により経営が悪化し、債務の返済が困難となって金融機関が損失を被る可能性があることを主張立証し、包括条項に該当するとして期限の利益を喪失させ、取引の解消を図ることとなる。この点、属性の濃淡、行為要件の有無、融資金の使途、当初の資金使途と異なる使途（特に暴力団の活動を助長するもの）への流用の有無、融資実行時に提出された書類に虚偽のものが含まれていないか、負債額の大小、期限の利益を喪失させる場合とさせない場合の回収可能性の比較などの事情も考慮することが考えられる。訴訟リスク等の観点から、属性が反社というのみで期限の利益喪失事由の包括条項を適用するなどして、期限の利益喪失に踏み切ることは、限定的な場合となるが、繰上弁済など、解消に向けた努力を検討する必要がある。

---

[26] 鈴木仁史「改正監督指針等を踏まえた金融機関の反社対策(15)―既存の融資取引の解消（出口）」（金法2030号64頁）。

(3) 債権放棄の可否

　反社に対する融資取引について、期限の利益を喪失させたものの、回収が不能であるとして債権放棄を行い、貸倒損失として処理することが認められるか。

　政府指針においては、反社とのいっさいの関係遮断に加え、反社への資金提供は、絶対に行わないことが基本原則としてあげられている。

　また、各地の暴排条例においては、暴力団員等への利益供与が禁止されている。

　さらに、「回収不能の金銭債権の貸倒れ」については、国税庁の基本通達により、「法人の有する金銭債権につき、その債務者の資産状況、支払能力等からみてその全額が回収できないことが明らかになった場合には、その明らかになった事業年度において貸倒れとして損金経理をすることができる。この場合において、当該金銭債権について担保物があるときは、その担保物を処分した後でなければ貸倒れとして損金経理をすることはできないものとする」と定められている（法人税基本通達9－6－2参照）。

　よって、反社に対する債権についても、担保の実行や保証人からの回収等も含め、少なくとも通常の債務者以上の回収努力を行う必要がある。①債務者（融資先）の資産調査（隠し財産の有無を含む）を十分行い、②民事訴訟の提起など回収に向けた法的手続をとるなどの努力を行い、③債権回収の可能性の有無を総合的に考慮した結果、これを尽くしてもなお弁済を受けることができないと客観的に評価される場合には、債権放棄を行い、貸倒損失として計上することはやむをえないと解される。

　他方で、反社に対する融資取引について、債権回収の努力を行わずに安易に「債権回収の極大化」の名目のもと債権放棄することは、反社とのいっさいの関係遮断を求めた政府指針の趣旨に反する。また、反社の属性を認識しながら、その活動を助長し、利益を与えるものであり、暴排条例にも反するものであり、役員の善管注意義務違反を問われかねないものと解される。

4 会員・組合員からの反社排除方法[27]

　改正後の信用金庫定款例や信用組合定款例をもとに、会員・組合員からいかに反社を排除するかが今後の実務上の課題となる。以下において、信用金庫を例にとり、加入の未然防止と既存会員の排除に分けて実務対応を整理する。

(1) 加入の未然防止

　信用金庫は、会員の加入申込み時に、反社の加入を未然に防止する態勢を整備する必要がある。

　定款例に追加された表明確約は牽制・予防効果（会員加入への未然防止）があるし、表明確約違反が認められることによって悪質性や信頼関係破壊が認められやすく、事後的な排除（除名）を確実に行うにも有効である。

　また、加入申込者の属性の確認方法としてはさまざまあり、加入申込み時には、表明確約手続を履践するほか、会員として申し込んできた者の風体や言動などに注視するとともに、自金庫のデータベースとの照合などを行う必要がある。この結果、反社と疑われる場合には、必要に応じて警察へ照会するなどして加入を謝絶することとなる。相続人が属性要件に該当する場合も、定款例5条2項によってその者は「会員となることができない」ことから相続加入はできず、加入を拒否することができる。

(2) 既存会員の排除

a　会員の資格喪失

　既存の会員についても、自金庫の反社データベースに該当した場合、暴力団員として報道された者について会員と氏名や年齢幅が一致した場合、風体や威圧的言動から反社と疑われる場合などについて、警察へ照会し、その結果、反社であることが判明した場合、会員からの資格喪失手続を行う必要が

---

[27] 詳細については、鈴木仁史「信用金庫定款例における会員からの反社会的勢力排除(1)～(3)」（金法1948号、1950号、1952号）参照。

ある。理論的には、属性要件に該当することによって、通知の有無にかかわらず当該会員は脱退することとなるが、実務上は各金庫において送付時期等を適宜定め、脱退した旨および出資相当額の受領方法等を知らせる通知書を送付することが考えられる。

また、属性要件に該当することが疑われるグレー事案については、継続監視（モニタリング）を行い、属性要件該当性が立証できるだけの資料がそろった場合には、会員資格喪失の手続をとる必要がある。

b　除名手続

既存の会員について、行為要件該当性や表明確約違反が判明した場合、除名を検討することとなる。

行為要件については行為の継続性・反復性・悪質性など、表明確約違反については悪質性・重大性などをそれぞれ考慮して決定する必要があり、定款例15条においても「除名することができる」と金庫側の裁量を認める規定の仕方となっているが、属性要件に該当する場合には当然に会員資格を喪失することとの比較からも、裁量権の濫用によって除名を回避することがないよう留意が必要である。

除名については、総（代）会の10日前までに、会員に対してその旨通知し、かつ総（代）会において弁明の機会を与える必要があり、警察と連携し、安全確保措置などの態勢整備を行う必要がある。

なお、表明確約違反の場合において、表明確約をした時点および現時点の双方において属性要件に該当する場合（暴力団員でなくなった時から5年を経過しない者を含む）、会員となることができず（定款例5条2項）、会員たる資格を当然に喪失して脱退するため、表明確約違反を理由に除名することができる対象とはならない。これに対し、表明確約をした時点では属性要件に該当したが、現時点では該当しない場合、会員たる資格の喪失事由には該当せず、よって除名することができる対象となる。

5 保険契約についての排除方法

(1) 反社との取引を未然に防止するための態勢

a 契約締結時におけるスクリーニング

　保険会社が反社といったん保険契約を締結してしまうと、継続的契約理論等から解除が困難となるケースもあるため、契約締結時に未然に防止する態勢整備が必要である。

　よって、契約締結時（引受段階）において、反社排除の取組みよりも前から行ってきた第一次選択、医学的診査などに加え、自社におけるデータベースや業界データベースを活用し、保険契約関係者（生命保険については保険契約者、被保険者、保険金受取人）についてスクリーニングを行うなどの審査態勢を整備し、反社との取引を未然に防止する必要がある。保険金受取人についても、生命保険契約の暴排条項における排除対象者に含まれていることから、氏名や被保険者との続柄のみならず、生年月日や住所などの情報を取得し、排除の実効性を高める必要がある。

b 損害保険契約における留意点

　損害保険契約については主要な募集チャネルである損害保険代理店（以下「代理店」という）に契約締結権限（代理権）が付与されていることが多いため、損害保険会社において引受審査をしているところは少ないと思われる。この点、金融庁は反社との取引を未然に防止するための「事前審査」には保険契約に加入する際の事前審査も含むとの見解を示しており、代理店において反社情報を収集したり、損害保険会社から代理店に対して反社に関する情報を提供し、代理店において反社との取引を未然に防止したりする態勢の構築が検討されるべきである。ただし、反社に関する情報はセンシティブな情報であるため、万一漏えいしないよう、情報管理に最新の留意を払うべきであり、代理店との間で当該保険契約について引受けの可否という結論のみを伝えるシステム構築なども検討課題である。

(2) 保険契約締結後の排除態勢

以下においては、生命保険契約を前提に検討する。

a 保険契約締結後の定期的スクリーニング等

保険契約締結後における反社排除態勢（スクリーニング）も重要である。特に、生命保険契約は継続的契約であって契約が長期間に及び、顧客の属性は変化しうるし、また反社データベースも更新されることから、継続的顧客管理として、顧客情報と反社データベースとを定期的または必要に応じて（前記引受け時のほか、契約者変更・受取人変更など契約異動時、支払時など）突合し、その時点での顧客の反社該当性をチェックする必要がある。

b 重大事由解除権行使にあたって考慮すべき事実

反社スクリーニングの結果、データベースにヒットしたことなどを契機として、警察情報の照会を行い、暴排条項の属性要件に該当することが判明した場合、解除を検討することとなる。

暴排条項導入後の契約（新約款契約）については、属性要件のみで信頼関係破壊等の要件を満たすし、安定した運用が求められる[28]。他方で、暴排条項導入前の契約（旧約款契約）については、純理論的には属性要件のみで解除が可能ともいえるが、実務運用においては行為要件など個別具体的な評価根拠事実を総合考慮し、解除の判断をすることを想定している。

重大事由解除規定の1号・2号事由は要件が具体的で解釈上も明確であるが、3号事由（包括条項）について、考慮しうる評価根拠事実の種類や範囲は条文上明確でないことから、どのような事実を考慮すべきか問題となる。

(a) 保険金の不正取得目的等への限定の有無

重大事由解除規定の包括条項を基礎づける評価根拠事実として、保険契約者等の意図的行為により当該保険契約におけるモラルリスクが不当に高まったことや、保険金の不正取得目的が必要であり、これに限定されるとする見

---

[28] この点の詳細は鈴木仁史「生命保険・損害保険約款への暴排条項の導入」（金法1938号62頁）、鈴木仁史「反社会的勢力との保険契約の解除(1)(2)」（金法2032号64頁、2034号58頁）。

解もある。

しかし、一般に、規範的要件を基礎づける評価根拠事実等としては、多様な事実が想定され、これらの事実を総合して評価せざるをえない場合に、評価概念を使用して法律要件を定める場合が多く、規範的要件を基礎づける事実となりうる種類・範囲に制限はないと解される。

また、重大事由解除規定についてみても、1号・2号事由については、立法当初において、具体的事実が想定されることから、明記されているが、3号事由の「重大な事由」については、評価根拠事実の内容が保険法において条文上限定されているものではない。

たしかに、重大事由解除規定は、保険者が保険契約の不正利用事案に適切に対処し、保険契約の健全性を維持するために定められたものであるが、包括条項に関し、条文上も信頼関係破壊等のほかに不正取得目的などが独立に要件とされているものではないし、不正取得目的等が具体的に存するのであれば、1号または2号事由で解除することも可能であるから、3号の包括条項に関してこれを不可欠の要件とする必要はない。

また、重大事由解除規定は因果関係不存在特則等が適用されず、反社との契約解除についても弾力的に運用できるところであり、特に反社の潜在化や情報の秘匿など、保険者側で得られる情報が限定される傾向にあることにかんがみて、評価根拠事実を限定することは、暴排条項ないし重大事由解除規定の実効性を失わせるおそれがある。

以上より、保険金の不正取得目的等は不可欠のものではなく、またこれらに限定されるものではなく、「重大な事由」を基礎づけるものである限り、評価根拠事実は広く解される。

(b) **考慮されるべき評価根拠事実の内容および留意点**

以上より、反社との保険契約の解除に関しては、反社属性の存在が前提となるが、属性要件該当性のみで機械的・形式的に判断するのではなく、事実関係を十分に調査し、保険金等の給付歴、過去の保険事故、著しく過大な重複保険契約など、モラルリスクや不正請求の疑いに関連する事実は広く含まれるし[29]、その他保険会社の従業員や代理店に対する暴力的要求行為、他の

保険契約における解除事由などが評価根拠事実となる。また、保険取引に関連する事項（マネー・ローンダリングや犯罪利用のおそれ、契約種類・保障目的や取引の金額・契約の継続期間）、契約時における暴排条項の存在や説明の有無（募集文書の内容）、保険事故発生の有無、反社が契約当事者となった時期・経緯、債務不履行（保険料の支払遅延）の有無など、その他の事情も評価根拠（障害）事実となる。これらを総合考慮し、故意の事故招致や保険金詐欺に比肩するような重大な事由に該当するかを慎重に検討する必要がある。

なお、包括条項は広範に適用され、濫用とならないよう留意が必要であり、種々の評価根拠（障害）事実を総合考慮したうえで、「重大な事由」に該当するか検討する必要がある[30]。重大事由解除規定がモラルリスクへの対応を主目的としていることからも、属性要件以外の評価根拠事実としてはモラルリスクに関連するものが包括条項の「信頼」を左右する中核となり、関連性の低い評価根拠事実を多数集積しただけでは、「重大な事由」には該当しがたいものと解される。

なお、生命保険契約については、たとえば、①保険金受取人を変更したいとの申出があり、新たな保険金受取人が反社に該当する場合、まずは解除対象となる旨を通告し、受取人変更の撤回を示唆するなどの措置をとるべきか、あるいはこのような措置をせずに解除すべきか、②主契約更新によって暴排条項導入後の新約款が適用される契約について、更新前の契約を締結した当初は暴排条項が存在しなかったこととなるが、解除が可能か、など個別の問題がある。この点については個社において方針を決定すべき問題であるところ、本書の目的や紙幅の関係で詳細を論ずることはできないが、各社において法務等関連部門や弁護士の意見を徴求するなどし、実務方針を構築することが望ましい。

---

29 徳島地判平8年7月17日（生命保険判例集8巻532頁）参照。
30 ただし、保険会社が重大事由に該当する事実を知りながら不当に解除権の行使を遅延させることは適切でないところであり、合理的な期間内に解除権を行使するような態勢整備をする必要がある。

第 10 節

普通預金口座解約等の実務運用

　以下においては、暴排条項の適用事例として最も多い普通預金口座解約の実務運用について述べる（テーマの性質上、機微にわたる部分については触れないものとする）。

1　解約通知書の送付先

　解約通知書の送付先につき、金融機関に対して口座開設時等に届けられている住所へ送付することとなるが、問題となるのは、金融機関への届出住所の変更はなされていないが、住所が移転している場合である。この点、住民票の調査をせずに、届出住所地に文書を発送すれば、実際に到達しなくても到達したものとみなすという預金規定上の到達みなし規定を用いることも可能であるが、預金者の知らないところで解約手続を進めると、後日判明した場合にトラブルを誘発するおそれがある。

　よって、住民票の調査を行い、届出住所の変更はなされていないが実際に住所が移転していることが判明したような場合には、届出住所地のみならず変更後の住民登録地にも送付するなどの取扱いをすることが考えられる。

　また、預金口座を解約するケースとしては、当該暴力団員の逮捕が新聞記事に掲載されたことなどを端緒として調査し、暴力団員と判明するケースがある。このように、当該暴力団員が身柄拘束されている場合の送付先が問題となりうるが、親族等から刑務所に服役していることが判明した場合、収監先の刑務所へ解約通知書を発送することがありうるし、収監先がわからない

場合、法務省矯正局成人矯正課に弁護士法23条照会をして調査することも考えられる。

2 解約通知書の例

普通預金口座についての解約通知書の例は図表４－１のとおりである。

解約通知は、内容や相手方への到達の事実を確実に立証するため、配達証明付内容証明郵便にて送付する。

解約通知書には、約款の暴排条項を特定する必要があるが、いかなる証拠や認定資料から当該預金者を反社と認定したかについて、記載する必要はなく、また記載すべきではない。

3 解約の効力発生時期

解約の効果は、解約の意思表示が相手方に到達した時に発生するが（民法97条）、実務上は、たとえば解約通知書において「本通知書到着後10日を経過した日（到達日を含む）をもって解約させていただきます」など、効果の発生を解約通知の到達から一定期間経過した後とすること（確定期限付解約）が望ましい。特に、普通預金口座からの公共料金やローンの引落しや同口座への振込みがなされている場合、クレーム防止のため、一定の猶予期間を設けることが考えられる。

解約の効力発生日は、配達証明書により、配達日を特定することによって判明する。

なお、本節においては普通預金口座について論じているが、当座預金などの場合には、手形・小切手の支払を委託することを目的として決済資金を預ける契約であり、解約通知発送後に取立委任手形が回ってくる可能性があり、猶予期間が短期間であると手形不渡りとなる可能性がある。このように当座預金の解約については普通預金に比べて訴訟リスクが高く、慎重に取り扱うべきことに注意が必要である。

図表4−1　解除通知の例

普通預金契約解約のご通知

　冠省　当職は、株式会社○○銀行の代理人として、貴殿に対し、以下のとおりご通知いたします。
　当行は、貴殿からの申込みを受けて、平成○○年○月○日、貴殿名義の普通預金口座（支店名・○○支店、口座番号・○○○○○○）を開設いたしました。
　ところで、貴殿におかれましてもご案内のことと存じますが、平成19年6月、犯罪対策閣僚会議幹事会申合せとして「企業が反社会的勢力による被害を防止するための指針」が定められ、これをふまえて金融庁が平成20年3月に改訂した「総合的な監督指針」において、各金融機関において反社会的勢力との関係遮断を行うことが求められることが明記されています。
　当行においてはこれを受け、取引規約○○条○項において、お客様が暴力団員等の反社会的勢力に該当することが判明した場合を解約事由として定めています。
　以上をふまえ、当局等の指導のもと、上記取引規約の規定により、貴殿との間の前記普通預金契約については、本書面到達後○日を経過した日をもって解約させていただきますので、ご通知申し上げます。
　なお、解約時に前記普通預金口座に残高が存在する場合、貴殿がご了承いただけるのであれば、現金書留郵便をもって送金させていただきます。もし現金書留郵便による送金をご了解いただけない場合は、当職宛にご連絡ください。
　本件につきましては、当職がいっさいを受任していますので、今後のご連絡等はすべて当職宛とし、当行の役職員への直接のご連絡はお控えくださいますようお願いいたします。

草々

平成○○年○月○日
〒○○○−○○○○
東京都○○区○○○丁目○−○
　　東京太郎様

株式会社○○銀行
代表取締役社長　○○　○○
〒○○○−○○○○
東京都○○区○○○丁目○−○
弁護士　○○　○○

4　解約代り金の返還方法

　解約の効力発生後、解約時預金残高（解約代り金）について、他の金融機関の預金口座に振り込むことは、金融機関において反社とのいっさいの関係遮断が求められている状況において問題がある。

　まず、預金の解約代り金の返金について、普通預金規定ひな型において、預金契約解約後に口座残高がある場合、預金通帳やキャッシュカード等を持参して支店に来店すること（来店による支払）が原則とされている。

　この点、解約通知書に必要書類（銀行届出印や身分証明書）を記載し、また来店日時を事前に連絡することを記載したり、記載せずに通知書発送後に直接連絡をしたりして日時を決定して、払戻請求書の作成を依頼して現金交付することが考えられる（払戻請求書の記載を受ける点で、合意解約（任意解約）の側面がある）。

　この方法は原則論に合致するが、役職員との接触の機会をできる限り少なくしたいというニーズがあり、内容証明郵便の発送から解約代り金の返金まで弁護士に一任し、安全確保を図りたいというのも１つの方法である。

　次に、現金書留による方法がある。50万円以下の場合は現金書留が可能であり、特に少額の場合には有力な選択肢であるし、50万円を超える場合であっても、現金書留を複数通に分けて送ることが選択肢としてあり、実際にそのようなケースもある。しかし、封入金額を当然に立証できるものではないので、多額の場合には現金の支払の証拠としてリスクがあることに留意が必要である（貸金庫取引などと同様、現金の封入・発送業務に関して事実実験公正証書を利用することが選択肢としてあるが、費用等もかかる）。

　なお、銀行が郵送する解約通知が当該預金者に到達しない場合や当該預金者が解約通知で指定した日までに解約代り金を受取りに来店しない場合、供託所に弁済供託することについて、全銀協と東京法務局とで折衝し、この点可能であることが明らかとなった（平成22年12月20日全国銀行協会コンプライアンス室通知）。

　筆者が取り扱った案件でも、事務所に暴力団をやめたなどという電話連絡

があるケースはあるものの、本気で主張することはうかがえず、また支店に対して暴力的要求行為に及ぶなどした例は経験したことがない。

5 解約手続等にあたっての警察との連携

(1) 保護対策

警察庁から平成23年12月に通達(「保護対策実施要綱および運用要領の制定について」)が発出され、保護対策の充実・強化が図られている。

従業員の安全確保が重要であることは当然であるが、反社と現場で対峙する従業員は、不安感等から反社と裏取引を行う誘惑に駆られるおそれがある。この点は、「従業員の安全が脅かされる等不測の事態が危惧されることを口実に問題解決に向けた具体的取組を遅らせることは、かえって金融機関や役職員自身等への最終的な被害を大きくしることに留意」する必要があるとして、金融庁監督指針の記載にも反映されている。

よって、金融機関は全従業員に対し、安全確保を理由に反社の排除に向けた努力を怠ることが、逆にリスクを大きくしることを周知徹底しなければならない。

従業員の安全確保に関連し、各地の暴排条例においては、保護措置を定めているものが多い。これは、従前から存在する制度であるが、金融機関としては外部機関である警察等と平素から連携し、有事においては保護措置を依頼することも検討する必要がある。

(2) 東京都暴排条例における妨害行為についての禁止

また、金融機関が関係遮断を行うにあたっては、暴力団関係者等による妨害行為などの不安も感じるところ、東京都暴排条例21条においては、暴力団排除活動を、当該行為を行い、行おうとする者またはその配偶者、直系・同居の親族その他当該行為者と社会生活において密接な関係を有する者を威迫し、行為者等につきまとい、その他行為者等に不安を覚えさせるような方法

で妨害してはならないとされている点で特徴的である。暴力団排除活動として金融機関に関係が深いものとしては、たとえば、暴排条項に基づき解除する行為や、利益供与を拒絶する行為などであるが（東京都暴排条例21条5号、8号）、一歩踏み込んだ措置として評価されるべきである。

　この規定に違反した場合には命令が発令され、さらに命令に違反した場合には罰則が科せられる。命令については公安委員会の判断とされているが、委任規定が設けられており、警察署長のレベルで機動的に命令をかけ、取り締まることが可能となっており（東京都暴排条例32条）、警察による保護措置（同14条）と相まって効果をあげることが期待される。

資　料　編

資料1	犯罪による収益の移転防止に関する法律の一部を改正する法律新旧対照条文	458
資料2	犯罪による収益の移転防止に関する法律の一部を改正する法律の施行に伴う関係政令の整備等に関する政令新旧対照条文	467
資料3	犯罪による収益の移転防止に関する法律施行規則の一部を改正する命令新旧対照条文	489
資料4	「犯罪による収益の移転防止に関する法律の一部を改正する法律の施行に伴う関係政令の整備等に関する政令案」等に対する意見の募集結果について	570
資料5	犯罪収益移転危険度調査書	652
資料6	国連憲章第7章　条文	711
資料7	50 U.S. Code Chapter 35 - INTERNATIONAL EMERGENCY ECONOMIC POWERS	714
資料8	企業が反社会的勢力による被害を防止するための指針について	724
資料9	普通預金規定等に盛り込む暴力団排除条項の参考例について	729
資料10	銀行取引約定書に盛り込む暴力団排除条項参考例の一部改正	732
資料11	当座勘定規定に盛り込む暴力団排除条項参考例の一部改正	735
資料12	会員からの反社会的勢力の排除に係る信用金庫定款例の一部改正	738
資料13	反社会的勢力への対応に関する保険約款の規定例	743

資料1 犯罪による収益の移転防止に関する法律の一部を改正する法律新旧対照条文

○犯罪による収益の移転防止に関する法律（平成19年法律第22号）

（下線の部分は改正部分）

改　正　後	現　行
目次 第1章　総則（第1条―第3条） 第2章　特定事業者による措置（第4条―第12条） 第3章　疑わしい取引に関する情報の提供等（第13条・第14条） 第4章　監督（第15条―第19条） 第5章　雑則（第20条―第24条） 第6章　罰則（第25条―第31条） 附則 　　　第1章　総則 （目的） 第1条　（略） （定義） 第2条　（略） 2　この法律において「特定事業者」とは、次に掲げる者をいう。 　一～三十八　（略） 　三十九　宅地建物取引業法（昭和27年法律第176号）第2条第3号に規定する宅地建物取引業者（信託会社又は金融機関の信託業務の兼営等に関する法律第1条第1項の認可を受けた金融機関であって、宅地建物取引業法第2条第2号に規定する宅地建物取引業（別表において単に「宅地建物取引業」という。）を営むもの（<u>第22条第1項第15号</u>において「みなし宅地建物取引業者」という。）を含む。） 　四十一～四十六　（略） 3　（略）	（新設） （目的） 第1条　（略） （定義） 第2条　（略） 2　この法律において「特定事業者」とは、次に掲げる者をいう。 　一～三十八　（略） 　三十九　宅地建物取引業法（昭和27年法律第176号）第2条第3号に規定する宅地建物取引業者（信託会社又は金融機関の信託業務の兼営等に関する法律第1条第1項の認可を受けた金融機関であって、宅地建物取引業法第2条第2号に規定する宅地建物取引業（別表において単に「宅地建物取引業」という。）を営むもの（<u>第21条第1項第15号</u>において「みなし宅地建物取引業者」という。）を含む。） 　四十一～四十六　（略） 3　（略）

改正後	現行
(国家公安委員会の責務等) 第3条　(略) 2　(略) <u>3　国家公安委員会は、毎年、犯罪による収益の移転に係る手口その他の犯罪による収益の移転の状況に関する調査及び分析を行った上で、特定事業者その他の事業者が行う取引の種別ごとに、当該取引による犯罪による収益の移転の危険性の程度その他の当該調査及び分析の結果を記載した犯罪収益移転危険度調査書を作成し、これを公表するものとする。</u> <u>4　国家公安委員会は、第2項の規定による情報の集約、整理及び分析並びに前項の規定による調査及び分析を行うため必要があると認めるときは、関係行政機関、特定事業者その他の関係者に対し、資料の提出、意見の表明、説明その他必要な協力を求めることができる。</u> 5　<u>前項に定めるもののほか、国家公安委員会</u>その他の関係行政機関及び地方公共団体の関係機関<u>は</u>、犯罪による収益の移転防止について相互に協力するものとする。 　　<u>第2章　特定事業者による措置</u> (取引時確認等) 第4条　特定事業者(第2条第2項第42号に掲げる特定事業者(<u>第12条</u>において「弁護士等」という。)を除く。以下同じ。)は、顧客等との間で、別表の上欄に掲げる特定事業者の区分に応じそれぞれ同表の中欄に定める業務(以下「特定業務」という。)のうち同表の下欄に定める取引(次項第2号において「特定取引」といい、同項前段に規定する取	(国家公安委員会の責務等) 第3条　(略) 2　(略) 3　国家公安委員会その他の関係行政機関及び地方公共団体の関係機関は、犯罪による収益の移転防止について相互に協力するものとする。 (取引時確認等) 第4条　特定事業者(第2条第2項第42号に掲げる特定事業者(<u>第11条</u>において「弁護士等」という。)を除く。以下同じ。)は、顧客等との間で、別表の上欄に掲げる特定事業者の区分に応じそれぞれ同表の中欄に定める業務(以下「特定業務」という。)のうち同表の下欄に定める取引(次項第2号において「特定取引」といい、同項前段に規定する取

改　正　後	現　　行
引に該当するものを除く。）を行うに際しては、主務省令で定める方法により、当該顧客等について、次の各号（第２条第２項第43号から第46号までに掲げる特定事業者にあっては、第１号）に掲げる事項の確認を行わなければならない。 　一～四　（略） ２～６　（略） **（疑わしい取引の届出等）** **第８条**　特定事業者（第２条第２項第43号から第46号までに掲げる特定事業者を除く。）は、<u>特定業務に係る取引について、当該取引において収</u>受した財産が犯罪による収益である疑い<u>があるかどうか</u>、又は顧客等が<u>当該取引に関し</u>組織的犯罪処罰法第10条の罪若しくは麻薬特例法第６条の罪に当たる行為を行っている疑い<u>があるかどうかを判断し、これらの疑いがあると認められる</u>場合においては、速やかに、政令で定めるところにより、政令で定める事項を行政庁に届け出なければならない。 ２　<u>前項の規定による判断は、同項の取引に係る取引時確認の結果、当該取引の態様その他の事情及び第３条第３項に規定する犯罪収益移転危険度調査書の内容を勘案し、かつ、主務省令で定める項目に従って当該取引に疑わしい点があるかどうかを確認する方法その他の主務省令で定める方法により行わなければならない。</u> _3_　特定事業者（その役員及び使用人を含む。）は、<u>第１項の規定による</u>届出（以下「疑わしい取引の届出」という。）を行おうとすること又は	引に該当するものを除く。）を行うに際しては、主務省令で定める方法により、当該顧客等について、次の各号（第２条第２項第43号から第46号までに掲げる特定事業者にあっては、第１号）に掲げる事項の確認を行わなければならない。 　一～四　（略） ２～６　（略） **（疑わしい取引の届出等）** **第８条**　特定事業者（第２条第２項第43号から第46号までに掲げる特定事業者を除く。）は、取引時確認の結果その他の事情を勘案して、特定業務において収受した財産が犯罪による収益である疑いがあり、又は顧客等が特定業務に関し組織的犯罪処罰法第10条の罪若しくは麻薬特例法第６条の罪に当たる行為を行っている疑いがあると認められる場合においては、速やかに、政令で定めるところにより、政令で定める事項を行政庁に届け出なければならない。 ２　特定事業者（その役員及び使用人を含む。）は、前項の規定による届出（以下「疑わしい取引の届出」という。）を行おうとすること又は行

改　正　後	現　　行
行ったことを当該疑わしい取引の届出に係る顧客等又はその者の関係者に漏らしてはならない。 ４・５　（略） （外国所在為替取引業者との契約締結の際の確認） 第９条　特定事業者（第２条第２項第１号から第15号まで及び第30号に掲げる特定事業者に限る。次条において同じ。）は、外国所在為替取引業者（外国（本邦の域外にある国又は地域をいう。以下同じ。）に所在して業として為替取引を行う者をいう。以下同じ。）との間で、為替取引を継続的に又は反復して行うことを内容とする契約を締結するに際しては、主務省令で定める方法により、当該外国所在為替取引業者について、次に掲げる事項の確認を行わなければならない。 一　当該外国所在為替取引業者が、第４条、前３条及び次条の規定による措置に相当する措置（以下この号において「取引時確認等相当措置」という。）を的確に行うために必要な営業所その他の施設並びに取引時確認等相当措置の実施を統括管理する者を当該外国所在為替取引業者の所在する国又は当該所在する国以外の外国に置き、かつ、取引時確認等相当措置の実施に関し、第15条から第18条までに規定する行政庁の職務に相当する職務を行う当該所在する国又は当該外国の機関の適切な監督を受けている状態（次号において単に「監督を受けている状態」という。）にあることその他の取引時	ったことを当該疑わしい取引の届出に係る顧客等又はその者の関係者に漏らしてはならない。 ３・４　（略） （新設）

改正後	現行
確認等相当措置を的確に行うために必要な基準として主務省令で定める基準に適合する体制を整備していること。 二　当該外国所在為替取引業者が、業として為替取引を行う者であって監督を受けている状態にないものとの間で為替取引を継続的に又は反復して行うことを内容とする契約を締結していないこと。 （外国為替取引に係る通知義務） 第10条　特定事業者は、顧客と本邦から外国（政令で定める国又は地域を除く。以下この条において同じ。）へ向けた支払に係る為替取引（小切手の振出しその他の政令で定める方法によるものを除く。）を行う場合において、当該支払を他の特定事業者又は外国所在為替取引業者（当該政令で定める国又は地域に所在するものを除く。以下この条において同じ。）に委託するときは、当該顧客に係る本人特定事項その他の事項で主務省令で定めるものを通知して行わなければならない。 2～4　（略） （取引時確認等を的確に行うための措置） 第11条　特定事業者は、取引時確認、取引記録等の保存、疑わしい取引の届出等の措置（以下この条において「取引時確認等の措置」という。）を的確に行うため、当該取引時確認をした事項に係る情報を最新の内容に	（外国為替取引に係る通知義務） 第9条　特定事業者（第2条第2項第1号から第15号まで及び第30号に掲げる特定事業者に限る。以下この条において同じ。）は、顧客と本邦から外国（本邦の域外にある国又は地域をいい、政令で定める国又は地域を除く。以下この条において同じ。）へ向けた支払に係る為替取引（小切手の振出しその他の政令で定める方法によるものを除く。）を行う場合において、当該支払を他の特定事業者又は外国所在為替取引業者（外国に所在して業として為替取引を行う者をいう。以下この条において同じ。）に委託するときは、当該顧客に係る本人特定事項その他の事項で主務省令で定めるものを通知して行わなければならない。 2～4　（略） （取引時確認等を的確に行うための措置） 第10条　特定事業者は、取引時確認、取引記録等の保存、疑わしい取引の届出等の措置を的確に行うため、当該取引時確認をした事項に係る情報を最新の内容に保つための措置を講ずるものとするほか、使用人に対す

改 正 後	現 行
保つための措置を講ずるものとするほか、次に掲げる措置を講ずるように努めなければならない。 一 使用人に対する教育訓練の実施 二 取引時確認等の措置の実施に関する規程の作成 三 取引時確認等の措置の的確な実施のために必要な監査その他の業務を統括管理する者の選任 四 その他第3条第3項に規定する犯罪収益移転危険度調査書の内容を勘案して講ずべきものとして主務省令で定める措置 （弁護士等による本人特定事項の確認等に相当する措置） 第12条 （略） 　　　第3章 疑わしい取引に関する情報の提供等 （捜査機関等への情報提供等） 第13条 （略） （外国の機関への情報提供） 第14条 （略） 　　　第4章 監督 （報告） 第15条 （略） （立入検査） 第16条 （略） （指導等） 第17条 （略） （是正命令） 第18条　行政庁は、特定事業者がその業務に関して第4条第1項若しくは第2項（これらの規定を同条第5項の規定により読み替えて適用する場合を含む。）若しくは第4項、第6条、第7条、第8条第1項から第3項まで、第9条又は第10条の規定に違反していると認めるときは、当該	る教育訓練の実施その他の必要な体制の整備に努めなければならない。 （弁護士等による本人特定事項の確認等に相当する措置） 第11条 （略） （捜査機関等への情報提供等） 第12条 （略） （外国の機関への情報提供） 第13条 （略） （報告） 第14条 （略） （立入検査） 第15条 （略） （指導等） 第16条 （略） （是正命令） 第17条　行政庁は、特定事業者がその業務に関して第4条第1項若しくは第2項（これらの規定を同条第5項の規定により読み替えて適用する場合を含む。）若しくは第4項、第6条、第7条、第8条第1項若しくは第2項又は第9条の規定に違反していると認めるときは、当該特定事業

改正後	現行
特定事業者に対し、当該違反を是正するため必要な措置をとるべきことを命ずることができる。 （国家公安委員会の意見の陳述） 第19条　（略） 2　（略） 3　前項の指示を受けた都道府県警察の警視総監又は道府県警察本部長は、同項の調査を行うため特に必要があると認められるときは、あらかじめ国家公安委員会の承認を得て、当該職員に、特定事業者の営業所その他の施設に立ち入らせ、帳簿書類その他の物件を検査させ、又はその業務に関し関係人に質問させることができる。この場合においては、<u>第16条第2項</u>から第4項までの規定を準用する。 4　（略） 5　前項の通知を受けた行政庁は、政令で定めるところにより、国家公安委員会に対し、<u>第16条第1項</u>の規定による権限の行使と第3項の規定による都道府県警察の権限の行使との調整を図るため必要な協議を求めることができる。この場合において、国家公安委員会は、その求めに応じなければならない。 　　　　第5章　雑則 （主務省令への委任） <u>第20条</u>　（略） （経過措置） <u>第21条</u>　（略） （行政庁等） <u>第22条</u>　（略） 2　前項の規定にかかわらず、<u>第9条</u>に規定する特定事業者（第2条第2項第15号に掲げる特定事業者を除	者に対し、当該違反を是正するため必要な措置をとるべきことを命ずることができる。 （国家公安委員会の意見の陳述） 第18条　（略） 2　（略） 3　前項の指示を受けた都道府県警察の警視総監又は道府県警察本部長は、同項の調査を行うため特に必要があると認められるときは、あらかじめ国家公安委員会の承認を得て、当該職員に、特定事業者の営業所その他の施設に立ち入らせ、帳簿書類その他の物件を検査させ、又はその業務に関し関係人に質問させることができる。この場合においては、<u>第15条第2項</u>から第4項までの規定を準用する。 4　（略） 5　前項の通知を受けた行政庁は、政令で定めるところにより、国家公安委員会に対し、<u>第15条第1項</u>の規定による権限の行使と第3項の規定による都道府県警察の権限の行使との調整を図るため必要な協議を求めることができる。この場合において、国家公安委員会は、その求めに応じなければならない。 （主務省令への委任） <u>第19条</u>　（略） （経過措置） <u>第20条</u>　（略） （行政庁等） <u>第21条</u>　（略） 2　前項の規定にかかわらず、<u>第9条第1項</u>に規定する特定事業者（第2条第2項第15号に掲げる特定事業者

改正後	現行
く。）に係る第9条及び第10条に定める事項に関する行政庁は、前項に定める行政庁及び財務大臣とする。 3～5　（略） 6　金融庁長官は、前項の規定により委任された権限（第8条、第17条及び第18条に関するものを除く。次項において「金融庁長官権限」という。）のうち、次に掲げる行為に係るものを証券取引等監視委員会に委任する。ただし、報告又は資料の提出を命ずる権限は、金融庁長官が自ら行うことを妨げない。 　一・二　（略） 7～9　（略） 10　前各項に規定するもののほか、第8条及び第15条から第19条までの規定による行政庁の権限の行使に関して必要な事項は、政令で定める。 （主務大臣等） 第23条　（略） （事務の区分） 第24条　（略） 　　　第6章　罰則 第25条　第18条の規定による命令に違反した者は、2年以下の懲役若しくは300万円以下の罰金に処し、又はこれを併科する。 第26条　次の各号のいずれかに該当する者は、1年以下の懲役若しくは300万円以下の罰金に処し、又はこれを併科する。 　一　第15条若しくは第19条第2項の規定による報告若しくは資料の提出をせず、又は虚偽の報告若しくは資料の提出をした者 　二　第16条第1項若しくは第19条第	を除く。）に係る第9条に定める事項に関する行政庁は、前項に定める行政庁及び財務大臣とする。 3～5　（略） 6　金融庁長官は、前項の規定により委任された権限（第8条、第16条及び第17条に関するものを除く。次項において「金融庁長官権限」という。）のうち、次に掲げる行為に係るものを証券取引等監視委員会に委任する。ただし、報告又は資料の提出を命ずる権限は、金融庁長官が自ら行うことを妨げない。 　一・二　（略） 7～9　（略） 10　前各項に規定するもののほか、第8条及び第14条から第18条までの規定による行政庁の権限の行使に関して必要な事項は、政令で定める。 （主務大臣等） 第22条　（略） （事務の区分） 第23条　（略） （罰則） 第24条　第17条の規定による命令に違反した者は、2年以下の懲役若しくは300万円以下の罰金に処し、又はこれを併科する。 第25条　次の各号のいずれかに該当する者は、1年以下の懲役若しくは300万円以下の罰金に処し、又はこれを併科する。 　一　第14条若しくは第18条第2項の規定による報告若しくは資料の提出をせず、又は虚偽の報告若しくは資料の提出をした者 　二　第15条第1項若しくは第18条第

改　正　後	現　　行
3項の規定による当該職員の質問に対して答弁をせず、若しくは虚偽の答弁をし、又はこれらの規定による検査を拒み、妨げ、若しくは忌避した者 第27条　（略） 第28条　（略） 第29条　（略） 第30条　法人の代表者又は法人若しくは人の代理人、使用人その他の従業者が、その法人又は人の業務に関して次の各号に掲げる規定の違反行為をしたときは、その行為者を罰するほか、その法人に対して当該各号に定める罰金刑を、その人に対して各本条の罰金刑を科する。 　一　　第25条　3億円以下の罰金刑 　二　　第26条　2億円以下の罰金刑 　三　　第27条　同条の罰金刑 （金融商品取引法の準用） 第31条　金融商品取引法第9章の規定は、第22条第6項各号に掲げる行為に係る第27条及び前条第3号に規定する罪の事件について準用する。	3項の規定による当該職員の質問に対して答弁をせず、若しくは虚偽の答弁をし、又はこれらの規定による検査を拒み、妨げ、若しくは忌避した者 第26条　（略） 第27条　（略） 第28条　（略） 第29条　法人の代表者又は法人若しくは人の代理人、使用人その他の従業者が、その法人又は人の業務に関して次の各号に掲げる規定の違反行為をしたときは、その行為者を罰するほか、その法人に対して当該各号に定める罰金刑を、その人に対して各本条の罰金刑を科する。 　一　　第24条　3億円以下の罰金刑 　二　　第25条　2億円以下の罰金刑 　三　　第26条　同条の罰金刑 （金融商品取引法の準用） 第30条　金融商品取引法第9章の規定は、第21条第6項各号に掲げる行為に係る第26条及び前条第3号に規定する罪の事件について準用する。

資料2 犯罪による収益の移転防止に関する法律の一部を改正する法律の施行に伴う関係政令の整備等に関する政令新旧対照条文

○犯罪による収益の移転防止に関する法律施行令（平成20年政令第20号）

（下線の部分は改正部分）

改　正　後	改　正　前
（定義） 第1条　この政令において、「犯罪による収益」、「特定事業者」、「顧客等」、「代表者等」、「取引時確認」、「疑わしい取引の届出」又は「特定受任行為の代理等」とは、犯罪による収益の移転防止に関する法律（以下「法」という。）第2条各項、第4条第6項、<u>第8条第3項</u>又は別表第2条第2項第43号に掲げる者の項に規定する犯罪による収益、特定事業者、顧客等、代表者等、取引時確認、疑わしい取引の届出又は特定受任行為の代理等をいう。 （金融機関等の特定取引） 第7条　次の各号に掲げる法の規定に規定する政令で定める取引は、当該各号に定める取引（<u>法第3条第3項に規定する犯罪収益移転危険度調査書に記載された当該取引による犯罪による収益の移転の危険性の程度を勘案して簡素な顧客管理を行うことが許容される取引として主務省令で定めるものを除く。以下この項において「対象取引」という。）及び対象取引以外の取引で、疑わしい取引（取引において収受する財産が犯罪による収益である疑い又は顧客等が取引に関し組織的な犯罪の処罰及び犯罪収益の規制等に関する法律（平成11年法律第136号）第10条の罪若しくは国際的な協力の下に規制薬物に係る不正行為を助長する行為等の</u>	（定義） 第1条　この政令において、「犯罪による収益」、「特定事業者」、「顧客等」、「代表者等」、「取引時確認」、「疑わしい取引の届出」又は「特定受任行為の代理等」とは、犯罪による収益の移転防止に関する法律（以下「法」という。）第2条各項、第4条第6項、<u>第8条第2項</u>又は別表第2条第2項第43号に掲げる者の項に規定する犯罪による収益、特定事業者、顧客等、代表者等、取引時確認、疑わしい取引の届出又は特定受任行為の代理等をいう。 （金融機関等の特定取引） 第7条　次の各号に掲げる法の規定に規定する政令で定める取引は、当該各号に定める取引（<u>犯罪による収益の移転に利用されるおそれがない取引として主務省令で定めるものを除く。）</u>とする。

改 正 後	改 正 前
防止を図るための麻薬及び向精神薬取締法等の特例等に関する法律（平成3年法律第94号）第6条の罪に当たる行為を行っている疑いがあると認められる取引をいう。第9条第1項及び第13条第2項において同じ。）その他の顧客管理を行う上で特別の注意を要するものとして主務省令で定めるものとする。 一　法別表第2条第2項第1号から第36号までに掲げる者の項　次のいずれかに該当する取引 　イ〜ヨ　（略） 　タ　現金、持参人払式小切手（小切手法（昭和8年法律第57号）第5条第1項第3号に掲げる持参人払式として振り出された小切手又は同条第2項若しくは第3項の規定により持参人払式小切手とみなされる小切手をいい、同法37条第1項に規定する線引がないものに限る。）、自己宛小切手（同法第6条第3項の規定により自己宛に振り出された小切手をいい、同法第37条第1項に規定する線引がないものに限る。以下タにおいて同じ。）又は無記名の公社債（所得税法（昭和40年法律第33号）第2条第1項第9号に掲げる公社債をいう。）の本券若しくは利札の受払いをする取引（本邦通貨と外国通貨の両替並びに旅行小切手の販売及び買取りを除く。第3項第1号において「現金等受払取引」という。）であって、当該取引の金額が200万円（現金の受払いをする取引で	一　法別表第2条第2項第1号から第36号までに掲げる者の項　次のいずれかに該当する取引 　イ〜ヨ　（略） 　タ　現金、持参人払式小切手（小切手法（昭和8年法律第57号）第5条第1項第3号に掲げる持参人払式として振り出された小切手又は同条第2項若しくは第3項の規定により持参人払式小切手とみなされる小切手をいい、同法37条第1項に規定する線引がないものに限る。）、自己宛小切手（同法第6条第3項の規定により自己宛に振り出された小切手をいい、同法第37条第1項に規定する線引がないものに限る。以下タにおいて同じ。）又は無記名の公社債（所得税法（昭和40年法律第33号）第2条第1項第9号に掲げる公社債をいう。）の本券若しくは利札の受払いをする取引（本邦通貨と外国通貨の両替並びに旅行小切手の販売及び買取りを除く。）であって、当該取引の金額が200万円（現金の受払いをする取引で為替取引又は自己宛小切手の振出しを伴うものにあ

改　正　後	改　正　前
為替取引又は自己宛小切手の振出しを伴うものにあっては、10万円）を超えるもの 　レ　他の特定事業者（法第２条第２項第１号から第15号まで及び第30号に掲げる特定事業者に限る。）が行う為替取引（当該他の特定事業者がソに規定する契約に基づき行うものを除く。）のために行う現金の支払を伴わない預金又は貯金の払戻し<u>（以下レ及び第３項第２号において「預金等払戻し」という。）</u>であって、<u>当該預金等払戻しの金額が10万円を超えるもの</u> 　ソ～ウ　（略） 　二～六　（略） ２　（略） <u>３　特定事業者が同一の顧客等との間で二以上の次の各号に掲げる取引を同時に又は連続して行う場合において、当該二以上の取引が１回当たりの取引の金額を減少させるために一の当該各号に掲げる取引を分割したものの全部又は一部であることが一見して明らかであるものであるときは、当該二以上の取引を一の取引とみなして、第１項の規定を適用する。</u> <u>　一　現金等受払取引</u> <u>　二　預金等払戻し</u> <u>　三　本邦通貨と外国通貨の両替又は旅行小切手の販売若しくは買取り</u> <u>　四　貴金属等の売買契約の締結</u> （司法書士等の特定取引） 第９条　法別表第２条第２項第43号に掲げる者の項から第２条第２項第46号に掲げる者の項までに規定する政	っては、10万円）を超えるもの 　レ　他の特定事業者（法第２条第２項第１号から第15号まで及び第30号に掲げる特定事業者に限る。）が行う為替取引（当該他の特定事業者がソに規定する契約に基づき行うものを除く。）のために行う現金の支払を伴わない預金又は貯金の払戻しであって、<u>当該払戻しの金額が10万円を超えるもの</u> 　ソ～ウ　（略） 　二～六　（略） ２　（略） （司法書士等の特定取引） 第９条　法別表第２条第２項第43号に掲げる者の項から第２条第２項第46号に掲げる者の項までに規定する政

改正後	改正前
令で定める取引は、特定受任行為の代理等（同表第2条第2項第43号に掲げる者の項の中欄第3号に掲げる財産の管理又は処分に係る特定受任行為の代理等<u>（次項において「第3号特定受任行為の代理等」という。）</u>にあっては、当該財産の価額が200万円以下のものを除く。）を行うことを内容とする契約の締結<u>（法第3条第3項に規定する犯罪収益移転危険度調査書に記載された当該取引による犯罪による収益の移転の危険性の程度を勘案して簡素な顧客管理を行うことが許容される取引として主務省令で定めるものを除く。）及び当該契約の締結以外の取引で、疑わしい取引その他の顧客管理を行う上で特別の注意を要するものとして主務省令で定めるものとする。</u> <u>2 特定事業者が同一の顧客等との間で二以上の第3号特定受任行為の代理等を行うことを内容とする契約（以下この項において単に「契約」という。）を同時又は連続して締結する場合において、当該二以上の契約が1回当たりの契約に係る財産の価額を減少させるために一の契約を分割したものの全部又は一部であることが一見して明らかであるものであるときは、当該二以上の契約を一の契約とみなして、前項の規定を適用する。</u> **（厳格な顧客管理を行う必要性が特に高いと認められる取引等）** 第12条　（略） 2　（略） <u>3　法第4条第2項第3号に規定する政令で定める取引は、次に掲げる顧</u>	令で定める取引は、特定受任行為の代理等（同表第2条第2項第43号に掲げる者の項の中欄第3号に掲げる財産の管理又は処分に係る特定受任行為の代理等にあっては、当該財産の価額が200万円以下のものを除く。）を行うことを内容とする契約の締結<u>（犯罪による収益の移転に利用されるおそれがない取引として主務省令で定めるものを除く。）とする。</u> **（厳格な顧客管理を行う必要性が特に高いと認められる取引等）** 第12条　（略） 2　（略）

改正後	改正前
客等との間で行う同条第1項に規定する特定取引とする。 二　外国の元首及び外国の政府、中央銀行その他これらに類する機関において重要な地位を占める者として主務省令で定める者並びにこれらの者であった者 二　前号に掲げる者の家族（配偶者（婚姻の届出をしていないが、事実上婚姻関係と同様の事情にある者を含む。以下この号において同じ。）、父母、子及び兄弟姉妹並びにこれらの者以外の配偶者の父母及び子をいう。） 三　法人であって、前2号に掲げる者がその事業経営を実質的に支配することが可能となる関係にあるものとして主務省令で定める者であるもの	
（既に確認を行っている顧客等との取引に準ずる取引等）	（既に確認を行っている顧客等との取引に準ずる取引等）
第13条　（略） 2　法第4条第3項に規定する政令で定めるものは、当該特定事業者（前項第1号に掲げる取引にあっては、同号に規定する他の特定事業者）が、主務省令で定めるところにより、その顧客等が既に取引時確認を行っている顧客等であることを確かめる措置をとった取引（当該取引の相手方が当該取引時確認に係る顧客等又は代表者等になりすましている疑いがあるもの、当該取引時確認が行われた際に当該取引時確認に係る事項を偽っていた疑いがある顧客等（その代表者等が当該事項を偽っていた疑いがある顧客等を含む。）との間で行うもの、疑わしい取引その	第13条　（略） 2　法第4条第3項に規定する政令で定めるものは、当該特定事業者（前項第1号に掲げる取引にあっては、同号に規定する他の特定事業者）が、主務省令で定めるところにより、その顧客等が既に取引時確認を行っている顧客等であることを確かめる措置をとった取引（当該取引の相手方が当該取引時確認に係る顧客等又は代表者等になりすましている疑いがあるもの及び当該取引時確認が行われた際に当該取引時確認に係る事項を偽っていた疑いがある顧客等（その代表者等が当該事項を偽っていた疑いがある顧客等を含む。）との間で行うものを除く。）とする。

改正後	改正前
他の顧客管理を行う上で特別の注意を要するものとして主務省令で定めるものを除く。）とする。 （通知義務の対象とならない外国為替取引の方法） 第17条　法<u>第10条第１項</u>に規定する政令で定める方法は、小切手又は手形の振出しその他これらに準ずるものとして主務省令で定める方法とする。 （協議の求めの方法） 第18条　法<u>第19条第５項</u>の規定による協議の求めは、文書又はファクシミリ装置による通信により行うものとする。 （方面公安委員会への権限の委任） 第19条　法の規定により道公安委員会の権限に属する事務は、道警察本部の所在地を包括する方面を除く方面については、当該方面公安委員会が行う。この場合において、<u>法第８条第４項</u>の規定による国家公安委員会への通知は、道公安委員会を経由して行うものとする。 （証券取引等監視委員会への検査等の権限の委任等） 第20条　法<u>第22条第５項</u>の規定により金融庁長官に委任された権限（同条第６項の規定により証券取引等監視委員会に委任されたものを除く。）のうち、法第２条第２項第22号、第32号及び第33号に掲げる特定事業者に対する<u>法第15条及び第16条第１項</u>に定めるものは、証券取引等監視委員会に委任する。ただし、報告又は資料の提出を命ずる権限は、金融庁長官が自ら行使することを妨げない。	（通知義務の対象とならない外国為替取引の方法） 第17条　法<u>第９条第１項</u>に規定する政令で定める方法は、小切手又は手形の振出しその他これらに準ずるものとして主務省令で定める方法とする。 （協議の求めの方法） 第18条　法<u>第18条第５項</u>の規定による協議の求めは、文書又はファクシミリ装置による通信により行うものとする。 （方面公安委員会への権限の委任） 第19条　法の規定により道公安委員会の権限に属する事務は、道警察本部の所在地を包括する方面を除く方面については、当該方面公安委員会が行う。この場合において、<u>法第８条第３項</u>の規定による国家公安委員会への通知は、道公安委員会を経由して行うものとする。 （証券取引等監視委員会への検査等の権限の委任等） 第20条　法<u>第21条第５項</u>の規定により金融庁長官に委任された権限（同条第６項の規定により証券取引等監視委員会に委任されたものを除く。）のうち、法第２条第２項第22号、第32号及び第33号に掲げる特定事業者に対する<u>法第14条及び第15条第１項</u>に定めるものは、証券取引等監視委員会に委任する。ただし、報告又は資料の提出を命ずる権限は、金融庁長官が自ら行使することを妨げない。

改 正 後	改 正 前
2 （略） （銀行等に係る取引に関する行政庁の権限委任等） 第21条　法第22条第5項の規定により金融庁長官に委任された権限（以下「金融庁長官権限」という。）のうち法<u>第15条、第16条第1項、第17条及び第18条</u>に定めるもの（登録金融機関業務（法第22条第3項に規定する登録金融機関業務をいう。次項において同じ。）に係る事項に関するものを除く。以下「金融庁長官検査・是正命令等権限」という。）で、法第2条第2項第1号、第2号、第6号、第24号、第25号及び第30号に掲げる特定事業者（以下この条において「銀行等」という。）に対するものは、その本店（銀行法第47条第1項に規定する主たる外国銀行支店及び信託業法（平成16年法律第154号）第53条第1項に規定する主たる支店を含む。）又は主たる事務所若しくは営業所（以下この条において「本店等」という。）の所在地を管轄する財務局長（当該所在地が福岡財務支局の管轄区域内にある場合にあっては、福岡財務支局長）に委任する。ただし、金融庁長官が自らその権限を行使することを妨げない。 2　金融庁長官権限のうち法<u>第15条及び第16条第1項</u>に定めるもの（登録金融機関業務に係る事項に関するものを除く。以下「金融庁長官検査等権限」という。）で、銀行等の本店等以外の事務所、営業所その他の施設（以下この条において「支店等」という。）に対するものについては、前項に規定する財務局長及び福	2 （略） （銀行等に係る取引に関する行政庁の権限委任等） 第21条　法第21条第5項の規定により金融庁長官に委任された権限（以下「金融庁長官権限」という。）のうち法<u>第14条、第15条第1項、第16条及び第17条</u>に定めるもの（登録金融機関業務（法第21条第3項に規定する登録金融機関業務をいう。次項において同じ。）に係る事項に関するものを除く。以下「金融庁長官検査・是正命令等権限」という。）で、法第2条第2項第1号、第2号、第6号、第24号、第25号及び第30号に掲げる特定事業者（以下この条において「銀行等」という。）に対するものは、その本店（銀行法第47条第1項に規定する主たる外国銀行支店及び信託業法（平成16年法律第154号）第53条第1項に規定する主たる支店を含む。）又は主たる事務所若しくは営業所（以下この条において「本店等」という。）の所在地を管轄する財務局長（当該所在地が福岡財務支局の管轄区域内にある場合にあっては、福岡財務支局長）に委任する。ただし、金融庁長官が自らその権限を行使することを妨げない。 2　金融庁長官権限のうち法<u>第14条及び第15条第1項</u>に定めるもの（登録金融機関業務に係る事項に関するものを除く。以下「金融庁長官検査等権限」という。）で、銀行等の本店等以外の事務所、営業所その他の施設（以下この条において「支店等」という。）に対するものについては、前項に規定する財務局長及び福

改正後	改正前
岡財務支局長のほか、当該支店等の所在地を管轄する財務局長（当該所在地が福岡財務支局の管轄区域内にある場合にあっては、福岡財務支局長）も行使することができる。 3　（略） （労働金庫等に係る取引に関する行政庁の権限委任等） 第22条　金融庁長官及び厚生労働大臣は、法第2条第2項第4号及び第5号に掲げる特定事業者に対する法第15条及び第16条第1項に定める権限（金融庁長官の場合にあっては、金融庁長官検査等権限）を行使する場合においては、それぞれ単独にその権限を行使することを妨げない。 2～4　（略） 5　法第2条第2項第4号に掲げる特定事業者に対する金融庁長官検査等権限並びに法第15条及び第16条第1項に定める厚生労働大臣の権限に属する事務は、一の都道府県の区域を越えない区域を地区とする法第2条第2項第4号に掲げる特定事業者（以下この条において「都道府県労働金庫」という。）に関するものに限り、都道府県知事が行うものとする。ただし、金融庁長官又は厚生労働大臣が自らその権限を行使することを妨げない。 6　都道府県知事は、前項本文の規定に基づき、法第15条の規定により都道府県労働金庫から報告を徴し、若しくはこれに対し資料の提出を命じ、又は法第16条第1項の規定により都道府県労働金庫の検査を行った場合には、その結果を金融庁長官及び厚生労働大臣に報告しなければな	岡財務支局長のほか、当該支店等の所在地を管轄する財務局長（当該所在地が福岡財務支局の管轄区域内にある場合にあっては、福岡財務支局長）も行使することができる。 3　（略） （労働金庫等に係る取引に関する行政庁の権限委任等） 第22条　金融庁長官及び厚生労働大臣は、法第2条第2項第4号及び第5号に掲げる特定事業者に対する法第14条及び第15条第1項に定める権限（金融庁長官の場合にあっては、金融庁長官検査等権限）を行使する場合においては、それぞれ単独にその権限を行使することを妨げない。 2～4　（略） 5　法第2条第2項第4号に掲げる特定事業者に対する金融庁長官検査等権限並びに法第14条及び第15条第1項に定める厚生労働大臣の権限に属する事務は、一の都道府県の区域を越えない区域を地区とする法第2条第2項第4号に掲げる特定事業者（以下この条において「都道府県労働金庫」という。）に関するものに限り、都道府県知事が行うものとする。ただし、金融庁長官又は厚生労働大臣が自らその権限を行使することを妨げない。 6　都道府県知事は、前項本文の規定に基づき、法第14条の規定により都道府県労働金庫から報告を徴し、若しくはこれに対し資料の提出を命じ、又は法第15条第1項の規定により都道府県労働金庫の検査を行った場合には、その結果を金融庁長官及び厚生労働大臣に報告しなければな

改正後	改正前
らない。 7　（略） （農業協同組合等に係る取引に関する行政庁の権限委任等） 第23条　金融庁長官及び農林水産大臣は、法第2条第2項第8号及び第9号に掲げる特定事業者（以下この条において「農業協同組合等」という。）並びに同項第10号から第13号までに掲げる特定事業者（以下この条において「漁業協同組合等」という。）に対する法第15条及び第16条第1項に定める権限（金融庁長官の場合にあっては、金融庁長官検査等権限）を行使する場合においては、それぞれ単独にその権限を行使することを妨げない。この場合においては、前条第2項及び第3項の規定を準用する。 2　（略） 3　農業協同組合等に対する法第15条に定める農林水産大臣の権限（地方農政局の管轄区域を越えない区域を地区とする農業協同組合等（以下この項において「地方農業協同組合」という。）に対するものに限る。）は、地方農業協同組合の主たる事務所の所在地を管轄する地方農政局長に委任する。ただし、農林水産大臣が自らその権限を行使することを妨げない。 4　農業協同組合等及び漁業協同組合等に対する金融庁長官検査等権限並びに法第15条及び第16条第1項に定める農林水産大臣の権限に属する事務は、都道府県の区域を地区とする法第2条第2項第9号、第11号又は第13号に掲げる特定事業者（以下こ	らない。 7　（略） （農業協同組合等に係る取引に関する行政庁の権限委任等） 第23条　金融庁長官及び農林水産大臣は、法第2条第2項第8号及び第9号に掲げる特定事業者（以下この条において「農業協同組合等」という。）並びに同項第10号から第13号までに掲げる特定事業者（以下この条において「漁業協同組合等」という。）に対する法第14条及び第15条第1項に定める権限（金融庁長官の場合にあっては、金融庁長官検査等権限）を行使する場合においては、それぞれ単独にその権限を行使することを妨げない。この場合においては、前条第2項及び第3項の規定を準用する。 2　（略） 3　農業協同組合等に対する法第14条に定める農林水産大臣の権限（地方農政局の管轄区域を越えない区域を地区とする農業協同組合等（以下この項において「地方農業協同組合」という。）に対するものに限る。）は、地方農業協同組合の主たる事務所の所在地を管轄する地方農政局長に委任する。ただし、農林水産大臣が自らその権限を行使することを妨げない。 4　農業協同組合等及び漁業協同組合等に対する金融庁長官検査等権限並びに法第14条及び第15条第1項に定める農林水産大臣の権限に属する事務は、都道府県の区域を地区とする法第2条第2項第9号、第11号又は第13号に掲げる特定事業者（以下こ

改正後	改正前
の条において「都道府県連合会」という。）に関するものに限り、都道府県知事が行うものとする。ただし、金融庁長官又は農林水産大臣が自らその権限を行使することを妨げない。 5　都道府県知事は、前項本文の規定に基づき、法第15条の規定により都道府県連合会から報告を徴し、若しくはこれらに対し資料の提出を命じ、又は法第16条第1項の規定により都道府県連合会の検査を行った場合には、その結果を金融庁長官及び農林水産大臣に報告しなければならない。 6　金融庁長官及び農林水産大臣は、法第15条の規定により都道府県連合会から報告を徴し、若しくはこれらに対し資料の提出を命じ、又は法第16条第1項の規定により都道府県連合会の検査を行った場合には、その結果を関係都道府県知事に通知するものとする。 （農林中央金庫に係る取引に関する行政庁の権限行使） 第24条　金融庁長官及び農林水産大臣は、法第2条第2項第14号に掲げる特定事業者に対する法第15条及び第16条第1項に定める権限（金融庁長官の場合にあっては、金融庁長官検査等権限）を行使する場合においては、それぞれ単独にその権限を行使することを妨げない。この場合においては、第22条第2項及び第3項の規定を準用する。 （株式会社商工組合中央金庫に係る取引に関する行政庁の権限委任等） 第25条　金融庁長官、財務大臣及び経	の条において「都道府県連合会」という。）に関するものに限り、都道府県知事が行うものとする。ただし、金融庁長官又は農林水産大臣が自らその権限を行使することを妨げない。 5　都道府県知事は、前項本文の規定に基づき、法第14条の規定により都道府県連合会から報告を徴し、若しくはこれらに対し資料の提出を命じ、又は法第15条第1項の規定により都道府県連合会の検査を行った場合には、その結果を金融庁長官及び農林水産大臣に報告しなければならない。 6　金融庁長官及び農林水産大臣は、法第14条の規定により都道府県連合会から報告を徴し、若しくはこれらに対し資料の提出を命じ、又は法第15条第1項の規定により都道府県連合会の検査を行った場合には、その結果を関係都道府県知事に通知するものとする。 （農林中央金庫に係る取引に関する行政庁の権限行使） 第24条　金融庁長官及び農林水産大臣は、法第2条第2項第14号に掲げる特定事業者に対する法第14条及び第15条第1項に定める権限（金融庁長官の場合にあっては、金融庁長官検査等権限）を行使する場合においては、それぞれ単独にその権限を行使することを妨げない。この場合においては、第22条第2項及び第3項の規定を準用する。 （株式会社商工組合中央金庫に係る取引に関する行政庁の権限委任等） 第25条　金融庁長官、財務大臣及び経

改正後	改正前
済産業大臣は、法第２条第２項第15号に掲げる特定事業者に対する法<u>第15条及び第16条第１項</u>に定める権限（金融庁長官の場合にあっては、金融庁長官検査等権限）を行使する場合においては、それぞれ単独にその権限を行使することを妨げない。 ２〜４　（略） （株式会社日本政策投資銀行に係る取引に関する行政庁の権限委任等） 第26条　金融庁長官及び財務大臣は、法第２条第２項第16号に掲げる特定事業者に対する法<u>第15条及び第16条第１項</u>に定める権限（金融庁長官の場合にあっては、金融庁長官検査等権限）を行使する場合においては、それぞれ単独にその権限を行使することを妨げない。この場合においては、第22条第２項及び第３項の規定を準用する。 ２・３　（略） （金融商品取引業者等に係る取引に関する行政庁の権限委任等） 第28条　金融庁長官権限のうち法<u>第15条、第17条及び第18条</u>に定めるもので、法第２条第２項第１号から第18号まで、第27号及び第29号に掲げる特定事業者（金融商品取引法第33条の２に規定する登録を受けた者に限る。）並びに同項第21号から第23号までに掲げる特定事業者（以下この条において「金融商品取引業者等」という。）に対するものは、その本店又は主たる事務所（外国法人又は外国に住所を有する個人にあっては、国内における主たる営業所又は事務所。以下この条において「本店等」という。）の所在地を管轄する	済産業大臣は、法第２条第２項第15号に掲げる特定事業者に対する法<u>第14条及び第15条第１項</u>に定める権限（金融庁長官の場合にあっては、金融庁長官検査等権限）を行使する場合においては、それぞれ単独にその権限を行使することを妨げない。 ２〜４　（略） （株式会社日本政策投資銀行に係る取引に関する行政庁の権限委任等） 第26条　金融庁長官及び財務大臣は、法第２条第２項第16号に掲げる特定事業者に対する法<u>第14条及び第15条第１項</u>に定める権限（金融庁長官の場合にあっては、金融庁長官検査等権限）を行使する場合においては、それぞれ単独にその権限を行使することを妨げない。この場合においては、第22条第２項及び第３項の規定を準用する。 ２・３　（略） （金融商品取引業者等に係る取引に関する行政庁の権限委任等） 第28条　金融庁長官権限のうち法<u>第14条、第16条及び第17条</u>に定めるもので、法第２条第２項第１号から第18号まで、第27号及び第29号に掲げる特定事業者（金融商品取引法第33条の２に規定する登録を受けた者に限る。）並びに同項第21号から第23号までに掲げる特定事業者（以下この条において「金融商品取引業者等」という。）に対するものは、その本店又は主たる事務所（外国法人又は外国に住所を有する個人にあっては、国内における主たる営業所又は事務所。以下この条において「本店等」という。）の所在地を管轄する

改正後	改正前
財務局長（当該所在地が福岡財務支局の管轄区域内にある場合にあっては、福岡財務支局長）に委任する。ただし、金融庁長官が自らその権限を行使することを妨げない。 2　第21条第2項及び第3項の規定は、金融庁長官権限のうち法第15条に定めるもので金融商品取引業者等の本店等以外の営業所、事務所その他の施設（以下この条において「支店等」という。）に対するものについて準用する。 3　金融庁長官権限のうち法第22条第6項の規定により証券取引等監視委員会に委任された権限及び第20条第1項の規定により証券取引等監視委員会に委任された権限（法第2条第2項第22号に掲げる特定事業者に対するものに限る。）は、金融商品取引業者等の本店等の所在地を管轄する財務局長（当該所在地が福岡財務支局の管轄区域内にある場合にあっては、福岡財務支局長）に委任する。ただし、証券取引等監視委員会が自らその権限を行使することを妨げない。 4～7　（略） **（不動産特定共同事業者等に係る取引に関する行政庁の権限委任等）** **第29条**　法第2条第2項第26号に掲げる特定事業者（以下この条において「不動産特定共同事業者等」という。）に対する金融庁長官検査等権限並びに不動産特定共同事業者（不動産特定共同事業者等のうち、不動産特定共同事業法第2条第7項に規定する特例事業者を除いたものをいう。以下この条において同じ。）に	財務局長（当該所在地が福岡財務支局の管轄区域内にある場合にあっては、福岡財務支局長）に委任する。ただし、金融庁長官が自らその権限を行使することを妨げない。 2　第21条第2項及び第3項の規定は、金融庁長官権限のうち法第14条に定めるもので金融商品取引業者等の本店等以外の営業所、事務所その他の施設（以下この条において「支店等」という。）に対するものについて準用する。 3　金融庁長官権限のうち法第21条第6項の規定により証券取引等監視委員会に委任された権限及び第20条第1項の規定により証券取引等監視委員会に委任された権限（法第2条第2項第22号に掲げる特定事業者に対するものに限る。）は、金融商品取引業者等の本店等の所在地を管轄する財務局長（当該所在地が福岡財務支局の管轄区域内にある場合にあっては、福岡財務支局長）に委任する。ただし、証券取引等監視委員会が自らその権限を行使することを妨げない。 4～7　（略） **（不動産特定共同事業者等に係る取引に関する行政庁の権限委任等）** **第29条**　法第2条第2項第26号に掲げる特定事業者（以下この条において「不動産特定共同事業者等」という。）に対する金融庁長官検査等権限並びに不動産特定共同事業者（不動産特定共同事業者等のうち、不動産特定共同事業法第2条第7項に規定する特例事業者を除いたものをいう。以下この条において同じ。）に

改　正　後	改　正　前
対する金融庁長官権限のうち法<u>第17条及び第18条</u>に定めるものは、その主たる事務所の所在地を管轄する財務局長（当該所在地が福岡財務支局の管轄区域内にある場合にあっては、福岡財務支局長）に委任する。ただし、金融庁長官が自らその権限を行使することを妨げない。 2　（略） 3　不動産特定共同事業者等に対する<u>法第15条及び第16条第1項に定める</u>国土交通大臣の権限（以下この条において「国土交通大臣検査等権限」という。）並びに不動産特定共同事業者に対する<u>法第17条及び第18条に</u>定める国土交通大臣の権限は、その主たる事務所の所在地を管轄する地方整備局長及び北海道開発局長に委任する。ただし、国土交通大臣が自らその権限を行使することを妨げない。 4～6　（略） 7　都道府県知事は、前項本文の規定に基づき、法<u>第15条</u>の規定により不動産特定共同事業者から報告を徴し、若しくはこれに対し資料の提出を命じ、又は法<u>第16条第1項</u>の規定により不動産特定共同事業者の検査を行った場合には、その結果を金融庁長官及び国土交通大臣に報告しなければならない。 8　（略） （貸金業者に係る取引に関する行政庁の権限委任等） 第30条　（略） 2・3　（略） 4　都道府県知事は、前項本文の規定に基づき、法<u>第15条</u>の規定により都	対する金融庁長官権限のうち法<u>第16条及び第17条</u>に定めるものは、その主たる事務所の所在地を管轄する財務局長（当該所在地が福岡財務支局の管轄区域内にある場合にあっては、福岡財務支局長）に委任する。ただし、金融庁長官が自らその権限を行使することを妨げない。 2　（略） 3　不動産特定共同事業者等に対する<u>法第14条及び第15条第1項に定める</u>国土交通大臣の権限（以下この条において「国土交通大臣検査等権限」という。）並びに不動産特定共同事業者に対する<u>法第16条及び第17条に</u>定める国土交通大臣の権限は、その主たる事務所の所在地を管轄する地方整備局長及び北海道開発局長に委任する。ただし、国土交通大臣が自らその権限を行使することを妨げない。 4～6　（略） 7　都道府県知事は、前項本文の規定に基づき、法<u>第14条</u>の規定により不動産特定共同事業者から報告を徴し、若しくはこれに対し資料の提出を命じ、又は法<u>第15条第1項</u>の規定により不動産特定共同事業者の検査を行った場合には、その結果を金融庁長官及び国土交通大臣に報告しなければならない。 8　（略） （貸金業者に係る取引に関する行政庁の権限委任等） 第30条　（略） 2・3　（略） 4　都道府県知事は、前項本文の規定に基づき、法<u>第14条</u>の規定により都

改正後	改正前
道府県貸金業者から報告を徴し、若しくはこれに対し資料の提出を命じ、又は法第16条第1項の規定により都道府県貸金業者の検査を行った場合には、その結果を金融庁長官に報告しなければならない。 5　（略） （商品先物取引業者に係る取引に関する行政庁の権限委任等） 第31条　法第2条第2項第31号に掲げる特定事業者（以下この条において「商品先物取引業者」という。）に対する法<u>第15条、第16条第1項、第17条及び第18条</u>に定める農林水産大臣及び経済産業大臣の権限（同項に定める農林水産大臣の権限を除く。）は、その本店又は主たる事務所（外国の法令に準拠して設立された法人又は外国に住所を有する者にあっては、国内における主たる営業所又は事務所。以下この条において「本店等」という。）の所在地を管轄する地方農政局長及び経済産業局長に委任する。ただし、農林水産大臣及び経済産業大臣が自らその権限を行使することを妨げない。 2　<u>法第15条及び第16条第1項</u>に定める農林水産大臣及び経済産業大臣の権限（同項に定める農林水産大臣の権限を除く。）で、商品先物取引業者の本店等以外の支店その他の営業所又は事務所（外国の法令に準拠して設立された法人又は外国に住所を有する者にあっては、国内における従たる営業所又は事務所。以下この条において「支店等」という。）に対するものについては、前項に規定する地方農政局長及び経済産業局長	道府県貸金業者から報告を徴し、若しくはこれに対し資料の提出を命じ、又は法第15条第1項の規定により都道府県貸金業者の検査を行った場合には、その結果を金融庁長官に報告しなければならない。 5　（略） （商品先物取引業者に係る取引に関する行政庁の権限委任等） 第31条　法第2条第2項第31号に掲げる特定事業者（以下この条において「商品先物取引業者」という。）に対する法<u>第14条、第15条第1項、第16条及び第17条</u>に定める農林水産大臣及び経済産業大臣の権限（同項に定める農林水産大臣の権限を除く。）は、その本店又は主たる事務所（外国の法令に準拠して設立された法人又は外国に住所を有する者にあっては、国内における主たる営業所又は事務所。以下この条において「本店等」という。）の所在地を管轄する地方農政局長及び経済産業局長に委任する。ただし、農林水産大臣及び経済産業大臣が自らその権限を行使することを妨げない。 2　<u>法第14条及び第15条第1項</u>に定める農林水産大臣及び経済産業大臣の権限（同項に定める農林水産大臣の権限を除く。）で、商品先物取引業者の本店等以外の支店その他の営業所又は事務所（外国の法令に準拠して設立された法人又は外国に住所を有する者にあっては、国内における従たる営業所又は事務所。以下この条において「支店等」という。）に対するものについては、前項に規定する地方農政局長及び経済産業局長

改正後	改正前
のほか、当該支店等の所在地を管轄する地方農政局長及び経済産業局長も行使することができる。 3　（略） **（電子債権記録機関に係る取引に関する行政庁の権限委任等）** **第32条**　法第2条第2項第34号に掲げる特定事業者に対する金融庁長官権限のうち法<u>第15条及び第16条第1項</u>に定めるものは、その本店の所在地を管轄する財務局長（当該所在地が福岡財務支局の管轄区域内にある場合にあっては、福岡財務支局長）に委任する。ただし、金融庁長官が自らその権限を行使することを妨げない。 2　第21条第2項及び第3項の規定は、金融庁長官権限のうち<u>法第15条及び第16条第1項</u>に定めるもので法第2条第2項第34号に掲げる特定事業者の本店以外の営業所に対するものについて準用する。 **（両替業者に係る取引に関する行政庁の権限委任等）** **第33条**　法第2条第2項第36号に掲げる特定事業者（以下この条において「両替業者」という。）に対する<u>法第16条第1項</u>に定める財務大臣の権限は、その本店又は主たる事務所の所在地を管轄する財務局長（当該所在地が福岡財務支局の管轄区域内にある場合にあっては、福岡財務支局長）に委任する。ただし、財務大臣が自らその権限を行使することを妨げない。 2・3　（略） 4　両替業者に対する<u>法第15条</u>に定める財務大臣の権限については、前3	のほか、当該支店等の所在地を管轄する地方農政局長及び経済産業局長も行使することができる。 3　（略） **（電子債権記録機関に係る取引に関する行政庁の権限委任等）** **第32条**　法第2条第2項第34号に掲げる特定事業者に対する金融庁長官権限のうち法<u>第14条及び第15条第1項</u>に定めるものは、その本店の所在地を管轄する財務局長（当該所在地が福岡財務支局の管轄区域内にある場合にあっては、福岡財務支局長）に委任する。ただし、金融庁長官が自らその権限を行使することを妨げない。 2　第21条第2項及び第3項の規定は、金融庁長官権限のうち<u>法第14条及び第15条第1項</u>に定めるもので法第2条第2項第34号に掲げる特定事業者の本店以外の営業所に対するものについて準用する。 **（両替業者に係る取引に関する行政庁の権限委任等）** **第33条**　法第2条第2項第36号に掲げる特定事業者（以下この条において「両替業者」という。）に対する<u>法第15条第1項</u>に定める財務大臣の権限は、その本店又は主たる事務所の所在地を管轄する財務局長（当該所在地が福岡財務支局の管轄区域内にある場合にあっては、福岡財務支局長）に委任する。ただし、財務大臣が自らその権限を行使することを妨げない。 2・3　（略） 4　両替業者に対する<u>法第14条</u>に定める財務大臣の権限については、前3

改正後	改正前
項の規定により両替業者に関して財務局長及び福岡財務支局長に委任された質問又は立入検査の権限を行使するために必要な限度において、当該財務局長及び福岡財務支局長も行使することができる。 5・6　(略) (宅地建物取引業者に係る取引に関する行政庁の権限委任等) 第34条　法第2条第2項第39号に掲げる特定事業者(以下この条において「宅地建物取引業者」という。)に対する法第15条、第16条第1項、第17条及び第18条に定める国土交通大臣の権限は、その本店又は主たる事務所の所在地を管轄する地方整備局長及び北海道開発局長に委任する。ただし、国土交通大臣が自らその権限を行使することを妨げない。 2・3　(略) (司法書士等に係る取引等に関する行政庁の権限委任等) 第35条　法第2条第2項第43号に掲げる特定事業者に対する法第15条、第16条第1項及び第17条に定める法務大臣の権限は、その事務所(司法書士法人にあっては、主たる事務所)の所在地を管轄する法務局及び地方法務局の長に委任する。ただし、法務大臣が自らその権限を行使することを妨げない。 2・3　(略) (税理士等に係る取引等に関する行政庁の権限委任等) 第36条　法第2条第2項第46号に掲げる特定事業者に対する法第15条、第16条第1項及び第17条に定める財務大臣の権限は、国税庁長官に委任す	項の規定により両替業者に関して財務局長及び福岡財務支局長に委任された質問又は立入検査の権限を行使するために必要な限度において、当該財務局長及び福岡財務支局長も行使することができる。 5・6　(略) (宅地建物取引業者に係る取引に関する行政庁の権限委任等) 第34条　法第2条第2項第39号に掲げる特定事業者(以下この条において「宅地建物取引業者」という。)に対する法第14条、第15条第1項、第16条及び第17条に定める国土交通大臣の権限は、その本店又は主たる事務所の所在地を管轄する地方整備局長及び北海道開発局長に委任する。ただし、国土交通大臣が自らその権限を行使することを妨げない。 2・3　(略) (司法書士等に係る取引等に関する行政庁の権限委任等) 第35条　法第2条第2項第43号に掲げる特定事業者に対する法第14条、第15条第1項及び第16条に定める法務大臣の権限は、その事務所(司法書士法人にあっては、主たる事務所)の所在地を管轄する法務局及び地方法務局の長に委任する。ただし、法務大臣が自らその権限を行使することを妨げない。 2・3　(略) (税理士等に係る取引等に関する行政庁の権限委任等) 第36条　法第2条第2項第46号に掲げる特定事業者に対する法第14条、第15条第1項及び第16条に定める財務大臣の権限は、国税庁長官に委任す

改正後	改正前
る。ただし、財務大臣が自らその権限を行使することを妨げない。 2～4　（略） <u>（外国所在為替取引業者との契約締結の際の確認等に関する行政庁の権限委任等）</u> 第37条　法第９条に規定する特定事業者（以下この条において「外国為替取引業者」という。）に係る<u>法第９条及び第10条</u>に定める事項に関する行政庁は、当該外国為替取引業者に対する<u>法第15条及び第16条第１項</u>に定める権限（金融庁長官の場合にあっては、金融庁長官検査等権限）を行使する場合においては、それぞれ単独にその権限を行使することを妨げない。 2　（略） 3　第１項に規定する行政庁たる財務大臣の権限のうち<u>法第16条第１項</u>に定めるものは、外国為替取引業者の本店又は主たる事務所の所在地を管轄する財務局長（当該所在地が福岡財務支局の管轄区域内にある場合にあっては、福岡財務支局長）に委任する。ただし、財務大臣が自らその権限を行使することを妨げない。 4・5　（略） 6　第１項に規定する行政庁たる財務大臣の権限のうち<u>法第15条</u>に定めるものについては、前３項の規定により外国為替取引業者に関して財務局長及び福岡財務支局長に委任された質問又は立入検査の権限を行使するために必要な限度において、当該財務局長及び福岡財務支局長も行使することができる。 7・8　（略）	る。ただし、財務大臣が自らその権限を行使することを妨げない。 2～4　（略） <u>（外国為替取引に係る通知義務に関する行政庁の権限委任等）</u> 第37条　法第９条第１項に規定する特定事業者（以下この条において「外国為替取引業者」という。）に係る法第９条に定める事項に関する行政庁は、当該外国為替取引業者に対する<u>法第14条及び第15条第１項</u>に定める権限（金融庁長官の場合にあっては、金融庁長官検査等権限）を行使する場合においては、それぞれ単独にその権限を行使することを妨げない。 2　（略） 3　第１項に規定する行政庁たる財務大臣の権限のうち<u>法第15条第１項</u>に定めるものは、外国為替取引業者の本店又は主たる事務所の所在地を管轄する財務局長（当該所在地が福岡財務支局の管轄区域内にある場合にあっては、福岡財務支局長）に委任する。ただし、財務大臣が自らその権限を行使することを妨げない。 4・5　（略） 6　第１項に規定する行政庁たる財務大臣の権限のうち<u>法第14条</u>に定めるものについては、前３項の規定により外国為替取引業者に関して財務局長及び福岡財務支局長に委任された質問又は立入検査の権限を行使するために必要な限度において、当該財務局長及び福岡財務支局長も行使することができる。 7・8　（略）

○行政手続における特定の個人を識別するための番号の利用等に関する法律施行令
（平成26年政令第155号） （下線の部分は改正部分）

改　正　後	改　正　前
（各議院審査等に準ずる手続） **第34条**　法第53条の政令で定める手続は、別表第１号、第２号（私的独占の禁止及び公正取引の確保に関する法律（昭和22年法律第54号）第101条第１項に規定する犯則事件の調査に係る部分に限る。）、第３号、第４号（金融商品取引法（昭和23年法律第25号）第210条第１項（犯罪による収益の移転防止に関する法律（平成19年法律第22号）<u>第31条</u>において準用する場合を含む。）に規定する犯則事件の調査に係る部分に限る。）、第６号、第７号、第９号、第11号、第13号、第16号、第17号、第23号（犯罪による収益の移転防止に関する法律第８条第１項の規定による届出、<u>同条第４項又は第５項</u>の規定による通知、同法<u>第13条第１項又は第14条第１項</u>の規定による提供及び同法<u>第13条第２項</u>の規定による閲覧、謄写又は写しの送付の求めに係る部分に限る。）又は第24号に掲げる場合において行われる手続とする。 別表（第26条、第34条関係） 　一～三　（略） 　四　金融商品取引法の規定による報告若しくは資料の提出の求め若しくは検査（同法第６章の２の規定による課徴金に係る事件についてのものに限る。）、同法第177条の規定による処分、同章第２節の規定による審判手続、同法第187条（投資信託及び投資法人に関する法律第26条第７項（同法第54条第	（各議院審査等に準ずる手続） **第34条**　法第53条の政令で定める手続は、別表第１号、第２号（私的独占の禁止及び公正取引の確保に関する法律（昭和22年法律第54号）第101条第１項に規定する犯則事件の調査に係る部分に限る。）、第３号、第４号（金融商品取引法（昭和23年法律第25号）第210条第１項（犯罪による収益の移転防止に関する法律（平成19年法律第22号）<u>第30条</u>において準用する場合を含む。）に規定する犯則事件の調査に係る部分に限る。）、第６号、第７号、第９号、第11号、第13号、第16号、第17号、第23号（犯罪による収益の移転防止に関する法律第８条第１項の規定による届出、<u>同条第３項又は第４項</u>の規定による通知、同法<u>第12条第１項又は第13条第１項</u>の規定による提供及び同法<u>第12条第２項</u>の規定による閲覧、謄写又は写しの送付の求めに係る部分に限る。）又は第24号に掲げる場合において行われる手続とする。 別表（第26条、第34条関係） 　一～三　（略） 　四　金融商品取引法の規定による報告若しくは資料の提出の求め若しくは検査（同法第６章の２の規定による課徴金に係る事件についてのものに限る。）、同法第177条の規定による処分、同章第２節の規定による審判手続、同法第187条（投資信託及び投資法人に関する法律第26条第７項（同法第54条第

改正後	改正前
1項において準用する場合を含む。)、第60条第3項、第219条第3項及び第223条第3項において準用する場合を含む。)の規定による処分(金融商品取引法第187条第1項の規定による処分にあっては、同法第192条の規定による申立てについてのものに限る。)又は同法第210条第1項(犯罪による収益の移転防止に関する法律第31条において準用する場合を含む。)に規定する犯則事件の調査が行われるとき。 五～二十二　(略) 二十三　犯罪による収益の移転防止に関する法律第8条第1項の規定による届出、同条第4項若しくは第5項の規定による通知、同法第13条第1項若しくは第14条第1項の規定による提供、同法第13条第2項の規定による閲覧、謄写若しくは写しの送付の求め、同法第15条若しくは第19条第2項の規定による報告若しくは資料の提出の求め又は同法第16条第1項若しくは第19条第3項の規定による立入検査が行われるとき。 二十四～二十六　(略)	1項において準用する場合を含む。)、第60条第3項、第219条第3項及び第223条第3項において準用する場合を含む。)の規定による処分(金融商品取引法第187条第1項の規定による処分にあっては、同法第192条の規定による申立てについてのものに限る。)又は同法第210条第1項(犯罪による収益の移転防止に関する法律第30条において準用する場合を含む。)に規定する犯則事件の調査が行われるとき。 五～二十二　(略) 二十三　犯罪による収益の移転防止に関する法律第8条第1項の規定による届出、同条第3項若しくは第4項の規定による通知、同法第12条第1項若しくは第13条第1項の規定による提供、同法第12条第2項の規定による閲覧、謄写若しくは写しの送付の求め、同法第14条若しくは第18条第2項の規定による報告若しくは資料の提出の求め又は同法第15条第1項若しくは第18条第3項の規定による立入検査が行われるとき。 二十四～二十六　(略)

○金融庁組織令（平成10年政令第392号）

（下線の部分は改正部分）

改 正 後	改 正 前
（検査局の所掌事務） 第4条　検査局は、次に掲げる事務をつかさどる。ただし、第2号に掲げる事務については、証券取引等監視委員会の所掌に属するものを除く。 一　（略） 二　金融商品取引法第56条の2第1項から第4項まで、第57条の10第1項、第57条の23、第57条の26第2項、第66条の22、第66条の45第1項、第75条、第79条の4、第79条の77、第103条の4、第106条の6第1項（同条第2項において準用する場合を含む。）、第106条の16、第106条の20第1項（同条第2項において準用する場合を含む。）、第106条の27（同法第109条において準用する場合を含む。）、第151条、第155条の9、第156条の5の4、第156条の5の8、第156条の15、第156条の20の12、第156条の34、第156条の58及び第156条の80、投資信託及び投資法人に関する法律（昭和26年法律第198号）第22条第1項及び第213条第1項から第4項まで、不当景品類及び不当表示防止法（昭和37年法律第134号）第9条第1項、預金保険法（昭和46年法律第34号）第137条第1項及び第2項、資産の流動化に関する法律（平成10年法律第105号）第217条第1項（同法第209条第2項（同法第286条第1項において準用する場合を含む。）において準用する場合を含む。）並びに犯罪による収益の移	（検査局の所掌事務） 第4条　検査局は、次に掲げる事務をつかさどる。ただし、第2号に掲げる事務については、証券取引等監視委員会の所掌に属するものを除く。 一　（略） 二　金融商品取引法第56条の2第1項から第4項まで、第57条の10第1項、第57条の23、第57条の26第2項、第66条の22、第66条の45第1項、第75条、第79条の4、第79条の77、第103条の4、第106条の6第1項（同条第2項において準用する場合を含む。）、第106条の16、第106条の20第1項（同条第2項において準用する場合を含む。）、第106条の27（同法第109条において準用する場合を含む。）、第151条、第155条の9、第156条の5の4、第156条の5の8、第156条の15、第156条の20の12、第156条の34、第156条の58及び第156条の80、投資信託及び投資法人に関する法律（昭和26年法律第198号）第22条第1項及び第213条第1項から第4項まで、不当景品類及び不当表示防止法（昭和37年法律第134号）第9条第1項、預金保険法（昭和46年法律第34号）第137条第1項及び第2項、資産の流動化に関する法律（平成10年法律第105号）第217条第1項（同法第209条第2項（同法第286条第1項において準用する場合を含む。）において準用する場合を含む。）並びに犯罪による収益の移

改正後	改正前
転防止に関する法律（平成19年法律第22号）<u>第16条第１項</u>の規定に基づく検査に関すること。 三　（略）	転防止に関する法律（平成19年法律第22号）<u>第15条第１項</u>の規定に基づく検査に関すること。 三　（略）

○総務省組織令（平成12年政令第246号）

（下線の部分は改正部分）

改 正 後	改 正 前
（企画課の所掌事務） **第87条** 企画課は、次に掲げる事務をつかさどる。 一～三 （略） 四 日本郵政株式会社法（平成17年法律第98号）第14条第１項、日本郵便株式会社法（平成17年法律第100号）第16条第１項、郵便法（昭和22年法律第165号）第65条第１項及び独立行政法人郵便貯金・簡易生命保険管理機構法（平成17年法律第101号）第31条第１項の規定に基づく検査並びに独立行政法人通則法第64条第１項及び犯罪による収益の移転防止に関する法律（平成19年法律第22号）<u>第16条第１項</u>の規定に基づく独立行政法人郵便貯金・簡易生命保険管理機構の検査に関すること。 五～七 （略）	（企画課の所掌事務） **第87条** 企画課は、次に掲げる事務をつかさどる。 一～三 （略） 四 日本郵政株式会社法（平成17年法律第98号）第14条第１項、日本郵便株式会社法（平成17年法律第100号）第16条第１項、郵便法（昭和22年法律第165号）第65条第１項及び独立行政法人郵便貯金・簡易生命保険管理機構法（平成17年法律第101号）第31条第１項の規定に基づく検査並びに独立行政法人通則法第64条第１項及び犯罪による収益の移転防止に関する法律（平成19年法律第22号）<u>第15条第１項</u>の規定に基づく独立行政法人郵便貯金・簡易生命保険管理機構の検査に関すること。 五～七 （略）

資料3 犯罪による収益の移転防止に関する法律施行規則の一部を改正する命令新旧対照条文

○犯罪による収益の移転防止に関する法律施行規則（平成20年内閣府、総務省、法務省、財務省、厚生労働省、農林水産省、経済産業省、国土交通省令第1号）

（下線の部分は改正部分）

改　正　後	改　正　前
（信託の受益者から除かれる者に係る契約） **第3条**　令第5条に規定する主務省令で定める契約は、次の各号に掲げるものとする。 一～七　（略） 八　公的年金制度の健全性及び信頼性の確保のための厚生年金保険法等の一部を改正する法律（平成25年法律第63号。以下この号において「平成25年厚生年金等改正法」という。）附則第3条第11号に規定する存続厚生年金基金（<u>第18条第2号</u>において「存続厚生年金基金」という。）が締結する平成25年厚生年金等改正法附則第5条第1項の規定によりなおその効力を有するものとされた平成25年厚生年金等改正法第1条の規定による改正前の厚生年金保険法（昭和29年法律第115号。以下この号において「改正前厚生年金保険法」という。）第130条の2第1項及び第2項（平成25年厚生年金等改正法附則第5条第1項の規定によりなおその効力を有するものとされた改正前厚生年金保険法第136条の3第2項において準用する場合を含む。）並びに平成25年厚生年金等改正法附則第5条第1項の規定によりなおその効力を有するものとされた改正前厚生年金保険法第	（信託の受益者から除かれる者に係る契約） **第3条**　令第5条に規定する主務省令で定める契約は、次の各号に掲げるものとする。 一～七　（略） 八　公的年金制度の健全性及び信頼性の確保のための厚生年金保険法等の一部を改正する法律（平成25年法律第63号。以下この号において「平成25年厚生年金等改正法」という。）附則第3条第11号に規定する存続厚生年金基金（<u>第15条第2号</u>において「存続厚生年金基金」という。）が締結する平成25年厚生年金等改正法附則第5条第1項の規定によりなおその効力を有するものとされた平成25年厚生年金等改正法第1条の規定による改正前の厚生年金保険法（昭和29年法律第115号。以下この号において「改正前厚生年金保険法」という。）第130条の2第1項及び第2項（平成25年厚生年金等改正法附則第5条第1項の規定によりなおその効力を有するものとされた改正前厚生年金保険法第136条の3第2項において準用する場合を含む。）並びに平成25年厚生年金等改正法附則第5条第1項の規定によりなおその効力を有するものとされた改正前厚生年金保険法第

改正後	改正前
136条の3第1項第1号及び第5号へに規定する信託の契約、平成25年厚生年金等改正法附則第3条第13号に規定する存続連合会が締結する平成25年厚生年金等改正法附則第38条第1項の規定によりなおその効力を有するものとされた改正前厚生年金保険法第159条の2第1項及び第2項、平成25年厚生年金等改正法附則第38条第1項の規定によりなおその効力を有するものとされた改正前厚生年金保険法第164条第3項において準用する改正前厚生年金保険法第136条の3第1項第1号及び第5号へ並びに平成25年厚生年金等改正法附則第38条第1項の規定によりなおその効力を有するものとされた改正前厚生年金保険法第164条第3項において準用する改正前厚生年金保険法第136条の3第2項において準用する改正前厚生年金保険法第130条の2第2項に規定する信託の契約、企業年金連合会が締結する確定給付企業年金法（平成13年法律第50号）第91条の24において準用する同法第66条第1項の規定による同法第65条第1項第1号及び同法第91条の24において準用する同法第66条第2項に規定する信託の契約、国民年金基金が締結する国民年金法（昭和34年法律第141号）第128条第3項並びに国民年金基金令（平成2年政令第304号）第30条第1項第1号及び第5号へ並びに第2項に規定する信託の契約、国民年金基金連合会が締結する国民年金法第137条の	136条の3第1項第1号及び第5号へに規定する信託の契約、平成25年厚生年金等改正法附則第3条第13号に規定する存続連合会が締結する平成25年厚生年金等改正法附則第38条第1項の規定によりなおその効力を有するものとされた改正前厚生年金保険法第159条の2第1項及び第2項、平成25年厚生年金等改正法附則第38条第1項の規定によりなおその効力を有するものとされた改正前厚生年金保険法第164条第3項において準用する改正前厚生年金保険法第136条の3第1項第1号及び第5号へ並びに平成25年厚生年金等改正法附則第38条第1項の規定によりなおその効力を有するものとされた改正前厚生年金保険法第164条第3項において準用する改正前厚生年金保険法第136条の3第2項において準用する改正前厚生年金保険法第130条の2第2項に規定する信託の契約、企業年金連合会が締結する確定給付企業年金法（平成13年法律第50号）第91条の24において準用する同法第66条第1項の規定による同法第65条第1項第1号及び同法第91条の24において準用する同法第66条第2項に規定する信託の契約、国民年金基金が締結する国民年金法（昭和34年法律第141号）第128条第3項並びに国民年金基金令（平成2年政令第304号）第30条第1項第1号及び第5号へ並びに第2項に規定する信託の契約、国民年金基金連合会が締結する国民年金法第137条の

改正後	改正前
15第4項並びに国民年金基金令第51条第1項において準用する同令第30条第1項第1号及び第5号ヘ並びに第2項に規定する信託の契約並びに年金積立金管理運用独立行政法人が締結する年金積立金管理運用独立行政法人法（平成16年法律第105号）第21条第1項第3号に規定する信託の契約 （簡素な顧客管理を行うことが許容される取引） 第4条　令第7条第1項に規定する簡素な顧客管理を行うことが許容される取引として主務省令で定めるものは、次の各号に掲げる取引とする。 一・二　（略） 三　令第7条第1項第1号トに掲げる取引のうち、次に掲げるものに係るもの 　イ　（略） 　ロ　適格退職年金契約、団体扱い保険（保険契約のうち、被用者の給与等から控除される金銭を保険料とするものをいう。第18条第8号において同じ。）若しくは保険業法施行規則第83条第1号イからホまで若しくは同号リからヲまでに掲げる保険契約又はこれらに相当する共済に係る契約 四～六　（略） 七　令第7条第1項第1号タに掲げる取引のうち、次に掲げるもの 　イ・ロ　（略） 　ハ　電気、ガス又は水道水の料金（電気事業法（昭和39年法律第170号）第2条第1項第3号に規定する小売電気事業者若しく	15第4項並びに国民年金基金令第51条第1項において準用する同令第30条第1項第1号及び第5号ヘ並びに第2項に規定する信託の契約並びに年金積立金管理運用独立行政法人が締結する年金積立金管理運用独立行政法人法（平成16年法律第105号）第21条第1項第3号に規定する信託の契約 （犯罪による収益の移転に利用されるおそれがない取引） 第4条　令第7条第1項に規定する主務省令で定める取引は、次の各号に掲げる取引とする。 一・二　（略） 三　令第7条第1項第1号トに掲げる取引のうち、次に掲げるものに係るもの 　イ　（略） 　ロ　適格退職年金契約、団体扱い保険（保険契約のうち、被用者の給与等から控除される金銭を保険料とするものをいう。第15条第8号において同じ。）若しくは保険業法施行規則第83条第1号イからホまで若しくは同号リからヲまでに掲げる保険契約又はこれらに相当する共済に係る契約 四～六　（略） 七　令第7条第1項第1号タに掲げる取引のうち、次に掲げるもの 　イ・ロ　（略） （新設）

改 正 後	改 正 前
は同項第9号に規定する一般送配電事業者、ガス事業法（昭和29年法律第51号）第2条第2項に規定する一般ガス事業者、同条第4項に規定する簡易ガス事業者、同条第6項に規定するガス導管事業者若しくは同条第9項に規定する大口ガス事業者、水道法（昭和32年法律第177号）第3条第5項に規定する水道事業者又は工業用水道事業法（昭和33年法律第84号）第2条第5項に規定する工業用水道事業者に対し支払われるものに限る。）の支払に係るもの	
ニ　学校教育法（昭和22年法律第26号）第1条に規定する小学校、中学校、義務教育学校、高等学校、中等教育学校、特別支援学校、大学又は高等専門学校に対する入学金、授業料その他これらに類するものの支払に係るもの	（新設）
ホ・ヘ　（略）	ハ・ニ　（略）
八～十三　（略）	八～十三　（略）
2　特定事業者が同一の顧客等との間で二以上の次の各号に掲げる取引を同時に又は連続して行う場合において、当該二以上の取引が1回当たりの取引の金額（第3号に掲げる取引にあっては、賃貸人が賃貸を受ける者から1回に受け取る賃貸料の額）を減少させるために一の当該各号に掲げる取引を分割したものの全部又は一部であることが一見して明らかであるものであるときは、当該2以上の取引を一の取引とみなして、前項の規定を適用する。	（新設）

改正後	改正前
一　現金の受払いをする取引で為替取引又は令第7条第1項第1号タに規定する自己宛小切手の振出しを伴うもののうち、顧客等の預金又は貯金の受入れ又は払戻しのために行うもの 二　現金の受払いをする取引で為替取引を伴うもののうち、商品若しくは権利の代金又は役務の対価の支払のために行われるものであって、当該支払を受ける者により、当該支払を行う顧客等又はその代表者等の、特定金融機関の例に準じた取引時確認並びに確認記録の作成及び保存に相当する措置が行われているもの 三　令第7条第1項第2号に定める取引 <u>3</u>　<u>令第9条第1項に規定する簡素な顧客管理を行うことが許容される取引として主務省令で定めるもの</u>は、次の各号に掲げる取引とする。 一　令第9条第1項に規定する特定受任行為の代理等を行うことを内容とする契約の締結のうち、任意後見契約に関する法律（平成11年法律第150号）第2条第1号に規定する任意後見契約の締結 二　前号に規定する特定受任行為の代理等を行うことを内容とする契約の締結のうち、第1項第13号イ又はロに掲げる取引 **（顧客管理を行う上で特別の注意を要する取引）** **第5条**　令第7条第1項及び第9条第1項に規定する顧客管理を行う上で特別の注意を要するものとして主務省令で定めるものは、次の各号に掲げ	2　令第9条に規定する主務省令で定める取引は、次の各号に掲げる取引とする。 一　令第9条に規定する特定受任行為の代理等を行うことを内容とする契約の締結のうち、任意後見契約に関する法律（平成11年法律第150号）第2条第1号に規定する任意後見契約の締結 二　前号に規定する特定受任行為の代理等を行うことを内容とする契約の締結のうち、前項第13号イ又はロに掲げる取引 （新設）

改正後	改正前
げる取引とする。 二　令第7条第1項に規定する疑わしい取引（第13条第1項及び第17条において「疑わしい取引」という。） 二　同種の取引の態様と著しく異なる態様で行われる取引 **（顧客等の本人特定事項の確認方法）** 第6条　法第4条第1項に規定する主務省令で定める方法のうち同項第1号に掲げる事項に係るものは、次の各号に掲げる顧客等の区分に応じ、それぞれ当該各号に定める方法とする。 一　自然人である顧客等（次号に掲げる者を除く。）　次に掲げる方法のいずれか 　イ　当該顧客等又はその代表者等から当該顧客等の本人確認書類（次条に規定する書類をいう。以下同じ。）のうち同条第1号又は第4号に定めるもの（同条第1号ハからホまでに掲げるものを除く。）の提示（同条第1号ロに掲げる書類（一を限り発行又は発給されたものを除く。ロ及びハにおいて同じ。）の代表者等からの提示を除く。）を受ける方法 　ロ　当該顧客等又はその代表者等から当該顧客等の本人確認書類（次条第1号イに掲げるものを除く。）の提示（同号ロに掲げる書類の提示にあっては、当該書類の代表者等からの提示に限る。）を受けるとともに、当該本人確認書類に記載されている当該顧客等の住居に宛てて、預	**（顧客等の本人特定事項の確認方法）** 第5条　法第4条第1項に規定する主務省令で定める方法のうち同項第1号に掲げる事項に係るものは、次の各号に掲げる顧客等の区分に応じ、それぞれ当該各号に定める方法とする。 一　自然人である顧客等（次号に掲げる者を除く。）　次に掲げる方法のいずれか 　イ　当該顧客等又はその代表者等から当該顧客等の本人確認書類（次条に規定する書類をいう。以下同じ。）のうち同条第1号又は第4号に定めるもの（同条第1号ロ及びトに掲げるものを除く。）の提示（同条第1号ヘに掲げる書類（一を限り発行又は発給されたものを除く。ロにおいて同じ。）の代表者等からの提示を除く。）を受ける方法 　ロ　当該顧客等又はその代表者等から当該顧客等の本人確認書類のうち次条第1号ロ、ヘ又はトに掲げるものの提示（同号ヘに掲げる書類の提示にあっては、当該書類の代表者等からの提示に限る。）を受けるとともに、当該本人確認書類に記載されている当該顧客等の住居に宛てて、預金通帳その他の当該顧客

改正後	改正前
金通帳その他の当該顧客等との取引に係る文書（以下「取引関係文書」という。）を書留郵便若しくはその取扱いにおいて引受け及び配達の記録をする郵便又はこれらに準ずるもの（以下「書留郵便等」という。）により、その取扱いにおいて転送をしない郵便物又はこれに準ずるもの（以下「転送不要郵便物等」という。）として送付する方法	等との取引に係る文書（以下「取引関係文書」という。）を書留郵便若しくはその取扱いにおいて引受け及び配達の記録をする郵便又はこれらに準ずるもの（以下「書留郵便等」という。）により、その取扱いにおいて転送をしない郵便物又はこれに準ずるもの（以下「転送不要郵便物等」という。）として送付する方法
ハ 当該顧客等若しくはその代表者等から当該顧客等の本人確認書類のうち次条第1号ハに掲げるもののいずれか二の書類の提示を受ける方法又は同号ハに掲げる書類及び同号ロ、ニ若しくはホに掲げる書類若しくは当該顧客等の現在の住居の記載がある補完書類（次項に規定する補完書類をいう。ニにおいて同じ。）の提示（同号ロに掲げる書類の提示にあっては、当該書類の代表者等からの提示に限る。）を受ける方法	（新設）
ニ 当該顧客等又はその代表者等から当該顧客等の本人確認書類のうち次条第1号ハに掲げるものの提示を受け、かつ、当該本人確認書類以外の本人確認書類若しくは当該顧客等の現在の住居の記載がある補完書類又はその写しの送付を受けて当該本人確認書類若しくは当該補完書類又はその写し（特定事業者が作成した写しを含む。）を第19条第1項第2号に掲げる方法によ	（新設）

改正後	改正前
り確認記録に添付する方法 ホ　当該顧客等又はその代表者等から当該顧客等の本人確認書類のうち次条第１号若しくは第４号に定めるもの又はその写しの送付を受けて当該本人確認書類又はその写し（特定事業者が作成した写しを含む。）を<u>第19条第１項第２号</u>に掲げる方法により確認記録に添付するとともに、当該本人確認書類又はその写しに記載されている当該顧客等の住居に宛てて、取引関係文書を書留郵便等により、転送不要郵便物等として送付する方法 <u>ヘ</u>　その取扱いにおいて名宛人本人若しくは差出人の指定した名宛人に代わって受け取ることができる者に限り交付する郵便又はこれに準ずるもの（特定事業者に代わって住居を確認し、本人確認書類の提示を受け、並びに<u>第20条第１項第１号</u>、第３号（括弧書を除く。）及び第11号に掲げる事項を当該特定事業者に伝達する措置がとられているものに限る。）により、当該顧客等に対して、取引関係文書を送付する方法 ト　（略） チ　当該顧客等から、<u>電子署名等に係る地方公共団体情報システム機構の認証業務に関する法律</u>（平成14年法律第153号。以下この号において「公的個人認証法」という。）第３条第６項の規定に基づき<u>地方公共団体情報システム機構が発行した署名用</u>	ハ　当該顧客等又はその代表者等から当該顧客等の本人確認書類のうち次条第１号若しくは第４号に定めるもの又はその写しの送付を受けて当該本人確認書類又はその写し（特定事業者が作成した写しを含む。）を<u>第16条第１項第２号</u>に掲げる方法により確認記録に添付するとともに、当該本人確認書類又はその写しに記載されている当該顧客等の住居に宛てて、取引関係文書を書留郵便等により、転送不要郵便物等として送付する方法 ニ　その取扱いにおいて名宛人本人若しくは差出人の指定した名宛人に代わって受け取ることができる者に限り交付する郵便又はこれに準ずるもの（特定事業者に代わって住居を確認し、本人確認書類の提示を受け、並びに<u>第17条第１項第１号</u>、第３号（括弧書を除く。）及び第11号に掲げる事項を当該特定事業者に伝達する措置がとられているものに限る。）により、当該顧客等に対して、取引関係文書を送付する方法 ホ　（略） <u>ヘ</u>　当該顧客等から、<u>電子署名に係る地方公共団体の認証業務に関する法律</u>（平成14年法律第153号。以下この号において「公的個人認証法」という。）第３条第６項の規定に基づき<u>都道府県知事が発行した電子証明書</u>（以下この号において「公的電

改正後	改正前
電子証明書及び当該署名用電子証明書により確認される公的個人認証法第2条第1項に規定する電子署名が行われた特定取引等に関する情報の送信を受ける方法(特定事業者が公的個人認証法第17条第4項に規定する署名検証者である場合に限る。) リ　当該顧客等から、公的個人認証法第17条第1項第5号に掲げる総務大臣の認定を受けた者であって、同条第4項に規定する署名検証者である者が発行し、かつ、当該認定を受けた者が行う特定認証業務(電子署名法第2条第3項に規定する特定認証業務をいう。)の用に供する電子証明書(当該顧客等の氏名、住居及び生年月日の記録のあるものに限り、当該顧客等に係る利用者(電子署名法第2条第2項に規定する利用者をいう。)の真偽の確認が、電子署名及び認証業務に関する法律施行規則(平成13年総務省/法務省/経	子証明書」という。)及び当該公的電子証明書により確認される公的個人認証法第2条第1項に規定する電子署名が行われた特定取引等に関する情報の送信を当該公的電子証明書により確認される同項に規定する電子署名が行われた特定認証業務(電子署名法第2条第3項に規定する特定認証業務をいう。以下この号において同じ。)の利用の申込みに関する情報の送信と同時に受ける方法(特定事業者が公的個人認証法第17条第4項に規定する署名検証者である場合に限る。この場合において、当該特定事業者が同条第1項に規定する行政機関等であるときは、当該申込みに関する情報については送信を受けることを要しない。) ト　当該顧客等から、公的個人認証法第17条第1項に規定する総務大臣の認定を受けた者であって、同条第4項に規定する署名検証者である者が発行し、かつ、当該認定を受けた者が行う特定認証業務の用に供する電子証明書(当該顧客等の氏名、住居及び生年月日の記録のあるものに限り、当該顧客等に係る公的個人認証法第3条第3項に規定する利用者確認が、当該顧客等から、公的電子証明書及びへに規定する申込みに関する情報の送信を受ける方法又は電子署名及び認証業務に関する法律施行規則(平成13年総務省/法務

資料3　497

改正後	改正前
済産業省令第2号）第5条第1項各号に掲げる方法により行われて発行されるものに限る。）及び当該電子証明書により確認される電子署名法第2条第1項に規定する電子署名が行われた特定取引等に関する情報の送信を受ける方法 二　法第4条第1項第1号に規定する外国人である顧客等（第8条第1項第1号に掲げる特定取引等に係る者に限る。）当該顧客等から旅券等（出入国管理及び難民認定法（昭和26年政令第319号）第2条第5号に掲げる旅券又は同条第6号に掲げる乗員手帳をいい、当該顧客等の氏名及び生年月日の記載があるものに限る。以下同じ。）であって、第8条第1項第1号に定める事項の記載があるものの提示を受ける方法 三　法人である顧客等　次に掲げる方法のいずれか 　イ　（略） 　ロ　当該法人の代表者等から本人確認書類のうち次条第2号若しくは第4号に定めるもの又はその写しの送付を受けて当該本人確認書類又はその写し（特定事業者が作成した写しを含む。）を第19条第1項第2号に掲げる方法により確認記録に添付するとともに、当該本人確認書類又はその写しに記載されている当該顧客等の本店、主たる事務所、支店（会社法（平成17年法律第86号）第933条第3項の規定により支店とみなされるもの	省／経済産業省令第2号）第5条第1項各号に規定する方法により行われて発行されるものに限る。）及び当該電子証明書により確認される電子署名法第2条第1項に規定する電子署名が行われた特定取引等に関する情報の送信を受ける方法 二　法第4条第1項第1号に規定する外国人である顧客等（第7条第1項第1号に掲げる特定取引等に係る者に限る。）当該顧客等から旅券等（出入国管理及び難民認定法（昭和26年政令第319号）第2条第5号に掲げる旅券又は同条第6号に掲げる乗員手帳をいい、当該顧客等の氏名及び生年月日の記載があるものに限る。以下同じ。）であって、第7条第1項第1号に定める事項の記載があるものの提示を受ける方法 三　法人である顧客等　次に掲げる方法のいずれか 　イ　（略） 　ロ　当該法人の代表者等から本人確認書類のうち次条第2号若しくは第4号に定めるもの又はその写しの送付を受けて当該本人確認書類又はその写し（特定事業者が作成した写しを含む。）を第16条第1項第2号に掲げる方法により確認記録に添付するとともに、当該本人確認書類又はその写しに記載されている当該顧客等の本店、主たる事務所、支店（会社法（平成17年法律第86号）第933条第3項の規定により支店とみなされるもの

改正後	改正前
を含む。）又は日本に営業所を設けていない外国会社の日本における代表者の住居（以下「本店等」という。）に宛てて、取引関係文書を書留郵便等により、転送不要郵便物等として送付する方法 　ハ　（略） ２　特定事業者は、前項第１号イからホまで又は第３号イ若しくはロに掲げる方法（同項第１号ハに掲げる方法にあっては当該顧客等の現在の住居が記載された次の各号に掲げる書類のいずれか（本人確認書類を除き、領収日付の押印又は発行年月日の記載があるもので、その日が特定事業者が提示又は送付を受ける日前６月以内のものに限る。以下「補完書類」という。）の提示を受ける場合を、同号ニに掲げる方法にあっては当該顧客等の現在の住居が記載された補完書類又はその写しの送付を受けて当該補完書類又はその写し（特定事業者が作成した写しを含む。）を第19条第１項第２号に掲げる方法により確認記録に添付する場合を除く。）により本人特定事項の確認を行う場合において、当該本人確認書類又はその写しに当該顧客等の現在の住居又は本店若しくは主たる事務所の所在地の記載がないときは、当該顧客等又はその代表者等から、当該記載がある当該顧客等の本人確認書類若しくは補完書類の提示を受け、又は当該本人確認書類若しくはその写し若しくは当該補完書類若しくはその写しの送付を受けて当該本人確認書類若しくはその写し	を含む。）又は日本に営業所を設けていない外国会社の日本における代表者の住居（以下「本店等」という。）に宛てて、取引関係文書を書留郵便等により、転送不要郵便物等として送付する方法 　ハ　（略） ２　特定事業者は、前項第１号イからハまで又は第３号イ若しくはロに掲げる方法により本人特定事項の確認を行う場合において、当該本人確認書類又はその写しに当該顧客等の現在の住居又は本店若しくは主たる事務所の所在地の記載がないときは、当該顧客等又はその代表者等から、当該記載がある当該顧客等の本人確認書類若しくは次の各号に掲げる書類のいずれか（本人確認書類を除き、領収日付の押印又は発行年月日の記載があるもので、その日が特定事業者が提示又は送付を受ける日前６月以内のものに限る。以下「補完書類」という。）の提示を受け、又は当該本人確認書類若しくはその写し若しくは当該補完書類若しくはその写しの送付を受けて当該本人確認書類若しくはその写し（特定事業者が作成した写しを含む。）若しくは当該補完書類若しくはその写し（特定事業者が作成した写しを含む。）を第16条第１項第２号に掲げる方法により確認記録に添付することにより、当該顧客等の現在の住居又は本店若しくは主たる事務所の所在地を確認することができる。この場合においては、前項の規定にかかわらず、同項第１号ロ若しくはハ又は第

改正後	改正前
（特定事業者が作成した写しを含む。）若しくは当該補完書類若しくはその写し（特定事業者が作成した写しを含む。）を<u>第19条第１項第２号</u>に掲げる方法により確認記録に添付することにより、当該顧客等の現在の住居又は本店若しくは主たる事務所の所在地を確認することができる。この場合においては、前項の規定にかかわらず、同項第１号ロ<u>若しくはホ又は</u>第３号ロに規定する取引関係文書は、当該本人確認書類若しくは当該補完書類又はその写しに記載されている当該顧客等の住居又は本店等に宛てて送付するものとする。	３号ロに規定する取引関係文書は、当該本人確認書類若しくは当該補完書類又はその写しに記載されている当該顧客等の住居又は本店等に宛てて送付するものとする。
一　国税又は地方税の領収証書又は納税証明書	一　国税又は地方税の領収証書又は納税証明書
二　所得税法第74条第２項に規定する社会保険料の領収証書	二　所得税法第74条第２項に規定する社会保険料の領収証書
三　公共料金（日本国内において供給される電気、ガス及び水道水その他<u>これら</u>に準ずるものに係る料金をいう。）の領収証書	三　公共料金（日本国内において供給される電気、ガス及び水道水その他これに準ずるものに係る料金をいう。）の領収証書
四　当該顧客等が自然人である場合にあっては、前各号に掲げるもののほか、官公庁から発行され、又は発給された書類その他これに類するもので、当該顧客等の氏名及び住居の記載があるもの<u>（国家公安委員会、金融庁長官、総務大臣、法務大臣、財務大臣、厚生労働大臣、農林水産大臣、経済産業大臣及び国土交通大臣が指定するものを除く。）</u>	四　当該顧客等が自然人である場合にあっては、前各号に掲げるもののほか、官公庁から発行され、又は発給された書類その他これに類するもので、当該顧客等の氏名及び住居の記載があるもの
五　日本国政府の承認した外国政府又は権限ある国際機関の発行した書類その他これに類するもので、	五　日本国政府の承認した外国政府又は権限ある国際機関の発行した書類その他これに類するもので、

改正後	改正前
本人確認書類のうち次条第1号又は第2号に定めるものに準ずるもの（当該顧客等が自然人の場合にあってはその氏名及び住居、法人の場合にあってはその名称及び本店又は主たる事務所の所在地の記載があるものに限る。） 3　特定事業者は、第1項第3号ロに掲げる方法により本人特定事項の確認を行う場合においては、当該顧客等の本店等に代えて、当該顧客等の代表者等から、当該顧客等の営業所であると認められる場所の記載がある当該顧客等の本人確認書類若しくは補完書類の提示を受け、又は当該本人確認書類若しくはその写し若しくは当該補完書類若しくはその写しの送付を受けて当該本人確認書類若しくはその写し（特定事業者が作成した写しを含む。）若しくは当該補完書類若しくはその写し（特定事業者が作成した写しを含む。）を第19条第1項第2号に掲げる方法により確認記録に添付するとともに、当該場所に宛てて取引関係文書を送付することができる。 4　特定事業者は、第1項第1号ロ若しくはホ又は第3号ロに掲げる方法により本人特定事項の確認を行う場合においては、取引関係文書を書留郵便等により転送不要郵便物等として送付することに代えて、次の各号に掲げる方法のいずれかによることができる。 　一・二　（略） 　三　当該特定事業者の役職員が、当該顧客等の本人確認書類若しくは補完書類又はその写しに記載され	本人確認書類のうち次条第1号又は第2号に定めるものに準ずるもの（当該顧客等が自然人の場合にあってはその氏名及び住居、法人の場合にあってはその名称及び本店又は主たる事務所の所在地の記載があるものに限る。） 3　特定事業者は、第1項第3号ロに掲げる方法により本人特定事項の確認を行う場合においては、当該顧客等の本店等に代えて、当該顧客等の代表者等から、当該顧客等の営業所であると認められる場所の記載がある当該顧客等の本人確認書類若しくは補完書類の提示を受け、又は当該本人確認書類若しくはその写し若しくは当該補完書類若しくはその写しの送付を受けて当該本人確認書類若しくはその写し（特定事業者が作成した写しを含む。）若しくは当該補完書類若しくはその写し（特定事業者が作成した写しを含む。）を第16条第1項第2号に掲げる方法により確認記録に添付するとともに、当該場所に宛てて取引関係文書を送付することができる。 4　特定事業者は、第1項第1号ロ若しくはハ又は第3号ロに掲げる方法により本人特定事項の確認を行う場合においては、取引関係文書を書留郵便等により転送不要郵便物等として送付することに代えて、次の各号に掲げる方法のいずれかによることができる。 　一・二　（略） 　三　当該特定事業者の役職員が、当該顧客等の本人確認書類若しくは補完書類又はその写しに記載され

改正後	改正前
ている当該顧客等の営業所であると認められる場所に赴いて当該顧客等の代表者等に取引関係文書を交付する方法（当該顧客等の代表者等から、当該本人確認書類若しくは補完書類の提示を受け、又は当該本人確認書類若しくはその写し若しくは当該補完書類若しくはその写しの送付を受けて当該本人確認書類若しくはその写し（特定事業者が作成した写しを含む。）若しくは当該補完書類若しくはその写し（特定事業者が作成した写しを含む。）を<u>第19条第1項第2号</u>に掲げる方法により確認記録に添付する場合に限る。） **（本人確認書類）** <u>第7条</u>　前条第1項に規定する方法において、特定事業者が提示又は送付を受ける書類は、次の各号に掲げる区分に応じ、それぞれ当該各号に定める書類のいずれかとする。ただし、<u>第1号イ及びハに掲げる本人確認書類（特定取引等を行うための申込み又は承諾に係る書類に顧客等が押印した印鑑に係る印鑑登録証明書を除く。）</u>及び第3号に定める本人確認書類並びに有効期間又は有効期限のある<u>第1号ロ及びホ</u>、第2号ロに掲げる本人確認書類並びに第4号に定める本人確認書類にあっては特定事業者が提示又は送付を受ける日において有効なものに、その他の本人確認書類にあっては特定事業者が提示又は送付を受ける日前6月以内に作成されたものに限る。 一　自然人（第3号及び第4号に掲げる者を除く。）　次に掲げる書類	ている当該顧客等の営業所であると認められる場所に赴いて当該顧客等の代表者等に取引関係文書を交付する方法（当該顧客等の代表者等から、当該本人確認書類若しくは補完書類の提示を受け、又は当該本人確認書類若しくはその写し若しくは当該補完書類若しくはその写しの送付を受けて当該本人確認書類若しくはその写し（特定事業者が作成した写しを含む。）若しくは当該補完書類若しくはその写し（特定事業者が作成した写しを含む。）を<u>第16条第1項第2号</u>に掲げる方法により確認記録に添付する場合に限る。） **（本人確認書類）** <u>第6条</u>　前条第1項に規定する方法において、特定事業者が提示又は送付を受ける書類は、次の各号に掲げる区分に応じ、それぞれ当該各号に定める書類のいずれかとする。ただし、<u>第1号ハからホまでに掲げる本人確認書類及び第3号</u>に定める本人確認書類並びに有効期間又は有効期限のある<u>第1号ヘ及びト</u>、第2号ロに掲げる本人確認書類並びに第4号に定める本人確認書類にあっては特定事業者が提示又は送付を受ける日において有効なものに、その他の本人確認書類にあっては特定事業者が提示又は送付を受ける日前6月以内に作成されたものに限る。 一　自然人（第3号及び第4号に掲げる者を除く。）　次に掲げる書類

改正後	改正前
のいずれか （削除）	のいずれか イ　特定取引等を行うための申込み又は承諾に係る書類に顧客等が押印した印鑑に係る印鑑登録証明書
（削除）	ロ　印鑑登録証明書（イに掲げるものを除く。）、戸籍の謄本若しくは抄本（戸籍の附票の写しが添付されているものに限る。）、住民票の写し又は住民票の記載事項証明書（地方公共団体の長の住民基本台帳の氏名、住所その他の事項を証する書類をいう。）
（削除）	ハ　国民健康保険、健康保険、船員保険、後期高齢者医療若しくは介護保険の被保険者証、健康保険日雇特例被保険者手帳、国家公務員共済組合若しくは地方公務員共済組合の組合員証又は私立学校教職員共済制度の加入者証（当該自然人の氏名、住居及び生年月日の記載があるものに限る。）
（削除）	ニ　国民年金法第13条第１項に規定する国民年金手帳、児童扶養手当証書、特別児童扶養手当証書、母子健康手帳、身体障害者手帳、精神障害者保健福祉手帳、療育手帳又は戦傷病者手帳（当該自然人の氏名、住居及び生年月日の記載があるものに限る。）
イ　運転免許証等（道路交通法（昭和35年法律第105号）第92条第１項に規定する運転免許証及び同法第104条の４第５項に規定する運転経歴証明書をい	ホ　運転免許証等（道路交通法（昭和35年法律第105号）第92条第１項に規定する運転免許証及び同法第104条の４第５項に規定する運転経歴証明書をい

改正後	改正前
う。)、出入国管理及び難民認定法第19条の3に規定する在留カード、日本国との平和条約に基づき日本の国籍を離脱した者等の出入国管理に関する特例法（平成3年法律第71号）第7条第1項に規定する特別永住者証明書、行政手続における特定の個人を識別するための番号の利用等に関する法律（平成25年法律第27号）第2条第7項に規定する個人番号カード若しくは旅券又は身体障害者手帳、精神障害者保健福祉手帳、療育手帳若しくは戦傷病者手帳（当該自然人の氏名、住居及び生年月日の記載があるものに限る。）	う。)、出入国管理及び難民認定法第19条の3に規定する在留カード、日本国との平和条約に基づき日本の国籍を離脱した者等の出入国管理に関する特例法（平成3年法律第71号）第7条第1項に規定する特別永住者証明書、<u>住民基本台帳法（昭和42年法律第81号）第30条の44第1項に規定する住民基本台帳カード（当該自然人の氏名、住居及び生年月日の記載があるものに限る。）</u>又は旅券等
<u>ロ</u> イに掲げるもののほか、官公庁から発行され、又は発給された書類その他これに類するもので、当該自然人の氏名、住居及び生年月日の記載があり、かつ、当該官公庁が当該自然人の写真を貼り付けたもの	<u>ヘ</u> イからホまでに掲げるもののほか、官公庁から発行され、又は発給された書類その他これに類するもので、当該自然人の氏名、住居及び生年月日の記載があり、かつ、当該官公庁が当該自然人の写真を貼り付けたもの
<u>ハ 国民健康保険、健康保険、船員保険、後期高齢者医療若しくは介護保険の被保険者証、健康保険日雇特例被保険者手帳、国家公務員共済組合若しくは地方公務員共済組合の組合員証、私立学校教職員共済制度の加入者証、国民年金法第13条第1項に規定する国民年金手帳、児童扶養手当証書、特別児童扶養手当証書若しくは母子健康手帳（当該自然人の氏名、住居及び生年月日の記載があるものに限る。）又は特定取引等を行うための申</u>	（新設）

改正後	改正前
込み若しくは承諾に係る書類に顧客等が押印した印鑑に係る印鑑登録証明書 ニ 印鑑登録証明書（ハに掲げるものを除く。）、戸籍の謄本若しくは抄本（戸籍の附票の写しが添付されているものに限る。）、住民票の写し又は住民票の記載事項証明書（地方公共団体の長の住民基本台帳の氏名、住所その他の事項を証する書類をいう。） ホ イからニまでに掲げるもののほか、官公庁から発行され、又は発給された書類その他これに類するもので、当該自然人の氏名、住居及び生年月日の記載があるもの(国家公安委員会、金融庁長官、総務大臣、法務大臣、財務大臣、厚生労働大臣、農林水産大臣、経済産業大臣及び国土交通大臣が指定するものを除く。) 二〜四　（略） **（本邦内に住居を有しない外国人の住居に代わる本人特定事項等）** **第8条**　（略） 2　前項第１号に掲げる取引を行う場合において、出入国管理及び難民認定法の規定により認められた在留又は上陸に係る旅券又は許可書に記載された期間（第20条第１項第24号において「在留期間等」という。）が90日を超えないと認められるときは、法第４条第１項第１号の本邦内に住居を有しないことに該当するものとする。	（新設） ト イからへまでに掲げるもののほか、官公庁から発行され、又は発給された書類その他これに類するもので、当該自然人の氏名、住居及び生年月日の記載があるもの 二〜四　（略） **（本邦内に住居を有しない外国人の住居に代わる本人特定事項等）** **第7条**　（略） 2　前項第１号に掲げる取引を行う場合において、出入国管理及び難民認定法の規定により認められた在留又は上陸に係る旅券又は許可書に記載された期間（第17条第１項第24号において「在留期間等」という。）が90日を超えないと認められるときは、法第４条第１項第１号の本邦内に住居を有しないことに該当するものとする。

改正後	改正前
(取引を行う目的の確認方法) 第9条 (略) (職業及び事業の内容の確認方法) 第10条 法第4条第1項(同条第5項の規定により読み替えて適用する場合を含む。)に規定する主務省令で定める方法のうち同条第1項第3号に掲げる事項に係るものは、次の各号に掲げる顧客等の区分に応じ、それぞれ当該各号に定める方法とする。 一・二 (略) 三 外国に本店又は主たる事務所を有する法人である顧客等 前号に定めるもののほか、次に掲げる書類のいずれか又はその写しを確認する方法 　イ 外国の法令により当該法人が作成することとされている書類で、当該法人の事業の内容の記載があるもの 　ロ (略) (実質的支配者の確認方法等) 第11条 (略) 2 法第4条第1項第4号及び令第12条第3項第3号に規定する主務省令で定める者(以下「実質的支配者」という。)は、次の各号に掲げる法人の区分に応じ、それぞれ当該各号に定める者とする。 一 株式会社、投資信託及び投資法人に関する法律(昭和26年法律第198号)第2条第12項に規定する投資法人、資産の流動化に関する法律(平成10年法律第105号)第2条第3項に規定する特定目的会社その他のその法人の議決権(会社法第308条第1項その他これに	(取引を行う目的の確認方法) 第8条 (略) (職業及び事業の内容の確認方法) 第9条 法第4条第1項(同条第5項の規定により読み替えて適用する場合を含む。)に規定する主務省令で定める方法のうち同条第1項第3号に掲げる事項に係るものは、次の各号に掲げる顧客等の区分に応じ、それぞれ当該各号に定める方法とする。 一・二 (略) 三 外国に本店又は主たる事務所を有する法人である顧客等 前号に定めるもののほか、次に掲げる書類のいずれか又はその写しを確認する方法 　イ 外国の法令の規定により当該法人が作成することとされている書類で、当該法人の事業の内容の記載があるもの 　ロ (略) (実質的支配者の確認方法等) 第10条 (略) 2 法第4条第1項第4号に規定する主務省令で定める者(以下「実質的支配者」という。)は、次の各号に掲げる法人の区分に応じ、それぞれ当該各号に定める者とする。 一 株式会社、投資信託及び投資法人に関する法律(昭和26年法律第198号)第2条第12項に規定する投資法人、資産の流動化に関する法律(平成10年法律第105号)第2条第3項に規定する特定目的会社その他のその法人の議決権(会社法第308条第1項その他これに

改正後	改正前
準ずる同法以外の法令(外国の法令を含む。)の規定により行使することができないとされる議決権を含み、同法第423条第1項に規定する役員等(会計監査人を除く。)の選任及び定款の変更に関する議案(これらの議案に相当するものを含む。)の全部につき株主総会(これに相当するものを含む。)において議決権を行使することができない株式(これに相当するものを含む。以下この号において同じ。)に係る議決権を除く。以下この条において同じ。)が当該議決権に係る株式の保有数又は当該株式の総数に対する当該株式の保有数の割合に応じて与えられる法人(定款の定めにより当該法人に該当することとなる法人を除く。以下この条及び第14条第3項において「資本多数決法人」という。)のうち、その議決権の総数の4分の1を超える議決権を直接又は間接に有していると認められる自然人(当該資本多数決法人の事業経営を実質的に支配する意思又は能力を有していないことが明らかな場合又は他の自然人が当該資本多数決法人の議決権の総数の2分の1を超える議決権を直接若しくは間接に有している場合を除く。)があるもの 当該自然人 二 資本多数決法人(前号に掲げるものを除く。)のうち、出資、融資、取引その他の関係を通じて当該法人の事業活動に支配的な影響力を有すると認められる自然人が	準ずる同法以外の法令(外国の法令を含む。)の規定により行使することができないとされる議決権を含み、同法第423条第1項に規定する役員等(会計監査人を除く。)の選任及び定款の変更に関する議案(これらの議案に相当するものを含む。)の全部につき株主総会(これに相当するものを含む。)において議決権を行使することができない株式(これに相当するものを含む。以下この号において同じ。)に係る議決権を除く。以下この号において同じ。)が当該議決権に係る株式の保有数又は当該株式の総数に対する当該株式の保有数の割合に応じて与えられる法人(定款の定めにより当該法人に該当することとなる法人を除く。)当該法人の議決権の総数の4分の1を超える議決権を有している者(他の者が当該法人の議決権の総数の2分の1を超える議決権を有している場合を除く。) (新設)

改正後	改正前
あるもの　当該自然人 三　資本多数決法人以外の法人のうち、次のイ又はロに該当する自然人があるもの　当該自然人 　イ　当該法人の事業から生ずる収益又は当該事業に係る財産の総額の4分の1を超える収益の配当又は財産の分配を受ける権利を有していると認められる自然人（当該法人の事業経営を実質的に支配する意思又は能力を有していないことが明らかな場合又は当該法人の事業から生ずる収益若しくは当該事業に係る財産の総額の2分の1を超える収益の配当若しくは財産の分配を受ける権利を有している他の自然人がある場合を除く。） 　ロ　出資、融資、取引その他の関係を通じて当該法人の事業活動に支配的な影響力を有すると認められる自然人 四　前3号に定める者がない法人　当該法人を代表し、その業務を執行する自然人 3　前項第1号の場合において、当該自然人が当該資本多数決法人の議決権の総数の4分の1又は2分の1を超える議決権を直接又は間接に有するかどうかの判定は、次の各号に掲げる割合を合計した割合により行うものとする。 　一　当該自然人が有する当該資本多数決法人の議決権が当該資本多数決法人の議決権の総数に占める割合 　二　当該自然人の支配法人（当該自然人がその議決権の総数の2分の	（新設） 二　前号に掲げる法人以外の法人　当該法人を代表する権限を有している者 （新設）

改正後	改正前
1を超える議決権を有する法人をいう。この場合において、<u>当該自然人及びその一若しくは二以上の支配法人又は当該自然人の一若しくは二以上の支配法人が議決権の総数の2分の1を超える議決権を有する他の法人は、当該自然人の支配法人とみなす。）が有する当該資本多数決法人の議決権が当該資本多数決法人の議決権の総数に占める割合</u> <u>4</u> <u>国等（令第14条第4号に掲げるもの及び第18条第6号から第10号までに掲げるものを除く。）及びその子会社（会社法第2条第3号に規定する子会社をいう。）は、第2項の規定の適用については、自然人とみなす。</u>	（新設）
（代表者等の本人特定事項の確認方法）	（代表者等の本人特定事項の確認方法）
<u>第12条</u> 法第4条第5項の規定により読み替えて適用する同条第1項の規定又は同条第4項（同条第1項に係る部分に限る。）の規定による代表者等の本人特定事項の確認の方法については、<u>第6条第1項</u>（同項第1号に係る部分に限る。）及び第2項の規定を準用する。この場合において、次の表の上欄に掲げる規定中同表の中欄に掲げる字句は、それぞれ同表の下欄に掲げる字句に読み替えるものとする。	<u>第11条</u> 法第4条第5項の規定により読み替えて適用する同条第1項の規定又は同条第4項（同条第1項に係る部分に限る。）の規定による代表者等の本人特定事項の確認の方法については、<u>第5条第1項</u>（同項第1号に係る部分に限る。）及び第2項の規定を準用する。この場合において、次の表の上欄に掲げる規定中同表の中欄に掲げる字句は、それぞれ同表の下欄に掲げる字句に読み替えるものとする。

<u>第6条第1項第1号イ</u>	当該顧客等又はその代表者等から当該顧客等	当該代表者等から当該代表者等
	提示（同条第	提示

第5条第1項第1号イ	当該顧客等又はその代表者等から当該顧客等	当該代表者等から当該代表者等
	提示（同条第	提示

改正後			改正前		
	1号ロに掲げる書類（一を限り発行又は発給されたものを除く。ロ及びハにおいて同じ。）の代表者等からの提示を除く。）			1号ヘに掲げる書類（一を限り発行又は発給されたものを除く。ロにおいて同じ。）の代表者等からの提示を除く。）	
第6条第1項第1号ロ	当該顧客等又はその代表者等	当該代表者等	第5条第1項第1号ロ	当該顧客等又はその代表者等	当該代表者等
	当該顧客等の	当該代表者等の		当該顧客等の	当該代表者等の
	次条第1号イ	次条第1号イ及びロ		次条第1号ロ、ヘ	次条第1号ロ
	提示（同号ロに掲げる書類の提示にあっては、当該書類の代表者等からの提示に限る。）	提示		提示（同号ヘに掲げる書類の提示にあっては、当該書類の代表者等からの提示に限る。）	提示
				当該顧客等との	当該代表者等との
第6条第1項第1号ハ	当該顧客等若しくはその代表者等	当該代表者等	第5条第1項第1号ハ	当該顧客等又はその代表者等	当該代表者等
	当該顧客等の	当該代表者等の		当該顧客等の	当該代表者等の
	同号ロ、ニ	同号ニ	第5条第1項第1号ニからトまで	当該顧客等	当該代表者等

改正後			改正前		
	提示（同号ロに掲げる書類の提示にあっては、当該書類の代表者等からの提示に限る。）	提示	第5条第2項	<u>当該顧客等の</u>	<u>当該代表者等の</u>
第6条第1項第1号ニ及びホ	<u>当該顧客等又はその代表者等</u>	<u>当該代表者等</u>		<u>当該顧客等又はその代表者等</u>	<u>当該代表者等</u>
	<u>当該顧客等の</u>	<u>当該代表者等の</u>		<u>当該顧客等が</u>	<u>当該代表者等が</u>
第6条第1項第1号ヘからリまで	<u>当該顧客等</u>	<u>当該代表者等</u>			
第6条第2項各号列記以外の部分	<u>当該顧客等の</u>	<u>当該代表者等の</u>			
	<u>当該顧客等又はその代表者等</u>	<u>当該代表者等</u>			
第6条第2項第4号	<u>当該顧客等が自然人である場合にあっては、前各号</u>	前各号			
	<u>当該顧客等の</u>	<u>当該代表者等の</u>			
第6条第2項第5号	<u>当該顧客等が自然人の場合にあってはその氏名及び住居、法人の場</u>	<u>当該代表者等の氏名及び住居</u>			

改正後	改正前
合にあってはその名称及び本店又は主たる事務所の所在地	
2　特定事業者は、前項において準用する第6条第1項第1号ロ、ホ及びヘに掲げる方法により本人特定事項の確認を行う場合においては、当該代表者等の住居に代えて、当該代表者等から、当該代表者等に係る顧客等（国等（人格のない社団又は財団、令第14条第4号に掲げるもの及び第18条第6号から第10号までに掲げるものを除く。）に限る。次項第3号において同じ。）の本店等若しくは営業所若しくは当該代表者等が所属する官公署であると認められる場所の記載がある当該顧客等若しくは当該代表者等の本人確認書類若しくは補完書類の提示を受け、又は当該本人確認書類若しくはその写し若しくは当該補完書類若しくはその写しの送付を受けて当該本人確認書類若しくはその写し（特定事業者が作成した写しを含む。）若しくは当該補完書類若しくはその写し（特定事業者が作成した写しを含む。）を第19条第1項第2号に掲げる方法により確認記録に添付するとともに、当該場所に宛てて取引関係文書を送付することができる。	2　特定事業者は、前項において準用する第5条第1項第1号ロからニまでに掲げる方法により本人特定事項の確認を行う場合においては、当該代表者等の住居に代えて、当該代表者等から、当該代表者等に係る顧客等（国等（人格のない社団又は財団、令第14条第4号に掲げるもの及び第15条第6号から第10号までに掲げるものを除く。）に限る。次項第3号において同じ。）の本店等若しくは営業所若しくは当該代表者等が所属する官公署であると認められる場所の記載がある当該顧客等若しくは当該代表者等の本人確認書類若しくは補完書類の提示を受け、又は当該本人確認書類若しくはその写し若しくは当該補完書類若しくはその写しの送付を受けて当該本人確認書類若しくはその写し（特定事業者が作成した写しを含む。）若しくは当該補完書類若しくはその写し（特定事業者が作成した写しを含む。）を第16条第1項第2号に掲げる方法により確認記録に添付するとともに、当該場所に宛てて取引関係文書を送付することができる。
3　特定事業者は、第1項において準用する第6条第1項第1号ロ又はホに掲げる方法により本人特定事項の確認を行う場合においては、取引関係文書を書留郵便等により転送不要	3　特定事業者は、第1項において準用する第5条第1項第1号ロ又はハに掲げる方法により本人特定事項の確認を行う場合においては、取引関係文書を書留郵便等により転送不要

改正後	改正前
郵便物等として送付することに代えて、次の各号に掲げる方法のいずれかによることができる。 一　（略） 二　当該特定事業者の役職員が、当該代表者等の本人確認書類若しくは補完書類又はその写しに記載されている当該代表者等の住居に赴いて当該代表者等に取引関係文書を交付する方法（当該本人確認書類若しくは補完書類又はその写しを用いて第1項において準用する<u>第6条第2項</u>の規定により当該代表者等の現在の住居を確認した場合に限る。） 三　当該特定事業者の役職員が、当該代表者等に係る顧客等又は当該代表者等の本人確認書類若しくは補完書類又はその写しに記載されている当該顧客等の本店等若しくは営業所又は当該代表者等が所属する官公署であると認められる場所に赴いて当該代表者等に取引関係文書を交付する方法（当該代表者等から、当該本人確認書類若しくは補完書類の提示を受け、又は当該本人確認書類若しくはその写し若しくは当該補完書類若しくはその写しの送付を受けて当該本人確認書類若しくはその写し（特定事業者が作成した写しを含む。）若しくは当該補完書類若しくはその写し（特定事業者が作成した写しを含む。）を<u>第19条第1項第2号</u>に掲げる方法により確認記録に添付する場合に限る。） 4　第1項の代表者等は、次の各号に掲げる場合においては、それぞれ当	郵便物等として送付することに代えて、次の各号に掲げる方法のいずれかによることができる。 一　（略） 二　当該特定事業者の役職員が、当該代表者等の本人確認書類若しくは補完書類又はその写しに記載されている当該代表者等の住居に赴いて当該代表者等に取引関係文書を交付する方法（当該本人確認書類若しくは補完書類又はその写しを用いて第1項において準用する<u>第5条第2項</u>の規定により当該代表者等の現在の住居を確認した場合に限る。） 三　当該特定事業者の役職員が、当該代表者等に係る顧客等又は当該代表者等の本人確認書類若しくは補完書類又はその写しに記載されている当該顧客等の本店等若しくは営業所又は当該代表者等が所属する官公署であると認められる場所に赴いて当該代表者等に取引関係文書を交付する方法（当該代表者等から、当該本人確認書類若しくは補完書類の提示を受け、又は当該本人確認書類若しくはその写し若しくは当該補完書類若しくはその写しの送付を受けて当該本人確認書類若しくはその写し（特定事業者が作成した写しを含む。）若しくは当該補完書類若しくはその写し（特定事業者が作成した写しを含む。）を<u>第16条第1項第2号</u>に掲げる方法により確認記録に添付する場合に限る。） 4　第1項の代表者等は、次の各号に掲げる場合においては、それぞれ当

改正後	改正前
該各号に該当することにより当該顧客等のために特定取引等の任に当たっていると認められる代表者等をいうものとする。 一　顧客等が自然人である場合　次のいずれかに該当すること。 　イ〜ハ　（略） 　ニ　イからハまでに掲げるもののほか、特定事業者（令第13条第1項第1号に掲げる取引にあっては、同号に規定する他の特定事業者。<u>次号ニ及び第16条第2項</u>において同じ。）が当該顧客等と当該代表者等との関係を認識していることその他の理由により当該代表者等が当該顧客等のために当該特定取引等の任に当たっていることが明らかであること。 二　前号に掲げる場合以外の場合（顧客等が人格のない社団又は財団である場合を除く。）次のいずれかに該当すること。 　イ　（略） 　（削除） 　<u>ロ</u>　当該代表者等が、<u>当該顧客等を代表する権限を有する役員として登記されていること。</u> 　<u>ハ</u>　（略） 　<u>ニ</u>　イから<u>ハ</u>までに掲げるもののほか、特定事業者が当該顧客等と当該代表者等との関係を認識していることその他の理由によ	該各号に該当することにより当該顧客等のために特定取引等の任に当たっていると認められる代表者等をいうものとする。 一　顧客等が自然人である場合　次のいずれかに該当すること。 　イ〜ハ　（略） 　ニ　イからハまでに掲げるもののほか、特定事業者（令第13条第1項第1号に掲げる取引にあっては、同号に規定する他の特定事業者。<u>次号ホ及び第14条第2項</u>において同じ。）が当該顧客等と当該代表者等との関係を認識していることその他の理由により当該代表者等が当該顧客等のために当該特定取引等の任に当たっていることが明らかであること。 二　前号に掲げる場合以外の場合（顧客等が人格のない社団又は財団である場合を除く。）次のいずれかに該当すること。 　イ　（略） 　<u>ロ</u>　<u>当該代表者等が、当該顧客等が発行した身分証明書その他の当該顧客等の役職員であることを示す書面（当該代表者等の氏名の記載があるものに限る。）を有していること。</u> 　<u>ハ</u>　当該代表者等が、当該顧客等の役員として登記されていること。 　<u>ニ</u>　（略） 　<u>ホ</u>　イから<u>ニ</u>までに掲げるもののほか、特定事業者が当該顧客等と当該代表者等との関係を認識していることその他の理由によ

改正後	改正前
り当該代表者等が当該顧客等のために当該特定取引等の任に当たっていることが明らかであること。 （法第4条第1項に規定する取引に際して行う確認の方法の特例） 第13条　第6条、第9条、第10条、第11条第1項及び前条の規定にかかわらず、特定事業者は、次の各号に掲げる方法のいずれかにより法第4条第1項（同条第5項の規定により読み替えて適用する場合を含む。）又は第4項（同条第1項に係る部分に限る。）の規定による確認を行うことができる。ただし、取引の相手方が当該各号に規定する取引時確認若しくは相当する確認に係る顧客等若しくは代表者等になりすましている疑いがある取引、当該取引時確認若しくは相当する確認が行われた際に当該取引時確認若しくは相当する確認に係る事項を偽っていた疑いがある顧客等若しくは代表者等（その代表者等が当該事項を偽っていた疑いがある顧客等又は代表者等を含む。）との間における取引、疑わしい取引又は同種の取引の態様と著しく異なる態様で行われる取引を行う場合は、この限りでない。 一・二　（略） 三　当該特定事業者が、法第4条第1項（同条第5項の規定により読み替えて適用する場合を含む。）及び第4項（同条第1項に係る部分に限る。）の規定による確認に相当する確認（当該確認について確認記録に相当する記録の作成及び保存をしている場合におけるも	り当該代表者等が当該顧客等のために当該特定取引等の任に当たっていることが明らかであること。 （法第4条第1項に規定する取引に際して行う確認の方法の特例） 第12条　第5条、第8条、第9条、第10条第1項及び前条の規定にかかわらず、特定事業者は、次の各号に掲げる方法のいずれかにより法第4条第1項（同条第5項の規定により読み替えて適用する場合を含む。）又は第4項（同条第1項に係る部分に限る。）の規定による確認を行うことができる。ただし、取引の相手方が当該各号に規定する取引時確認若しくは相当する確認に係る顧客等若しくは代表者等になりすましている疑いがある取引又は当該取引時確認若しくは相当する確認が行われた際に当該取引時確認若しくは相当する確認に係る事項を偽っていた疑いがある顧客等若しくは代表者等（その代表者等が当該事項を偽っていた疑いがある顧客等又は代表者等を含む。）との間における取引を行う場合は、この限りでない。 一・二　（略） 三　当該特定事業者が、法第4条第1項（同条第5項の規定により読み替えて適用する場合を含む。）及び第4項（同条第1項に係る部分に限る。）の規定による確認に相当する確認（当該確認について確認記録に相当する記録の作成及び保存をしている場合におけるも

改 正 後	改 正 前
のに限る。）を行っている顧客等又は代表者等については、<u>第16条</u>に定める方法に相当する方法により既に当該確認を行っていることを確認するとともに、当該記録を確認記録として保存する方法 2　（略） （厳格な顧客管理を行う必要性が特に高いと認められる取引に際して行う確認の方法） <u>第14条</u>　法第4条第2項（同条第5項の規定により読み替えて適用する場合を含む。）又は第4項（同条第2項に係る部分に限る。）の規定による顧客等又は代表者等の本人特定事項の確認の方法は、次の各号に掲げる方法とする。この場合において、同条第2項第1号に掲げる取引に際して当該確認（第1号に掲げる方法が第2号ロに掲げる方法によるもの（関連取引時確認が、同項に規定する取引に際して行われたものであって、第1号に掲げる方法が第2号ロに掲げる方法によるものである場合におけるものを除く。）を除く。）を行うときは、関連取引時確認において用いた本人確認書類（その写しを用いたものを含む。）及び補完書類（その写しを用いたものを含む。）以外の本人確認書類若しくは補完書類又はその写しの少なくとも一を用いるものとする。 一　<u>第6条又は第12条に規定する方法</u> 二　次のイ又はロに掲げる前号に掲げる方法の区分に応じ、それぞれ当該イ又はロに定める方法 　イ　<u>第6条第1項第1号イからヘ</u>	のに限る。）を行っている顧客等又は代表者等については、<u>第14条</u>に定める方法に相当する方法により既に当該確認を行っていることを確認するとともに、当該記録を確認記録として保存する方法 2　（略） （厳格な顧客管理を行う必要性が特に高いと認められる取引に際して行う確認の方法） <u>第13条</u>　法第4条第2項（同条第5項の規定により読み替えて適用する場合を含む。）又は第4項（同条第2項に係る部分に限る。）の規定による顧客等又は代表者等の本人特定事項の確認の方法は、次の各号に掲げる方法とする。この場合において、同条第2項第1号に掲げる取引に際して当該確認（第1号に掲げる方法が第2号ロに掲げる方法によるもの（関連取引時確認が、同項に規定する取引に際して行われたものであって、第1号に掲げる方法が第2号ロに掲げる方法によるものである場合におけるものを除く。）を除く。）を行うときは、関連取引時確認において用いた本人確認書類（その写しを用いたものを含む。）及び補完書類（その写しを用いたものを含む。）以外の本人確認書類若しくは補完書類又はその写しの少なくとも一を用いるものとする。 一　<u>第5条又は第11条に規定する方法</u> 二　次のイ又はロに掲げる前号に掲げる方法の区分に応じ、それぞれ当該イ又はロに定める方法 　イ　<u>第5条第1項第1号イからニ</u>

改正後	改正前
まで(これらの規定を<u>第12条第1項</u>において準用する場合を含む。)、第2号並びに第3号イ及びロに掲げる方法　当該顧客等又は当該代表者等から、当該顧客等若しくは当該代表者等の住居若しくは本店若しくは主たる事務所の所在地の記載がある当該顧客等若しくは当該代表者等の本人確認書類(当該方法において用いたもの(その写しを用いたものを含む。)を除く。)若しくは補完書類(当該方法において用いたもの(その写しを用いたものを含む。)を除く。)の提示を受け、又は当該本人確認書類若しくはその写し若しくは当該補完書類若しくはその写しの送付を受けて当該本人確認書類若しくはその写し(特定事業者が作成した写しを含む。)若しくは当該補完書類若しくはその写し(特定事業者が作成した写しを含む。)を<u>第19条第1項第2号</u>に掲げる方法により確認記録に添付する方法 ロ　第6条第1項第1号トからリまで(これらの規定を<u>第12条第1項</u>において準用する場合を含む。)及び第3号ハに掲げる方法　当該顧客等又は当該代表者等から、当該顧客等若しくは当該代表者等の本人確認書類の提示を受け、又は当該本人確認書類若しくはその写しの送付を受けて当該本人確認書類若しくはその写し(特定事業者が作成した写しを含む。)を<u>第19条第1</u>	まで(これらの規定を<u>第11条第1項</u>において準用する場合を含む。)、第2号並びに第3号イ及びロに掲げる方法　当該顧客等又は当該代表者等から、当該顧客等若しくは当該代表者等の住居若しくは本店若しくは主たる事務所の所在地の記載がある当該顧客等若しくは当該代表者等の本人確認書類(当該方法において用いたもの(その写しを用いたものを含む。)を除く。)若しくは補完書類(当該方法において用いたもの(その写しを用いたものを含む。)を除く。)の提示を受け、又は当該本人確認書類若しくはその写し若しくは当該補完書類若しくはその写しの送付を受けて当該本人確認書類若しくはその写し(特定事業者が作成した写しを含む。)若しくは当該補完書類若しくはその写し(特定事業者が作成した写しを含む。)を<u>第16条第1項第2号</u>に掲げる方法により確認記録に添付する方法 ロ　第5条第1項第1号ホからトまで(これらの規定を<u>第11条第1項</u>において準用する場合を含む。)及び第3号ハに掲げる方法　当該顧客等又は当該代表者等から、当該顧客等若しくは当該代表者等の本人確認書類の提示を受け、又は当該本人確認書類若しくはその写しの送付を受けて当該本人確認書類若しくはその写し(特定事業者が作成した写しを含む。)を<u>第16条第1</u>

改正後	改正前
項第2号に掲げる方法により確認記録に添付する方法（当該本人確認書類又はその写しに当該顧客等又は当該代表者等の現在の住居又は本店若しくは主たる事務所の所在地の記載がないときは、当該方法に加え、当該顧客等又は当該代表者等から、当該記載がある当該顧客等若しくは当該代表者等の補完書類の提示を受け、又は当該補完書類若しくはその写しの送付を受けて当該補完書類若しくはその写し（特定事業者が作成した写しを含む。）を同号に掲げる方法により確認記録に添付する方法） 2 法第4条第2項（同条第5項の規定により読み替えて適用する場合を含む。）の規定による同条第1項第2号及び第3号に掲げる事項の確認の方法は、<u>第9条及び第10条</u>に規定する方法とする。 3 法第4条第2項の規定による同条第1項第4号に掲げる事項の確認の方法は、次の各号に掲げる法人の区分に応じ、それぞれ当該各号に定める書類又はその写しを確認し、<u>かつ、当該顧客等の代表者等から申告を受ける</u>方法とする。 一 <u>資本多数決法人</u> 株主名簿、金	項第2号に掲げる方法により確認記録に添付する方法（当該本人確認書類又はその写しに当該顧客等又は当該代表者等の現在の住居又は本店若しくは主たる事務所の所在地の記載がないときは、当該方法に加え、当該顧客等又は当該代表者等から、当該記載がある当該顧客等若しくは当該代表者等の補完書類の提示を受け、又は当該補完書類若しくはその写しの送付を受けて当該補完書類若しくはその写し（特定事業者が作成した写しを含む。）を同号に掲げる方法により確認記録に添付する方法） 2 法第4条第2項（同条第5項の規定により読み替えて適用する場合を含む。）の規定による同条第1項第2号及び第3号に掲げる事項の確認の方法は、<u>第8条及び第9条</u>に規定する方法とする。 3 法第4条第2項の規定による同条第1項第4号に掲げる事項の確認の方法は、次の各号に掲げる法人の区分に応じ、それぞれ当該各号に定める書類又はその写し<u>及び当該各号に掲げる法人に実質的支配者がある場合にあっては、当該実質的支配者の本人確認書類又はその写し（当該本人確認書類又はその写しに当該実質的支配者の現在の住居又は本店若しくは主たる事務所の所在地の記載がないときは、当該本人確認書類又はその写し及び当該記載がある当該実質的支配者の補完書類又はその写し）</u>を確認する方法とする。 一 第10条第2項第1号に掲げる法

改 正 後	改 正 前
融商品取引法第24条第１項に規定する有価証券報告書その他これらに類する当該法人の議決権の保有状況を示す書類 二　資本多数決法人以外の法人　次に掲げる書類（有効期間又は有効期限のあるものにあっては特定事業者が確認する日において有効なものに、その他のものにあっては特定事業者が確認する日前６月以内に作成されたものに限る。）のいずれか 　　イ～ハ　（略） ４　（略） **（外国政府等において重要な地位を占める者）** **第15条**　令第12条第３項第１号に規定する主務省令で定める者は、外国において次の各号に掲げる職にある者とする。 　一　我が国における内閣総理大臣その他の国務大臣及び副大臣に相当する職 　二　我が国における衆議院議長、衆議院副議長、参議院議長又は参議院副議長に相当する職 　三　我が国における最高裁判所の裁判官に相当する職 　四　我が国における特命全権大使、特命全権公使、特派大使、政府代表又は全権委員に相当する職 　五　我が国における統合幕僚長、統合幕僚副長、陸上幕僚長、陸上幕僚副長、海上幕僚長、海上幕僚副長、航空幕僚長又は航空幕僚副長に相当する職 　六　中央銀行の役員 　七　予算について国会の議決を経、	人　株主名簿、金融商品取引法第24条第１項に規定する有価証券報告書その他これらに類する当該法人の議決権の保有状況を示す書類 二　第10条第２項第２号に掲げる法人　次に掲げる書類（有効期間又は有効期限のあるものにあっては特定事業者が確認する日において有効なものに、その他のものにあっては特定事業者が確認する日前６月以内に作成されたものに限る。）のいずれか 　　イ～ハ　（略） ４　（略） （新設）

改正後	改正前
<u>又は承認を受けなければならない法人の役員</u> （顧客等について既に取引時確認を行っていることを確認する方法） <u>第16条</u>　令第13条第2項に規定する主務省令で定める方法は、次の各号に掲げることのいずれかにより顧客等（国等である場合にあっては、その代表者等又は当該国等（人格のない社団又は財団を除く。）。以下この条において同じ。）が確認記録に記録されている顧客等と同一であることを確認するとともに、当該確認を行った取引に係る<u>第24条第1号から第3号</u>までに掲げる事項を記録し、当該記録を当該取引の行われた日から7年間保存する方法とする。 　一・二　（略） 2　（略） **（令第13条第2項に規定する主務省令で定める取引）** **第17条**　令第13条第2項に規定する主務省令で定める取引は、<u>当該特定事業者（同条第1項第1号に掲げる取引にあっては、同号に規定する他の特定事業者）が前条に規定する方法によりその顧客等が既に取引時確認を行っている顧客等であることを確かめる措置をとった取引の相手方が当該取引時確認に係る顧客等又は代表者等になりすましている疑いがある取引、当該取引時確認が行われた際に当該取引時確認に係る事項を偽っていた疑いがある顧客等（その代表者等が当該事項を偽っていた疑いがある顧客等を含む。）との間で行う取引、疑わしい取引及び同種の取引の態様と著しく異なる態様で行わ</u>	（顧客等について既に取引時確認を行っていることを確認する方法） 第14条　令第13条第2項に規定する主務省令で定める方法は、次の各号に掲げることのいずれかにより顧客等（国等である場合にあっては、その代表者等又は当該国等（人格のない社団又は財団を除く。）。以下この条において同じ。）が確認記録に記録されている顧客等と同一であることを確認するとともに、当該確認を行った取引に係る<u>第21条第1号</u>から第3号までに掲げる事項を記録し、当該記録を当該取引の行われた日から7年間保存する方法とする。 　一・二　（略） 2　（略） （新設）

改正後	改正前
れる取引とする。 （国等に準ずる者） **第18条** （略） （確認記録の作成方法） **第19条** 法第6条第1項に規定する主務省令で定める方法は、次の各号に掲げる方法とする。 一　（略） 二　次のイから**ヘ**までに掲げる場合に応じ、それぞれ当該イから**ヘ**までに定めるもの（以下「添付資料」という。）を文書、電磁的記録又はマイクロフィルム（**ハ**に掲げる場合にあっては、電磁的記録に限る。）を用いて確認記録に添付する方法 　イ　第6条第1項第1号ニ（第12条第1項において準用する場合を含む。）に掲げる方法により本人特定事項の確認を行ったとき　当該送付を受けた本人確認書類若しくは補完書類又はその写し 　ロ　第6条第1項第1号ホ（第12条第1項において準用する場合を含む。）又は第3号ロに掲げる方法により本人特定事項の確認を行ったとき　当該本人確認書類又はその写し 　ハ　第6条第1項第1号トからリまで（これらの規定を第12条第1項において準用する場合を含む。）又は第3号ハに掲げる方法により本人特定事項の確認を行ったとき　当該方法により本人特定事項の確認を行ったことを証するに足りる電磁的記録 　ニ　本人確認書類若しくは補完	（国等に準ずる者） **第15条** （略） （確認記録の作成方法） **第16条** 法第6条第1項に規定する主務省令で定める方法は、次の各号に掲げる方法とする。 一　（略） 二　次のイからホまでに掲げる場合に応じ、それぞれ当該イからホまでに定めるもの（以下「添付資料」という。）を文書、電磁的記録又はマイクロフィルム（ロに掲げる場合にあっては、電磁的記録に限る。）を用いて確認記録に添付する方法 　（新設） 　イ　第5条第1項第1号ハ（第11条第1項において準用する場合を含む。）又は第3号ロに掲げる方法により本人特定事項の確認を行ったとき　当該本人確認書類又はその写し 　ロ　第5条第1項第1号ホからトまで（これらの規定を第11条第1項において準用する場合を含む。）又は第3号ハに掲げる方法により本人特定事項の確認を行ったとき　当該方法により本人特定事項の確認を行ったことを証するに足りる電磁的記録 　ハ　本人確認書類若しくは補完

改正後	改正前
類又はその写しの送付を受けることにより第6条第2項（第12条第1項において準用する場合を含む。）の規定により顧客等若しくは代表者等の現在の住居又は本店若しくは主たる事務所の所在地の確認を行ったとき　当該本人確認書類若しくは補完書類又はその写し 　ホ　本人確認書類若しくは補完書類又はその写しの送付を受けることにより、第6条第3項若しくは第12条第2項の規定により当該各項に規定する場所に宛てて取引関係文書を送付したとき又は第6条第4項若しくは第12条第3項の規定により第6条第4項第3号若しくは第12条第3項第3号に規定する場所に赴いて取引関係文書を交付したとき　当該本人確認書類若しくは補完書類又はその写し 　ヘ　本人確認書類若しくは補完書類又はその写しの送付を受けることにより第14条第1項第2号に掲げる方法により本人特定事項の確認を行ったとき　当該本人確認書類若しくは補完書類又はその写し 2　（略） （確認記録の記録事項） 第20条　法第6条第1項に規定する主務省令で定める事項は、次の各号に掲げるものとする。 　一・二　（略） 　三　顧客等又は代表者等の本人特定事項の確認のために本人確認書類又は補完書類の提示を受けたとき	類又はその写しの送付を受けることにより第5条第2項（第11条第1項において準用する場合を含む。）の規定により顧客等若しくは代表者等の現在の住居又は本店若しくは主たる事務所の所在地の確認を行ったとき　当該本人確認書類若しくは補完書類又はその写し 　ニ　本人確認書類若しくは補完書類又はその写しの送付を受けることにより、第5条第3項若しくは第11条第2項の規定により当該各項に規定する場所に宛てて取引関係文書を送付したとき又は第5条第4項若しくは第11条第3項の規定により第5条第4項第3号若しくは第11条第3項第3号に規定する場所に赴いて取引関係文書を交付したとき　当該本人確認書類若しくは補完書類又はその写し 　ホ　本人確認書類若しくは補完書類又はその写しの送付を受けることにより第13条第1項第2号に掲げる方法により本人特定事項の確認を行ったとき　当該本人確認書類若しくは補完書類又はその写し 2　（略） （確認記録の記録事項） 第17条　法第6条第1項に規定する主務省令で定める事項は、次の各号に掲げるものとする。 　一・二　（略） 　三　顧客等又は代表者等の本人特定事項の確認のために本人確認書類の提示を受けたとき（第13条第1

改正後	改正前
(第14条第1項第2号に掲げる方法において本人確認書類又は補完書類の提示を受けたときを除く。)は、当該提示を受けた日付及び時刻(当該提示を受けた本人確認書類又は補完書類の写しを確認記録に添付し、確認記録と共に次条第1項に定める日から7年間保存する場合にあっては、日付に限る。) 四　顧客等又は代表者等の本人特定事項の確認のために本人確認書類若しくは補完書類又はその写しの送付を受けたとき(第14条第1項第2号に掲げる方法において本人確認書類若しくは補完書類又はその写しの送付を受けたときを除く。)は、当該送付を受けた日付 五　第6条第1項第1号ロ、ホ及びヘ(これらの規定を第12条第1項において準用する場合を含む。)又は第3号ロに掲げる方法により顧客等又は代表者等の本人特定事項の確認を行ったときは、特定事業者が取引関係文書を送付した日付 六　第6条第4項又は第12条第3項の規定により顧客等又は代表者等の本人特定事項の確認を行ったときは、当該各項に規定する交付を行った日付 七　第14条第1項第2号に掲げる方法において本人確認書類若しくは補完書類の提示を受け、又は本人確認書類若しくはその写し若しくは補完書類若しくはその写しの送付を受けたときは、当該提示又は当該送付を受けた日付 八～十一　(略)	項第2号に掲げる方法において本人確認書類の提示を受けたときを除く。)は、当該提示を受けた日付及び時刻(当該提示を受けた本人確認書類の写しを確認記録に添付し、確認記録と共に次条第1項に定める日から7年間保存する場合にあっては、日付に限る。) 四　顧客等又は代表者等の本人特定事項の確認のために本人確認書類又はその写しの送付を受けたとき(第13条第1項第2号に掲げる方法において本人確認書類又はその写しの送付を受けたときを除く。)は、当該送付を受けた日付 五　第5条第1項第1号ロからニまで(これらの規定を第11条第1項において準用する場合を含む。)又は第3号ロに掲げる方法により顧客等又は代表者等の本人特定事項の確認を行ったときは、特定事業者が取引関係文書を送付した日付 六　第5条第4項又は第11条第3項の規定により顧客等又は代表者等の本人特定事項の確認を行ったときは、当該各項に規定する交付を行った日付 七　第13条第1項第2号に掲げる方法において本人確認書類若しくは補完書類の提示を受け、又は本人確認書類若しくはその写し若しくは補完書類若しくはその写しの送付を受けたときは、当該提示又は当該送付を受けた日付 八～十一　(略)

改正後	改正前
十二　本人確認書類又は補完書類の提示を受けることにより<u>第6条第2項（第12条第1項</u>において準用する場合を含む。）の規定により顧客等又は代表者等の現在の住居又は本店若しくは主たる事務所の所在地の確認を行ったときは、当該本人確認書類又は補完書類の名称、記号番号その他の当該本人確認書類又は補完書類を特定するに足りる事項	十二　本人確認書類又は補完書類の提示を受けることにより<u>第5条第2項（第11条第1項</u>において準用する場合を含む。）の規定により顧客等又は代表者等の現在の住居又は本店若しくは主たる事務所の所在地の確認を行ったときは、当該本人確認書類又は補完書類の名称、記号番号その他の当該本人確認書類又は補完書類を特定するに足りる事項
十三　本人確認書類又は補完書類の提示を受けることにより、<u>第6条第3項若しくは第12条第2項</u>の規定により当該各項に規定する場所に宛てて取引関係文書を送付したとき又は<u>第6条第4項若しくは第12条第3項</u>の規定により<u>第6条第4項第3号若しくは第12条第3項第3号</u>に規定する場所に赴いて取引関係文書を交付したときは、営業所の名称、所在地その他の当該場所を特定するに足りる事項及び当該本人確認書類又は補完書類の名称、記号番号その他の当該本人確認書類又は補完書類を特定するに足りる事項	十三　本人確認書類又は補完書類の提示を受けることにより、<u>第5条第3項若しくは第11条第2項</u>の規定により当該各項に規定する場所に宛てて取引関係文書を送付したとき又は<u>第5条第4項若しくは第11条第3項</u>の規定により<u>第5条第4項第3号若しくは第11条第3項第3号</u>に規定する場所に赴いて取引関係文書を交付したときは、営業所の名称、所在地その他の当該場所を特定するに足りる事項及び当該本人確認書類又は補完書類の名称、記号番号その他の当該本人確認書類又は補完書類を特定するに足りる事項
十四～十七　（略）	十四～十七　（略）
十八　顧客等（国等を除く。）が法人であるときは、実質的支配者の<u>本人特定事項及び当該実質的支配者と当該顧客等との関係並びにその確認を行った方法（当該確認に書類を用いた場合には、当該書類の名称その他の当該書類を特定するに足りる事項を含む。）</u>	十八　顧客等（国等を除く。）が法人であるときは、実質的支配者の<u>有無並びにその確認を行った方法及び書類の名称その他の当該書類を特定するに足りる事項</u>
（削除）	<u>十九　実質的支配者があるときは、当該実質的支配者の本人特定事項</u>

改正後	改正前
	並びにその確認を行った方法並びに本人確認書類及び補完書類の名称、記号番号その他の当該本人確認書類及び補完書類を特定するに足りる事項
<u>十九</u>　（略）	二十　（略）
<u>二十</u>　（略）	二十一　（略）
<u>二十一</u>　（略）	二十二　（略）
<u>二十二　顧客等が令第12条第３項各号に掲げるものであるときは、その旨及び同項各号に掲げるものであると認めた理由</u>	（新設）
二十三　（略）	二十三　（略）
二十四　<u>第８条第２項</u>の規定により在留期間等の確認を行ったときは、同項に規定する旅券又は許可書の名称、日付、記号番号その他の当該旅券又は許可書を特定するに足りる事項	二十四　<u>第７条第２項</u>の規定により在留期間等の確認を行ったときは、同項に規定する旅券又は許可書の名称、日付、記号番号その他の当該旅券又は許可書を特定するに足りる事項
２　特定事業者は、添付資料を確認記録に添付するとき又は前項第３号の規定により本人確認書類<u>若しくは補完書類</u>の写しを確認記録に添付するときは、同項各号に掲げるもののうち当該添付資料又は当該本人確認書類<u>若しくは補完書類</u>の写しに記載がある事項については、同項の規定にかかわらず、確認記録に記録しないことができる。	２　特定事業者は、添付資料を確認記録に添付するとき又は前項第３号の規定により本人確認書類の写しを確認記録に添付するときは、同項各号に掲げるもののうち当該添付資料又は当該本人確認書類の写しに記載がある事項については、同項の規定にかかわらず、確認記録に記録しないことができる。
３　特定事業者は、第１項第14号から<u>第18号</u>まで及び<u>第20号</u>から第23号までに掲げる事項に変更又は追加があることを知った場合は、当該変更又は追加に係る内容を確認記録に付記するものとし、既に確認記録又は同項第３号の規定により添付した本人確認書類<u>若しくは補完書類</u>の写し若しくは添付資料に記録され、又は記	３　特定事業者は、第１項第14号から<u>第19号</u>まで及び<u>第21号</u>から第23号までに掲げる事項に変更又は追加があることを知った場合は、当該変更又は追加に係る内容を確認記録に付記するものとし、既に確認記録又は同項第３号の規定により添付した本人確認書類の写し若しくは添付資料に記録され、又は記載されている内容

改正後	改正前
載されている内容（過去に行われた当該変更又は追加に係る内容を除く。）を消去してはならない。この場合において、特定事業者は、確認記録に付記することに代えて、変更又は追加に係る内容の記録を別途作成し、当該記録を確認記録と共に保存することとすることができる。 （確認記録の保存期間の起算日） <u>第21条</u> （略） （取引記録等の作成・保存義務の対象から除外される取引等） <u>第22条</u> （略） （取引記録等の作成方法） <u>第23条</u> （略） （取引記録等の記録事項） <u>第24条</u> 法第7条第1項及び第2項に規定する主務省令で定める事項は、次の各号に掲げるものとする。 一～六 （略） 七 第1号から第5号までに掲げるもののほか、次のイからハまでに掲げる場合においては、当該イからハまでに定める事項 　イ 特定金融機関が法<u>第10条第1項</u>の規定により他の特定金融機関又は外国所在為替取引業者（同項に規定する外国所在為替取引業者をいう。<u>以下この号において同じ</u>。）に通知する場合 当該通知をした事項 　ロ 特定金融機関が外国所在為替取引業者から法<u>第10条</u>の規定に相当する外国の法令の規定による通知を受けて外国から本邦へ向けた支払の委託又は再委託を受けた場合であって、当該支払を他の特定金融機関又は外国所	（過去に行われた当該変更又は追加に係る内容を除く。）を消去してはならない。この場合において、特定事業者は、確認記録に付記することに代えて、変更又は追加に係る内容の記録を別途作成し、当該記録を確認記録と共に保存することとすることができる。 （確認記録の保存期間の起算日） <u>第18条</u> （略） （取引記録等の作成・保存義務の対象から除外される取引等） <u>第19条</u> （略） （取引記録等の作成方法） <u>第20条</u> （略） （取引記録等の記録事項） <u>第21条</u> 法第7条第1項及び第2項に規定する主務省令で定める事項は、次の各号に掲げるものとする。 一～六 （略） 七 第1号から第5号までに掲げるもののほか、次のイからハまでに掲げる場合においては、当該イからハまでに定める事項 　イ 特定金融機関が法<u>第9条第1項</u>の規定により他の特定金融機関又は外国所在為替取引業者（同項に規定する外国所在為替取引業者をいう。<u>以下同じ</u>。）に通知する場合 当該通知をした事項 　ロ 特定金融機関が外国所在為替取引業者から法<u>第9条</u>の規定に相当する外国の法令の規定による通知を受けて外国から本邦へ向けた支払の委託又は再委託を受けた場合であって、当該支払を他の特定金融機関又は外国所

改正後	改正前
在為替取引業者に再委託しないとき　当該通知を受けた事項 　ハ　特定金融機関が他の特定金融機関から法<u>第10条第3項</u>又は第4項の規定による通知を受けて外国から本邦へ向けた支払の委託又は再委託を受けた場合であって、当該支払を他の特定金融機関又は外国所在為替取引業者に再委託しないとき　当該通知を受けた事項 （届出様式等） <u>第25条</u>　（略） （法第8条第2項に規定する主務省令で定める項目） <u>第26条　法第8条第2項に規定する主務省令で定める項目は、次の各号に掲げる項目とする。</u> 　<u>一　法第8条第1項の取引の態様と特定事業者が他の顧客等との間で通常行う特定業務に係る取引の態様との比較</u> 　<u>二　法第8条第1項の取引の態様と特定事業者が当該顧客等との間で行った他の特定業務に係る取引の態様との比較</u> 　<u>三　法第8条第1項の取引の態様と当該取引に係る取引時確認の結果その他特定事業者が当該取引時確認の結果に関して有する情報との整合性</u> （法第8条第2項に規定する主務省令で定める方法） <u>第27条　法第8条第2項に規定する主務省令で定める方法は、次の各号に掲げる取引の区分に応じ、それぞれ当該各号に定める方法とする。</u> 　<u>一　特定業務に係る取引（次号及び</u>	在為替取引業者に再委託しないとき　当該通知を受けた事項 　ハ　特定金融機関が他の特定金融機関から法<u>第9条第3項</u>又は第4項の規定による通知を受けて外国から本邦へ向けた支払の委託又は再委託を受けた場合であって、当該支払を他の特定金融機関又は外国所在為替取引業者に再委託しないとき　当該通知を受けた事項 （届出様式等） <u>第22条</u>　（略） （新設） （新設）

改 正 後	改 正 前
第3号に掲げる取引を除く。）　前条に規定する項目に従って当該取引に疑わしい点があるかどうかを確認する方法 二　既に確認記録又は法第7条第1項に規定する記録（以下この号において「取引記録」という。）を作成し、及び保存している顧客等（次号において「既存顧客」という。）との間で行った特定業務に係る取引（同号に掲げる取引を除く。）　当該顧客等の確認記録、当該顧客等に係る取引記録、第32条第1項第2号及び第3号に掲げる措置により得た情報その他の当該取引に関する情報を精査し、かつ、前条に規定する項目に従って当該取引に疑わしい点があるかどうかを確認する方法 三　特定業務に係る取引のうち、法第4条第2項前段に規定するもの若しくは第5条に規定するもの又はこれら以外のもので法第3条第3項に規定する犯罪収益移転危険度調査書（以下単に「犯罪収益移転危険度調査書」という。）において犯罪による収益の移転防止に関する制度の整備の状況から注意を要するとされた国若しくは地域に居住し若しくは所在する顧客等との間で行うものその他の犯罪収益移転危険度調査書の内容を勘案して犯罪による収益の移転の危険性の程度が高いと認められるもの 　　第1号に定める方法（既存顧客との間で行った取引にあっては、前号に定める方法）及び顧客等又は代表者等に対する質問その他の	

改正後	改正前
<u>当該取引に疑わしい点があるかどうかを確認するために必要な調査を行った上で、法第11条第3号の規定により選任した者又はこれに相当する者に当該取引に疑わしい点があるかどうかを確認させる方法</u> **（外国所在為替取引業者との契約締結に際して行う確認の方法）** 第28条　法第9条に規定する主務省令で定める方法は、外国所在為替取引業者（同条に規定する外国所在為替取引業者をいう。以下同じ。）から申告を受ける方法又は外国所在為替取引業者若しくは外国の法令上法第22条第1項及び第2項に規定する行政庁に相当する外国の機関によりインターネットを利用して公衆の閲覧に供されている当該外国所在為替取引業者に係る情報を閲覧して確認する方法とする。 **（取引時確認等相当措置を的確に行うために必要な基準）** 第29条　法第9条第1号に規定する主務省令で定める基準は、外国所在為替取引業者が、取引時確認等相当措置（同号に規定する取引時確認等相当措置をいう。以下この条及び第32条第4項第4号において同じ。）を的確に行うために必要な営業所その他の施設及び取引時確認等相当措置の実施を統括管理する者を当該外国所在為替取引業者の所在する国又は当該所在する国以外の外国に置き、かつ、取引時確認等相当措置の実施に関し、法第15条から第18条までに規定する行政庁の職務に相当する職務を行う当該所在する国又は当該外	（新設） （新設）

改正後	改正前
国の機関の適切な監督を受けている状態にあることとする。 （通知義務の対象とならない外国為替取引の方法） 第30条　（略） （特定事業者の通知事項等） 第31条　法第10条第1項に規定する主務省令で定めるものは、次の各号に掲げる区分に応じ、それぞれ当該各号に定める事項とする。 一　自然人　次に掲げる事項 　イ　（略） 　ロ　住居又は<u>第20条第1項第11号</u>に掲げる事項若しくは顧客識別番号（顧客と支払に係る為替取引を行う特定事業者が管理している当該顧客を特定するに足りる記号番号をいう。次号ロにおいて同じ。） 　ハ　（略） 二　（略） 2　法第10条第3項及び第4項に規定する主務省令で定める事項は、前項に規定する事項に相当する事項とする。 （取引時確認等を的確に行うための措置） 第32条　法第11条第4号に規定する主務省令で定める措置は、次の各号に掲げる措置とする。 　<u>一　自らが行う取引（新たな技術を活用して行う取引その他新たな態様による取引を含む。）について調査し、及び分析し、並びに当該取引による犯罪による収益の移転の危険性の程度その他の当該調査及び分析の結果を記載し、又は記録した書面又は電磁的記録（以下</u>	（通知義務の対象とならない外国為替取引の方法） 第23条　（略） （特定事業者の通知事項等） 第24条　法第9条第1項に規定する主務省令で定めるものは、次の各号に掲げる区分に応じ、それぞれ当該各号に定める事項とする。 一　自然人　次に掲げる事項 　イ　（略） 　ロ　住居又は<u>第17条第1項第11号</u>に掲げる事項若しくは顧客識別番号（顧客と支払に係る為替取引を行う特定事業者が管理している当該顧客を特定するに足りる記号番号をいう。次号ロにおいて同じ。） 　ハ　（略） 二　（略） 2　法第9条第3項及び第4項に規定する主務省令で定める事項は、前項に規定する事項に相当する事項とする。 （新設）

改　正　後	改　正　前
この項において「特定事業者作成書面等」という。）を作成し、必要に応じて、見直しを行い、必要な変更を加えること。 二　特定事業者作成書面等の内容を勘案し、取引時確認等の措置（法第11条に規定する取引時確認等の措置をいう。以下この条において同じ。）を行うに際して必要な情報を収集するとともに、当該情報を整理し、及び分析すること。 三　特定事業者作成書面等の内容を勘案し、確認記録及び取引記録等を継続的に精査すること。 四　顧客等との取引が第27条第３号に規定する取引に該当する場合には、当該取引を行うに際して、当該取引の任に当たっている職員に当該取引を行うことについて法第11条第３号の規定により選任した者の承認を受けさせること。 五　前号に規定する取引について、第２号に規定するところにより情報の収集、整理及び分析を行ったときは、その結果を記載し、又は記録した書面又は電磁的記録を作成し、確認記録又は取引記録等と共に保存すること。 六　取引時確認等の措置の的確な実施のために必要な能力を有する者を特定業務に従事する職員として採用するために必要な措置を講ずること。 七　取引時確認等の措置の的確な実施のために必要な監査を実施すること。 ２　法第２条第２項第１号から第38号までに掲げる特定事業者（国内に本	

改正後	改正前
<u>店又は主たる営業所若しくは事務所を有するものに限る。次項において同じ。）が外国において法第4条第1項に規定する特定業務に相当する業務を営む外国会社の議決権の総数の2分の1を超える議決権を直接若しくは間接に有し、又は外国において営業所（以下この項において「外国所在営業所」という。）を有する場合であって、法、令及びこの命令に相当する当該外国の法令に規定する取引時確認等の措置に相当する措置が取引時確認等の措置より緩やかなときにあっては、法第11条第4号に規定する主務省令で定める措置は、前項に掲げるもののほか、次の各号に掲げる措置とする。</u> <u>一 当該外国会社及び当該外国所在営業所における犯罪による収益の移転防止に必要な注意を払うとともに、当該外国の法令に違反しない限りにおいて、当該外国会社及び当該外国所在営業所による取引時確認等の措置に準じた措置の実施を確保すること。</u> <u>二 当該外国において、取引時確認等の措置に準じた措置を講ずることが当該外国の法令により禁止されているため当該措置を講ずることができないときにあっては、その旨を行政庁に通知すること。</u> <u>3 前項の場合において、特定事業者が当該外国会社の議決権の総数の2分の1を超える議決権を直接又は間接に有するかどうかの判定は、次の各号に掲げる割合を合計した割合により行うものとする。</u> <u>一 特定事業者が自己の計算におい</u>	

改正後	改正前
て有する当該外国会社の議決権が当該外国会社の議決権の総数に占める割合 二　特定事業者の子法人（特定事業者がその議決権の総数の２分の１を超える議決権を自己の計算において有する法人をいう。この場合において、特定事業者及びその一若しくは二以上の子法人又は当該特定事業者の一若しくは二以上の子法人が議決権の総数の２分の１を超える議決権を有する他の法人は、当該特定事業者の子法人とみなす。）が自己の計算において有する当該外国会社の議決権が当該外国会社の議決権の総数に占める割合 4　特定金融機関が外国所在為替取引業者との間で為替取引を継続的に又は反復して行うことを内容とする契約を締結して為替取引を行う場合にあっては、法第11条第４号に規定する主務省令で定める措置は、第１項に掲げるもののほか、次の各号に掲げる措置とする。 一　外国所在為替取引業者における犯罪による収益の移転防止に係る体制の整備の状況、当該外国為替取引業者の営業の実態及び法第18条に規定する行政庁の職務に相当する職務を行う当該外国の機関が同条に相当する当該外国の法令の規定に基づき、当該外国所在為替取引業者に必要な措置をとるべきことを命じているかどうかその他の当該外国の機関が当該外国所在為替取引業者に対して行う監督の実態について情報を収集するこ	

改正後	改正前
と。 二　前号の規定により収集した情報に基づき、当該外国所在為替取引業者の犯罪による収益の移転防止に係る体制を評価すること。 三　法第11条第3号の規定により選任した者の承認その他の契約の締結に係る審査の手順を定めた規程を作成すること。 四　特定金融機関が行う取引時確認等の措置及び外国所在為替取引業者が行う取引時確認等相当措置の実施に係る責任に関する事項を文書その他の方法により明確にすること。 （削除）	 （特定金融機関の体制の整備） 第25条　特定金融機関は、外国所在為替取引業者との間で委託契約又は受託契約を締結して為替取引を行う場合には、当該外国所在為替取引業者が行う犯罪による収益の移転を防止するための体制の整備の状況並びに当該外国所在為替取引業者の営業の実態及び法に相当する外国の法令を執行する外国の当局が当該外国所在為替取引業者に対して行う監督の実態について情報を収集し、かつ、これらの評価を行う体制の整備、当該契約の締結に係る審査の手順を定めた社内規則の整備その他の必要な体制の整備に努めなければならない。
（身分証明書の様式等） 第33条　法第16条第1項又は第19条第3項の規定による立入検査をする職員の携帯する身分を示す証明書（次項において「身分証明書」という。）の様式は、別記様式第5号のとおりとする。ただし、次の各号に掲げる	（身分証明書の様式等） 第26条　法第15条第1項又は第18条第3項の規定による立入検査をする職員の携帯する身分を示す証明書（次項において「身分証明書」という。）の様式は、別記様式第5号のとおりとする。ただし、次の各号に掲げる

改正後	改正前
ものについては、この限りでない。 一・二　（略） 2　法第22条第1項から第4項までに規定する行政庁、総務省、法務省、財務省、厚生労働省、農林水産省、経済産業省及び国土交通省の内部部局（法第16条第1項の規定による立入検査に関する事務を所掌するものに限る。）の局長並びに外局及び地方支分部局の長（立入検査の権限の委任を受けた者に限る。）、都道府県知事又は警視総監若しくは道府県警察本部長は、当該職員に対し、身分証明書を発行することができる。 （立入検査に関する協議） 第34条　協議（法第19条第5項に規定する協議をいう。以下この条において同じ。）の求めは、国家公安委員会が法第19条第4項の通知を発出してから2週間以内に行うものとする。 2～4　（略） （外国通貨によりなされる取引の換算基準） 第35条　（略） 　　　附　則 第5条　次の表の上欄に掲げるこの命令の規定の適用については、当分の間、これらの規定中同表の中欄に掲げる字句は、それぞれ同表の下欄に掲げる字句とする。	ものについては、この限りでない。 一・二　（略） 2　法第21条第1項から第4項までに規定する行政庁、総務省、法務省、財務省、厚生労働省、農林水産省、経済産業省及び国土交通省の内部部局（法第15条第1項の規定による立入検査に関する事務を所掌するものに限る。）の局長並びに外局及び地方支分部局の長（立入検査の権限の委任を受けた者に限る。）、都道府県知事又は警視総監若しくは道府県警察本部長は、当該職員に対し、身分証明書を発行することができる。 （立入検査に関する協議） 第27条　協議（法第18条第5項に規定する協議をいう。以下この条において同じ。）の求めは、国家公安委員会が法第18条第4項の通知を発出してから2週間以内に行うものとする。 2～4　（略） （外国通貨によりなされる取引の換算基準） 第28条　（略） 　　　附　則 第5条　次の表の上欄に掲げるこの命令の規定の適用については、当分の間、これらの規定中同表の中欄に掲げる字句は、それぞれ同表の下欄に掲げる字句とする。

改正後

第24条第6号	方法をいう。）	方法をいう。以下同じ。）
第24条第7号イ	第10条第1項	第10条
	同項	同条第1項

改正前

第21条第6号	方法をいう。）	方法をいう。以下同じ。）
第21条第7号イ	第9条第1項	第9条
	同項	同条第1項

改正後			改正前		
	事項	事項（同条第2項から第4項までの規定により通知する場合にあっては、<u>第31条第1項各号列記以外の部分</u>括弧書又は同条第2項括弧書の規定により通知しなかった事項に限る。）		事項	事項（同条第2項から第4項までの規定により通知する場合にあっては、第24条第1項各号列記以外の部分括弧書又は同条第2項括弧書の規定により通知しなかった事項に限る。）
<u>第31条第1項各号列記以外の部分</u>	事項	事項（当該事項の通知を電磁的方法により行う場合であって、当該方法の技術的な制約により当該事項の一部を通知できないときは、当該通知できない事項を除く。）	<u>第24条第1項各号列記以外の部分</u>	事項	事項（当該事項の通知を電磁的方法により行う場合であって、当該方法の技術的な制約により当該事項の一部を通知できないときは、当該通知できない事項を除く。）
<u>第31条第2項</u>	相当する事項	相当する事項（当該事項の通知を電磁的方法により行う場合であって、当該方法の技術的な制約により当該事項の一部を通知できない	<u>第24条第2項</u>	相当する事項	相当する事項（当該事項の通知を電磁的方法により行う場合であって、当該方法の技術的な制約により当該事項の一部を通知できない

改 正 後	改 正 前
ときは、当該通知できない事項を除く。)	ときは、当該通知できない事項を除く。)

改 正 後

別記様式第1号（第25条関係）

年　月　日

殿　　　事業者名
　　　　　代表者名　　　　　　　　　　印

疑わしい取引の届出について

犯罪による収益の移転防止に関する法律第8条第1項の規定に基づき、次のとおり届け出ます。

※届出通番(記入しないこと)

届出特定事業者					
届出番号	(年)	－	(番号)	部署名・営業所・代理店等名称	
役職				担当者名	
本店　〒・所在地					
営業所・代理店等 〒・所在地					
電話番号				内線番号	
顧客等に関する情報					
フリガナ					
氏名（法人名）					
フリガナ					
通称・異名等					
個人・法人の別		生年月日(設立日)			性別
国籍			在留資格		
電話番号					
電子メールアドレス等					
〒・住所(所在地)					
ビル名等					
職業（事業内容）					
勤務先名（その他の連絡先）		勤務先の事業内容			
〒・住所(所在地)					
ビル名等					
届出理由					
ガイドライン番号				捜査機関等からの照会の有無	
備考					

改 正 前

別記様式第1号（第22条関係）

　　　　　　　　　　　　　　　　　　　　　　　　　　年　　月　　日

　　　　　　　殿　　　事業者名
　　　　　　　　　　　代表者名　　　　　　　　　　　　　　　　　印

疑わしい取引の届出について

犯罪による収益の移転防止に関する法律第8条第1項の規定に基づき、次のとおり届け出ます。

※届出通番(記入しないこと)	

届出特定事業者					
届出番号	（年） － （番号）		部署名・営業所・代理店等名称		
役職			担当者名		
本店　〒・所在地					
営業所・代理店等〒・所在地					
電話番号			内線番号		
顧客等に関する情報					
フリガナ					
氏名（法人名）					
フリガナ					
通称・異名等					
個人・法人の別		生年月日(設立日)			性別
国籍			在留資格		
電話番号					
電子メールアドレス等					
〒・住所(所在地)					
ビル名等					
職業（事業内容）					
勤務先名（その他の連絡先）			勤務先の事業内容		
〒・住所(所在地)					
ビル名等					
届出理由					
ガイドライン番号			捜査機関等からの照会の有無		
備考					

改 正 後

備考　1　届出書は、顧客等ごとに作成すること。ただし、預貯金口座等の継続的取引関係に係る名義を複数有している顧客等については、取引名義ごとに作成すること。
　　　2　別記様式第2号に取引時確認に関する事項及び別記様式第3号に取引に関する事項を記入して添付すること。取引時確認に関する事項については、本届出書を提出する際に確認している事項を記入すること。
　　　3　全て西暦で記入すること。
　　　4　「届出番号」の届出年は、届出年月日の届出年と一致させ、歴年で記入すること。また、届出番号は、毎年1月1日以降の最初のものを「1」とすること。
　　　5　漢字表記の氏名(外国人の氏名を含む。)は、姓と名との間に間隔を置くこと。
　　　6　外国人の氏名は、原則としてアルファベット表記で記入すること。アルファベット表記のほかに漢字表記もある場合は、アルファベット表記を「氏名(法人名)」に、漢字表記を「通称・異名等」に記入すること。この場合において、アルファベット表記は該当する漢字のまとまりごとに間隔を置いて記入すること。
　　　7　勤務先、性別、国籍、在留資格その他の事項については、取引の申込書の記載、本人確認書類の写し、窓口担当者からの聴取等を参考として、可能な限り記入すること。
　　　8　「電話番号」は、住居、携帯電話、事務所等複数の連絡先がある場合には、全て記入すること。
　　　9　「電子メールアドレス等」は、電子メールアドレスその他インターネット等を利用した連絡先に係る事項を記入すること。
　　　10　「届出理由」欄は、取引の状況、顧客等の態様、疑わしいとの判断の要素等を可能な限り具体的に記入すること。記入欄に書ききれない場合は、別紙として続きを添付すること。
　　　11　「ガイドライン番号」は、各行政庁が示した疑わしい取引の届出の参考事例(ガイドライン)における番号を記入すること。
　　　12　「捜査機関等からの照会の有無」は、法第13条第1項に規定する検察官等からの照会の有無を記入すること。
　　　13　用紙の大きさは、日本工業規格A4とすること。

改 正 前

備考　1　届出書は、顧客等ごとに作成すること。ただし、預貯金口座等の継続的取引関係に係る名義を複数有している顧客等については、取引名義ごとに作成すること。
　　　2　別記様式第2号に取引時確認に関する事項及び別記様式第3号に取引に関する事項を記入して添付すること。取引時確認に関する事項については、本届出書を提出する際に確認している事項を記入すること。
　　　3　全て西暦で記入すること。
　　　4　「届出番号」の届出年は、届出年月日の届出年と一致させ、歴年で記入すること。また、届出番号は、毎年1月1日以降の最初のものを「1」とすること。
　　　5　漢字表記の氏名（外国人の氏名を含む。）は、姓と名との間に間隔を置くこと。
　　　6　外国人の氏名は、原則としてアルファベット表記で記入すること。アルファベット表記のほかに漢字表記もある場合は、アルファベット表記を「氏名（法人名）」に、漢字表記を「通称・異名等」に記入すること。この場合において、アルファベット表記は該当する漢字のまとまりごとに間隔を置いて記入すること。
　　　7　勤務先、性別、国籍、在留資格その他の事項については、取引の申込書の記載、本人確認書類の写し、窓口担当者からの聴取等を参考として、可能な限り記入すること。
　　　8　「電話番号」は、住居、携帯電話、事務所等複数の連絡先がある場合には、全て記入すること。
　　　9　「電子メールアドレス等」は、電子メールアドレスその他インターネット等を利用した連絡先に係る事項を記入すること。
　　　10　「届出理由」欄は、取引の状況、顧客等の態様、疑わしいとの判断の要素等を可能な限り具体的に記入すること。記入欄に書ききれない場合は、別紙として続きを添付すること。
　　　11　「ガイドライン番号」は、各行政庁が示した疑わしい取引の届出の参考事例（ガイドライン）における番号を記入すること。
　　　12　「捜査機関等からの照会の有無」は、<u>法第12条第1項</u>に規定する検察官等からの照会の有無を記入すること。
　　　13　用紙の大きさは、日本工業規格A4とすること。

改 正 後

別記様式第2号（第25条関係）

顧客等及び関係者の取引時確認に関する事項

顧客等（個人・法人）の本人確認書類			
本人確認書類の種別1		書類番号1	
本人確認書類の種別2		書類番号2	
本人確認書類の種別3		書類番号3	
代表者・取引担当者・代理人・その他関係者に関する事項			
フリガナ			
氏名			
生年月日・性別		関連内容	
特定取引等の任に当たっていると認めた理由			
国籍		在留資格	
電話番号			
電子メールアドレス等			
〒・住所			
ビル名等			
勤務先名（その他の連絡先）		勤務先の事業内容	
〒・住所（所在地）			
ビル名等			
本人確認書類の種別1		書類番号1	
本人確認書類の種別2		書類番号2	
実質的支配者に関する事項			
フリガナ			
氏名（法人名）			
個人・法人の別	生年月日（設立日）		性別
実質的支配者と顧客等との関係及びその確認を行った方法			
国籍		在留資格	
電話番号			
電子メールアドレス等			
〒・住所（所在地）			
ビル名等			
勤務先名（その他の連絡先）		勤務先の事業内容	
〒・住所（所在地）			
ビル名等			
本人確認書類の種別1		書類番号1	
本人確認書類の種別2		書類番号2	
資産及び収入の状況に関する情報			
確認に用いた資料の種別			
資産及び収入の状況			
備考			

改 正 前

別記様式第2号 (第22条関係)

顧客等及び関係者の取引時確認に関する事項

顧客等 (個人・法人) の本人確認書類			
本人確認書類の種別1		書類番号1	
本人確認書類の種別2		書類番号2	
本人確認書類の種別3		書類番号3	
代表者・取引担当者・代理人・その他関係者に関する事項			
フリガナ			
氏名			
生年月日・性別		関連内容	
特定取引等の任に当たっていると認めた理由			
国籍		在留資格	
電話番号			
電子メールアドレス等			
〒・住所			
ビル名等			
勤務先名 (その他の連絡先)		勤務先の事業内容	
〒・住所 (所在地)			
ビル名等			
本人確認書類の種別1		書類番号1	
本人確認書類の種別2		書類番号2	
実質的支配者に関する事項			
フリガナ			
氏名 (法人名)			
個人・法人の別	生年月日 (設立日)		性別
実質的支配者の有無の確認方法			
国籍		在留資格	
電話番号			
電子メールアドレス等			
〒・住所 (所在地)			
ビル名等			
勤務先名 (その他の連絡先)		勤務先の事業内容	
〒・住所 (所在地)			
ビル名等			
本人確認書類の種別1		書類番号1	
本人確認書類の種別2		書類番号2	
資産及び収入の状況に関する情報			
確認に用いた資料の種別			
資産及び収入の状況			
備考			

改 正 後

備考 1　顧客等が同一名義で複数の支店に口座を有する場合等は、この様式を口座等ごとに作成すること。
　　 2　「本人確認書類の種別」は運転免許証、在留カード等の種別を記入し、「書類番号」は本人確認書類の番号を記入すること。本人特定事項の確認を行っていないものは、不要、未済、不明等の別を記入すること。
　　 3　「代表者・取引担当者・代理人・その他関係者」は、法第4条第6項の規定により自然人に限られていることに留意すること。
　　 4　「関連内容」は、代表者、取引担当者、代理人、続柄その他の顧客等との関連内容を記入すること。
　　 5　「実質的支配者に関する事項」欄は、次のとおり記入すること。
　　　(1)　「実質的支配者と顧客等との関係及びその確認を行った方法」は、申告による確認を行った場合はその旨を記入し、書類による確認を行った場合は当該確認に用いた書類の種別を記入すること。
　　　(2)　「本人確認書類の種別」及び「書類番号」は、申告による確認を行った場合は、空欄とすること。
　　 6　代表者・取引担当者・代理人・その他関係者又は実質的支配者の数が2以上の場合は、この様式を複数作成して添付すること。
　　 7　「資産及び収入の状況」は、資産及び収入の種類を記入し、金銭の場合はその額を、金銭以外の場合は取引時点の（推定）時価換算額を記入すること。
　　 8　1から7までのほか、別記様式第1号の備考に記載のある事項については、この様式の作成についても同様とすること。

改 正 前

備考 1 顧客等が同一名義で複数の支店に口座を有する場合等は、この様式を口座等ごとに作成すること。
2 「本人確認書類の種別」は運転免許証、住民基本台帳カード等の種別を記入し、「書類番号」は本人確認書類の番号を記入すること。本人特定事項の確認を行っていないものは、不要、未済、不明等の別を記入すること。
3 「代表者・取引担当者・代理人・その他関係者」は、法第4条第6項の規定により自然人に限られていることに留意すること。
4 「関連内容」は、代表者、取引担当者、代理人、続柄その他の顧客等との関連内容を記入すること。
5 「実質的支配者に関する事項」欄は、次のとおり記入すること。
  (1) 「実質的支配者の有無の確認方法」は、申告による確認を行った場合はその旨を記入し、書類による確認を行った場合は当該確認に用いた書類の種別を記入すること。
  (2) 「本人確認書類の種別」及び「書類番号」は、申告による確認を行った場合は、空欄とすること。
6 代表者・取引担当者・代理人・その他関係者又は実質的支配者の数が2以上の場合は、この様式を複数作成して添付すること。
7 「資産及び収入の状況」は、資産及び収入の種類を記入し、金銭の場合はその額を、金銭以外の場合は取引時点の(推定)時価換算額を記入すること。
8 1から7までのほか、別記様式第1号の備考に記載のある事項については、この様式の作成についても同様とすること。

改 正 後

別記様式第3号（第25条関係）

取引に関する事項

継続的取引関係に関する事項					
継続的取引関係の有無の別			営業所・代理店等名称		
営業所・代理店等 〒・所在地					
取引（口座等）種類			顧客（口座等）番号		
開始年月日			取引の申込み方法		
取引を行う目的					
疑わしい取引に関する事項					
重要取引					
当該取引の成立・未成立の別					
当該取引年月日					
当該取引の取扱店	特定事業者名称				
	営業所・販売店等名称				
	営業所・販売店等 〒・所在地				
当該取引に関する情報	取引形態				
	業務内容				
	取引を行う目的				
	決済方法				
	取引金額				
	通貨単位				
	両替後の通貨単位				
	手形、証券、金地金等の動産の種別				
	手形、証券、金地金等の動産の番号				
	不動産の種別				
	不動産の地番				
	その他（特徴等）				
預貯金口座・クレジットカードを利用して行われた場合	個人・法人の別				
	フリガナ				
	（被）仕向先の氏名（法人名）				
	銀行、クレジットカード会社等の種別				
	銀行、クレジットカード会社等の名称				
	営業所・代理店等名称				
	口座・クレジットカード等種類				
	口座・クレジットカード等番号				
	送金先（元）国名				
当該取引の際に使用した通称・異名等					
備考					

備考（略）

改 正 前

別記様式第3号（第22条関係）

取引に関する事項

継続的取引関係に関する事項					
継続的取引関係の有無の別			営業所・代理店等名称		
営業所・代理店等 〒・所在地					
取引（口座等）種類			顧客（口座等）番号		
開始年月日			取引の申込み方法		
取引を行う目的					
疑わしい取引に関する事項					
重要取引					
当該取引の成立・未成立の別					
当該取引年月日					
当該取引の取扱店	特定事業者名称				
	営業所・販売店等名称				
	営業所・販売店等 〒・所在地				
当該取引に関する情報	取引形態				
	業務内容				
	取引を行う目的				
	決済方法				
	取引金額				
	通貨単位				
	両替後の通貨単位				
	手形・証券、金地金等の動産の種別				
	手形・証券、金地金等の動産の番号				
	不動産の種別				
	不動産の地番				
	その他（特徴等）				
預貯金口座・クレジットカードを利用して行われた場合	個人・法人の別				
	フリガナ				
	（被）仕向先の氏名（法人名）				
	銀行、クレジットカード会社等の種別				
	銀行、クレジットカード会社等の名称				
	営業所・代理店等名称				
	口座・クレジットカード等種類				
	口座・クレジットカード等番号				
	送金先（元）国名				
当該取引の際に使用した通称・異名等					
備考					

備考（略）

改 正 後

別記様式第4号(第25条関係)

年　月　日

殿
　　　　　　事　業　者　名
　　　　　　代　表　者　名　　　　　　　　　　　印
　　　　　　所　在　地
　　　　　　部署・担当者
　　　　　　電　話　番　号

　　　　　　　電磁的記録媒体提出票

　犯罪による収益の移転防止に関する法律第8条第1項の規定に基づき、犯罪による収益の移転防止に関する法律施行規則第25条第1項に規定する届出書に記載すべきこととされている事項を記録した電磁的記録媒体を次のとおり提出します。
　　　電磁的記録媒体に記録されている顧客等の氏名又は名称

備考　用紙の大きさは、日本工業規格A4とすること。

改 正 前

別記様式第4号（第22条関係）

　　　　　　　　　　　　　　　　　　　　　　　　　　　年　　月　　日
　　　　　　　　　殿
　　　　　　　事　業　者　名
　　　　　　　代　表　者　名　　　　　　　　　　　　　　　　　　印
　　　　　　　所　　在　　地
　　　　　　　部署・担当者
　　　　　　　電　話　番　号

電磁的記録媒体提出票

　犯罪による収益の移転防止に関する法律第8条第1項の規定に基づき、犯罪による収益の移転防止に関する法律施行規則第22条第1項に規定する届出書に記載すべきこととされている事項を記録した電磁的記録媒体を次のとおり提出します。

　　　電磁的記録媒体に記録されている顧客等の氏名又は名称

備考　用紙の大きさは、日本工業規格A4とすること。

改 正 後

別記様式第5号（第33条関係）

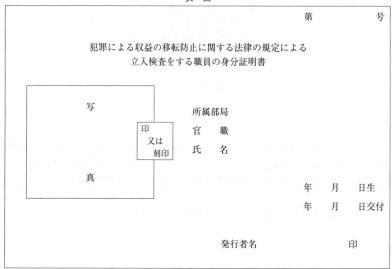

表　面

第　　　　　号

犯罪による収益の移転防止に関する法律の規定による
立入検査をする職員の身分証明書

写　真　　　印又は刻印

所属部局
官　職
氏　名

年　月　日生
年　月　日交付

発行者名　　　　印

裏　面

犯罪による収益の移転防止に関する法律（抄）

（立入検査）
第十六条　行政庁は、この法律の施行に必要な限度において、当該職員に特定事業者の営業所その他の施設に立ち入らせ、帳簿書類その他の物件を検査させ、又はその業務に関し関係人に質問させることができる。
2　前項の規定により立入検査をする当該職員は、その身分を示す証明書を携帯し、関係人の請求があったときは、これを提示しなければならない。
3　第一項の規定による立入検査の権限は、犯罪捜査のために認められたものと解してはならない。
4　（略）
（国家公安委員会の意見の陳述）
第十九条　（略）
2　国家公安委員会は、前項の規定により意見を述べるため必要な限度において、特定事業者に対しその業務に関して報告若しくは資料の提出を求め、又は相当と認める都道府県警察に必要な調査を行うことを指示することができる。
3　前項の指示を受けた都道府県警察の警視総監又は道府県警察本部長は、同項の調査を行うため特に必要があると認められるときは、あらかじめ国家公安委員会の承認を得て、当該職員に、特定事業者の営業所その他の施設に立ち入らせ、帳簿書類その他の物件を検査させ、又はその業務に関し関係人に質問させることができる。この場合においては、第十六条第二項から第四項までの規定を準用する。
4・5　（略）
第二十六条　次の各号のいずれかに該当する者は、一年以下の懲役若しくは三百万円以下の罰金に処し、又はこれを併科する。
一　（略）
二　第十六条第一項若しくは第十九条第三項の規定による当該職員の質問に対して答弁をせず、若しくは虚偽の答弁をし、又はこれらの規定による検査を拒み、妨げ、若しくは忌避した者

（備考）　用紙の大きさは、日本工業規格B8とすること。

改 正 前

別記様式第5号（第26条関係）

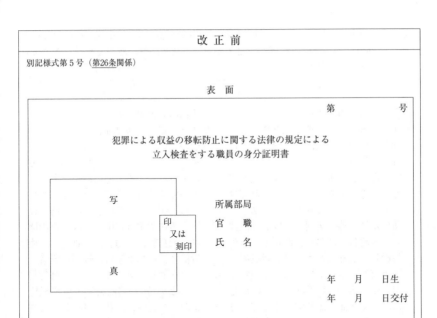

表　面

第　　　　　号

犯罪による収益の移転防止に関する法律の規定による
立入検査をする職員の身分証明書

写

印
又は
刻印

真

所属部局
官　　職
氏　　名

年　　月　　日生
年　　月　　日交付

発行者名　　　　　　　　印

裏　面

犯罪による収益の移転防止に関する法律（抄）

（立入検査）
<u>第十五条</u>　行政庁は、この法律の施行に必要な限度において、当該職員に特定事業者の営業所その他の施設に立ち入らせ、帳簿書類その他の物件を検査させ、又はその業務に関し関係人に質問させることができる。
2　前項の規定により立入検査をする当該職員は、その身分を示す証明書を携帯し、関係人の請求があったときは、これを提示しなければならない。
3　第一項の規定による立入検査の権限は、犯罪捜査のために認められたものと解してはならない。
4　（略）
（国家公安委員会の意見の陳述）
<u>第十八条</u>　（略）
2　国家公安委員会は、前項の規定により意見を述べるため必要な限度において、特定事業者に対しその業務に関して報告若しくは資料の提出を求め、又は相当と認める都道府県警察に必要な調査を行うことを指示することができる。
3　前項の指示を受けた都道府県警察の警視総監又は道府県警察本部長は、同項の調査を行うため特に必要があると認められるときは、あらかじめ国家公安委員会の承認を得て、当該職員に、特定事業者の営業所その他の施設に立ち入らせ、帳簿書類その他の物件を検査させ、又はその業務に関し関係人に質問させることができる。この場合においては、<u>第十五条第二項</u>から第四項までの規定を準用する。
4・5　（略）
<u>第二十五条</u>　次の各号のいずれかに該当する者は、一年以下の懲役若しくは三百万円以下の罰金に処し、又はこれを併科する。
一　（略）
二　<u>第十五条第一項若しくは第十八条第三項の規定による当該職員の質問に対して答弁をせず、若しくは虚偽の答弁をし、又はこれらの規定による検査を拒み、妨げ、若しくは忌避した者</u>

（備考）　用紙の大きさは、日本工業規格B8とすること。

〇疑わしい取引の届出における情報通信の技術の利用に関する規則（平成20年内閣府、総務省、法務省、財務省、厚生労働省、農林水産省、経済産業省、国土交通省令第2号）（附則第5条関係）　（下線の部分は改正部分）

改正後	改正前
（届出の入力事項等） 第4条　電子情報処理組織を使用して疑わしい取引の届出を行おうとする特定事業者は、行政庁の使用に係る電子計算機と電気通信回線を通じて通信できる機能を備えた電子計算機から、犯罪による収益の移転防止に関する法律施行規則（平成20年内閣府、総務省、法務省、財務省、厚生労働省、農林水産省、経済産業省、国土交通省令第1号。以下「施行規則」という。）<u>第25条第1項</u>の規定において書面に記載すべきこととされている事項その他当該届出が行われるべき行政庁が定める事項及び前条第2項の規定により通知された識別符号を入力して、当該届出を行わなければならない。 2　前項の規定により届出を行おうとする特定事業者は、施行規則<u>第25条第1項</u>に規定する書面に添付すべきこととされている書面等（以下この項において「添付書面等」という。）に記載されている事項及び記載すべき事項を併せて入力して送信することをもって、当該添付書面等の提出に代えることができる （届出において名称を明らかにする措置） 第5条　施行規則<u>第25条第1項</u>の規定に基づく届出においてすべきこととされている署名等に代わるものであって、情報通信技術利用法第3条第4項に規定する主務省令で定めるものは、第3条第2項の規定により通	（届出の入力事項等） 第4条　電子情報処理組織を使用して疑わしい取引の届出を行おうとする特定事業者は、行政庁の使用に係る電子計算機と電気通信回線を通じて通信できる機能を備えた電子計算機から、犯罪による収益の移転防止に関する法律施行規則（平成20年内閣府、総務省、法務省、財務省、厚生労働省、農林水産省、経済産業省、国土交通省令第1号。以下「施行規則」という。）<u>第22条第1項</u>の規定において書面に記載すべきこととされている事項その他当該届出が行われるべき行政庁が定める事項及び前条第2項の規定により通知された識別符号を入力して、当該届出を行わなければならない。 2　前項の規定により届出を行おうとする特定事業者は、施行規則<u>第22条第1項</u>に規定する書面に添付すべきこととされている書面等（以下この項において「添付書面等」という。）に記載されている事項及び記載すべき事項を併せて入力して送信することをもって、当該添付書面等の提出に代えることができる。 （届出において名称を明らかにする措置） 第5条　施行規則<u>第22条第1項</u>の規定に基づく届出においてすべきこととされている署名等に代わるものであって、情報通信技術利用法第3条第4項に規定する主務省令で定めるものは、第3条第2項の規定により通

改正後	改正前
知された識別符号を行政庁の使用に係る電子計算機と電気通信回線を通じて通信できる機能を備えた電子計算機から入力することをいう。	知された識別符号を行政庁の使用に係る電子計算機と電気通信回線を通じて通信できる機能を備えた電子計算機から入力することをいう。

○犯罪による収益の移転防止に関する法律施行規則及び疑わしい取引の届出における情報通信の技術の利用に関する規則の一部を改正する命令（平成24年内閣府、総務省、法務省、財務省、厚生労働省、農林水産省、経済産業省、国土交通省令第1号）（附則第6条関係） （下線の部分は改正部分）

改　正　後	改　正　前
附　　則 （顧客等について既に確認を行っていることを確認する方法） 第2条　犯罪による収益の移転防止に関する法律の一部を改正する法律の施行に伴う関係政令の整備等及び経過措置に関する政令（以下「整備令」という。）第6条第2項、第7条第2項、第9条第2項及び第10条第2項に規定する主務省令で定める方法については、<u>規則第16条の規定</u>を準用する。 （犯罪による収益の移転に用いられるおそれがない取引に関する経過措置） 第3条　整備令第1条の規定による改正後の犯罪による収益の移転防止に関する法律施行令（附則第6条第1項において「新令」という。）第7条第1項第1号タに掲げる取引のうち、現金の受払いをする取引で為替取引を伴うもの（商品若しくは権利の代金又は役務の対価の支払のために行われるものに限る。）であって、当該支払を受ける者により、施行日前に、当該支払を行う顧客等（改正法による改正後の犯罪による収益の移転防止に関する法律（以下「新法」という。）第2条第3項に規定する顧客等をいう。以下同じ。）又はその代表者等（新法第4条第6項に規定する代表者等をいう。以下同じ。）の、改正法による改正前の	附　　則 （顧客等について既に確認を行っていることを確認する方法） 第2条　犯罪による収益の移転防止に関する法律の一部を改正する法律の施行に伴う関係政令の整備等及び経過措置に関する政令（以下「整備令」という。）第6条第2項、第7条第2項、第9条第2項及び第10条第2項に規定する主務省令で定める方法については、<u>第1条の規定による改正後の規則（以下「新規則」という。）第14条の規定</u>を準用する。 （犯罪による収益の移転に用いられるおそれがない取引に関する経過措置） 第3条　整備令第1条の規定による改正後の犯罪による収益の移転防止に関する法律施行令（附則第6条第1項において「新令」という。）第7条第1項第1号タに掲げる取引のうち、現金の受払いをする取引で為替取引を伴うもの（商品若しくは権利の代金又は役務の対価の支払のために行われるものに限る。）であって、当該支払を受ける者により、施行日前に、当該支払を行う顧客等（改正法による改正後の犯罪による収益の移転防止に関する法律（以下「新法」という。）第2条第3項に規定する顧客等をいう。以下同じ。）又はその代表者等（新法第4条第6項に規定する代表者等をいう。以下同じ。）の、改正法による改正前の

改正後	改正前
犯罪による収益の移転防止に関する法律（以下この条において「旧法」という。）第2条第2項第1号から第15号まで及び第28号の2に掲げる特定事業者の例に準じた旧法第4条第1項の規定による本人確認（附則第6条第1項において単に「本人確認」という。）並びに旧法第6条第1項に規定する本人確認記録（附則第6条第1項において単に「本人確認記録」という。）の作成及び保存に相当する措置が行われているものに対する規則第4条第1項第7号の規定の適用については、なお従前の例による。	犯罪による収益の移転防止に関する法律（以下この条において「旧法」という。）第2条第2項第1号から第15号まで及び第28号の2に掲げる特定事業者の例に準じた旧法第4条第1項の規定による本人確認（附則第6条第1項において単に「本人確認」という。）並びに旧法第6条第1項に規定する本人確認記録（附則第6条第1項において単に「本人確認記録」という。）の作成及び保存に相当する措置が行われているものに対する新規則第4条第1項第7号の規定の適用については、なお従前の例による。
（外国人登録原票の写し等に関する経過措置） **第4条**　第1条の規定による改正後の規則第4条の規定の適用については、外国人登録原票の写し及び外国人登録原票の記載事項証明書（地方公共団体の長の外国人登録原票に登録された事項を証する書類をいう。）は、入管法等改正法の施行の日から起算して6月を経過する日までの間は、同条第1号ロに掲げる書類とみなす。	**（外国人登録原票の写し等に関する経過措置）** **第4条**　新規則第4条の規定の適用については、外国人登録原票の写し及び外国人登録原票の記載事項証明書（地方公共団体の長の外国人登録原票に登録された事項を証する書類をいう。）は、入管法等改正法の施行の日から起算して6月を経過する日までの間は、同条第1号ロに掲げる書類とみなす。
2　規則第7条の規定の適用については、中長期在留者（入管法等改正法第2条の規定による改正後の出入国管理及び難民認定法（昭和26年政令第319号）第19条の3に規定する中長期在留者をいう。）が所持する外国人登録証明書又は特別永住者（入管法等改正法第3条の規定による改正後の日本国との平和条約に基づき日本の国籍を離脱した者等の出入国管理に関する特例法（平成3年法律	2　新規則第6条の規定の適用については、中長期在留者（入管法等改正法第2条の規定による改正後の出入国管理及び難民認定法（昭和26年政令第319号）第19条の3に規定する中長期在留者をいう。）が所持する外国人登録証明書又は特別永住者（入管法等改正法第3条の規定による改正後の日本国との平和条約に基づき日本の国籍を離脱した者等の出入国管理に関する特例法（平成3年

改正後	改正前
第71号）に規定する特別永住者をいう。）が所持する外国人登録証明書は、入管法等改正法附則第15条第2項各号に定める期間又は入管法等改正法附則第28条第2項各号に定める期間は、それぞれ規則第7条第1号イに規定する在留カード又は特別永住者証明書とみなす。 （削る）	法律第71号）に規定する特別永住者をいう。）が所持する外国人登録証明書は、入管法等改正法附則第15条第2項各号に定める期間又は入管法等改正法附則第28条第2項各号に定める期間は、それぞれ新規則第6条第1号ホに規定する在留カード又は特別永住者証明書とみなす。 3　施行日の前日までの間における前項の規定の適用については、同項中「新規則第6条の」とあるのは「新規則第4条の」と、「新規則第6条第1号ホ」とあるのは「新規則第4条第1号ホ」とする。
（運転経歴証明書に関する経過措置） 第5条　平成24年四月1日前に交付された道路交通法（昭和35年法律第105号）第104条の4第5項に規定する運転経歴証明書に対する規則第7条の規定の適用については、なお従前の例による。 （削る）	（運転経歴証明書に関する経過措置） 第5条　平成24年4月1日前に交付された道路交通法（昭和35年法律第105号）第104条の4第5項に規定する運転経歴証明書に対する新規則第6条の規定の適用については、なお従前の例による。 2　施行日の前日までの間における前項の規定の適用については、同項中「新規則第6条」とあるのは、「新規則第4条」とする。
（新法第4条第1項に規定する取引に際して行う確認の方法の特例に関する経過措置） 第6条　規則第6条、第9条、第10条、第11条第1項及び第12条の規定にかかわらず、特定事業者（新法第2条第2項第1号から第38号までに掲げる特定事業者をいう。以下この項において同じ。）は、新令第7条第1項第1号ハからヨまで及びソに掲げる取引並びに同項第2号及び第3号に定める取引のうち、次の各号に掲げる方法により決済されるもの	（新法第4条第1項に規定する取引に際して行う確認の方法の特例に関する経過措置） 第6条　新規則第5条、第8条、第9条、第10条第1項及び第11条の規定にかかわらず、特定事業者（新法第2条第2項第1号から第38号までに掲げる特定事業者をいう。以下この項において同じ。）は、新令第7条第1項第1号ハからヨまで及びソに掲げる取引並びに同項第2号及び第3号に定める取引のうち、次の各号に掲げる方法により決済されるもの

改正後	改正前
に際して行う新法第4条第1項（同条第5項の規定により読み替えて適用する場合を含む。）又は第4項（同条第1項に係る部分に限る。）の規定による確認（当該顧客等又はその代表者等について当該各号に規定する他の特定事業者が施行日以後の取引の際に取引時確認（同条第6項に規定する取引時確認をいう。）を行っている場合におけるものを除く。）については、当該各号に定める方法により行うことができる。ただし、当該他の特定事業者との間で、あらかじめ、これらの方法を用いることについて合意をしている場合に限り、取引の相手方が当該各号に規定する他の特定事業者が行っている確認に係る顧客等若しくは代表者等になりすましている疑いがある取引又は当該確認が行われた際に当該確認に係る事項を偽っていた疑いがある顧客等若しくは代表者等（その代表者等が当該事項を偽っていた疑いがある顧客等又は代表者等を含む。）との間における取引を行う場合は、この限りでない。 一　特定の預金又は貯金口座における口座振替の方法　次のイからハまでに掲げる当該口座が開設されている他の特定事業者が当該口座に係る整備令第1条の規定による改正前の犯罪による収益の移転防止に関する法律施行令（次号において「旧令」という。）第8条第1項第1号イに掲げる取引に際して当該顧客等又はその代表者等について行っている確認の区分に応じ、それぞれ当該イからハまでに	に際して行う新法第4条第1項（同条第5項の規定により読み替えて適用する場合を含む。）又は第4項（同条第1項に係る部分に限る。）の規定による確認（当該顧客等又はその代表者等について当該各号に規定する他の特定事業者が施行日以後の取引の際に取引時確認（同条第6項に規定する取引時確認をいう。）を行っている場合におけるものを除く。）については、当該各号に定める方法により行うことができる。ただし、当該他の特定事業者との間で、あらかじめ、これらの方法を用いることについて合意をしている場合に限り、取引の相手方が当該各号に規定する他の特定事業者が行っている確認に係る顧客等若しくは代表者等になりすましている疑いがある取引又は当該確認が行われた際に当該確認に係る事項を偽っていた疑いがある顧客等若しくは代表者等（その代表者等が当該事項を偽っていた疑いがある顧客等又は代表者等を含む。）との間における取引を行う場合は、この限りでない。 一　特定の預金又は貯金口座における口座振替の方法　次のイからハまでに掲げる当該口座が開設されている他の特定事業者が当該口座に係る整備令第1条の規定による改正前の犯罪による収益の移転防止に関する法律施行令（次号において「旧令」という。）第8条第1項第1号イに掲げる取引に際して当該顧客等又はその代表者等について行っている確認の区分に応じ、それぞれ当該イからハまでに

改正後	改正前
定める方法 イ　本人確認　当該他の特定事業者が当該本人確認を行い、かつ、当該本人確認に係る本人確認記録を保存していることを確認し、及び目的等確認を行う方法 ロ　本人確認及び新法第4条第1項（同項第1号に係る部分を除く。）の規定による確認に相当する確認　当該他の特定事業者がこれらの確認を行い、かつ、これらの確認に係る本人確認記録及び新法第6条第1項に規定する確認記録に相当する記録（以下この項において「相当確認記録」という。）を保存していることを確認する方法 ハ　新法第4条第1項の規定による確認に相当する確認（ロに掲げる確認を除く。）　当該他の特定事業者が当該相当する確認を行い、かつ、当該相当する確認に係る相当確認記録を保存していることを確認する方法 二　新法第2条第2項第38号に規定するクレジットカード等を使用する方法　次のイからハまでに掲げる当該クレジットカード等を交付し、又は付与した他の特定事業者が当該クレジットカード等に係る旧令第8条第1項第3号イに掲げる取引に際して当該顧客等又はその代表者等について行っている確認の区分に応じ、それぞれ当該イからハまでに定める方法 　イ　本人確認（第1条の規定による改正前の規則第3条第1項第	定める方法 イ　本人確認　当該他の特定事業者が当該本人確認を行い、かつ、当該本人確認に係る本人確認記録を保存していることを確認し、及び目的等確認を行う方法 ロ　本人確認及び新法第4条第1項（同項第1号に係る部分を除く。）の規定による確認に相当する確認　当該他の特定事業者がこれらの確認を行い、かつ、これらの確認に係る本人確認記録及び新法第6条第1項に規定する確認記録に相当する記録（以下この項において「相当確認記録」という。）を保存していることを確認する方法 ハ　新法第4条第1項の規定による確認に相当する確認（ロに掲げる確認を除く。）　当該他の特定事業者が当該相当する確認を行い、かつ、当該相当する確認に係る相当確認記録を保存していることを確認する方法 二　新法第2条第2項第38号に規定するクレジットカード等を使用する方法　次のイからハまでに掲げる当該クレジットカード等を交付し、又は付与した他の特定事業者が当該クレジットカード等に係る旧令第8条第1項第3号イに掲げる取引に際して当該顧客等又はその代表者等について行っている確認の区分に応じ、それぞれ当該イからハまでに定める方法 　イ　本人確認（第1条の規定による改正前の規則第3条第1項第

改正後	改正前
１号チに規定する方法によるものを除く。ロにおいて同じ。）当該他の特定事業者が当該本人確認を行い、かつ、当該本人確認に係る本人確認記録を保存していることを確認し、及び目的等確認を行う方法 ロ　本人確認及び新法第４条第１項（同項第１号に係る部分を除く。）の規定による確認に相当する確認（<u>規則第13条第１項第１号</u>に規定する方法に相当する方法によるものを除く。）　当該他の特定事業者がこれらの確認を行い、かつ、これらの確認に係る本人確認記録及び相当確認記録を保存していることを確認する方法 ハ　新法第４条第１項の規定による確認に相当する確認（<u>規則第13条第１項第１号</u>に規定する方法に相当する方法によるもの及びロに掲げる確認を除く。）　当該他の特定事業者が当該相当する確認を行い、かつ、当該相当する確認に係る相当確認記録を保存していることを確認する方法 ２　前項各号に規定する「目的等確認」とは、顧客等（新法第４条第５項に規定する国等（人格のない社団又は財団を除く。）を除く。）との取引に際し、同条第１項第２号から第４号までに掲げる事項について<u>規則第９条、第10条及び第11条第１項</u>に規定する方法（当該顧客等が人格のない社団又は財団である場合にあっては、新法第４条第１項第２号及び	１号チに規定する方法によるものを除く。ロにおいて同じ。）当該他の特定事業者が当該本人確認を行い、かつ、当該本人確認に係る本人確認記録を保存していることを確認し、及び目的等確認を行う方法 ロ　本人確認及び新法第４条第１項（同項第１号に係る部分を除く。）の規定による確認に相当する確認（<u>新規則第12条第１項第１号</u>に規定する方法に相当する方法によるものを除く。）　当該他の特定事業者がこれらの確認を行い、かつ、これらの確認に係る本人確認記録及び相当確認記録を保存していることを確認する方法 ハ　新法第４条第１項の規定による確認に相当する確認（<u>新規則第12条第１項第１号</u>に規定する方法に相当する方法によるもの及びロに掲げる確認を除く。）　当該他の特定事業者が当該相当する確認を行い、かつ、当該相当する確認に係る相当確認記録を保存していることを確認する方法 ２　前項各号に規定する「目的等確認」とは、顧客等（新法第４条第５項に規定する国等（人格のない社団又は財団を除く。）を除く。）との取引に際し、同条第１項第２号から第４号までに掲げる事項について<u>新規則第８条、第９条及び第10条第１項</u>に規定する方法（当該顧客等が人格のない社団又は財団である場合にあっては、新法第４条第１項第２号及

改正後	改正前
第3号に掲げる事項について規則第9条及び第10条に規定する方法)により行う確認をいう。 3　規則第12条第4項の規定は、第1項各号に定める方法により代表者等の本人特定事項の確認を行う場合に準用する。 (改正法附則第2条第1項又は第2項の規定により読み替えて適用する新法第4条第1項の規定による確認の方法) 第7条　改正法附則第2条第1項又は第2項の規定により読み替えて適用する新法第4条第1項の規定による確認については、規則第9条、第10条、第11条第1項、第12条及び第13条並びに前条の規定を準用する。	び第3号に掲げる事項について新規則第8条及び第9条に規定する方法)により行う確認をいう。 3　新規則第11条第4項の規定は、第1項各号に定める方法により代表者等の本人特定事項の確認を行う場合に準用する。 (改正法附則第2条第1項又は第2項の規定により読み替えて適用する新法第4条第1項の規定による確認の方法) 第7条　改正法附則第2条第1項又は第2項の規定により読み替えて適用する新法第4条第1項の規定による確認については、新規則第8条、第9条、第10条第1項、第11条及び第12条並びに前条の規定を準用する。

[改正命令附則第4条による読替表]

○犯罪による収益の移転防止に関する法律施行規則(平成20年内閣府、総務省、法務省、財務省、厚生労働省、農林水産省、経済産業省、国土交通省令第1号)

(下線部は読替部分)

読　替　後	読　替　前
(法第4条第1項に規定する取引に際して行う確認の方法の特例) 第13条　第6条、第9条、第10条、第11条第1項及び前条の規定にかかわらず、特定事業者は、次の各号に掲げる方法のいずれかにより法第4条第1項(同条第5項の規定により読み替えて適用する場合を含む。)又は第4項(同条第1項に係る部分に限る。)の規定による確認を行うことができる。ただし、取引の相手方が当該各号に規定する取引時確認若しくは相当する確認に係る顧客等若しくは代表者等になりすましている疑いがある取引、当該取引時確認若しくは相当する確認が行われた際に当該取引時確認若しくは相当する確認に係る事項を偽っていた疑いがある顧客等若しくは代表者等(その代表者等が当該事項を偽っていた疑いがある顧客等又は代表者等を含む。)との間における取引、疑わしい取引又は同種の取引の態様と著しく異なる態様で行われる取引を行う場合は、この限りでない。 一　令第7条第1項第1号ハからヨまで及びソに掲げる取引並びに同項第2号及び第3号に定める取引のうち、特定の預金又は貯金口座における口座振替の方法により決済されるものにあっては、当該口座が開設されている他の特定事業者が当該預金又は貯金口座に係る	(法第4条第1項に規定する取引に際して行う確認の方法の特例) 第13条　第6条、第9条、第10条、第11条第1項及び前条の規定にかかわらず、特定事業者は、次の各号に掲げる方法のいずれかにより法第4条第1項(同条第5項の規定により読み替えて適用する場合を含む。)又は第4項(同条第1項に係る部分に限る。)の規定による確認を行うことができる。ただし、取引の相手方が当該各号に規定する取引時確認若しくは相当する確認に係る顧客等若しくは代表者等になりすましている疑いがある取引、当該取引時確認若しくは相当する確認が行われた際に当該取引時確認若しくは相当する確認に係る事項を偽っていた疑いがある顧客等若しくは代表者等(その代表者等が当該事項を偽っていた疑いがある顧客等又は代表者等を含む。)との間における取引、疑わしい取引又は同種の取引の態様と著しく異なる態様で行われる取引を行う場合は、この限りでない。 一　令第7条第1項第1号ハからヨまで及びソに掲げる取引並びに同項第2号及び第3号に定める取引のうち、特定の預金又は貯金口座における口座振替の方法により決済されるものにあっては、当該口座が開設されている他の特定事業者が当該預金又は貯金口座に係る

読　替　後	読　替　前
同項第1号イに掲げる取引を行う際に当該顧客等又はその代表者等について取引時確認（法第4条第1項第4号に掲げる事項の確認について犯罪による収益の移転防止に関する法律施行規則の一部を改正する命令（平成27年内閣府、総務省、法務省、財務省、厚生労働省、農林水産省、経済産業省、国土交通省令第　　号）による改正後の第11条第2項に規定する実質的支配者（次号において「新実質的支配者」という。）に該当する者の本人特定事項の確認を行っている場合におけるものに限る。）を行い、かつ、当該取引時確認に係る確認記録を保存していることを確認する方法（この方法を用いようとする特定事業者と当該他の特定事業者が、あらかじめ、この方法を用いることについて合意をしている場合に限る。）	同項第1号イに掲げる取引を行う際に当該顧客等又はその代表者等について取引時確認を行い、かつ、当該取引時確認に係る確認記録を保存していることを確認する方法（この方法を用いようとする特定事業者と当該他の特定事業者が、あらかじめ、この方法を用いることについて合意をしている場合に限る。）
二　令第7条第1項第1号ハからヨまで及びソに掲げる取引並びに同項第2号及び第3号に定める取引のうち、法第2条第2項第38号に規定するクレジットカード等を使用する方法により決済されるものにあっては、当該クレジットカード等を交付し、又は付与した他の特定事業者が当該クレジットカード等に係る令第7条第1項第3号に定める取引を行う際に当該顧客等又はその代表者等について取引時確認（前号に掲げる方法によるものを除き、法第4条第1項第4号に掲げる事項の確認について新実質的支配者に該当する者の本人	二　令第7条第1項第1号ハからヨまで及びソに掲げる取引並びに同項第2号及び第3号に定める取引のうち、法第2条第2項第38号に規定するクレジットカード等を使用する方法により決済されるものにあっては、当該クレジットカード等を交付し、又は付与した他の特定事業者が当該クレジットカード等に係る令第7条第1項第3号に定める取引を行う際に当該顧客等又はその代表者等について取引時確認（前号に掲げる方法によるものを除く。）を行い、かつ、当該取引時確認に係る確認記録を保存していることを確認する方法

読　替　後	読　替　前
<u>特定事項の確認</u>を行っている場合<u>におけるものに限る。</u>）を行い、かつ、当該取引時確認に係る確認記録を保存していることを確認する方法（この方法を用いようとする特定事業者と当該他の特定事業者が、あらかじめ、この方法を用いることについて合意をしている場合に限る。） 三　当該特定事業者が、法第４条第１項（同条第５項の規定により読み替えて適用する場合を含む。）及び第４項（同条第１項に係る部分に限る。）の規定<u>による確認（同条第１項第４号に掲げる事項の確認について新実質的支配者に該当する者の本人特定事項の確認を行っている場合におけるものに限る。）</u>に相当する確認（当該確認について確認記録に相当する記録の作成及び保存をしている場合におけるものに限る。）を行っている顧客等又は代表者等については、第16条に定める方法に相当する方法により既に当該確認を行っていることを確認するとともに、当該記録を確認記録として保存する方法 ２　（略）	（この方法を用いようとする特定事業者と当該他の特定事業者が、あらかじめ、この方法を用いることについて合意をしている場合に限る。） 三　当該特定事業者が、法第４条第１項（同条第５項の規定により読み替えて適用する場合を含む。）及び第４項（同条第１項に係る部分に限る。）の規定<u>による確認</u>に相当する確認（当該確認について確認記録に相当する記録の作成及び保存をしている場合におけるものに限る。）を行っている顧客等又は代表者等については、第16条に定める方法に相当する方法により既に当該確認を行っていることを確認するとともに、当該記録を確認記録として保存する方法 ２　（略）

[改正命令附則第7条第1項による読替表]

○犯罪による収益の移転防止に関する法律施行規則及び疑わしい取引の届出における情報通信の技術の利用に関する規則の一部を改正する命令（平成24年内閣府、総務省、法務省、財務省、厚生労働省、農林水産省、経済産業省、国土交通省令第1号）

(下線部は読替部分)

読 替 後	読 替 前
附 則 （新法第4条第1項に規定する取引に際して行う確認の方法の特例に関する経過措置） 第6条　規則第6条、第9条、第10条、第11条第1項及び第12条の規定にかかわらず、特定事業者（新法第2条第2項第1号から第38号までに掲げる特定事業者をいう。以下この項において同じ。）は、新令第7条第1項第1号ハからヨまで及びソに掲げる取引並びに同項第2号及び第3号に定める取引のうち、次の各号に掲げる方法により決済されるものに際して行う新法第4条第1項（同条第5項の規定により読み替えて適用する場合を含む。）又は第4項（同条第1項に係る部分に限る。）の規定による確認（当該顧客等又はその代表者等について当該各号に規定する他の特定事業者が<u>犯罪による収益の移転防止に関する法律の一部を改正する法律（平成26年法律第117号）</u>の施行の日以後の取引の際に取引時確認（同条第6項に規定する取引時確認をいう。）を行っている場合におけるものを除く。）については、当該各号に定める方法により行うことができる。ただし、当該他の特定事業者との間で、あらかじめ、これらの方法を用いることについて合意をしている場合に限り、取引の	附 則 （新法第4条第1項に規定する取引に際して行う確認の方法の特例に関する経過措置） 第6条　規則第6条、第9条、第10条、第11条第1項及び第12条の規定にかかわらず、特定事業者（新法第2条第2項第1号から第38号までに掲げる特定事業者をいう。以下この項において同じ。）は、新令第7条第1項第1号ハからヨまで及びソに掲げる取引並びに同項第2号及び第3号に定める取引のうち、次の各号に掲げる方法により決済されるものに際して行う新法第4条第1項（同条第5項の規定により読み替えて適用する場合を含む。）又は第4項（同条第1項に係る部分に限る。）の規定による確認（当該顧客等又はその代表者等について当該各号に規定する他の特定事業者が施行日以後の取引の際に取引時確認（同条第6項に規定する取引時確認をいう。）を行っている場合におけるものを除く。）については、当該各号に定める方法により行うことができる。ただし、当該他の特定事業者との間で、あらかじめ、これらの方法を用いることについて合意をしている場合に限り、取引の相手方が当該各号に規定する他の特定事業者が行っている確認に係る顧客等若しくは代表

読替後	読替前
相手方が当該各号に規定する他の特定事業者が行っている確認に係る顧客等若しくは代表者等になりすましている疑いがある取引、当該確認が行われた際に当該確認に係る事項を偽っていた疑いがある顧客等若しくは代表者等（その代表者等が当該事項を偽っていた疑いがある顧客等又は代表者等を含む。）との間における取引又は犯罪による収益の移転防止に関する法律施行規則の一部を改正する命令（平成27年内閣府、総務省、法務省、財務省、厚生労働省、農林水産省、経済産業省、国土交通省令第　　号。以下「平成27年改正命令」という。）による改正後の規則（第1号ロにおいて「新規則」という。）第5条各号に掲げる取引を行う場合は、この限りでない。 一　特定の預金又は貯金口座における口座振替の方法　次のイからハまでに掲げる当該口座が開設されている他の特定事業者が当該口座に係る犯罪による収益の移転防止に関する法律の一部を改正する法律の施行に伴う関係政令の整備等に関する政令（平成27年政令第　　号）第1条の規定による改正前の犯罪による収益の移転防止に関する法律施行令（次号において「旧令」という。）第7条第1項第1号イに掲げる取引に際して当該顧客等又はその代表者等について行っている確認の区分に応じ、それぞれ当該イからハまでに定める方法 　イ　本人確認　当該他の特定事業者が当該本人確認を行い、か	者等になりすましている疑いがある取引又は当該確認が行われた際に当該確認に係る事項を偽っていた疑いがある顧客等若しくは代表者等（その代表者等が当該事項を偽っていた疑いがある顧客等又は代表者等を含む。）との間における取引を行う場合は、この限りでない。 一　特定の預金又は貯金口座における口座振替の方法　次のイからハまでに掲げる当該口座が開設されている他の特定事業者が当該口座に係る整備令第1条の規定による改正前の犯罪による収益の移転防止に関する法律施行令（次号において「旧令」という。）第8条第1項第1号イに掲げる取引に際して当該顧客等又はその代表者等について行っている確認の区分に応じ、それぞれ当該イからハまでに定める方法 　イ　本人確認　当該他の特定事業者が当該本人確認を行い、か

読替後	読替前
つ、当該本人確認に係る本人確認記録を保存していることを確認し、及び目的等確認を行う方法 ロ　新法第４条第１項の規定による確認若しくはこれに相当する確認又は同条第２項の規定による確認　当該他の特定事業者がこれらの確認を行い、かつ、これらの確認に係る記録（本人確認記録又は新法第６条第１項に規定する確認記録若しくはこれに相当する記録（以下この項において「確認記録等」という。）をいう。）を保存していることを確認し、及び新規則第11条第２項に規定する実質的支配者（以下この項において「新実質的支配者」という。）に該当する者の本人特定事項を確認する方法 ハ　新法第４条第１項の規定による確認若しくはこれに相当する確認及び新実質的支配者に該当する者（これらの確認において本人特定事項の確認を行っている平成27年改正命令による改正前の規則第10条第２項に規定する実質的支配者（以下この項において「旧実質的支配者」という。）に該当する者を除く。）の本人特定事項の確認又は新法第４条第２項の規定による確認及び新実質的支配者に該当する者（当該確認において本人特定事項の確認を行っている旧実質的支配者に該当する者を除く。）の本人特定事項の確認　当該他	つ、当該本人確認に係る本人確認記録を保存していることを確認し、及び目的等確認を行う方法 ロ　本人確認及び新法第４条第１項（同項第１号に係る部分を除く。）の規定による確認に相当する確認　当該他の特定事業者がこれらの確認を行い、かつ、これらの確認に係る本人確認記録及び新法第６条第１項に規定する確認記録に相当する記録（以下この項において「相当確認記録」という。）を保存していることを確認する方法 ハ　新法第４条第１項の規定による確認に相当する確認（ロに掲げる確認を除く。）　当該他の特定事業者が当該相当する確認を行い、かつ、当該相当する確認に係る相当確認記録を保存していることを確認する方法

読 替 後	読 替 前
の特定事業者がこれらの確認を行い、かつ、これらの確認に係る本人確認記録又は確認記録等を保存していることを確認する方法 二　新法第2条第2項第38号に規定するクレジットカード等を使用する方法　次のイからハまでに掲げる当該クレジットカード等を交付し、又は付与した他の特定事業者が当該クレジットカード等に係る旧令第8条第1項第3号イに掲げる取引に際して当該顧客等又はその代表者等について行っている確認の区分に応じ、それぞれ当該イからハまでに定める方法 　イ　本人確認（第1条の規定による改正前の規則第3条第1項第1号チに規定する方法によるものを除く。ロにおいて同じ。）当該他の特定事業者が当該本人確認を行い、かつ、当該本人確認に係る本人確認記録を保存していることを確認し、及び目的等確認を行う方法 　ロ　新法第4条第1項の規定による確認若しくはこれに相当する確認（規則第13条第1項第1号に規定する方法に相当する方法によるものを除く。）又は同条第2項の規定による確認　当該他の特定事業者がこれらの確認を行い、かつ、これらの確認に係る本人確認記録又は確認記録等を保存していることを確認し、及び新実質的支配者に該当する者の本人特定事項を確認する方法	二　新法第2条第2項第38号に規定するクレジットカード等を使用する方法　次のイからハまでに掲げる当該クレジットカード等を交付し、又は付与した他の特定事業者が当該クレジットカード等に係る旧令第8条第1項第3号イに掲げる取引に際して当該顧客等又はその代表者等について行っている確認の区分に応じ、それぞれ当該イからハまでに定める方法 　イ　本人確認（第1条の規定による改正前の規則第3条第1項第1号チに規定する方法によるものを除く。ロにおいて同じ。）当該他の特定事業者が当該本人確認を行い、かつ、当該本人確認に係る本人確認記録を保存していることを確認し、及び目的等確認を行う方法 　ロ　本人確認及び新法第4条第1項（同項第1号に係る部分を除く。）の規定による確認に相当する確認（規則第13条第1項第1号に規定する方法に相当する方法によるものを除く。）　当該他の特定事業者がこれらの確認を行い、かつ、これらの確認に係る本人確認記録及び相当確認記録を保存していることを確認する方法

読 替 後	読 替 前
ハ　新法第4条第1項の規定による確認若しくはこれに相当する確認（規則第13条第1項第1号に規定する方法に相当する方法によるものを除く。）及び新実質的支配者に該当する者（これらの確認において本人特定事項の確認を行っている旧実質的支配者に該当する者を除く。）の本人特定事項の確認又は新法第4条第2項の規定による確認及び新実質的支配者に該当する者（当該確認において本人特定事項の確認を行っている旧実質的支配者に該当する者を除く。）の本人特定事項の確認　当該他の特定事業者がこれらの確認を行い、かつ、これらの確認に係る本人確認記録又は確認記録等を保存していることを確認する方法	ハ　新法第4条第1項の規定による確認に相当する確認（規則第13条第1項第1号に規定する方法に相当する方法によるもの及びロに掲げる確認を除く。）　当該他の特定事業者が当該相当する確認を行い、かつ、当該相当する確認に係る相当確認記録を保存していることを確認する方法
2　前項各号に規定する「目的等確認」とは、顧客等（新法第4条第5項に規定する国等（人格のない社団又は財団を除く。）を除く。）との取引に際し、同条第1項第2号から第4号までに掲げる事項について規則第9条、第10条及び第11条第1項に規定する方法（当該顧客等が人格のない社団又は財団である場合にあっては、新法第4条第1項第2号及び第3号に掲げる事項について規則第9条及び第10条に規定する方法）により行う確認をいう。	2　前項各号に規定する「目的等確認」とは、顧客等（新法第4条第5項に規定する国等（人格のない社団又は財団を除く。）を除く。）との取引に際し、同条第1項第2号から第4号までに掲げる事項について規則第9条、第10条及び第11条第1項に規定する方法（当該顧客等が人格のない社団又は財団である場合にあっては、新法第4条第1項第2号及び第3号に掲げる事項について規則第9条及び第10条に規定する方法）により行う確認をいう。
3　規則第12条第4項の規定は、第1項各号に定める方法により代表者等の本人特定事項の確認を行う場合に準用する。	3　規則第12条第4項の規定は、第1項各号に定める方法により代表者等の本人特定事項の確認を行う場合に準用する。

読　替　後	読　替　前
（改正法附則第2条第1項又は第2項の規定により読み替えて適用する新法第4条第1項の規定による確認の方法） 第7条　改正法附則第2条第1項又は第2項の規定により読み替えて適用する新法第4条第1項の規定による確認については、規則第9条、第10条、第11条第1項、第12条及び<u>第13条（平成27年改正命令附則第4条の規定により読み替えて適用する場合を含む。）</u>並びに前条の規定を準用する。	（改正法附則第2条第1項又は第2項の規定により読み替えて適用する新法第4条第1項の規定による確認の方法） 第7条　改正法附則第2条第1項又は第2項の規定により読み替えて適用する新法第4条第1項の規定による確認については、規則第9条、第10条、第11条第1項、第12条及び<u>第13条</u>並びに前条の規定を準用する。

資料4　「犯罪による収益の移転防止に関する法律の一部を改正する法律の施行に伴う関係政令の整備等に関する政令案」等に対する意見の募集結果について

「犯罪による収益の移転防止に関する法律の一部を改正する法律の施行に伴う関係政令の整備等に関する政令案」等に対する意見の募集結果について

> 平成27年9月
> 警　察　庁
> 共管各省庁

　警察庁において、「犯罪による収益の移転防止に関する法律の一部を改正する法律の施行に伴う関係政令の整備等に関する政令案」等に対する意見の募集を行ったところ、33通の御意見・御質問を頂きました。
　頂いた御意見・御質問に対する警察庁及び共管各省庁（金融庁、総務省、法務省、財務省、厚生労働省、農林水産省、経済産業省及び国土交通省）の考え方を次のとおり公表いたします。

1　意見を募集した命令等の題名
　(1)　犯罪による収益の移転防止に関する法律の一部を改正する法律の施行に伴う関係政令の整備等に関する政令案
　(2)　犯罪による収益の移転防止に関する法律施行規則の一部を改正する命令案（仮称）

2　命令等の案を公示した日
　　平成27年6月19日

3　御意見・御質問に対する警察庁及び共管各省庁の考え方
　　頂いた御意見・御質問に対する警察庁及び共管各省庁の考え方は、別紙1のとおりです。
　　頂いた御意見・御質問については、必要に応じ、整理又は要約をした上で掲載しています（整理又は要約をしていないものを警察庁情報公開室において閲覧に供します。）。
　　なお、「犯罪による収益の移転防止に関する法律の一部を改正する法律の施行に伴う関係政令の整備等に関する政令案」等の内容に関する御意見・御質問以外の御意見・御質問については、今後の参考とさせていただきます。

4　参考
　　頂いた御意見・御質問の総数　　　　　　33通

（内訳）
　　パブリックコメント意見提出フォーム　15通
　　電子メール　　　　　　　　　　　　　15通
　　ＦＡＸ　　　　　　　　　　　　　　　 2通
　　郵送　　　　　　　　　　　　　　　　 1通

5　その他
　警察庁及び共管各省庁における検討の結果、別紙2の条項について修正を行いました。

【別紙1及び別紙2における略語】
改　正　　法：犯罪による収益の移転防止に関する法律の一部を改正する法律（平成26年法律第117号）
新　　　　法：改正法による改正後の犯罪による収益の移転防止に関する法律（平成19年法律第22号）
旧　　　　法：改正法による改正前の犯罪による収益の移転防止に関する法律
新　　　　令：犯罪による収益の移転防止に関する法律の一部を改正する法律の施行に伴う関係政令の整備等に関する政令（平成27年政令第338号）による改正後の犯罪による収益の移転防止に関する法律施行令（平成20年政令第20号）
旧　　　　令：犯罪による収益の移転防止に関する法律の一部を改正する法律の施行に伴う関係政令の整備等に関する政令による改正前の犯罪による収益の移転防止に関する法律施行令
新　規　　則：犯罪による収益の移転防止に関する法律施行規則の一部を改正する命令（平成27年内閣府等令第3号）による改正後の犯罪による収益の移転防止に関する法律施行規則（平成20年内閣府等令第1号）
旧　規　　則：犯罪による収益の移転防止に関する法律施行規則の一部を改正する命令による改正前の犯罪による収益の移転防止に関する法律施行規則
番　号　利　用　法：行政手続における特定の個人を識別するための番号の利用等に関する法律（平成25年法律第27号）
番号利用法施行令：行政手続における特定の個人を識別するための番号の利用等に関する法律施行令（平成26年政令第155号）

別紙1

「犯罪による収益の移転防止に関する法律の一部を改正する法律の施行に伴う関係政令の整備等に関する政令案」等に対する御意見・御質問に対する警察庁及び共管各省庁の考え方について

1 犯罪による収益の移転防止に関する法律施行令の一部改正について

No.	意見・質問の概要	意見・質問に対する考え方
	▼金融機関等の特定取引及び司法書士等の特定取引について（新令第7条及び第9条関係）	
1	新令第7条第1項で定める「特別の注意を要する取引」について、特定事業者が精査した結果、特別の注意を要する取引に該当しないと判断したものの、後日、当該取引に該当することが判明した場合、特定事業者がそのように判断した合理的な説明ができれば、特段罰則は科されないとの理解でよいか。	事後的に検証して新法第8条の「疑わしい取引」に該当すると判断されたとしても、当該取引は取引に際して新令第7条第1項の「特別の注意を要する取引」に該当すると判断されたものではないため、遡及的に取引時確認が義務付けられることはなく、罰則も科されません。
2	顧客等が保有する取引時確認済みの口座から個別の預貯金の払戻し等が「疑わしい取引」や「同種の取引の態様と著しく異なる態様で行われる取引」の「取引」に該当し得るのか。該当する場合、改めて取引時確認を行う必要があるのか。	個別の預貯金の払戻し等についても、疑わしい取引その他の顧客管理を行う上で特別の注意を要する取引に該当する可能性はあります。そのような場合には、新令第13条第2項の規定により、新法第4条第3項の規定の適用が除外されるため、御質問のとおり、取引時確認済みの顧客等に対しても再度の取引時確認が必要となります。
3	本改正により、新法第4条第1項に基づく取引時確認を要する特定取引は次の3つに分類されることになるものと解してよいか。 ① 新令第7条第1項柱書に基づく「対象取引」（新法第4条第3項に基づく適用除外ケースを除く。） ② ①を除く特定事業者が行う取引で、かつ、「疑わしい取引」に該当する取引	御質問にある取引のほか、同一の顧客等との間で二以上の取引等を同時に又は連続して行う場合において、当該二以上の取引等が1回当たりの取引の金額等を減少させるために一の取引等を分割したものであることが一見して明らかなものであるときは、当該二以上の取引等を一の取引等とみなして、新令第7条第1項又は第9条第1項の規定が適用さ

	③ ①を除く特定事業者が行う取引で、かつ、「同種の取引の態様と著しく異なる態様で行われる取引」に該当する取引	れ、敷居値を超える場合には、取引時確認の義務が生じることとなります。
4	① 新令第7条の「疑わしい取引」に該当する取引をする場合、その取引を行うに際して、取引時確認を要すると解してよいか。 ② 取引時において新令第7条の「疑わしい取引」該当と判断できなかったものの（したがってその段階では取引時確認を実施していない）、その後の取引内容その他関連情報を総合した結果、新令第7条の「疑わしい取引」に該当すると判断した場合、当該取引が継続していた場合に限り、新令第13条第2項の定めに基づき、その判断をした後速やかに取引時確認を実施することを要するものと解してよいか。	① そのとおりです。 ② 事後的に検証して新法第8条の「疑わしい取引」に該当すると判断されたとしても、当該取引は取引に際して新令第7条第1項の「特別の注意を要する取引」に該当すると判断されたものではないため、遡及的に取引時確認が義務付けられることはありません。
5	本改正により、取引時確認を要する「特定取引」が「対象取引」と「対象取引以外の取引」に整理されているが、取引時確認の対象となる「特定取引」は「特定業務」に該当する業務に係るものに限定されていると解してよいか。	そのとおりです。
6	新令第7条第3項に「取引を同時に又は連続して行う場合」と規定されているが、例えば、口座名義人の配偶者が来店し、当該口座を利用して特定取引を行い、その後、口座名義人本人が来店して自己名義の口座を利用して同様の特定取引を行う場合、ここで言う「連続」に該当するのか確認したい。	口座名義人及びその配偶者がそれぞれ別々に同一の口座を利用して取引を行う場合についても、それが「一の…取引を分割したものの全部又は一部であることが一見して明らかであるもの」に該当すると認められる場合には新令第7条第3項の対象となり得ます。
7	新令第7条第3項「同一の顧客等」の「等」は、新法第2条第3項	新令第7条第3項の取引についても、例えば同項第1号の現金等受払

	及び新令第5条の「信託の受益者」を規定しているものと理解している。新令第7条第3項においては、「顧客」とするのが適当と考えるが、あえて「信託の受益者」を規定する趣旨を御教示願いたい。	取引については、特定事業者と信託の受益者との間で行われることが想定されるためです。
8	新令第7条第3項の「一見して明らか」について、例えば、顧客等が午前と午後で2回来店して取引をしたが、窓口の担当者が不注意で気付かなかった場合には、一見して明らかとは言えないと評価できるため、取引時確認を行わなくとも法令違反とはならないという理解でよいか。	個別の取引が「一の…取引を分割したものの全部又は一部であることが一見して明らかであるもの」に該当するか否かは、各特定事業者において、当該取引の態様や各事業者の一般的な知識や経験、商慣行をもとに適宜判断されることとなり、同一の者が同一日の午前と午後に訪れ、当該顧客との取引が「一の…取引を分割したものの全部又は一部であることが一見して明らかであるもの」であるにもかかわらず、不注意により取引時確認を実施しなかった場合には、法令違反となる可能性もあり得ます。
9	新令第7条第3項の「一見して明らかである」とは、具体的にはどのような場合か。例えば、特定事業者の取引に当たる担当者や支店が異なる場合、一見して明らかではないと考えて差し支えないか。 「一見して明らかであるものであるとき」という表現では主観が相当程度入る余地があると思われる。実務的なガイドライン、業界での指針などを提示していただく必要があると思う。それがないのであれば、回答で一定の目安を示していただきたい。これらがない場合には特定事業者が各自で定めるしかないと思うがそのような理解でよいのか。	「一の…取引を分割したものの全部又は一部であることが一見して明らかであるもの」としては、例えば、 ○ 顧客から現金で12万円の振込みを依頼されたため、取引時確認を実施しようとしたところ、顧客が6万円の振込みを2回行うよう依頼を変更した場合における当該2回の取引 ○ 顧客から300万円を外貨に両替するよう依頼されたため、取引時確認を実施しようとしたところ、150万円を2回に分けて両替するよう依頼を変更した場合における当該2回の両替 といった取引が該当すると考えられますが、個別の取引がこれに該当するか否かについては、各特定事業者

		において、当該取引の態様や各事業者の知識や経験、商慣行をもとに適宜判断されることとなります。 　また、二以上の取引が連続したものか否かの判断は担当者や支店ごとに行われるものではなく、事業者ごとに行われるものであるため、例えば、顧客の言動等により複数のタイミングや複数の支店における一連の取引が「一の…取引を分割したものの全部又は一部であることが一見して明らかであるもの」であることが認められる場合等、特段の事情があれば新令第7条第3項が適用される場合はありますが、こうした取引を網羅的に捕捉するためのシステムの整備を義務付けるものではありません。 　また、現時点、ガイドライン等を作成する予定はありません。
10	複数の顧客（例えば法人顧客A社、B社、C社）の名義による、それぞれ一顧客当たり200万円相当額以下の外貨両替取引について、一人の取引担当者から、同時に、取引の申込みを受け付けた場合であって、その合計額が200万円相当額超となる場合に、一律に「敷居値以下に分割された取引に係る取引時確認」の対象とはならないとの理解で正しいか。 　また、この場合、「敷居値以下に分割された取引に係る取引時確認」の対象となるような取引（特定取引に該当するか否か）を判断するために、例えば、取引担当者が個々の顧客の取引の任に当たっていることについて確認する場合は、まだ特定取引に該当するか不明であることから、新規則第12条第4項の確認まで	前段については、そのとおりです。 　後段については、新令第7条第3項に規定する「一の…取引を分割したものの全部又は一部であることが一見して明らかであるもの」に該当するか否かは、各特定事業者において、当該取引の態様や各事業者の知識や経験、商慣行をもとに適宜判断されるものであり、必ずしも申告を要するものではありません。

	は不要であり、当該取引担当者からその旨の申告を受けることで足りるとの理解で正しいか。	
11	新令第7条第3項の「連続」について、次のような場合は「連続」に当たるのか確認したい。 ① 顧客等が、1日に複数の異なる支店を訪れ、それぞれの支店において、同一の振込先へ振込みを行う場合 ⇒ 各支店からすれば、1回の取引しか行われていないので、「連続」には当たらないと考えられるが、そのような理解でよいか。 ② 顧客等が、同一の支店に同一日の午前と午後に訪れ、同一の振込先へ振込みを行う場合 ⇒ 午前の振込みと午後の振込みとの間に一定の時間間隔があることから、「連続」には当たらないと理解してよいか。	① 二以上の取引が連続したものか否かの判断は支店のみで行われるものではなく、事業者ごとに行われるものであるため、例えば顧客の言動等により複数の支店における一連の取引が「一の…取引を分割したものの全部又は一部であることが一見して明らかであるもの」であることが窓口の従業員において認められる場合等、特段の事情があれば新令第7条第3項が適用される場合はありますが、こうした取引を網羅的に捕捉するためのシステムの整備を義務付けるものではありません。 ② 例えば、明らかに同一の者が同一日の午前と午後に訪れ、当該顧客の取引が「一の…取引を分割したものの全部又は一部であることが一見して明らかであるもの」であることが窓口の従業員が気付く場合等、一定の時間間隔がある場合であっても新令第7条第3項が適用される場合はありますが、こうした取引を網羅的に捕捉するためのシステムの整備を義務付けるものではありません。
12	新令第7条第3項に「特定事業者が同一の顧客等との間で二以上の次の各号に掲げる取引を同時に又は連続して行う場合において」とあるが、「同時」及び「連続して」という表現は曖昧なので、定義を明確化できないか。	本規定は、顧客等が短期間に行う二以上の取引が、1回当たりの取引金額を減少させる目的で一の取引を分割したものの全部又は一部であることが一見して明らかなものであるときに、当該二以上の取引を一の取引とみなすことを明記したものです。こうした規定の趣旨から、「同時に又は連続して」という表現を用

		いていることを御理解ください。
13	ATM等の非対面取引においても、「取引の同時又は連続性」及び「1回当たりの取引の金額を減少させる目的で一の取引を分割したことが一見して明らかであること」を確認する必要があるのか。	「一の…取引を分割したものの全部又は一部であることが一見して明らかであるもの」に該当するか否かは、基本的には、窓口における従業員の気付きに基づき判断されることや、その上席者により判断されることを想定していますが、例えば同日中に時間を空けて複数回来店する場合に気付くことや、ATMやインターネットバンキングなど非対面で行われる取引をシステムにより検知することも排除するものではありません。ただし、システムの整備を義務付けるものではありません。
14	特定事業者は、新令第7条第3項の該当性の確認に当たり、例えば、全取引時に顧客に事前申告を義務付ける、情報システムを用いて同時又は連続性を有する取引を探知した上で、該当する顧客に対し取引分割の目的の有無についてヒアリング等事後調査をするなど、積極的に調査・確認する義務があるのか。	個別の取引が「一の…取引を分割したものの全部又は一部であることが一見して明らかであるもの」に該当するか否かは、各特定事業者において、当該取引の態様や各事業者の一般的な知識や経験、商慣行をもとに適宜判断されることとなりますが、御質問のように、全取引時に顧客に事前申告を義務付けたり、システムによる検知を義務付けたりするものではありません。
15	当社では、全顧客における新規取引時に新法第4条第1項に基づく取引時確認を実施しており、その後の取引時においても、顧客の取引時確認を徹底する観点から、敷居値以下の取引を含む全取引の際、当社が交付したキャッシュカードの確認やパスワード等本人しか知りえない情報の確認等により、新法第4条第3項（新令第13条第2項）に基づく「既に取引時確認を行っている顧客等であることを確かめる措置」を実施している。	新規則第13条第1項第3号の規定により、特定事業者が新法第4条第1項の規定による確認に相当する確認（当該確認について確認記録に相当する記録の作成及び保存をしている場合におけるものに限る。）を行っている顧客等又は代表者等については、新規則第16条に定める方法に相当する方法により、既に当該確認を行っていることを確認するとともに、当該記録を確認記録として保存することにより、法第4条第1項の規定による確認を行うことができる

	ところで、新令第7条第3項は、二以上の取引を合算して敷居値超過の有無を判断することで特定取引該当性を判断するものと理解しているが、上記のように、合算する各取引時において同措置を実施している場合、（同「措置」の重複を回避するため）「合算した一の取引」に係る同「措置」は省略してよいか。	こととされています。 そのため、全ての顧客について、新たに特定業務に係る取引を行うに際し、新法第4条第1項の規定による確認に相当する確認（当該確認について確認記録に相当する記録の作成及び保存をしている場合におけるものに限る。）を行っており、その後の特定業務に係る取引全てにおいても、新規則第16条に定める方法に相当する方法により、既に当該確認を行っていることを確認するとともに、当該記録を確認記録として保存しているのであれば、顧客等との間で行う取引が「一の…取引を分割したものの全部又は一部であることが一見して明らかであるもの」に該当するとして新法第4条第1項の規定による取引時確認を実施しなければならない場合でも、新規則第13条第1項第3号に規定する方法で確認することも可能です。
16	① 新令第7条第3項の該当性に係る調査・確認（該当性、対象取引の合算額、顧客の取引分割目的を示す申告内容等）は、社内規定で確認事務を明確化することをもって記録・保存する必要がないと解してよいか。 ② （記録を要する場合）「非該当」のケースにおいては、記録を要しないと考えてよいか。	顧客等との間で行う取引が「一の…取引を分割したものの全部又は一部であることが一見して明らかであるもの」に該当するか否かを判断するに当たって特定事業者が行った調査等の結果に関する記録を作成・保存することについて、特段の規定は設けておらず、当該記録の作成・保存の義務はありません。
17	当該二以上の取引を一とみなしたときの当該取引の金額が敷居値を超える場合は、当該取引が特定取引に該当するため、取引時確認又は取引時確認済みの確認のいずれかが必要という理解でよいか。また、事後的な検証によって、「一の…取引を分割したものの全部又は一部であるこ	前段については、そのとおりです。後段については、「一の…取引を分割したものの全部又は一部であることが一見して明らかであるもの」に該当するか否かは、取引に際して判断され、これに該当する場合に取引時確認を行うこととするものです。したがって、事後的に検証

	とが一見して明らかであるもの」であると判明した場合においては、取引時確認又は取引時確認済みの確認のいずれかを改めて行う必要はないという理解でよいか。	し、顧客等との間で行った取引が「一の…取引を分割したものの全部又は一部であることが一見して明らかであるもの」と判明した場合に遡及的に取引時確認を行う義務はありません。なお、この場合においても、当該取引が疑わしい取引に該当すると判断されたときには届出を行うこととなります。
18	新令第7条第3項の「1回当たりの取引の金額を減少させるために一の取引を分割したものの全部又は一部であることが一見して明らかであるもの」とは、例えば、現金自動入出金機等の1回当たりの取引金額の上限を理由として複数回の取引を行った場合等、顧客に「減少させる」意図がない場合については、これに当たらないと解してもよいか。	顧客に「減少させる」意図がないことが明らかであれば、新令第7条第3項の適用は受けません。
19	明らかに敷居値以下に分割された取引であるかどうかというのは疑わしい取引であるかどうかの検証のためであって、取引時確認済みの確認(例えば転送不要の書留で計算書を送付して実施)のためではないということでよいか。あるいは、その場合は、取引時確認済みの確認も必要となるということか。	明らかに敷居値以下に分割された取引については、新令第7条第3項の適用を受け、当該二以上の取引を一とみなしたときの当該取引の金額が敷居値を超える場合は、当該取引が特定取引に該当するため取引時確認が必要となりますが、取引時確認済みの確認がなされれば新法第4条第3項の規定により取引時確認は不要となります。このため、「一の…取引を分割したものであることが一見して明らかであるもの」が行われた場合は、取引時確認又は取引時確認済みの確認のいずれかが必要です。
▼厳格な顧客管理を行う必要性が特に高いと認められる取引について(新令第12条関係)		
20	新令第7条本文括弧書にて、簡素な顧客管理が認められる取引は犯罪収益移転危険度調査書の内容を勘案	厳格な顧客管理を要する取引は、新法第4条第2項において、政令で規定することとされております。顧

	して主務省令で定めることができるとなっているが、厳格な顧客管理が必要な取引はかかる勘案がされることなく、取引相手方所在国や顧客属性により一律に定められている。 　法律上の取扱いを同一にし、かつ柔軟性があり現実的な運用のためにも、厳格な顧客管理が必要な取引についても犯罪収益移転危険度調査書の内容を勘案して主務省令で定めることができるようにしてはいかがか。	客等及び特定事業者に義務を課すという点に鑑みると、厳格な顧客管理を要する取引については、政令で規定することが適切と考えます。
21	外国PEPsに関する情報を取得することは望ましいが、その確認を広く義務付けることは適当ではない。これらの者についての確認は、努力義務にするなど他の方法を検討してほしい。	FATF勧告により、外国PEPs（外国の重要な公的地位を有する者等）については、資産及び収入の確認が求められていること、また、FATFによる第3次対日相互審査において、外国PEPsについて十分な対応が執られていないことが指摘されていることを踏まえ、外国PEPsの厳格な顧客管理については、努力義務にすることとはせず、取引の都度、厳格な顧客管理を要することとしています。
22	顧客等が外国PEPsであることの確認は、具体的にどのような方法で行えばよいか。	顧客等が外国PEPsであることの確認は、商業用データベースを活用して確認する方法のほか、インターネット等の公刊情報を活用して確認する方法、顧客等に申告を求める方法等が考えられ、特定事業者がその事業規模や顧客層を踏まえて、各事業者において合理的と考えられる方法により行われることとなり、確認ができた範囲内において厳格な顧客管理を行うこととなります。
23	関係省庁において、外国PEPsの該当者リスト作成し、特定事業者に対して提供していただきたい。	国による外国PEPsのリストの作成は、PEPsに関するFATFガイドラインにおいても推奨されておらず、日本においても作成の予定はあ

		りません。
24	新令第12条第3項第1号に定める「これらの者であった者」については、形式的にこれに該当する場合には全て一律に厳格な顧客管理の対象とすべきなのか。	そのとおりです。 　なお、顧客等が外国PEPsであることの確認は、商業用データベースを活用して確認する方法のほか、インターネット等の公刊情報を活用して確認する方法、顧客等に申告を求める方法等が考えられますが、新令第12条第3項第1号に定める「これらの者であった者」を網羅的に捕捉するシステムの整備までが義務付けられるものではなく、特定事業者がその事業規模や顧客層を踏まえて、各事業者において合理的と考えられる方法により行われることとなり、確認ができた範囲内において厳格な顧客管理を行うこととなります。
25	顧客等が外国PEPsであることの確認の方法として、顧客等からの申告を受ける方法を用いる場合、例えば、申込用紙にチェック欄（外国PEPsの該当性を確認する項目）を設けて記入を義務付けるなど、積極的に実施する必要はあるか。	顧客等が外国PEPsであることの確認を、顧客等に申告を求めることにより行う場合において、その申告を求める具体的な方法は、各特定事業者が、その事業規模や顧客層を踏まえて合理的と考えられる方法により行われることとなります。申込用紙にチェック欄を設けて記入を求めることも1つの方法として考えられます。
26	顧客等が日本人である場合は、外国PEPsであるかどうかの確認は、当該日本人が非居住者である場合に限り、行うこととしてよいか。	日本に居住する日本人が外国PEPsである可能性もあるため、顧客等が日本人である場合であっても、確認の対象を日本に居住していない者に限定することは適切ではありません。
27	外国PEPsには、新規則第15条第7号に定める法人も含まれるが、当該法人が民営化された場合に、その法人の役員であったものは外国PEPsに該当しないという理解でよいか。	そのとおりです。

28	外国PEPsの対象を判断する基準となる「外国」に該当するか否かの判断基準（いわゆる「未承認国家」の取扱い等）について教えていただきたい。	犯罪による収益の移転防止に関する法律上、「外国」とは本邦の域外にある国又は地域をいう（新法第9条）とされ、いわゆる「未承認国家」についても外国に該当することから、当該国において元首その他の重要な地位を占める者についても外国PEPsとして取り扱うこととなります。
29	顧客が、新令第12条第3項1号に掲げる者の家族に該当するか否かが不明であると回答し、再度の要請にもかかわらず同様の回答を受けた場合は、それに該当しないものとして取り扱ってよいか。	顧客等が、新令第12条第3項第1号に掲げる者の家族に該当するかどうかについては、各特定事業者において合理的と考えられる方法により確認がなされることとなり、確認ができた範囲内において厳格な顧客管理を行うこととなります。
30	自然人の職業の確認方法は、顧客等から申告を受ける方法により確認する（新規則第10条第1号）ことから、外国PEPsであることについても申告の方法によることが中心になると思料する。「事実上婚姻関係と同様の事情にある者」を含むとあるが、「あなたはPEPsと事実上の婚姻関係にありますか」と尋ねることは想定しづらいが、どのように対応すべきか。	顧客等が「事実上婚姻関係と同様の事情にある者」であることの確認は、商業用データベースを活用して確認する方法のほか、インターネット等の公刊情報を活用して確認する方法等が考えられ、特定事業者がその事業規模や顧客層を踏まえて、各事業者において合理的と考えられる方法により行われることとなります。御質問のように「事実上婚姻関係」にあることを質問する必要は必ずしもありません。
31	新令第12条第3項第2号では外国PEPsに該当する者の家族も外国PEPsと同等に扱われることとなるが、その該当する外国PEPsが逝去した場合、あるいは既に逝去していた場合は、その家族は厳格な顧客取引を行う必要が特に高い対象とならないという理解でよいか。	そのとおりです。
32	外国PEPsの家族の範囲について、外国PEPs本人の子は含まれるが、祖父母や孫は含まれないということ	そのとおりです。

	でよいか。	
33	FATF第4次勧告においては、国内PEPsについても、リスクが高い場合に適用するとされていることから、外国PEPsに加え、業務関係でリスクが高い場合に、同様の措置を国内PEPsにも適用すべきと考える。	国内のPEPsについては、FATF新勧告に記述がありますが、マネー・ローンダリング対策の有効性を直接把握できない外国PEPsとは、おのずから対策の必要性の程度が異なるものと考えており、慎重な検討を行う必要があることから、今般の改正では、規定を設けていません。
34	現時点においてHigh Riskとなるのは、外国PEPs及びその家族との個人取引に限り、国営銀行、政府系ファンド、国営企業等が顧客である場合においてこれらを外国PEPsとして扱う必要はないという理解でよいか。	新令第12条第3項第3号に規定する主務省令で定める者は、新規則第11条第2項に規定されています。このため、外国PEPsが実質的支配者である法人が顧客となる場合は、厳格な顧客管理を行う必要があります。
35	犯罪による収益の移転防止に関する法律上、「国等」として扱われている外国の中央銀行や大使館との間での取引は、厳格な顧客管理を要するのか。	「国等」に該当する者は新法第4条第5項の規定により取引時確認において実質的支配者の確認が不要とされていることからも明らかなように、犯罪による収益の移転防止に関する法律上、実質的支配者が観念されないものであり、したがって「国等」に含まれる中央銀行や大使館等が外国PEPsに該当することはありません。
36	外国の政府又はその子会社が4分の1以上出資するファンドや国営企業は、新規則第11条第4項の規定により、外国PEPsが実質的な支配者である法人には該当しないとの理解でよいか。	そのとおりです。
37	「外国の元首及び外国の政府、中央銀行その他これらに類する機関」について、国連・IMF・FATF・OECD等の国際機関は含まれないと理解してよいか。	御質問のとおり、外国の政府、中央銀行その他これらに類する機関の対象には、国連等の国際機関は含まれません。
38	「PEPsの家族」以外に、FATFが	今般の改正では、厳格な顧客管理

	定義する「PEPsの近親者」に含まれている「近しい間柄にある者（顧問弁護士・税理士等）」については、含まれないと理解してよいか。	の対象として外国PEPsのClose Associate（近しい間柄にある者）については規定しておりません。
39	外国PEPsについて、本条項の規定により定められた外国PEPs該当者がいるかどうか確認を行ったものの、取引時確認時には認識しなかった者につき、その後外国PEPsであったことが判明した場合、罰則規定はあるか。	外国PEPsであると認識していなかった顧客等が、事後的に外国PEPsに該当することが判明したとしても、これを認識できなかったことを処罰する規定はありません。
40	外国PEPsに該当する場合でも、直ちに謝絶につながるものではないことから、必ずしも取引成立前に確認を求めるものではなく、事後的にデータベースその他で確認を行い、該当する場合は、法令で求められる追加確認を行うことも認められるか。	御質問のような方法も認められます。
41	顧客が外国PEPsである場合は一律に、取引の都度、本人特定事項の確認を含む厳格な顧客管理が必要になるが、これは不当に顧客の利益を損なうおそれがあり、また、実務的な負担も大きい。外国PEPsであることが認識された場合、各金融機関はカントリーリスク、資金源、取引の性質等を考慮したリスク評価を行った上で、取引を行うかどうかについて上級管理者の判断を仰ぐこととなるが、1度承認を得た後は、定期的に（例えば年1回程度）顧客のプロファイルを見直すとともに、取引のモニタリングにおいてアラートが出た場合に再確認するなどの措置をとれば十分であると考える。	FATF勧告により、外国PEPsについては、資産及び収入の確認が求められているところ、かかる確認は継続的に行う必要があることから、外国PEPsについては、一律に取引の都度、厳格な顧客管理を要することとしています。 なお、新規則第32条第1項第4号の規定により、外国PEPsとの取引を行うに際しては、当該取引の任に当たっている職員に、統括管理者の承認を受けさせるよう努める義務がありますが、その承認は必ずしも取引の前に受ける必要はありません。
42	極度方式基本契約締結時に、外国PEPsではないことが確認できたため通常の取引時確認した後、外国	厳格な顧客管理は、外国PEPsである顧客等との間で行う特定取引に際して行われるものです。このた

PEPs情報が更新されて当該顧客が外国PEPsであることを確認した場合、当該極度方式基本契約に基づく極度方式の貸付けについては、改めて厳格な顧客管理を行う必要はないと解してよいか。	め、極度方式基本契約締結時に外国PEPsでないことが確認できた顧客等について、別の特定取引である当該極度方式基本契約に基づく極度方式貸付けに係る契約の締結の際に外国PEPsであることを確認した場合、厳格な顧客管理の対象となります。

2 犯罪による収益の移転防止に関する法律施行規則の一部改正について

No.	意見・質問の概要	意見・質問に対する考え方
	簡素な顧客管理を行うことが許容される取引について（新規則第4条関係）	
43	簡素な顧客管理とは、本人確認から除外を受ける取引のことを指すと考えてよいか。	簡素な顧客管理を行うことが許容される取引として、新規則第4条に規定される取引は、疑わしい取引の届出の対象となるなど一定の顧客管理の対象ではあるものの、新令第7条第1項及び第9条第1項に規定する疑わしい取引その他の顧客管理を行う上で特別の注意を要する取引に該当しない限り、取引時確認の対象とならない点で、その取扱いは従前の「犯罪による収益の移転に利用されるおそれがない取引」と異なるものではありません。
44	「簡素な顧客管理を行うことが許容される取引」として、電気、ガス又は水道水の料金の支払、学校教育法（昭和22年法律第26号）第1条に規定する学校の入学金等に係る取引が対象となる旨規定されているが、同一顧客が上記の簡素な顧客管理が許容される取引とその他の特定取引を同時に行う場合、どのような対応を行えばよいのか。	簡素な顧客管理が許容される取引でない取引については、各取引に応じて新法で規定された措置を行う必要があります。
45	簡素な顧客管理を行うことが許容される取引として、「電気、ガス及び水道水の料金（の支払に係るもの）」と限定列挙されているが、電話やNHKの料金は含まれないのか。新規則第6条第5項第3号（※）の「公共料金」の定義は「電気、ガス及び水道水その他これに準ずるもの」とあるが、なぜ相違があるのか。	電気、ガス、水道はいずれも電線、ガス管、水管が役務提供先に接続し、公益事業者が場所を定めて居住実態や事業実態に即して供給しているものです。一方で、NHKは、役務提供先に接続する設備を有さず、また、固定電話については転送が可能であるなど、これらは必ずしも場所を定めて居住実態や事業実態に即して供給されているものではありません。このため、本改正により、NHKの受信料や電話料金につ

		いては、簡素化措置の対象となる取引に追加することとはしていません。 　また、新規則第6条第5項第3号に規定する公共料金の領収証書については、「日本国内において供給される電気、ガス及び水道水その他これに準ずるもの」の公共性を踏まえ、あくまで本人確認書類を補完する書類としての効力を認めたものであり、簡素化措置の対象となるか否かとは観点が異なります。 ※　第6条第5項は、修正により、新規則第6条第2項になりました。以下別紙1において同じです。
46	「簡素な顧客管理を行うことが許容される取引」として、学校教育法に定める小学校・中学校・高等学校・中等教育学校・特別支援学校・大学又は高等専門学校に対する入学金、授業料等が定められているが、同法の一部改正により、新たに同法第1条に規定された「義務教育学校」の入学金、授業料についても、「簡素な顧客管理を行うことが許容される」との理解でよいか。義務教育学校についても、小学校から中学校までの義務教育を一貫して行うための学校であり、小・中学校と同様に取り扱うことが合理的であることから、追加を御検討願いたい。	御指摘のとおり、平成27年6月24日に学校教育法等の一部を改正する法律（平成27年法律第46号）が公布され、同法の施行日が平成28年4月1日とされたことを踏まえ、新規則第4条第1項第7号ニに「義務教育学校」を追加しました。
47	簡素な顧客管理が許容される取引として、学校教育法第1条に規定する学校が記載されているが、大学院は大学に含まれるとの理解でよいか。	そのとおりです。
48	「授業料その他これに類するも	「その他これに類するもの」の具

	の」とあるが、「類するもの」とは、どのようなものが含まれるのか。 　例えば「教育資金の一括贈与」で対象となる資金を全て含むという解釈でよいか。	体例としては、施設設備費、実験実習費、図書費、学生互助会等の各種諸会費、各種保険料、寄付金及び協賛金等、その費目にかかわらず、学校教育法第1条に規定する小学校、中学校、義務教育学校、高等学校、中等教育学校、特別支援学校、大学又は高等専門学校に対して支払われるものであって、入学金、授業料と同時に支払われるものが挙げられます。したがって、いわゆる「教育資金の一括贈与」で対象となる資金が全て含まれるものではありません。
49	「入学金、授業料その他これに類するもの」として、例えば制服代や修学旅行代など、必ずしも入学金、授業料と同時に支払われないが一般的に入学金、授業料に類すると事業者が合理的に判断したものも「その他これに類するもの」として認められるとの理解でよいか。	「その他これに類するもの」の具体例としては、施設設備費、実験実習費、図書費、学生互助会等の各種諸会費、各種保険料、寄付金及び協賛金等、その費目にかかわらず、学校教育法第1条に規定する小学校、中学校、義務教育学校、高等学校、中等教育学校、特別支援学校、大学又は高等専門学校に対して支払われるものであって、入学金、授業料と同時に支払われるものが挙げられます。このため、入学金、授業料と同時に支払われないものについては簡素な顧客管理は認められません。
50	海外の学校に対する入学金等の支払に係るものが対象となるか（「その他これに類するものの支払」に入るか）。もし対象とならないのであればなぜか。	海外の学校は、学校教育法の規制に服するものではなく、生徒の実在性等について、他の同法第1条に規定する学校と比較して同等の確からしさはないと考えられるため、取引時確認の簡素化の対象とはしていません。
51	日本の学校法人が、外国に設置した海外校について、学校教育法の適用がある場合には、当該海外校に対する入学金や授業料の海外送金についても、取引時確認は不要となるの	学校教育法第1条に規定する大学が、大学設置基準（昭和31年文部省令第28号）第57条の規定に従って外国に設けられた大学の海外校に対する入学金や授業料の海外送金につい

	か。それとも、上記の海外校の場合には、学校教育法の適用があっても、取引時確認が必要か。	ても、取引時確認は不要となります。
52	保険金支払を求める裁判等において、保険金を支払う旨の判決や裁判上の和解がある場合に、保険会社が保険金受取人に支払う場合には、犯罪による収益の移転防止に関する法律上の取引時確認や確認記録の作成・保存は不要という理解でよいか。同様に、銀行等の金融機関が裁判所の判決等に基づき、（口座への送金ではなく）200万円を超える現金払いをする場合も取引時確認は不要という理解でよいか。	保険金の支払について、犯罪による収益の移転に非効率的である蓄財性の低いもの等は簡素な顧客管理を認めることとしていますが、裁判所の判決等に基づく支払であっても、保険や預金そのものは、犯罪による収益の移転に利用されるおそれがあるため、簡素な顧客管理を認めることとはしていません。 なお、通常、保険契約締結時に取引時確認が行われるため、新令第13条の規定により、それが疑わしい取引等に該当する場合を除き、保険金支払の際に改めて取引時確認を行う必要はありません。
53	「当該二以上の取引を一の取引とみなして、前項の規定を適用する」とされているが、敷居値以下に分割して取引を行っているのが一見して明らかであるものについて、「前項の規定」（簡素な顧客管理を行うことが許容される取引）を適用するというのは、誤りではないのか。	新規則第4条第2項は、同条第1項に規定する金額以下の取引であっても、1回当たりの取引の金額を減少させるために一の取引を分割したものであることが明らかであるものは、一の取引とみなし、当該金額を超える場合には取引時確認の実施が必要となることを規定したものです。なお、規定振りについては、地方税法（昭和25年法律第226号）第73条の15の2を参考としています。
54	新規則第4条第2項において、二以上の取引について、取引金額を減少させるために当該取引を分割したものであることが「一見して明らか」な場合には、二以上の取引を一の取引とみなすとされているが「一見して明らか」という判断基準が不明確であるので、該当するケースと該当しないケース等の判断基準を示	「一の…取引を分割したものであることが一見して明らかであるもの」としては、例えば、 ○ 顧客から現金で12万円の振込みを依頼されたため、取引時確認を実施しようとしたところ、顧客が6万円の振込みを2回行うよう依頼を変更した場合における当該2回の取引

	してほしい。また、リース物件の購入先や設置場所、引渡時期等が異なる場合に、同一顧客との間で、購入先や設置場所、引渡時期ごとにファイナンス・リース契約を分割することがあるが、このような場合は、合理的な理由があるものとして、一の取引としてみなさないことを明確にすべきである。	○ 顧客から300万円を外貨に両替するよう依頼されたため、取引時確認を実施しようとしたところ、150万円を2回に分けて両替するよう依頼を変更した場合における当該2回の両替 といった取引が該当すると考えられますが、個別の取引がこれに該当するか否かについては、各特定事業者において、当該取引の態様や各事業者の知識や経験、商慣行をもとに適宜判断されることとなります。 　また、合理的な理由の有無にかかわらず、二以上の取引が「1回当たりの取引の金額を減少させるため」に行われた場合は一の取引とみなされることになりますが、御指摘のような場合は、通常、「1回当たりの取引の金額を減少させるため」に行われた場合には該当しないものと考えます。
55	新規則第4条第1項第9号及び関連告示にてスイフトによるコルレス口座開設（預金の受入れを内容とする契約の締結）にも簡素な顧客管理が認められることになると思料するが、一方で新規則第28条では、コルレス口座開設に際して取引時確認が求められる。同一取引に際して複数の確認義務があると実務上支障を来すので、新規則第4条により許容される「簡素な顧客管理」と新規則第28条で求められる「外国所在為替取引業者との契約締結に際して行う確認の方法」は同一水準の確認が要求されることになることを確認したい。	新規則第28条はコルレス契約の締結に際し、相手方がいわゆるシェルバンクではないこと等を確認する方法を定める一方、新規則第4条は簡素な顧客管理を行うことが許容される取引を定めるものであり、趣旨が全く異なる規定であるため、それぞれの条において、確認義務の内容に重複や矛盾はありません。

	▼顧客管理を行う上で特別の注意を要する取引について（新規則第5条関係）	
56	「著しく異なる態様で行なわれる取引」という表現では主観が相当程度入る余地があると思われる。実務的なガイドライン、業界での指針などを提示していただく必要があると思う。それがないのであれば、回答で一定の目安を示していただきたい。これらがない場合には特定事業者が各自で定めるしかないと思うがそのような理解でよいのか。	「同種の取引の態様と著しく異なる態様」とは、例えば、「疑わしい取引」に該当するとは直ちに言えないまでも、その取引の態様等から類型的に疑わしい取引に該当する可能性のあるもので、 ○ 資産や収入に見合っていると考えられる取引ではあるものの、一般的な同種の取引と比較して高額な取引 ○ 定期的に返済はなされているものの、予定外に一括して融資の返済が行われる取引 等の業界における一般的な知識、経験、商慣行等に照らして、これらから著しく乖離している取引等が含まれます。 　これに該当するか否かの判断は、特定事業者が有する一般的な知識や経験、商慣行を踏まえて行われることとなります。また、本条のこのような特質に鑑み、現時点では、統一的なガイドラインを作成する予定はありません。
57	「同種の取引の態様と著しく異なる」かどうかについての調査の範囲、判断は、特定事業者の通常の業務の範囲（例えば、営業担当者による顧客等の担当者に対するヒアリング及び顧客等の担当者による申告等）で行うことで足り、特別の調査や証明資料の収集・保存等を要しないという理解で誤りはないか。	御指摘のような特別の調査や証明資料の収集・保存等は要しません。
58	取引時確認が必要な取引として、「同種の取引の態様と著しく異なる態様で行われる取引」（新規則第5条第2号）が追加されているが、	「同種の取引の態様と著しく異なる態様」に該当するか否かの判断は、特定事業者が有する一般的な知識や経験、商慣行を踏まえて行われ

	「特定事業者が顧客等との間で特定業務に係る取引を行う場合において、合理的な理由なく、当該取引と同種の取引の態様と著しく異なる態様で行われる取引」と規定してほしい。 　また、ファイナンス・リース事業者の対象取引は「ファイナンス・リース契約の締結」とされているが、新令第7条第1項において、「対象取引以外の取引」が追加されたことから、当該顧客との間のファイナンス・リース以外の取引（割賦・延払等取引等）、他のファイナンス・リース事業者との取引まで取引時確認に含まれると解釈される懸念があり、特定業務（ファイナンス・リース業務）に係る取引という趣旨を明確にすべきである。 　また、ファイナンス・リース取引において、リース会社と顧客との合意により、特約等で通常のファイナンス・リース取引と異なる態様で取引が行われることもあるが、合理的な理由があれば、「特別の注意を要するもの」として取り扱う必要性はないと考えられる。	ることとなります。したがって、例えば、顧客等から当該取引を行うことについての説明が得られるなどして、「同種の取引の態様と著しく異なる態様」と認められない合理性や必然性があるならば、取引時確認を行う必要はありません。また、本条は、そもそも、新令第7条第1項及び第9条第1項の規定により、特別の注意を要する取引を定めるものであり、取引時確認の対象となる取引は特定業務に係る取引であることは、新法第4条第1項の規定により明らかです。
59	特別の注意を要する取引について、取引時確認を行い、その上で「疑わしい取引」（新法第8条）に該当する場合は、その届出を行うという理解で誤りはないか。	そのとおりです。
	▼顧客等の本人特定事項の確認方法について（新規則第6条関係）	
60	健康保険証又は年金手帳等を、また、住民票の写し又は戸籍謄本等を本人確認書類とする場合に確認方法に差異がある背景を御教示頂きたい。	健康保険証又は年金手帳は一を限って発行されるのに対し、住民票の写し、戸籍謄本等は一を限って発行されるとは限らないため、確認方法に差異を設けています。
61	新規則第6条第1項第1号ロで	転送不要郵便が返送された場合、

	は、取引関係文書は書留郵便等により転送不要郵便物として送付する旨規定されているが、顧客が旅行等で不在等の理由により返送された場合、再度同じ方法で郵送すべきなのか。この場合、証跡等を残すか否かは各金融機関の判断との理解でよいか。	取引時確認が完了していないこととなるため、再度同じ方法で郵送するか、顧客等が長期不在の場合等で、この方法により難いときは、異なる方法で改めて取引時確認を行う必要があります。また、確認記録は取引時確認を行った場合に作成するものであり、取引時確認が未了の段階で確認記録を作成する必要はありません。
62	自然人との非対面取引における本人特定事項の確認方法に関して、インターネット経由によるクレジットカードの申込み等について、カードを転送不要の本人限定受取郵便（特定事項伝達型）で発送した際、顔写真なし本人確認書類に加えて公共料金の領収書等の提示を受けた情報を記録・保存する必要があると考えてよいか。	クレジットカードを新規則第6条第1項第1号ヘに規定する方法により送付した場合、公共料金等の領収証書等の補完書類の提示を受ける必要はありません。
63	「顔写真のない本人確認書類に係る本人確認方法」について、顔写真のない本人確認書類の提示を受けることにより本人特定事項を確認する場合について、今回、追加的な確認措置を講ずるよう定められたが、運転免許証の取得率減少等により、本人確認書類が限定的になるのは、消費者の利便性を損なうおそれがあるため、マネー・ローンダリングなど犯罪のリスクが低いと考えられる金額の融資（例えば融資金額10万円未満等）については、追加的な確認措置を講ずる必要がないなどの対応を検討していただきたい。	御指摘のような取引であっても、マネー・ローンダリング等のリスクが全くないわけではなく、適切な取引時確認を行う必要があるため、顔写真のない本人確認書類の提示を受けた場合には追加的な確認措置が必要となります。
64	「本人確認書類のうち次条第1号ハに掲げるもののいずれか二の書類の提示を受ける方法」について、一方の書類のみ現在の住居の記載があ	御指摘のような場合、補完措置は不要です。

	れば、他方の書類についてその現在の住所の記載がない（旧住所等）場合の補完の要否について、必要とするならば明示願いたい。	
65	「同号ハに掲げる書類及び同号ロ、ニ若しくはホに掲げる書類若しくは当該顧客等の現在の住居の記載がある補完書類の提示を受ける方法」とあるが、ロ、ニ、ホのうちから2以上の書類を受け入れる方法は許容されないということか。	新規則第7条第1号ロ（一を限り発行又は発給されたものを除く。）、ニ又はホに掲げる本人確認書類のうちから2の書類を受け入れる方法は許容されません。
66	「本人確認書類のうち次条第1号ハに掲げるものの提示を受け、かつ、当該本人確認書類以外の本人確認書類…の送付を受けて」について、本人確認書類の提示を受け、かつ、それ以外の本人確認書類1点の送付を受ける場合一方の書類のみ現在の住居の記載があれば、他方の書類についてその現在の住所の記載がない（旧住所等）場合の補完の要否について、必要とするならば明示願いたい。	御指摘のような場合、補完措置は不要です。
67	① 「写真なし証明書」の提示を受けた場合で、他の本人確認書類（補完書類）又はその写しの送付を受ける取扱いを行う際は、先に対面取引で提示を受けた「写真なし証明書」に関する記録を残し、後刻、他の本人確認書類（補完書類）の送付を受けることにより、本人特定事項の確認が完了となると理解すればよいか。 ② 他の本人確認書類（補完書類）の送付を受けるまでの間は、特定取引は一切行うことができないものと理解されるか。	① そのとおりです。 ② 取引時確認は、取引の性質等に応じて合理的な期間内に完了すべきであり、取引開始後、新規則に定められた方法により取引の性質等に応じて合理的な期間内で取引時確認を行うことが可能と考えられることから、他の本人確認書類（補完書類）の送付を受けるまでの間、一切特定取引が行えないと解する必要はありません。
68	法人の本人特定事項の確認方法として、特定事業者が自ら外国の政府	本人確認書類については、少なくとも顧客等が自らその真正性を確認

	機関が運営するインターネットサイトにアクセスし、登記情報等の本人特定事項を取得する方法を認めてほしい。FATFは"reliable, independent source documents, data or information"を用いて確認することとしているが、外国の政府機関が運営するインターネットサイトから得る登記情報は、十分に信頼に足るものとして海外では広く受け入れられており、それゆえ、わざわざ証明書を発行しない国もある。特定業者が自ら取得する限りにおいては偽造のおそれもないと考える。 　履歴事項証明書等については、顧客自身が公に開示しているものであるので、特定事業者が法務局で取得する場合、提示を受けたものと取り扱っても差し支えないか。また、海外の金融機関の場合、外国の金融監督機関によりインターネットを利用して公衆の閲覧に供されている場合、その本人確認情報を確認することで足ることとしていただきたい。	した上で特定事業者に対して提示又は送付することが必要であると考えます。したがって、「提示」に該当するというためには、特定事業者が顧客等に代わって登記事項証明書を取得した場合であっても、当該証明書を代表者等と対面で直接確認することが必要であると考えます。 　また、基本的な考え方としては、書類の真正性を厳格に確保するなどの観点から、提示や送付の対象となる書類は、官公庁等が正当な権限に基づき発行した公的証明書に限られることとしています。したがって、単にウェブサイトからダウンロード又は印字した情報の閲覧を本人確認方法として認めることは難しいと考えます。
69	新規則第6条第2項では「当該本人確認書類又はその写しに当該顧客等の現在の住居又は本店若しくは主たる事務所の所在地の記載がないときは、当該顧客等又はその代表者等から、当該記載がある当該顧客等の本人確認書類若しくは補完書類の提示を受け」と規定されている。例えば健康保険証の裏面に住居を手書きしている場合、本人確認書類と取り扱うことについて特段問題はないと理解しているが、念のため確認したい。	そのとおりです。
70	新規則第6条第2項において、「同項第1号ハに掲げる方法にあっ	そのとおりです。

	ては当該顧客等の現在の住居が記載された補完書類の提示を受ける場合を…除く」とあるが、保険証と補完書類の提示を受け、保険証に現在の住居の記載がない場合で補完書類に現在の住居の記載がある場合は、更に追加で補完書類を受け入れる必要はないという理解でよいか。	
71	新規則第6条第5項において、補完書類とは、領収日付の押印等があるもので「その日が特定事業者が提示又は送付を受ける日前6月以内のものに限る」と規定されているが、ここで言う「送付を受ける日」とは、補完書類等が金融機関に到着した日との理解でよいか、確認したい。	そのとおりです。
72	公共料金の領収証書については、発行元によってその記載事項(住所等)が異なる場合があるが、補完書類として一律に認められるとの理解でよいか。	現在の住居の記載がない公共料金の領収証書は、補完書類として用いることはできません。
73	新規則第6条第5項第5号では「国際機関の発行した書類その他これに類するもの」と規定されているが、「これに類するもの」とは具体的にどのような書類を想定しているのか。	例えば、外国の国営企業が発行する公共料金の領収証書がこれに該当します。
74	新規則第6条第5項第5号で規定する本人確認書類のうち第7条第1号又は第2号に定めるものに準ずるものとは、具体的な例はあるのか。	例えば、米国、英国等の運転免許証等がこれに該当します。
75	補完書類として海外の公共料金領収証書を追加していただきたい。 特定事業者が外資系企業の場合、非居住者の(海外居住の)顧客が多いが、現状本人確認書類として利用できる書類や現地の制度(例えば、運転免許証に住所の記載がない、私	御指摘の書類については、外国の国営企業が発行するものを除き、特定事業者においてその真正性の判断が困難であることを踏まえ、現行において「補完書類」に該当しないと整理されているところ、今回の改正によりこれを変更していません。

	書箱が住所として使われるなど）が日本と異なり、さらに、補完書類として海外の公共料金の領収証書が使えないなど、制約が大きい。後者の点については、①信憑性の問題は本国のものであれば容易に確認できるであろうし、②海外の政府による公共事業であれば信頼ができ、その領収証書が使えるとの従前からの説明はあるが、日本でもガス・電気事業は私企業が行っているので、平仄がとれない。	
76	「補完書類」とは、「領収日付の押印又は発行年月日の記載があるもので、その日が特定事業者が提示又は送付を受ける日前6月以内のものに限る」とあるが、この基準が満たされている国税・地方税・社会保険料・公共料金の領収証書は、各納付書に付随している領収証書式ではなく、銀行が発行した領収証書でも同様に「補完書類」として取り扱うことは可能か（当該銀行発行領収証書には、各納付書の画像データも掲載されている）。	御指摘の領収証書の詳細が明らかではないことからお答えすることは困難です。
77	健康保険証等を補完する書類として、新規則第6条第5項第1号ないし第3号に税金の領収証書又は納税証明書、社会保険料の領収証書、公共料金の領収証書が定められているが、「公共料金の請求書や口座振替のお知らせ」を顧客から提示を受ける可能性が高いため、追加を御検討いただきたい。	補完書類については、従前より居住実態が確実に裏付けられる領収証書等を認めており、公共料金の請求書や口座振替のお知らせを認めることは予定しておりません。
78	新規則第6条第5項第3号では「公共料金（日本国内において供給される電気、ガス及び水道その他これに準ずるものに係る料金）」と定められているが、「その他これに準	固定電話料金、NHK受信料については、「その他これに準ずるもの」として取り扱うことは可能ですが、携帯電話料金の領収証書については、必ずしも居住実態に即して発

	ずるもの」の具体例をお示しいただきたい。例えば、「固定電話料金」「携帯電話料金」「NHK受信料」も「その他これに準ずるもの」と取り扱うことは可能か。	行されるものとはいえないことから、「その他これに準ずるもの」として取り扱うことはできません。
79	税金や公共料金の領収証書は、各世帯につき1通、世帯主宛てに発行されることがほとんどと考えられる。いわゆる証明弱者が存在することを鑑み、例えば、世帯主の配偶者についても、世帯主宛ての「税金や公共料金の領収証書」を補完書類として使用できるよう、追加を御検討いただきたい。	例えば、顧客等から、顧客等と姓が同じ者の氏名が記載された領収書の提示を受けたとしても、特定事業者において、それが当該顧客等の配偶者のものであるという真正性を確かめることが困難であるため、顧客等と名義が異なる者の氏名が記載された書類を補完書類として認めることは適当ではないと考えます。
80	「公共料金の領収証書」について、以下の解釈でよいか。 ○ 電気料金は一般電気事業者のほか、今後控えている電力自由化による、新たな類型の事業者が発行した領収証書も含まれる。 ○ ガス料金は都市ガスのほかにプロパンガスの領収証書も含まれる。また、ガス自由化についても現在検討されている経緯を踏まえ、今後、新たな類型のガス事業者が認められた場合は、当該事業者が発行する領収証書も含まれる。 ○ 水道料金は水道局のほか、水道局より回収を委託された事業者が発行した領収証書も含まれる。	いずれもそのとおりです。
81	顔写真の無い本人確認書類に係る本人確認方法で保険証、年金手帳での対応が強化されるが、各行政における顔写真付証明書（例：市の高齢者バス無料乗車証）について住所の記載がないものについても、保険証等を併用して用いることができるようにしてほしい。	住所の記載がない証明書については、本人確認書類及び補完書類として用いることは認められません。 また、各自治体から発行される証明書の記載事項については各自治体において判断されるものです。

	自治体が発行する各種証明書について、発行の際に住所・氏名・生年月日の記載をすることを義務付けてほしい。	
82	顔写真・住所・氏名・生年月日のいずれかの記載が無い場合、複数の証明書類での確認で可能とすることで願いたい。	顔写真のない本人確認書類が提示された場合の確認方法については新規則第6条で規定しているとおり、例えば、保険証＋年金手帳等の複数の証明書類による確認が認められます。しかし、住所・氏名・生年月日のいずれかの記載がない場合に、複数の証明書の確認で可能とすることは、本来、これらの記載が必要であることに鑑み、困難です。
83	10万円を超える現金での金融機関窓口振込みにおいて、今までは年金手帳のみの提示でよいとしていたところ、改正後は本人の顔写真がない場合、転送不要郵便の送付以外の方法では、例えば、「年金手帳＋健康保険証」が必要となる解釈でよいか。 　また、この場合、確認記録の記載としては、どちらか一方の本人確認書類でよいか。 　さらには、未成年者が振込依頼人として来店する場合、「健康保険証＋母子手帳」しか手立てがないという考え方でよいか。 　加えて、引っ越しなどにより、母子手帳記載の住所と健康保険証記載の住所が必要となる場合、窓口での現金振込みは受け付けられないという解釈でよいか。	本人確認書類として年金手帳の提示を受けた場合は、転送不要郵便の送付以外の方法では、これに加えて、健康保険証等の異なる本人確認書類又は公共料金の領収証書等の補完書類の提示や送付を受ける必要があります。 　また、この場合には、提示又は送付を受けた全ての書類を確認記録に記載する必要があります。 　また、未成年者が利用し得る本人確認書類としては、健康保険証や母子手帳のほか、戸籍謄本や住民票の写し、個人番号カード、運転免許証等も考えられ、引っ越し等により本人確認書類記載の住所と現住所が異なる場合は、改めて現住所が記載された住民票の写し等の提示又は送付を受ける方法や転送不要郵便を送付する方法により取引時確認を行うことが可能です。
84	本人確認書類については、以下のような取扱いを検討できないか。 ○　日本国政府の承認した国の政府機関又は登録金融機関の取引担当	外貨両替や貴金属の現金・現物売買等の一回の取引を行う短期滞在の外国人については、住居の記載のない旅券以外に本人確認書類を有して

	者においては、住居に代えて居住国又は国籍の確認を認める。 ○ 転送不要郵便の送付又は確認された住所の訪問による取引関係文書の交付に加え、適切な第三者による認証を認める。 　転送不要郵便については、犯罪があった場合の追跡を可能にする、盗難や偽造による本人確認書類を用いた不正口座開設を防止するといった効果がある。一方で、例えばFATF加盟国の政府機関や登録金融機関が顧客である場合に、その取引担当者を顧客とみなし取引担当者の住居に宛てて転送不要郵便を送付することは、代理権が確認できている場合において、どのような犯罪リスクの軽減を考慮しているのか。 　転送不要郵便の送付による本人確認書類の真正性の確認については、適切な認証者による認証（Certified True Copy）で代替することはできないのか。	いない場合があることから、特例的に、住居の代わりに国籍と旅券等の番号の確認で足りることとしていますが、それ以外の者については、顧客等を特定し、資金トレースを可能とする観点から、引き続き官公庁（本邦に住居を有しない外国人にあっては、外国政府又は国際機関を含む。）の発行する書類により住居の確認を求めています。 　また、顔写真の貼付のない本人確認書類は、当該書類の持参人が真にその名義人と同一であるかという点において、顔写真が貼付されている書類と比べて劣るため、二次的な確認措置として取引関係文書の送付等の方法を求めているものです。したがって、顧客等からの権限の委任を確認した代表者等であっても、当該規制の例外とすることは適当ではないと考えます。 　また、「適切な認証者による認証」について、具体的にどのようなものを想定されているのかが明らかではありませんが、今回の改正以上の更なる確認方法を追加することとはしていません。
85	現行案では、本人確認書類の類型が細分化され、それぞれに対する提示と写しの送付の場合の二次的な確認措置の組み合わせが拡充した結果、運用上の選択肢が増えた一方、運用ミスを防ぐための策を講じる必要があると思う。	御意見のとおり、事業者において確認漏れ等を防ぐための措置が適切に講じられる必要があると考えます。また、今後、分かりやすい広報資料の作成に努めるとともに、各種媒体を通じた広報活動を行ってまいります。
86	未成年者は本人確認書類が少ない上に顔写真付きの確認書類がない。マイナンバー制度開始後も所持される方は限定されると考えられるので、親権者が代理人として顔写真付きの確認書類を提示された場合は転	顧客等を特定し、資金トレースを可能とする観点からは、顧客等の確認が不可欠であり、御指摘のような方法は認められません。

		送不要郵便による確認が不要といった事務手続の簡素化をしてほしい。	
	▼本人確認書類について（新規則第7条関係）		
87		個人番号カードの提示又は写しの送付を受ける際、個人番号の取扱いや運用上の注意点があればお示しいただきたい。	個人番号をその内容に含む個人情報の収集等は番号利用法に基づき原則として禁止されていることから、本人特定事項の確認に当たって顧客等から個人番号カードの提示を受けた場合には、特定事業者は、個人番号を書き写したり、個人番号が記載された個人番号カードの裏面の写しを取らないよう留意する必要があります。 　個人番号カードの写しの送付を受けることにより本人特定事項の確認を行う場合、個人番号カードの表面の写しのみの送付を受けることで足り、個人番号が記載されている個人番号カードの裏面の写しの送付を受ける必要はありません。仮に個人番号カードの裏面の写しの送付を受けた際には、当該裏面の部分を復元できないようにして廃棄したり、当該書類の個人番号部分を復元できない程度にマスキングを施した上で、当該写しを確認記録に添付することが必要です。 　なお、個人番号カードが本人確認書類として用いられた場合における新規則第20条第1項第11号に掲げる記録事項については、個人番号以外の事項（例えば発行者や有効期間）を記載することとなります。
88		通知カードは本人確認書類には該当するという理解でよいか。	番号利用法第7条第1項に規定する通知カードは、個人番号の本人への通知及び個人番号の確認のためのみに発行されるものであること、また、番号利用法に基づく個人番号の収集制限があることに鑑み、本人確

		認書類として取り扱うことは適当でないとの見解が内閣府及び総務省から示されたことから、国家公安委員会等が指定する書類を本人確認書類及び補完書類から除外することとし、国家公安委員会等の告示において、本人確認書類及び補完書類から除外する書類として通知カードを定めました。
89	本人確認書類から住民基本台帳カードが除外されたのは、個人番号カードに一元化されるためか。	本人確認書類から住民基本台帳カードを削除したのは、住民基本台帳法（昭和42年法律第81号）の改正により、住民基本台帳カードの発行が行われなくなるためです。
90	住民基本台帳カードが削除されているが、事業者側では住民基本台帳カードに代わる個人番号カードの交付の有無は知る手段がないため、住民基本台帳カードについては、本人確認書類として有効期限内まで認めていただきたい。仮に認められない場合は、個人番号カードの交付の有無を確認する方法を御教示いただきたい。	発行済みの住民基本台帳カードについては、その効力を失う時又は個人番号カードの交付を受ける時のいずれか早い時までの間は、個人番号カードとみなすこととする旨の経過措置を改正命令の附則に設けています（附則第2条）。 なお、住民基本台帳カードの交付を受けている者が個人番号カードの交付を受けた場合には、当該住民基本台帳カードを返納しなければならないこととされているため、個人番号カードの交付を受けた者が住民基本台帳カードを所持していることは想定しておりません。
91	「個人番号カード若しくは旅券等又は身体障害者手帳」の「旅券等」は、旅券以外にどのような書類を想定しているのか。また、新規則第8条第2項及び第20条第1項第24号では、「旅券等」ではなく、「旅券」とされているが、本規定とどのような理由から規定振りを変えているのか。	新規則第6条第1項第2号において、「旅券等」とは、旅券又は乗員手帳をいうと規定されています。 なお、新規則第8条第2項及び第20条第1項第24号は、在留期間等の確認に関する規定であることから、これら規定ではその記載がなされる旅券及び許可書に限って規定しています。
92	住居の記載のない旅券について	一定の取引の際に住居の記載のな

	は、在留期間3月以下で在留カードの交付を受けられないが、他に有効な本人確認書類を持ち合わせていない可能性が高い、短期滞在の外国人用の本人確認書類として、法令上、措置されたものと理解している。 　しかし、在留期間3月以下で、日数換算した在留期間が90日超の外国人の場合、使用できる本人確認書類が何もない可能性があることから、「90日」を「3月」に改正していただきたい。 　このような外国人については、住居を確認できる他の本人確認書類や補完書類を所持している可能性が低く、新規則第8条第2項の条文の規定内容のままでは、取引時確認を履行できず、取引に応じることができなくなる可能性が高いことから、当該条文制定の本来の趣旨に沿った規定振りとしていただくよう、当該条文の改正をお願いする。	い旅券による本人確認を可能とする外国人については、短期滞在の外国人観光・ビジネス客を想定しています。短期滞在以外の在留資格については、御指摘のように3月等が在留期間の単位となっていますが、これらの者が、90日の在留期間を超える場合に特定取引を行う場合には、従前どおり住居について確認していただくことになります。
	▼実質的支配者について（新規則第11条関係）	
93	実質的支配者の確認については、新規則第11条第2項に定める実質的支配者に該当する自然人についての確認のみで足り、当該自然人と顧客との間に資本関係を持つ法人が複数存在する場合であっても、これらの法人の確認（本人特定事項・資本関係図等）は不要であり、あくまで当該自然人についての情報に関する顧客からの申告に依拠すればよいという理解でよいか。	特定事業者が確認記録に顧客等と実質的支配者との関係を記録し、また、申告内容の合理性を判断する上で必要と考えられる場合には、実質的支配者と顧客等との間に複数存在する法人の情報を確認する必要があると考えますが、これらの法人の本人特定事項や企業グループの資本関係図についてまで確認する必要はありません。
94	実質的支配者を特定する方法は、議決権の直接保有・間接保有の別を問わず、取引の相手方である顧客の取引担当者から申告を受ける方法で差し支えないという理解で誤りはな	そのとおりです。 　顧客等は、自らの実質的支配者がいずれの者であるか、その事業活動を通じて知り得たあらゆる情報を基に判断し、代表者等がその実質的支

	いか。	配者の情報を申告することとなります。
95	新規則第11条第2項第1号の「直接若しくは間接に有している場合」については、Immediate Beneficial Owner（現行法の実質的支配者である1階層上の所有者）だけでなくUltimate Beneficial Owner（最終的な所有者：UBO）の確認が必要という理解でよいか。	そのとおりです。
96	例えば純投資目的等で信託を利用して非上場法人の株式に係る議決権が保有されている場合、受託者である信託銀行等は当該非上場法人の取引先である特定事業者から実質的支配者を問われることが考えられるが、こうした純投資目的等で利用される信託は、当該法人の事業経営を実質的に支配する意思又は能力を有していないことが明らかであるため確認対象の実質的支配者から除外されるという理解でよいか。	信託を通じて法人の議決権を有する者のうち、純投資目的で利用していることが明らかである場合には、法人の事業経営を支配する意思又は能力を有していないことが明らかであることから、当該者は実質的支配者には該当しないと考えられます。
97	新規則第11条第2項第1号、第3号イの「事業経営を実質的に支配する意思又は能力を有していないことが明らかな場合」として、どのような場合が想定されるか。	例えば、信託銀行が信託勘定を通じて4分の1を超える議決権等を有する場合や、4分の1を超える議決権等を有する者が病気等により支配意思を欠く場合のほか、4分の1を超える議決権等を有する者が、名義上の保有者に過ぎず、他に株式取得資金の拠出者等がいて、当該議決権等を有している者に議決権行使に係る決定権等がないような場合が考えられます。
98	新規則第11条第2項第1号、第3号イの「事業経営を実質的に支配する意思又は能力を有していないことが明らかな場合」について、どのように判断すればよいか。議決権等を有する者の「自分は事業経営を支配	事業経営を実質的に支配する意思又は能力を有していないかどうかについては、議決権等を有する者の主観のみを基に判断されるものではなく、当該者の属性や当該者と顧客等との関係性等の客観的要素をも踏ま

	するつもりはない」という主観的な意思については考慮しないという理解でよいか。	えた上で判断する必要があります。
99	新規則第11条第2項第1号、第3号イの「事業経営を実質的に支配する意思又は能力を有していないことが明らかな場合」に、自然人が顧客等の役員等に該当しない場合が含まれるか。	自然人が顧客等の役員等（会社法（平成17年法律第86号）第423条第1項に規定する役員等、一般社団法人及び一般財団法人に関する法律（平成18年法律第48号）第111条第1項に規定する役員等その他の役員等をいう。）に該当しない場合であっても、主要株主等の立場を利用して事業経営を実質的に支配することは可能と考えます。
100	新規則第11条第2項第2号、第3号ロの「出資、融資、取引その他の関係を通じて当該法人の事業活動に支配的な影響力を有していると認められる自然人」として、どのような者が想定されるか。	例えば、法人の意思決定に支配的な影響力を有する大口債権者や取引先、法人の意思決定機関の構成員の過半を自社から派遣している上場企業、法人の代表権を有する者に対して何らかの手段により支配的な影響力を有している自然人が考えられます。
101	資本多数決法人において、仮に50％ずつの議決権付株式を保有する法人が存在する場合、当該法人株主の議決権を有する者が全て自然人で、その議決権のいずれもが50％以下である場合、「当該資本多数決法人には実質的支配者は存在しない」という理解でよいか。	御指摘の事例においては、新規則第11条第2項第1号に定める自然人は存在しないこととなり、同項第2号に定める自然人がいればその者が、いない場合は同項第4号に定める自然人が実質的支配者となります。
102	新規則第11条第2項第2号の「資本多数決法人（前号に掲げるものを除く。）」とはどのような法人を指しているのか。	新規則第11条第2項第2号の「資本多数決法人（前号に掲げるものを除く。）」とは、4分の1を超える議決権を直接又は間接に有する自然人の存在が認められない資本多数決法人（株式会社、投資法人、特定目的会社等）を指しています。
103	資本多数決法人の実質的支配者について、新規則第11条第2項第2号の確認は、同項第1号に該当する自	そのとおりです。

	然人がいない場合のみ確認をするという理解でよいか。	
104	実質的支配者について、以下の理解でよいか。 ① 自然人Aが、B社の50％を超える議決権を保有しており、B社は特定事業者の顧客等であるC社の25％を超える議決権を保有している場合は、AはC社の実質的支配者に該当する。 ② 自然人Aが、B社の50％を超える議決権を保有しており、B社は特定事業者の顧客等であるC社の議決権の20％を保有している場合は、AはC社の実質的支配者に該当しない。 ③ 自然人Aは、特定事業者の顧客等であるC社の議決権の20％を直接保有している。さらにAは、C社の議決権の20％を保有するB社の50％を超える議決権を保有している。この場合、B社はC社の議決権の20％を保有するにとどまるため、AはC社の実質的支配者には該当しない。 ④ 自然人Aは、B社、D社、E社の50％を超える議決権をそれぞれ保有している。また、B社、D社、E社は、特定事業者の顧客等であるC社の議決権をそれぞれ20％保有している。この場合、AはC社の実質的支配者には該当しない。	① そのとおりです。 ② そのとおりです。 ③ 議決権の直接保有部分と間接保有部分を合算すると40％となるため、AはC社の実質的支配者に該当します。 ④ B社、D社、E社を通してAが間接的に保有する議決権割合が60％となるため、AはC社の実質的支配者に該当します。
105	資本多数決法人において、単独で4分の1を超える議決権を有する者がいない場合であっても、株主の中に法人が含まれる場合には、その間接保有分を確定するために、原則として当該法人株主の全てについて、これらを新規則第11条第3項第2号	そのとおりです。

	に規定する支配法人とする自然人の有無を確認する必要があるという理解でよいか。	
106	法人株主を何代かにわたって遡る必要がある場合、顧客等の中には、当該自然人の有無を承知しておらず、調査困難との回答が返ってくる可能性も十分に考えられる。また、自然人の有無を確認できたとしても、当該自然人が外国PEPsに該当するか否かについては、調査困難との回答が返ってくる可能性が高いと考えられる。 このようなケースでは、特定取引を行うことはできないということになるのか。	4分の1を超える議決権を直接又は間接に有していると認められる自然人が確認できない場合には、新規則第11条第1項第2号に定める自然人がいるときはその者の、いないときは同項第4号に定める自然人を実質的支配者とすることとなります。 また、実質的支配者が外国PEPsに該当するか否かは、各特定事業者において合理的と考えられる方法により確認がなされることとなり、確認ができた範囲内において厳格な顧客管理を行うこととなります。
107	資本多数決法人Xにおいて、2分の1を超える議決権を有する自然人Aと、4分の1を超える議決権を有する自然人Bがいる場合で、AがXの事業経営を実質的に支配する意思又は能力を欠いているという場合、Xの実質的支配者の判定は下記のいずれの方法で行うのか。 ① Aを初めから存在しなかったものとして、新規則第11条第2項第1号に基づきBを実質的支配者とするのか。 ② Xを支配する意思又は能力に欠けるAが2分の1を超える議決権を有することをもって、Bは同号による判定の対象外となり、同項第2号、第4号の順で判定していくのか。	御質問のケースの場合、②の方法により実質的支配者を判定することとなります。なお、御質問のBは、新規則第11条第2項第2号に該当する者となる可能性があります。
108	新規則第11条第2項第3号の「資本多数決法人以外の法人」とは、具体的にどのような法人が該当するのか。	資本多数決法人以外の法人には、一般社団・財団法人、学校法人、宗教法人、医療法人、社会福祉法人、特定非営利活動法人、持分会社（合名会社、合資会社及び合同会社）等

		が該当します。
109	「出資、融資、取引その他の関係を通じて当該法人の事業活動に支配的な影響を有すると認められる自然人があるもの」については、評価的概念であり、現実の認定は非常に難しい。例えば、新規則第11条第2項第1号や第3号を参考にして、これと同様の意思決定権限を有すると認められる事案について確認するというような扱いは許容されるのか。	新規則第11条第2項第1号又は第3号イに該当する自然人と同等の意思決定権限を有する者については、それぞれ同項第2号又は第3号ロに該当する自然人に該当すると考えられます。
110	一般社団法人等においては、新規則第11条第2項第3号イの「当該法人の事業から生ずる収益又は当該事業に係る財産の総額の4分の1を超える収益の配当又は財産の分配を受ける権利を有していると認められる自然人」については、法人登記において記載事項にはなっておらず、定款の定めにあるのみである。この確認について、特定事業者としては、定款の定めまで確認するというのには実務上無理がある。 ① この点の確認については、特定事業者において定款の確認までを要する趣旨ではないという理解でよいか。 ② 新規則第11条第1項に定める申告による確認として、「当該法人の事業から生ずる収益又は事業に財産の総額の4分の1を超える収益の配当又は財産の分配を受ける権利を有していると認められる自然人はいますか？いる場合には、その者の本人特定事項を記載して下さい。」というアンケートに代表者等から答えをもらうという対応で足りるという理解でよいか。	① そのとおりです。 ② そのような対応方法も認められます。
111	一般社団法人等の定款において	清算時の残余財産の帰属先につい

	は、次のような残余財産の帰属の定めがよく見られる。 （モデル定款例） 第〇条　当法人の残余財産は、総会の決議により、次に掲げる者の全部又は一部に帰属させるものとする。 　一　国 　二　〇〇県 　三　独立行政法人〇〇 　四　当法人と同様の目的を有する公益社団法人 このような定めがある法人の場合、上記各号に当たる者は、新規則第11条第2項第3号の「当該法人の事業から生ずる収益又は当該事業に係る財産の総額の4分の1を超える収益の配当又は財産の分配を受ける権利を有していると認められる自然人」に該当するのか。「総会の決議により」「全部又は一部」というところは、新規則第11条第2項第3号との関係でどう評価したらよいか。	て、国、地方公共団体等とする旨が定款に記載されていた場合であっても、国、地方公共団体等が、取引時確認の時点において、一般社団法人の事業経営を実質的に支配する意思又は能力を有していなければ、実質的支配者には該当せず、新規則第11条第2項第3号ロに該当する者がいればその者を、いない場合は同項第4号に該当する者を実質的支配者として本人特定事項や顧客等との関係を確認することとなります。
112	資本多数決法人以外の法人の場合に、「当該法人の事業から生ずる収益又は当該事業に係る財産の総額の4分の1を超える収益の配当又は財産の分配を受ける権利を有していると認められる」という点については、当該法人による申告ベースで受け入れればよいか。または何らかの具体的な書面をもって確認することとなるか。	申告によることとなります（新規則第11条第1項）。ただし、特定事業者の知識、経験及びその保有するデータベース等に照らして合理的でないと認められる者を実質的支配者として申告している場合には、正確な申告を促す必要はあると考えます。
113	新規則第11条第2項第3号イの「権利を有していると認められる」の「認められる」という文言を用いる理由は何か。取引時における特定事業者の主観的認識を重視するという意味か。	取引時確認の時点において、収益の配当又は財産の分配を受ける権利を有する者が確定していない場合があることから、規定したものです。

114	新規則第11条第2項第3号ロについては、評価的な規定で特定事業者としての判断が困難である。同号ロは、経済的利益を重視する同号イに準じたものとして理解するべき条項なのか、それとも意思決定権限をどの程度支配しているかという点を重視するべきなのか。また、同号ロの該当性の判断は、特定事業者の取引の実情に合わせ、新規則の趣旨に沿ったものであればよいという理解でよいか。	資本多数決法人以外の法人は、収益の配当等の帰属のみでは実質的支配者の判定が困難な場合があることから、出資、融資、取引その他の関係を通じて当該法人の事業活動に支配的な影響力を有すると認められる自然人についても、実質的支配者として規定しています。この「支配的な影響力」については、意思決定権限の支配の程度を重視することとなります。 なお、実質的支配者に関する情報については、顧客等の代表者等からの申告によるものとなりますが（新規則第11条第1項）、特定事業者の知識、経験及びその保有するデータベース等に照らして合理的でないと認められる者を実質的支配者として申告している場合には、正確な申告を促す必要はあると考えます。
115	新規則第11条第2項第3号イに該当する者と同号ロに該当する者がそれぞれ存在する場合、その両方について申告を求める必要があるか。	そのとおりです。
116	① 新規則第11条第2項第4号の「当該法人を代表し」とあるのは、資本多数決法人の場合、その法人において代表権を有する取締役（代表取締役）という理解でよいか。 ② 議決権保有割合が4分の1に満たないものの大株主が存在するケースにおいても、代表取締役を「業務を執行する自然人」とし、「当該法人の代表」するとの理解でよいか。 ③ 当該法人において代表権を有する取締役が複数名存在する場合は、代表権を有する取締役全員の	① 取締役会を置く会社の場合であれば、そのとおりです。 ② 御質問の趣旨が明らかではありませんが、4分の1を超える議決権を有する自然人がいない場合には、出資、融資、取引その他の関係を通じて当該法人の事業活動に支配的な影響力を有すると認められる自然人がいる場合には当該者が、いない場合には当該法人を代表し、その業務を執行する自然人が実質的支配者となります。 ③ 新規則第11条第1項第4号に掲げる者に該当することより代表取締役が実質的支配者となる場合で

	本人特定事項を確認・記録する必要があるという理解でよいか。	あっても、例えば、病気等により業務執行を行うことができない者は、実質的支配者には該当しません。
117	新規則第11条第2項第4号の「当該法人を代表し、その業務を執行する自然人」とは、「代表権のある取締役」を指すのか、それとも「取引担当者」を指すのか。	当該法人を代表し、その業務を執行する自然人とは、代表権のある者であって、その法人の業務を執行する者を指します。したがって、代表権を有さない取引担当者はこれに該当しません。
118	新規則第11条第2項第4号の「業務を執行している」か否かは、法人の申告によるものと理解してよいか。	そのとおりです。
119	新規則第11条第2項第4号の「当該法人を代表し、その業務を執行する自然人」の確認は、FATFが定義する実質的支配者（究極的に当該法人を（所有又は）支配する個人）と乖離が生じないか。	4分の1を超える議決権を有する自然人が認められない場合は、出資、融資、取引その他の関係を通じて事業活動に支配的な影響力を有すると認められる自然人がいる場合には、その者を実質的支配者として確認することとなり、そのような自然人がいない場合に初めて、法人を代表し、業務を執行する自然人を実質的支配者とすることとなっており、安易に代表権のある取締役を実質的支配者とすることを許容するものではありません。なお、FATF勧告の解釈ノートにおいても、支配的所有の権利を有する者等がいない場合には、上級管理職にある関連する自然人の身元確認及び照合のための合理的な措置を執るべきとされています。
120	顧客等が実質的支配者について申告する際に、新規則第11条第2項第1号に該当する者の有無や本人特定事項を顧客等が把握していない場合、申告が得られるまで取引拒絶を行う必要があるのか。それとも同項	取引時確認は、取引の性質等に応じて合理的な期間内に完了すべきであることから、取引の性質等に応じて、取引開始後、合理的な期間内で、実質的支配者の本人特定事項の確認を行うことが認められます。し

	第2号又は第4号の申告が得られれば足りるのか。	がって、顧客等が新規則第11条第2項第1号に該当する者の有無やその本人特定事項を確認できる場合には、取引開始後において、その申告を受けることは可能です。 　なお、資本関係が複雑であるなどやむを得ない理由により、新規則第11条第2項第1号に該当する自然人を判断できないような場合にあっては、同項第2号に該当する者がいるときはその者を、いないときは同項第4号に該当する者を実質的支配者として申告することとなります。
121	顧客等の代表者等が特定事業者に対し、実質的支配者の申告を行う際に、当該代表者等が実質的支配者の確認・把握ができない場合、新規則第11条第2項第1号又は第2号に該当する自然人が存在しないものとして、同項4号により、その法人の代表者を実質的支配者とする申告を受けてよいという理解でよいか。	代表者等が然るべき確認をしてもなお、資本関係が複雑であるなどのやむを得ない理由により顧客等に係る新規則第11条第2項第1号又は第2号に該当する者を把握できない場合には、法人を代表し、その業務を執行する者を実質的支配者として申告を受けることは認められます。
122	顧客が、新規則第11条第2項第1号から第3号までに該当する実質的支配者の有無が不明であると回答した場合は、特定事業者としてどこまでの確認が求められるか。また、その場合、第4号に該当する者を実質的支配者とみなす余地はあるか。	顧客の代表者等が新規則第11条第2項第1号、第2号（資本多数決法人以外の法人の場合は同項第3号）に定める自然人が確認できないと申告した場合に、その理由がやむを得ないと認められるものであれば、同項第4号に定める自然人を実質的支配者とすることになります。
123	GK-TKスキームの合同会社の実質的支配者は、新規則第11条第2項第4号が適用されると理解してよいか。 （GK-TKスキームは、合同会社に、匿名組合員が出資しているが、商法（明治32年法律第48号）第536条第3項において、「匿名組合員は、営業者の業務を執行し、又は営	例えば、ある自然人がその支配下にある者を業務執行社員として合同会社を組成し、当該自然人が匿名組合員となるような場合に、当該自然人が実質的支配者となる可能性はあると考えます。したがって、顧客が特定の投資スキームに用いられる法人であることのみを理由として、新規則第11条第2項第4号に定める者

	業者を代表することができない」とされており、新規則第11条第2項第3号イ、ロに該当しないため）	が実質的支配者となるわけではなく、個々のケースに応じて判断すべきと考えます。
124	代表取締役や代表執行役は、その名称のとおり会社を代表していますが、役職名に「代表」とある自然人が新規則第11条第2項第4号に該当するという理解でよいか。	基本的には、法人の代表取締役や代表理事等がこれ当たりますが、法人を代表する権限を有している者であっても、病気により長期療養中であるなどの事情により実際に業務を執行していない者は、これに該当しません。また、代表権を有しているのであれば、その名称は問いません。
125	新規則第11条第2項第4号は、第1号から第3号までと異なり、全ての法人に実質的支配者を存せしめることとなるが、どの号に該当する実質的支配者であるのかを確認する必要はないのか。	新規則第20条第1項第18号により、特定事業者は、確認記録に、顧客等と実質的支配者との関係について記録することとされていることから、申告を受けた実質的支配者が、新規則第11条第2項のいずれの号に該当する者であるかを確認する必要があります。
126	法人の代表者は法人登記により確認できるため、新規則第11条第2項第4号の自然人に関する情報については、確認記録の記載事項とする必要はないのではないか。	登記事項証明書には法人の代表者の生年月日は記載されていないこと、また、法人の本人確認書類は登記事項証明書に限られておらず、特定事業者が登記事項証明書の提示を受けない場合があることから、顧客等の代表者が実質的支配者に該当する場合であっても、本人特定事項を確認記録に記録することが求められます。
127	自然人が、2分の1を超える議決権を保有する法人（支配法人）に該当しない法人を介して、特定事業者の顧客等に係る議決権を4分の1を超えて保有していても、当該自然人は実質的支配者に該当しないこととしているが、このような支配法人に係る限定をするべきではないのではないか。	支配法人を自然人が2分の1を超える議決権を有する法人に限定した理由は、当該自然人がその法人の意思決定を支配して、当該法人の議決権を行使するためには、2分の1を超える議決権を有する必要があると考えるためです。

128	実質的支配者の該当性の判定方法について、自然人の支配法人が有する議決権の保有分については、自然人が当該支配法人に対して議決権を有する持分を乗じて算出すべきではないか。 　例えば、ある自然人が支配法人Aに対し60％の持分を保有し、当該支配法人Aが法人顧客Xに対し10％の持分を保有する一方、当該自然人が支配法人Bに対し70％の持分を保有し、当該支配法人Bが法人顧客Xに対し20％の持分を保有する場合、当該自然人が法人顧客Xに対して有する持分は単に10％と20％を合計した30％とする（つまり法人顧客Xの実質的支配者に該当する）というのが現行案と解するが、当該自然人の法人顧客Xに対する実質的な支配率は、当該自然人が支配法人Aに対して有する持分60％に、支配法人Aが法人顧客Xに対して有する10％を乗じた6％、当該自然人が支配法人Bに対して有する持分70％に、支配法人Bが法人顧客Xに対して有する20％を乗じた14％とし、これらを合計した20％となる（つまり法人顧客Xの実質的支配者には該当しない）と考えるのが妥当ではないか。	ある自然人が法人の2分の1を超える議決権を有する場合、その保有割合が60％か70％であるか等を問わず、当該自然人は、役員の選任・解任の権限を通して、当該法人が保有する他の法人の議決権を事実上行使できることとなるため、自然人が支配法人に対して有する持分と、当該支配法人が法人顧客に対して有する持分を乗じて計算して保有割合を算出することは適当ではないと考えます。
129	新規則第11条第4項において、国等及びその子会社は、自然人とみなすとされているが、これらの者の本人特定事項（氏名、住所、生年月日）について、代表者等から申告を受けることになるのか。 　上記の理解の場合、代表者等は、国・地方公共団体の生年月日として、どのような年月日を申告するのか。また、上場会社等は設立年月日をもって生年月日とするのか。	国等及びその子会社が実質的支配者に該当する場合には、それらの者の本人特定事項（名称及び本店又は主たる事務所の所在地）について申告を受けることとなり、生年月日は不要です（新法第4条第1項第1号）。

130	例えば実質的支配者が「東京都」の場合は、都庁の名称・所在地の申告を受ければよいか確認したい。	御質問の例では、名称は「東京都」、主たる事務所の所在地が都庁の所在地となります。
131	新令第14条第5号に掲げる発行者は、引き続き実質的支配者の確認対象外となるとの理解でよいか。	新令第14条に掲げるものが顧客等となる場合における取引時確認には、実質的支配者の本人特定事項について確認する必要は引き続きありません。
132	今回改正された実質的支配者の定義については、現状の定義に比べ複雑になっており、顧客が容易に理解し得る内容ではないと考えられることから、実質的支配者の考え方について、分かりやすく例示するなどの方法により、事前に十分な周知をお願いしたい。	御意見のとおり、改正法の施行に当たっては、分かりやすい広報資料の作成に努めるとともに、今後各種媒体を通じた広報活動を行ってまいります。
133	今回の改正により、実質的支配者の定義が、従来の「資本多数決法人の大株主（旧規則第10条第2項第1号）」「資本多数決法人以外の法人の代表権限者（同項2号）」という、形式基準に基づく2パターンから、「資本多数決法人の大株主たる自然人（新規則第11条第2項第1号）」「資本多数決法人につき支配的影響力を有する自然人（同項第2号）」「資本多数決法人以外の法人につき4分の1を超える収益配当・財産分配権を有する自然人（同項第3号イ）」「資本多数決法人以外の法人につき支配的影響力を有する自然人（同項第3号ロ）」「第1号〜第3号に当てはまらない法人の代表権限者（同項第4号）」という、実質基準に基づくものを含む5パターンに複雑化している。 今般の改正趣旨を実現するためには、全特定事業者が全法人顧客から正確に「実質的支配者」の申告を受	申告は必ず書面による必要はなく、実質的支配者に係る申告を受ける場合の雛形の作成は現時点で予定していません。なお、改正法の施行に当たっては、実質的支配者も含め、分かりやすい広報資料の作成に努めるとともに、今後各種媒体を通じた広報活動を行ってまいります。

	けることが必須である。各特定事業者・各業界の枠を越えて、行政作成による正確かつ理解しやすい「実質的支配者」の定義説明をもって統一的に確認を受けることが重要と思われる。「実質的支配者」申告書の雛型作成を、強くお願いしたい。	
▼代表者等の本人特定事項の確認方法について（新規則第12条関係）		
134	新規則第12条第4項第2号ロの「権限を有する役員として登記されていること」について、登記簿に「執行役員」の表記があれば「権限を有する役員」として考えてよいか。	いわゆる執行役員であることをもって、顧客等を代表する権限を有する役員となるわけではありません。
135	身分証明書に代え、「職員（社員）証明書」の使用は可能か。	顧客等が発行した身分証明書については、当該顧客等と代表者等との関係を確認することができるものの、当該代表者等が特定取引等の任に当たる権限を真正に有しているかについては確認することができないことから、今般の改正において規定を削除しています。 御質問の「職員（社員）証明書」の記載内容が必ずしも明らかではありませんが、代表者等が顧客等の特定取引等の任に当たっていることを証する記載がなく、単に代表者等が顧客等の職員（社員）であることを証明するにとどまる場合には、使用は認められません。
136	支配人登記されていない法人の支店長と取引する場合、金融機関として、本社から代理人届を求めることは必要か。	御質問のケースにおいては、金融機関が、法人と支店長との関係を従前から認識している場合には、他に確認を行う必要はありません。また、そのような認識がない場合においては、本社に電話を掛けることにより特定取引等の任に当たっていることの確認を行うことも認められます。

137	法人の取引担当者が正当な取引権限を持っていることを確認する方法に社員証を有していることを削除し、また、役員としての登記は代表権を有する場合に限定となるが、代表権を有する場合の登記というのは代表○○という肩書が載っている場合のみなのか。全て取締役で記載、全て理事と記載の場合は登記事項証明での確認は不可なのか。	例えば、特例有限会社の場合に、登記事項証明書において代表取締役の記載が確認できないときは、取締役が各自代表権を有すると考えられることから、登記事項証明書での確認は可能と考えます。
138	規則案では、「社員証」が削除されているが、既に社員証により確認された自然人については、「特定取引等の任に当たっていることが明らかであること」（新規則第12条第4項第2号ニ）として取り扱ってよいか。	既に代理権限を確認した既存顧客については、そもそも法第4条第3項の規定により確認済顧客として扱われ、改めて取引時確認を行うことを要しないため、再度、取引担当者への権限の委任の有無を確認する必要はありません。
139	「当該代表者等が当該顧客等のために当該特定取引等の任に当たっていることが明らかであること」の例として、顧客の事業所を訪問して取引担当者と面談することにより、その取引担当者が取引の任にあたっていることが確かであると認められる状況であれば、新規則第12条第4項第2号ニに当たると理解してよいか。	そのとおりです。
▼新法第4条第1項に規定する取引に際して行う確認の方法の特例について（新規則第13条関係）		
140	改正法の施行前に銀行等（他の特定事業者）が預金口座に係る取引を行う際に、顔写真のない本人確認書類（保険証等）にて顧客の取引時確認を行い、かつ、当該確認記録を保存している場合において、施行後に特定事業者が特定契約（当該預金口座における口座振替の方法により決済）を行う場合、新規則第13条第1項第1号に基づき、施行前に銀行等	当該特定事業者の取引の相手方が、銀行等が行った取引時確認に係る顧客になりすましている疑いがある場合等を除き、可能です。

	が行った当該取引時確認をもって取引時確認「完了」とすることは可能か。	
	▼厳格な顧客管理を行う必要性が特に高いと認められる取引に際して行う確認の方法について（新規則第14条関係）	
141	厳格な顧客管理を行う必要性が特に高い場合であっても、実質的支配者の本人特定事項の確認は申告を受ける方法によることで問題はないのか。厳格な顧客管理を行う必要性が特に高い場合、「申告を受ける」ではなく「義務として告知する」とする方が金融機関窓口に混乱を来さないと思われるため、実務的な視点も含めて整理・検討いただきたい。	今般の改正により、顧客等の実質的支配者を自然人まで遡って確認することとなったため、当該実質的支配者の本人確認書類を顧客等が迅速に入手することには困難を伴うことが想定され、取引実務に甚大な影響を与えることが懸念されることから、厳格な顧客管理を行う場合における実質的支配者の本人特定事項の確認の際において、本人確認書類の確認を必要としている規定を削り、申告を受ける方法に変更することとしています。 なお、新規則第14条第３項の法律上の義務主体は特定事業者となることから、「申告を受ける」としている部分を「義務として告知する」と修正することは適当ではないと考えます。
142	厳格な顧客管理を行う必要性が特に高いと認められる取引に際して行う実質的支配者の本人特定事項の確認は、代表者等からの申告による確認による理解であるが、株主名簿等により確認してもよいか。	４分の１を超える議決権を間接的に有する者についても実質的支配者に該当し得るため、厳格な顧客管理を行う必要性が特に高いと認められる取引を行う場合における実質的支配者の確認方法については、当該顧客等の株主名簿、有価証券報告書その他議決権の保有状況を示す書類を確認し、かつ、実質的支配者の本人特定事項について当該顧客等から申告を受ける方法としています。
	▼外国政府等において重要な地位を占める者関係について（新規則第15条関係）	
143	外国PEPsについては、各金融機関独自で調査を行い対象者を特定す	御質問にある方法で問題ありません。

	るのは困難である。この点、既存の外国PEPsスクリーニングリスト等を提供している第三者から当該リストを購入のうえ確認を行うことが現実的となろうが、当該方法による確認は認められるか。その場合、各金融機関に内容の精査・調査までを求めているものではないと理解してよいか。	
144	厳格な顧客管理を行う必要性が特に高いと認められる取引に際して行う確認の方法については、顧客の居住国にかかわらず一律同じ要件を適用するものでしょうか。例えば、日本国政府の承認した国とそうでない国において重要な公的地位を有する者については、同じ確認義務の要件が適用されるのでしょうか。	外国PEPsが顧客等である場合については、当該顧客等の居住国にかかわらず一律に同じ取扱いがなされることとなります。
145	顧客等が外国PEPsに該当することが確認できた場合、その確認結果はどのように記録するのか。	顧客等が外国PEPsであることが確認できた場合は、新規則第20条第1項第22号で確認記録の記録事項とされている「顧客等が令第12条第3項各号に掲げるものであるときは、その旨及び同項各号に掲げるものであると認めた理由」を記録することとなります。
146	国王や公国における大公が「外国政府等において重要な位置を占める者」に定められていないが、かかる者が国家元首であっても厳格な顧客管理を行う必要がないのか。	国家元首は新令第12条に規定されており、新規則第15条は、国家元首以外で外国PEPsとして扱われる者を規定しています。したがって、御質問にある国王や大公は、外国PEPsに含まれ、厳格な顧客管理を行う必要があります。
147	日本における各省庁の事務次官等に相当する外国の高級官僚は新規則第15条各号に含まれないが、これでFATFの指摘に対応できるのか。	外国においては、日本の国務大臣に相当する者又はその権限を代行し得る者(日本の副大臣に相当する者)を外国PEPsに位置付けており、事務次官等に相当する者を法令で規定しなくともFATFの指摘に対応で

		きるものと考えております。
148	新規則第15条第7号に定める「役員」とは、会社法第329条に定める「役員」に該当する者でよいか。	新規則第15条第7号に定める法人は、必ずしも会社法上の会社に相当する組織に限られないため、会社法第329条に定める「役員」に該当する者のみが同号に定める「役員」となるものではありませんが、当該法人において、同条に定める「役員」と同等の権限を有する者を、同号に定める「役員」として扱うこととして差し支えありません。
▼既に取引時確認を行っている顧客等との取引から除かれる取引関係について（新規則第17条関係）		
149	個別の預貯金の払戻し等が「疑わしい取引」や「同種の取引の態様と著しく異なる態様で行われる取引」の「取引」に該当し得るか。該当し得る場合に、本人特定事項について疑わしい点がない場合（なりすましや本人特定事項を偽っている疑いがない場合）であっても、改めて取引時確認を行う必要があるかどうか確認したい。そうであるとすれば、本人特定事項の確認というよりは、顧客管理事項の取引の目的等についてより詳細な確認を行うことを想定しているのか。改めて取引時確認を行って、当該取引について個別のより詳細な取引の目的に関する情報を得た場合には、何らかの記録を保存する必要があるか、ある場合にはその根拠条文を御教示いただきたい。 また、法人取引の場合に、個別の預貯金の払戻し等が「疑わしい取引」や「同種の取引の態様と著しく異なる態様で行われる取引」の「取引」に該当するとの理由で改めて取引時確認を行う場合に、取引担当者が「当該顧客等のために特定取引等	個別の預貯金の払戻し等についても、疑わしい取引その他の顧客管理を行う上で特別の注意を要する取引に該当する可能性はあり、そのような場合には、新令第13条第2項の規定により、新法第4条第3項の規定の適用が除外されるため、御質問のとおり、取引時確認済みの顧客等に対しても再度、新法第4条第1項に規定する取引時確認が必要となります。この場合において行う取引時確認は、一般的な取引時確認と同様の態様で行われることとなります。また、取引時確認を行った場合には、新法第6条の規定により、当該取引時確認に係る事項等に関する確認記録を作成しなければならないとされていることから、改めて、確認記録を作成する必要があります。 これは、法人顧客との取引においても同様であり、その場合には、取引担当者の本人特定事項や新規則第12条第4項第2号のいずれに該当するかについても改めて確認し、確認記録に記載する必要があります。

	の任に当たっていると認められる」ためには、当該個別の「取引」を行うに際し、新規則第12条第4項第2号のいずれかに該当することを確認する必要があるのか。預金の受入れを内容とする契約の締結である預金口座の開設と、既に開設された預金口座からの個別の出入金については法人顧客において別々の担当者が想定される場合もあり、そのように当該個別の取引の担当者が口座開設時の取引時確認の際の代表者等と異なる場合には別途、新規則第12条第4項第2号のいずれかに該当することを確認する必要があるのか確認したい。その際には、何らかの記録を保存する必要があるか、ある場合にはその根拠条文を御教示いただきたい。	
150	「著しく異なる態様で行なわれる取引」という表現では主観が相当程度入る余地があると思われる。実務的なガイドライン、業界での指針等を提示していただく必要があると思う。それがないのであれば、回答で一定の目安を示していただきたい。これらがない場合には特定事業者が各自で定めるしかないと思うがそのような理解でよいのか。	「同種の取引の態様と著しく異なる態様」とは、例えば、「疑わしい取引」に該当するとは直ちに言えないまでも、その取引の態様等から類型的に疑わしい取引に該当する可能性のあるもので、例えば、 ○ 資産や収入に見合っていると考えられる取引ではあるものの、一般的な同種の取引と比較して高額な取引 ○ 定期的に返済はなされているものの、予定外に一括して融資の返済が行われる取引 等の業界における一般的な知識、経験、商慣行等に照らして、これらから著しく乖離している取引が含まれます。これに該当するか否かの判断は、特定事業者が有する一般的な知識や経験、商慣行を踏まえて行われるものであり、現時点、ガイドライン等を作成する予定はありません。

151	「取引時確認済みの確認」が適用できない取引として、「疑わしい取引及び同種の取引の態様と著しく異なる態様で行われる取引」が追加された。実務上、「疑わしい取引」については必ずしも全てが実際の取引に際して判断し得るものだけではなく、事後の取引精査等の過程において抽出される場合が多いものと承知している。この点、「疑わしい取引」として「取引後」に初めて認識された場合であっても、改めて顧客に対し取引時確認が必要とされるのか。	事後的に検証して新法第8条の「疑わしい取引」に該当すると判断されたとしても、当該取引は取引に際して令第7条第1項の「疑わしい取引の届出」に該当すると判断されたものではないため、遡及的に取引時確認が義務付けられることはありません。
▼確認記録の記録事項について（新規則第20条関係）		
152	新規則第7条第1項第1号イに「個人番号カード」が規定されているところ、「個人番号カード」に記載されている個人番号を記録することは、番号利用法上、認められていないことから、確認記録の記録事項である「当該本人確認書類又は補完書類の名称、記号番号その他の当該本人確認書類又は補完書類を特定するに足りる事項」は個人番号以外の事項を記録することで足りるとの理解でよいか。また、この場合は書類の名称を記録すればよいという理解でよいか。	個人番号をその内容に含む個人情報の収集等は番号利用法に基づき原則として禁止されていることから、個人番号カードの提示を受けた場合は、個人番号以外の事項（例えば、発行者や有効期間）を記録することとなります。 なお、書類の名称のみでは、「特定するに足りる」とは言えないことから、書類の名称に加えて、発行者及び有効期限についても記録する必要があります。
153	番号利用法第58条第1項及び番号利用法施行令第38条の規定により、国税庁から法人等に宛てて法人番号が通知される書面に関し、確認記録の記録事項である「当該本人確認書類又は補完書類の名称、記号番号その他の当該本人確認書類又は補完書類を特定するに足りる事項」について、番号利用法上、法人番号は収集等が制限されていないため、法人番	そのとおりです。

	号を記録することで足りるとの理解でよいか。	
154	条文上「実質的支配者の有無」が削除されているが、これは、改正後は、新規則第11条第2項に基づき実質的支配者は全ての法人に存在するという前提に基づくものと理解している。もっとも、新規則第11条第2項第4号が「当該法人を代表し、その業務を執行する自然人」とされているため、法人の代表者が業務を執行しておらず、なおかつ、新規則第11条第2項第1号又は第2号に基づく自然人について申告を得られない場合には、実質的支配者がいないという事態も想定されるため、その場合には実質的支配者なしとしてよいか。	実質的支配者について顧客等から申告を受けられない場合は、新法第5条の規定により、特定事業者は特定取引に係る義務の履行を拒むことができます。なお、少なくとも代表者が存在しない法人は想定されず、新規則第11条第2項第1号又は第2号に該当する自然人がいない法人であって代表者が業務を執行していないということは考えられないため、改正後は、犯罪収益移転防止法における実質的支配者は全ての法人に存在することとなります。このため、実質的支配者がいないということはないものと考えます。
155	外国PEPsに関して、「その旨及び同項各号に掲げるものであると認めた理由」を記録する必要があるが、外国PEPsであることの確認義務が課されていない。顧客からの申告や民間データベースなどにより外国PEPsと判断することが許容されており、ここでの記録は、申告やデータベースにより認めたことを残せばよいということか。	新規則第20条第1項第22号で確認記録の記録事項として規定している「顧客等が令第12条第3項各号に掲げるものであるときは、その旨及び同項各号に掲げるものであると認めた理由」については、申告やデータベースにより確認した、どの国のいかなる職にあるために外国PEPsであるかを記録として残すこととなります。
	▼新法第8条第2項に規定する主務省令で定める項目について（新規則第26条関係）	
156	新規則第26条第1号及び第2号に掲げる項目の比較は、顧客が行う取引と同種の取引（預金取引や投信取引等）との比較との理解でよいか。	特定事業者が、顧客等との間で行う特定業務に係る取引にマネー・ローンダリングの疑いがあるかどうかを判断するに当たり、 ○ 新規則第26条第1号は、その業界における一般的な商慣習（＝他の顧客等との間で通常行う取引の態様）に照らして、マネー・ローンダリングの疑いがあるかどうか

資料4　623

		○ 同条第2号は、過去の顧客等との取引（＝顧客等との間で行った他の特定業務に係る取引の態様）と比較して、マネー・ローンダリングの疑いがあるかどうかをそれぞれ確認することとするものです。
157	新規則第26条第1号から第3号までにおいて、「取引の態様との比較」「整合性」とあるが、それぞれ一律の基準はなく各社の判断において定めるものと理解してよいか。	犯罪による収益の移転防止に関する法律に規定する特定事業者は、その業種及び規模が区々であるため、一律の基準を設けることは適当ではありません。そのため、取引に疑わしい点があるかどうかを確認するに当たっては、当該特定事業者の業種及び規模に応じて必要と考えられる範囲で判断していただくこととなります。
158	取引モニタリングシステムにより、システム的に新規則第26条第1号及び第2号の比較を行い、異常な取引を抽出する方法は、本規定を充足していると考えてよいか。	新規則第26条第1号及び第2号の項目は満たしていますが、別途、第3号の項目を満たす必要があります。
159	新規則第27条第1号では、「特定業務に係る取引（次号及び第三号に掲げる取引を除く。）　前条に規定する項目に従つて当該取引に疑わしい点があるかどうかを確認する方法」と規定されており、新規取引が該当すると考えられる。 しかし、「前条に規定する項目……」の前条、すなわち新規則第26条第2号では、「法第8条第1項の取引の態様と特定事業者が当該顧客等との間で行つた他の特定業務に係る取引の態様との比較」を行うこととされている。 新規取引先の場合、新規則第26条第2号にある「当該顧客等との間で行った他の特定業務に係る取引の態	新規取引の場合、そもそも当該取引を行おうとする顧客等と行った他の取引が存在しないため、新規則第26条第2号の確認は必要ありません。

	様との比較」は困難と考えられるが、この項目はどのように確認するのか。	
160	新規則第26条第3号の「その他特定事業者が当該取引時確認の結果に関して有する情報」とは、どのような情報を想定しているのか。	「その他特定事業者が当該取引時確認の結果に関して有する情報」として、例えば、取引時確認をした事項に係る情報を最新の内容に保つための措置を講じた結果把握した情報、当該顧客等について取引時確認が完了しているか否かに係る情報があります。
	▼新法第8条第2項に規定する主務省令で定める方法について（新規則第27条関係）	
161	「当該顧客等の確認記録、当該顧客等に係る取引記録、第32条第1項第2号及び第3号に掲げる措置により得た情報その他の当該取引に関する情報」と規定されているが、「当該取引に関する情報」とは、同号に定める確認記録、取引記録、新規則第32条第1項第2号及び第3号に掲げる措置により得た情報以外に、具体的にどのような情報を想定しているのか。	新規則第27条第2号の「その他の当該取引に関する情報」は、その例示として、確認記録、取引記録並びに新規則第32条第1項第2号及び第3号に掲げる措置により得た情報を挙げておりますが、現時点でこれら以外の具体的な情報は想定しておりません。
162	既存顧客について、精査すべき事項の1つに当該顧客等に係る取引記録とあるが、精査のやり方は、全顧客一律ではなく、リスクベースで考えても問題ないか。	顧客管理については、各事業者が自ら行う取引についてリスクを評価した書面等の内容を勘案して行われることとなるため、全顧客一律ではなく、リスクベースで考えて行うことがむしろ好ましいと考えます。
163	疑わしい取引に該当するか否かの判断に際し各種情報等を「精査」することが要請されているが、反復継続して行われる株式取引等については、全ての取引が精査の対象になるわけではないという理解でよいか。	疑わしい取引に該当するか否かの判断は、全ての取引について一律に同じ深度でチェックすることが義務付けられるものではなく、リスクに応じた事業者の判断により、取引ごとのチェックの深度が異なることも当然に許容されます。また、どのような頻度でこれを行うかについても、取引の内容等を勘案し、特定事

		業者において個別に判断することとなります。
164	「犯罪収益移転危険度調査書（案）」では、イラン及び北朝鮮は「危険度が特に高い」と評価されている一方、アルジェリア、エクアドル及びミャンマーの3か国は「危険度が高い」と評価されているが、新規則第27条第3号の「注意を要するとされた国若しくは地域」とは、イラン及び北朝鮮のみが該当するのか、それとも上記5か国が全て該当するのか。	新規則第27条第3号は「法第4条第2項前段に規定するもの」以外のもので犯罪収益移転危険度調査書において注意を要するとされた国又は地域に居住し又は所在する顧客等との間で行う取引を対象としているため、犯罪収益移転危険度調査書上はアルジェリア及びミャンマーの2か国がこれに該当することとなります。 　なお、エクアドルについては、パブリックコメント開始後のFATFの6月声明により、同国が高リスク国から除外されたことを踏まえ、犯罪収益移転危険度調査書においても危険度が高い国から除外する修正がなされています。
165	新規則第27条第3号において、「代表者等に対する質問」と規定されているが、質問事項や質問方法等は特定事業者の任意によるとの理解でよいか。	御質問のとおり、新規則第27条第3号に規定された質問の内容や方法等は、各事業者がその事業規模や顧客層を踏まえて判断されるものと考えています。
166	新規則第27条第3号につき、「居住し若しくは所在する顧客等」と規定されている点についての確認をしたい。 　「所在」するという言葉は、日常的な国語法の場合には、法人について用いることが多いものの、必ずしもそうとは言い切れず、自然人が「そこに居る」という場合にも用いられうる。しかし、本条文では、「顧客等」に自然人と法人が存在することから、自然人について「居住」という表現を、法人について「所在」という表現を法技術的に用いているものという理解でよいか。	「所在」とは、法人に限らず、自然人であっても、そこに居るという意味で用いられております。したがって、本邦に居住している顧客等が、注意を要する国又は地域に短期的に渡航した場合についても、新規則第27条第3号の対象となります。

	すなわち、本邦居住の自然人が、注意を要する国又は地域に短期的に渡航した場合において、例えば、本邦の銀行との預金契約に基づく国際キャッシュカードによる引き出しや、本邦の貸金業者との極度方式基本契約に基づく海外キャッシングといった取引を、いわゆる暗証番号を利用した本人確認済みの取引として行うことは本条本号が対象とするものではないという理解でよいか。	
167	犯罪収益移転危険度調査書において犯罪による収益の移転防止に関する制度の整備の状況から注意を要するとされた国若しくは地域に居住し若しくは所在する顧客等とは、例えばある特定事業者の顧客等が日本の法人ではあるものの、そのような国や地域に支店や駐在事務所が存在する場合も、ここで言う注意を要するとされた国若しくは地域に所在する顧客等に該当することとなるか。	日本の法人が、犯罪収益移転危険度調査書において犯罪による収益の移転防止に関する制度の整備の状況から注意を要するとされた国又は地域に支店や駐在事務所を設けたとしても、当該日本の法人との取引を直ちに高リスクな取引として位置付ける必要はありません。もっとも、登記上の本店が日本国内にあるものの、ほぼ全ての事業の拠点が注意を要するとされた国又は地域に存在し、そのような国若しくは地域において大半の事業活動が行われている法人等、特段の事情がある法人との取引については、高リスクな取引に位置付けられることはあります。
168	外国銀行では、母国の法令に基づき、AML/CTFに関する高い知見を持った専門家にグループのAML/CTFに関する管理を統括させており、その下に専担管理部署が置かれている。このようにグローバルベースで管理態勢が構築されている場合であっても、在日拠点において別途業務を統括管理する者を選任し、左記に掲げる規定に定める承認を受ける必要があるのか。そうであれば、どのようなレベルの役職員を任命することが期待されているのか。	犯罪による収益の移転防止に関する法律は、日本において業務を行っている特定事業者が、あくまで日本の法令に基づき的確な取引時確認等の措置を講ずべきことを定めています。したがって、日本において業務を行うのであれば、たとえ母国に業務を統括する者がいたとしても、別途、在日拠点において統括管理者を選任するよう努めるとともに、高リスク取引を行うに当たっては、当該取引が疑わしい取引に該当するか否かの判断に当たって当該統括管理者

		又はこれに相当する者の確認に係らしめる必要があります。なお、そのレベルについては、特定事業者の規模や内部の組織構成により様々な者が想定され、一律に基準があるものではなく、各特定事業者において取引時確認等の措置の的確な実施のために必要な業務を統括管理する者が選任されることとなります。
169	統括管理者あるいはこれに相当する者に取引に疑わしい点があるかの確認、及び取引の実行については統括管理者による承認が求められているが、実務的な対応に鑑み、統括管理者は各特定事業者において複数名任命することは可能か。 　特定事業者によっては「これに相当する者」を配置することが困難な場合も想定される。「法第11条第3号の規定により選任した者又はその者が法第11条第3号の業務を委任した者」とすることが実務的には必要と考えられる。	統括管理者の選任は、必ずしも一の特定事業者に一に限るものではなく、例えば、各支店・事業所ごとに統括管理者を選任することも有り得ると考えています。 　新規則第27条第3号が「法第11条第3号の規定により選任した者又はこれに相当する者」としているのは、新法第11条第3号が努力義務規定であり、必ずしも同項に規定する者が選任されているものではないことを踏まえ、義務である新規則第27条第3号については「これに相当する者」による確認も許容する趣旨です。なお、取引時確認等の措置を的確に行う上で効果的かつ十分であると認められるのであれば、統括管理者から委任を受けた者が第4号に規定する承認を行うことも否定されるものではありません。
170	「顧客等又は代表者等に対する質問その他の当該取引に疑わしい点があるかどうかを確認するために必要な調査」を行うにあたり、具体的に想定されている調査方法や特に留意すべきと考えられる点があれば御教示いただきたい。	顧客等又は代表者等に対する質問のほか、例えば、取引時確認の際に顧客等から申告を受けた職業等の真偽を確認するためにインターネット等を活用して追加情報を収集することなどが考えられます。
171	新規則第27条各号において、「確認する方法」が記載されているが、第3号の「法第11条第3号に規定に	そのとおりです。

	より選任した者又はこれに相当する者」が全て行うものではないと理解してよいか。	
172	疑わしい取引の届出対象となる場合を除き、疑わしい取引に該当するかどうかの確認方法についての記録を保存することは求められないとの理解でよいか。	疑わしい取引の届出対象となる場合は格別、そうではない取引についてまで網羅的に確認方法についての記録を保存することは義務付けられていません。 ただし、新規則第32条第1項第5号の規定により、リスクの高い取引について情報の収集、整理及び分析をした場合は、その記録を保存することが努力義務とされています。
173	今回規定された判断項目・方法において、疑わしい取引の届出様式への記載の義務付けは行われるか。また、届出様式の変更を予定しているか。	特に判断項目・方法の届出様式への記載を義務付けることはしませんが、どのように判断して届出に至ったのかはこれまで同様、届出理由欄に記載されることとなると考えています。 なお、届出様式については、「実質的支配者の有無の確認方法」の欄を「実質的支配者と顧客等との関係及びその確認を行った方法」の欄に改めるほか、条ずれに伴う所要の改正がされています。
	▼コルレス契約締結に際して行う確認方法について（新規則第28条関係）	
174	外国所在為替取引業者との契約締結に際して行う確認の方法として、申告又はインターネットでの検索とある。これらの内容に事実に反するものが有ったとしても、特定事業者は免責されるのか。 「インターネットを利用して公衆の閲覧に供されている」とは、法令に基づく開示である必要はなく、当該業者又は政府関係機関が公衆の閲覧に供している情報であれば足りるか。真に当該業者若しくは政府関係機関のサイトかどうかについては、	通常の注意をもって確認したならば、仮に、事実に反するものがあったとしても、確認に不備があったこととはなりません。 また、インターネットで公衆の閲覧に供されている情報については、特定事業者に期待される通常の注意をもって、外国所在為替取引業者又は外国の機関が閲覧に供していると判断できる情報を確認することで差し支えありません。

	合理的にそのように判断できればよいか。	
175	新法第9条に規定する「為替取引を継続的に又は反復して行うことを内容とする契約」にはいわゆるRMA（Relationship Management Application）先も含まれるとの理解でよいか。 　その理解でよい場合、当該RMA先には顧客のために業として為替取引を営まない一般事業法人は含まれないとの理解でよいか。	そのとおりです。
176	「インターネットを利用して公衆の閲覧に供されている（中略）情報を閲覧して確認する方法」として、インターネット上のウェブベースで提供されている商業データベース等による確認も含まれると考えてよいか。 　また、コルレス先が新法第9条に掲げる事項に該当することの情報を、当該コルレス先のウェブサイトに掲載している場合は、それを閲覧、取得する方法も含まれると考えてよいか。	御指摘のデータベース等の詳細が不明ですが、新規則第28条に規定する情報に該当するのであれば、確認方法として認められます。 　コルレス先が自身のウェブサイトに掲載している情報を閲覧することについては、同条に規定のとおり、確認方法として認められます。
	▼取引時確認等相当措置を的確に行うために必要な基準について（新規則第29条関係）	
177	①　「適切な監督を受けている状態」とは、例えばFATF参加国またはEU参加国の金融監督庁による監督を受けている外国所在為替取引業者に限るなど、特定の基準をもって判断する理解でよいか。「監督を受けている状態」の基準は各行で決めるのか、それとも国内の統一基準が設けられるか。 ②　「取引時確認等相当措置を的確に行うための営業所その他の施設」については、営業所その他の	①　原則として、監督当局の国籍に限定はありません。 　いずれの国であれ、外国所在為替取引業者を監督する権限を有している機関から適法に免許を付与されている等、監督を受けている状態にあることが確認できれば結構です。 ②　営業所その他の施設が存在することの確認で差し支えありません。

	施設の有無を確認することで足りるか。	
▼取引時確認等を的確に行うための措置について（新規則第32条関係）		
178	新法第11条第4号に規定する主務省令で定める措置が例示されているが、同条が努力義務規定であるところ、特定事業者が処置しなければならない程度、水準はどのようなものであるか。	新規則第32条第1項各号に規定されている措置は、いずれも努力義務であり、例えば同項第2号に規定する情報の収集等をどの程度まで行うべきかについては、各特定事業者の業態や事業規模等に応じて個別に判断されるものです。 　その前提の下、新規則第32条第1項各号に掲げる措置について詳述すると、同項第1号において作成することとされている書面等には、各特定事業者において、自らが行う取引についてのマネー・ローンダリングのリスクを評価したものを記載することとされています。具体的には、国家公安委員会が公表する犯罪収益移転危険度調査書の関係部分を基に、必要に応じて各事業者特有のリスク要因を加味したものを作成することが想定されます。 　同項第2号及び第3号は、特定事業者が、第1号の規定により作成した特定事業者作成書面等の内容を勘案し、自ら行う取引のリスクの高低に応じて、必要な情報の収集や整理・分析を行ったり、確認記録・取引記録等を継続的に精査したりすることを規定しています。 　同項第4号は、高リスクの取引を行うに際しては、統括管理者の承認を受けるべきことを規定しています。このとき、統括管理者は、承認に当たり、犯罪収益移転危険度調査書の内容（例えば、当該取引がいかなる理由で高リスク取引とされているかといったことなど）を勘案することとなります。

		同項第5号は、高リスク取引に係る情報を収集、整理及び分析したものの結果を記載した書面等の作成・保存について規定しています。このとき、犯罪収益移転危険度調査書において、当該取引がいかなる理由で高リスク取引とされているかといったことに着目して、情報収集の分析結果等を作成することとなります。 同項第6号は、取引時確認等の措置を的確に行うために必要な能力を有する者を採用することを規定しています。具体的には、犯罪収益移転危険度調査書の内容を勘案し、例えば、属性としてリスクが高いとされる反社会的勢力を採用しないことや、採用後の教育訓練と相まって犯罪収益移転危険度調査書の内容を勘案した取引時確認等の措置を的確に行う能力を身に付ける素養のある者を採用することが考えられます。 同項第7号は、監査について規定しています。例えば、犯罪収益移転危険度調査書において高リスクとされる取引を扱う部署を重点的に監査することなどが想定されます。
179	新規則第32条第1項第1号の「特定事業者作成書面等」には、保存期間の定めや管理方法について法令上定めは置かれていないという理解でよいか。	そのとおりです。
180	自らが行う取引に係る調査及び分析の結果を書面等に残すことになっているが、どのような種類の書面又は記録方法が想定されているのか。	新規則第32条第1項第1号で作成することとされている「特定事業者作成書面等」には、各特定事業者において、自らが行う取引についてのマネー・ローンダリングのリスクを評価したものを記載することとされています。具体的には、国家公安委員会が公表する犯罪収益移転危険度調査書の関係部分を基に、必要に応

		じて各特定事業者のリスク要因を加味したものを作成することが想定されます。
181	新規則第32条第1項第1号の「新たな技術を活用して行う取引その他新たな態様による取引」につき、それぞれもう少し詳細な定義があると望ましい。また、調査、分析及び分析結果の記録方法は各特定事業者に委ねられているということか。	「新たな技術を活用して行う取引その他新たな態様による取引」としては、例えば、新たな情報通信技術を用いた取引等であってマネー・ローンダリングに悪用されるおそれのある取引、手続の一部をインターネットを介して行うこととするなど、取引の態様が従前と異なるためにマネー・ローンダリングに悪用されるおそれに変化が生じた取引、あるいは、制度改正等により新たに取扱いが可能となった金融商品等のマネー・ローンダリングに悪用されるおそれのある商品の取引等が想定されます。 また、特定事業者が自ら行う取引について行ったリスク評価の結果を記載する、特定事業者作成書面等の記載方法等については、御質問のとおり、事業者の業態、業務、規模、リスク等に応じ、事業者において個別に判断されるものと考えています。
182	情報を最新に保つための「必要な情報の収集」（新規則第32条第1項第2号）とは、具体的にどのような情報を収集すべきなのか。	新規則第32条第1項第2号の規定に基づき収集すべき情報とは、取引時確認等の措置（取引時確認、取引記録等の保存、疑わしい取引の届出等の措置）を的確に行うために必要となる情報であり、例えば、取引時確認の際に顧客等から申告を受けた職業等の真偽を確認すること、外国PEPsであるか否かの情報収集を行うこと、実質的支配者と顧客等との関係を把握することなどがあります。
183	新規則第32条第1項第2号におい	例えば、新法第8条に基づく疑わ

	て「当該情報を整理し、及び分析すること」と規定されているが、どのような着眼点で分析を行えばよいのか。	しい取引の届出を行うべき取引に該当するか否かを的確に判断するため、収集した情報について、取引と矛盾する点はないか、当該取引に疑わしい点がないかなどの観点から、分析することが考えられます。
184	新規則第32条第1項第2号の「取引時確認等の措置」は、新法第11条第4号で「取引時確認、取引記録等の保存、疑わしい取引の届出等の措置」としている。新規則第32条第1項第2号において「取引時確認等の措置を行うに際して必要な情報を収集するとともに、当該情報を整理し、及び分析すること」とされているが、「取引時確認等の措置」のうち「取引記録等の保存」における情報の収集・整理・分析とは具体的にどのようなことを指すのか。	取引記録等を的確に保存するためには、新規則第24条各号に掲げる事項が適切に記載された取引記録等を作成する必要があります。具体的には、取引記録等を適切に作成するために必要な情報を収集し、これを整理・分析することが考えられます。
185	新法第11条は努力義務規定でもあり、特定事業者作成書面等の内容を勘案し高リスクの場合に実施する新規則第32条第1項第2号、同項第3号の措置は、実施する取引・実施する方法・実施する内容のいずれも、事業者の業態、業務、規模、リスク等に応じて、事業者の自主判断で行うとの理解でよいか。	そのとおりです。
186	新規則第32条第1項第3号の「確認記録及び取引記録等を継続的に精査する」であるが、「継続的に」の趣旨を教えてほしい。例えば、比較的危険性の高い取引について、社内の定期的な内部検査時期において、確認記録・取引記録をサンプリングチェックするという対応は、「確認記録及び取引記録等を継続的に精査する」に該当し得るという理解でよいか。	「確認記録及び取引記録等を継続的に精査すること」とは、例えば、取引時確認等の措置(取引時確認、取引記録等の保存、疑わしい取引の届出等の措置)を的確に行うため、保存している確認記録及び取引記録等を目視により確認して取引時確認を行った結果把握した職業や取引を行う目的と整合的かなどといった観点から取引の異常の有無を確認したり、システムにより取引の異常を検

	また、確認記録及び取引記録等の継続的な精査は、新規則第32条第1項第7号の監査を定期的に実施することにより具備することも可と解してよいか。	知したりすることが考えられます。 　その精査の頻度については、一律に定められるものではなく、各特定事業者が取引のリスクの程度、取引の態様等を踏まえ、合理的に判断される範囲で行うこととなります。例えば、年1回の精査で十分であるか否かについても、取引が当該年に行われていないのであれば、必ずしも年1回の精査が必要となるわけではありませんが、取引が当該年に複数回行われているのであれば、取引のリスクや態様によっては、年1回では不十分であると考えられることもあります。 　また、サンプリングチェックでは、取引時確認等の措置を的確に実施するには不十分であると考えられます。 　さらに、監査による確認と本規定に基づく精査では趣旨が異なり、監査による確認をもって本規定に基づく精査を行ったとすることは不適当と考えます。
187	確認記録の精査とは、確認の後、有効期限切れとなった本人確認書類の再受入等も必要とする趣旨か。	御質問のような場合には、新規則第32条第1項第2号の規定に基づく必要な情報の収集として、有効な本人確認書類を顧客等から入手することも1つの方法であると考えられます。
188	新法第11条第3号の趣旨は取引時確認等の様々な場面において特定事業者が特定の人物に権限と責任を明確にすることを求めているものと理解するところ、同号の「必要な監査その他の業務を統括管理する者」とは、監査と業務の統括の両方の責任を同時に有する者を統括管理者として任命することになるという理解でよいか。内部監査機能は他の監査対	新法第11条第3号の規定により選任される統括管理者は、取引時確認等の措置（取引時確認、取引記録等の保存、疑わしい取引の届出等の措置）の的確な実施のために必要な業務を統括管理する者であり、必ずしも内部監査を行う者を選任する必要はありません。 　このため、取引時確認等の措置の的確な実施のために必要な業務を統

	象業務から独立であるべきとの考え方に基づき、監査担当部署が他の業務部門とは独立して社長等の経営陣に直接レポートする組織体制となっている場合には、当該監査担当部署と業務担当部署の両方の責任を有する社長等が統括管理者になるということが想定されているのか。	括管理する者を統括管理者として選任した場合に、専ら内部監査のみを行う者を改めて別途、統括管理者として選任する必要はないと考えられます。
189	新規則第32条第1項第4号では「法第11条第3号の規定により選任した者」（統括管理者）の承認が必要となっている。統括管理者が出張・休暇等の理由により、常時承認（あるいは不承認）の手続を行なうことができないことも想定される。そこで、少なくとも新規則第27条第3号にあるように、「これに相当する者」にも承認を認めることが必要と考える。　実務対応に鑑みて、「選任した者」を複数名任命することは可能か。　また、特定事業者によっては「これに相当する者」を配置することが困難な場合も想定される。「法第11条第3号の規定により選任した者又はその者が法第11条第3号の業務を委任した者」が承認するという態勢が実務的には必要と考えられる。	取引時確認等の措置（取引時確認、取引記録等の保存、疑わしい取引の届出等の措置）を的確に行う上で効果的かつ十分であると認められるのであれば、統括管理者から委任を受けた者が第4号に規定する承認を行うことも否定されるものではありません。また、統括管理者の選任は、必ずしも一の特定事業者に一に限るものではなく、例えば、各支店・事業所ごとに統括管理者を選任することも有り得ると考えています。　なお、新規則第27条第3号が「法第11条第3号の規定により選任した者又はこれに相当する者」としているのは、法第11条第3号が努力義務規定であり、必ずしも同項に規定する者が選任されているものではないことを踏まえ、義務である新規則第27条第3号については「これに相当する者」による確認も許容する趣旨です。
190	「取引時確認等を的確に行うための措置」の1つとして、外国PEPs等厳格な顧客管理を要する取引や犯罪収益移転危険度調査書において、注意を要する国に居住する顧客等、あるいは、同調査書において、危険性の程度が高いと認められるものと、「取引を行うに際して」、統括管理者の承認を要するとされている。	新規則第27条第3号に規定する取引に該当する場合には、取引が発生する都度、統括管理者の承認が必要となります。ただし、その承認は、取引を行うに際して受ければよく、必ずしも取引の前に受ける必要はありません。　なお、個別の預貯金の払戻し等についても、新規則第27条第3号に規

	「取引時確認等を的確に行うための措置」に係る「取引時確認等」には、疑わしい取引の届出等を含むとされていることから、取引時確認を行うに際してのみではなく、継続的な取引においても、取引が発生する都度、統括管理者の承認を要するということでよいか。 　また、個別の預貯金の払戻しや証券取引は新規則第27条第3号に規定する取引に該当し得るのか。	定する取引に該当し得ます。
191	①　統括管理者は、複数名を選任とすることは可能であるとの認識でよいか。また、統括管理者の承認について証跡を求めるのか。 ②　統括管理者の職位等に関する制限はあるのか。	統括管理者とは、取引時確認等の措置（取引時確認、取引記録等の保存、疑わしい取引の届出等の措置）の的確な実施のために必要な業務を統括管理する者のことですが、具体的にこれに該当する者については、特定事業者の規模や内部の組織構成により様々な者が想定されるとともに、その選任は、必ずしも一の特定事業者に一に限るものではなく、例えば、各支店・事業所ごとに統括管理者を選任することも有り得ると考えています。 　また、統括管理者による承認の有無の証跡を残すことは義務付けられていません。
192	統括管理責任者について、「法第11条第3号の規定により選任した者」と規定されるにとどまり、どのような者を想定しているのか、その詳細が明らかでない。例えば、日本証券業協会規則により設置が要請される「内部管理責任者」も統括管理責任者となることができるという理解でよいか。	統括管理者とは、取引時確認等の措置の的確な実施のために必要な業務を統括管理する者のことですが、具体的にこれに該当する者については、特定事業者の規模や内部の組織構成により様々な者が想定されます。 　統括管理者について、一律に基準があるものではありませんが、例えば、取引時確認等の措置について一定の経験や知識を有しつつ、一方で実際に取引に従事する者よりも上位の地位にあり、かつ、一定程度、独

資料4　637

		立した立場で業務を統括管理できる者が想定されます。
193	新規則第32条第1項第5号に基づき、「確認記録又は取引記録等と共に保存すること」の保存年限は何年になるのか。どの条文で保存年限が規定されているのか。	確認記録及び取引記録等は、それぞれ新法第6条第2項及び第7条第3項の規定により、7年間保存しなければならないことから、新規則第32条第1項第5号の規定に基づき作成した書面又は電磁的記録媒体についても、これらと同じ期間保存するよう努めなければならないこととなります。
194	新規則第32条第1項第5号に規定する「情報の収集、整理及び分析」と、新規則第27条第3号の「必要な調査」は、顧客等への確認や質問も含め、実施するケース、タイミング、収集等又は調査する内容と目的に特段の違いはなく、事業者の合理的な判断で行えばよいとの理解でよいか。	新規則第27条第3号の規定に基づく「調査」は、新法第8条に基づく疑わしい取引の届出を行うか否かを判断するに当たり、顧客等との間で行う取引に疑わしい点があるかどうかを確認する観点から行うものである一方、新規則第32条第1項第5号の規定に基づく「情報の収集、整理及び分析」は、疑わしい取引の届出を含む、取引時確認等の措置（取引時確認、取引記録等の保存、疑わしい取引の届出等の措置）を的確に行うためのものであるという点で異なりますが、実施する内容がどのようなものであるかについては、御質問のとおり、事業者の業態、業務、規模、リスク等に応じて、特定事業者により個別に判断されることとなります。
195	新規則第32条第1項第6号は、犯罪収益移転防止法のプロを中途採用しろという条項に読まれかねないのではないか。例えば新卒一括採用をベースにした組織では、犯罪による収益の移転防止に関する法律等のコンプライアンスに優れた人材を中途採用する人事は行っていない。新卒一括採用で採用した労働者につい	「必要な能力を有する者」の採用については、新法第11条第1号の規定による教育訓練と相まって、従業員が取引時確認等の措置を的確に行うことができるために行われるものであり、具体的な内容としては、例えば職員の採用に当たって面接等を行い、当該職員の適性を把握することなどが考えられます。

	て、犯罪による収益の移転防止に関する法律等の業務に従事している職員や法務担当者が教育研修するという仕組みで犯罪による収益の移転防止に関する法律への対応を行っている。このような態勢では、同号を満たさないのか。	したがって、一定の資格を有するなどの犯罪による収益の移転防止についての専門的な知識を有する者のみの採用を義務付ける趣旨ではありません。このため、従前から取引時確認等の措置が的確に行われている特定事業者であれば、これまでの採用基準等を必ずしも見直す必要はありません。
196	取引時確認等の措置の的確な実施のために必要な監査とは、外部監査を指し、内部監査や社内検査は含まれないのか。また、監査の頻度は各特定事業者が定めることでよいか。	取引時確認等の措置の的確な実施に資するものであれば、監査は外部監査に限られるものではなく、内部監査や社内検査によりこれを行うことも否定されません。 また、監査の頻度については、各特定事業の判断により、取引時確認等の措置を的確に行う上で効果的かつ十分であると認められる程度で行われるものと考えています。
197	新法第2条第2項第26号にて、特定事業者として掲げられている不動産特定共同事業法（平成6年法律第77号）上の特例事業者は、不動産特定共同事業契約に基づき営まれる不動産取引から生じる収益又は利益の分配を専ら行うことを目的とした法人、すなわち特別目的会社（SPC）であり、従業員を雇用することは想定されておりません。 したがって、新規則第32条に定める、取引時確認等を的確に行うための各措置（リスク評価、保存している確認記録・取引記録等の継続的精査、必要な情報収集、リスクの高い取引を行う際の統括管理者の承認、必要な能力を有する職員の採用、取引時確認等に係る監査の実施等）を自ら行うことは不可能なため、特例事業者から委託を受けた不動産特定共同事業法上の第三号事業者及び第	新規則第32条第1項各号に規定されている努力義務とされた措置については、各特定事業者が、その事業内容や事業規模等に応じて、犯罪収益移転危険度調査書の内容を勘案しながら自らの判断で行うべきものと考えておりますが、御指摘のような措置を執ることは、現在の規定においても、可能です。

	四号事業者が上記措置を講ずればよい旨を確認したい。	
	▼外国所在営業所等を有する場合に講ずべき措置について（新規則第32条第2項関係）	
198	「取引時確認等の措置より緩やかなときにあっては」とは、新法で求められる取引時確認等の措置と比較し、どのような差異がある場合に緩やかであると判断すればよいか。 　また、各国の法制度を調査し、日本の犯罪による収益の移転防止に関する法律と比較し、規制の緩急を判断することは事業者にとって負担であり、関係省庁において、国別にいかなる対応をすることが望ましいか具体的な基準を示すべきではないか。	「取引時確認等の措置」の全部又は一部が義務付けられていない場合、緩やかと評価されるものと考えられます。 　また、国別の対応については、外国で事業を展開する者が当該外国の法令を遵守するために、当該外国の法制度を確認することは一般的かつ当然と考えられます。 　かかる確認を行う中で、当該外国の法令により義務付けられる措置と我が国の取引時確認等の措置とを比較し、必要な対応を執るべきと考えられます。
199	新法第11条の「取引時確認等の措置」は、特定事業者が行う取引時確認等の措置を指すと考えられる。当該特定事業者が行う取引時確認等の措置を的確に行うため、新法第11条第4号の措置を講ずるというのが新法第11条の条文構造である。しかし、新規則第32条第2項は、特定事業者の子会社である外国会社の特定業務を対象にしているが、外国会社の特定業務について新規則第32条第2項の措置を講じたからといって、当該特定事業者が行う取引時確認等の措置を的確に行うという新法第11条の目的にはつながらない。その意味で、新規則第32条第2項は、新法第11条第4号の委任の範囲から外れた規定であると思われるので、削除されるべきである。	新規則第32条第2項の趣旨は、特定事業者に対し、支配下にある外国所在の子法人を含め、グローバルに整合性のとれた犯罪収益の移転防止に係る体制整備を求めることにあります。 　これにより、特定事業者が外国に所在する営業拠点に由来する犯罪収益の移転に関与するリスクの抑制が期待できるとともに、特定事業者を含む企業集団が当事者となる取引に係る追跡可能性がグローバルベースで確保され、特定事業者による疑わしい取引の届出を含む取引時確認等の措置の的確な実施にもつながることから、本規定は、新法第11条第4号に基づき定める措置として適切なものと考えます。
200	「犯罪による収益の移転防止に必要な注意」とされているが、ここで	新規則第32条第2項第1号では、我が国の犯罪収益移転防止法令に基

	言う「必要な注意」とは具体的にどのようなものを想定しているのか。	づく措置より緩やかな措置しか義務付けられていない外国においては、犯罪収益の移転に関与するリスクが相対的に高くなることに伴い、当該外国に所在する外国会社又は営業所における犯罪収益の移転防止に注意を払うこと等が求められます。 　必要な注意が払われているかどうかについては、当該外国に所在する外国会社又は営業所における犯罪収益移転防止に係る取組全般から判断されることとなります。
201	外国PEPsについて、資産及び収入の確認を含めて、一律に取引の都度、厳格な顧客管理を要する理由は、継続的な確認の必要性にあると理解する。 　海外拠点において、FATFのPEPsに関するガイダンスに基づき、外国PEPsに該当する顧客を高リスク先と評価し、継続的（最低年に1回）にKYC（※）を実施し、資産及び収入は、ガイダンスどおりSource of Funds（資金源）とSource of Wealth（富の源泉）を含む情報を取得している。また、業務関係確立の際には拠点長の承認を得ている。こうした海外拠点における取扱いは、外国における取引時確認等の措置に準じた措置（必ずしも日本の措置と同種・同様である必要はなく、当該国の法令や商慣習等を踏まえつつ、同等程度の実効性が確保できる措置）として新法上認められることを確認したい。 （※）　本人特定事項、取引目的、職業／事業内容、（法人顧客の場合）実質的支配者の本人特定事項の確認を含む。	御指摘の措置は、外国PEPsに係る新規則第32条第2項第1号に規定する「取引時確認等の措置に準じた措置」と評価して差し支えありません。

	▼コルレス取引を行う場合に講ずべき措置について（新規則第32条第4項関係）	
202	収集した情報に基づき実施した、当該外国所在為替取引業者の犯罪による収益の移転防止に係る体制の評価は契約締結に係る審査の判断材料とすべきという理解でよいか。 その理解でよい場合、当該外国所在為替取引業者との契約締結・継続をするかどうかの判断にあたり、「当該外国所在為替取引業者の犯罪による収益の移転防止に係る体制の評価」をどの程度勘案するかは、事業者の判断によるという理解でよいか。	そのとおりです。
203	特定金融機関が外国所在為替取引業者との間で為替取引を継続的に又は反復して行うことを内容とする契約を締結して為替取引を行う場合に求められる措置は、「契約締結時」の確認義務であって、継続的確認は法令上は求められていないことを確認したい。	新規則第32条第4項に規定する措置は、「契約締結に際して」求められるものではなく、新規則の施行時において既に締結済みの契約を含め、継続的対応が排除されるものではありません。特定金融機関は、コルレス契約先との取引に由来するリスクの程度を踏まえつつ、同項に規定する措置を講ずるよう努める必要があります。
204	「当該外国所在為替取引業者に必要な措置」とされているが、ここで言う「必要な措置」とは具体的にどのようなものを想定しているのか。	外国の機関が、外国所在為替取引業者の取引時確認等に係る義務違反を是正するために必要なものとして命じる措置を指しており、例えば、業務改善計画の策定・実行等が考えられます。
205	新規則第32条第4項第1号に規定する情報の収集は、具体的にどのように行えばよいのか。定期的な顧客デュー・ディリジェンスなどの際の業者からの申告を含むと考えてよいか。	情報収集の方法として、例えば、外国所在為替取引業者に御指摘の申告を求めること等が考えられますが、これに限られるものではなく、特定金融機関において適切と判断する方法で情報収集していただければ結構です。

206	新規則第32条第4項第3号の遵守に求められる対応としては、コルレス先との業務関係の確立にあたっては、新法第11条第3号で選任した者の承認を得るとともに、契約締結に係る審査手順を定めた規程が必要という理解でよいか。	そのとおりです。 なお、旧規則第25条においても審査手順を定めた社内規則の整備を求めているところです。
207	① 「特定金融機関が行う取引時確認等の措置及び外国所在為替取引業者が行う取引時確認等相当措置の実施に係る責任」とは、具体的にどういった事項を想定しているか。 ② 「取引時確認等相当措置の実施に係る責任に関する事項を文書その他の方法により明確にすること。」と規定されているが、ここで言う「その他の方法」とは具体的にどの様なものがあるか。また、「文書」、「その他の方法」に関する具体的なガイドラインは今後示されるのか。	① 例えば、コルレス契約の当事者である金融機関のどちらが顧客に係る取引時確認の実施や確認記録の保存を行うか、といった事項が考えられます。 ② 「その他の方法」の例として、外国所在為替取引業者が国際的な実務慣行にのっとりマネー・ローンダリング防止体制に係る質問回答書を作成し、公表している場合に、当該質問回答書の内容を確認すること等が考えられますが、特定金融機関において、コルレス契約の当事者それぞれの責任分担を確認できるのであれば、その具体的方法は特定の方法に限られるものではなく、御指摘の点に関するガイドラインの作成は予定していません。
	▼経過措置について	
208	実質的支配者の本人特定事項についての経過措置によると、原則、「施行日前に取引時確認を行っている顧客等との間で施行日以後に初めて行う取引については、新法第4条第3項の規定にかかわらず、新法第4条第1項第4号に掲げる事項の確認を行わなければならないこと」とされているところ、「施行日以後特定取引が、施行日前の取引に関連する取引（施行日前の取引が契約の締結である場合における当該契約に基	施行日前の取引が契約の締結である場合における当該契約に基づく取引に該当するか否かについては、契約と個別の取引との関係において判断されるものですが、例えば、施行日前に開設した証券口座を用いて行う施行日以後の特定取引は、施行日前の取引に関連する取引に該当します。

	づくものをいう）である場合における当該特定取引」については、適用が除外される。本適用除外に関しては、施行日前に証券取引約款や基本契約等を締結して行っている取引が該当するということでよいのか。	
209	特定事業者が、施行日前に取引時確認を行っている顧客等との間で施行日以後に初めて行う特定取引について、新法第4条第1項第4号に掲げる（実質的支配者の本人特定事項）の確認を行わなければならないものから除かれる「施行日前の取引に関連する取引（施行日前の取引が契約の締結である場合における当該契約に基づくもの）である場合における当該特定取引」の具体的な例を挙げていただきたい。	例えば、下記の取引等が該当します。 ○ 施行日前に旧令第7条第1項第1号イに規定する契約（銀行口座の開設）を締結し、施行日以後にその口座を用いて行う同号タに掲げる取引（大口現金取引） ○ 施行日前に同号ホに規定する契約（保険契約）を締結し、施行日以後にその保険について行う同号トに掲げる取引（満期保険金の支払い）
210	改正法施行前の既存取引（実質的支配者としての自然人が未確認の取引）について、改正法施行後、新たにファイナンス・リース契約を締結する際に、実質的支配者（自然人）の確認を行うという理解で誤りはないか。	そのとおりです。
211	旧規則第10条第2項に規定する実質的支配者に該当する者が顧客等の2分の1を超える議決権を有する自然人(国等及びその子会社を含む。)の場合は、一律、新規則第11条第2項に規定する実質的支配者に該当するという理解でよいか。また、こうしたケース以外で、顧客等に改めて確認しなくても明らかに新規則第11条第2項に規定する実質的支配者に該当する者が旧規則第10条第2項に規定する実質的支配者に該当する者となるケースがあれば御教示いただきたい。	2分の1を超える議決権を保有している自然人については、原則として、新規則第11条第2項に規定する実質的支配者に該当しますが、病気等により、顧客等の事業経営を実質的に支配する意思又は能力を有していないことが明らかな場合には該当しません。 例えば、資本多数決法人であって、旧規則第10条第2項に規定する実質的支配者に該当する者が国等である顧客等について、引き続き当該国等が新規則第11条第2項に規定する実質的支配者に該当することが明

		らかである場合は、改めて顧客等に確認する必要はありません。
212	① 新規則第11条第2項に規定する実質的支配者に該当する者が旧規則第10条第2項に規定する実質的支配者に該当する場合、現行法の確認に依拠することができ、確認記録について、当該実質的支配者と当該顧客等との関係を記録することは求められないとの理解でよいか。 ② 仮に記録することが求められる場合、当該実質的支配者が当該顧客等の2分の1を超える議決権を有する自然人（国等及びその子会社を含む。）の場合はその議決権割合が2分の1を超える旨を確認記録に記録することで足りるとの理解でよいか。	① 新規則第20条第3項により、特定事業者は、確認記録の記録事項に変更があることを知った場合は、当該変更に係る内容を確認記録に付記することとされていることから、施行日以後に特定取引を行う場合等に顧客等の新規則第11条第2項に規定する実質的支配者に該当する者が旧規則第10条第2項に規定する実質的支配者に該当することを知ったときは、確認記録に実質的支配者と顧客等との関係を記載することが求められます。 ② そのとおりです。
213	「改正の概要」によれば、「施行日以後取引が、施行日前の取引に関連する取引（施行日前の取引が契約の締結である場合における当該契約に基づくものをいう。）である場合における当該特定取引」については、新法第4条第1項第4号・新規則第11条第2項に基づく実質的支配者の本人特定事項の確認を行うことを要しないとされている。 「施行日前の取引が契約の締結である場合における当該契約に基づくもの」には、クレジットカード契約に基づくキャッシング取引が入るという理解でよいか。	御質問の「クレジットカード契約に基づくキャッシング取引」の契約内容が必ずしも明らかではありませんが、通常、クレジットカード作成時又は既契約でキャッシング機能のないクレジットカードに当該機能が追加された際に、金銭の貸付けを内容とする契約（新令第7条第1項第1号カ）が締結されていると解されることから、当該契約に基づく個々のキャッシング取引が特定取引に該当する場合であっても、御指摘の経過措置の適用により、新規則第11条第2項に基づく実質的支配者について確認する必要はありません。
214	旧法に基づき、施行日前に取引時確認を実施した既存顧客については、施行日後に取引をする場合でも、新法にのっとった新たな確認は不要という考えでよいか。	施行日前に取引時確認を行っている顧客等との間で、施行日以後に初めて特定取引を行う際には、当該特定取引が施行日前の取引に関連する取引である場合等の例外を除き、新

		規則の定義に基づく実質的支配者の本人特定事項の確認を行わなければならないこととなります。
215	旧法に基づき既存顧客で施行日前に顔写真のない本人確認書類で本人確認を実施した顧客については、施行後に取引する場合でも新法にのっとった新たな確認は不要と考えてよいか。	そのとおりです。ただし、施行日以後に行う取引が新法第4条第2項に該当する取引である場合等は、新法にのっとった確認が必要です。
	▼届出様式について	
216	別記様式第2号中の欄の名称が「実質的支配者の有無の確認方法」から「実質的支配者と顧客等との関係及びその確認を行った方法」に変更されているが、欄に記載すべき内容についてどの様に変更があるのか。	御質問の欄には、新規則第20条第1項第18号に基づき確認記録に記録することとされた実質的支配者と顧客等との関係及びその確認を行った方法について記載することとなります。例えば、「議決権の100％を有する者（規則第11条第2項第1号）、申告による確認」といった記載が考えられます。

3 その他

No.	意見・質問の概要	意見・質問に対する考え方
▼その他		
217	今回の改正により、実務において混乱が生じないよう、広く国民及び関係機関等に対する周知を行っていただきますようお願いいたします。	御意見を踏まえ、今後、分かりやすい広報資料の作成に努めるとともに、各種媒体を通じた広報活動を行ってまいります。
218	昨今、なりすまし等の特殊詐欺による被害が社会問題化していますが、こうした犯罪は、取引時の本人確認を徹底することにより、犯罪が行われたとしても被害発生を相当程度防ぐことにつながると期待できます。また、仮に取引が完了し、犯人の手に財産が渡ってしまったとしても、取引時の確認により得られた情報により犯人検挙の可能性が高まることが期待できることから、特定事業者が取引時確認を行わなければならない取引を追加する改正案（新令第7条及び第9条）に賛成します。	御意見を踏まえ、引き続き、マネー・ローンダリング等対策に取り組んでまいります。
219	銀行、証券会社などのいわゆる金融グループでは、金融商品取引法（昭和23年法律第25号）のいわゆるファイアーウォール規制（金融商品取引業等に関する内閣府令（平成19年内閣府令第52号）第153条第1項等）により、そのグループ会社の間での顧客の非公開情報の授受が原則として禁止されている。 現時点でもいわゆる内部管理部門では情報共有ができるが、取引時確認を真に実効たらしめる目的の実行のためには、実際の取引を担当するフロント部門の一定レベルの人間においても情報の共有ができることが重要となると考える。これが可能となれば、同種の顧客とは異なった動きをしているかどうか、その顧客の	特定事業者は、いわゆるファイアーウォール規制にかかわらず、犯罪による収益の移転防止に関する法律上の義務を適切に履行することが可能と考えられます。

取引態様が今までと違っているかどうか、口座開設あるいはその後のやり取りで聞いてきた話と違っているかどうかを1つの金融機関の動きだけではなく、複数の金融機関の状況を踏まえてより深度ある勘案、情報の収集、整理及び分析、継続的に精査ができ、ひいては早期の疑わしい取引の報告にもつながることが考えられるからである。

　そこで、金融商品取引法に定める金融商品取引業者と金融商品取引法施行令（昭和40年政令第321号）第15条の16第1項又は第2項に掲げる者との間で、上記の目的を達成するために、相互に情報の授受が可能となるよう検討願いたい。

別紙2

修正点について

1 主な修正
「犯罪による収益の移転防止に関する法律施行規則の一部を改正する命令案(仮称)」について、下記のとおり修正しました。

1	意見募集時の案	修正後
	【新規則第4条第1項第7号ハ】電気、ガス又は水道水の料金(電気事業法(昭和三十九年法律第百七十号)第二条第一項第二号に規定する一般電気事業者、同項第六号に規定する特定電気事業者若しくは同項第八号に規定する特定規模電気事業者、(後略)	電気事業法等の一部を改正する法律(平成26年法律第72号)による電気事業法(昭和39年法律第170号)の一部改正(平成28年4月1日施行)を受け、新規則第4条第1項第7号ハに掲げる取引に係る事業者の一部を、以下のとおり修正します。
		電気、ガス又は水道水の料金(電気事業法(昭和三十九年法律第百七十号)第二条第一項第三号に規定する小売電気事業者若しくは同項第九号に規定する一般送配電事業者、(後略)

2	意見募集時の案	修正後
	【新規則第4条第1項第7号ニ】学校教育法(昭和二十二年法律第二十六号)第一条に規定する小学校、中学校、高等学校、中等教育学校、特別支援学校、大学又は高等専門学校に対する(後略)	学校教育法等の一部を改正する法律(平成27年法律第46号)による学校教育法(昭和22年法律第26号)の一部改正(平成28年4月1日施行)を受け、新規則第4条第1項第7号ニに掲げる取引に係る学校に義務教育学校を追加することとします。修正後の条文は以下のとおりです。
		学校教育法(昭和二十二年法律第二十六号)第一条に規定する小学校、中学校、義務教育学校、高等学校、中等教育学校、特別支援学校、大学又は高等専門学校に対する(後略)

3	意見募集時の案	修正後
【新規則第6条第5項第4号※】 当該顧客等が自然人である場合にあっては、前各号に掲げるもののほか、官公庁から発行され、又は発給された書類その他これに類するもので、当該顧客等の氏名及び住居の記載があるもの ※ 修正により、新規則第6条第2項第4号となりました。	通知カードは、個人番号の本人への通知及び個人番号の確認のためのみに発行されるものであること、また、番号利用法に基づく個人番号の収集制限があることに鑑み、本人確認書類として取り扱うことは適当でないとの見解が内閣府及び総務省から示されたことから、以下のとおり新規則を修正し、番号利用法第7条第1項に規定する通知カードを、犯罪による収益の移転防止に関する法律施行規則第五条第二項第四号の規定に基づき、書類を指定する件（平成27年国家公安委員会、金融庁、総務省、法務省、財務省、厚生労働省、農林水産省、経済産業省、国土交通省告示第〇号）において定めました。
		当該顧客等が自然人である場合にあっては、前各号に掲げるもののほか、官公庁から発行され、又は発給された書類その他これに類するもので、当該顧客等の氏名及び住居の記載があるもの（国家公安委員会、金融庁長官、総務大臣、法務大臣、財務大臣、厚生労働大臣、農林水産大臣、経済産業大臣及び国土交通大臣が指定するものを除く。）

4	意見募集時の案	修正後
【新規則第7条第1号ホ】 イからニまでに掲げるもののほか、官公庁から発行され、又は発給された書類その他これに類するもので、当該自然人の氏名、住居及び生年月日の記載があるもの	上記3と同旨の修正をしました。

2 その他

(1) 犯罪による収益の移転防止に関する法律の一部を改正する法律の施行に伴う関係政令の整備等に関する政令案関係
新令の下記の条文について、技術的な修正をしました。
第23条第3項
(2) 犯罪による収益の移転防止に関する法律施行規則の一部を改正する命令案（仮称）関係新規則の下記の条文について、技術的な修正をしました。
第4条第1項第7号ハ
第4条第1項第7号ニ
第6条第1項第1号ハ
第6条第1項第1号ニ
第6条第2項
第11条第1項
第11条第2項
第12条
第20条第3項

資料5 犯罪収益移転危険度調査書

犯罪収益移転危険度調査書

平成27年9月
国家公安委員会

凡　例

　法令の略称は、次のとおり用いる。

［略称］	［法律名］
外為法	外国為替及び外国貿易法（昭和24年法律第228号）
資金決済法	資金決済に関する法律（平成21年法律第59号）
銃刀法	銃砲刀剣類所持等取締法（昭和33年法律第6号）
出資法	出資の受入れ、預り金及び金利等の取締りに関する法律（昭和29年法律第195号）
組織的犯罪処罰法	組織的な犯罪の処罰及び犯罪収益の規制等に関する法律（平成11年法律第136号）
犯罪収益移転防止法	犯罪による収益の移転防止に関する法律（平成19年法律第22号）
施行令	犯罪による収益の移転防止に関する法律施行令（平成20年政令第20号）
規則	犯罪による収益の移転防止に関する法律施行規則（平成20年内閣府、総務省、法務省、財務省、厚生労働省、農林水産省、経済産業省、国土交通省令第1号）
風適法	風俗営業等の規制及び業務の適正化等に関する法律（昭和23年法律第122号）
暴力団対策法	暴力団員による不当な行為の防止等に関する法律（平成3年法律第77号）
麻薬特例法	国際的な協力の下に規制薬物に係る不正行為を助長する行為等の防止を図るための麻薬及び向精神薬取締法等の特例等に関する法律（平成3年法律第94号）
労働者派遣法	労働者派遣事業の適正な運営の確保及び派遣労働者の保護等に関する法律（昭和60年法律第88号）

第1　危険度調査の目的
　1　背景

2　目的
 第2　危険度調査の方法
   1　危険度調査の方法
   2　マネー・ローンダリング事犯検挙事例の分析
   (1)　主体
   (2)　手口
 第3　商品・サービスの危険度
   1　危険性の認められる主な商品・サービス
   (1)　預金取扱金融機関が取り扱う商品・サービス
   (2)　保険会社等が取り扱う保険
   (3)　金融商品取引業者、商品先物取引業者等が取り扱う投資
   (4)　信託会社等が取り扱う信託
   (5)　貸金業者等が取り扱う金銭貸付け
   (6)　資金移動業者が取り扱う資金移動サービス
   (7)　両替業者が取り扱う外貨両替
   (8)　ファイナンスリース事業者が取り扱うファイナンスリース
   (9)　クレジットカード事業者が取り扱うクレジットカード
   (10)　宅地建物取引業者が取り扱う不動産
   (11)　宝石・貴金属等取扱事業者が取り扱う宝石・貴金属
   (12)　郵便物受取サービス業者が取り扱う郵便物受取サービス
   (13)　電話受付代行業者が取り扱う電話受付代行
   (14)　電話転送サービス事業者が取り扱う電話転送サービス
   (15)　法律・会計専門家が取り扱う法律・会計関係サービス
   2　引き続き利用実態等を注視すべき新たな技術を活用した商品・サービス
   (1)　電子マネー
   (2)　ビットコイン等
 第4　危険度の高い取引
   1　取引形態と危険度
   (1)　非対面取引
   (2)　現金取引
   (3)　外国との取引
   2　国・地域と危険度
   3　顧客の属性と危険度
   (1)　反社会的勢力（暴力団等）
   (2)　非居住者
   (3)　外国の重要な公的地位を有する者
   (4)　実質的支配者が不透明な法人
   (5)　写真付きでない身分証明書を用いる顧客
 第5　危険度の低い取引
   1　危険度を低下させる要因

2　危険度の低い取引
　(1)　金銭信託における特定の取引（規則第4条第1項第1号）
　(2)　保険契約の締結等（規則第4条第1項第2号）
　(3)　満期保険金等の支払（規則第4条第1項第3号）
　(4)　有価証券市場（取引所）等において行われる取引（規則第4条第1項第4号）
　(5)　日本銀行において振替決済される国債取引等（規則第4条第1項第5号）
　(6)　金銭貸付け等における特定の取引（規則第4条第1項第6号）
　(7)　現金取引等における特定の取引（規則第4条第1項第7号）
　(8)　社債、株式等の振替に関する法律に基づく特定の口座開設（規則第4条第1項第8号）
　(9)　スイフト（SWIFT）を通して行われる取引（規則第4条第1項第9号）
　(10)　ファイナンスリース契約における特定の取引（規則第4条第1項第10号）
　(11)　現金以外の支払方法による貴金属等の売買（規則第4条第1項第11号）
　(12)　電話受付代行業者との特定の契約（規則第4条第1項第12号）
　(13)　国等を顧客とする取引等（規則第4条第1項第13号）
　(14)　司法書士等の受任行為の代理等における特定の取引（規則第4条第2項）

第1　危険度調査の目的
1　背景

　IT技術の進歩や経済・金融サービスのグローバル化が進む現代社会において、マネー・ローンダリング（Money Laundering：資金洗浄）[*1]及びテロ資金の供与（以下「マネー・ローンダリング等」という。）に関する情勢は絶えず変化しており、その対策を強力に推進していくためには、各国の協調によるグローバルな対応が求められる。

　金融活動作業部会（FATF）[*2]は、平成24年（2012年）2月に改訂した新「40の勧告」[*3]において、各国に対し、「自国における資金洗浄及びテロ資金供与のリスクを特定、評価」すること等を要請している。

　また、25年（2013年）6月のロック・アーン・サミットにおいては、所有・支配構造が不透明な法人等がマネー・ローンダリングや租税回避のために利用されている現状を踏まえ、各国が「リスク評価を実施し、自国の資金洗浄・テロ資金対策を取り巻くリスクに見合った措置を講じる」こと等が盛り込まれたG8行動計画原則の合意がなされた。

[*1]　マネー・ローンダリングとは、一般に、犯罪によって得た収益を、その出所や真の所有者が分からないようにして、捜査機関による収益の発見や検挙を逃れようとする行為である。我が国では、組織的犯罪処罰法及び麻薬特例法においてマネー・ローンダリングが罪として規定されている。
[*2]　The Financial Action Task Forceの略。マネー・ローンダリング等への対策に関する国際協力を推進するため設置されている政府間会合。
[*3]　FATFは、マネー・ローンダリング等への対策として、各国が法執行、刑事司法及び金融規制の各分野において講ずるべき措置を、「FATF勧告」として示している。

我が国では、同月、新「40の勧告」及びG8行動計画原則を踏まえ、警察庁を中心に金融庁等の関係省庁を加えた作業チームを設けて取引における犯罪による収益の移転の危険性の程度（以下「危険度」という。）の評価を行い、26年（2014年）12月、警察庁が「犯罪による収益の移転の危険性の程度に関する評価書」を公表した。

2　目的

　本調査書は、平成26年12月に公表した「犯罪による収益の移転の危険性の程度に関する評価書」の内容も踏まえ、26年の犯罪収益移転防止法の改正により新設された同法第3条第3項の規定に基づき、事業者が行う取引の種別ごとに、危険度等を記載したものである。[*4]

　特定事業者においては、本調査書の内容を勘案し、危険度の高い取引にはより注意を払うなどして、顧客管理を適切に実施し、取引が犯罪による収益の移転に悪用されることを効果的に防止することが求められる。

参考：犯罪収益移転防止法（抜粋）
（国家公安委員会の責務等）
第3条
3　国家公安委員会は、毎年、犯罪による収益の移転に係る手口その他の犯罪による収益の移転の状況に関する調査及び分析を行った上で、特定事業者その他の事業者が行う取引の種別ごとに、当該取引による犯罪による収益の移転の危険性の程度その他の当該調査及び分析の結果を記載した犯罪収益移転危険度調査書を作成し、これを公表するものとする。
　※　施行期日は、犯罪による収益の移転防止に関する法律の一部を改正する法律（平成26年法律第117号。以下「改正法」という。）の公布日（26年11月27日）。

（疑わしい取引の届出等）
第8条
2　前項の規定による判断は、同項の取引に係る取引時確認の結果、当該取引の態様その他の事情及び第3条第3項に規定する犯罪収益移転危険度調査書の内容を勘案し、かつ、主務省令で定める項目に従って当該取引に疑わしい点があるかどうかを確認する方法その他の主務省令で定める方法により行わなければならない。
　※　施行期日は、改正法の公布日から2年を超えない範囲で政令で定める日。

[*4]　テロ資金供与自体が犯罪とされ、テロ資金そのものが犯罪による収益に該当することから、他の犯罪による収益と同様、テロ資金の供与を行おうとする者は、その移転に際して様々な取引や商品・サービスを悪用することによりその発見を免れようとするものと考えられる。したがって、本調査書に記載する危険度には、テロ資金供与に利用される危険度も含まれる。

第2　危険度調査の方法
　1　危険度調査の方法
　危険度の調査に当たっては、FATFの新「40の勧告」等を参照し、「商品・サービス」、「取引形態」、「国・地域」及び「顧客」の観点から、危険度に影響を与える要因*5を特定し、当該要因ごとに
○　犯罪による収益の移転に悪用される固有の危険性
○　危険度を低下させるために取られている措置（事業者に対する法令上の義務、所管行政庁による事業者に対する指導・監督、業界団体又は事業者による自主的な取組等）に関する状況
を分析した上で、
○　疑わしい取引の届出状況
○　マネー・ローンダリング事犯の検挙事例（下記2参照）
を分析し、多角的・総合的に危険度の評価を行った。
　調査においては、関係省庁が保有する統計、事例等を利用したほか、関係省庁を通じて業界団体や事業者に対し、マネー・ローンダリング等への対策の状況や、行っている取引、取り扱っている商品・サービスの脆弱性の認識等について調査を行った。また、疑わしい取引の届出状況及びマネー・ローンダリング事犯の検挙事例については、主に過去3年間（平成24年から26年まで）を対象として分析を行った。
　2　マネー・ローンダリング事犯検挙事例の分析
　　(1)　主体
　マネー・ローンダリングを行う主体は様々であるが、主なものとして、暴力団、来日外国人、特殊詐欺の犯行グループ等がある。
　　　　ア　暴力団
　我が国においては、暴力団によるマネー・ローンダリングがとりわけ大きな脅威として存在している。平成26年中のマネー・ローンダリング事犯の検挙事例のうち、暴力団構成員及び準構成員その他の周辺者（以下「暴力団構成員等」という。）によるものは60件で、全体の20.0％を占めている（図表1参照）。
　暴力団は、経済的利得を獲得するために職業的に反復して犯罪を敢行しており、巧妙にマネー・ローンダリングを行っている。
　暴力団によるマネー・ローンダリングは、国際的に敢行されている状況もうかがわれ、米国は、23年（2011年）7月、「国際組織犯罪対策戦略」を公表するとともに大統領令を制定し、その中で、我が国の暴力団を「重大な国際犯罪組織」の一つに指定し、暴力団の資産であって、米国内にあるもの又は米国人が所有・管理するものを凍結し、米国人が暴力団と取引を行うことを禁止した。

---

*5　これらのほか、危険度を高める要因として、事業者の規模が挙げられる。取引量や取引件数が多いほど、その中に紛れた犯罪収益を特定し、追跡することが困難となることなどから、一般に事業者の規模が大きくなるほど危険度が上昇するといえる。これに対して、犯罪収益移転防止法では、事業者に取引時確認等を的確に行うための措置を義務付け、使用人に対する教育訓練の実施その他の必要な体制の整備に努めなければならないこととし、規模に応じた体制整備を通じて、危険度の低下を図っている。

図表1 【暴力団構成員等による組織的犯罪処罰法及び麻薬特例法に係るマネー・ローンダリング事犯の検挙事件数（平成24～26年）】

区分　　　　　　　　　　　　年	24	25	26
マネー・ローンダリング事犯検挙事件	249	282	300
暴力団構成員等による事件	59	85	60
比率（％）	23.7%	30.1%	20.0%

　　イ　来日外国人

　26年中のマネー・ローンダリング事犯の検挙事例のうち、来日外国人によるものは36件で、全体の12.0％を占めている（図表2参照）。

　来日外国人によるマネー・ローンダリングには、日本国内で得た犯罪による収益を外国に送金していたもの、現金により母国に密輸していたもの等、法制度や取引システムの異なる他国への資金移動が多く認められる。

図表2 【来日外国人による組織的犯罪処罰法及び麻薬特例法に係るマネー・ローンダリング事犯の検挙事件数（平成24～26年）】

区分　　　　　　　　　　　　年	24	25	26
マネー・ローンダリング事犯検挙事件	249	282	300
来日外国人による事件	17	21	36
比率（％）	6.8%	7.4%	12.0%

　　ウ　特殊詐欺の犯行グループ等

　近年、我が国においては、電話をかけるなどして対面することなく、不特定多数の者から現金等をだまし取る特殊詐欺[6]が多発している。特殊詐欺の犯行グループは、首謀者を中心に、だまし役、詐取金引出役、犯行ツール調達役等にそれぞれ役割分担した上で、組織的に詐欺を敢行するとともに、詐取金の振込先として架空・他人名義の口座を利用するなどし、マネー・ローンダリングを敢行している（図表3参照）。

　また、自己名義の口座や偽造した身分証明書を悪用するなどして開設した架空・他人名義の口座を遊興費や生活費欲しさから安易に譲り渡す者等がおり、マネー・ローンダリングの敢行をより一層容易にしている。

　(2)　手口

　　ア　前提犯罪

　組織的犯罪処罰法及び麻薬特例法に規定されているマネー・ローンダリングの罪

＊6　特殊詐欺とは、面識のない不特定の者に対し、電話その他の通信手段を用いて、預貯金口座への振込みその他の方法により、現金等をだまし取る詐欺をいい、オレオレ詐欺、架空請求詐欺、融資保証金詐欺、還付金等詐欺、金融商品等取引名目の特殊詐欺、ギャンブル必勝情報提供名目の特殊詐欺、異性の交際あっせん名目の特殊詐欺及びその他の特殊詐欺を総称したものをいう。

図表3 【特殊詐欺の認知件数・被害総額（平成22～26年）】

	22	23	24	25	26
認知件数	6,888	7,216	8,693	11,998	13,392
被害総額（円）（実質的な被害総額）	11,247,278,665	20,404,305,829	36,436,112,888	48,949,490,349	56,550,685,877

注1：警察庁の資料による。
　2：実質的な被害総額とは、キャッシュカードを直接受け取る手口の特殊詐欺におけるATMからの引出（窃取）額（実務統計による集計値）を被害総額に加えた額である。

は、一定の前提犯罪から得られた収益の隠匿及び収受並びにこれを用いた法人等の事業経営の支配を目的として行う一定の行為である。前提犯罪には、不法な収益を生み出す犯罪であって、組織的犯罪処罰法の別表に掲げるもの及び麻薬特例法に掲げる薬物犯罪があり、例えば、組織的犯罪処罰法では、殺人、強盗、窃盗、詐欺、背任等の刑法犯と出資法、売春防止法（昭和31年法律第118号）、著作権法（昭和45年法律第48号）、商標法（昭和34年法律第127号）、銃刀法等の特別法犯を合わせて200を超える犯罪が掲げられている。

　平成24年から26年までの間におけるマネー・ローンダリング事犯の前提犯罪別の検挙事件数＊7は、窃盗が232件と最も多く27.6％を占め、次いで、詐欺（209件、

図表4 【組織的犯罪処罰法及び麻薬特例法に係るマネー・ローンダリング事犯の前提犯罪別の検挙事件数・割合（平成24～26年）】

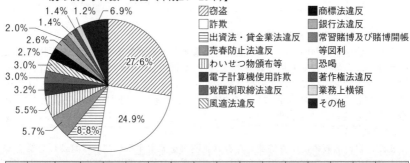

前提犯罪	窃盗	詐欺	出資法・貸金業法違反	売春防止法違反	わいせつ物頒布等	電子計算機使用詐欺	覚醒剤取締法違反	風適法違反	商標法違反	銀行法違反	常習賭博及び賭博開帳等図利	恐喝	著作権法違反	業務上横領	その他	合計
合計	232	209	74	48	46	27	25	25	23	22	17	12	12	10	58	840
割合	27.6%	24.9%	8.8%	5.7%	5.5%	3.2%	3.0%	3.0%	2.7%	2.6%	2.0%	1.4%	1.4%	1.2%	6.9%	100.0%

図表5 【マネー・ローンダリングに悪用された取引等（平成24～26年）】

悪用された取引等	内国為替	現金取引	預金取引	外国との取引（外国為替等）	投資	手形・小切手	不動産	法人格	郵便物受取サービス	宝石・貴金属	法律・会計専門家	保険	資金移動サービス	外貨両替	貸金庫	電子マネー	物品譲受	物理的隠匿	合計
件数	412	289	54	32	13	6	4	5	6	4	2	3	2	1	1	1	48	41	924

24.9％）、出資法・貸金業法違反（74件、8.8％）、売春防止法違反（48件、5.7％）、わいせつ物頒布等（46件、5.5％）となっている（図表4参照）。

　イ　マネー・ローンダリングに悪用された取引等
　マネー・ローンダリング事犯の検挙事例（24年から26年までの3年間）を分析し、捜査の過程において判明した範囲内で、犯罪収益等の隠匿・収受のための手段として悪用されたもののほか、犯罪収益がその形態を変えたものをマネー・ローンダリングに悪用された取引等として集計した。
　内国為替が412件、次いで現金取引が289件で、両者がマネー・ローンダリングに悪用された取引等の大半を占めている（図表5参照）。
　検挙されたマネー・ローンダリング事犯、さらには、疑わしい取引として届出があった取引の分析の結果を踏まえると、我が国においては、犯罪による収益の移転を企図する者が、迅速かつ確実な資金移動が可能な内国為替を通じて、架空・他人名義の口座に犯罪による収益を振り込ませる事例が多く認められる。そして、最終的には、当該収益はATMにおいて現金で出金され、その後の資金の追跡が非常に困難になることが多い。
　このように、我が国においては、内国為替及び現金取引が犯罪による収益の移転の多くに悪用され、大きな脅威となっている。

第3　商品・サービスの危険度
　1　危険性の認められる主な商品・サービス[*8]
　（1）預金取扱金融機関[*9]が取り扱う商品・サービス
　　ア　預金取扱金融機関の概要
　平成27年3月末現在、銀行等の預金取扱金融機関は1,357機関[*10]存在している。

[*7] 平成24年から26年までの間における組織的犯罪処罰法及び麻薬特例法に係るマネー・ローンダリング事犯の検挙事件数は831件であるが、前提犯罪別の検挙事件数の合計は840件である（図表4参照）。これは、複数の前提犯罪にまたがるマネー・ローンダリング事犯が存在するためである。
[*8] 本調査書では事業者ごとにその取り扱う商品・サービスを記載しているが、事業者が取り扱う商品・サービスの範囲は一様ではない。事業者は、取り扱う商品・サービスに応じて、本調査書における関連する記載を勘案することが求められる。
[*9] 犯罪収益移転防止法第2条第2項第1号から第16号まで及び第35号に掲げられた者（銀行、信用金庫等）をいう。
[*10] 機関数は、主なものとして、銀行（141行。外国銀行支店を除く）、協同組織金融機関（信用金庫（267金庫）、信用組合（154組合）、労働金庫（13金庫）、農業協同組合及び漁業協同組合（782組合））を合計した。

そのうち銀行の預金残高[*11]は、26年9月末現在で670兆8,769億円となっている。

預金取扱金融機関は、その固有業務[*12]である預金等の受入れ、資金の貸付け、手形の割引及び為替取引（内国為替・外国為替）のほか、これに付随する業務として、例えば、資産運用に係る相談、保険商品の販売、クレジットカード業務、事業継承に係る提案、海外展開支援、ビジネスマッチング等幅広い業務を取り扱っている。

このほか、信託業務を兼営する銀行においては、上記の銀行業務（付随業務を含む。）に加え、信託業務として、金銭、有価証券、金銭債権、動産、不動産等の信託の引受に係る業務を、信託併営業務として、不動産関連業務（売買仲介、鑑定等）、証券代行業務（株主名簿管理等）、相続関連業務（遺言執行、遺産整理等）等の業務を取り扱っている。

我が国の預金取扱金融機関の規模や活動範囲は千差万別であり、監督官庁である金融庁等においては、預金取扱金融機関を主要行等（メガバンク等）と中小・地域金融機関（地方銀行、第二地方銀行及び協同組織金融機関）に区分して監督を行っている。3メガバンクグループはいずれも、日本全国に支店を有するとともに、システム上重要な金融機関（Global Systemically Important Financial Institutions：G-SIFIs）に選定され、国際展開も推し進めている。地方銀行及び第二地方銀行は、それぞれ一定の地域を営業の中心としているが、一部には多地域展開を図っているものも存在する。協同組織金融機関は、特定の地区内においてのみ営業活動を行っている。

イ 疑わしい取引の届出

24年から26年までの間の預金取扱金融機関による疑わしい取引の届出件数は102万7,126件で、全届出件数の94.1％を占めている。

「疑わしい取引の参考事例」[*13]に例示された類型のうち届出件数が多かったものと類型ごとの届出件数等は、以下のとおりである。

○ 職員の知識、経験等から見て、不自然な態様の取引又は不自然な態度、動向等が認められる顧客に係る取引（17万2,149件、16.8％）
○ 多数の者から頻繁に送金を受ける口座に係る取引。特に、送金を受けた直後に当該口座から多額の送金又は出金を行う場合（14万5,333件、14.1％）
○ 暴力団員、暴力団関係者等に係る取引（12万4,959件、12.2％）
○ 多数の者に頻繁に送金を行う口座に係る取引。特に、送金を行う直前に多額の入金が行われる場合（5万4,347件、5.3％）
○ 多額の現金又は小切手により、入出金（有価証券の売買、送金及び両替を含む。以下同じ。）を行う取引。特に、顧客の収入、資産等に見合わない高額な取引及び送金や自己宛小切手によるのが相当にもかかわらず、あえて現金による入

[*11] 全国銀行協会「全国銀行財務諸表分析」（対象は116行のみ）を参照。
[*12] 銀行法第10条第1項各号に定める業務をいう。
[*13] 所管行政庁は、疑わしい取引に該当する可能性のある取引として特に注意を払うべきものの類型を例示した「疑わしい取引の参考事例」を特定事業者に対して示している。そして、特定事業者が疑わしい取引の届出を行う際には、当該参考事例のうち主にいずれに該当するかを記載することとなっている。

出金を行う取引（5万3,741件、5.2％）
○ 多額の入出金が頻繁に行われる口座に係る取引（5万1,972件、5.1％）
○ 経済的合理性のない目的のために他国へ多額の送金を行う取引（5万267件、4.9％）
○ 経済的合理性のない多額の送金を他国から受ける取引（4万81件、3.9％）
○ 通常は資金の動きがないにもかかわらず、突如多額の入出金が行われる口座に係る取引（3万1,282件、3.0％）
○ 架空名義口座又は借名口座であるとの疑いが生じた口座を使用した入出金（2万7,626件、2.7％）
○ 他国への送金に当たり、虚偽の疑いがある情報又は不明瞭な情報を提供する顧客に係る取引。特に送金先、送金目的、送金原資等について合理的な理由があると認められない情報を提供する顧客に係る取引（1万8,168件、1.8％）

ウ　預貯金口座
(ｱ)　現状

　預貯金口座は、預金取扱金融機関への信頼や預金保険制度に基づく預金者保護制度の充実等により、手持ち資金を安全かつ確実に管理するための手段として広く一般に普及している。また、昨今は、店頭に赴くことなく、インターネットを通じて、口座を開設したり、取引をしたりすることが可能となっており、その利便性はますます高まっている。
　一方で、このような特性により、預貯金口座は、犯罪による収益の移転を企図する者にとっては、犯罪による収益の収受や隠匿の有効な手段として悪用され得る。
　犯罪収益移転防止法は、預金取扱金融機関に対して、顧客等との預貯金契約（預金又は貯金の受入れを内容とする契約）の締結に際しての取引時確認の義務及び確認記録・取引記録等の作成・保存義務を課している。また、取引時確認の結果その他の事情を勘案して、収受した財産が犯罪による収益である疑い又は顧客等が犯罪収益等隠匿罪に該当する行為を行っている疑いがあると認められる場合における疑わしい取引の届出義務を課している。
　また、犯罪利用預金口座等に係る資金による被害回復分配金の支払等に関する法律（平成19年法律第133号）は、預金取扱金融機関に対して、預金口座等について、捜査機関等から当該預金口座等の不正な利用に関する情報の提供があることその他の事情を勘案して、振り込め詐欺等の一定の犯罪に利用されている預金口座等である疑いがあると認める場合に、当該預金口座等に係る取引の停止等の措置を適切に講ずることを義務付けている。

(ｲ)　関連犯罪の検挙状況

　売買等により不正に入手された架空・他人名義の口座は、振り込め詐欺等の特殊詐欺やヤミ金融等において、犯罪による収益の受け皿として悪用され、これにより、収益の移転が行われている。
　警察では、預貯金通帳・キャッシュカード等の不正譲渡等に係る犯罪収益移転防止法違反事件の捜査を強化している。
　また、他人に譲渡する目的を秘して預金取扱金融機関から預貯金通帳等をだまし

図表6 【口座詐欺等の検挙事件数（平成17～26年）】

区分＼年	17	18	19	20	21	22	23	24	25	26
口座詐欺	1,222	1,558	1,602	2,849	3,778	2,288	2,097	2,049	2,016	1,928
盗品譲受け	148	108	48	81	83	40	41	21	15	7
合計	1,370	1,666	1,650	2,930	3,861	2,328	2,138	2,070	2,031	1,935

注：都道府県警察から警察庁に報告があったものを計上した。

取る詐欺（口座詐欺）やだまし取った預貯金通帳等であることを知りながら譲り受ける盗品等譲受けの積極的な検挙も行っている（図表6参照）。

　(ウ) 事例

　預貯金口座がマネー・ローンダリングに悪用された事例としては、架空名義で開設した口座、不正に開設された営業実態のない会社名義の口座や不法な譲渡行為により取得した他人名義の口座等を利用し、詐欺、窃盗、ヤミ金融事犯、風俗事犯、薬物事犯、偽ブランド品販売事犯等の様々な犯罪による収益を収受又は隠匿したものがある。

　特に、ヤミ金融事犯、わいせつDVD販売事犯等においては、顧客から違法に買い取るなどして準備した複数の口座を犯罪による収益の受け皿として悪用していた実態や利用状況に不審な点がある口座（個人名義の口座にそぐわない多数の者との頻繁な取引がなされていたり、長期間利用されていなかったにもかかわらず、突然頻繁な取引が開始されたりする口座等）が、口座凍結等の利用停止措置が採られることなく、長期間にわたり悪用されていた実態がうかがわれる。

　エ　預金取引

　　(ア) 現状

　終日営業のコンビニエンスストア等との連携を始めとしたATMの普及等により、預金取扱金融機関は、預貯金の預入れ又は払戻し（以下「預金取引」という。）を行う預貯金口座の保有者に対して、時間・場所を選ばず、迅速かつ容易に資金を準備又は保管できる高い利便性を提供している。

　一方で、犯罪による収益の移転を企図する者は、口座に係る安全・確実な資金管理及び預金取引の高い利便性に着目して、口座に送金された収益の払出しや取得した収益の預入れを通じて、犯罪による収益の移転を敢行するおそれがある。

　犯罪収益移転防止法は、預金取扱金融機関に対して、顧客等と200万円（為替取引又は自己宛小切手の振出しを伴うものにあっては、10万円）を超える現金の受払いをする取引に際しての取引時確認の義務及び確認記録・取引記録等の作成・保存義務を課している。また、取引時確認の結果その他の事情を勘案して、収受した財産が犯罪による収益である疑い又は顧客等が犯罪収益等隠匿罪に該当する行為を行っている疑いがあると認められる場合における疑わしい取引の届出義務を課している。

　　(イ) 事例

　預金取引がマネー・ローンダリングに悪用された事例としては、破産法違反によ

る収益を口座から分割して払い戻し、親族名義の口座に入金するなどして隠匿していた事例、外国で発生した詐欺事件の収益が国内の口座に送金された際に、正当な事業収益であるように装い、払戻しを受けた事例、窃盗や詐欺、薬物犯罪等の収益を他人名義の口座に預け入れて隠匿していた事例等がある。

オ 内国為替取引

(ア) 現状

内国為替取引は、給与、年金、配当金等の振込金の受入れや公共料金、クレジットカード等の支払に係る口座振替等、現金の移動を伴わない安全かつ迅速な決済が可能で、隔地者間の取引に便利であるほか、ATMやインターネットバンキングの普及等から、身近な決済サービスとして広く国民一般に利用されている。

一方で、このような特性や他人名義の口座を利用すれば匿名性の確保も可能となることにより、内国為替取引は犯罪による収益の移転にも有効な手段となり得る。

犯罪収益移転防止法は、預金取扱金融機関に対して、金額が10万円を超える現金の受払いをする取引で為替取引を伴うものに際しての取引時確認の義務及び確認記録・取引記録等の作成・保存義務を課している。また、取引時確認の結果その他の事情を勘案して、収受した財産が犯罪による収益である疑い又は顧客等が犯罪収益等隠匿罪に該当する行為を行っている疑いがあると認められる場合における疑わしい取引の届出義務を課している。

(イ) 事例

内国為替取引がマネー・ローンダリングに悪用された事例としては、暴力団幹部が、配下の組員が関わった売春の売上げを当該組員に自己の名義の口座に振り込ませて収受した事例、会社の経営者が、地下銀行の運営による収益をその運営者に同社の口座に振り込ませて収受した事例等がある。また、顧客に指示をして、覚醒剤の代金、ヤミ金融の返金や無許可営業の風俗店の利用料金を他人名義の口座に振り込ませていた事例等もある。

カ 貸金庫

(ア) 現状

貸金庫とは、保管場所の賃貸借であり、何人でも貸金庫業を営むことは可能であるが、銀行等の預金取扱金融機関が店舗内の保管場所を有償で貸与するサービスが一般に知られている。

預金取扱金融機関の貸金庫は、主に有価証券、通帳、証書、権利書等の重要書類や貴金属等の財産の保管に利用されるものであるが、実際には、預金取扱金融機関は保管される物件そのものの確認はしないため、保管物の秘匿性は非常に高い。

一方で、このような特性により、貸金庫は犯罪による収益を物理的に隠匿する有効な手段となり得る。

犯罪収益移転防止法は、預金取扱金融機関に対して、顧客等と貸金庫の貸与を行うことを内容とする契約を締結するに際しての取引時確認の義務及び確認記録・取引記録等の作成・保存義務を課している。また、取引時確認の結果その他の事情を勘案して、収受した財産が犯罪による収益である疑い又は顧客等が犯罪収益等隠匿罪に該当する行為を行っている疑いがあると認められる場合における疑わしい取引

の届出義務を課している。
　　　(イ)　事例
　貸金庫がマネー・ローンダリングに悪用された事例としては、外国では、犯罪の発覚を回避するために犯罪による収益である現金等を銀行の貸金庫に保管していた事例、偽名を使い多数の銀行と貸金庫の貸与契約を締結して犯罪による収益を隠匿していた事例等がある。
　我が国でも、だまし取った約束手形を換金し、その現金の一部を親族が契約した銀行の貸金庫に保管していた事例等があり、犯罪による収益の移転を企図する者が、他人名義による貸金庫の貸与契約により、真の利用者を隠匿しつつ、当該収益の物理的な保管手段として貸金庫を悪用している実態がうかがわれる。
　　キ　手形・小切手
　　　(ア)　現状
　手形及び小切手は、信用性の高い手形交換制度や預金取扱金融機関による決済等により、現金に代わる支払手段として有用であり、我が国の経済社会において幅広く利用されている。手形及び小切手は、等価の現金より物理的に軽量で運搬性が高く、預金取扱金融機関を通じて現金化も簡便である。また、裏書等の方法により容易に譲渡することができ、流通性が高いことも特徴である。
　一方で、このような特性により、手形・小切手は犯罪による収益の収受・隠匿に有効な手段として悪用され得る。
　犯罪収益移転防止法は、預金取扱金融機関に対して、顧客等との手形の割引を内容とする契約の締結、取引の金額が200万円を超える線引きのない持参人払式小切手*14や自己宛小切手*15の受払いをする取引（現金の受払いをする取引で為替取引又は自己宛小切手の振出しを伴うものにあっては、10万円を超えるもの）等に際しての取引時確認の義務及び確認記録・取引記録等の作成・保存義務を課している。また、取引時確認の結果その他の事情を勘案して、収受した財産が犯罪による収益である疑い又は顧客等が犯罪収益等隠匿罪に該当する行為を行っている疑いがあると認められる場合における疑わしい取引の届出義務を課している。
　加えて、手形・小切手を振り出すためには、原則として当座預金口座を保有している必要があるが、犯罪収益移転防止法は、預金取扱金融機関に対して、口座開設時の取引時確認等の義務を課している。
　　　(イ)　事例
　手形又は小切手がマネー・ローンダリングに悪用された事例としては、外国では、運搬が容易なため高額な資金を外国に密輸する手段として悪用された事例、薬物密売組織により高額な資金を分割して移転する手段として悪用された事例等がある。

---

*14　小切手法第5条第1項第3号に掲げる持参人払式として振り出された小切手又は同条第2項若しくは第3項の規定により持参人払式小切手とみなされる小切手をいい、同法37条第1項に規定する線引がないものをいう。

*15　小切手法第6条第3項の規定により自己宛に振り出された小切手をいい、同法第37条第1項に規定する線引がないものをいう。

我が国では、ヤミ金融業者が、多数の借受人に対して元利金として小切手等を振り出し郵送させ、預金取扱金融機関の取り立てにより他人名義の口座に入金させていた事例等があり、犯罪による収益の移転を企図する者が、当該収益を容易に運搬する手段又は当該収益を正当な資金と仮装する手段として、手形又は小切手を悪用している実態がうかがわれる。
　　ク　預金取扱金融機関が取り扱う商品・サービスの危険度
　預金取扱金融機関は、安全かつ確実な資金管理が可能な口座を始め、時間・場所を問わず、容易に資金の準備又は保管ができる預金取引、迅速かつ確実に遠隔地間や多数の者との間で資金を移動することができる為替取引、秘匿性を維持した上で資産の安全な保管を可能とする貸金庫、換金性及び運搬容易性に優れた手形・小切手等、様々な商品・サービスを提供している。
　一方で、これらの商品・サービスは、それぞれが有する特性から、犯罪による収益の移転の有効な手段となり得る。預金取扱金融機関は、取引相手となる顧客も個人から大企業に至るまで様々であり、また、取引件数も膨大であるため、それらの取引中からマネー・ローンダリング等に関連する顧客や取引を見極め、排除していくことは容易ではない。
　実際にも、口座、預金取引、為替取引、貸金庫並びに手形及び小切手を悪用することにより、犯罪による収益の収受又は隠匿がなされた事例があること等から、預金取扱金融機関が取り扱うこれらの商品・サービスは、犯罪による収益の移転に悪用される危険性があると認められる。＊16、＊17
　さらに、疑わしい取引の届出の状況やマネー・ローンダリングに悪用された事例等を踏まえると、取引時の状況や顧客の属性等に関して、次のような要素が伴う取引（「取引形態と危険度」、「国・地域と危険度」及び「顧客の属性と危険度」で取り上げる取引は除いている。以下同じ。）は、危険度がより一層高まると認められる。
○　多額の現金又は小切手により、入出金を行う取引（顧客の収入、資産等に見合わない高額な取引及び送金や通常自己宛小切手により行う取引であるにもかかわらず、現金の入出金により行う取引は、危険度が特に高まると認められる。）
○　短期間のうちに頻繁に行われる取引で、現金又は小切手による入出金の総額が多額であるもの
○　口座名義人や貸金庫の利用者名義が架空又は他人のものであるとの疑いや口座名義人や貸金庫利用者である法人の実体がないとの疑いが生じた口座や貸金庫を使用した入出金や貸金庫取引

＊16　犯罪収益移転防止法第2条第2項第34号は、特定事業者として、電子債権記録機関を規定している。電子記録債権は、磁気ディスク等をもって電子債権記録機関が作成する記録原簿への電子記録をすることによって発生、譲渡等が行われるもので、債権譲渡の円滑化等に関して手形と類似の機能を有していることから、犯罪による収益の移転に悪用される危険性があると認められる。
＊17　犯罪収益移転防止法第2条第2項第27号は、特定事業者として、無尽会社を規定している。一定の口数及び給付金額を定め、定期に掛金を払い込ませて、一口ごとに抽選、入札等の方法により、掛金者に対し金銭以外の財産の給付を行う無尽は、掛金・給付の仕組みが預金に類似する部分もあることから、犯罪による収益の移転に悪用される危険性があると認められる。

○ 匿名又は架空名義と思われる名義での送金を受ける口座に係る取引
○ 多数の口座を保有している顧客（屋号付名義等を利用して異なる名義で保有している顧客を含む。）の口座を使用した入出金
○ 口座開設後、短期間に多額の又は頻繁な入出金が行われ、その後、解約され、又は取引が休止した口座に係る取引
○ 通常は資金の動きがないにもかかわらず、突如多額の入出金が行われる口座に係る取引
○ 口座から現金で払い戻し、直後にその現金（伝票の処理上現金扱いとする場合も含む。）を送金する取引（送金依頼人の名義を払い戻した口座の名義別のものにして送金を行う場合には、危険度が特に高まると認められる。）
○ 多数の者に頻繁に送金を行う口座に係る取引（送金を行う直前に多額の送金を受ける場合には、危険度が特に高まると認められる。）
○ 多数の者から頻繁に送金を受ける口座に係る取引（送金を受けた直後に当該口座から多額の送金又は出金を行う場合には、危険度が特に高まると認められる。）

なお、預金取扱金融機関が取り扱う商品・サービスの危険度の低減を図るため、犯罪収益移転防止法は、預金取扱金融機関が取り扱う特定の商品・サービスの提供に際して取引時確認等の義務を課しており、また、金融庁が策定している監督指針[18]は、預金取扱金融機関に対してこのような義務を履行するに当たっての態勢の整備を求めている[19]。

また、各業界団体も、事例集や各種参考例の提示、研修の実施等により、各事業者によるマネー・ローンダリング等対策を支援している。さらに、一般社団法人全国銀行協会は、FATFのマネー・ローンダリング等対策の検討状況を常時フォローし、海外の銀行協会等との情報交換・共有を継続的に行うとともに、FATF相互審査への対応を行うなど、国内外のマネー・ローンダリング等について組織的な対策を進めている。各事業者においても、マネー・ローンダリング等対策の実施に当たり、対応部署の設置や規程・マニュアルの整備、定期的な研修の実施等を行っているほか、内部監査の実施、危険度が高いと考えられる取引の洗い出し、危険度が高い取引のモニタリングの厳格化等に取り組むなど、内部管理体制の確立・強化を図っている。

(2) 保険会社等[20]が取り扱う保険
　ア 現状

保険契約は、原則として、人の生死に関し一定額の保険金を支払うことを約すもの又は一定の偶然の事故によって生ずることのある損害をてん補することを約すも

---

[18] 金融庁は、監督対象である金融機関等の監督に関する事務について、監督の考え方、監督上の着眼点と留意点、具体的監督手法等を示した監督指針等を策定している。
[19] 取引時確認を的確に実施するための態勢、疑わしい取引の届出を的確に実施するための態勢、取引時確認と疑わしい取引の届出を一体的・一元的に管理するための態勢、海外営業拠点のマネー・ローンダリング等対策を的確に実施するための態勢等の内部管理態勢の構築を求めている。
[20] 犯罪収益移転防止法第2条第2項第17号に掲げられた者（保険会社）、第18号に掲げられた者（外国保険会社等）、第19号に掲げられた者（少額短期保険業者）及び第20号に掲げられた者（共済水産業協同組合連合会）をいう。

のである。ただし、資金の給付が行われるのはこれらの確率的な要件が満たされた場合に限られるため、この点は、保険の危険度を大幅に低減する要因といえる。

しかし、一口に保険商品といっても、その内容は多様であり、保険会社等は蓄財性を有する商品も提供している。蓄財性を有する商品は、将来の偶発的な事故に対する給付のみを対象とする商品と異なり、より確実な要件に係る給付、例えば満期に係る給付を伴うもの等がある。このような商品は、契約満了前に中途解約を行った場合にも高い解約返戻金が支払われる場合が多い。

犯罪収益移転防止法は、保険会社等に対して、蓄財性が高い保険契約の締結、契約者の変更及び満期保険金・解約返戻金等の支払又は現金等による200万円を超える受払いをする取引に際しての取引時確認の義務及び確認記録・取引記録等の作成・保存義務を課している。また、取引時確認の結果その他の事情を勘案して、収受した財産が犯罪による収益である疑い又は顧客等が犯罪収益等隠匿罪に該当する行為を行っている疑いがあると認められる場合における疑わしい取引の届出義務を課している。

また、保険業を行うためには、保険業法（平成7年法律第105号）に基づき、内閣総理大臣の免許を受けなければならず、同法においては、必要に応じ当局が保険会社に対して報告命令、立入検査、業務改善命令等を行うことができることが規定されている。そして、保険会社向けの総合的な監督指針等においては、犯罪収益移転防止法に基づく取引時確認の義務及び疑わしい取引の届出義務の履行のための内部管理体制の構築に係る留意点も示されている。

業界としても、一般社団法人生命保険協会及び一般社団法人日本損害保険協会において、保険が不当な利益の追求に悪用されることを防ぐため、契約内容登録・照会制度等を導入して会員会社における情報共有を図り、会員会社が契約の申込みや保険金等の請求を受けた際に、同一の被保険者を対象とする同一種類の保険契約が複数ないかなど疑わしい点の有無を確認し、契約の締結や保険金等の支払を判断するに当たっての参考にできるようにしているほか、マネー・ローンダリング等に関する解説資料や質疑応答等の各種資料を作成して会員会社のマネー・ローンダリング等対策を支援している。

さらに、各事業者においても、マネー・ローンダリング等対策の実施に当たり、対応部署の設置や規程・マニュアルの整備、定期的な研修の実施等を行っているほか、内部監査の実施、危険度が高いと考えられる取引の洗い出し、危険度が高い場合のモニタリングの厳格化等の取組を行うなど、内部管理体制の確立・強化を図っている。

イ　疑わしい取引の届出

平成24年から26年までの間の保険会社等による疑わしい取引の届出件数は8,692件（生命保険6,737件、損害保険1,955件）であり、「疑わしい取引の参考事例」に例示された類型のうち届出件数が多かったものと類型ごとの届出件数は、生命保険では、

○　暴力団員、暴力団関係者等に係る取引（5,824件、86.4％）

となり、損害保険では、

○ 職員の知識、経験等から見て、不自然な態様の取引又は不自然な態度、動向等が認められる契約者に係る取引（992件、50.7％）
○ 暴力団員、暴力団関係者等に係る取引（696件、35.6％）
となっている。

また、生命保険では、多額の現金による保険料の支払に着目した届出も一定数存在しており（58件、0.9％）、約1,700万円の保険料の現金による一時払いについて、顧客の職業等に照らし合理性が認められないものとして届け出られたもの等がある。

 ウ　事例

保険がマネー・ローンダリングに悪用された事例としては、外国では、麻薬密売組織が麻薬密売により得た収益を生命保険の保険料に充当し、ほどなく同保険契約を解約して払戻しを受けた事例等がある。

我が国では、前提犯罪で得た収益がその形態を変えた事例として、売春により得た収益を自己及び家族の積立式の生命保険の保険料に充当していた事例等がある。

 エ　危険度

資金の給付・払戻しが行われる蓄財性の高い保険商品は、犯罪による収益を即時又は繰延の資産とすることを可能とすることから、犯罪による収益の移転の有効な手段となり得る。

実際にも、売春防止法違反に係る違法な収益を蓄財性の高い保険商品に充当していた事例があること等から、蓄財性の高い保険商品は、犯罪による収益の移転に悪用される危険性があると認められる。

さらに、疑わしい取引の届出の状況や前提犯罪で得た収益がその形態を変えた事例等を踏まえると、取引時の状況や顧客の属性等に関して、次のような要素が伴う取引は、危険度がより一層高まるものと認められる。

○ 多額の現金等により保険料を支払う契約者に係る取引

保険の危険度の低減を図るため、犯罪収益移転防止法が事業者に対して取引時確認や疑わしい取引の届出等の義務を課しているほか、免許制に基づく当局による指導・監督や業界・事業者の自主的な取組も行われている。

(3)　金融商品取引業者、商品先物取引業者等[21]が取り扱う投資

 ア　現状

資金の運用方法には、預金取扱金融機関への預貯金のほか、株式や債券等の投資商品に投資する方法がある。投資対象としては、株式や債券、投資信託等の金融商品だけでなく、鉱物や農産物等に係る商品先物取引がある。

我が国における投資対象の取引状況を概観すると、株式に関しては、平成26年中に東京証券取引所で行われた上場株式（市場第一部及び市場第二部）の売買金額は、約584兆2,649億円となっている（図表7参照）。

また、商品先物取引に関しては、25年中に国内商品市場（東京商品取引所及び大

---

[21] 犯罪収益移転防止法第2条第2項第21号に掲げられた者(金融商品取引業者)、第22号に掲げられた者(証券金融会社)、第23号に掲げられた者（特例業務届出者）及び第31号に掲げられた者（商品先物取引業者）をいう。

図表7　【株式売買代金の状況（平成24〜26年）】　　　　　　　　　　　　　　（単位：億円）

	24	25	26
東証市場第一部	3,067,023	6,401,938	5,765,250
東証市場第二部	9,102	35,762	77,399
合計	3,076,125	6,437,700	5,842,649

注：東京証券取引所の資料による。

図表8　【商品先物取引（国内商品市場）の状況（平成24〜26年）】

		24	25	26
出来高（枚）	農産物等	1,812,841	907,341	901,415
	鉱物等	25,479,111	26,307,061	21,264,522
取引金額（億円）		785,554	862,510	656,401
証拠金残高（12月末）（億円）		1,598	1,507	1,455

注1：株式会社日本商品清算機構の資料による。
　2：出来高の「農産物等」欄は、農産物市場、水産物市場、農産物指数市場及び砂糖市場における出来高の合計であり、「鉱物等」欄は、ゴム市場、貴金属市場、石油市場、中京石油市場及び日経・東工取商品指数市場における出来高の合計である。

阪堂島商品取引所）で行われた取引の出来高は約2,721万枚[22]で、取引金額は約86兆2,510億円、12月末の証拠金残高は約1,507億円となっている（図表8参照）。

　投資は、預貯金と異なり、投資対象の価額の変動により元本割れするおそれがある反面、運用に成功すれば預貯金よりも多くの利益を得ることが可能である。

　犯罪による収益の移転に悪用される危険性の観点からみると、投資を行うことによって、多額の資金を様々な商品に転換できるほか、投資対象の中には複雑な仕組みのものもあり、その資金の出所を不透明にして犯罪による収益の追跡を困難にすることができる。

　犯罪収益移転防止法は、投資対象となる商品を取り扱う金融商品取引業者、商品先物取引業者等に対して、口座開設、金融商品の取引、商品市場における取引等に際しての取引時確認の義務及び確認記録・取引記録等の作成・保存義務を課している。また、取引時確認の結果その他の事情を勘案して、収受した財産が犯罪による収益である疑い又は顧客等が犯罪収益等隠匿罪に該当する行為を行っている疑いがあると認められる場合における疑わしい取引の届出義務を課している。

　また、金融商品取引業を行うためには金融商品取引法（昭和23年法律第25号）に基づき内閣総理大臣の登録を、商品先物取引業を行うためには商品先物取引法（昭和25年法律第239号）に基づき主務大臣（農林水産大臣及び経済産業大臣）の許可を、それぞれ受ける必要がある。さらに、金融商品取引法及び商品先物取引法においては、必要に応じて、それぞれの取引業者に対して当局が立入検査、報告命令、

[22]　「枚」とは、取引所における取引の基本となる取引数量又は受渡数量を表す最小取引単位の呼称のこと。

業務改善命令等を行うことができることが規定されている。
　そして、金融商品取引業者、商品先物取引業者等向けの監督指針においては、犯罪収益移転防止法に基づく取引時確認の義務及び疑わしい取引の届出義務の履行に関する内部管理態勢の構築に係る留意点も示されている。
　なお、日本証券業協会[*23]及び日本商品先物取引協会[*24]では、犯罪収益移転防止法等に関する質疑応答等を作成し、会員会社のマネー・ローンダリング等対策を支援している。さらに、日本証券業協会では、「会員の『疑わしい取引の届出』に関する考え方」を作成することにより、会員会社の疑わしい取引の届出に対する理解を深め、届出が適切に行われるよう努めている。
　また、各事業者においても、マネー・ローンダリング等対策の実施に当たり、対応部署の設置、規程・マニュアルの整備、定期的な研修の実施等を行っているほか、内部監査の実施、マネー・ローンダリング等に係る危険性のある取引形態の特定、危険度に応じた顧客管理の厳格化等に取り組むなど、内部管理体制の確立・強化を図っている。

　　イ　疑わしい取引の届出
　24年から26年までの間の金融商品取引業者、商品先物取引業者等による疑わしい取引の届出件数は、金融商品取引業者にあっては2万1,103件、商品先物取引業者にあっては72件であり、「疑わしい取引の参考事例」に例示された類型のうち届出件数が多かったものと類型ごとの届出件数は、金融商品取引業者では、
○　職員の知識、経験等から見て、不自然な態様の取引又は不自然な態度、動向等が認められる顧客に係る取引（6,718件、31.8％）
と、商品先物取引業者では、
○　顧客の取引名義が架空名義又は借名であるとの疑いが生じた取引（43件、59.7％）
となっている。

　　ウ　事例
　投資がマネー・ローンダリングに悪用された事例としては、詐欺により得た収益を株式取引に投資していた事例や業務上横領により得た収益を商品先物取引に投資していた事例等がある。

　　エ　危険度
　投資の対象となる商品としては、様々なものが存在し、これらを通じて、犯罪収益を様々な権利や商品に変換することができる。また、投資の対象となる商品の中には、複雑なスキームを有し、投資に係る原資の追跡を著しく困難とするものも存在することから、投資は、犯罪による収益の移転の有効な手段となり得る。

[*23]　日本証券業協会は、金融商品取引法上の認可を受けた自主規制機関であり、自主規制規則の制定など業界の健全な発展及び投資者の保護に取り組んでいる。なお、同協会には、全ての証券会社（平成26年3月末現在で255社）が加盟しているところ、各証券会社は同協会の規則を遵守する義務を負う。

[*24]　日本商品先物取引協会は、商品先物取引法上の認可を受けた自主規制機関であり、商品デリバティブ取引等を公正かつ円滑ならしめ、かつ、委託者等の保護を図るため、商品先物取引業務に関して種々の自主規制事業を行っている。なお、同協会には、全ての商品先物取引業者（平成27年3月末現在で49社）が加入し、各商品先物取引業者は同協会の規則を遵守する義務を負う。

実際にも、詐欺や業務上横領によって得た犯罪収益を株式や商品先物取引に投資していた事例があること等から、投資は、犯罪による収益の移転に悪用される危険性があると認められる。＊25、＊26
　さらに、疑わしい取引の届出の状況や前提犯罪で得た収益がその形態を変えた事例等を踏まえると、取引時の状況や顧客の属性等に関して、次のような要素が伴う取引は、危険度がより一層高まるものと認められる。
○　顧客の取引名義が架空名義又は借名であるとの疑いが生じた取引
　なお、投資の危険度の低減を図るため、犯罪収益移転防止法が事業者に対して取引時確認や疑わしい取引の届出等の義務を課しているほか、登録制又は許可制に基づく当局による指導・監督や業界（自主規制機関）・事業者の自主的な取組も行われている。
　また、金融商品取引業者等を通じて行われる投資（有価証券の売買その他の取引）においては、顧客は、原則として自己名義の口座にしか資金移動ができず、第三者宛に資金移動を行うことはできない。このような特性は投資の危険度を更に低減させるものといえる。
　(4)　信託会社等＊27が取り扱う信託
　　ア　現状
　信託は、委託者が信託行為によって、受託者に対して金銭や土地等の財産を移転して、受託者は委託者が設定した信託目的に従って、受益者のためにその財産の管理・処分等をする制度である。
　信託は、資産を様々な形で管理及び処分できる制度であり、受託者の専門性を活かした資産運用や財産保全が可能であること、企業の資金調達の有効な手段であること等から、我が国の金融システムの基本的インフラとして、金融資産、動産、不動産等を運用するスキームにおいて幅広く活用されている。
　このような信託の特性に鑑み、信託に関する引受けその他の取引の公正を確保することにより、信託の委託者及び受益者の保護を図るため、信託業法（平成16年法律第154号）は信託業について免許制を採用し（管理型信託会社・自己信託会社については登録制）、当局による監督の対象としている。また、銀行その他の金融機関が信託業を営む場合には、金融機関の信託業務の兼営等に関する法律（昭和18年

＊25　犯罪収益移転防止法第2条第2項第26号は、特定事業者として、不動産特定共同事業者を規定している。不動産特定共同事業契約（各当事者が、出資を行い、その出資による共同の事業として、そのうちの一人又は数人にその業務の執行を委任して不動産取引を営み、当該不動産取引から生ずる収益の分配を行うことを約する契約等）を締結して、そこから生ずる利益の分配を行うこと等を業として行う不動産特定共同事業についても、犯罪による収益の追跡を困難にする手段となり得ることから、犯罪による収益の移転に悪用される危険性があると認められる。

＊26　犯罪収益移転防止法第2条第2項32号及び33号は、特定事業者として、振替機関及び口座管理機関を規定している。社債、株式等について、その譲渡や質入れ等の効果を生じさせる振替に関する業務を行う振替機関及び他の者のために社債等の振替を行うための口座を開設する口座管理機関（証券会社、銀行等が行うことができる。）についても、その取り扱う商品・サービスが犯罪による収益の移転に悪用される危険性があると認められる。

＊27　犯罪収益移転防止法第2条第2項第24号に掲げられた者（信託会社）、第25号に掲げられた者（自己信託会社）及び信託兼営金融機関をいう。

法律第43号）に基づき、当局による認可を必要としている。平成27年3月末現在、このような免許・認可等を受けて信託業務を営む者の数は、58社に上っている。

信託が悪用されたマネー・ローンダリング事犯検挙事例は近年認められないものの、信託は、委託者が受託者に単に財産を預けるのではなく、財産権の名義、管理及び処分権まで移転させるものであるとともに、信託前の財産を信託受益権に転換することにより、信託目的に応じて、その財産の属性、数及び財産権の性状を変える機能を有していることから、違法な収益の起源の隠蔽等の犯罪による収益の移転に悪用されるおそれがある。

犯罪収益移転防止法は、受託者たる特定事業者は、一定の信託を除き、信託に係る契約の締結、信託行為、受益者指定権等の行使、信託の受益権の譲渡その他の行為による信託の受益者との法律関係の成立に際して、委託者のほか、受益者についても顧客に準ずる者として取引時確認等を行わなければならないこと等を定めている。

また、金融庁が策定している監督指針は、マネー・ローンダリング等の防止に向けて、信託会社及び信託兼営金融機関に対して、取引時確認等を適切に実施するための態勢整備を求めている。

このほか、信託業法及び金融機関の信託の兼営等に関する法律においては、金融庁は、取引時確認等の管理体制に問題があると認められる場合には、必要に応じて信託会社及び信託兼営金融機関に対して報告を求めることができ、重大な問題があると認められる場合には、業務改善命令等を行うことができると規定されている。

さらに、各事業者においても、マネー・ローンダリング等対策の実施に当たり、対応部署の設置や規程・マニュアルの整備、定期的な研修の実施等を行っているほか、内部監査の実施、危険度が高いと考えられる取引の洗い出し、危険度が高い場合のモニタリング厳格化等の取組を行うなど、内部管理体制の確立・強化を図っている。

加えて、信託の受託者は、一定の信託を除き、税法上、受益者名を記載した調書を税務当局へ提出する義務が定められている。当該制度は、犯罪による収益の移転の防止を直接の目的とするものではないが、信託に係る受益者を一定の範囲で当局が把握することを可能としている。

　　　イ　疑わしい取引の届出

24年から26年までの間の信託に関係する疑わしい取引の届出件数は138件[*28]で、「疑わしい取引の参考事例」に例示された類型のうち届出件数が多かったものと類型ごとの取引件数は、

○　暴力団員、暴力団関係者等に係る取引（127件、92.0％）

となっている。

　　　ウ　危険度

信託は、委託者から受託者に財産権を移転させ、当該財産に登記等の制度がある場合にはその名義人も変更させるとともに、財産の属性及び数並びに財産権の性状

[*28] 疑わしい取引として届出が行われた情報を分析して、信託との関係を確認できたものを計上した。

を転換する機能を有している。さらに、信託の効力は、当事者間で信託契約を締結したり、自己信託をしたりするのみで発生させることができるため、犯罪による収益の移転を企図する者は、信託を利用すれば、当該収益を自己から分離し、当該収益との関わりを隠匿することができる。このように、信託は、犯罪による収益の移転に悪用される危険性があると認められる。

なお、信託の危険度の低減を図るため、信託業を営む者に対する法規制や当局による指導・監督の実施、事業者の自主的な取組が行われている。

加えて、信託財産から生じる収益や信託受益権の売買代金等に係る資金移動は預金口座を通じて行われるため、このような財産の移転取引は、預金取扱金融機関に対する法規制や当局による監督、業界・事業者の自主的な取組を通じたマネー・ローンダリング等の防止体制により、二重に危険度の低減措置が講じられているといえる。

(5) 貸金業者等[*29]が取り扱う金銭貸付け
　ア　現状

貸金業者等による金銭の貸付け又は金銭の貸借の媒介（以下これらを総称して単に「貸付け」という。）は、消費者や事業者の多様な資金需要に対して、利便性の高い融資商品の提供や迅速な審査等をもって対応することにより、その円滑な資金調達に寄与している。また、預金取扱金融機関等との提携を含めた自動契約受付機・現金自動設備の普及やインターネットを通じた取引の拡大は、商品利用の利便性を高めている。

貸金業者等による貸付けが悪用されたマネー・ローンダリング事犯検挙事例は近年認められないものの、そうした利便性により、犯罪による収益を取得した者が、貸金業者等からの貸付け及びそれに対する返済を繰り返すなどして、当該収益の追跡を困難にすることができる。

貸金業法により、貸金業を営もうとする者は、都道府県知事又は内閣総理大臣（二以上の都道府県に事務所を設置して営業しようとする場合）の登録を受ける必要がある。

そして、同法では、貸金業者に対して当局による立入検査、報告徴収、業務改善命令等を行うことができる旨規定されている。また、貸金業者向けの監督指針においても、犯罪収益移転防止法に基づく取引時確認及び疑わしい取引の届出義務に関する留意点も示されている。

業界としても、日本貸金業協会において、自主規制規則の中で、取引時確認、疑わしい取引の届出義務や反社会的勢力による被害の防止を盛り込んだ社内規則等を策定し社内態勢を整備することを定め、会員に対応を要請している。

　イ　疑わしい取引の届出

平成24年から26年までの間の貸金業者等による疑わしい取引の届出件数は6,849件で、「疑わしい取引の参考事例」に例示された類型のうち届出件数が多かったものと類型ごとの取引件数は、

[*29]　犯罪収益移転防止法第2条第2項第28号に掲げられた者（貸金業者）及び第29号に掲げられた者（短資業者）をいう。

○ 暴力団員、暴力団関係者等に係る取引（3,019件、44.1％）
○ 架空名義口座又は借名口座であるとの疑いが生じた口座を使用した入出金（1,898件、27.7％）
となっている。
　　ウ　危険度
　貸金業者等による貸付けは、犯罪による収益の追跡を困難にすることができること等から、犯罪による収益の移転に悪用される危険性があると認められる。
　さらに、疑わしい取引の届出の状況等を踏まえると、取引時の状況や顧客の属性等に関して、次のような要素が伴う取引は、危険度がより一層高まるものと認められる。
○ 架空名義又は借名で締結したとの疑いが生じた貸付け契約
　なお、貸金業者等による貸付けの危険度の低減を図るため、犯罪収益移転防止法が貸金業者等に対して取引時確認や疑わしい取引の届出等の義務を課しているほか、貸金業法の登録制に基づく当局による指導・監督や業界の自主的な取組も行われている。
　(6)　資金移動業者が取り扱う資金移動サービス
　　ア　現状
　資金移動業とは、預金取扱金融機関以外の一般事業者が為替取引（1回当たりの送金額が100万円以下のものに限る。）を業として営むことをいう。インターネット等の普及により、安価で便利な送金サービスの需要が高まる中、規制緩和により平成22年に導入された。
　資金移動業を営むためには、資金決済法に基づき、内閣総理大臣の登録を受けなければならないこととされており、27年3月末現在の資金移動業者数は39であり、25年度の年間送金件数は約1,682万件、年間取扱金額は約3,307億円に上る。
　今後、国際化の進展等により、来日外国人による母国への送金等資金移動サービスのニーズがますます高まることが予想される（図表9参照）。
　資金移動サービスには大きく3種類の送金方法があり、依頼人が資金移動業者の営業店に現金を持ち込み、受取人が別の営業店で現金を受け取る方法、資金移動業者が開設した依頼人の口座と受取人の口座との間で資金を移動させる方法及び資金移動業者がサーバに記録した金額と関連付けられた証書（マネーオーダー）を発行し、証書を持参してきた者に支払を行う方法がある。
　資金移動サービスは、安価な手数料で、迅速かつ確実に世界的規模で資金を移動

図表9　【資金移動業の実績推移（平成23〜25年度）】

年度	23	24	25
年間送金件数	765,431	10,388,222	16,819,029
年間取扱金額（百万円）	42,388	188,574	330,709
登録資金移動業者件数（社）	25	32	35

注：金融庁の資料による。

させることができるという利便性を有している一方、法制度や取引システムの異なる外国への犯罪による収益の移転を容易にし、その追跡可能性を低下させる。

犯罪収益移転防止法は、資金移動業者に対して、10万円を超える現金の受払いを伴う為替取引等を行うに際しての取引時確認の義務及び確認記録・取引記録等の作成・保存義務を課している。また、取引時確認の結果その他の事情を勘案して、収受した財産が犯罪による収益である疑い又は顧客等が犯罪収益等隠匿罪に該当する行為を行っている疑いがあると認められる場合における疑わしい取引の届出義務を課している。

また、資金決済法においては、必要に応じて当局が資金移動業者に対して立入検査や業務改善命令等を行うことができること等が規定されているほか、資金移動業者の登録拒否事由・取消し事由として、「資金移動業を適正かつ確実に遂行する体制の整備が行われていない法人」が掲げられている。そして、金融庁の事務ガイドラインにおいて、犯罪収益移転防止法に基づく取引時確認及び疑わしい取引の届出に関する内部管理態勢の構築に当たっての留意点も示され、これらは登録申請時の「資金移動業を適正かつ確実に遂行するための体制の整備」の要件に係る審査項目ともされているところであり、マネー・ローンダリング等防止のための当局による指導等が行われる体制がとられている。

加えて、業界団体である一般社団法人日本資金決済業協会（以下「決済協」という。）においても、規程の整備や研修の実施等により、各事業者によるマネー・ローンダリング等対策を支援している。

さらに、各事業者においても、マネー・ローンダリング等対策の実施に当たり、対応部署の設置や規程・マニュアルの整備、定期的な研修の実施等を行っているほか、内部監査の実施、危険度が高いと考えられる取引の洗い出し、危険度が高い場合のモニタリング厳格化等に取り組むなど、内部管理体制の確立・強化を図っている。

なお、資金移動業者の中には、多数の国に送金することが可能であったり、一見顧客を取り扱ったりすることから犯罪による収益の移転に悪用される危険性を有する業者もあれば、専ら通信販売等での返品や契約の解除等による返金に係る送金のみを取り扱うなど、その危険度が限定される業者もあり、そのビジネススキームは多様である。また、業者の規模も、東証1部上場の大企業から中小零細企業まで様々であり、内部管理体制の構築は、その業務の特性や規模に応じて行われている。

　　イ　疑わしい取引の届出
24年から26年までの間の資金移動業者による疑わしい取引の届出件数は1,550件であり、「疑わしい取引の参考事例」に例示された類型のうち届出件数が多かったものと類型ごとの届出件数等は、
○　他国への送金に当たり虚偽の疑いがある情報又は不明瞭な情報を提供する顧客に係る取引（263件、17.0％）
○　取引を行う目的、職業又は事業の内容等に照らし、不自然な態様・頻度で行われる取引（183件、11.8％）

となっている。

また、最近では、資金移動業者において、顧客に対して送金目的を確認したところ、「海外サイトを通じてコンサルティング会社の求人募集に応募すると、自己の銀行口座に送金があり、これを他国へ送金するよう指示された。」等との申告があったという、いわゆるマネーミュール[*30]によるマネー・ローンダリングの疑いに関する届出がある。

ウ 事例

資金移動サービスの導入により、安価な送金手数料で容易に外国へ送金することが可能となったこと等から、外形的には適法な送金を装いつつ、資金移動業者の提供するサービスを犯罪による収益の移転の手段として悪用する者が現れるようになった。具体的には、報酬を伴う外国送金の依頼を受けた者が、当該送金が正当な理由のあるものでないことを認識しながら、資金移動業者を利用して送金を行ったマネーミュール事犯や、外国送金に係る地下銀行を営む者が、あらかじめ送金先国にプールしておく必要がある資金を資金移動業者を利用して補填していた事例等がある。特に、資金移動サービスを悪用したマネーミュールによるマネー・ローンダリングは、インターネットバンキングに係る不正送金事犯に関連して発生している。具体的には、いわゆるフィッシング[*31]や、ID・パスワードを盗み取るウイルスを使う手口により、インターネットバンキング利用者の個人情報を盗み取った上で、インターネットバンキングに不正アクセスするなどし、預貯金を別の口座に移し、さらに、資金移動サービスを悪用して、マネーミュールによって外国へ送金している状況がある。

エ 危険度

資金移動サービスは、為替取引を業として行うという業務の特性、海外の多数の国へ送金が可能なサービスを提供する資金移動業者の存在等を踏まえれば、犯罪による収益の移転の有効な手段となり得る。

実際にも、前提犯罪と無関係の第三者を利用したり、他人の身分証明書を利用して同人になりすますなどして海外に犯罪収益を移転していた事例があること等から、資金移動サービスは、犯罪による収益の移転に悪用される危険性があると認められる。

さらに、疑わしい取引の届出の状況やマネー・ローンダリングに悪用された事例等を踏まえると、取引時の状況や顧客の属性等に関して、次のような要素が伴う取引は、危険度がより一層高まるものと認められる。

○ 外国送金に際して目的や原資について顧客が虚偽の疑いがある情報等を提供する取引
○ 短期間のうちに頻繁に行われる取引で現金等により多額の送金が行われるもの（その中に敷居値を若干下回る金額の取引が認められる場合を含む。）
○ 顧客の取引名義が架空名義又は借名であるとの疑いが生じた取引

[*30] メールや求人サイト等を通じて募集した者に犯罪収益を送金させるなど、第三者を犯罪収益の運び屋として利用するマネー・ローンダリング手法の1つ。
[*31] アクセス管理者になりすまし、当該アクセス制御機能に係る識別符合の入力を求める行為。

○ 顧客が他者のために活動しているとの疑いが生じた取引

なお、資金移動サービスの危険度の低減を図るため、資金移動業者に対しては、犯罪収益移転防止法上の取引時確認等の義務が課せられているところ、各業者においては、金融庁事務ガイドラインに基づき、当該義務を履行するに当たっての体制整備に取り組んでおり、業界の自主規制機関であり、加入率の高い決済協も、自主規制ルールの整備、研修の実施等を通じて業者の取組を支援している。

(7) 両替業者が取り扱う外貨両替

ア 現状

外貨両替は、主に、邦人が海外への旅行や出張等の際に必要となる外貨を調達したり、本邦滞在中の外国人が円貨を調達したりするために利用されている。

現在、外貨両替業を営む者は、預金取扱金融機関とそれ以外のものに大別される。後者の例としては、旅館業、旅行業、古物商等が挙げられ、本業の顧客の便宜を図るために副業として外貨両替業を営む者が多く認められる（図表10参照）。

図表10【外貨両替業者の取引状況（平成27年3月）】

報告者	報告者数（注3）	取引件数	取引金額（百万円）	1件当たり取引額（千円）
預金取扱金融機関				
メガ銀行	4	319,109	27,477	86.1
地方銀行	95	222,189	16,585	74.6
信用金庫	122	6,040	752	124.6
外国銀行	15	1,421	6,312	4442.2（注4）
その他の預金取扱金融機関（注2）	7	45,776	3,352	73.2
預金取扱金融機関以外				
資金移動業・クレジットカード業	6	189,838	10,874	57.3
旅館業	64	10,270	287	27.9
旅行業	33	31,184	1,879	60.3
古物商	36	45,229	4,820	106.6
空港関連業	4	152,786	5,194	34.0
大規模小売業	4	484	11	22.9
その他	10	21,562	1,474	68.4
合計	400	1,045,888	79,017	75.6

注1：財務省の資料による。
  2：信金中央金庫、信用組合、ゆうちょ銀行、その他の銀行。
  3：平成27年2月中に業として100万円相当額超の外貨両替を行い、同年3月中に1件以上の取引を行った者の数（外為法では、月中の取引金額が100万円相当額を超えた月の翌月中の取引状況について報告を求めている。）。
  4：他の金融機関との間で外貨の調達・買取りを行っている銀行があるため、1件当たりの金額が大きい。

犯罪による収益を物理的に外国に持ち出せば、その存在が露見して処罰、没収等の処分を受けることとなる可能性を低減させることができる。また、犯罪により得た金銭を外貨両替により当該外国の通貨に交換して国境を越えて移動させれば、処罰、没収等の処分の可能性を抑えつつそれを使用することが可能となる。さらに、外貨両替は、流動性や匿名性の高い現金を取り扱う特性があるほか、物理的に金銭の外観を変えたり、大量の小額紙幣を少量の高額紙幣に交換することもできる。

　犯罪収益移転防止法は、外貨両替業者に対して、1件当たり200万円相当額を超える取引に際しての取引時確認の義務及び確認記録・取引記録等の作成・保存義務を課している。また、取引時確認の結果その他の事情を勘案して、収受した財産が犯罪による収益である疑い又は顧客等が犯罪収益等隠匿罪に該当する行為を行っている疑いがあると認められる場合における疑わしい取引の届出義務を課している。加えて、外為法は、1か月当たりの取引合計額が100万円相当額を超えた外貨両替業者に対して、財務大臣に対する報告義務を課している。

　財務省は、外貨両替業者の法令遵守を徹底するため、外貨両替業者向けに報告制度の概要、報告方法等を記載したパンフレットを作成し、検査マニュアル等とともに財務省のホームページに掲載している。さらに、外貨両替業者を対象に、検査マニュアルの改正に際し説明会を実施しているほか、取引時確認及び疑わしい取引の届出義務の履行の徹底を求める要請文を警察庁との連名で送付している。加えて、立入検査において犯罪収益移転防止法及び外為法の履行に不備があると認めた場合には、検査の都度、その旨を指摘し、改善を求めることとしている。

　これまでのところ、財務省が外貨両替業者に対して是正命令を行った例はないが、不適切な方法による取引時確認や疑わしい取引の届出の体制に不十分な点がみられた場合には、その程度に応じ、行政指導として文書又は口頭により改善を求めている。

　これらの義務等により、外貨両替取引の実態把握及びマネー・ローンダリング等への悪用防止が図られている。

　さらに、外貨両替業者の中には、マネー・ローンダリング等対策について自主的な取組を行っている者がおり、外貨両替の取扱量が多い事業者を中心に、取引時確認を行うこととする基準となる敷居値を法定の敷居値よりも低く設定するほか、マネー・ローンダリング等対策に係るマニュアルの整備、専門部署の設置及び研修・内部監査を実施するなどし、内部管理体制の確立・強化を図っている。一方で、取扱量が少ない事業者ほど、このような取組が低調となる傾向がみられる。

　なお、我が国においては、外貨両替業について、免許制や登録制は採っておらず、誰でも自由に業務を営むことができるところ、FATFの第3次相互審査において、この点が不備事項として指摘された。FATFの新「40の勧告」（勧告26）においても、「両替を業とする金融機関は、免許制又は登録制とされ、国内の資金洗浄・テロ資金供与対策義務の遵守を監視及び確保するための実効性のある制度の対象とすべきである。」とされている。

　　イ　疑わしい取引の届出
　平成24年から26年までの間の外貨両替業者による疑わしい取引の届出件数は

5,528件であり、「疑わしい取引の参考事例」に例示された類型のうち届出件数が多かったものと類型ごとの届出件数等は、
○ 同一顧客が同一日又は近接する日に数回に分けて同一店舗又は近隣の店舗に来店し、取引時確認の対象となる金額をわずかに下回るように分散して行う場合（2,265件、47.5％）
○ 多額の現金又は旅行小切手による両替取引（1,281件、23.2％）
となっている。

ウ　事例
外貨両替がマネー・ローンダリングに悪用された事例としては、外国では、薬物密売組織が、無登録で外貨両替業を営む者を利用して、密売により得た収益等を外貨に両替した事例等がある。
我が国では、海外で犯した強盗殺人により得た多額の外国通貨を第三者を利用して日本円に両替していた事例等がある。

エ　危険度
外貨両替は、犯罪による収益を外国に持ち出して使用する手段の一部になり得ること、一般に現金（通貨）による取引で、流動性が高く、その保有や移転に保有者の情報が必ずしも伴わないこと等から、犯罪による収益の移転の有効な手段となり得る。
実際にも、海外で得た犯罪収益である外貨を情を知らない第三者を利用するなどして日本円に両替していた事例があること等から、外貨両替は、犯罪による収益の移転に悪用される危険性があると認められる。
さらに、疑わしい取引の届出の状況やマネー・ローンダリングに悪用された事例等を踏まえると、取引時の状況や顧客の属性等に関して、次のような要素が伴う取引は、危険度がより一層高まると認められる。
○ 多額の現金による取引
○ 短期間のうちに頻繁に行われる取引
○ 顧客が取引時確認を意図的に回避していると思料される取引
○ 顧客が自己のために取引しているか否かにつき疑いがある取引
○ 偽造通貨又は盗難通貨、これらと疑われる通貨等に係る取引

なお、外貨両替の危険度の低減を図るため、犯罪収益移転防止法が事業者に対して取引時確認や疑わしい取引の届出等の義務を課しているほか、当局による指導や事業者の自主的な取組も行われている。

(8)　ファイナンスリース事業者が取り扱うファイナンスリース
ア　現状
ファイナンスリースは、機械設備、自動車等の物品を調達しようとする企業等に対し、その指定する物品を、ファイナンスリース事業者が代わって販売者（サプライヤー）から購入し、当該企業等に賃貸する形態のサービスであり、企業等が物品を調達する場合に必要となる費用を長期に分割して支払うことができるなどのメリットがある。
ファイナンスリースは、ファイナンスリース事業者及び賃借人という契約当事者

のほかに販売者が関与すること、リース期間が比較的長期にわたること等の特徴により、賃借人と販売者が共謀して実態の伴わないファイナンスリース契約を締結するなどして犯罪による収益の移転に利用される可能性がある。

ファイナンスリースが悪用されたマネー・ローンダリング事犯検挙事例は近年認められないものの、暴力団への利益供与の手段として悪用された事例として、暴力団との親交を有する者がファイナンスリースで物品を調達して、これを暴力団組長に長期間使用させたものがある。

犯罪収益移転防止法は、ファイナンスリース事業者に対して、契約の締結に際しての取引時確認の義務及び確認記録・取引記録等の作成・保存義務を課している。また、取引時確認の結果その他の事情を勘案して、収受した財産が犯罪による収益である疑い又は顧客等が犯罪収益等隠匿罪に該当する行為を行っている疑いがあると認められる場合における疑わしい取引の届出義務を課している。

また、業界としても、公益社団法人リース事業協会及び一般社団法人日本自動車リース協会連合会において、犯罪収益移転防止法の概要や取引時の確認事項等を知らせるチラシ・パンフレットの作成・配布や研修の実施により、各事業者によるマネー・ローンダリング等対策を支援している。

なお、道路運送車両法（昭和26年法律第185号）は、国土交通大臣が管理する自動車登録ファイルに所有者の氏名、住所、使用の本拠の位置等の登録を受けた自動車でなければ運行の用に供してはならないと規定しており、このような制度は、登録自動車が大半を占める自動車リース契約の危険度の低減に資するものと考えられる。

　　イ　疑わしい取引の届出
平成24年から26年までの間のファイナンスリース事業者による疑わしい取引の届出件数は257件で、「疑わしい取引の参考事例」に例示された類型のうち届出件数が多かったものと類型ごとの取引件数は、
○　暴力団員、暴力団関係者等に係る取引（178件、69.3％）
○　同一の設備等によって複数のファイナンスリース契約を締結し、ファイナンスリース業者から物件代金を詐取しようとしている（所謂「多重リース」。）との疑いが生じたファイナンスリース契約に係る取引（30件、11.7％）
○　顧客とサプライヤーが共謀し、実際には設備等を設置せずファイナンスリース業者から物件代金を詐取しようとしている（所謂「空リース」。）との疑いが生じたファイナンスリース契約に係る取引（12件、4.7％）
となっている。
　　ウ　危険度
ファイナンスリースは、賃借人と販売者が共謀して実態の伴わない取引を行うことが可能であること等から、犯罪による収益の移転に悪用される危険性があると認められる。

さらに、疑わしい取引の届出の状況等を踏まえると、取引時の状況や顧客の属性等に関して、次のような要素が伴う取引は、危険度がより一層高まるものと認められる。

○ 同一の機械設備等について複数のファイナンスリース契約を締結し、ファイナンスリース業者から物件代金を詐取しようとしている（いわゆる「多重リース」）との疑いが生じたファイナンスリース契約に係る取引
○ 顧客とサプライヤーが共謀し、実際には機械設備等を設置しないにもかかわらず、ファイナンスリース契約を締結することによりファイナンスリース業者から物件代金を詐取しようとしている（いわゆる「空リース」）との疑いが生じたファイナンスリース契約に係る取引
○ 架空・他人名義で締結したとの疑いが生じたファイナンスリース契約に係る取引

なお、ファイナンスリースの危険度の低減を図るため、犯罪収益移転防止法が事業者に対して取引時確認や疑わしい取引の届出等の義務を課しているほか、当局による指導・監督や業界の自主的な取組も行われている。

(9) クレジットカード事業者が取り扱うクレジットカード
　ア　現状
　クレジットカードは、適時に簡易な手続で利用できるため、商品代金等の支払手段として広く利用されている。
　クレジットカードが悪用されたマネー・ローンダリング事犯検挙事例は近年認められないものの、クレジットカードは、犯罪による収益を現金で取得した者がクレジットカードを利用して当該現金を別の形態の財産に換えることができることから、犯罪による収益の追跡可能性を低下させるおそれがある。
　また、クレジットカード会員が自己の保有するクレジットカードを第三者に交付し、又はそのクレジットカード番号等の情報を第三者に教えることにより、当該第三者に商品等を購入させることができ、さらに、クレジットカードは国内外を問わず利用でき、一部には利用可能枠が高額なものもある。したがって、例えば、第三者に換金性の高い商品等を購入させ、当該第三者が当該商品等を売却して現金を得ることにより、事実上の資金移動を国内外を問わず行うことが可能となる。
　犯罪収益移転防止法は、クレジットカード事業者に対して、契約の締結に際しての取引時確認の義務及び確認記録・取引記録等の作成・保存義務を課している。また、取引時確認の結果その他の事情を勘案して、収受した財産が犯罪による収益である疑い又は顧客等が犯罪収益等隠匿罪に該当する行為を行っている疑いがあると認められる場合における疑わしい取引の届出義務を課している。
　割賦販売法（昭和36年法律第159号）により、クレジットカード事業者が利用者から商品代金等に相当する額を購入から二月を超えて受領し、又はリボルビング方式*32により受領する包括信用購入あっせんを業として行うためには、経済産業大臣の登録を受ける必要があり、平成27年3月末現在、260事業者が登録を受けている。
　そして、同法では、同法の施行に必要な限度において、包括信用購入あっせん業

*32　リボルビング方式とは、クレジットカード事業者が利用者から、あらかじめ定められた時期ごとに、商品代金等の合計額を基礎としてあらかじめ定められた方法により算定して得た金額を受領するもの（割賦販売法第2条第3項）。

者に対して当局による立入検査、報告徴収、業務改善命令等を行うことができる旨規定されている。また、包括信用購入あっせん業者向けの監督指針においても、犯罪収益移転防止法に基づく取引時確認及び疑わしい取引の届出義務に関する留意点も示されている。

業界としても、一般社団法人日本クレジット協会において、自主規制規則の中に取引時確認及び疑わしい取引の届出を盛り込み、会員に対応を要請するとともに、疑わしい取引の届出に関する研修の実施により、各事業者によるマネー・ロンダリング等対策を支援しているほか、割賦販売法に基づき経済産業大臣による指定を受けた信用情報機関におけるクレジットカード会員の情報の登録・照会制度等の導入により、その者からのクレジットカード発行の申込みが短期間のうちに多数ないかなど疑わしい点の有無を確認し、契約の締結や更新等を判断するに当たっての参考にできるようにしている。

また、各事業者においても、厳格な入会・更新審査等によるクレジットカード会員の利用可能額の上限設定、危険性が高いと考えられる取引の洗い出し、取引の危険度が高い場合のモニタリングの厳格化、非対面取引におけるなりすまし使用を防止するためのシステム（パスワードの設定等）の導入、対面取引における契約名義人と異なる者による使用を防止するための本人確認、取締り当局との定期的な情報交換等の自主的な取組を行っている。

　イ　疑わしい取引の届出

24年から26年までの間のクレジットカード事業者による疑わしい取引の届出件数は19,358件で、「疑わしい取引の参考事例」に例示された類型のうち届出件数が多かったものと類型ごとの取引件数は、

○　暴力団員、暴力団関係者等に係る取引（6,101件、31.5%）
○　架空名義又は借名で締結したとの疑いが生じたクレジットカード契約（5,711件、29.5%）
○　契約名義人と異なる者がクレジットカードを使用している疑いが生じた場合（2,907件、15.0%）

となっている。

　ウ　危険度

クレジットカードは、現金で得られた犯罪による収益をクレジットカードを利用することにより別の形態の財産に換えることができること、クレジットカードを第三者に交付して商品等を購入させることにより事実上の資金移動が可能であること等から、犯罪による収益の移転に悪用される危険性があると認められる。

さらに、疑わしい取引の届出の状況等を踏まえると、取引時の状況や顧客の属性等に関して、次のような要素が伴う取引は、危険度がより一層高まるものと認められる。

○　架空名義又は借名で締結したとの疑いが生じたクレジットカード契約
○　契約名義人と異なる者がクレジットカードを使用している疑いが生じた場合
○　クレジットカードにより、多額のギフトカード、商品券等の現金代替物を頻繁に購入する顧客に係る取引

なお、クレジットカードの危険度の低減を図るため、犯罪収益移転防止法が事業者に対して取引時確認や疑わしい取引の届出等の義務を課しているほか、割賦販売法の登録制に基づく当局による指導・監督や業界の自主的な取組も行われている。

(10) 宅地建物取引業者が取り扱う不動産
　ア　現状

不動産は、財産的価値が高く、多額の現金との交換を容易に行うことができるほか、その利用価値、利用方法等によって大きく異なった評価をすることができることから、通常の価格に金額を上乗せして対価を支払うなどの方法により容易に犯罪による収益を移転することが可能となる。また、真の購入者とは異なる者又は架空の名義で購入すること等により、資金の出所や不動産の帰属先を不透明にすることができる。

我が国では、不動産のうち、価値が高く、取引が活発に行われているものは宅地及び建物であり、これらの取引を行う事業者を宅地建物取引業者として一定の法規制の対象としている。

宅地建物取引業者は、平成25年度末現在、約12万2,100存在する。各事業者の事業規模の差は大きく、年間の取引件数が数千件を超えるような大手事業者が存在する一方、地域密着型の営業を展開する個人経営等の中小事業者も存在し、後者がその多数を占めている。

犯罪収益移転防止法は、宅地建物取引業者に対して、宅地若しくは建物の売買契約の締結又はその代理若しくは媒介に際しての取引時確認の義務及び確認記録・取引記録等の作成・保存義務を課している。また、取引時確認の結果その他の事情を勘案して、収受した財産が犯罪による収益である疑い又は顧客等が犯罪収益等隠匿罪に該当する行為を行っている疑いがあると認められる場合における疑わしい取引の届出義務を課している。

宅地建物取引業法（昭和27年法律第176号）においては、宅地建物取引業を営む者の免許制が設けられているほか、その事務所ごとに、宅地建物取引業に関し取引の都度、売買、交換若しくは貸借の相手方又は代理を依頼した者の氏名、住所等の事項を記載した帳簿を備え付けること等が定められており、これらにより、業務の適正な運営等が確保されている。

さらに、不動産業界では、「不動産業における犯罪収益移転防止及び反社会的勢力による被害防止のための連絡協議会」において、各事業者における犯罪による収益の移転防止・反社会的勢力による被害の防止に関する体制の構築に係る申合せや普及啓発用の冊子等の作成・頒布を行うなど、犯罪収益移転防止法の制度の運用に関する情報共有等の取組を進めている。

　イ　疑わしい取引の届出

24年から26年までの間の宅地建物取引業者による疑わしい取引の届出件数は12件であり、「疑わしい取引の参考事例」に例示された類型のうち届出件数が多かったものと類型ごとの届出件数は、
○　多額の現金により、宅地又は建物を購入する場合（3件、25.0%）
○　取引の規模、物件の場所、顧客が営む事業の形態等から見て、当該顧客が取引

の対象となる宅地又は建物を購入又は売却する合理的な理由が見出せない場合（3件、25.0％）
となっている。
　　ウ　事例
　不動産がマネー・ローンダリングに悪用された事例としては、外国では、薬物密売人等が、薬物の密売により得た収益等を使って、知人の名義で、生活用の不動産や薬物製造に使用する不動産を購入した事例がある。
　我が国でも、売春により得た収益を原資として、他人名義で不動産を購入していた事例や詐欺により得た収益を不動産の購入に充てていた事例等がある。
　　エ　危険度
　不動産は、財産的価値が高く、多額の現金との交換を行うことができるほか、通常の価格に金額を上乗せして対価を支払うなどの方法により容易に犯罪収益を移転することができることから、犯罪による収益の移転の有効な手段となり得る。
　実際にも、売春や詐欺により得た収益が不動産の購入費用に充当されていた事例等が把握されていること等から、不動産は、犯罪による収益の移転に悪用される危険性があると認められる。
　さらに、疑わしい取引の届出の状況やマネー・ローンダリングに悪用された事例等を踏まえると、取引時の状況や顧客の属性等に関して、次のような要素が伴う取引は、危険度がより一層高まるものと認められる。
〇　多額の現金による取引
〇　架空名義又は借名で行われたとの疑いのある取引
　なお、不動産の危険度の低減を図るため、犯罪収益移転防止法が事業者に対して取引時確認や疑わしい取引の届出等の義務を課しているほか、免許制に基づく当局による指導・監督や業界の自主的な取組も行われている。
　(11)　宝石・貴金属等取扱事業者が取り扱う宝石・貴金属
　　ア　現状
　宝石及び貴金属は、財産的価値が高く、世界のいずれの地域においても多額の現金等との交換を容易に行うことができるほか、その小さな形状から持ち運びも容易である。また、取引後の流通経路・所在を追跡するための手段が少なく匿名性が高い。
　犯罪収益移転防止法は、宝石・貴金属等取扱事業者に対して、現金での代金の支払金額が200万円を超える貴金属等の売買契約の締結に際しての取引時確認の義務及び確認記録・取引記録等の作成・保存義務を課している。また、取引時確認の結果その他の事情を勘案して、収受した財産が犯罪による収益である疑い又は顧客等が犯罪収益等隠匿罪に該当する行為を行っている疑いがあると認められる場合における疑わしい取引の届出義務を課している。
　関係業界団体においても、マネー・ローンダリング等防止の取組を推進するため、関係法令（犯罪収益移転防止法及び古物営業法（昭和24年法律第108号））上の義務の履行の在り方を取りまとめたマニュアルの作成や研修会の開催により、マネー・ローンダリング等対策について事業者への周知徹底を図っている。

イ　疑わしい取引の届出
　平成24年から26年までの間の宝石・貴金属等取扱事業者による疑わしい取引の届出件数は40件であり、「疑わしい取引の参考事例」に例示された類型のうち届出件数が多かったものと類型ごとの届出件数は、
○　自社従業員の知識、経験等から見て、取引の態様が不自然な場合又は顧客の態度、動向等が不自然な場合（28件、70.0％）
○　同一人物・企業が、短期間のうちに多くの貴金属等の売買を行う場合（4件、10.0％）
○　多額の現金により購入する場合（3件、7.5％）
となっている。
　　ウ　事例
　宝石及び貴金属がマネー・ローンダリングに悪用された事例としては、外国では、薬物犯罪により得た収益で金塊を購入し、それを外国に密輸した事例があるなど、その匿名性の高さや換金・運搬の容易さから、宝石及び貴金属がマネー・ローンダリングに悪用されている実態が認められる。
　我が国では、売春防止法違反、窃盗等の前提犯罪により得た現金で貴金属等を購入していた事例等がある。これらの取引は、売買契約の締結時に他人へのなりすましや偽造された身分証明書等の提示により本人特定事項を偽るなど、より一層匿名性を確保した態様により行われている。
　　エ　危険度
　宝石及び貴金属は、財産的価値が高く、世界的に流通しており、換金や運搬が容易であるとともに、取引後の流通経路・所在を追跡するための手段が少なく匿名性が高いこと等から、犯罪による収益の移転の有効な手段となり得る。
　実際にも、他人になりすますなどし、犯罪により得た現金で貴金属等を購入した事例があること等から、宝石及び貴金属は、犯罪による収益の移転に悪用される危険性があると認められる。
　さらに、疑わしい取引の届出の状況やマネー・ローンダリングに悪用された事例等を踏まえると、取引時の状況や顧客の属性等に関して、次のような要素が伴う取引は、宝石及び貴金属の危険度がより一層高まると認められる。
○　多額の現金による取引
○　顧客の1回当たりの購入額が少額であっても、頻繁に購入することにより結果として多額の支払となる取引
○　本人確認の際に顧客が提示した身分証明書等が偽造である疑いがある取引
○　売却する貴金属等が顧客の所有物であることに疑いがある取引
○　真の購入者の確認を求めたにもかかわらず、その説明や資料提出を拒む顧客との取引
　なお、宝石・貴金属が犯罪による収益の移転に悪用される危険度の低減を図るため、犯罪収益移転防止法が事業者に対して取引時確認や疑わしい取引の届出等の義務を課すとともに、業界においても各種の取組を自主的に行っている。

(12) 郵便物受取サービス業者が取り扱う郵便物受取サービス
　ア　現状
　郵便物受取サービス業者は、自己の居所又は事務所の所在地を顧客が郵便物を受け取る場所として用いることを許諾し、当該顧客宛ての郵便物を受け取り、これを当該顧客に引き渡す業務を行っている。
　これを利用することにより、顧客は、実際には占有していない場所を自己の住所として外部に表示し、郵便物を受け取ることができるため、特殊詐欺等において郵便物受取サービスが被害金等の送付先として悪用されている実態がある。
　犯罪収益移転防止法は、郵便物受取サービス業者に対して、役務提供契約の締結に際しての取引時確認の義務及び確認記録・取引記録等の作成・保存義務を課している。また、取引時確認の結果その他の事情を勘案して、収受した財産が犯罪による収益である疑い又は顧客等が犯罪収益等隠匿罪に該当する行為を行っている疑いがあると認められる場合における疑わしい取引の届出義務を課している。
　イ　疑わしい取引の届出
　平成24年から26年までの間の郵便物受取サービス業者による疑わしい取引の届出件数は133件であり、「疑わしい取引の参考事例」に例示された類型のうち届出件数が多かったものと類型ごとの届出件数は、
○　職員の知識、経験等から見て、契約事務の過程において不自然な態度、動向等が認められる取引に係る取引（23件、17.3％）
○　顧客宛てにヤミ金融業者やペーパーカンパニーと思われる営業名称で現金書留や電信為替での送金があった取引（4件、3.0％）
となっている。
　ウ　事例
　郵便物受取サービスがマネー・ローンダリングに悪用された事例としては、架空の会社名を使い、当該サービスの役務提供契約を締結し、わいせつDVDの販売代金等が振り替えられた普通為替証書を郵便物受取サービス業者宛てに送付させていた事例、架空請求詐欺の被害金を架空名義で契約した郵便物受取サービス業者宛てに送付させていた事例、だまし取ったキャッシュカード等を架空名義で契約した郵便物受取サービス業者宛てに送付させていた事例等がある。
　エ　危険度
　郵便物受取サービスは、詐欺、違法物品の販売を伴う犯罪等において、収益の受け皿として悪用されている実態がある。本人特定事項を偽り当該サービスの役務提供契約を締結することにより、犯罪による収益の移転の主体や犯罪による収益の帰属先を不透明にすることが可能となるため、郵便物受取サービスは犯罪による収益の移転の有効な手段となり得る。
　実際にも、架空名義で契約した郵便物受取サービス業者宛てに犯罪収益を送付させ、これを隠匿した事例があること等から、郵便物受取サービスは、犯罪による収益の移転に悪用される危険性があると認められる。
　さらに、疑わしい取引の届出の状況やマネー・ローンダリングに悪用された事例等を踏まえると、取引時の状況や顧客の属性等に関して、次のような要素が伴う取

引は、危険度がより一層高まるものと認められる。
○ 架空・他人名義で契約をしている疑いがある顧客との取引
○ 会社等の実態を仮装する意図でサービスを利用するおそれがある顧客との取引
○ 同一の顧客でありながら、複数の法人名を使って郵便物受取サービス契約を締結しようとする者との取引
○ 頻繁に多額の金銭が送付された顧客との取引
○ ヤミ金融業者やペーパーカンパニーと思われる営業名称の会社からの現金書留等での送金があった顧客との取引

なお、郵便物受取サービスの危険度の低減を図るため、犯罪収益移転防止法が事業者に対して取引時確認や疑わしい取引の届出等の義務を課しているほか、当局の郵便受取サービス業者に対する指導・監督等が行われている。

⒀ 電話受付代行業者が取り扱う電話受付代行
　ア　現状
電話受付代行業者は、自己の電話番号を顧客が連絡先の電話番号として用いることを許諾し、当該顧客宛ての当該電話番号に係る電話を受けて、その内容を当該顧客に連絡する業務を行っている。

これを利用することにより、顧客は、自宅や事務所の実際の電話番号とは別の電話番号を自己の電話番号として外部に表示し、連絡を受けることができるため、特殊詐欺等において電話受付代行が悪用されている。

犯罪収益移転防止法は、電話受付代行業者に対して、役務提供契約の締結に際しての取引時確認の義務及び確認記録の作成・保存義務を課している。また、取引時確認の結果その他の事情を勘案して、収受した財産が犯罪による収益である疑い又は顧客等が犯罪収益等隠匿罪に該当する行為を行っている疑いがあると認められる場合における疑わしい取引の届出義務を課している。

また、電話受付代行業者による法令遵守の徹底のため、総務省は、電話受付代行業者を対象とした説明会を開催し、犯罪収益移転防止法の概要や同法上の義務を履行するに当たっての留意事項等について説明を行っているほか、総務省のホームページにおいて、同法の解説を掲載している。

電話受付代行が悪用されたマネー・ローンダリング事犯検挙事例は近年認められないものの、犯罪による収益の移転の主体や犯罪による収益の帰属先を不透明にするものとして、架空会社の社債販売名下の詐欺事件において連絡先として電話受付代行が悪用された事例等がある。なお、平成24年から26年までの間に、電話受付代行業者による疑わしい取引の届出はなされていない。

　イ　危険度
電話受付代行は、顧客が事業に関して架空の外観を作出して犯罪による収益の移転の主体や犯罪による収益の帰属先を不透明にすることを可能とするなど、犯罪による収益の移転に悪用される危険性があると認められる。

なお、電話受付代行の危険度の低減を図るため、犯罪収益移転防止法が事業者に対して取引時確認や疑わしい取引の届出等の義務を課しているほか、当局の電話受付代行業者に対する指導・監督等が行われている。

(14) 電話転送サービス事業者が取り扱う電話転送サービス
　　ア　現状

　電話転送サービスは、自己の電話番号を顧客が連絡先の電話番号として用いることを許諾し、当該顧客宛ての又は当該顧客からの当該電話番号に係る電話を当該顧客が指定する電話番号に自動的に転送する業務を行っている。

　これを利用することにより、顧客は、自宅や事務所の実際の電話番号とは別の電話番号を自己の電話番号として外部に表示し、連絡を受けることができるため、特殊詐欺等において電話転送サービスが悪用されている。

　電話転送サービス事業者は、電気通信事業法（昭和59年法律第86号）に規定する電気通信事業者として届出を行う必要がある。

　犯罪収益移転防止法は、電話転送サービス事業者に対して、役務提供契約の締結に際しての取引時確認の義務及び確認記録の作成・保存義務を課している。また、取引時確認の結果その他の事情を勘案して、収受した財産が犯罪による収益である疑い又は顧客等が犯罪収益等隠匿罪に該当する行為を行っている疑いがあると認められる場合における疑わしい取引の届出義務を課している。

　また、電話転送サービス事業者による法令遵守の徹底のため、総務省は、電話転送サービス事業者を対象とした説明会を開催し、犯罪収益移転防止法の概要や同法上の義務を履行するに当たっての留意事項等について説明を行っているほか、電話転送サービス事業者に向けて、取引時の確認事項等を知らせる文書を送付している。加えて、総務省のホームページにおいて、同法の解説を掲載している。

　電話転送サービスが悪用されたマネー・ローンダリング事犯検挙事例は近年認められないものの、犯罪による収益の移転の主体や犯罪による収益の帰属先を不透明にするものとして、民事裁判取下げ費用名目や有料サイト利用料金名目等の架空請求詐欺事件において連絡先として電話転送サービスが悪用された事例等がある。なお、平成24年から26年までの間に、電話転送サービス事業者による疑わしい取引の届出はなされていない。

　　イ　危険度

　電話転送サービスは、顧客が事業に関して架空の外観を作出して犯罪による収益の移転の主体や犯罪による収益の帰属先を不透明にすることを可能とするなど、犯罪による収益の移転に悪用される危険性があると認められる。

　なお、電話転送サービスの危険度の低減を図るため、犯罪収益移転防止法が事業者に対して取引時確認や疑わしい取引の届出等の義務を課しているほか、当局の電話転送サービスに対する指導・監督等が行われている。

(15) 法律・会計専門家[33]が取り扱う法律・会計関係サービス
　　ア　現状

　法律に関する専門的知識を有する専門家として弁護士、司法書士及び行政書士が、会計に関する専門的知識を有する専門家として公認会計士及び税理士が挙げら

---

[33] 犯罪収益移転防止法第2条第2項第42号に掲げられた者（弁護士及び弁護士法人）、第43号に掲げられた者（司法書士及び司法書士法人）、第44号に掲げられた者（行政書士及び行政書士法人）、第45号に掲げられた者（公認会計士及び監査法人）及び第46号に掲げられた者（税理士及び税理士法人）をいう。

れる（以下これらの者をまとめて「法律・会計専門家」という。）。

　弁護士は、当事者その他関係人の依頼等によって、法律事務を行うことを職務としている。弁護士は、日本弁護士連合会（以下「日弁連」という。）に備えられた弁護士名簿に登録されなければならず、地方裁判所の管轄区域ごとに設立された弁護士会に所属しなければならない。平成27年6月1日現在、弁護士3万6,437名、沖縄特別会員9名、外国法事務弁護士385名及び弁護士法人853法人が登録等されている。

　司法書士は、他人の依頼を受けて、登記に関する手続について代理し、又はこれに関する相談に応ずることや、簡裁訴訟代理等関係業務を業としている。司法書士は、日本司法書士会連合会に備える司法書士名簿に登録されなければならない。27年3月末現在、司法書士2万1,689名及び司法書士法人550法人が登録等されている。

　行政書士は、他人の依頼を受けて官公署に提出する書類その他権利義務又は事実証明に関する書類を作成することを業とするほか、書類を官公署に提出する手続について代理すること等を業とすることができる。行政書士は、日本行政書士会連合会に備える行政書士名簿に登録されなければならない。27年4月末現在、行政書士4万5,028名及び行政書士法人380法人が登録等されている。

　公認会計士は、財務書類の監査又は証明をすることを業とするほか、公認会計士の名称を用いて、財務書類の調製をし、財務に関する調査若しくは立案をし、又は財務に関する相談に応ずることを業とすることができる。公認会計士は、日本公認会計士協会に備える公認会計士名簿及び外国公認会計士名簿に登録されなければならない。27年4月末現在、公認会計士2万7,316名、外国公認会計士3名及び監査法人218法人が登録等されている。

　税理士は、税務官公署に対する租税に関する法令等に基づく申告、申請、請求、届出、報告、申立等につき、代理・代行すること、税務書類の作成及び税務相談を業とするほか、これらに付随して、財務書類の作成、会計帳簿の記帳の代行その他財務に関する事務を業として行うことができる。税理士は、日本税理士会連合会に備える税理士名簿に登録されなければならない。27年3月末現在、税理士7万5,146名及び税理士法人2,984法人が登録等されている。

　このように、法律・会計専門家は、法律、会計等に関する高度の専門的知識を活かし、様々な取引行為に関与するとともに、高い社会的信用を得ている。

　一方で、犯罪による収益の移転を企図する者にとって、法律・会計専門家は、その目的に適した財産の管理又は処分を行う上で必要な法律・会計上の専門的知識を有するとともに、その社会的信用が高いため、法律・会計専門家を取引や財産の管理に介在させることにより、これに正当性があるかのような外観を作出することが可能になる。

　また、FATF等は、銀行等に対するマネー・ローンダリング等に係る規制が効果的に実施されるに伴い、マネー・ローンダリング等を企図する者は、銀行等を通じたマネー・ローンダリング等に代えて、法律・会計専門家から専門的な助言を得、又は社会的信用のある法律・会計専門家を取引行為に介在させるなどし、マネー・

ローンダリング等を敢行するようになってきたことを指摘している。

犯罪収益移転防止法は、弁護士を除く法律・会計専門家に対して、一定の取引に際しての本人特定事項の確認義務や確認記録・取引記録等の作成・保存義務を課している。

また、弁護士については、犯罪収益移転防止法上、上記措置に相当する措置について、他の法律・会計専門家の例に準じて日弁連の会則で定めることとされている。そこで、日弁連は、会則により、一定の業務に関する依頼者の本人特定事項の確認、確認記録の保存、犯罪収益の移転に利用される疑いのある場合には受任を避けること等の措置を弁護士の義務として定めている。

なお、各専門家ごとに組織する団体においても、マネー・ローンダリング等防止のための取組を推進するため、規程の整備、各種執務資料の作成、研修会の開催等を行っている。

　　イ　事例

法律・会計関係サービスがマネー・ローンダリングに悪用された事例としては、外国では、薬物密売人が、薬物犯罪から得た収益について、共犯者であるビルの購入者の協力の下、自らが入居するビルの売却に伴う立ち退きに際して購入者から支払を受けた補償金であるかのように事実を仮装した事案において、当該ビルの売買に弁護士が利用されていたという事例等がある。

我が国では、ヤミ金融を営む者が、行政書士に会社設立事務の代理を依頼して、実態のない会社を設立した上、預金取扱金融機関に同法人名義の口座を開設し、これを犯罪による収益の受け皿として悪用していた事例等がある。

このように、我が国においても、マネー・ローンダリングを企図する者が、犯罪収益の隠匿行為等を正当な取引として偽装するため、法律・会計関係サービスを利用している実態がある。

　　ウ　危険度

法律・会計専門家は、法律、会計等に関する高度な専門的知識を有するとともに、社会的信用が高いことから、その職務や関連する事務を通じた取引等は犯罪による収益の移転の有効な手段となり得る。

実際にも、犯罪収益の隠匿行為等を正当な取引であると偽装するために、法律・会計関係サービスを利用していた事例があること等から、法律・会計専門家が、以下の行為の代理又は代行を行うに当たっては、犯罪による収益の移転に悪用される危険性があると認められる。

○　宅地又は建物の売買に関する行為又は手続

不動産は、財産的な価値が高く、多額の現金との交換を容易に行うことができるほか、その価値が容易に減損しない。また、土地ごとの利用価値や利用方法等について様々な評価をすることができるため、財産的価値の把握が困難であり、通常の価格に金額を上乗せして対価を支払うことにより犯罪による収益の移転に悪用される危険性がある。さらに、その売買に当たっては、境界の確定、所有権の移転登記等、煩雑かつ専門的知識を必要とする手続を経なくてはならず、これらの知識や社会的信用を有する法律・会計専門家を利用してこれらの手続を行う

ことにより、より容易に犯罪による収益を移転することが可能となる。
○ 会社等の設立又は合併等に関する行為又は手続
　会社その他の法人、組合又は信託は、出資者等とは独立した財産が形成されるものであり、これらは、例えば、多額の財産の移動を事業名目で行うことを可能とするなど、財産の真の帰属や由来を仮装することを容易にするものであることから、犯罪による収益の移転に悪用される危険性がある。さらに、法律・会計専門家は会社等の組織、運営及び管理に必要な専門知識のほか、社会的信用も有していることから、法律・会計専門家を利用して会社の設立等に関する行為又は手続を行うことにより、より容易に犯罪による収益を移転することが可能となる。
○ 現金、預金、有価証券その他の財産の管理又は処分
　法律・会計専門家は、財産の保管や売却、当該財産を原資とした他の財産の購入等を行う上で必要な専門的知識及び有用な社会的信用を有しており、法律・会計専門家を利用して財産の管理又は処分を行うことにより、より容易に犯罪による収益を移転することが可能となる。
　なお、法律・会計関係サービスの危険度の低減を図るため、犯罪収益移転防止法による本人特定事項の確認等及びそれに相当する措置、各専門家ごとに組織する団体等による自主的取組等が行われている。
　2　引き続き利用実態等を注視すべき新たな技術を活用した商品・サービス
　(1)　電子マネー*34
　　ア　現状
　我が国における電子マネーの1世帯当たり1か月間の平均利用額をみると、平成20年以降、毎年増加しており、26年には1万2,480円となっている。また、電子マネーを1か月当たり1万円以上利用した世帯の割合をみると、20年は6.0%のところ、26年には20.1%と約3倍に増加しており、我が国において、ここ数年で電子マネーの利用が広がっている状況が見受けられる（図表11参照）。
　我が国におけるいわゆる「電子マネー」は、資金決済法の規定に基づき発行される「前払式支払手段」に該当するものが多い。前払式支払手段とは、あらかじめ対価を得て発行される証票等又は番号、記号その他の符号（コンピューター・サーバー等にその価値が記録されるものを含む。）であって、その発行者等からの物品の購入・借受けや役務の提供に対する代価の弁済に利用できるものであり、主に、特定のサービスや加盟店等における小口決済手段として用いられている。
　前払式支払手段には、発行者への支払にのみ利用できる「自家型」と、加盟店等での支払にも利用できる「第三者型」がある。資金決済法は、第三者型前払式支払手段の発行者に対しては監督当局への登録を、未使用発行残高が一定額以上である自家型前払式支払手段発行者に対しては監督当局への届出を、それぞれ義務付けている。また、各種報告義務や発行保証金の供託義務、加盟店管理（取扱商品が公序

---

*34　本調査書における電子マネーとは、Edy、Suica、ICOCA、PASMOなどのICカード型、おサイフケータイなどの携帯電話型、WebMoney、BitCashなどのプリペイド型等、カード等に現金に相当する貨幣価値を移し替えたものを指し、クレジットカード、デビットカード、ポストペイによる支払やバスカードなどの特定の商品・サービスを購入する際に使用するプリペイドカードによる支払は含まない。

図表11 【電子マネーを利用した1世帯当たり1か月間の平均利用金額の推移（二人以上の世帯）（平成20～26年）】

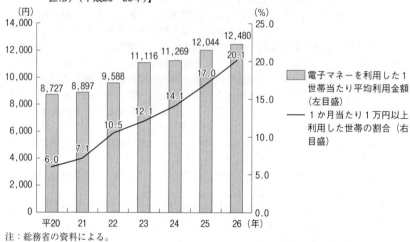

注：総務省の資料による。

良俗に反しないこと等を確保するための措置）、前払式支払手段の払戻しの原則禁止等の規制を定め、前払式支払手段に関するサービスの適切な実施を確保している。

金銭的価値を電磁的記録等に変換してICチップやネットワーク上のサーバ等に保存することができる前払式支払手段は、運搬性に優れているほか、多くの場合、発行時の本人確認は氏名・生年月日等の自己申告で足り、本人確認書類等の提示は不要であることから、匿名性が高く、ICカード等の媒体の譲渡が可能である。

他方で、前払式支払手段は、資金決済法により、発行者の廃業等の場合を除き、利用者への払戻しが禁止されており、換金性は一般に低いといえる。また、多くの前払式支払手段の発行者は、自主的にチャージの上限額を設定し、かつ主に特定の加盟店等における小口決済に利用されている。

イ　事例

我が国では、詐欺により得た電子マネーを他人名義で買取業者に売却した事例や電子マネーを不法に得ていた電子計算機使用詐欺事件において、その後、犯行グループが電子マネーで金券を購入し、それを換金していた事例がある。

ウ　危険度

電子マネーは、その態様や利用方法は多様であるものの、前払式支払手段に該当するものは、一般的に、運搬性に優れ、匿名性が高く、実際にも、マネー・ローンダリングの過程において、電子マネーが利用された事例が存在する。

他方、我が国においては、資金決済法に基づき、原則として前払式支払手段の払戻しが禁止されていることから、仮に犯罪による収益が前払式支払手段に該当する電子マネーに転換されたとしても、換金性は一般に低いといえる。また、現状、多

くの発行者においてチャージの上限額が設定されているほか、利用することができるのは特定の加盟店等に限られている。

このような状況を踏まえると、現段階において、電子マネーの危険度の評価は困難であり、引き続き、我が国における利用実態等を注視していく必要がある。

(2) ビットコイン等

ビットコイン等は、その利用に賛同する者によって、価値を持つ電磁的記録として作成され、取引の対価として利用され得るものであるが、強制通用力は有さず、通貨には該当しない。また、特定の発行体は存在せず、各国政府や中央銀行による信用の裏付けもない等の特徴を有するものとされている。

一方、ビットコイン等は、その移転が迅速かつ容易である上、利用者の匿名性が高いことから、世界的に犯罪による収益の移転に悪用される危険性が指摘されている。

現在のところ、我が国におけるビットコイン等の利用実態等は明らかでないが、今後、関係省庁において、国際的な規制の方向性を注視しつつ、連携して情報収集が行われ、対応の在り方が検討されることとなる。

第4 危険度の高い取引
1 取引形態と危険度
(1) 非対面取引
ア 現状

情報通信技術の発展、顧客の利便性を考慮した事業者によるサービス向上等により、インターネット等を通じた非対面取引が拡大している。

例えば、預金取扱金融機関においては、インターネットを通じて、口座の開設や振込等の金融取引を行うことができるほか、郵送によって口座の開設等の申込手続ができるメールオーダーサービスが行われている。また、証券会社においては、インターネットを通じた口座の開設や株式の売買等が行われている。

一方で、非対面取引は、取引の相手方と直に対面せずに行う取引であることから、同人の性別、年代、容貌、言動等を直接確認することにより、本人特定事項の偽りや他人へのなりすましの有無を判断することができない。また、本人確認書類の写しにより本人確認を行う場合には、その手触りや質感から偽変造の有無を確認することができない。このように、非対面取引においては、他人になりすますことを企図する者を看破する手段が限定され、本人確認の精度が低下することとなる。

したがって、非対面取引は対面取引と比べて匿名性が高く、容易に氏名・住居等の本人特定事項を偽ったり、架空の人物や他人になりすまして取引を行うことを可能とする。具体的には、偽変造された本人確認書類の写しを送付すること等により、本人特定事項を偽ったり、他人になりすましたりすることが可能となる。

犯罪収益移転防止法は、顧客等の本人特定事項の確認方法として、特定事業者が直に本人確認書類の提示を受ける方法以外に、①顧客等から本人確認書類又はその写しの送付を受けて、当該本人確認書類又はその写しに記載されている当該顧客等の住居に宛てて、取引関係文書を書留郵便等により転送不要郵便物等として送付す

る方法、②郵便事業者等が、特定事業者に代わって住居を確認し、本人確認書類の提示を受けた上、氏名等を特定事業者に伝達する方法、③電子署名による方法を定めている。

また、金融庁が策定している監督指針においては、インターネットバンキングが非対面取引であることを踏まえた取引時確認等の顧客管理に必要な態勢の整備が図られているかという点を監督上の着眼点の一つとして定めている。

なお、我が国は、FATFの第3次相互審査において、「非対面取引における身分確認及び照合に関する義務が十分でない。」旨指摘されている。

　　イ　事例

非対面取引が犯罪に悪用された事例としては、ヤミ金融の借入金の返済に窮した者が、架空の人物になりすまして非対面取引により開設した口座を返済金の代わりにヤミ金融業者に譲り渡していた事例等がある。

また、マネー・ローンダリングに悪用された事例としては、窃取した健康保険証等を用い、インターネットを通じた非対面取引により他人名義で開設された口座が盗品の売却による収益の隠匿口座として悪用されていた事例等がある。

　　ウ　危険度

非対面取引においては、取引の相手方や本人確認書類を直接観察することができないことから、本人確認の精度が低下することとなる。したがって、非対面取引は、対面取引に比べて匿名性が高く、本人確認書類の偽変造等により本人特定事項を偽り、又は架空の人物や他人になりすますことを容易にする。

実際にも、非対面取引において他人になりすますなどして開設された口座がマネー・ローンダリングに悪用されていた事例があること等から、非対面取引は危険度が高いと認められる。

なお、非対面取引の危険度の低減を図るため、犯罪収益移転防止法に基づき、特定事業者は、非対面取引を行う場合には、本人確認書類の写しの送付に加えて、取引関係文書を転送不要郵便等により、顧客の住所に送付するなどの方法による取引時確認を行っている。また、所管行政庁においても非対面取引が犯罪による収益の移転に悪用されないよう監督措置を実施している。

(2)　現金取引

　　ア　現状

現金取引は、遠隔地への速やかな資金移動が容易な為替取引と異なり、実際に現金の物理的な移動を伴うことから、相応の時間を要する。

しかし、現金は流動性が高く権利の移転が容易であるとともに、現金による取引は、取引内容に関する記録が作成されない限り匿名性が高いことから、資金の流れの追跡可能性を著しく低下させる。

特に我が国は、他国に比べて現金取引の割合が高い状況にある（図表12参照）。

平成21年の1世帯（2人以上の世帯）当たりの1か月平均消費支出を購入形態別にみると、「現金」は26万7,119円（消費支出に占める割合88.8％）に対して、「クレジットカード、月賦、掛買い」は3万2,574円（同10.8％）となっている。現金の割合の推移をみると、11年が94.6％、16年が93.5％、21年が88.8％と低下してい

図表12 【各国の名目GDPに占める現金流通残高の割合(平成20〜24年)】

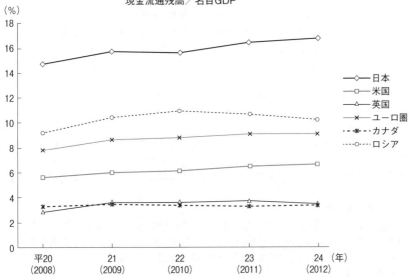

注:BIS・CPSS「Statistics on payment, clearing and settlement systems in the CPSS countries 2012」

図表13 【購入形態別支出の推移(二人以上の世帯・1か月平均)】

消費支出	平成11年			平成16年			平成21年			
	現金	クレジットカード等	合計	現金	クレジットカード等	合計	現金	クレジットカード等	電子マネー	合計
支出金額(円)	317,147	17,967	335,114	299,340	20,724	320,063	267,119	32,574	1,244	300,936
構成比(%)	94.6%	5.4%	100.0%	93.5%	6.5%	100.0%	88.8%	10.8%	0.4%	100.0%

注:総務省の統計による。

るものの、依然として購入形態別支出に占める現金の割合は高く、消費支出の大半を占めている(図表13参照)。

犯罪収益移転防止法は、金融に関する業務等を行う特定事業者が顧客等と200万円(為替取引又は自己宛小切手の振出しを伴うものにあっては、10万円)を超える現金の受払いをする取引に際しての取引時確認の義務及び確認記録・取引記録等の作成・保存義務を課している。また、取引時確認の結果その他の事情を勘案して、収受した財産が犯罪による収益である疑い又は顧客等が犯罪収益等隠匿罪に該当す

る行為を行っている疑いがあると認められる場合における疑わしい取引の届出義務を課している。

また、所管行政庁は、疑わしい取引に該当する可能性のある取引として特に注意を払うべきものの類型を例示した「疑わしい取引の参考事例」等を事業者に対して示しているが、その中においては現金の使用形態に着目した事例が列挙されており、事業者は、これを踏まえて疑わしい取引の届出を的確に行うための措置を講じている。

なお、FATFは、新「40の勧告」の解釈ノートにおいて、「取引が現金中心である」という要素を危険度を高める要因として挙げている。

　イ　事例

現金取引がマネー・ローンダリングに悪用された事例としては、犯罪収益等隠匿事案では、盗品を架空又は他人名義で質屋や古物商等に売却して現金を入手する事例等が、犯罪収益等収受事案では、売春等による収益を現金で受領する事例等が数多くある。

　ウ　危険度

現金取引は、流動性及び匿名性が高く、捜査機関による犯罪収益の流れの解明を困難にする。特に、我が国の消費支出は現金取引が中心であり、現金を取り扱う事業者において、取引内容に関する記録が正確に作成されない限り、犯罪収益の流れの解明が困難となる。

実際にも、他人になりすますなどし、現金取引を通じて、マネー・ローンダリングを行っている事例があること等から、現金取引は危険度が高いと認められる。

なお、現金取引の危険度の低減を図るため、犯罪収益移転防止法は、金融に関する業務等を行う特定事業者が顧客等と一定額を超える現金の受払いをする取引に際して、取引時確認を行わなければならないこと等を定めている。また、質屋営業法（昭和25年法律第158号）等の業法においては、取引に際して、相手方の住所・氏名等を確認することが定められており、このような措置は、現金取引の危険度の低減に資するものと考えられる。

(3)　外国との取引

　ア　現状

外国との取引は、国により法制度や取引システムが異なること、自国の監視・監督が他国まで及ばないこと等から、一般に、国内の取引に比べて、資金移転の追跡を困難とする。

特に外国との為替取引は、銀行間におけるコルレス契約に基づいて支払委託が行われることが一般的で、このような取引は短時間に隔地間の複数の銀行を経由することから、犯罪による収益の追跡可能性を著しく低下させる。

また、コルレス業務においては、金融機関は取引を行う立場により送金依頼人等と直接の取引関係にない場合があるため、コルレス先におけるマネー・ローンダリング等防止のための体制が不十分である場合には、マネー・ローンダリング等に巻き込まれるおそれがある。加えて、コルレス先が営業実態のない架空銀行（いわゆるシェルバンク）である場合やコルレス先がその保有口座の架空銀行による利用を

許容している場合には、外国為替取引が犯罪による収益の移転・隠匿のために用いられる危険性が高い。

さらに、貿易取引を仮装することにより、容易に送金を正当化できるほか、実際の取引価格に金額を上乗せして支払うなどして犯罪による収益を移転することが可能となる。

なお、外国との取引においては、上記のコルレス契約に基づく銀行間の為替取引以外に、キャッシュ・クーリエ（現金等支払手段の輸出入）による犯罪による収益の移転も可能である。

犯罪収益移転防止法は、特定事業者に対して、特定取引を行うに際しての取引の目的の確認を行う義務を、外国へ向けた支払に係る為替取引を行う金融機関に対して、当該為替取引を委託する他の金融機関に顧客（送金依頼人）の本人特定事項を通知する義務を課すとともに、同様の法制度に基づいて外国の金融機関から提供された顧客情報を保存すること等を定めている。

また、金融庁が策定している監督指針においては、金融機関に対して、犯罪収益移転防止法に基づく取引時確認等を的確に行うための法務問題に関する一元的な管理態勢の整備を求めている。その整備に当たっては、

○ コルレス先のマネー・ローンダリング等対策、現地の監督当局における監督体制等について十分に情報収集し、コルレス先を適正に評価した上で、上級管理職による意思決定を行うことを含め、コルレス契約の締結・継続を適切に審査・判断すること

○ マネー・ローンダリング等の防止に関するコルレス先との責任分担について、文書化するなどして明確にすること

○ コルレス先が架空銀行でないこと及びコルレス先がその保有する口座を架空銀行に利用させないことについて確認すること

等コルレス契約に係る体制の整備に特に留意するよう求めている。

さらに、キャッシュ・クーリエに関しては、支払手段等を携帯して輸出入する場合、現金・小切手及び証券等については100万円に相当する額を超えるもの、貴金属については重量が1キログラムを超えるものについて、外為法では財務大臣への届出を書面等で行う義務を、関税法では税関長への申告を書面で行う義務を課している。

イ 事例

外国との取引がマネー・ローンダリングに悪用された事例としては、外国では、犯罪による収益が、国境を越える大口の現金密輸や実際の商品価格に金額を上乗せして対価を支払う方法等によって外国に移転されていた事例がある。

我が国では、外国との取引が悪用されたマネー・ローンダリング事例の多くを占めるのは来日外国人に係る事件であり、海外から来日外国人の口座に振り込まれた身代金目的略取事件に係る身代金が正当な事業収益であるように仮装された事例や、詐欺による収益（日本円）を中国所在の顧客との取引（インターネットオークションの落札代行を請け負う取引）を通じて中国元に替えていた事例等がある。

なお、捜査の過程や被疑者の供述等から、来日外国人らが、外国送金に係る地下

銀行を運営するためのプール金を旅行バッグに入れて我が国から母国に渡航するなどして密輸を繰り返していたことがうかがわれる事例も把握されている。
　　ウ　危険度
　外国との取引は、法制度や取引システムの相違等から、国内取引に比べて資金移転の追跡を困難にする。
　実際にも、正規の商取引を装うなどして外国との間で犯罪収益を移転させている事例があること等から、外国との取引は犯罪による収益の移転が行われる危険性があると認められる。
　そして、以下のような取引は危険度が高いと認められる。
○　適切なマネー・ローンダリング等対策が取られていない国・地域との間で行う取引
○　多額の現金を原資とする外国送金取引
　外国との取引の危険度の低減を図るため、犯罪収益移転防止法や外為法が外国為替取引や支払手段等の輸出入を規制しているほか、当局による指導・監督も行われている。
　2　国・地域と危険度
　　(1)　現状
　FATFは、マネー・ローンダリング等への対策上の欠陥があり、当該欠陥への対応に顕著な進展がみられず、又は策定したアクションプランに沿った取組がみられない国・地域を特定した上で、FATF声明により、当該欠陥に関連する危険に留意してマネー・ローンダリング等への対策を講ずるよう、加盟国に要請している。
　特に、イラン及び北朝鮮については、それぞれ平成21年（2009年）2月及び23年（2011年）2月から継続して、当該国・地域から生じる継続的かつ重大なマネー・ローンダリング等の危険から国際金融システムを保護するため、FATFは、全ての加盟国及びその他の国・地域に対して、対抗措置の適用を要請している。
　また、27年（2015年）6月26日付けのFATF声明では、イラン及び北朝鮮のほか、2か国[35]を特定し、当該2か国に関連した欠陥から起こる危険に留意してマネー・ローンダリング等への対策を講ずるよう、加盟国に要請している。
　これを受けて、所管行政庁は、特定事業者に対してこれらのFATF声明を周知するとともに、犯罪収益移転防止法に基づく取引時確認並びに疑わしい取引の届出義務及び外国為替取引に係る通知義務の履行の徹底について要請している。
　金融庁が策定している監督指針においては、疑わしい取引の届出のための態勢整備に当たっては、国籍（例：FATFがマネー・ローンダリング等対策に非協力的な国・地域として公表しているもの）等に照らした金額、回数等の取引形態の考慮が十分に行われているかという監督上の着眼点が規定されている。
　犯罪収益移転防止法及び同法施行令では、イラン及び北朝鮮を犯罪による収益の

35　http://www.mof.go.jp/international_policy/convention/fatf/PAGE000000000000171971.html参照。なお、FATF声明は、4か月に1回開催されるFATF全体会合において採択されるものであり、公表される国・地域名にあっては、その都度、変わり得る。27年6月26日付けの声明では、イラン及び北朝鮮のほか、アルジェリア及びミャンマーが記載されている。

移転防止に関する制度の整備が十分に行われていないと認められる国又は地域（以下「特定国等」という。）と規定した上で、特定国等に居住し、又は所在する顧客等との特定取引や特定国等に居住し、又は所在する者に対する財産の移転を伴う特定取引について、本人特定事項等のほか、資産・収入の状況の確認を義務付けている。

(2) 危険度

外国との取引にあっては、前述のとおり、犯罪による収益の移転が行われる危険性があると認められるが、FATF声明を踏まえれば、イラン及び北朝鮮との取引は、その危険度が特に高いと認められる。このほか、上記2か国についてもFATF声明を踏まえると注意を要し、当該2か国との取引は、イラン及び北朝鮮ほどではないものの、外国との取引の中でも、危険度が高いと認められる。

このような危険に対処するため、犯罪収益移転防止法は、特定事業者に対して、特定国等が関係する取引に際して厳格な取引時確認を行うことを義務付けるとともに、所管行政庁においても、そのような取引が犯罪による収益の移転に悪用されることがないよう監督措置を実施している。

3　顧客の属性と危険度

(1)　反社会的勢力（暴力団等）

　ア　現状

我が国において、暴力団を始めとする反社会的勢力[*36]は、財産的利益を獲得するために様々な犯罪を敢行しているほか、企業活動を仮装・悪用した資金獲得活動を行っている。

このうち、暴力団は、財産的利益の獲得を目的として、集団的又は常習的に犯罪を敢行する、我が国における代表的な犯罪組織である。

暴力団は、規模、活動地域を異にするものが全国各地に存在している。平成26年末現在、暴力団対策法に基づき21団体が指定暴力団として指定されている。

26年末現在の暴力団構成員等の総数は5万3,500人[*37]であり、うち、暴力団構成員は2万2,300人、暴力団準構成員等は3万1,200人である（図表14参照）。

近年、暴力団は、組織実態を隠蔽する動きを強めるとともに、活動形態においても、企業活動を装ったり、政治活動や社会運動を標ぼうしたりするなど、更なる不透明化を進展させている。さらに、獲得した資金が課税、没収等の対象となったり、獲得した資金に起因して検挙されたりする事態を回避することを目的として、しばしば、マネー・ローンダリングを行い、個別の資金獲得活動とその成果である資金との関係を不透明化している実態がある。犯罪による収益は、新たな犯罪のための活動資金や武器の調達等のための費用に使用されるなど、組織の維持・強化に利用されるとともに、合法的な経済活動に介入するための資金として利用されている。

他方、預金取扱金融機関を始めとする企業の反社会的勢力との関係遮断に向けた

[*36]　暴力、威力と詐欺的手法を駆使して経済的利益を追求する集団又は個人である。暴力団、暴力団関係企業、総会屋、社会運動標ぼうゴロ、政治活動標ぼうゴロ、特殊知能暴力集団等が挙げられる。

[*37]　暴力団構成員等の数は概数である。

図表14 【暴力団構成員等の推移（平成3～26年）】

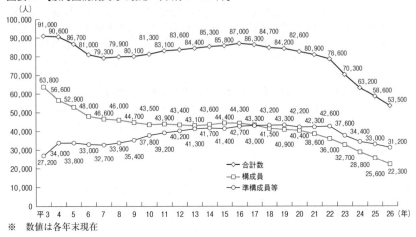

取組を推進するため、「企業が反社会的勢力による被害を防止するための指針について」（19年6月19日犯罪対策閣僚会議幹事会申合せ）が策定されている。

このほか、金融庁が策定している監督指針等は、上記を踏まえ、預金取扱金融機関等に対して、組織としての対応、一元的な管理態勢の構築、適切な事前・事後審査の実施、取引解消に向けた取組等、反社会的勢力との関係遮断に向けた態勢整備を求めている。

そして、預金取扱金融機関等においては、取引約款等に暴力団排除条項を導入し、取引の相手方が暴力団等であることが判明した場合には、当該条項に基づいて取引関係を解消する取組を進めている。また、一般的な実務上の対応としては、取引の相手方が反社会的勢力であることが判明した場合等には、犯罪収益移転防止法に基づく疑わしい取引の届出の要否を検討することとされている。

　　イ　疑わしい取引の届出

24年から26年までの間の疑わしい取引の届出件数は109万1,240件で、そのうち、暴力団構成員等に係るものは14万3,221件で、全体の13.1％を占めている。

　　ウ　事例

24年から26年までの間のマネー・ローンダリング事犯の検挙事件は831件で、そのうち、暴力団構成員等の関与が明確になったものは204件で、全体の24.5％を占めている。

暴力団構成員等が関与したマネー・ローンダリングの事例としては、振り込め詐欺等の詐欺事犯、ヤミ金融事犯、薬物事犯、労働者派遣法違反等で収益を得る際に、他人名義の口座を利用するなどして犯罪による収益の帰属を仮装するものが多く、また、暴力団がその組織や威力を背景にみかじめ料や上納金名目で犯罪による収益を収受しているものなどもみられる。

エ　危険度
　暴力団を始めとする反社会的勢力は、財産的利益の獲得を目的に、様々な犯罪を敢行しているほか、企業活動を仮装・悪用した資金獲得活動を行っている。このような犯罪行為又は資金獲得活動により得た資金の出所を不透明にするマネー・ローンダリングは、反社会的勢力にとって不可欠といえる。よって、反社会的勢力との取引は危険度が高いと認められる。
　なお、反社会的勢力との取引における危険度の低減を図るため、当局による指導・監督や業界・事業者の取組の強化が行われているところであり、これらを通じて反社会的勢力との関係遮断及び犯罪による収益の移転防止のための措置が講じられている。
　(2)　非居住者
　　ア　現状
　外国に留まったまま郵便やインターネット等を通じて取引を行う者（以下「非居住者」という。）は、常に相手方と対面することなく取引を行うことから、その取引は匿名性が高い。したがって、非居住者は、本人確認書類の偽変造により、容易に本人特定事項を偽り、又は架空の人物や他人になりすますことができる。また、非居住者との継続的な取引において、既に確認した本人特定事項等を当該非居住者が偽っていた疑いが生じた際や当該取引が犯罪による収益の移転に悪用されている疑いが生じた際に、当該顧客に対して事業者が執り得る本人特定事項の確認等の顧客管理措置が居住者に比べて制限されてしまう。
　なお、FATFは、新「40の勧告」の解釈ノートにおいて、「顧客が非居住者である」ことを危険度を高める要因として挙げている。
　　イ　危険度
　非居住者との取引は、非対面取引となるため、匿名性が高く、当該非居住者は、容易に本人特定事項を偽り、又は架空の人物や他人になりすますことができるとともに、居住者との取引に比べて、事業者による継続的な顧客管理の手段が制限されることになることから、非居住者との取引は危険度が高いと認められる。
　なお、非居住者との取引の危険度の低減を図るため、金融庁が策定している監督指針においては、疑わしい取引の届出を行うに当たって顧客の属性、取引時の状況等を総合的に勘案するなどして適切に検討・判断を行う態勢の整備を求めている。
　(3)　外国の重要な公的地位を有する者
　　ア　現状
　外国の重要な公的地位を有する者（FATFは、国家元首、高位の政治家、政府高官、司法当局者、軍当局者等を例示している。）は、犯罪による収益の移転に悪用し得る地位や影響力を有するほか、非居住者であったり、居住者であっても主たる資産や収入源が国外にあったりすることから、事業者による顧客等の本人特定事項等の確認及び資産の性格・移動状況の把握が制限されてしまう性質を有する。また、腐敗対策に関する法規制の厳格さは国・地域により異なる。
　FATFは、事業者に対し、顧客が外国の重要な公的地位を有する者に該当するか否かを判断し、該当する場合は資産・収入の確認を含む厳格な顧客管理措置を講じ

ることを求めている。また、平成25年（2013年）1月には、重要な公的地位を有する者に関するガイドラインを策定し、重要な公的地位を有する者は、その立場故にマネー・ローンダリング等や、公金横領・収賄を含む前提犯罪を敢行する潜在的なおそれがあるとして、個々の者の事情にかかわらず、そのような者との取引は、常に危険度の高いものとして取り扱わなければならないなどの認識を示した。

公務員に係る贈収賄、公務員による財産の横領等腐敗に関する問題は、全ての社会及び経済に影響を及ぼす国際的な現象となり、効果的に腐敗行為を防止するためには国際協力を含め包括的かつ総合的な取組が必要であるとの認識が共有され、外国公務員が腐敗及び腐敗行為により得た収益の移転防止のための対策が国際的にも要請されている。このような中、外国公務員贈賄等による不公正な競争の防止のため、9年（1997年）、経済協力開発機構（OECD）において外国公務員贈賄防止条約が採択された。我が国においても、10年、不正競争防止法（平成5年法律第47号）が改正され、外国公務員等に対する不正の利益の供与等の罪が導入された。

現在までのところ、我が国において、外国の重要な公的地位を有する者がマネー・ローンダリング等に関与した具体的な事例は認められないものの、不正競争防止法違反（外国公務員等への不正な利益供与）の事例としては、19年に日本企業の現地子会社の会社員が、外国政府高官に賄賂としてゴルフクラブセット等を渡していた事例、21年に外国における政府開発援助（ODA）事業において、日本企業の会社員が、道路建設工事受注の謝礼として、外国公務員に現金を渡していた事例及び25年に日本企業の現地子会社の会社員が、同社の違法操業を黙認してもらう謝礼として、現地の外国税関の公務員に対し、賄賂として現金等を渡していた事例がある。

　　イ　危険度

外国の重要な公的地位を有する者が犯罪による収益の移転に悪用し得る地位や影響力を有することのほか、その本人特定事項等の十分な把握が制限されること、腐敗対策に関する国ごとの取組の差異等から、外国の重要な公的地位を有する者との取引は危険度が高いと認められる。

なお、外国の重要な公的地位を有する者との取引の上記のような危険度に鑑み、FATFは、各国に対し、外国の重要な公的地位を有する者との取引について厳格な顧客管理措置を講ずることを求めている。

(4) 実質的支配者が不透明な法人

　　ア　現状

株式会社その他の法人は、自然人と異なる独立した財産権の帰属主体であることから、自然人は、その有する財産を法人の財産とすることで、他の自然人の協力を得なくとも財産の帰属主体を変更することが可能である。

また、法人は、一般に、その財産に対する権利・支配関係が複雑であり、会社であれば、株主、取締役、執行役、さらには債権者が存在するなど、会社財産に対して複数の者が、それぞれ異なる立場で権利を有することになる。

よって、財産を法人へ流入させれば、法人に特有の複雑な権利・支配関係の下に当該財産を置くことになり、その帰属を複雑にし、財産を実質的に支配する自然人

を容易に隠蔽することができる。
　さらに、法人を支配すれば、その事業の名目で、多額の財産の移動を頻繁に行うことができる。
　犯罪による収益の移転を企図する者は、このような法人の特性を悪用し、法人の複雑な権利・支配関係を隠れみのにしたり、取締役等に自己の影響力が及ぶ第三者を当てるなどし、外形的には自己と法人との関わりをより一層不透明にしつつ、実質的には法人及びその財産を支配したりして、犯罪による収益の移転を行おうとする。
　このような状況を踏まえれば、法人が犯罪による収益の移転に悪用されることを防止するためには、法人の実質的支配者を明らかにして、法人の透明性と資金の追跡可能性を確保することが重要である。
　犯罪収益移転防止法及び規則では、株式会社等の資本多数決原則をとる法人については議決権の4分の1超を有する者、それ以外の法人については当該法人を代表する者が実質的支配者として規定され、特定事業者は、法人顧客の実質的支配者に関する本人特定事項の確認が義務付けられている。しかしながら、常に自然人にまで遡って実質的支配者を確認することまでは義務付けられていない。
　一方、FATFは、
○　顧客が法人である場合には、事業者が常に実質的支配者である自然人にまで遡って本人確認を行うこととすること
○　法人の実質的支配者を明らかにするような仕組みを作るとともに、権限ある当局が、適時に、法人の実質的支配者に係る情報を確認できるようにすること
○　事業者による当該情報へのアクセスを促進するための措置を検討すること
を各国に求めている。
　以上のほか、我が国においては、法人等のために、事業上の住所や設備、通信手段及び管理上の住所を提供するサービスを行う以下のような事業者が存在する。
○　郵便物受取サービス業者
　　自己の居所又は事務所の所在地を顧客が郵便物を受け取る場所として用いることを許諾し、当該顧客宛ての郵便物を受け取り、これを当該顧客に引き渡す業務を行う。
○　電話受付代行業者
　　自己の電話番号を顧客が連絡先の電話番号として用いることを許諾し、当該顧客宛ての当該電話番号に係る電話を受けてその内容を当該顧客に連絡する業務を行う。
○　電話転送サービス事業者
　　自己の電話番号を顧客が連絡先の電話番号として用いることを許諾し、当該顧客宛ての又は当該顧客からの当該電話番号に係る電話を当該顧客が指定する電話番号に自動的に転送する役務を提供する業務を行う。
　これらの事業者のサービスを悪用することにより、法人等は、実際には占有していない場所の住所や電話番号を自己のものとして外部に表示し、事業の信用、業務規模等に関して架空又は誇張された外観を作出することにより、実態のない法人を

設立・維持することが可能となる。
　犯罪収益移転防止法は、上記の事業者に対して、役務提供契約の締結に際しての取引時確認の義務及び確認記録・取引記録等の作成・保存義務を課している。また、取引時確認の結果その他の事情を勘案して、収受した財産が犯罪による収益である疑い又は顧客等が犯罪収益等隠匿罪に該当する行為を行っている疑いがあると認められる場合における疑わしい取引の届出義務を課している。
　　イ　事例
　法人がマネー・ローンダリングに悪用された事例としては、第三者を代表取締役にして設立した会社の実質的支配者が詐欺による収益を当該会社の名義の口座に隠匿していた事例等がある。
　　ウ　危険度
　法人は、所有する財産を複雑な権利・支配関係の下に置くことにより、その帰属を複雑にし、財産を実質的に支配する自然人を容易に隠蔽することができる。このような法人の特性により、実質的支配者が不透明な法人は、その有する資金の追跡を困難にする。
　特定事業者においては、犯罪収益移転防止法に基づき、法人顧客の実質的支配者に関する本人特定事項の確認を行っているところ、実務的には、実質的支配者が不透明となる場合がある。
　実際にも、詐欺による犯罪収益の隠匿手段として、実質的支配者が不透明な法人の名義で開設された口座が悪用されていた事例があること等から、実質的支配者が不透明な法人との取引は危険度が高いと認められる。
　(5)　写真付きでない身分証明書を用いる顧客
　　ア　現状
　規則第6条は、犯罪収益移転防止法上の取引時確認における本人確認書類について定めており、運転免許証、旅券等の被証明者の写真が付いている証明書(以下「写真付き証明書」という。)のみならず、健康保険証、印鑑登録証明書等の被証明者の写真が付いていない証明書(以下「写真なし証明書」という。)も本人確認書類として認められているところである。
　本人確認書類の被証明者と当該書類を提示した人物が同一であるかを対面での取引において確認する場合、写真付き証明書であれば、被証明者の写真を当該人物の容ぼうと比較することにより、その同一性を確認することができる。
　他方、健康保険証等の写真なし証明書は、被証明者にのみ交付される書類である点において、被証明者と持参した人物の同一性の担保となるものの、写真付き証明書と比べて、その同一性の証明力が劣ることは事実であり、取引時確認を行う取引であっても、本人確認書類として写真なし証明書を使う場合、当該人物が他人になりすますことを看破できないおそれがある。
　なお、FATFの第3次相互審査においては、我が国で許容されている本人確認書類の一部はマネー・ローンダリング等に悪用される脆弱性を有しているとの指摘がなされている。

イ　事例
　写真なし証明書が悪用された事例としては、不正に取得した他人名義の国民健康保険被保険者証を用いて、他人になりすまし、銀行から預金通帳等をだまし取った事例、他人名義の印鑑登録証明書を郵便物受取サービス業者に本人確認書類として提示し、他人になりすまして、郵便物受取サービスの契約を締結していた事例等がある。
　このように不正に入手又は契約締結された口座や郵便物受取サービスが、振り込め詐欺等の特殊詐欺やヤミ金融等において犯罪による収益の受け皿として悪用され、これにより、マネー・ローンダリングが行われている実態が認められる。
　　　ウ　危険度
　写真なし証明書は、写真付き証明書と比べて、本人確認書類の被証明者と提示した顧客等の同一性の証明力が劣るため、犯罪による収益の移転を企図する者が、他人名義の写真なし証明書を不正に入手し、他人になりすまして取引を行う場合、特定事業者が取引時確認によりこれを看破することは容易ではない。したがって、写真なし証明書には、犯罪による収益の移転に悪用される脆弱性が認められる。
　実際にも、不正に取得した他人名義の写真なし証明書を悪用し、他人になりすまして取引が行われた事例があること等から、写真なし証明書を提示する顧客等との取引は、写真付き証明書を用いた取引と比べて危険度が高いと認められる。

第5　危険度の低い取引
　1　危険度を低下させる要因
　顧客や取引の属性、決済方法、法制度等を踏まえると、以下に示すような取引は、危険度が低下すると考えられる。
① 資金の原資が明らかな取引
　　資金の原資の性質や帰属元が明らかな取引は、犯罪による収益の移転に悪用することが困難である。
② 国又は地方公共団体を顧客等とする取引
　　国又は地方公共団体を顧客等とする取引は、国の職員等により、法令上の権限や内部管理体制等の下で行われるため、取引の過程・内容に関して透明性が高く、資金の出所又は使途先が明らかであることから、犯罪による収益の移転に悪用することが困難である。
③ 法令等により顧客等が限定されている取引
　　法令等により取引を行うことができる顧客等が限定されている取引は、犯罪による収益の移転を企図する者が取引に参加することが難しいことから、犯罪による収益の移転に悪用することが困難である。
④ 取引の過程において、法令により国等の監督が行われている取引
　　取引を行うに際して、国等への届出や国等による承認が必要となる取引は、国等による監督が行われることから、犯罪による収益の移転に悪用することが困難である。
⑤ 会社等の事業実態を仮装することが困難な取引

法人等のために、事業上の住所や設備、通信手段、管理上の住所等を提供するサービスは、事業の信用、業務規模等に関して架空又は誇張された外観を作出することができることがあるため、犯罪による収益の移転に悪用される危険性があるものの、当該サービスのうち、会社等の事業実態を仮装することが困難なものは、犯罪による収益の移転に悪用することも困難である。
⑥　蓄財性がない又は低い取引
　蓄財性がない又は低い商品・サービスへの犯罪収益の投資は、犯罪による収益の移転には非効率的である。
⑦　取引金額が規制の敷居値を下回る取引
　取引金額が規制の敷居値を下回る取引は、犯罪による収益の移転の観点から非効率である。FATFも、勧告や解釈ノート等において顧客管理措置を行うべき取引金額の敷居値を設けている。
　なお、1個の取引をあえて複数の取引に分割して行うことにより、当該1個の取引の金額が形式的に敷居値を下回ったとしても、このような行為はいわば脱法的に規制を免れるためのもの（ストラクチャリング）であることから、その取引の危険度は高くなる。
⑧　顧客等の本人性を確認する手段が法令等により担保されている取引
　法令等により顧客等の本人性が確認されている取引及び業法等により国からの認可等を受けている者を顧客とする取引は、顧客等の本人性が明らかであることから、資金に関する事後追跡の可能性が担保されている。
2　危険度の低い取引
　1の危険度を低下させる要因を有する具体的な取引の種別として、以下の取引が認められた。
　なお、以下の取引に該当する取引であっても、顧客等が他人になりすましている疑いや取引時確認に係る事項を偽っていた疑いがある場合は、危険度が低いとは認められない。また、現行の規則において犯罪による収益の移転に利用されるおそれがない取引として定められているものは、該当条項を項目ごとに付記している。
　(1)　金銭信託における特定の取引（規則第4条第1項第1号）
　規則第4条第1項第1号に定める各取引（イ：金融商品取引業者等との顧客分別金信託等[*38]、ロ及びニ：金融商品取引業者等との商品顧客区分管理信託等[*39]、ハ：金融商品取引業者等との顧客区分管理信託等[*40]、ホ：前払式支払手段発行者との発行保証金信託等[*41]、ヘ：資金移動業者との履行保証金信託等[*42]、ト：商品先物取引業者との預かり資産保全のための信託等[*43]）は、危険度を低下させる要因を有する取引①、③、④及び⑧に該当することから、その危険度は低いと認めら

[*38]　金融商品取引法（昭和23年法律第25号）第43条の2第2項の規定による信託に係る契約の締結又は同項の規定による信託に係る信託行為若しくは信託法（平成18年法律第108号）第89条第1項に規定する受益者を指定する権利の行使による当該信託の受益者との間の法律関係の成立をいう。
[*39]　金融商品取引業等に関する内閣府令（平成19年内閣府令第52号）第142条の5第1項に規定する商品顧客区分管理信託に係る契約の締結又は同項に規定する商品顧客区分管理信託に係る信託行為若しくは信託法第89条第1項に規定する受益者を指定する権利の行使による当該信託の受益者との間の法律関係の成立等をいう。

れる。
　(2)　保険契約の締結等（規則第4条第1項第2号）
　規則第4条第1項第2号に定める各取引（イ：満期保険金等の支払がない保険契約、ロ：払戻総額が保険料支払総額の8割未満の保険契約）は、危険度を低下させる要因を有する取引⑥に該当することから、その危険度は低いと認められる。
　(3)　満期保険金等の支払（規則第4条第1項第3号）
　　　ア　満期保険金等の支払
　規則第4条第1項第3号イに定める払戻総額が保険料支払総額の8割未満の保険の満期保険金等の支払は、危険度を低下させる要因を有する取引⑥に該当することから、その危険度は低いと認められる。
　　　イ　適格退職年金契約、団体扱い保険等の満期保険金等の支払
　規則第4条第1項第3号ロに定める適格退職年金契約、団体扱い保険[44]等の満期保険金等の支払は、危険度を低下させる要因を有する取引①、③、④及び⑧に該当することから、その危険度は低いと認められる。
　(4)　有価証券市場（取引所）等において行われる取引（規則第4条第1項第4号）
　規則第4条第1項第4号に定める有価証券市場（取引所）等[45]において行われる有価証券の売買等は、危険度を低下させる要因を有する取引③及び⑧に該当することから、その危険度は低いと認められる。
　(5)　日本銀行において振替決済される国債取引等（規則第4条第1項第5号）
　規則第4条第1項第5号に定める日本銀行において振替決済される国債取引等は、危険度を低下させる要因を有する取引③及び⑧に該当することから、その危険度は低いと認められる。
　(6)　金銭貸付け等における特定の取引（規則第4条第1項第6号）
　　　ア　日本銀行において振替決済がなされる金銭貸借
　規則第4条第1項第6号イに定める日本銀行において振替決済がなされる金銭貸

---

[40]　金融商品取引業等に関する内閣府令第143条の2第1項に規定する顧客区分管理信託に係る契約の締結又は同項に規定する顧客区分管理信託に係る信託行為若しくは信託法第89条第1項に規定する受益者を指定する権利の行使による当該信託の受益者との間の法律関係の成立をいう。

[41]　資金決済法第16条第1項に規定する発行保証金信託契約の締結又は同項に規定する発行保証金信託契約若しくは信託法第89条第1項に規定する受益者を指定する権利の行使による当該発行保証金信託契約に係る信託の受益者との間の法律関係の成立をいう。

[42]　資金決済法第45条第1項に規定する履行保証金信託契約の締結又は同項に規定する履行保証金信託契約若しくは信託法第89条第1項に規定する受益者を指定する権利の行使による当該履行保証金信託契約に係る信託の受益者との間の法律関係の成立をいう。

[43]　商品先物取引法施行規則（平成17年農林水産省・経済産業省令第3号）第98条第1項第1号及び第98条の3第1項第1号の規定による信託に係る契約の締結又はこれらの規定による信託に係る信託行為若しくは信託法第89条第1項に規定する受益者を指定する権利の行使による当該信託の受益者との間の法律関係の成立をいう。

[44]　保険契約のうち、被用者の給与等から控除される金銭を保険料とするものをいう。

[45]　金融商品取引法第2条第17項に規定する取引所金融商品市場若しくは同法第67条第2項に規定する店頭売買有価証券市場又はこれらに準ずる有価証券の売買若しくは同法第2条第23項に規定する外国市場デリバティブ取引を行う外国（金融庁長官が指定する国又は地域に限る。）の市場をいう。

借は、危険度を低下させる要因を有する取引③及び⑧に該当することから、その危険度は低いと認められる。

　　　イ　保険料の積立の払戻しがない年金、保険等に基づく貸付等
　規則第4条第1項第6号ロに定める払戻総額が保険料支払総額の8割未満の保険契約等に基づく貸付契約は、危険度を低下させる要因を有する取引①、③、④及び⑥に該当することから、その危険度は低いと認められる。

　　　ウ　個別クレジット
　規則第4条第1項第6号ハに定める個別クレジット*46等は、危険度を低下させる要因を有する取引⑧に該当することから、その危険度は低いと認められる。

　(7)　現金取引等における特定の取引（規則第4条第1項第7号）
　　　ア　無記名の公社債を担保に供する行為
　規則第4条第1項第7号イに定める取引の金額が200万円を超える無記名の公社債の本券又は利札を担保に提供する取引は、危険度を低下させる要因を有する取引①及び⑧に該当することから、その危険度は低いと認められる。

　　　イ　国又は地方公共団体への金品の納付又は納入
　規則第4条第1項第7号ロに定める国又は地方公共団体への金品の納付又は納入は、危険度を低下させる要因を有する取引⑧に該当することから、その危険度は低いと認められる。
　なお、国等への納付・納入と同様、電気、ガス及び水道の使用料金の支払並びに大学等の入学金等の支払は、
○　電気等が供給される場所に居住する者についての情報は、それらを供給する事業者によって契約締結時に把握されることが一般的である
○　大学等への入学に関しては、学生の実在性が担保されている
など、資金に関する一定の事後追跡が可能であり、危険度を低下させる要因を有する取引⑧に該当することから危険度が低いと認められる。また、これらの支払は、使用量等に応じて料金が決定され、その支払により資産形成が図られるものでもないので、危険度を低下させる要因を有する取引⑥にも該当すると認められる。

　　　ウ　預貯金の受払を目的とした為替取引等
　規則第4条第1項第7号ハに定める預貯金の受払を目的とした200万円以下の為替取引等は、危険度を低下させる要因を有する取引⑦及び⑧に該当することから、その危険度は低いと認められる。

　　　エ　取引時確認等に準じた確認等がなされた商品代金等の現金による受払い
　規則第4条第1項第7号ニに定める、為替取引を伴う200万円以下の商品代金等の現金による受払いをする取引のうち、支払を受ける者が支払を行う者について特

---

*46　個別クレジットとは、購入者等がカード等を利用することなく、販売業者等から商品購入等を行う際に、あっせん業者が、購入者等及び販売業者等との契約に従い、販売業者等に対して商品代金等に相当する額の金額を支払い、その後購入者等があっせん業者に対し当該額の金銭を一定の方法により支払っていく取引形態である。また、個別クレジットの一類型である提携ローンには、金融機関と販売業者等が提携し、販売契約又は役務提供契約のための資金提供のためのローンや、購入者からの申込みを受けた個別クレジット業者が審査・承諾し、個別クレジット業者による保証を条件に金融機関が当該購入者等に対して資金を貸し付けるローンがある。

定事業者の例に準じた取引時確認等をしたものは、危険度を低下させる要因を有する取引⑦及び⑧に該当することから、その危険度は低いと認められる。

(8) 社債、株式等の振替に関する法律に基づく特定の口座開設（規則第4条第1項第8号）

規則第4条第1項第8号に定める社債、株式等の振替に関する法律に基づくいわゆる特別口座*47の開設は、危険度を低下させる要因を有する取引③及び⑧に該当することから、その危険度は低いと認められる。

(9) スイフト（SWIFT）を通して行われる取引（規則第4条第1項第9号）

規則第4条第1項第9号に定めるスイフト（SWIFT）を介して確認又は決済の指示を行う取引*48は、危険度を低下させる要因を有する取引③及び⑧に該当することから、その危険度は低いと認められる。

(10) ファイナンスリース契約における特定の取引（規則第4条第1項第10号）

規則第4条第1項第10号に定める賃貸人が1回に受け取る賃貸料の額が10万円以下のファイナンスリース取引は、危険度を低下させる要因を有する取引⑦に該当することから、その危険度は低いと認められる。

(11) 現金以外の支払方法による貴金属等の売買（規則第4条第1項第11号）

規則第4条第1項第11号に定める200万円を超える貴金属等の売買で代金の支払方法が現金以外の取引は、危険度を低下させる要因を有する取引⑧に該当することから、その危険度は低いと認められる。

(12) 電話受付代行業者との特定の契約（規則第4条第1項第12号）

規則第4条第1項第12号に定める各取引（イ：電話受付代行業であることを第三者に明示する旨が契約に含まれる電話受付代行業の役務提供契約、ロ：コールセンター業務等*49の契約）は、危険度を低下させる要因を有する取引⑤に該当することから、その危険度は低いと認められる。

(13) 国等を顧客とする取引等（規則第4条第1項第13号）

　ア　国等が法令上の権限に基づき行う取引

規則第4条第1項第13号イに定める国又は地方公共団体を顧客等とする取引は、危険度を低下させる要因を有する取引①、②、③、④及び⑧に該当することから、

---

*47　株式の発行会社が株主等の口座を知ることができない場合等に、当該発行会社が信託銀行等に開設する口座をいう。

*48　特定通信手段（特定事業者及び日本銀行並びにこれらに相当する者で外国に本店又は主たる事務所を有するもの（以下「外国特定事業者」という。）の間で利用される国際的な通信手段であって、当該通信手段によって送信を行う特定事業者及び日本銀行並びに外国特定事業者を特定するために必要な措置が講じられているものとして金融庁長官が指定するものをいう。）を利用する特定事業者及び日本銀行並びに外国特定事業者を顧客等とするものであって、当該特定通信手段を介して確認又は決済の指示が行われる取引をいう。犯罪による収益の移転防止に関する法律施行規則第4条第1項第9号の規定に基づき通信手段を指定する件（平成20年金融庁告示第11号）により、スイフト（SWIFT：Society for Worldwide Interbank Financial Telecommunication）が指定されている。

*49　電話（ファクシミリ装置による通信を含む。）を受けて行う業務であって、商品、権利若しくは役務に関する説明若しくは相談又は商品、権利若しくは役務を提供する契約についての申込みの受付若しくは締結を行うものをいう。コールセンター業務に当たる具体的な例は、資料請求・問い合わせ受付、カスタマーセンター、ヘルプデスク、サポートセンター、消費者相談窓口、保守センター、受注センター等が挙げられる。

その危険度は低いと認められる。
　　イ　破産管財人等が法令上の権限に基づき行う取引
　規則第4条第1項第13号ロに定める破産管財人等が法令上の権限に基づき行う取引は、危険度を低下させる要因を有する取引①、③、④及び⑧に該当することから、その危険度は低いと認められる。
　⒁　司法書士等の受任行為の代理等における特定の取引[*50]（規則第4条第2項）
　　ア　任意後見契約の締結
　規則第4条第2項第1号に定める任意後見契約の締結は、危険度を低下させる要因を有する取引④及び⑧に該当することから、その危険度は低いと認められる。
　　イ　国等が法令上の権限に基づき行う取引等
　規則第4条第2項第2号に定める国等が法令上の権限に基づき行う取引及び破産管財人等が法令上の権限に基づき行う取引は、危険度を低下させる要因を有する取引①、④及び⑧並びに②又は③に該当することから、その危険度は低いと認められる。

[*50]　犯罪収益移転防止法別表第2条第2項第43号に掲げる者の項の中欄第三号に掲げる財産の管理又は処分に係る特定受任行為の代理等にあっては、当該財産の価額が200万円以下のものを除くものをいう。

資料6　国連憲章第7章　条文

第7章　平和に対する脅威、平和の破壊及び侵略行為に関する行動

第39条
安全保障理事会は、平和に対する脅威、平和の破壊又は侵略行為の存在を決定し、並びに、国際の平和及び安全を維持し又は回復するために、勧告をし、又は第41条及び第42条に従っていかなる措置をとるかを決定する。

第40条
事態の悪化を防ぐため、第39条の規定により勧告をし、又は措置を決定する前に、安全保障理事会は、必要又は望ましいと認める暫定措置に従うように関係当事者に要請することができる。この暫定措置は、関係当事者の権利、請求権又は地位を害するものではない。安全保障理事会は、関係当時者がこの暫定措置に従わなかったときは、そのことに妥当な考慮を払わなければならない。

第41条
安全保障理事会は、その決定を実施するために、兵力の使用を伴わないいかなる措置を使用すべきかを決定することができ、且つ、この措置を適用するように国際連合加盟国に要請することができる。この措置は、経済関係及び鉄道、航海、航空、郵便、電信、無線通信その他の運輸通信の手段の全部又は一部の中断並びに外交関係の断絶を含むことができる。

第42条
安全保障理事会は、第41条に定める措置では不充分であろうと認め、又は不充分なことが判明したと認めるときは、国際の平和及び安全の維持又は回復に必要な空軍、海軍または陸軍の行動をとることができる。この行動は、国際連合加盟国の空軍、海軍又は陸軍による示威、封鎖その他の行動を含むことができる。

第43条
1．国際の平和及び安全の維持に貢献するため、すべての国際連合加盟国は、安全保障理事会の要請に基き且つ1又は2以上の特別協定に従って、国際の平和及び安全の維持に必要な兵力、援助及び便益を安全保障理事会に利用させることを約束する。この便益には、通過の権利が含まれる。
2．前記の協定は、兵力の数及び種類、その出動準備程度及び一般的配置並びに提供されるべき便益及び援助の性質を規定する。
3．前記の協定は、安全保障理事会の発議によって、なるべくすみやかに交渉する。この協定は、安全保障理事会と加盟国との間又は安全保障理事会と加盟国群との間に締結され、且つ、署名国によって各自の憲法上の手続に従って批准され

なければならない。

第44条
安全保障理事会は、兵力を用いることに決定したときは、理事会に代表されていない加盟国に対して第43条に基いて負った義務の履行として兵力を提供するように要請する前に、その加盟国が希望すれば、その加盟国の兵力中の割当部隊の使用に関する安全保障理事会の決定に参加するようにその加盟国を勧誘しなければならない。

第45条
国際連合が緊急の軍事措置をとることができるようにするために、加盟国は、合同の国際的強制行動のため国内空軍割当部隊を直ちに利用に供することができるように保持しなければならない。これらの割当部隊の数量及び出動準備程度並びにその合同行動の計画は、第43条に掲げる1又は2以上の特別協定の定める範囲内で、軍事参謀委員会の援助を得て安全保障理事会が決定する。

第46条
兵力使用の計画は、軍事参謀委員会の援助を得て安全保障理事会が作成する。

第47条
1．国際の平和及び安全の維持のための安全保障理事会の軍事的要求、理事会の自由に任された兵力の使用及び指揮、軍備規制並びに可能な軍備縮小に関するすべての問題について理事会に助言及び援助を与えるために、軍事参謀委員会を設ける。
2．軍事参謀委員会は、安全保障理事会の常任理事国の参謀総長又はその代表者で構成する。この委員会に常任委員として代表されていない国際連合加盟国は、委員会の責任の有効な遂行のため委員会の事業へのその国の参加が必要であるときは、委員会によってこれと提携するように勧誘されなければならない。
3．軍事参謀委員会は、安全保障理事会の下で、理事会の自由に任された兵力の戦略的指導について責任を負う。この兵力の指揮に関する問題は、後に解決する。
4．軍事参謀委員会は、安全保障理事会の許可を得て、且つ、適当な地域的機関と協議した後に、地域的小委員会を設けることができる。

第48条
1．国際の平和及び安全の維持のための安全保障理事会の決定を履行するのに必要な行動は、安全保障理事会が定めるところに従って国際連合加盟国の全部または一部によってとられる。
2．前記の決定は、国際連合加盟国によって直接に、また、国際連合加盟国が参加している適当な国際機関におけるこの加盟国の行動によって履行される。

第49条
国際連合加盟国は、安全保障理事会が決定した措置を履行するに当って、共同して相互援助を与えなければならない。

第50条
安全保障理事会がある国に対して防止措置又は強制措置をとったときは、他の国でこの措置の履行から生ずる特別の経済問題に自国が当面したと認めるものは、国際連合加盟国であるかどうかを問わず、この問題の解決について安全保障理事会と協議する権利を有する。

第51条
この憲章のいかなる規定も、国際連合加盟国に対して武力攻撃が発生した場合には、安全保障理事会が国際の平和及び安全の維持に必要な措置をとるまでの間、個別的又は集団的自衛の固有の権利を害するものではない。この自衛権の行使に当って加盟国がとった措置は、直ちに安全保障理事会に報告しなければならない。また、この措置は、安全保障理事会が国際の平和及び安全の維持または回復のために必要と認める行動をいつでもとるこの憲章に基く権能及び責任に対しては、いかなる影響も及ぼすものではない。

50 U.S. Code Chapter 35 - INTERNATIONAL EMERGENCY ECONOMIC POWERS

§ 1701 - Unusual and extraordinary threat; declaration of national emergency; exercise of Presidential authorities

(a) Any authority granted to the President by section 1702 of this title may be exercised to deal with any unusual and extraordinary threat, which has its source in whole or substantial part outside the United States, to the national security, foreign policy, or economy of the United States, if the President declares a national emergency with respect to such threat.

(b) The authorities granted to the President by section 1702 of this title may only be exercised to deal with an unusual and extraordinary threat with respect to which a national emergency has been declared for purposes of this chapter and may not be exercised for any other purpose. Any exercise of such authorities to deal with any new threat shall be based on a new declaration of national emergency which must be with respect to such threat.

§ 1702 - Presidential authorities

(a) **In general**

(1) At the times and to the extent specified in section 1701 of this title, the President may, under such regulations as he may prescribe, by means of instructions, licenses, or otherwise—

(A) investigate, regulate, or prohibit—

(i) any transactions in foreign exchange,

(ii) transfers of credit or payments between, by, through, or to any banking institution, to the extent that such transfers or payments involve any interest of any foreign country or a national thereof,

(iii) the importing or exporting of currency or securities, by any person, or with respect to any property, subject to the jurisdiction of the United States;

(B) investigate, block during the pendency of an investigation, regulate, direct and compel, nullify, void, prevent or prohibit, any acquisition, holding, withholding, use, transfer, withdrawal, transportation, importation or exportation of, or dealing in, or exercising any right, power, or privilege with respect to, or transactions involving, any property in which any foreign country or a national thereof has any interest by any person, or with respect to any property, subject to the jurisdiction of the United States; and.

(C) when the United States is engaged in armed hostilities or has been attacked by a foreign country or foreign nationals, confiscate any property, subject to the jurisdiction of the United States, of any foreign person, foreign organization, or foreign country that he determines has planned, authorized, aided, or engaged in such hostilities or attacks against the United States; and all right, title, and interest in any property so confiscated shall vest, when, as, and upon the terms directed by the President, in such agency or person as the President may designate from time to time, and upon such terms and conditions as the President may prescribe, such interest or property shall be held, used, administered, liquidated, sold, or otherwise dealt with in the interest of and for the benefit of the United States, and such designated agency or person may perform any and all acts incident to the accomplishment or furtherance of these purposes.

(2) In exercising the authorities granted by paragraph (1), the President may require any person to keep a full record of, and to furnish under oath, in the form of reports or otherwise, complete information relative to any act or transaction referred to in paragraph (1) either before, during, or after the completion thereof, or relative to any interest in foreign property, or relative to any property in which any foreign country or any national thereof has or has had any interest, or as may be otherwise necessary to enforce the provisions of such paragraph. In any case in which a report by a person could be required under this paragraph, the President may require the production of any books of account, records, contracts, letters, memoranda, or other papers, in the custody or control of such person.

(3) Compliance with any regulation, instruction, or direction issued under this chapter shall to the extent thereof be a full acquittance and discharge for all purposes of the obligation of the person making the same. No person shall be held liable in any court for or with respect to anything done or omitted in good faith in connection with the administration of, or pursuant to and in reliance on, this chapter, or any regulation, instruction, or direction issued under this chapter.

(b) **Exceptions to grant of authority** The authority granted to the President by this section does not include the authority to regulate or prohibit, directly or indirectly—

(1) any postal, telegraphic, telephonic, or other personal communication, which does not involve a transfer of anything of value;

(2) donations, by persons subject to the jurisdiction of the United States, of articles, such as food, clothing, and medicine, intended to be used to relieve human suffering, except to the extent that the President determines that such donations (A) would seriously impair his ability to deal with any national emergency declared under section 1701 of this title, (B) are in response to coercion against the proposed recipient or donor, or (C) would endanger Armed Forces of the United States which are engaged in hostilities or are in a situation

where imminent involvement in hostilities is clearly indicated by the circumstances; or

(3) the importation from any country, or the exportation to any country, whether commercial or otherwise, regardless of format or medium of transmission, of any information or informational materials, including but not limited to, publications, films, posters, phonograph records, photographs, microfilms, microfiche, tapes, compact disks, CD ROMs, artworks, and news wire feeds. The exports exempted from regulation or prohibition by this paragraph do not include those which are otherwise controlled for export under section 4604 of this title, or under section 4605 of this title to the extent that such controls promote the nonproliferation or antiterrorism policies of the United States, or with respect to which acts are prohibited by chapter 37 of title 18; or

(4) any transactions ordinarily incident to travel to or from any country, including importation of accompanied baggage for personal use, maintenance within any country including payment of living expenses and acquisition of goods or services for personal use, and arrangement or facilitation of such travel including nonscheduled air, sea, or land voyages.

(c) **Classified information**

In any judicial review of a determination made under this section, if the determination was based on classified information (as defined in section 1(a) of the Classified Information Procedures Act) such information may be submitted to the reviewing court ex parte and in camera. This subsection does not confer or imply any right to judicial review.

§ 1703 - Consultation and reports

(a) **Consultation with Congress**

The President, in every possible instance, shall consult with the Congress before exercising any of the authorities granted by this chapter and shall consult regularly with the Congress so long as such authorities are exercised.

(b) **Report to Congress upon exercise of Presidential authorities** Whenever the President exercises any of the authorities granted by this chapter, he shall immediately transmit to the Congress a report specifying—

(1) the circumstances which necessitate such exercise of authority;

(2) why the President believes those circumstances constitute an unusual and extraordinary threat, which has its source in whole or substantial part outside the United States, to the national security, foreign policy, or economy of the United States;

(3) the authorities to be exercised and the actions to be taken in the exercise of those authorities to deal with those circumstances;

(4) why the President believes such actions are necessary to deal with those

circumstances; and

(5) any foreign countries with respect to which such actions are to be taken and why such actions are to be taken with respect to those countries.

(c) **Periodic follow-up reports**

At least once during each succeeding six-month period after transmitting a report pursuant to subsection (b) of this section with respect to an exercise of authorities under this chapter, the President shall report to the Congress with respect to the actions taken, since the last such report, in the exercise of such authorities, and with respect to any changes which have occurred concerning any information previously furnished pursuant to paragraphs (1) through (5) of subsection (b) of this section.

(d) **Supplemental requirements**

The requirements of this section are supplemental to those contained in title IV of the National Emergencies Act [50 U.S.C. 1641].

§ 1704 - Authority to issue regulations

The President may issue such regulations, including regulations prescribing definitions, as may be necessary for the exercise of the authorities granted by this chapter.

§ 1705 - Penalties

(a) **Unlawful acts**

It shall be unlawful for a person to violate, attempt to violate, conspire to violate, or cause a violation of any license, order, regulation, or prohibition issued under this chapter.

(b) **Civil penalty** A civil penalty may be imposed on any person who commits an unlawful act described in subsection (a) in an amount not to exceed the greater of—

(1) $250,000; or

(2) an amount that is twice the amount of the transaction that is the basis of the violation with respect to which the penalty is imposed.

(c) **Criminal penalty**

A person who willfully commits, willfully attempts to commit, or willfully conspires to commit, or aids or abets in the commission of, an unlawful act described in subsection (a) shall, upon conviction, be fined not more than $1,000,000, or if a natural person, may be imprisoned for not more than 20 years, or both.

§ 1706 - Savings provisions

(a) Termination of national emergencies pursuant to National Emergencies Act

(1) Except as provided in subsection (b) of this section, notwithstanding the termination pursuant to the National Emergencies Act [50 U.S.C. 1601 et seq.] of a national emergency declared for purposes of this chapter, any authorities granted by this chapter, which are exercised on the date of such termination on the basis of such national emergency to prohibit transactions involving property in which a foreign country or national thereof has any interest, may continue to be so exercised to prohibit transactions involving that property if the President determines that the continuation of such prohibition with respect to that property is necessary on account of claims involving such country or its nationals.

(2) Notwithstanding the termination of the authorities described in section 101(b) of this Act, any such authorities, which are exercised with respect to a country on the date of such termination to prohibit transactions involving any property in which such country or any national thereof has any interest, may continue to be exercised to prohibit transactions involving that property if the President determines that the continuation of such prohibition with respect to that property is necessary on account of claims involving such country or its nationals.

(b) **Congressional termination of national emergencies by concurrent resolution**

The authorities described in subsection (a)(1) of this section may not continue to be exercised under this section if the national emergency is terminated by the Congress by concurrent resolution pursuant to section 202 of the National Emergencies Act [50 U.S.C. 1622] and if the Congress specifies in such concurrent resolution that such authorities may not continue to be exercised under this section.

(c) **Supplemental savings provisions; supersedure of inconsistent provisions**

(1) The provisions of this section are supplemental to the savings provisions of paragraphs (1), (2), and (3) of section 101(a) [50 U.S.C. 1601(a)(1), (2), (3)] and of paragraphs (A), (B), and (C) of section 202(a) [50 U.S.C. 1622(a)(A), (B), and (C)] of the National Emergencies Act.

(2) The provisions of this section supersede the termination provisions of section 101(a) [50 U.S.C. 1601(a)] and of title II [50 U.S.C. 1621 et seq.] of the National Emergencies Act to the extent that the provisions of this section are inconsistent with these provisions.

(d) **Periodic reports to Congress**

If the President uses the authority of this section to continue prohibitions on transactions involving foreign property interests, he shall report to the Congress every six months on the use of such authority.

§ 1707 - Multinational economic embargoes against governments in armed conflict with the United States
(a) **Policy on the establishment of embargoes** It is the policy of the United States, that upon the use of the Armed Forces of the United States to engage in hostilities against any foreign country, the President shall, as appropriate—
  (1) seek the establishment of a multinational economic embargo against such country; and
  (2) seek the seizure of its foreign financial assets.
(b) **Reports to Congress** Not later than 20 days after the first day of the engagement of the United States in hostilities described in subsection (a) of this section, the President shall, if the armed conflict has continued for 14 days, submit to Congress a report setting forth—
  (1) the specific steps the United States has taken and will continue to take to establish a multinational economic embargo and to initiate financial asset seizure pursuant to subsection (a) of this section; and
  (2) any foreign sources of trade or revenue that directly or indirectly support the ability of the adversarial government to sustain a military conflict against the United States.

§ 1708 - Actions to address economic or industrial espionage in cyberspace
(a) **Report required**
  (1) **In genera** Not later than 180 days after December 19, 2014, and annually thereafter through 2020, the President shall submit to the appropriate congressional committees a report on foreign economic and industrial espionage in cyberspace during the 12-month period preceding the submission of the report that—
    (A) identifies?
      (i) foreign countries that engage in economic or industrial espionage in cyberspace with respect to trade secrets or proprietary information owned by United States persons;
      (ii) foreign countries identified under clause (i) that the President determines engage in the most egregious economic or industrial espionage in cyberspace with respect to such trade secrets or proprietary information (to be known as "priority foreign countries") ;
      (iii) categories of technologies or proprietary information developed by United States persons that—
        (I) are targeted for economic or industrial espionage in cyberspace; and
        (II) to the extent practicable, have been appropriated through such espionage;

(iv) articles manufactured or otherwise produced using technologies or proprietary information described in clause (iii)(II); and

(v) to the extent practicable, services provided using such technologies or proprietary information;

(B) describes the economic or industrial espionage engaged in by the foreign countries identified under clauses (i) and (ii) of subparagraph (A); and

(C) describes—

(i) actions taken by the President to decrease the prevalence of economic or industrial espionage in cyberspace; and

(ii) the progress made in decreasing the prevalence of such espionage.

(2) **Determination of foreign countries engaging in economic or industrial espionage in cyberspace** For purposes of clauses (i) and (ii) of paragraph (1)(A), the President shall identify a foreign country as a foreign country that engages in economic or industrial espionage in cyberspace with respect to trade secrets or proprietary information owned by United States persons if the government of the foreign country—

(A) engages in economic or industrial espionage in cyberspace with respect to trade secrets or proprietary information owned by United States persons; or

(B) facilitates, supports, fails to prosecute, or otherwise permits such espionage by—

(i) individuals who are citizens or residents of the foreign country; or

(ii) entities that are organized under the laws of the foreign country or are otherwise subject to the jurisdiction of the government of the foreign country.

(3) **Form of report**

Each report required by paragraph (1) shall be submitted in unclassified form but may contain a classified annex.

(b) **Imposition of sanctions**

(1) **In general**

The President may, pursuant to the International Emergency Economic Powers Act (50 U.S.C. 1701 et seq.), block and prohibit all transactions in all property and interests in property of each person described in paragraph (2), if such property and interests in property are in the United States, come within the United States, or are or come within the possession or control of a United States person.

(2) **Persons described**

A person described in this paragraph is a foreign person the President determines knowingly requests, engages in, supports, facilitates, or benefits from the significant appropriation, through economic or industrial espionage in cyberspace, of technologies or proprietary information developed by United States persons.

(3) Exception

The authority to impose sanctions under paragraph (1) shall not include the authority to impose sanctions on the importation of goods.

(4) Implementation; penalties

(A) Implementation

The President may exercise all authorities provided under sections 203 and 205 of the International Emergency Economic Powers Act (50 U.S.C. 1702 and 1704) to carry out this subsection.

(B) Penalties

The penalties provided for in subsections (b) and (c) of section 206 of the International Emergency Economic Powers Act (50 U.S.C. 1705) shall apply to a person that violates, attempts to violate, or conspires to violate, or causes a violation of, this subsection or a regulation prescribed under this subsection to the same extent that such penalties apply to a person that commits an unlawful act described in section 206(a) of that Act [50 U.S.C. 1705(a)].

(c) Rule of construction

Nothing in this section shall be construed to affect the application of any penalty or the exercise of any authority provided for under any other provision of law.

(d) Definitions In this section:

(1) **Appropriate congressional committees** The term "appropriate congressional committees" means—

(A) the Committee on Armed Services, the Committee on Banking, Housing, and Urban Affairs, the Committee on Commerce, Science, and Transportation, the Committee on Homeland Security and Governmental Affairs, the Committee on Finance, the Committee on Foreign Relations, and the Select Committee on Intelligence of the Senate; and

(B) the Committee on Armed Services, the Committee on Energy and Commerce, the Committee on Homeland Security, the Committee on Financial Services, the Committee on Foreign Affairs, the Committee on Ways and Means, and the Permanent Select Committee on Intelligence of the House of Representatives.

(2) **Cyberspace** The term "cyberspace" —

(A) means the interdependent network of information technology infrastructures; and

(B) includes the Internet, telecommunications networks, computer systems, and embedded processors and controllers.

(3) **Economic or industrial espionage** The term "economic or industrial espionage" means—

(A) stealing a trade secret or proprietary information or appropriating, taking, carrying away, or concealing, or by fraud, artifice, or deception obtaining, a trade secret or proprietary information without the authorization of the owner of the trade secret or proprietary information;

(B) copying, duplicating, downloading, uploading, destroying, transmitting, delivering, sending, communicating, or conveying a trade secret or proprietary information without the authorization of the owner of the trade secret or proprietary information; or

(C) knowingly receiving, buying, or possessing a trade secret or proprietary information that has been stolen or appropriated, obtained, or converted without the authorization of the owner of the trade secret or proprietary information.

(4) **Knowingly**
The term "knowingly", with respect to conduct, a circumstance, or a result, means that a person has actual knowledge, or should have known, of the conduct, the circumstance, or the result.

(5) **Own**
The term "own", with respect to a trade secret or proprietary information, means to hold rightful legal or equitable title to, or license in, the trade secret or proprietary information.

(6) **Person**
The term "person" means an individual or entity.

(7) **Proprietary information** The term "proprietary information" means competitive bid preparations, negotiating strategies, executive emails, internal financial data, strategic business plans, technical designs, manufacturing processes, source code, data derived from research and development investments, and other commercially valuable information that a person has developed or obtained if—

(A) the person has taken reasonable measures to keep the information confidential; and

(B) the information is not generally known or readily ascertainable through proper means by the public.

(8) **Technology**
The term "technology" has the meaning given that term in section 16 of the Export Administration Act of 1979 (50 U.S.C. 4618) (as in effect pursuant to the International Emergency Economic Powers Act (50 U.S.C. 1701 et seq.)).

(9) **Trade secret**
The term "trade secret" has the meaning given that term in section 1839 of title 18.

(10) **United States person** The term "United States person" means—

(A) an individual who is a citizen or resident of the United States;
(B) an entity organized under the laws of the United States or any jurisdiction within the United States; or
(C) a person located in the United States.

資料8 企業が反社会的勢力による被害を防止するための指針について

企業が反社会的勢力による被害を防止するための指針について

平成19年6月19日
犯罪対策閣僚会議幹事会申合せ

　近年、暴力団は、組織実態を隠ぺいする動きを強めるとともに、活動形態においても、企業活動を装ったり、政治活動や社会運動を標ぼうしたりするなど、更なる不透明化を進展させており、また、証券取引や不動産取引等の経済活動を通じて、資金獲得活動を巧妙化させている。

　今日、多くの企業が、企業倫理として、暴力団を始めとする反社会的勢力と一切の関係をもたないことを掲げ、様々な取組みを進めているところであるが、上記のような暴力団の不透明化や資金獲得活動の巧妙化を踏まえると、暴力団排除意識の高い企業であったとしても、暴力団関係企業等と知らずに結果的に経済取引を行ってしまう可能性があることから、反社会的勢力との関係遮断のための取組みをより一層推進する必要がある。

　言うまでもなく、反社会的勢力を社会から排除していくことは、暴力団の資金源に打撃を与え、治安対策上、極めて重要な課題であるが、企業にとっても、社会的責任の観点から必要かつ重要なことである。特に、近時、コンプライアンス重視の流れにおいて、反社会的勢力に対して屈することなく法律に則して対応することや、反社会的勢力に対して資金提供を行わないことは、コンプライアンスそのものであるとも言える。

　さらには、反社会的勢力は、企業で働く従業員を標的として不当要求を行ったり、企業そのものを乗っ取ろうとしたりするなど、最終的には、従業員や株主を含めた企業自身に多大な被害を生じさせるものであることから、反社会的勢力との関係遮断は、企業防衛の観点からも必要不可欠な要請である。

　このような認識の下、犯罪対策閣僚会議の下に設置された暴力団資金源等総合対策ワーキングチームにおける検討を経て、企業が反社会的勢力による被害を防止するための基本的な理念や具体的な対応について、別紙のとおり「企業が反社会的勢力による被害を防止するための指針」を取りまとめた。

　関係府省においては、今後、企業において、本指針に示す事項が実施され、その実効が上がるよう、普及啓発に努めることとする。

(別紙)

企業が反社会的勢力による被害を防止するための指針

　近年、暴力団は、組織実態を隠ぺいする動きを強めるとともに、活動形態においても、企業活動を装ったり、政治活動や社会運動を標ぼうしたりするなど、更なる不透明化を進展させており、また、証券取引や不動産取引等の経済活動を通じて、資金獲得活動を巧妙化させている。
　今日、多くの企業が、企業倫理として、暴力団を始めとする反社会的勢力＊と一切の関係をもたないことを掲げ、様々な取組みを進めているところであるが、上記のような暴力団の不透明化や資金獲得活動の巧妙化を踏まえると、暴力団排除意識の高い企業であったとしても、暴力団関係企業等と知らずに結果的に経済取引を行ってしまう可能性があることから、反社会的勢力との関係遮断のための取組みをより一層推進する必要がある。
　言うまでもなく、反社会的勢力を社会から排除していくことは、暴力団の資金源に打撃を与え、治安対策上、極めて重要な課題であるが、企業にとっても、社会的責任の観点から必要かつ重要なことである。特に、近時、コンプライアンス重視の流れにおいて、反社会的勢力に対して屈することなく法律に則して対応することや、反社会的勢力に対して資金提供を行わないことは、コンプライアンスそのものであるとも言える。
　さらには、反社会的勢力は、企業で働く従業員を標的として不当要求を行ったり、企業そのものを乗っ取ろうとしたりするなど、最終的には、従業員や株主を含めた企業自身に多大な被害を生じさせるものであることから、反社会的勢力との関係遮断は、企業防衛の観点からも必要不可欠な要請である。
　本指針は、このような認識の下、反社会的勢力による被害を防止するため、基本的な理念や具体的な対応を取りまとめたものである。

1　反社会的勢力による被害を防止するための基本原則
　○　組織としての対応
　○　外部専門機関との連携
　○　取引を含めた一切の関係遮断
　○　有事における民事と刑事の法的対応
　○　裏取引や資金提供の禁止

2　基本原則に基づく対応
（1）反社会的勢力による被害を防止するための基本的な考え方
　　○　反社会的勢力による不当要求は、人の心に不安感や恐怖感を与えるもので

＊暴力、威力と詐欺的手法を駆使して経済的利益を追求する集団又は個人である「反社会的勢力」をとらえるに際しては、暴力団、暴力団関係企業、総会屋、社会運動標ぼうゴロ、政治活動標ぼうゴロ、特殊知能暴力集団等といった属性要件に着目するとともに、暴力的な要求行為、法的な責任を超えた不当な要求といった行為要件にも着目することが重要である。

あり、何らかの行動基準等を設けないままに担当者や担当部署だけで対応した場合、要求に応じざるを得ない状況に陥ることもあり得るため、企業の倫理規程、行動規範、社内規則等に明文の根拠を設け、担当者や担当部署だけに任せずに、代表取締役等の経営トップ以下、組織全体として対応する。

○ 反社会的勢力による不当要求に対応する従業員の安全を確保する。
○ 反社会的勢力による不当要求に備えて、平素から、警察、暴力追放運動推進センター、弁護士等の外部の専門機関（以下「外部専門機関」という。）と緊密な連携関係を構築する。
○ 反社会的勢力とは、取引関係を含めて、一切の関係をもたない。また、反社会的勢力による不当要求は拒絶する。
○ 反社会的勢力による不当要求に対しては、民事と刑事の両面から法的対応を行う。
○ 反社会的勢力による不当要求が、事業活動上の不祥事や従業員の不祥事を理由とする場合であっても、事案を隠ぺいするための裏取引を絶対に行わない。
○ 反社会的勢力への資金提供は、絶対に行わない。

(2) 平素からの対応

○ 代表取締役等の経営トップは、(1)の内容を基本方針として社内外に宣言し、その宣言を実現するための社内体制の整備、従業員の安全確保、外部専門機関との連携等の一連の取組みを行い、その結果を取締役会等に報告する。
○ 反社会的勢力による不当要求が発生した場合の対応を統括する部署（以下「反社会的勢力対応部署」という。）を整備する。反社会的勢力対応部署は、反社会的勢力に関する情報を一元的に管理・蓄積し、反社会的勢力との関係を遮断するための取組みを支援するとともに、社内体制の整備、研修活動の実施、対応マニュアルの整備、外部専門機関との連携等を行う。
○ 反社会的勢力とは、一切の関係をもたない。そのため、相手方が反社会的勢力であるかどうかについて、常に、通常必要と思われる注意を払うとともに、反社会的勢力とは知らずに何らかの関係を有してしまった場合には、相手方が反社会的勢力であると判明した時点や反社会的勢力であるとの疑いが生じた時点で、速やかに関係を解消する。
○ 反社会的勢力が取引先や株主となって、不当要求を行う場合の被害を防止するため、契約書や取引約款に暴力団排除条項＊を導入するとともに、可能な範囲内で自社株の取引状況を確認する。
○ 取引先の審査や株主の属性判断等を行うことにより、反社会的勢力による被害を防止するため、反社会的勢力の情報を集約したデータベースを構築す

＊契約自由の原則が妥当する私人間の取引において、契約書や契約約款の中に、①暴力団を始めとする反社会的勢力が、当該取引の相手方となることを拒絶する旨や、②当該取引が開始された後に、相手方が暴力団を始めとする反社会的勢力であると判明した場合や相手方が不当要求を行った場合に、契約を解除してその相手方を取引から排除できる旨を盛り込んでおくことが有効である。

る。同データベースは、暴力追放運動推進センターや他企業等の情報を活用して逐次更新する。
- 〇 外部専門機関の連絡先や担当者を確認し、平素から担当者同士で意思疎通を行い、緊密な連携関係を構築する。暴力追放運動推進センター、企業防衛協議会、各種の暴力団排除協議会等が行う地域や職域の暴力団排除活動に参加する。

(3) 有事の対応（不当要求への対応）
- 〇 反社会的勢力による不当要求がなされた場合には、当該情報を、速やかに反社会的勢力対応部署へ報告・相談し、さらに、速やかに当該部署から担当取締役等に報告する。
- 〇 反社会的勢力から不当要求がなされた場合には、積極的に、外部専門機関に相談するとともに、その対応に当たっては、暴力追放運動推進センター等が示している不当要求対応要領等に従って対応する。要求が正当なものであるときは、法律に照らして相当な範囲で責任を負う。
- 〇 反社会的勢力による不当要求がなされた場合には、担当者や担当部署だけに任せずに、不当要求防止責任者を関与させ、代表取締役等の経営トップ以下、組織全体として対応する。その際には、あらゆる民事上の法的対抗手段を講ずるとともに、刑事事件化を躊躇しない。特に、刑事事件化については、被害が生じた場合に、泣き寝入りすることなく、不当要求に屈しない姿勢を反社会的勢力に対して鮮明にし、更なる不当要求による被害を防止する意味からも、積極的に被害届を提出する。
- 〇 反社会的勢力による不当要求が、事業活動上の不祥事や従業員の不祥事を理由とする場合には、反社会的勢力対応部署の要請を受けて、不祥事案を担当する部署が速やかに事実関係を調査する。調査の結果、反社会的勢力の指摘が虚偽であると判明した場合には、その旨を理由として不当要求を拒絶する。また、真実であると判明した場合でも、不当要求自体は拒絶し、不祥事案の問題については、別途、当該事実関係の適切な開示や再発防止策の徹底等により対応する。
- 〇 反社会的勢力への資金提供は、反社会的勢力に資金を提供したという弱みにつけこまれた不当要求につながり、被害の更なる拡大を招くとともに、暴力団の犯罪行為等を助長し、暴力団の存続や勢力拡大を下支えするものであるため、絶対に行わない。

3 内部統制システムと反社会的勢力による被害防止との関係
　会社法上の大会社や委員会設置会社の取締役会は、健全な会社経営のために会社が営む事業の規模、特性等に応じた法令等の遵守体制・リスク管理体制（いわゆる内部統制システム）の整備を決定する義務を負い、また、ある程度以上の規模の株式会社の取締役は、善管注意義務として、事業の規模、特性等に応じた内部統制システムを構築し、運用する義務があると解されている。
　反社会的勢力による不当要求には、企業幹部、従業員、関係会社を対象とするも

のが含まれる。また、不祥事を理由とする場合には、企業の中に、事案を隠ぺいしようとする力が働きかねない。このため、反社会的勢力による被害の防止は、業務の適正を確保するために必要な法令等遵守・リスク管理事項として、内部統制システムに明確に位置付けることが必要である。

資料9 普通預金規定等に盛り込む暴力団排除条項の参考例について

普通預金規定等に盛り込む暴力団排除条項の参考例について

　普通預金規定、当座勘定規定および貸金庫規定の各規定において、反社会的勢力との取引は拒絶する旨の基本方針を規定するとともに、既存の解約に関する規定に、反社会的勢力であることが判明した場合には、取引を解約できる旨を規定した。

　また、新規の取引申込者からは、申込時に「反社会的勢力には該当しない」旨を申込書等において表明・確約してもらうこととし、この表明・確約が虚偽であった場合には、虚偽申告を理由に解約できる旨を前述の規定に併せて規定した。

【普通預金規定に盛り込む暴力団排除条項の参考例】

○．（反社会的勢力との取引拒絶）
　この預金口座は、第11条第3項第1号、第2号AからFおよび第3号AからEのいずれにも該当しない場合に利用することができ、第11条第3項第1号、第2号AからFまたは第3号AからEの一にでも該当する場合には、当行はこの預金口座の開設をお断りするものとします。

11．（解約等）
(1) （略）
(2) （略）
(3) 前項のほか、次の各号の一にでも該当し、預金者との取引を継続することが不適切である場合には、当行はこの預金取引を停止し、または預金者に通知することによりこの預金口座を解約することができるものとします。
　① 預金者が口座開設申込時にした表明・確約に関して虚偽の申告をしたことが判明した場合
　② 預金者が、次のいずれかに該当したことが判明した場合
　　A．暴力団
　　B．暴力団員
　　C．暴力団準構成員
　　D．暴力団関係企業
　　E．総会屋等、社会運動等標ぼうゴロまたは特殊知能暴力集団等
　　F．その他前各号に準ずる者
　③ 預金者が、自らまたは第三者を利用して次の各号に該当する行為をした場合
　　A．暴力的な要求行為
　　B．法的な責任を超えた不当な要求行為
　　C．取引に関して、脅迫的な言動をし、または暴力を用いる行為

    D．風説を流布し、偽計を用いまたは威力を用いて当行の信用を毀損し、または当行の業務を妨害する行為
    E．その他前各号に準ずる行為

【当座勘定規定に盛り込む暴力団排除条項の参考例】

○．(反社会的勢力との取引拒絶)
　この当座勘定は、第24条第2項第1号、第2号AからFおよび第3号AからEのいずれにも該当しない場合に利用することができ、第24条第2項第1号、第2号AからFまたは第3号AからEの一にでも該当する場合には、当行はこの当座勘定の開設をお断りするものとします。

第24条（解約）
① （略）
② 　前項のほか、次の各号の一にでも該当し、当行が取引を継続することが不適切である場合には、当行はこの取引を停止し、または解約の通知をすることによりこの当座勘定を解約することができるものとします。
　1．当座勘定開設申込時にした表明・確約に関して虚偽の申告をしたことが判明した場合
　2．本人が、次のいずれかに該当したことが判明した場合
　　A．暴力団
　　B．暴力団員
　　C．暴力団準構成員
　　D．暴力団関係企業
　　E．総会屋等、社会運動等標ぼうゴロまたは特殊知能暴力集団等
　　F．その他前各号に準ずる者
　3．本人が、自らまたは第三者を利用して次の各号に該当する行為をした場合
　　A．暴力的な要求行為
　　B．法的な責任を超えた不当な要求行為
　　C．取引に関して、脅迫的な言動をし、または暴力を用いる行為
　　D．風説を流布し、偽計を用いまたは威力を用いて当行の信用を毀損し、または当行の業務を妨害する行為
　　E．その他前各号に準ずる行為
(以下、略)

【貸金庫規定に盛り込む暴力団排除条項の参考例】

○．(反社会的勢力との取引拒絶)
　この貸金庫は、第11条第3項第1号、第2号AからFおよび第3号AからEのいずれにも該当しない場合に使用することができ、第11条第3項第1号、第2号AからFまたは第3号AからEの一にでも該当する場合には、当行はこの貸金庫の使用申込をおことわりするものとします。

11．(解約等)
(1)　(略)
(2)　(略)
(3)　前項のほか、次の各号の一にでも該当し、借主との取引を継続することが不適切である場合には、当行はこの貸金庫の利用を停止し、または借主に通知することによりこの契約を解約することができるものとします。この場合、当行から解約の通知があったときは、直ちに第1項と同様の手続をしたうえ貸金庫を明渡してください。
　① 借主が貸金庫使用申込時にした表明・確約に関して虚偽の申告をしたことが判明した場合
　② 借主または代理人が、次のいずれかに該当したことが判明した場合
　　Ａ．暴力団
　　Ｂ．暴力団員
　　Ｃ．暴力団準構成員
　　Ｄ．暴力団関係企業
　　Ｅ．総会屋等、社会運動等標ぼうゴロまたは特殊知能暴力集団等
　　Ｆ．その他前各号に準ずる者
　③ 借主または代理人が、自らまたは第三者を利用して次の各号に該当する行為をした場合
　　Ａ．暴力的な要求行為
　　Ｂ．法的な責任を超えた不当な要求行為
　　Ｃ．取引に関して、脅迫的な言動をし、または暴力を用いる行為
　　Ｄ．風説を流布し、偽計を用いまたは威力を用いて当行の信用を毀損し、または当行の業務を妨害する行為
　　Ｅ．その他前各号に準ずる行為
(以下、略)

資料10 銀行取引約定書に盛り込む暴力団排除条項参考例の一部改正

（下線部分が改正箇所）

改　正　後	現　　行
第○条（反社会的勢力の排除） ① 　私または保証人は、現在、<u>暴力団、暴力団員、暴力団員でなくなった時から5年を経過しない者、暴力団準構成員、暴力団関係企業、総会屋等、社会運動等標ぼうゴロまたは特殊知能暴力集団等、その他これらに準ずる者（以下これらを「暴力団員等」という。）に該当しないこと、および</u>次の各号のいずれにも該当しないことを表明し、かつ将来にわたっても該当しないことを確約いたします。 １．<u>暴力団員等が経営を支配していると認められる関係を有すること</u> ２．<u>暴力団員等が経営に実質的に関与していると認められる関係を有すること</u> ３．<u>自己、自社もしくは第三者の不正の利益を図る目的または第三者に損害を加える目的をもってするなど、不当に暴力団員等を利用していると認められる関係を有すること</u> ４．<u>暴力団員等に対して資金等を提供し、または便宜を供与するなどの関与をしていると認められる関係を有すること</u> ５．<u>役員または経営に実質的に関与している者が暴力団員等と社会的に非難されるべき関係を有すること</u> ② 　私または保証人は、自らまたは第三者を利用して次の各号の<u>一</u>にでも該当する行為を行わないことを確約	第○条（反社会的勢力の排除） ① 　私または保証人は、現在、次の各号のいずれにも該当しないことを表明し、かつ将来にわたっても該当しないことを確約いたします。 １．暴力団 ２．暴力団員 ３．暴力団準構成員 ４．暴力団関係企業 ５．総会屋等、社会運動等標ぼうゴロまたは特殊知能暴力集団等 ６．その他前各号に準ずる者 ② 　私または保証人は、自らまたは第三者を利用して次の各号に該当する行為を行わないことを確約いたしま

改正後	現行
いたします。 1．暴力的な要求行為 2．法的な責任を超えた不当な要求行為 3．取引に関して、脅迫的な言動をし、または暴力を用いる行為 4．風説を流布し、偽計を用いまたは威力を用いて貴行の信用を毀損し、または貴行の業務を妨害する行為 5．その他前各号に準ずる行為 ③　私または保証人が、<u>暴力団員等もしくは第1項各号のいずれかに該当し、もしくは前項各号のいずれかに該当する行為をし、または第1項の規定にもとづく表明・確約に関して虚偽の申告をしたことが判明し、私との取引を継続することが不適切である場合には、私は貴行から請求があり次第、貴行に対するいっさいの債務の期限の利益を失い、直ちに債務を弁済します。 ④　手形の割引を受けた場合、私または保証人が<u>暴力団員等もしくは第1</u>項各号のいずれかに該当し、もしくは第2項各号のいずれかに該当する行為をし、または第1項の規定にもとづく表明・確約に関して虚偽の申告をしたことが判明し、私との取引を継続することが不適切である場合には、全部の手形について、貴行の請求によって手形面記載の金額の買戻債務を負い、直ちに弁済します。この債務を履行するまでは、貴行は手形所持人としていっさいの権利を行使することができます。 ⑤　<u>前2項の規定の適用により、私または保証人に損害が生じた場合に</u>	す。 1．暴力的な要求行為 2．法的な責任を超えた不当な要求行為 3．取引に関して、脅迫的な言動をし、または暴力を用いる行為 4．風説を流布し、偽計を用いまたは威力を用いて貴行の信用を毀損し、または貴行の業務を妨害する行為 5．その他前各号に準ずる行為 ③　私または保証人が、第1項各号のいずれかに該当し、もしくは前項各号のいずれかに該当する行為をし、または第1項の規定にもとづく表明・確約に関して虚偽の申告をしたことが判明し、私との取引を継続することが不適切である場合には、私は貴行から請求があり次第、貴行に対するいっさいの債務の期限の利益を失い、直ちに債務を弁済します。 ④　手形の割引を受けた場合、私または保証人が第1項各号のいずれかに該当し、もしくは第2項各号のいずれかに該当する行為をし、または第1項の規定にもとづく表明・確約に関して虚偽の申告をしたことが判明し、私との取引を継続することが不適切である場合には、全部の手形について、貴行の請求によって手形面記載の金額の買戻債務を負い、直ちに弁済します。この債務を履行するまでは、貴行は手形所持人としていっさいの権利を行使することができます。 （免責・損害賠償規定を追加）

改正後	現行
<u>も、貴行になんらの請求をしません。また、貴行に損害が生じたときは、私または保証人がその責任を負います。</u> ⑥ 第3項または第4項の規定により、債務の弁済がなされたときに、本約定は失効するものとします。	⑤ 前2項の規定により、債務の弁済がなされたときに、本約定は失効するものとします。

以　上

資料11 当座勘定規定に盛り込む暴力団排除条項参考例の一部改正

（下線部分が改正箇所）

改　正　後	現　　行
○．（反社会的勢力との取引拒絶） 　この当座勘定は、第24条第２項各号のいずれにも該当しない場合に利用することができ、第24条第２項各号の一にでも該当する場合には、当行はこの当座勘定の開設をお断りするものとします。 第24条（解約） ①　（略） ②　前項のほか、次の各号の一にでも該当し、当行が取引を継続することが不適切である場合には、当行はこの取引を停止し、または解約の通知をすることによりこの当座勘定を解約することができるものとします。なお、この解約によって生じた損害については、当行は責任を負いません。また、この解約により当行に損害が生じたときは、その損害額を支払ってください。 １．当座勘定開設申込時にした表明・確約に関して虚偽の申告をしたことが判明した場合 ２．本人が、暴力団、暴力団員、暴力団員でなくなった時から５年を経過しない者、暴力団準構成員、暴力団関係企業、総会屋等、社会運動等標ぼうゴロまたは特殊知能暴力集団等、その他これらに準ずる者（以下これらを「暴力団員等」という。）に該当し、または次のいずれかに該当することが判	○．（反社会的勢力との取引拒絶） 　この当座勘定は、第24条第２項第１号、第２号AからFおよび第３号AからEのいずれにも該当しない場合に利用することができ、第24条第２項第１号、第２号AからFまたは第３号AからEの一にでも該当する場合には、当行はこの当座勘定の開設をお断りするものとします。 第24条（解約） ①　（略） ②　前項のほか、次の各号の一にでも該当し、当行が取引を継続することが不適切である場合には、当行はこの取引を停止し、または解約の通知をすることによりこの当座勘定を解約することができるものとします。 １．当座勘定開設申込時にした表明・確約に関して虚偽の申告をしたことが判明した場合 ２．本人が、次のいずれかに該当したことが判明した場合 　A．暴力団 　B．暴力団員 　C．暴力団準構成員 　D．暴力団関係企業 　E．総会屋等、社会運動等標ぼうゴロまたは特殊知能暴力集団等 　F．その他前各号に準ずる者

改正後	現行
明した場合 　　A　暴力団員等が経営を支配していると認められる関係を有すること 　　B　暴力団員等が経営に実質的に関与していると認められる関係を有すること 　　C　自己、自社もしくは第三者の不正の利益を図る目的または第三者に損害を加える目的をもってするなど、不当に暴力団員等を利用していると認められる関係を有すること 　　D　暴力団員等に対して資金等を提供し、または便宜を供与するなどの関与をしていると認められる関係を有すること 　　E　役員または経営に実質的に関与している者が暴力団員等と社会的に非難されるべき関係を有すること 　3．本人が、自らまたは第三者を利用して次のいずれか一にでも該当する行為をした場合 　　A．暴力的な要求行為 　　B．法的な責任を超えた不当な要求行為 　　C．取引に関して、脅迫的な言動をし、または暴力を用いる行為 　　D．風説を流布し、偽計を用いまたは威力を用いて当行の信用を毀損し、または当行の業務を妨害する行為 　　E．その他AからDに準ずる行為 ③　当行が解約の通知を届出の住所にあてて発信した場合に、その通知が延着しまたは到達しなかったときは、通常到達すべき時に到達したも	3．本人が、自らまたは第三者を利用して次の各号に該当する行為をした場合 　　A．暴力的な要求行為 　　B．法的な責任を超えた不当な要求行為 　　C．取引に関して、脅迫的な言動をし、または暴力を用いる行為 　　D．風説を流布し、偽計を用いまたは威力を用いて当行の信用を毀損し、または当行の業務を妨害する行為 　　E．その他前各号に準ずる行為 ③　当行が解約の通知を届出の住所にあてて発信した場合に、その通知が延着しまたは到達しなかったときは、通常到達すべき時に到達したも

改正後	現行
のとみなします。 ④　手形交換所の取引停止処分を受けたために、当行が解約する場合には、到達のいかんにかかわらず、その通知を発信した時に解約されたものとします。	のとみなします。 ④　手形交換所の取引停止処分を受けたために、当行が解約する場合には、到達のいかんにかかわらず、その通知を発信した時に解約されたものとします。

以　　上

資料12 会員からの反社会的勢力の排除に係る信用金庫定款例の一部改正

出典：鈴木仁史「信用金庫定款例における会員からの反社会的勢力排除(1)」
（金融法務事情1948号65頁）

（下線部分が改正箇所）

改　正　後	現　　行
信用金庫定款例	信用金庫定款例
（会員たる資格） 第5条　次に掲げる者は、この金庫の会員となることができる。ただし、第1号又は第2号に掲げる者に該当する個人にあってはその常時使用する従業員の数が300人を超える事業者を除くものとし、第1号又は第2号に掲げる者に該当する法人にあってはその常時使用する従業員の数が300人を超え、かつ、その資本金の額又は出資の総額が9億円を超える事業者を除くものとする。 (1)　この金庫の地区内に住所又は居所を有する者 (2)　この金庫の地区内に事業所を有する者 (3)　この金庫の地区内において勤労に従事する者 (4)　この金庫の地区内に事業所を有する者の役員及びこの金庫の役員 <u>2　前項の規定にかかわらず、別表3各項の1に該当する者は、この金庫の会員となることができない。</u> （加　入） 第10条　会員となろうとする者は、次に掲げる事項を記載した加入申込書をこの金庫に差し出し、その承諾を得なければならない。 (1)　引き受けようとする普通出資口数 (2)　この金庫の地区内に住所又は居所を有する者は、その氏名又は名	（会員たる資格） 第5条　次に掲げる者は、この金庫の会員となることができる。ただし、第1号又は第2号に掲げる者に該当する個人にあってはその常時使用する従業員の数が300人を超える事業者を除くものとし、第1号又は第2号に掲げる者に該当する法人にあってはその常時使用する従業員の数が300人を超え、かつ、その資本金の額又は出資の総額が9億円を超える事業者を除くものとする。 (1)　この金庫の地区内に住所又は居所を有する者 (2)　この金庫の地区内に事業所を有する者 (3)　この金庫の地区内において勤労に従事する者 (4)　この金庫の地区内に事業所を有する者の役員及びこの金庫の役員 （　新　　設　） （加　入） 第10条　会員となろうとする者は、次に掲げる事項を記載した加入申込書をこの金庫に差し出し、その承諾を得なければならない。 (1)　引き受けようとする普通出資口数 (2)　この金庫の地区内に住所又は居所を有する者は、その氏名又は名

改正後	現行
称及び住所又は居所 (3) この金庫の地区内に事業所を有する者は、その氏名、名称又は商号、事業所の所在地、常時使用する従業員数及び法人にあってはその資本金の額又は出資の総額 (4) この金庫の地区内において勤労に従事する者は、その氏名及び住所又は居所並びに勤務所の名称及び所在地 (5) この金庫の地区内に事業所を有する者の役員は、その氏名及び住所又は居所並びに事業所の名称及び所在地、この金庫の役員は、その氏名及び住所又は居所 (6) 暴力団員等（別表3第1項に規定する暴力団員等をいう。）に該当しないこと、及び別表3第2項各号の1に該当しないことの表明、並びに将来にわたっても該当しないことの確約 (7) 自ら又は第三者を利用して別表4第3項各号の1に該当する行為を行わないことの確約 2 会員となろうとする者が法人である場合には、前項の加入申込書に登記事項証明書その他法人格を証する書面を添付しなければならない。 （相続加入） 第11条 死亡した会員の相続人で会員たる資格を有するものが、この金庫に対しその会員死亡の日から3月以内に前条第1項の手続により加入の申出をしたときは、前条の規定にかかわらず、相続開始の<u>時</u>に会員となったものとみなす。この場合においては、相続人たる会員は、被相続人の持分について、その権利義務を承	称及び住所又は居所 (3) この金庫の地区内に事業所を有する者は、その氏名、名称又は商号、事業所の所在地、常時使用する従業員数及び法人にあってはその資本金の額又は出資の総額 (4) この金庫の地区内において勤労に従事する者は、その氏名及び住所又は居所並びに勤務所の名称及び所在地 (5) この金庫の地区内に事業所を有する者の役員は、その氏名及び住所又は居所並びに事業所の名称及び所在地、この金庫の役員は、その氏名及び住所又は居所 （　新　設　） （　新　設　） 2 会員となろうとする者が法人である場合には、前項の加入申込書に登記事項証明書その他法人格を証する書面を添付しなければならない。 （相続加入） 第11条 死亡した会員の相続人で会員たる資格を有するものが、この金庫に対しその会員死亡の日から3月以内に前条第1項の手続により加入の申出をしたときは、前条の規定にかかわらず、相続開始の<u>とき</u>に会員となったものとみなす。この場合においては、相続人たる会員は、被相続人の持分について、その権利義務を

改正後	現行
継する。 2　死亡した会員の相続人が数人あるときは、相続人の同意をもって選定された1人の相続人に限り、前項の規定を適用する。 （除　名） 第15条　会員が<u>別表4各項</u>の1に該当するときは、総会の決議によって除名することができる。この場合においては、その総会の10日前までに、その会員に対しその旨を通知し、かつ、総会において弁明する機会を与えなければならない。 （　削　る　） （　削　る　） **別表3** 1　暴力団、暴力団員、暴力団員でなくなった時から5年を経過しない者、暴力団準構成員、暴力団関係企業、総会屋等、社会運動等標ぼうゴロ又は特殊知能暴力集団等、その他これらに準ずる者（以下これらを「暴力団員等」という。） 2　次の各号の1に該当する者 (1)　暴力団員等が経営を支配していると認められる関係を有すること。 (2)　暴力団員等が経営に実質的に関与していると認められる関係を有すること。	承継する。 2　死亡した会員の相続人が数人あるときは、相続人の同意をもって選定された1人の相続人に限り、前項の規定を適用する。 （除　名） 第15条　会員が<u>次の各号</u>の1に該当するときは、総会の決議によって除名することができる。この場合においては、その総会の10日前までに、その会員に対しその旨を通知し、かつ、総会において弁明する機会を与えなければならない。 <u>(1)　貸付金の弁済、貸付金の利子の支払又は手形債務の履行を怠り、期限後6月以内にその義務を履行しないとき。</u> <u>(2)　法令若しくはこの金庫の定款に違反し、この金庫の事業を妨げ又はこの金庫の信用を失わせるような行為をしたとき。</u> （　新　設　）

改正後	現行
(3)　自己、自社若しくは第三者の不正の利益を図る目的又は第三者に損害を加える目的をもってするなど、不当に暴力団員等を利用していると認められる関係を有すること。 (4)　暴力団員等に対して資金等を提供し、又は便宜を供与するなどの関与をしていると認められる関係を有すること。 (5)　役員又は経営に実質的に関与している者が暴力団員等と社会的に非難されるべき関係を有すること。 　　　　　　　　以　上	
別表 4 1　貸付金の弁済、貸付金の利子の支払又は手形債務の履行を怠り、期限後 6 月以内にその義務を履行しないとき。 2　法令若しくはこの金庫の定款に違反し、この金庫の事業を妨げ又はこの金庫の信用を失わせるような行為をしたとき。 3　自ら又は第三者を利用して次の各号の 1 に該当する行為をしたとき。 (1)　暴力的な要求行為 (2)　法的な責任を超えた不当な要求行為 (3)　取引に関して、脅迫的な言動をし、又は暴力を用いる行為 (4)　風説を流布し、偽計を用い又は威力を用いてこの金庫の信用を毀損し、又はこの金庫	（　新　　設　）

改正後	現行
の業務を妨害する行為 (5) その他前各号に準ずる行為 4 定款第10条第1項第6号の表明・確約に関して虚偽の申告をしたことが判明したとき。 　　　　　　　　　以　上	

> 資料13　反社会的勢力への対応に関する保険約款の規定例

【約款規定例】

第○条
① 会社は、次のいずれかの事由（重大事由）がある場合には、保険契約を将来に向かって解除することができます。
　1．保険契約者または死亡保険金受取人が、死亡保険金（他の保険契約の死亡保険金を含み、保険種類および保険金の名称の如何を問いません。）を詐取する目的または他人に詐取させる目的で事故招致（未遂を含みます。）をしたとき
　2．保険契約者、被保険者または高度障害保険金の受取人が、この保険契約の高度障害保険金を詐取する目的または他人に詐取させる目的で事故招致（未遂を含みます。）をしたとき
　3．この保険契約の保険金の請求に関し、その保険金の受取人が詐欺行為（未遂を含みます。）をしたとき
　4．保険契約者、被保険者または保険金の受取人が、次のいずれかに該当するとき
　　イ．暴力団、暴力団員（暴力団員でなくなった日から5年を経過しない者を含みます。）、暴力団準構成員、暴力団関係企業その他の反社会的勢力（以下「反社会的勢力」といいます。）に該当すると認められること
　　ロ．反社会的勢力に対して資金等を提供し、または便宜を供与するなどの関与をしていると認められること
　　ハ．反社会的勢力を不当に利用していると認められること
　　ニ．保険契約者または保険金の受取人が法人の場合、反社会的勢力がその法人の経営を支配し、またはその法人の経営に実質的に関与していると認められること
　　ホ．その他反社会的勢力と社会的に非難されるべき関係を有していると認められること
　5．前各号に定めるほか、会社の保険契約者、被保険者または保険金の受取人に対する信頼を損ない、この保険契約の存続を困難とする第1号から第4号までと同等の重大な事由があるとき
② 会社は、保険金の支払事由が生じた後でも、保険契約を解除することができます。この場合には、つぎのとおり取り扱います。
　1．第1項各号に定める事由の発生時以後に生じた支払事由による保険金（第1項第4号のみに該当した場合で、第1項第4号イ．からホ．までに該当したのが保険金の受取人のみであり、その保険金の受取人が保険金の一部の受取人であるときは、保険金のうち、その受取人に支払われるべき保険金をいいます。以下、本号について同じ。）を支払いません。また、

すでにその支払事由により保険金を支払っているときは、会社は、その返還を請求します。
　2．（略）
③　本条の規定によって保険契約を解除したときは、会社は、解約返戻金と同額の返戻金を保険契約者に支払います。
④　前項の規定にかかわらず、第1項第4号の規定によって保険契約を解除した場合で、保険金の一部の受取人に対して第2項第1号の規定を適用し保険金を支払わないときは、保険契約のうち支払われない保険金に対応する部分については第3項の規定を適用し、その部分の解約返戻金と同額の返戻金を保険契約者に支払います。

〈解　説〉

　一般社団法人生命保険協会および生命保険会社は、生命保険事業に対する公共の信頼を維持し、業務の適切性および健全性を確保するために、市民社会の秩序や安全に脅威を与える反社会的勢力との関係遮断を徹底することとしています（「生命保険業界における反社会的勢力への対応指針」（平成23年6月制定、平成26年2月最終改正））。

　「反社会的勢力への対応に関する保険約款の規定例」は、生命保険会社が反社会的勢力とは一切の関係をもたず、また、反社会的勢力およびその関係者に資金が流入することを阻止するために、保険契約においても以下のとおり取扱うことができることとしています。

・生命保険会社は、保険契約者、被保険者または保険金の受取人が、保険期間中、反社会的勢力（暴力団、暴力団員、暴力団準構成員、暴力団関係企業等）（注1）（注2）に該当した場合には、保険契約を解除する（1項4号イ）とともに、反社会的勢力に該当した時以降に発生した保険事故については、保険金等を支払わない（既に支払っているときは、その返還を請求する）（2項1号）。

（注1）　遡って5年以内に暴力団員に該当すると客観的に認められる事情がある場合には、暴力団員として取扱う（1項4号イ「暴力団員（暴力団員でなくなった日から5年を経過しないものを含みます。）」）。
（注2）　反社会的勢力に対して資金等を提供していると認められる者等、反社会的勢力と社会的に非難されるべき関係を有している者についても、同様に取扱う（1項4号ロ以下）。

　なお、上記規定は保険法（平成20年法律第56号）の重大事由解除（第57条、

第86条）に準拠しており、告知義務違反による解除権とは異なり、保険法上、契約の締結時や解除権発生時からの行使期間制限（5年）や会社が知ったときからの行使期間制限（1か月）はありません。

〔本規定例は、各生命保険会社における反社会的勢力への対応の参考の用に供するものであり、各社を拘束するものではありません〕

マネー・ローンダリング規制の新展開

平成28年8月10日　第1刷発行
（平成25年1月29日　初版発行）

編著者　山　﨑　千　春
　　　　鈴　木　仁　史
　　　　中　雄　大　輔
発行者　小　田　　　徹
印刷所　図書印刷株式会社

〒160-8520　東京都新宿区南元町19
発　行　所　一般社団法人　金融財政事情研究会
　　編集部　TEL 03(3355)2251　FAX 03(3357)7416
販　売　株式会社きんざい
　　販売受付　TEL 03(3358)2891　FAX 03(3358)0037
　　　　　　URL http://www.kinzai.jp/

・本書の内容の一部あるいは全部を無断で複写・複製・転訳載すること、および磁気または光記録媒体、コンピュータネットワーク上等へ入力することは、法律で認められた場合を除き、著作者および出版社の権利の侵害となります。
・落丁・乱丁本はお取替えいたします。定価はカバーに表示してあります。

ISBN978-4-322-12899-4